中國古代都城資料選刊

# 東京夢華録箋注

上

〔宋〕孟元老撰
伊永文箋注

中華書局

**圖書在版編目(CIP)數據**

東京夢華録箋注/(宋)孟元老撰;伊永文箋注.—3版.—北京:中華書局,2024.4
(中國古代都城資料選刊)
ISBN 978-7-101-16587-6

Ⅰ.東…　Ⅱ.①孟…②伊…　Ⅲ.開封-地方史-史料-北宋　Ⅳ.K296.13

中國國家版本館CIP數據核字(2024)第060886號

責任編輯:王志濤　任超逸
責任印製:管　斌

中國古代都城資料選刊
東京夢華録箋注
(全二册)
〔宋〕孟元老 撰
伊永文 箋注
*
中華書局出版發行
(北京市豐臺區太平橋西里38號　100073)
http://www.zhbc.com.cn
E-mail:zhbc@zhbc.com.cn
三河市宏盛印務有限公司印刷
*
850×1168毫米 1/32 · 34印張 · 5插頁 · 780千字
2006年8月第1版　2007年7月第2版
2024年4月第3版　2024年4月第10次印刷
印數:20001-23000册　定價:138.00元

ISBN 978-7-101-16587-6

# 序

這部近一千頁，約六十餘萬字的東京夢華録箋注，經伊永文先生歷時二十多年的專心研究，艱苦努力，現在終於由中華書局正式出版，我内心深有欣慰之感。我與伊永文先生於上世紀九十年代初即已相識，那時他從天津南開大學來北京，轉致前輩學者王達津教授一信，信中介紹了永文先生對東京夢華録的箋注工作。我時正任中華書局總編輯，就抽時間閲看永文先生帶來的部分樣稿，對他的研究思路與箋注方向甚爲讚賞，後經交談，雙方達成一致意見，表示中華書局可以接受這一項目。從此以後，他的這一東京夢華録箋注工作就全面展開。

我對東京夢華録一書是深有感情的。一九五五年我於北京大學中文系畢業後，留校任浦江清先生助教，重點在宋代文學教學，那時我就讀了東京夢華録。此書著者孟元老於北宋晚期即徽宗崇寧二年癸未（公元一一〇三年）即居住於汴京，至靖康二年（一一二七年）因金人入侵，才避亂南下。他在汴京住有二十四年，很有感於當時「太平日久，人物繁阜」。後於高宗紹興十七年丁卯（一一四七年）作此書序時，就特描述汴京城内「舉目則青樓畫閣，繡户珠簾，雕車競駐於天街，寶馬争馳於御路，金翠耀目，羅綺飄香」。正因此，那時不論「垂髫之童」、「班白之老」，皆「時節相次，各有觀賞」。這確如南宋時洪邁容齋詩話所説：「國家承平之時，四方之人以趨京邑爲喜。」也正因此，孟元老在南方居住時，緬想當年風情，「節物風流，人情和美，但成悵恨」，於時立志就省記所及，「編次成集」，「庶幾開卷得覩當時之盛」。孟元老一方面富有情致地緬懷北宋都城的美麗景觀，另一方面則以極爲精細的筆調描畫市民日常生活，應當説這是有關我國城市社會文學作品的開創之作，極有歷史文化價值。

也正因此，一九八〇年間，那時我剛由中華書局古代史編輯室主任調任副總編，就建議與商務印書館協商，將商務於一九五九年出版的鄧之誠先生的東京夢華録注列於中華書局的中國古代都城資料選刊，重新出版。但此後聽説友鄰國家日本有譯注本出版（即永文先生本書序中提及的日本京都大學入矢義高、梅原郁東京夢華録譯注），對鄧注本多有批評。那時我對京都譯注本原書雖未看到，但甚有所感。東京夢華録是中國古代的一部名著，作爲本國的文化遺産，中國的學者有責任、有義務對此作出更大的努力。八十年代以來，我們中國學者關於東京夢華録的釋義，也有一些文章刊發，但還處於零散狀態。正因如此，九十年代初，我一晤及伊永文先生，即以學術同行與出版者身份，表示極爲贊同他的工作意向。

永文先生一開始作此專題，就已有創新意識。上世紀七十年代中，他就讀於南開大學中文系，與研究中國文學批評史著名專家王達津先生接觸甚密，在王先生指導下，開始對水滸傳進行研究。後又受到南開幾位學者如明清史專家鄭天挺先生、小説戲曲史專家寧宗一、朱一玄先生等指導，寫有水滸傳是反映市民階層利益的作品一文，刊於一九七五年天津師範學院學報第四期，頗受學界的關注、重視，古代小説研究界就有一種「水滸市民説」。由此，他就由水滸研究而進入對市民、城市的探索，這就必然觸及東京夢華録，於是有關東京夢華録及市民生活的資料就逐漸有所積累。八十年代起，一方面他獲覩中華書局出版的鄧之誠注本，一方面在作宋代城市風情一書，就將二者結合起來。那時他又較爲全面地查閱了宋代筆記小説，一邊寫書，一邊就作東京夢華録注，於一九八七年完成十五萬字的初稿。據説他曾以這一初稿與一家出版社商議，但未被接受。他當時已調至黑龍江商學院工作，就又從事於資助項目明清飲食史之研究。不過這一飲食史項目，仍有益於對東京夢華録作注，特别是因此而熟悉和掌握了許多烹飪資料。鄧之誠注本自序中曾特提出：「斷句以伎藝飲食爲最難。」永文先生因搜集了不少這方面的資料，由此對鄧注作了不少補正，並曾寫有好幾篇有關宋代飲食、科技等專文，在一些學術刊物上發表，據我所知，有宋代船塢考略（即東京夢華録「奥屋」之釋文）、中國最早的暖水瓶（即東京夢華録「提瓶賣茶」之釋文），唐宋「文身」及其文化意藴（亦即東京夢華録有關「文身」的釋文）等。這都爲東京夢華録箋注作了充分的凖備，提供了扎實的史料基礎。

這裏值得一提的是，永文先生後雖又調至黑龍江省社會科學院文學所，在此期間從事箋注工作，從未得到過科研經費資助。這樣，他有時出外查閲資料，參加學術會議，長途跋涉，都是自己出錢的。但他不爲所動，不受阻撓。莊子德充符有云：「知不可奈何而安之若命，唯有德者能之。」我想，就我們學者來説，此所謂「有德」，當應是一種理性的認識和奉獻的氣質。

就上所述，我覺得，從這部箋注成書過程與書的本身來説，此書確有兩大特色，即一爲專，一爲通。所謂專，即前所説的，超脱名利，一心爲學，專心一致，力求創新。當然這也體現在書的本身，而就書本身而言，則主要是博通，即不拘限於傳統的校注體例，而以較開闊的學術視野，多角度多層面地運用各種樣式的文史資料，在充分吸收已有成果的基礎上，進行跨學科的綜合性學術探索。

本書以鄧之誠注本與日本京都大學譯注本作爲主要參考，雖然按照著者所定的體例，凡二者已注的，此書就不注，但仍細心關照此二書的成果，同時又充分注意我們國内學者的有關論著，做到對成果充分吸納，對疑誤又細心糾察。如卷一大内條「泛索」一詞，鄧注本引宋會要、事物紀原所載「取索司」以證「泛索」，永文先生在另引用武林舊事後，加案語，謂鄧注此處與原意差遠，於是提出日本京都譯注本釋「泛索」爲「臨時需求」，較鄧注所釋，文意更明。又同卷内諸司條「内弓劍槍甲軍器等庫」句，京都譯注本釋爲弓劍、衣甲、槍、劍、弩五庫，現案語中則引據龔延明關於東京夢華録注部分注文商榷，指出應爲内弓、劍、槍、甲四庫，「軍器」爲總括詞。龔延明爲浙江大學古籍所教授，宋史專家，於宋代官制深有研究，這裏就據以糾正京都譯注本之誤。

應當説，東京夢華録一書，如敦煌遺書那樣，已廣泛引起海外學者的注意與興趣。除日本學者外，永文先生在序中還提及美國學者奚如谷的釋夢——東京夢華録的來源、評價與影響一篇專文，充分肯定其精湛功力與新的思維研究方向。當前，學術界已有提出，宋代城市文化研究，現在已可成爲一門世界性的前沿學科。我想，這一學科建設，有關中國古代城市文化著作，是應着重研究的。現在這一新的箋注本出版，必將促進中外學者對中華傳統文化的交流。我們可以乘此機緣，與海外學者友好合作，團結相處，互相交流，取長補短，這將會是世界漢學研究領域一項有意義的舉措。

這一箋注本資料之繁富，可以説是同類著作所未有的。鄧注本引有宋元典籍一百四十八種，而永文先生此書，則幾乎包容了目下所能找到的所有宋代筆記小説，再加上元代及明清人的書，已達一千二百多種。所引用的，又不局限於傳統的經學、史學等典章制度之書，而是廣泛引用詩文集、筆記、詩話、話本小説，甚至笑話、相聲之類俗文學圖書，可以説囊括多門類的知識，真是立足於「打通」，還原東京夢華録市俗生活的特色。不僅引書多，且注釋面廣。如鄧之誠先生在其書序中曾謂原書「難施句讀」，「斷句以伎藝飲食爲最難」，故其注在伎藝、飲食方面甚爲薄弱，而永文先生在這兩方面則集中力量。如卷二酒樓條，鄧注本只注有兩條，本書則有十三條；同卷飲食果子條，鄧注本有二十一條，本書竟注有一百十九條，其中如「淹藏菜蔬」、「兜子」、「燒臆子」、「洗手蟹」等，都是別人未曾注意，也無由釋義的。其他如「奇術異能」、「泥丸子」，以及「猴呈百戲，魚跳刀門，使唤蜂蝶，追呼螻蟻」，及有關元宵中伎藝的注釋，如把正文和注文串聯起來，真可視爲一部北宋伎藝短史。

本書注文範圍極爲廣泛，其中注意以圖配文，並大量採用上世紀六七十年代以來新出土的宋代文物，如卷四會仙酒樓條，有謂「凡酒店中，不問何人，止兩人對坐飲酒，亦須用注碗一副」，箋注中除引用唐李濟翁資暇集、張端義貴耳集外，於案語中指出一九六三年安徽宿松縣有宋墓出土由温碗、注子配套組成的注碗，並配有河南禹縣白沙宋墓壁畫中的注子和注碗圖，江西南城墓出土之注碗、酒臺子等圖。又如卷六元宵條，有三十六條注，記北宋各種伎藝，並選有陳元靚事林廣記所載之蹴鞠圖（共有六人踢毬），在案語中又提及湖南省博物館所藏宋代蹴鞠銅鏡，又有宋代敦煌壁畫頂竿圖、元至治三國志平話刻本關公單刀會之鼓笛圖。

我想還有一處更使人感興趣的，是卷三相國寺内萬姓交易條，中稱相國寺「殿後資聖門前，皆書籍、玩好、圖畫」，本書箋注就特將「書籍」一詞列出，引有好幾種宋人著作予以參證，如蘇頌蘇魏公文集、邵博邵氏聞見後録、百歲寓翁楓窗小牘、張邦基墨莊漫録、王明清玉照新志、王得臣麈史、岳珂桯史、魏泰東軒筆録，具體記述相國寺内所售之書極爲繁富，且多珍奇之作，後並加案語，提及遼寧省圖書館現藏有宋版抱朴子即爲大相國寺東榮六郎書籍鋪所刻（並配有圖）。這對於我們現在研究書籍文化史，提供極有學術價值的史料。

其他如卷三般載雜賣條有「又有獨輪車」句，即配清明上河圖中之獨輪車圖，使文中所記「前後二人把駕」、「前有驢拽」，更爲形象；同卷防火條記有「火叉」，即配有武經總要之「火叉圖」，都使人讀後有清晰印象。其他所配圖還不少，據統計，全書共配有宋代一百餘幅摹圖，這應是箋注方式的創新之作，多有開拓餘地，很值得考慮。

書中引用大量經得起推敲的宋元話本小説及百回本水滸傳，也富有特色。如宋話本鬧樊樓多情周勝僊，其中樊樓、曹門、金明池、桑家瓦，都是東京實地；萬秀娘仇報山亭兒中的山亭兒、茶坊、行院規矩，皆得東京習俗之真；簡貼和尚中的鵪鶉餶飿兒吃法，可使人如覩東京飲食風貌，現於眼前。這些，都可以説是擴大了宋代文明史研究的領域。有些詞句，引用話本小説加以參證，就可以使今天讀者真切明白原意。如卷二飲食果子條有云「凡店内賣下酒厨子，謂之『茶飯量酒博士』」。此「茶飯量酒博士」如何理解？現注中引有宋話本楊温攔路虎傳及陰騭積善，就可以明白此茶博士爲茶坊中服務人員的一種美稱。又卷五育子條有「五男二女花樣」，注中引宋話本三現身包龍圖斷案，後加案語，説明「五男二女」爲宋時「家庭美滿之喻」，如無此注，確不易明瞭原意。又，這裏順便提一下，即本書注文中一些重要條目，在引用若干材料後往往加有案語，標爲「文案」。這些案語有長有短，涉及面廣，在吸收諸家之基礎上作出自己的判斷，引領讀者把握問題的核心所在。全書約有五百餘條案語，言簡意深，多爲本書著者自己讀書深研所得，這也是箋注作法上一種新的探索。

最後我還想提一個建議。著者於凡例中説：「中華鄧注本、京都譯注本已注條目，本箋注不注，以免掠美之嫌，亦避免引起混亂。」即過去兩本已注的，這部箋注本就不列，這在體例上是明確而謹嚴的。但對一般讀者與多數研究、教學工作者來説，鄧注本已出版多年，現在少見，京都譯注本也不易見到，因此要想通讀東京夢華録全書，會有一定難度。我過去曾細讀過鄧注本，鄧注當然有所缺失，但它終究是中國關於東京夢華録的第一個注本，開創之功不可掩没，有些注引書也是很有史料價值的。因此，我想我們可以編撰一部較爲完整的箋注本，既吸收鄧注本、京都譯注本值得引入的材料，又較廣泛採納國内外其他著作，在吸收時可以標明出處，同時還可作適當的補正，這就不會有掠美之嫌，反而有集大成之譽。我想伊永文先生或可予以斟酌，再過若干年，如對本書還有所正補時，不妨對此作一整體考慮。

傅璇琮

二〇〇四年冬初稿

二〇〇五年秋修訂

# 前言

東京夢華録問世於南宋紹興十七年（一一四七），從其書自序得知，作者爲孟元老，但生平不詳。清時，開封老儒常茂徠提出孟元老即爲主持修築艮嶽的户部侍郎孟揆。此説曾被鄧之誠先生認爲讀書不足而予批評。一九八〇年，孔憲易先生沿襲常茂徠之思路，考據孟元老爲北宋末年供職於開封府的孟鉞。孔氏證據揣測成分較多，成立較難。余以爲不必坐實孟元老爲孟鉞，疑元老取宋人常見名字爲託名，其人或爲孟姓貴胄子弟，或爲浪迹京城出上入下書會先生，記録風土，以使人追憶故都之樂爲要，遂鋟木以廣之。

東京夢華録問世不久，南宋的許多學者就模倣其體例，續作此類著作，如灌圃耐得翁都城紀勝、西湖老人繁勝録、吴自牧夢粱録、周密武林舊事。自此以後，元有陶宗儀元氏掖庭記、費著歲華紀麗譜、劉一清錢塘遺事。明有劉侗、于奕正帝京景物略、史玄舊京遺事、顧起元客座贅語。清有無名氏燕京雜記、李斗揚州畫舫録、張燾津門雜記……此類著作甚多。而明代無名氏的如夢録，清代蕊珠舊史的夢華瑣簿，都直接秉承東京夢華録的神韻而敷衍成文，從而形成了都市民俗歷史文學的龐大的體系。

但與之相對應的是對東京夢華録的研究注釋却較爲少見，即使偶爾有之，人們也只是將研究興趣局限在與歷史互證方面。如此書趙師俠跋較有代表性：「若市井遊觀，歲時物貨，民風俗尚，則見聞習熟，皆得其真。余頃侍先大父，與諸耆舊親承謦欬，校之此録，多有合處。」實際上，東京夢華録内涵是多方面的，日本静嘉堂文庫景印元刊本東京夢華録的解題頗有見地，評論此書「是學術研究上很有用處的一部書」，「還應當把它作爲一般文化史的很好的素材」。例如卷五京瓦伎藝條，就已經是戲曲、小説研究者所樂於引用的」。

然而，自南宋以來至二十世紀初的學者們雖然的確較多地引用了東京夢華録，但此書無注本的局面，直到二十世紀五十年代末纔由商務印書館正式出版鄧之誠的注本打破。鄧之誠爲東京夢華録作注的起因是「此録難施句讀」、「多不能曉」，於是自一九三九年始便「發書以求之，録於書眉及别紙，凡二三百條」。從求證到最終成書，其間經歷了二十年的時間。自鄧先生注本的出版至今也已四十餘年了，經四十餘年的檢驗，以今日眼光觀察，東京夢華録注本確實是有錯誤缺失，但是，客觀地説，少許錯誤缺失絶掩不住鄧之誠先生爲東京夢華録研究注釋開闢出一條可以通行之路的功績！

就在鄧之誠已着手進行東京夢華録注的十年之後，即一九四九年，在日本京都大學，以著名漢學家入矢義高爲班長的東京夢華録共同研究班，以中國人的思維方式，從讀「原典」入手，也開始了類似鄧之誠注東京夢華録的工作。經過了三十五年堅持不懈的探討，京都學者於一九八三年由日本岩波書店推出了署名者爲入矢義高、梅原郁的東京夢華録譯注一書。此書一九九六年三月轉至平凡社東洋文庫出版修訂第二版。一九九九年一月二十日又在該社該文庫出修訂第三版本。這是自鄧之誠東京夢華録注之後由外國漢學家完成的一本新的東京夢華録注釋之書。日本京都大學入矢義高、梅原郁的東京夢華録譯注，較之鄧之誠注本，徵引史料更爲豐富，注釋路數更爲細緻，無論典章制度還是風土名物，均注得較爲周詳完備。

反觀中國，雖然在六十年代，天津南開大學的許政揚先生與北京的周汝昌先生對鄧之誠注本非常不滿意，認爲「太不理想了」，所以他們二人「曾發過一個宏願，即爲所至關重要的東京夢華録作一部詳密切實的箋注本，因爲這可以將北宋的文學家們的很多活動貫穿在裏面，而不僅僅是一部歷史地理城市社會的記録而已」。然而這一「宏願」並未實現，許政揚先生僅有若干詩詞釋義涉及到夢華録，而在整體上則因種種原因，他和周汝昌先生只能望夢華録而興歎。

儘管八十年代以來，國内開始有零星注釋東京夢華録的文章登場，如孔憲易夢華劄記、龔延明關於東京夢華録注部分注文商榷、劉益安對新版東京夢華録注本質疑等，但對整本的東京夢華録加以注釋的著作尚未出現，只是自一九九三年以來，國内才有兩個十分簡略的東京夢華録注本陸續問世。一是中國商業出版社一九九三年十一月出版的孫世增校注本，一是貴州人民出版社一九九八年七月出版的姜漢椿譯注本。兩注本多從釋義解詞處着眼，與他書證本書之東京夢華録箋注風格尚有相當大距離，正如姜漢椿自道其注本「與鄧先生注本的角度不同」，然而兩注本畢竟在東京夢華録的研究注釋方面又有進步。

就以上中外東京夢華録注釋研究綜合分析，中華書局鄧之誠注本與日本京都大學入矢義高、梅原郁譯注本，以其高超的學術質量應推東京夢華録注釋之白眉。故筆者箋注東京夢華録，將中華書局鄧注本與日本京都大學譯注本作爲主要的箋注參考工作本。

鄧之誠東京夢華録注，入矢義高、梅原郁東京夢華録譯注，所據本子均爲元刊本。這是因爲東京夢華録宋刊本已無處尋覓，今傳世最早者爲元代至正刊刻本，即清代著名藏書家黄丕烈藏本。此本爲日本静嘉堂文庫收藏，一九二四年影印刊行。這個本子雖也有誤字、錯漏等問題，不過仍以眉目清晰、板大字細，成爲中外學者公認存世最優良的本子。學界是比較迷信東京夢華録元刊本的。八百多年以來，元刊本一直作爲標準的東京夢華録祖本受到尊崇。一九五八年古典文學出版社亦據此元刊本校點出書，一九六二年中華書局上海編輯所又以此本重印，並用秀水金氏影印汲古閣景元鈔本、秘册彙函本、學津討原本和説郛本加以校勘，並加以斷句標點，是下過一番工夫的。故印行後，爲多數學者遵從。正像入矢義高所説：這個本子儘管句讀錯誤很多，誤植時有所見，還是被研究者廣泛利用。

然而，正如鄧之誠先生所説的那樣：「孟元老夢華録自序謂以崇寧癸未入京師，靖康丙午南徙，寓東京二十三年，又六十二年至淳熙丁未，夢華録始有刊本，其人蓋已百歲，必不及見其書之行世，其書亦未必手定，故多訛誤。」這一見解極爲明確，等於告誡我們，元刊本東京夢華録不是孟元老手訂之本，也就是説初刻本所據底本，不一定是原稿。按其年次，孟氏當已謝世，當然無從最後訂正。由此可以推知初刻本較之原稿，也可能存在一定的出入。

其實這一點黄丕烈就已十分明白地告訴了我們：他所收藏的元刊東京夢華録就是

「少第十卷，倩工摹秘册彙函本補之」。而且在校勘過程中，黄丕烈對東京夢華録版本情況，提出了「一本有一本之佳處」、「不必定以刻本爲勝也」、「取弘治甲子重新刊行本，手校其異於别紙，間有勝於校本者，擬仍録諸卷中，至訛謬處亦復不少」諸觀點。

所有這些已經清楚表明了元刻東京夢華録是一本有缺失和錯誤的本子。這一點在元以後的明代弘治本、秘册彙函本、津逮秘書本、説郛本、清代學津討原本及中華書局鄧之誠注本、日本京都大學入矢義高、梅原郁譯注本的校勘及許多中外學人考證東京夢華録的文字中得到了證實。

基於這樣的認識，箋注者選取了與東京夢華録同時期的有關書籍進行校勘。如陳元靚的歲時廣記、金盈之的新編醉翁談録、百歲寓翁的楓窗小牘、徐夢莘的三朝北盟會編、謝維新的古今合璧事類備要、無名氏的錦繡萬花谷等。其中以陳元靚歲時廣記較具代表性，這是因爲它徵引的東京夢華録風俗歲時部分不僅全面，而且用語嚴謹準確，遠勝於元刊本，歲時廣記與前述其他宋代諸書，等於打開了一個觀察已經亡佚的宋東京夢華録的窗口，從而使我們得以窺到元東京夢華録刊本的闕遺與錯亂。

故筆者所作箋注，雖以元刊本爲工作底本，以中華書局鄧之誠注本、日本京都大學譯注本爲主要參酌依據，還兼及與東京夢華録同一時期問世的對東京夢華録章節片斷有所記録的諸書；明、清以來諸家有關東京夢華録内容的校勘文字，亦在搜取引用之列，以向世人呈獻一部質量較高的東京夢華録箋注本爲自己的追求。

爲了達到這一目的，筆者竟花費了二十餘年的時間！它最初起於二十世紀七十年代中期，筆者爲研究水滸傳與市民階層的關係而引發了對東京夢華録研究的興趣，偶有所得，隨手劄記，積少成多，兼見中華書局鄧之誠注本之漏誤，遂有排纂成書以補充東京夢華録注之夢想。一九八九年以來，承擔完成國内貿易部資助專項「明清飲食研究」，從此這一願望就更爲迫促。但由於東京夢華録並非緊急拼搏即可奏效者，本箋注所耗費時日累至於今！我亦從青年變爲中年。如果説這項工作使東京夢華録的研究總算有了一個較爲良好的基礎，那就足以自慰了。

在此漫長過程中，箋注者在未獲取社科基金一錢資助的情況下所以能够排難而完竣，幸虧多方幫助。我要向下列主要單位和個人致以衷心的感謝：哈爾濱市圖書館、南開大學車銘洲教授、中國科學院張馭寰研究員(寄來多年反覆考察繪就的東京城復原圖)、四川大學中文系羅國威教授、日本就實女子大學梅原郁教授、龍谷大學木田知生教授。中華書局編輯部姚景安先生對箋注初稿提出許多寶貴意見，張忱石先生不憚煩難，助我查詢資料，解決疑難。在箋注殺青之際，我多次與曾協助學術大家鄧廣銘先生箋注辛稼軒詩文的宋史專家辛更儒交换看法，文稿也請辛先生審閲，辛先生亦從編輯角度爲箋注「把關」，可以説，辛先生對東京夢華録箋注有助大焉。此書還一直得到傅璇琮先生的關心和指導。九十年代初，傅先生就看過箋注部分樣稿，是他的肯定激起了我繼續前進的信心。九十年代末，傅先生在百忙中審閲了箋注徵求意見稿，還將有關東京夢華録的資料寄我以利箋注，此次又爲本書賜序，其行可敬，其情至感。河北大學教授汪聖鐸先生對此書提出的不少意見，避免了我的失誤，使這本箋注有可能趨於完善。還有，已故去的我的母校南開大學教授王達津先生，生前對我的箋注方法予以點撥。黑龍江大學中文系劉敬圻先生對此書出版給予關心和幫助。我的家人用電腦助我完成了全部文稿的多次修改、整理，這些都是不應忘記的。

以上所述，表明箋注此書這樣一項巨大的工程，需要借助衆人之力才能完成。國内研究東京夢華録的學者，如孫楷第、任半塘、周貽白、董每戡、葉德均、許政揚、程毅中、孔憲易、龔延明等諸位先生，其成果學術價值很高，箋注者均有所吸納。值得注意的是，近年來美國加州伯克利大學中國文學教授奚如谷（Stephen West），也對東京夢華録進行了研究，其釋夢——東京夢華録的來源、評價與影響一文，完全是以詳盡的史料構建起的充滿實證精神的東京夢華録研究注釋體系，它不僅反映出西方漢學家對東京夢華録研究所具有的精湛功力，同時也反映出西方學界對東京夢華録研究的水平和新的思維研究方向。本箋注亦從中獲得了啓示。

目下，箋注雖在多方獲取中外東京夢華録研究注釋成果的基礎之上完成，但並非盡善盡美。衆所周知，東京夢華録因「字必從俗寫，物必從俗稱」，素以難讀難解而聞名。箋注者學力有限，更難面面俱到，只能就其公認難於解決的方面選擇重點突破，如在飲食、伎藝、科技、風俗習慣等方面，是爲本書的箋注重點，而在傳統的歷史地理、典章制度領域則未多所涉獵。在箋注過程中，力求將糾誤、補遺、考證作爲工作之三原則貫串始終。即便如此，東京夢華録的問題也決不是本書所能完全解決的，未解決之處仍有許多。注釋東京夢華録，真如行進在山陰道上，繁花似錦，目不暇接，難免顧此失彼，掛一漏萬。我只能説箋注大體上比較完整，但不可能做到完備。可以説東京夢華録中的任何一個條目，都可以作爲一個專題來加以研究。拙箋注權當拋磚引玉，如入矢義高先生在注釋東京夢華録時所説的那樣：期待着更多的第二本第三本的東京夢華録注出現。箋注者亦持此心願，誠望傑構於來哲也。

伊永文

二〇〇四年六月修訂完畢於黑龍江大學文學院中國古代文學研究中心

# 凡例

一、爲便於箋注引用，中華書局鄧之誠注本簡稱爲中華鄧注本，上海古籍出版社標校本簡稱爲上古標校本，日本京都大學入矢義高、梅原郁譯注本簡稱爲京都譯注本，中國商業出版社孫世增校注本簡稱孫注本。諸東京夢華録版本，學津討原本簡稱學津本，津逮秘書本簡稱津逮本，秘册彙函本簡稱秘册本，涵芬樓百卷説郛本簡稱説郛本。

二、中華鄧注本、京都譯注本已注條目，本箋注不注，以免掠美之嫌，亦避免引起混亂。中華鄧注本、京都譯注本未注者爲本書箋注重點，兩本注之未詳者或箋注者嫌不足者，或糾其所誤，或别取兩注本未用之材料加以箋注。中華鄧注本、京都譯注本時有卓見，則適當予以吸納。

三、本書以元刊至正本爲底本，凡底本不誤者，一律不出校，底本誤者，需據他本改正底本者，均出校語；底本與他本文字歧異，不須改正者則標注異文。

四、箋注條目，基本以第一次出現者出注，但又不限於此，視行文具體情況以妥帖爲要注之。

五、俗體字、異體字等，直接改正，不出案語，亦不出校。

六、東京夢華録難點之一是「難施句讀」，儘管中華鄧注本、上古標校本、京都譯注本均已作標點工作，但本書斷句標點仍有與三本不同之處，敬希讀者體察。

七、箋注主張詳略分明，略則寥寥數語，詳則巨細無遺。力圖以箋注而編織出一幅以東京生活爲中心的全景式畫卷，故不遺餘力，細大不捐，甚至笑話亦在徵引之列，意在突破過往注釋東京夢華録以歷史地理爲主之窠臼。

八、箋注者認爲左圖右史，一目了然。圖應爲箋注不可或缺之有機部分，不甚清楚的問題，有圖即可冰釋。故本箋注從宋、元、明及今人描摹宋圖中選擇一百餘幅圖畫，作箋注之補充。

# 幽蘭居士東京夢華録目録

卷之四



卷之五



卷之六

卷之七



卷之八



卷之九

## 卷之十



## 跋

# 東京夢華録箋注細目

## 夢華録序



## 卷之一

### 東都外城

## 大内



## 内諸司

外諸司



卷之二

御街



宣德樓前省府宫宇

## 朱雀門外街巷



## 州橋夜市

東角樓街巷

飲食果子

## 卷之三

### 馬行街北諸醫鋪



### 大内西右掖門外街巷

上清宫



馬行街鋪席



般載雜賣

**都市錢陌**



**雇覓人力**



**防火**

天曉諸人入市

諸色雜賣

## 卷之四

### 軍頭司



### 皇太子納妃

公主出降



皇后出乘輿



雜賃



修整雜貨及齋僧請道

## 卷之五

### 民俗



### 京瓦伎藝

娶婦

育子



卷之六

正月

元宵

收燈都人出城探春

## 卷之七

### 清明節

## 三月一日開金明池瓊林苑



## 駕幸臨水殿觀争標錫宴

駕登寶津樓諸軍呈百戲

駕幸射殿射弓

池苑内縱人關撲遊戲

中元節

立冬



卷之十

冬至



大禮預教車象



車駕宿大慶殿

駕行儀衛



駕宿太廟奉神主出室



駕詣青城齋宮

十二月

除夕

跋



東京夢華録箋注徵引書籍舉要

# 夢華録〔一〕序

僕從先人，宦遊南北，崇寧癸未到京師，卜居於州西金梁橋〔二〕西夾道之南。漸次長立，正當輦轂之下，太平日久，人物繁阜。垂髫之童，但習鼓舞，班白之老，不識干戈，時節相次，各有觀賞。燈宵月夕㈠，雪際㈡花時；乞巧登高，教池遊苑。舉目則青樓畫閣，繡户珠簾，雕車競駐於天街，寶馬争馳於御路，金翠耀目，羅綺飄香。新聲巧笑於柳陌花衢，按管調絃於茶坊酒肆。八荒争凑㈢，萬國咸通。集四海之珍奇，皆歸市易；會寰區之異味，悉在庖廚。花光滿路，何限春遊，簫鼓喧空，幾家夜宴。伎巧則驚人耳目，侈奢則長人精神。瞻天表則元夕教池，拜郊孟享。頻觀公主下降，皇子納妃。修造則創建明堂〔三〕，冶鑄則立成鼎鼐。觀妓籍則府曹衙罷〔四〕，内省宴回；看變化則舉子唱名，武人换授。僕數十年爛賞叠遊，莫知厭足。一旦兵火，靖康丙午之明年，出京南來，避地江左，情緒牢落，漸入桑榆。暗想當年，節物風流，人情和美，但成悵恨。近與親戚會面，談及曩昔，後生往往妄生不然。僕恐浸久，論其風俗者，失於事實，誠爲可惜，謹省記〔五〕編次成集，庶幾開卷得覩當時之盛。古人有夢遊華胥之國，其樂無涯者。僕今追念，回首悵然，豈非華胥之夢覺哉！目之曰夢華録。然以京師之浩穰，及有未嘗經從處，得之於人，不無遺闕。倘遇鄉黨宿德，補綴周備，不勝幸甚。此録語言鄙俚〔六〕，不以文飾者，蓋欲上下通曉爾，觀者幸詳焉。紹興丁卯歲除日，幽蘭居士孟元老序。

［校］

㈠「燈宵月夕」，説郛作「元宵燈夕」。

㈡「雪際」，説郛作「雪霽」。

㈢「争湊」，説郛作「争輳」。

［注］

〔一〕**夢華録**

蔣捷齊天樂元夜閱夢華録：銀蟾飛到觚棱外。娟娟下窺龍尾。電紫鞘輕，雲紅筤曲，雕玉輿穿燈底。峰繒岫綺。沸一簇人聲，道隨竿媚。侍女迎鑾，燕嬌鶯姹炫珠翠。　華胥仙夢未了，被天公澒洞，吹換塵世。淡柳湖山，濃花巷陌，惟説錢塘而已。回頭汴水。望當日宸遊，萬□□□。但有寒蕪，夜深青燐起。

［文案］蔣捷，南宋咸淳十年進士。通過其詞可見夢華録祖本之貌，宋元間方志亦載有類似蔣捷讀夢華録者，此後對本書的記載歷代不絶，民國間仍稱夢華録，如震鈞天咫偶聞卷四謂：於京酒店飲酒，自謂置身唐、宋以上，以其伺應規例，仿佛夢華録所云也。可知必有一流傳祖本名爲夢華録，廣寓觀者耳目。可知本書經眼者頗衆，其初書名爲夢華録也。趙師俠跋亦可證之：幽蘭居士記録舊所經歷爲夢華録。然南宋謝維新古今合璧事類備要則記爲東京夢華録，余以爲此爲與區别南宋之夢粱録而加「東京」二字也，其本名仍爲夢華録，通常所見「東京」二字乃宋後所加。

**［二］金梁橋**

宋話本陳巡檢梅嶺失渾家：新娶得一個渾家，乃東京金梁橋下張待詔之女，小字如春，年方二八，生得如花似玉。

宋話本宋四公大鬧禁魂張：趙正打扮做一個磚頂背繫帶頭巾，皂羅文武帶背兒，走到金梁橋下，見一抱架兒，上面一個大金絲罐，根底立着一個老兒。

施耐庵羅貫中水滸傳第二回王教頭私走延安府　九紋龍大鬧史家村：這柳世權却和東京城裏金梁橋下開生藥鋪的董將士是親戚，寫了一封書劄，收拾些人事盤纏，齎發高俅回東京，投奔董將士家過活。

〔三〕**明堂**

孫升孫公談圃卷上：司馬温公之薨當明堂大享，朝臣以致齋不及奠。肆赦畢，蘇子瞻率同輩以往，而程頤固争，引論語「子於是日哭則不歌」。子瞻曰：「明堂乃吉禮，不可謂歌則不哭也。」

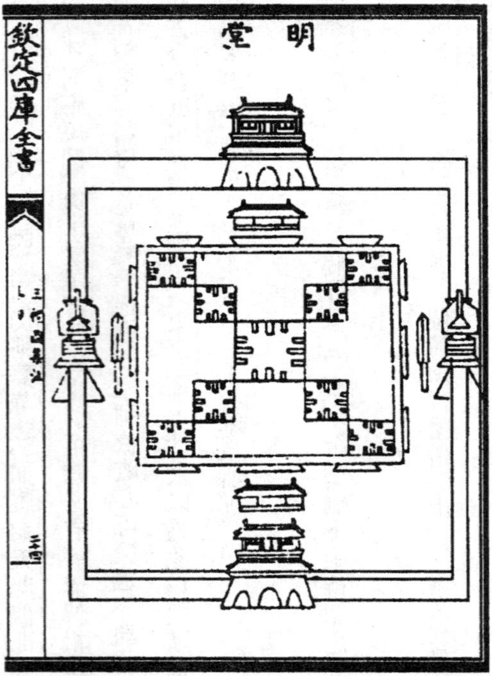


三禮圖集注明堂圖

聶崇義三禮圖集注卷四明堂：周人明堂度九尺之筵，東西九筵，南北七筵，堂崇一筵、五室，凡室二筵。賈釋注云：明堂者，明政教之堂。又夏度以步，殷度以尋，周度以筵，是王者相改也。周堂高九尺，殷三尺，以相參之數，而禹卑宫室，則夏堂高一尺。又上注云：堂上爲五室，象五行，以宗廟制如明堂，明堂中有五天帝、五人神之坐，皆法五行，以五行先起於東方，故東北之室爲木，其實兼水矣；東南火室，兼木；西南金室，兼火；西北水室，兼金矣。以中央太室有四堂，四角之室亦皆有堂，乃知義然也。故賈釋太史閏月下義云：明堂路寢及宗廟，皆有五室十二堂四門是也，既四角之堂皆於太室外，接四角爲之。則五室南北止有二筵，東西角二筵有六尺，乃得其度，若聽朔皆於時之堂，不於木火等室，若閏月則闔門左扉，主其中而聽朔焉。

魏了翁鶴山渠陽經外鈔卷一：或問明堂建立之地，合在甚處？先生曰：「合在應門之内，祖社之間。如仁廟就大慶殿權夾五室爲之，可謂吻合禮意。」曰：「在徽廟時，嘗欲建明堂於内殿之前，議者謂輦路不得由中而罷。」先生曰：「古者輦路未嘗由中，故有賓階有阼階，書云：太保率西方諸侯入應門左，畢公率東方諸侯入應門右。正緣明堂在中，諸侯不得直入，故分而爲左右耳，尚何疑於此哉。」

李濂汴京遺蹟志卷一宋明堂：徽宗政和五年乙未秋八月，始作明堂。初，元豐禮官以明堂寓大慶殿，别請建立以盡嚴奉，而未暇講求。至是下詔，内出圖式，宣示於崇政殿，且以明堂宜正臨丙方近東，以據福德之地，乃徙秘書省於宣德門東，而以省地營之，命蔡京爲明堂使，開局興工，日役萬人。

［文案］京都譯注本兩注「明堂」，然所據不外乎皇朝編年綱目備要，略有不足。余以爲注「明堂」亦

可求之於文學材料，若范仲淹明堂賦，溯源明白，解釋清楚，不輸正史。近人馬宗薌釋宮室釋「明堂」亦較詳，謂「明堂即大廟也」，「明堂之名取向明而治義也」。亦可爲「明堂」較佳注文也。

**〔四〕觀妓籍則府曹衙罷**

羅燁新編醉翁談録丁集卷之一序平康巷陌諸曲：京中飲妓，籍屬教坊，凡朝士有宴聚，須假諸曹署行牒，然後致於它處。唯新進士設酒饌，吏使可牒取。取其所辟之資，可則倍於常價。

宋話本單符郎全州佳偶：原來宋朝有這個規矩，凡在籍娼户，謂之官妓，官府有公私筵宴，聽憑點名喚來祇應。

趙德麟侯鯖録卷七：濠守侯德裕侍郎藏東坡一帖云：「杭州營籍周韶，多蓄奇茗，嘗與君謨鬬勝之。韶又知作詩，子容過杭，述古飲之，韶泣求落籍，子容曰：『可作一絶。』韶援筆立成，曰：『隴上巢空歲月驚，忍看回首自梳翎。開籠若放雪衣女，長念觀音般若經。』韶時有服，衣白，一座嗟歎。遂落籍。」

**〔五〕省記**

〔文案〕「省記」又作「記省」，京都譯注本謂「省記」自唐末始用於文獻，宋一般寫作「記省」，本書卷四軍頭司「各有指揮，記省不盡」可證，即回憶、記憶之意也。若洪邁夷堅丙志卷十二僧法恩：「初入市就刑，但知怖懼，不復記省。」王明清玉照新志卷四：「偶省記得見吴地記。」又，趙宋南遷，典籍失散，以臺省老吏追憶立文，爲尚書省六部行法用例所依，稱爲「省記」或「省記條」。

〔六〕**語言鄙俚**

〔文案〕語言鄙俚者隨處可尋：陳師道後山詩話、吴聿觀林詩話、任淵詩話、魏泰東軒筆録卷九、邢居實拊掌録、無名氏豹隱紀談、蘇籀欒城先生遺言、董弅閑燕常談、明張存紳雅俗稽言卷十四、明陸深春風堂隨筆、清平步青霞外攟屑卷十等均記宋語言鄙俚者，可證東京夢華録誠非偶然，乃宋之俗語大盛風氣使然。

# 幽蘭居士東京夢華録卷之一

## 東都外城

東都外城〔一〕，方圓四十餘里。城濠曰護龍河〔二〕，闊十餘丈。濠之内外，皆植楊柳，粉墻朱户，禁人往來。城門皆甕城〔三〕三層，屈曲開門，唯南薰門、新鄭門、新宋門〔四〕、封丘門〔五〕，皆直門兩重，蓋此係四正門，皆留御路故也。新城南壁，其門有三㊀：正南門曰南薰門；城南一邊，東南則陳州門，傍有蔡河水門；西南則戴樓門，傍亦有蔡河水門。蔡河正名惠民河〔六〕，爲通蔡州故也。東城一邊，其門有四㊁：東南曰東水門，乃汴河下流水門也，其門跨河，有鐵裹窗門，遇夜如閘垂下〔七〕水面，兩岸各有門通人行路，出枴子城〔八〕，夾岸百餘丈；次則曰新宋門；次曰新曹門〔九〕；又次曰東北水門，乃五丈河〔一〇〕之水門也。西城一邊，其門有四㊂：從南曰新鄭門；次曰西水門，汴河上水門也；次曰萬勝門〔一一〕；又次曰固子門〔一二〕；又次曰西北水門，乃金水河〔一三〕水門也。北城一邊，其門有四㊃：從東曰陳橋門〔一四〕，乃大遼人使驛路。次曰封丘門，北郊御路。次曰新酸棗門，次曰衛州門〔一五〕。諸門名皆俗呼。其正名如西水門曰利澤，鄭門本順天門，固子門本金耀門。新城每百步〔一六〕設馬面〔一七〕、戰棚〔一八〕，密置女頭〔一九〕，旦暮修整，望之聳然。城裏牙道，各植榆柳成陰〔二〇〕。每二百步置一防城庫，貯守禦之器〔二一〕，有廣固〔二二〕兵士二十指揮，每日修造泥飾，專有京城所提總其事。

〔校〕

㊀玉海卷一七四：計新城有三正門、二水門，共五門。

㊁據玉海卷一七四：二正門、三水門，應改「四」爲「五」。

㊂據實計「四」爲「五」，據玉海卷一七四「三正門三水門」，應改「四」爲「六」。

㊃據玉海卷一七四，實則「五」門。

〔注〕

〔一〕**外城**

周密癸辛雜識別集上汴梁雜事：汴之外城，周世宗時所築，神宗又展拓，其高際天，堅壯雄偉。

張舜民畫墁録：周世祖展汴京外郭，登朱雀門，使太祖走馬，以馬力盡處爲城也。

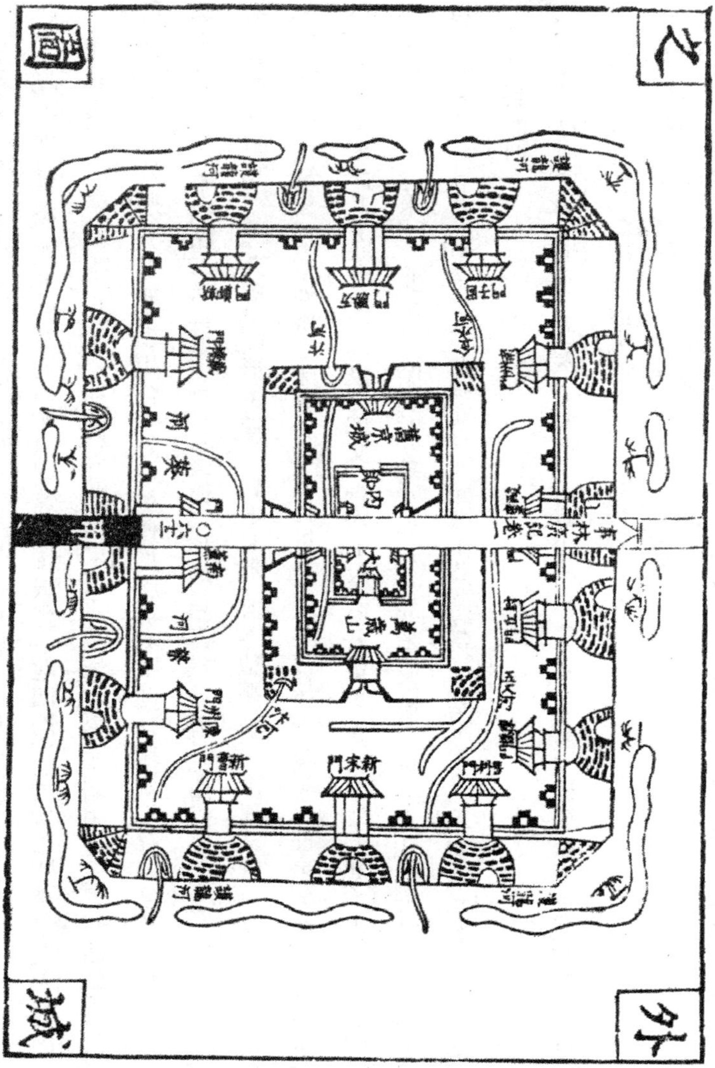


新編羣書類要事林廣記外城圖

王應麟小學紺珠卷第九制度類東京外城十九門：南五門：南薰廣濟宣化廣利安上。東五門：上善廣津朝陽含輝善利。西五門：順天順濟開遠金耀咸豐。北四門：寧德景陽永泰安肅。東京記

〔文案〕據徐伯勇、丘剛北宋東京外城的勘察，東京北城呈一東、西牆稍長，南、北牆略短之長方形，與岳珂桯史所記外城「方之如矩」相合。外城裏外爲版築夯土牆。城牆現存高度爲八點七米，頂部殘寬四米，底部寬三十四點二米，可推昔日之雄偉。外城爲土築，城牆外側爲減緩水之下衝力，設泄水槽。城牆每層厚約零點一米，夯窩呈圓形，直徑零點零七米，深零點零三米，排列整齊。夯窩在夯層分佈多爲梅花形，即用梅花築法，足證外城之建築於宋有長足進展。宋會要方域記宋神宗增修外城：周五十里一百六十五步，横度之基五丈九尺，高度之四丈，埤堄七尺，堅若埏填，直若引繩。北宋東京外城的勘察：外城東、西各長七千餘米，南、北按直綫距離計算，各長六千餘米，四牆全長二十九公里有餘。以宋太府尺計算爲二萬八千二百五十點二一米，外城周長與元豐年間擴修長度基本相符，亦與孟元老此記相去不遠。

〔二〕**護龍河**

李燾續資治通鑑長編卷二百六十七神宗熙寧八年：（八月）丁巳，提轄修完京城宋用臣言：「護龍等河逼城，不可修築，乞度地高下，開展河道。」從之。

〔三〕**甕城**

曾公亮武經總要前集卷之十二守城：其城外甕城，或圓或方，視地形爲之，高厚與城等，惟偏開一

門，左右各隨其便。

確庵耐庵靖康稗史之四南征録彙：初七日，令騎兵萬人自南薰門排屯至青城劉家寺，兩帥駐南薰門甕城下。及午，太上率妻妾、子婦婿、女奴婢絡繹而出，我兵監押轎車之中，抵甕城。

加藤繁宋代都市的發展：甕城也叫「甕門」。這是在城墻上裝置的本門外面，更造出弧形的壁壘，開着一重重的門，壁壘的形狀造得下圓上削，像甕一樣，因此叫做甕城。它的外形，在事林廣記甲集卷十一東京外城之圖中約略可以看得清楚。甕城時常有兩重、三重。

〔文案〕一般而言，甕城又名月城，因其爲建之城門外半圓形小城，故名。配圖可見此形。然武經總要有「或圓或方」之説，可知甕城亦可爲方形。加藤繁考證所謂方城和甕城，本有區别，北宋末年混同，方城亦曰甕城。京都譯注本因襲加藤繁考證甕城之説，然未加細檢，今補注之。

〔四〕**新宋門**

確庵耐庵靖康稗史之二甕中人語：二十七日，虜取内侍五十人，晚間退回三十六人。新宋門至曹門火。

〔文案〕據舊五代史卷一百十八周世宗紀：東京東二門之一曰延春，太平興國四年九月改名朝陽，東京市民通此門可達宋州（今河南商丘），故俗名新宋門。

〔五〕**封丘門**

闕名異聞總録卷四：宣和七年春，相州士人來京師，調官歸，出封丘門，見婦人著紅背子，戴紫幕首，行於馬前，相去十餘步，無僕從隨後，甚異之。

宋人編撰五代晉史平話卷下：次早，張彦澤從封丘門斫門關而入，城中皇皇。天福十二年正月初一日，百官送晉主重貴於城北；百官乃易服紗帽，迎契丹主，伏路側請罪。契丹主命起，復撫慰之。晉主重貴與太后迎於封丘門外。

〔文案〕封丘門有二：外城北邊，從東至西第二門爲封丘門，近正北。舊城北邊，另有舊封丘門。據胡樸安水滸傳所寫北宋東京和東京夢華録考證，水滸傳第七十二回寫宋江等四人「雜在社火隊裏，取路哄入封丘門來」，當爲新城封丘門。

〔六〕**惠民河**

脱脱宋史卷九十四河渠志蔡河：蔡河貫京師，爲都人所仰，兼閔水、洧水、潩水以通舟。閔水自尉氏歷祥符、開封合于蔡，是爲惠民河。

〔七〕**如閘垂下**

曾公亮武經總要前集卷之十二守城：右閘版，與城門爲重門，其制用榆槐木，廣狹準城門，漫以生牛皮，裹以鐵葉，兩傍施鐵環，貫鐵索。凡大城門，去門闔五尺，立兩頰木，木開池槽，亦用鐵葉裹之。若寇至，即以絞車自城樓上抽所貫鐵索，下閘版於槽中，外實以土防火攻，内枝以柱防傾折。

施耐庵羅貫中水滸傳第九十四回寧海軍宋江弔孝　湧金門張順歸神：張順摸到水口邊看時，一帶

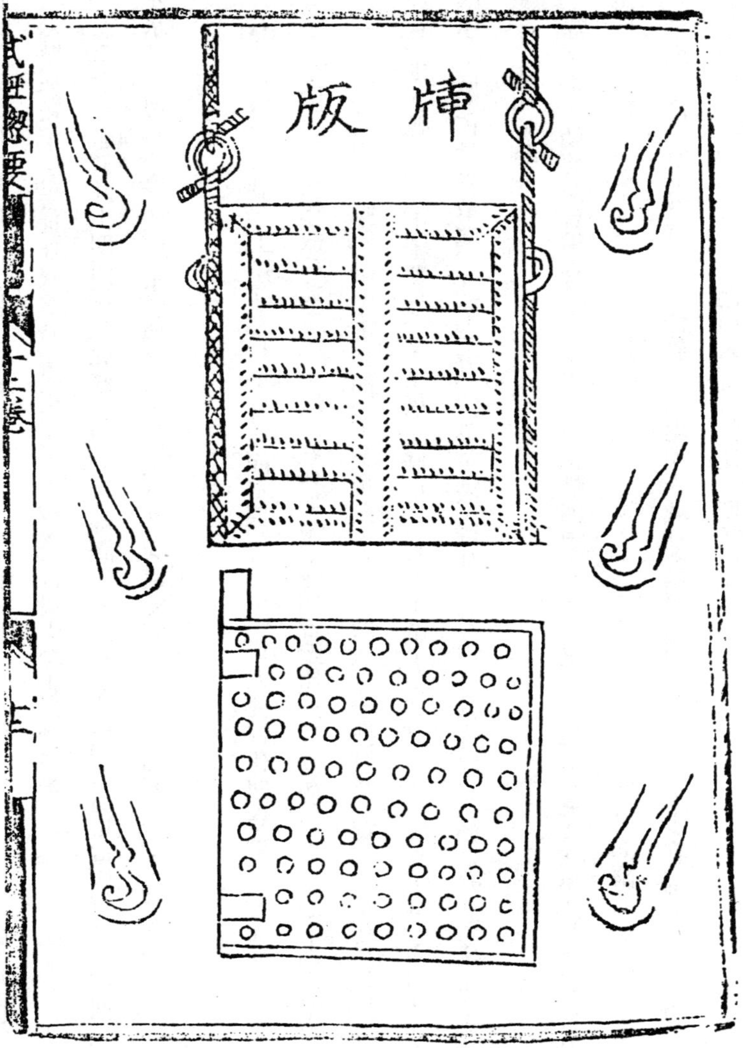


武經總要閘版圖

都是鐵窗櫺隔着。摸裏面時，都是水簾護定。簾子上有繩索，索上縛着一串銅鈴。張順見窗櫺牢固，不能勾入城，舒隻手入去扯那水簾時，牽得索子上鈴響。城上人早發起喊來。

〔文案〕水滸傳九十四回可與此條參照。京都譯注本亦提及此回，云「水滸傳一一四回」，版本引錯。水滸全傳有一一四回，水滸傳僅爲百回本。若與武經總要所述閘版合讀，方更明瞭。

〔八〕**枴子城**

石茂良避戎嘉話卷上：初九日早，宣化門告急，又帶一行人往宣化門守禦。南北枴子城皆捍禦水門者也，水門不可遽犯，故急攻二枴子城，矢石如雨，樓櫓皆毀壞。仲友於南枴子城上別造兩圓門，去馬面三十步許，用磚砌城，中開下轅門，干戈板間下如城門法，四面皆置女墻，迎敵皆自轅門，萬一賊兵厚重，則入轅門，放下干戈板，又是枴子城也。磚城下闊五尺，高一丈二尺五寸，不日告成。通津門兩枴子城，正是受敵處，守禦有方，終不可破，皆仲友之力。凡守枴子法：務要令人少肅静，可以應敵，人少可以迎衆。

徐夢莘三朝北盟會編卷第六十六靖康中帙四十一起靖康元年閏十一月一日壬辰，盡十四日乙巳：金人犯闕幾旬日，見朝廷未嘗用兵。攻城日急，而善利、通津、宣化門，尤爲緊地，箭發如雨，中城壁如蝟毛，又大磨石爲炮，樓櫓有摧毁者，姚友仲於三門兩枴子城別置兩圓門，走馬面三十步許，砌以磚石，開小圓門如城，四圍復置女墻迎敵，自圓門出入，不日而成，所賴以固。

宇文懋昭大金國志卷之十一熙宗孝成皇帝三：兀朮自將牙兵三千往來爲援，皆帶重甲，三人爲伍，貫韋索，號「鐵浮屠」。每進一步，即用「拒馬子」遮其後，示無反顧。復以鐵騎馬左右翼，號「拐子馬」，悉以女真充之，前此攻所難下之城，並用此軍，又名「長勝軍」。

鄧廣銘岳飛傳附録二有關「拐子馬」諸問題的考釋：修築在汴京城的各城門外，用以拱衛城門的兩道各成直角的對立垣壁，北宋人稱之爲拐子城；設置在正面大陣兩翼的騎兵部隊，北宋人稱之爲拐子馬陣。是拐子一詞乃北宋人的習用語詞，當無疑義。

〔九〕**新曹門**

施耐庵羅貫中水滸傳第八十二回梁山泊分金大買市 宋公明全夥受招安：宋江聞知，領衆頭領前來參見宿太尉已畢，且把軍馬屯駐新曹門外，下了寨柵，聽候聖旨。

〔文案〕後周顯德五年五月，東京東二門之一曰寅賓，太平興國四年九月改名含輝，通此門可抵曹州（今山東菏澤南），故俗名新曹門。

〔一〇〕**五丈河**

李上交近事會元卷四五丈河：周世宗顯德六年二月，發滑、亳丁夫濬五丈河，東流於定陶，入於濟，以通青、鄆運路。

無名氏道山清話：元符二年十二月一日，水開五丈河數處，波浪湧起，亦有聲如潮，水高丈餘，數日而止。

楊億楊文公談苑五丈河：京水自滎陽來至於汴。有陳承昭者，本江南節度使，將兵淮上，爲世宗所擒，以爲上將軍，習知水利。國初上言，可導京水入，踰汴東北注爲河，通山東之漕，遂遣按行京東地。任下，遂調民穿渠，貫曹鄆入於黄河，以大木架汴流上，道京水以過，將引流，車駕臨觀。兩淮未合，聯木施芻草氈絮，塗茭泥，水即隨過，北流爲河，其廣五丈，號「五丈河」。歲運京東諸州芻粟五十萬斛，商旅交湊，至今賴其利。

范鎮東齋記事補遺：錢俶進寶帶，太祖曰：「朕有三條帶，與此不同。」俶請宣示，上曰：「汴河一條，惠民河一條，五丈河一條。」俶大媿服。

〔二〕**萬勝門**

〔文案〕東京城門，「官」、「俗」兩稱交并，「官」宣皇家思想，若通疆拓土之意，太平興國四年賜名通遠，天聖初改名開遠；俗則民之便，故名萬勝。

〔三〕**固子門**

周城宋東京考卷之一京城：愚見紀忘：汴之外城，門名各有意義，如云鄭門，以其通往鄭州也；酸棗門，以其通往延津，即舊酸棗縣也。其固一作「堌」。子門未知其義。近閲宣和遺事，内載上清寶籙宫成，浚濠，水深三丈，東則景龍門橋，西則天波門橋，二橋之下叠石爲固，引舟相通，而橋上人物往來不覺。又郡城沿革云：「西面門，從南曰順天門，俗名新鄭門；次曰利澤水門，汴河自此入城；次北曰開遠門，又名萬勝門；次北曰金輝門，俗名固子門。」歐陽公歸田録亦云：「飲於固子橋。」然則以疊石爲固而名其橋，因以名其門也。周禮：掌固之職，掌修城郭橋梁之固。以爲固所依阻，故曰固。或曰：「固作顧，視也。汴城卧牛之形，北視黄河爲子，而子不敢來害其母。」此臆度之説，無所據。

王鞏聞見近録：太祖即位，方鎮多偃蹇，所謂十兄弟者是也。上一日召諸方鎮，授以弓劍，人馳一騎，與上私出固子門，大林中下馬，酌酒。

〔一三〕**金水河**

王應麟玉海卷二十二金水河：本京、索水，導自滎陽黄堆山，其源曰祝龍泉，過中牟，名曰金水。建隆二年春，命陳承昭鑿渠引水百餘里，抵都城西，架其水，横絶於汴，設斗門入浚溝，東匯於五丈河，公私利焉。乾德三年，又引貫皇城，歷後苑内庭池沼。開寶九年，上步自左掖，親按地勢，命水工引金水，鑿渠，爲大輪，注晉邸及潛龍園。祥符二年八月，決爲渠，見後天禧二年八月，鄭州畎索水入金水，役兵千，凡六旬畢。

〔一四〕**陳橋門**

陸游家世舊聞下晁叔用報先君書言捉得燕王頭事：宣和末，有故契丹臣夔離不者，號四軍大王，或謂之燕王，收餘衆犯景、薊。朝廷命郭藥師出兵敗之，遂函夔離不之首來獻，以大旗引首函，曰：「僞燕王夔離不首級。」京師少年争往陳橋門觀之。

〔一五〕**衛州門**

〔文案〕宋初曰衛州，蓋於此門可通衛州（今河南汲縣），太平興國四年九月賜名安肅。

〔一六〕**百步**

二程遺書卷六：古者百步爲畝，百畝當今之四十一畝也。

〔文案〕京都譯注本注一步一般爲一點五米，百步即爲一百五十米。

〔一七〕**馬面**

陳規守城録卷二守城機要：馬面，舊制六十步立一座，跳出城外不減二丈，闊狹隨地利不定，兩邊直覷城脚。其上皆有樓子，所用木植甚多，若要畢備，須用氈皮掛搭。然不能遮隔大炮，一爲所擊，無不倒者。樓子既倒，守禦人便不得安。或謂須預備樓子，隨即架立。是未嘗經歷攻守者之言也。樓子既倒，敵必以炮石弓弩併力臨城，則損害人命至多，亦不可架立。今但只於馬面上築高厚墻，中留「品」字空眼，以備覘望，又可通過槍刀；靠城身兩邊開兩小門，下看城外，可施禦捍之具。墻裹造瓦厦屋，與守禦人避風雨，遇有攻擊，便拆去瓦厦屋，靠墻立高大排叉木，用粗繩横編，若造笆相似。任其攻擊，必不能爲害。

〔文案〕中華鄧注本未將馬面、戰棚斷開，點爲一句而注，不妥。馬面者，城墻加築若馬頭正面之狀，可儲糧可禦敵之孔形，與戰棚雖同爲防禦之所而異。今陝蒙交界陝西靖邊縣「統萬城」，即沈括夢溪筆談卷十一所提「延州故豐林縣城，赫連勃勃所築」。赫連勃勃，晉書卷一百三十有載記，其所築「赫連城」，硬可礪斧，蓋因檢驗城墻，「錐入一寸，即殺作者」。故今城墻輪廓仍清晰可辨。據中國國家地理雜誌二〇〇〇年第三期莘文被遺忘的廢都統萬城記：城墻高二十米，四墻外加築「馬面」若干，每個長十八米左右，寬十六米左右，作存糧草防來敵之用。誠爲「馬面」最好之實物注脚。

〔一八〕**戰棚**

彭乘墨客揮犀卷三：邊城守具中有戰棚，以長木抗於女墻之上，大體類敵樓，可以離合，設之頃刻可就，以備倉卒。城樓摧壞，或無樓處受攻，則急張戰棚以臨之。梁侯景攻臺城，爲高樓以臨，城上亦爲樓以拒，使壯士仗槊鬭於樓上，亦近此類。預備敵人，非倉卒可致。近歲邊城有議，以謂既有敵樓，則戰棚悉可廢者，恐講之未熟也。

〔一九〕**女頭**

吴曾能改齋漫録卷七事實：春秋左氏傳：「襄公六年，晏弱圍萊，堙之，環城傅於堞。」注云：「堞，女墻也。」又「二十五年，吴子門於巢，巢牛臣隱於短墻以射之」。「二十七年，盧蒲嫳攻崔氏，崔氏堞其宮而守之。」注曰：「堞，短墻也。」陴、堞、俾倪、短墻、短垣、女墻，皆一物也。説文云：「堞，城上女垣也。」廣雅云：「陴，陴倪，女墻也。」釋名曰：「女墻，言其卑小，比之於城，如女子之於丈夫也。」故杜子

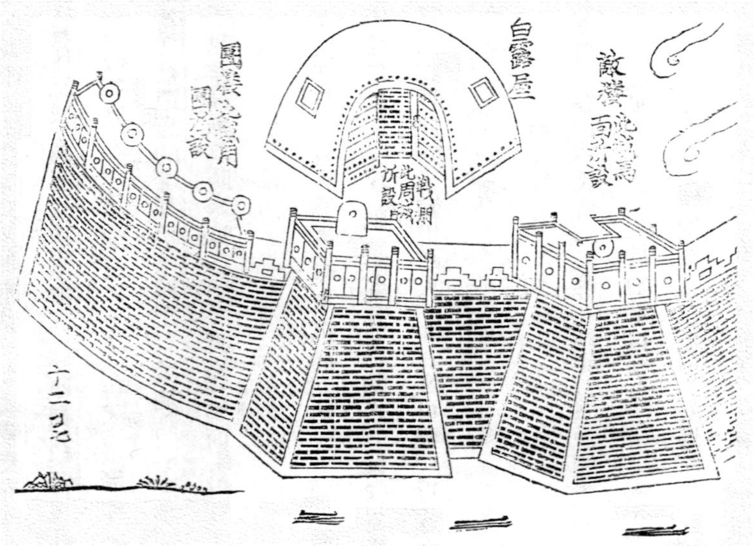


武經總要馬面戰棚圖

美上白帝城詩：「城峻隨天壁，樓高望女墻。」劉長卿登餘干古縣城云：「官舍已空秋草緑，女墻猶在夜烏啼。」劉禹錫詩云：「夜深猶過女墻來。」韓偓故鄉詩云：「塞雁已侵池籞宿，宮鴉猶戀女墻啼。」此學長卿也。

陳規守城録卷二守城機要：女頭墻，舊制於城外邊約地六尺一箇，高者不過五尺，作「山」字樣。兩女頭間留女口一箇。女頭上立狗脚木一條，掛搭皮、竹笓籬牌一片，遮隔矢石，若禦大炮，全不濟事。又女頭低小，城外箭鑿可中守禦人頭面。須是於城上先築鵲臺，高二丈，闊五尺。鵲臺上再築墻，高六尺，厚二尺。自鵲臺向上一尺五寸，留方眼一箇，眼闊一尺，高八寸；相離三尺，又置一箇；兩眼之間，向上一尺，又置一箇，狀如「品」字；向上作平頭墻。敵上登城，只於方眼中施槍刀，自可刺下，方眼向下，自有平頭墻，即是常用笓籬牌掛搭，不必臨時施設也。更於鵲臺上靠墻，每相去四寸，立排叉木一條，高出女墻五尺，横用細木夾勒兩道或三道。攻城者或能過「品」字眼，亦不能到平頭墻上，更兼墻上又有排叉木限隔，若要越過排叉木，必須用手攀援，則刀斧斫之，槍刃刺之，無不顛仆。守者用力甚少，攻者必不得志也。

### 〔二〇〕榆柳成陰

陸佃埤雅卷第十四釋木柳：柳柔脆易生之木，與楊同類。雖縱横顛倒，植之皆生。

洪邁夷堅乙志卷第十一米張家：京師修内司兵士闞喜，以年老解軍籍爲販夫，賣果實自給。其妻湯氏，舊給事掖廷，晚乃嫁喜。宣和二年六月，喜賣瓜於東水門外汴堤叢柳間，所坐處去人居百許步，柳陰尤密。

成尋參天台五臺山記第三（延久四年十月）：從南京至東京三百二十里，從越州至楚州八州河不流河也，河左右殖生楊柳相連。從泗州至東京駛流河也，河左右殖生榆樹成林。

韋驤汴上榆柳：栽培芟治責官曹，官牒書爲第一勞。擢幹不知多少樹，施功唯繫萬千艘。斧斤畏法誰能近，雨露流恩氣轉豪。今歲河堤新決壞，森然安用拂雲高。

〔文案〕汴河兩岸榆柳成陰由來久矣，煬帝開河記曾云：翰林學士虞世基獻計於隋煬帝，於汴岸廣栽垂柳，「一則樹根四散，鞠護河堤；二乃牽船之人，獲其陰涼；三則牽舟之羊食其葉」。煬帝大喜，詔民間：有柳一株，賞一縑。建隆三年，宋太祖又令：「夾岸植榆柳，以壯堤防。」以致榆柳茂密相交，成汴城一景也。

〔三〕守禦之器

許洞虎鈐經卷第六守城具第六十五：雜物。守城之時，其什物：五穀、糗糒、魚鹽、布帛、醫藥、工巧、戎具、鍛冶、秸稿、菲荻、蘆葦、灰炭、柴薪、松樺、蒿艾、脂蠟、麻皮、氈毯、荆棘、篦籬、釜鑊、盆甕、磊木、槌鑿、刀鋸、長斧、長刀、長錐、長梯、短梯、大鉤、連鎖，但人所用之物，一一預備。仍令修緝，不得損壞。雜備。城上八隊之間，安轉關小炮二，機關大炮一，雲梯撞炮等，間先從城身用木跳出爲重女墻，高於土女墻五寸以上，以板覆之，隨事緩急而開閉之。敵若以大石擊墻樓，石下之處，出跳空中，懸生牛皮或氈毯等袋，以乘其石。城内人家咸令置水防火，先約失火者斬，火發之處，多恐姦人放火，但令近便主當八部官人，領老少婦女救之。火起，所部急白大將，大將親領信人左右救火，城中有卒警及雜人，城上不得輒離職掌，亂走街巷，違者斬之。敵若推輪排來攻，先以手炮打，手炮既衆，所中傷必多，來者被傷，則力不齊矣。懸門。懸板爲門也。鐵靰之如棧板，用之懸鍾板，繞城於敵柵上，上皆懸板，受敵之時，則板起發矢。突門。於城中對敵營自鑿，城内爲暗門，多少臨事，令五六寸勿穿，或於中夜於敵初來營列未定，精騎從突門躍出，擊其不意。塗扇。以泥泥城門，可厚三尺，備火鑿門，門爲敵所逼，先自鑿門扇十數孔，出强弩射之，長矛刺之，敵且不得近門。塗棧。以泥塗門上，大棧可厚五寸，備火。芘籬。戰格於女墻上，跳出椽，去墻三尺，著横檢椽安轄，以荆柳編爲之，長二尺，闊五尺，懸安椽端，以遮矢石。布幔。以複布爲幔，用弱竿懸倒於女墻外，去墻七八尺，禦炮石之勢，則矢石不復近墻矣。連梃。如打禾連枷狀，打女墻外城上人。叉竿。如槍，刃爲兩歧，用叉飛梯及人。鉤竿。如槍，兩旁有曲刃，可以鉤人。長柄鉤。城上以木爲棚，容兵一隊，作長柄鐵鉤，隨要便以爲之備。若敵攀女墻踴身，待其身出，衆鉤齊拾，掣入城中，百刃錐斧助之。若敵以木驢攻城，我用鐵蒺藜下而敦之，其法以熟鐵爲之，闊徑一尺二寸，四條縱横如蒺藜形，以生鐵汁灌其中央，重五十斤，上安鼻索，擲下敦訖，以轆轤拗上；若木驢有牛皮並泥敦著，即速以火炬灌油燒之。鐵菱。狀似小鐵蒺藜，要路撒之。串鐶。敵若推撞車攻城，我以粗鐵鐶並屈桑木爲之，用索相連，遇撞頭適到，速以鐶串撞頭，於其旁便處將士牽索，則撞車翻倒，弓弩齊射，自然敗走。眯敵。石炭、糠粃，因風於城上以眯敵人目，因以鐵汁灑之。轉關橋梁。一橋梁端著横括，拔去括，橋轉關，人馬不得渡，皆傾水中。轉關墻。凡攻城之兵，禦捍矢石，頭戴鍪帽，傾視不便，衣甲重厚，進退又難，前既不得上城，退則師逼迫，人衆煩鬧。我作轉關女墻，騰出城外轆轤，墜鐵索。索頭安鴟脚。當聚鬧處擲下，撥大木弩，以黄楊桑柘爲之，弓長一丈二尺，中經七寸，兩梢三寸，絞車張之，大矢一發，聲如雷吼。積木。備磊石，徑一尺，小頭六七寸，長五尺，候敵人上城，則擲下磊之。積石。備炮石。大小隨身下，捉敵人。地探。於城四隅穿井，各深二丈，令覆新甕於井中，坐而聽，城外賊到，内有孔穴地道，並聞甕中，辨遠近矣。地聽。於城内八方穿井，各深二丈，以新甕薄皮鞔口如鼓，令聰耳者於井中枕甕而聽，則去城五百步悉知之。既審其處，我則隨地鑿穴迎之，以乾艾一石燒令煙出，乃用板於穴口封之，勿令煙泄；更以鞴鼓之，則敵人焦灼矣。警火。每城四面，夜間設有警火，油囊盛水，於城上擲安火上，囊敗火滅。救火用水筩，敵若縱火焚樓堞，以粗竹長一丈，鏤去節，以生薄皮爲盛，令貯水一二三石，將筩納於袋内，急縛如濺筩，令將士三五人，撮水口急注之救火，每門常貯兩具，無竹，即以木合筩漆之，而用井水濺筩二十具助之。門内常以甕貯水添用。燕尾炬。縛葦草爲炬，分爲兩歧，如燕尾狀，以油蠟灌之，加火縱城墜下，使人騎木驢而燒之。松明炬。以松木爲之，燒令明，直鎚下，隨城照之，恐敵人乘暗上城。脂油燭炬。燃脂秉燭於城四衢要路門下，晨夜不得絶明，用備非常。行罏。鎔鐵汁罏，舁行於城上以灑敵。

遊火鐵箱。盛火加脂蠟，鏁鎚城下，燒穴孔中人。毒井。守城之時，城外有井，先沉之以毒藥。陷馬坑。孔長五尺，闊一丈，深三尺，坑中埋鹿角槍、竹籤，十字相連，狀如鈎鏁，覆以蒭草茆禾，加土種草，令生苗，蒙覆其上，軍城磊壁要路皆設之。拒馬槍。以木徑二尺，長短隨時。十字鑿。孔縱横安檢，長一丈，鋭其端，可塞城中門巷要路。木柵，爲敵所逼，不及築城壘，或因山河險隘，多石少土，不任板築，則建立木爲柵，方圓高下隨時，深埋木根，重複彌縫，其闕内重柱爲閣道，外重柱長出四尺爲女墻，皆泥塗之，又於閣道内柱上布板木爲棧，立欄干行於柵上。懸門、擁墻、濠塹、拒馬，一如守城法。

〔二三〕廣固

〔文案〕京都譯注本釋「廣固」較詳：「廣固」起於熙寧八年東京大修之際，時值王安石新法實施，廢止牧馬監、廂軍之時，爲土木工專門部隊。宋會要方域一之二八可證。

## 舊京城

舊京城〔一〕，方圓約二十里許。南壁〔二〕其門有三：正南曰朱雀門，左曰保康門〔三〕，右曰新門〔四〕。東壁其門有三：從南汴河南岸角門子〔五〕，河北岸曰舊宋門，次曰舊曹門。西壁其門有三：從南曰舊鄭門，次汴河北岸角門子，次曰梁門〔六〕。北壁其門有三：從東曰舊封丘門，次曰景龍門〔七〕，乃大内城角實㊀籙宫前也。次曰金水門〔八〕。

## 〔校〕

㊀「實」，陳元靚歲時廣記卷十一預賞燈作「寶」。

## 〔注〕

〔一〕**舊京城**

岳珂桯史卷第一汴京故城：開寶戊辰，藝祖初修汴京，大其城址，曲而宛，如蚓詘焉。耆老相傳，謂趙中令鳩工奏圖，初取方直，四面皆有門，坊市經緯其間，井井繩列。上覽而怒，自取筆塗之，命以幅紙作大圈，紆曲縱斜，旁注云：「依此修築。」故城即當時遺迹也。時人咸罔測，多病其不宜於觀美。熙寧乙卯，神宗在位，遂欲改作，鑒苑中牧豚及内作坊之事，卒不敢更，第增陴而已。及政和間，蔡京擅國，亟奏廣其規，以便宫室苑囿之奉，命宦侍董其役。凡周旋數十里，一撤而方之如矩，墉堞樓櫓，雖甚藻飾，而蕩然無曩時之堅樸矣。一時迄功第賞，侈其事，至以表記，兩命詞科之題，槩可想見其張皇也。靖康胡馬南牧，黏罕、斡離不揚鞭城下，有得色，曰：「是易攻下。」令植砲四隅，隨方而擊之。城既引直，一砲所望，一壁皆不可立，竟以此失守。沉幾遠覩，至是始驗。宸筆所定圖，承平時藏秘閣，今不復存。

〔文案〕中華鄧注本、京都譯注本均據宋會要方域之載注之「舊京城」，然舊京城變革史缺失，岳珂所記可補。

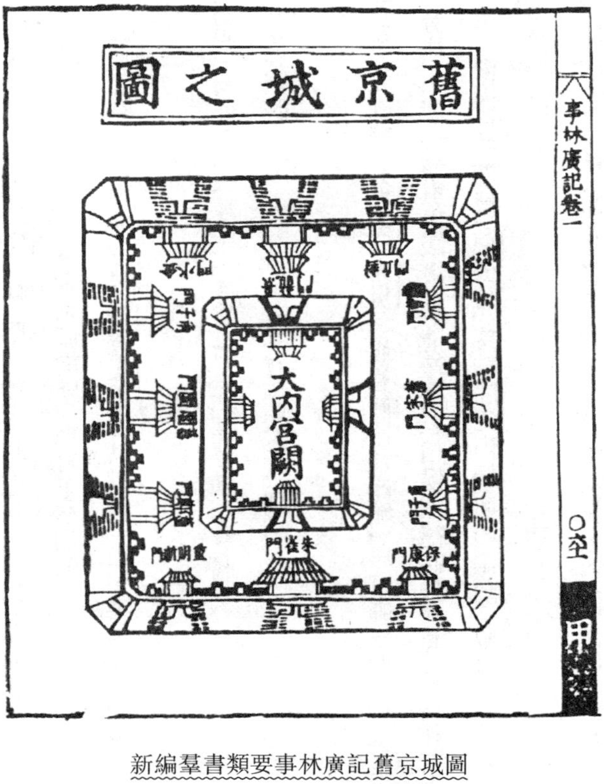


新編羣書類要事林廣記舊京城圖

〔二〕南壁

徐夢莘三朝北盟會編卷六十六靖康中帙四十一起靖康元年閏十一月一日壬辰，盡十四日乙巳：閏十一月一日壬辰朔，駕幸京城南壁。遺史曰：車駕幸京城南壁，撫勞士卒如前。

〔文案〕東京城以地界分東西南北四壁，宗澤集曾記其禦敵時，四壁「立界」，南壁即爲其一。

〔三〕保康門

王瓘北道刊誤志：南面三門：保康。大中祥符五年，建會靈觀，置保康門。

張師正括異志卷五劉觀察宅：京師保康門，有劉觀察之別第。

〔四〕新門

惠洪冷齋夜話卷之九劉野夫免德莊火災：龔德莊罷官河朔，居京師新門。劉野夫上元夕以書約德莊曰：「今夜欲與君語，令閤必盡室出觀燈，當清浄身心相候。」德莊雅敬其爲人，危坐，三鼓矣，家人輩未還，野夫亦竟不至。俄火自門而燒，德莊窘，持誥牒犯烈焰而出，頃刻，數百舍爲瓦礫之場。

〔五〕角門子

蔡條鐵圍山叢談卷第一：而秘書省之西，切近大慶殿，故於殿廊闢角門子以相通，遇乘輿出，必繇正寢而前。則秘書省官自角門子入而班於大慶殿下，迓車駕起居，及還内亦如之，可謂清切矣。以是諸學士多得繇角門子至大慶殿，納涼於殿東偏。

〔文案〕角門子爲側門、後門，亦作角子門。若楊温攔路虎傳：「楊温隨員外入來後地，推開了一個固角子門，入去看，一段空地。」

〔六〕**梁門**

〔文案〕東京城門，歷經世變，其名多易：梁曰乾象，晉曰乾明，宋初曰千秋，太平興國四年九月改名閶闔，又稱梁門。

〔七〕**景龍門**

万俟詠鳳皇枝令，序曰：「景龍門，古酸棗門也。自左掖門之東，爲夾城南北道，北抵景龍門。自臘月十五日放燈，縱都人夜遊。」

百歲寓翁楓窗小牘卷上：其東直景龍門，西抵天波門，宫東西二横門，皆視禁門。

〔八〕**金水門**

〔文案〕金水門因金水河得名，亦爲俗稱。梁則曰大安，太平興國四年九月改名天波門。

## 河道

穿城河道有㊀四。南壁曰蔡河，自陳、蔡由西南戴樓門入京城，遼繞自㊁東南陳州門出，河上有橋十一㊂，自陳州門裏曰觀橋，在五嶽觀後門。從北次曰宣泰橋，次曰雲騎橋〔一〕，次曰横橋子，在彭婆婆宅前。次曰高橋，次曰西保康門橋，次曰龍津橋，正對内前。次曰新橋，次曰太平橋，高殿前宅前。次曰糶麥橋，次曰第一座橋，次曰宜男橋，出戴樓門外曰四里橋。中曰汴河，自西京〔二〕洛口分水入京城㊃，東去至泗州入淮，運東南之糧，凡東南方物〔三〕，自此入京城，公私仰給焉。自東水門外七里，至西水門外，河上有橋十三㊄。從東水門外七里，曰虹橋〔四〕，其橋無柱，皆以巨木虚架，飾以丹艧㊅，宛如飛虹，其上、下土橋亦如之。次曰順成倉橋，入水門裏曰便橋，次曰下土橋，次曰上土橋，投西角子門曰相國寺橋。次曰州橋〔五〕，正名天漢橋。正對於大内御街，其橋與相國寺橋，皆低平不通舟船，唯西河平船可過，其柱皆青石爲之，石梁石笋楯欄㊆〔六〕，近橋兩岸，皆石壁，雕鎸海馬水獸〔七〕飛雲之狀，橋下密排石柱，蓋車駕御路也。州橋之北岸御路，東西兩闕，樓觀對聳；橋之西有方淺船二隻，頭置巨幹鐵槍數條，岸上有鐵索三條，遇夜絞上水面，蓋防遺火舟船㊇矣。西去曰浚儀橋，次曰興國寺橋，亦名馬軍衙橋。次曰太師府橋，蔡相宅前。次曰金梁橋，次曰西浮橋，舊以船爲之橋，今皆用木石造矣。次曰西水門便橋，門外曰横橋。東北曰五丈河，來自濟、鄆，般挽京東路〔八〕糧斛入京城，自新曹門北入京㊈，河上有橋五：東去曰小横橋，次曰廣備橋，次曰蔡市橋，次曰青暉橋、染院橋。西北曰金水河，自京城西南分京索河〔九〕水築堤，從汴河上用木槽架過〔一〇〕，從西北水門入京城，夾墻遮擁，入大内灌後苑〔一一〕池浦矣。河上有橋三：曰白虎橋〔一二〕、横橋、五王宫橋之類。又曹門小河子橋曰念佛橋，蓋内諸司輦官、親事官之類，軍營〔一三〕皆在曹門，侵晨上直，有瞽者在橋上念經求化，得其名矣。

〔校〕

〔一〕「穿城河道有」，百歲寓翁楓窗小牘卷上作「汴京河渠凡」。

〔二〕「自」，楓窗小牘卷上作「向」。

〔三〕「十一」，中華鄧注本已糾「十一應作十三，橋數如此」。另有見解：按宋東京圖，蔡河在外城流經十一條大街，疑「十一」或指在大街上橋數。

〔四〕「自西京洛口分水入京城」，楓窗小牘卷上作「自西京洛口分水，從東水門入京城」。

〔五〕「十三」誤，文中實記十四橋。劉益安對新版東京夢華録注本質疑計爲：虹橋、順成倉橋、便橋、下土橋、上土橋、相國寺橋、州橋、浚儀橋、興國寺橋、太師府橋、金梁橋、西浮橋、西水便門橋、横橋。

〔六〕「艧」，應作「臒」。臒爲赤石脂，可作顔料，以飾建築。

〔七〕「楯欄」應爲「欄楯」。見注〔六〕。

〔八〕「遺火舟船」應爲「遺失舟船」。

⑨「自新曹門北入京」，楓窗小牘卷上作「自新曹門入通汴河」。

## 【注】

〔一〕**雲騎橋**

〔文案〕龔延明宋代官制辭典云：雲騎係禁軍編制，隸侍衛馬軍司。建隆二年改稱雲騎軍。京都譯注本則推測此橋靠近雲騎兵營而得名。湯鼎有雲驥橋詩，可證此橋居都市繁華中心，交通要衝：「橋頭車馬鬧喧闐，橋下帆檣見畫船。絃管隔花人似玉，樓臺近水柳如煙。地連秦晉通三市，路入淮濠接九天。獨倚闌干望宮闕，翠微高映五雲邊。」

〔二〕**西京**

王應麟小學紺珠卷第二地理類四京宋朝：東京開封府汴西京河南府洛南京應天府宋北京大名府魏。

葉夢得石林燕語卷八：唐都雍，洛陽在關東，故以爲東都；本朝都汴，洛陽在西，故以爲西都，皆謂之「兩京」。

汪應辰石林燕語辨卷第八（百六十五辨）：東都西都爲兩京，應天府爲南京，大名府爲北京，遂爲西京。西京當作四京。

〔三〕**東南方物**

朱長文吴郡圖經續記卷上物産：吴中地沃而物夥，其原隰之所育，湖海之所出，不可得而殫名也。其稼，則刈麥種禾，一歲再熟，稻有早晚，其名品甚繁，農民隨其力之所及，擇其土之所宜，以次種焉，惟號「箭子」者爲最，歲貢京師。其果，則黄柑香碩，郡以充貢。橘分丹緑，梨重絲蒂，函列羅生，何珍不有？其草，則藥品之所録，離騷之所詠，布護於皋澤之間，海苔可食，山蕨可掇，幽蘭國香，近出山谷，人多玩焉。其竹，則大如篔簹，小如箭桂，含露而班，冒霜而紫，修篁叢筍，森萃蕭瑟，高可拂雲，清能來風。其木，則栝柏松梓，棕楠杉桂，冬巖常青，喬林相望，椒梂梔實，蕃衍足用。其花，則木蘭辛夷，著名惟舊，牡丹多品，遊人是觀，繁麗貴重，盛亞京洛，朱華凌雪，白蓮敷沼，文通、樂天，昔嘗稱詠。重臺之菡萏，傷荷之珍藕，見於傳記。其羽族，則水有賓鴻，陸有巢翠，鶤雞鵠鷺，鵁鶄鷗鶩之類，巨細參差，無不咸備。華亭仙禽，其相如經，或鳴皋原，或擾樊籠。其鱗介，則鰷鱨鰋鯉、魱鱛鱨鯊、乘鱟黿鼉、蟹鳌螺蛤之類，怪詭舛錯，隨時而有。秋風起則鱸魚肥，練木華而石首至，豈勝言哉！海瀕之民，以網罟蒲蠃之利而自業者，比於農圃焉。又若太湖之怪石，包山之珍茗，千里之紫蓴，織席最良，給用四方，皆其所産也。

范成大吴郡志卷一土貢：本朝土貢，考之九域圖，所貢：坐倚席、白墡、柑、橘、鹹酸果子、海味、鮝魚肚、糟薑。元豐土貢録載，户部：藁橘一萬五千顆治平四年罷，生絲鞋皇祐敕罷，花席二十合熙寧三年罷。又云，進奏院狀稱，見今逐年進奉土産：柑、橘、糟薑、鹹酸果子。又云，今別貢葛二十疋，白石脂、蛇牀子各十斤，席二十領。以上本朝故事。今惟遇聖節，貢銀五百兩，絹五百疋，葛布二十疋。

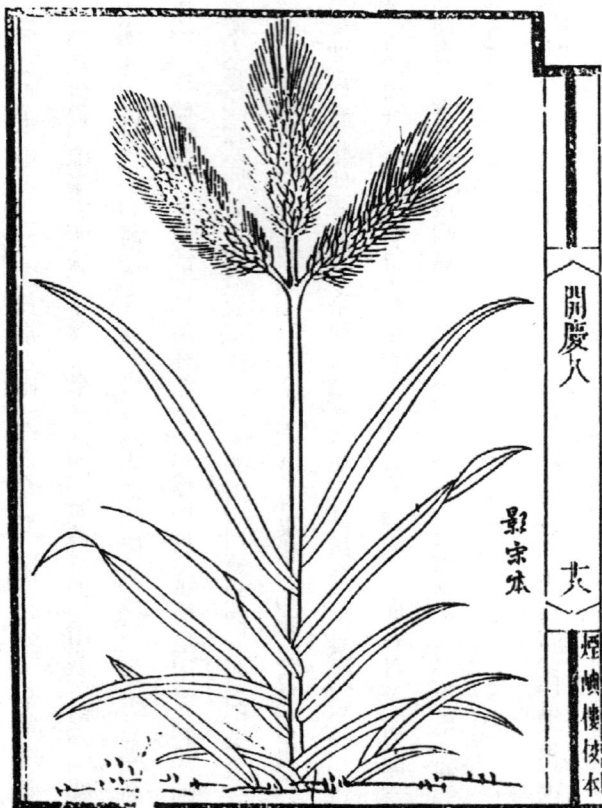

梅應發四明續志瑞麥圖

談鑰嘉泰吴興志卷二十土貢：宋朝太平興國三年貢乳柑五百顆，白編布二十疋，紫筍茶一百觔，金沙泉水一瓶。其瓶浪銀打成，並鎖鑰重五十六兩，見統記。大中祥符間貢大編布二十疋，乳柑五百個。見李宗諤圖經。熙寧中，貢白紵二十疋，漆器三十事。見王存九域志。

〔四〕虹橋

徐松宋會要輯稿方域一三之二〇、二一：八年六月，河西軍節度使知河陽石普言：陝府、澶州浮橋，每有綱船往來，逐便拆橋放過，甚有阻滯。今造到小樣脚船八隻，若逐處有岸，即將高脚船從岸鋪使，漸次將低脚船排使；如無岸處，即兩邊用低橋脚，以次鋪排，中間使高脚船八隻作虹橋，其過往舟船於水深洪内透放，並具樣進呈。帝令三司定奪聞奏。

天禧元年，正月，罷修汴河「無脚橋」。初，内殿承制魏化基言，汴水悍激，多因橋柱壞舟，遂獻此橋木式。編木爲之，釘貫其中。詔化基與八作司營造。至是，三司度所廢工逾三倍，乃請罷之。

脱脱宋史卷二百九十八列傳第五十七陳希亮：希亮曰：「法吏守文，非所願，願得一郡以自效。」乃以爲宿州。州跨汴爲橋，水與橋争，常壞舟。希亮始作飛橋，無柱，以便往來。詔賜縑以褒之，仍下其法，自畿邑至於泗州，皆爲飛橋。

王闢之澠水燕談録卷八事誌：青州城西南皆山，中貫洋水，限爲二城。先時，跨水植柱爲橋，每至六七月間，山水暴漲，水與柱鬬，率常壞橋，州以爲患。明道中，夏英公守青，思有以捍之，會得牢城廢卒，有智思，叠巨石固其岸，取大木數十相貫，架爲飛橋，無柱。至今五十餘年，橋不壞。慶曆中，陳希亮守宿，以汴橋屢壞，率嘗損官舟、害人，乃命法青州所作飛橋。至今沿汴皆飛橋，爲往來之利，俗曰「虹橋」。

韋驤無脚橋汴上：枘鑿關連壯，横空不可摇。激波無雁齒，跨岸只虹腰。改制千年取，傾舟衆患消。乘輿濟人者，爲惠固相遼。

朱瑞常林至胡林卿雲間志卷上橋梁：震橋在縣東二百三十五步，其上飛宇翼然，俗呼爲東亭橋，又名虹橋。

張鉉至正金陵新志卷四下疆域志二橋梁：天津橋宋行宫前舊名虹橋，政和中蔡嶷建爲石橋，號曰蔡公橋，後改今名。天津本西京大内前橋名，即康節邵雍聞杜鵑處，今移其名於此，不忘京師之思也。

唐寰澄中國古代橋梁叠梁拱：水面通航和橋柱的矛盾不論近代和古代都存在。近代橋梁跨度可達千米以上，梁墩仍須有防撞措施。況古代橋梁跨度在十米左右，船撞自所難免。唯有向大跨度發展，河中没有橋墩，方可免除撞船之患。因而有人建議造「無脚橋」。

張擇端以忠實的手法，合乎透視的原理，畫出這座木橋。橋的尺度亦可以從畫上推出。橋上欄杆是宋代勾欄特有的做法。扶手是一根通長的「尋杖」。尋杖以下爲盆唇、蜀柱和地栿所構成的框架。框架束腰，只是簡單的兩根横木。每根蜀柱上置上下複斗癭項。爲了增加木欄杆的牢靠性，在每根蜀

清明上河圖中虹橋

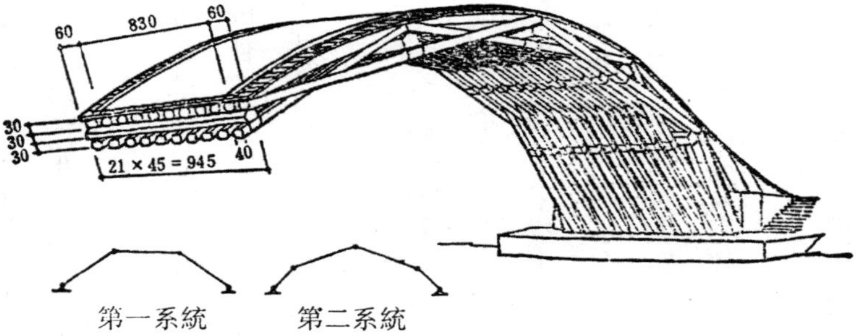


虹橋斷面示意圖

（選自茅以昇中國古橋技術史）

柱、盆唇底上，用斜木撑住。全橋只有橋頭兩端各有兩根望柱，也即作爲八字折柱。橋每邊八字折柱至八字折柱中間，共有蜀柱二十三根。從欄杆上靠着的人數看來，每兩蜀柱間有二人擠得較緊，估計約寬八十厘米。由此便估計全橋八字折柱至八字折柱間約長十九點二米。

再從橋的正面和底面來探究。橋拱主要部分是用兩組拱骨系統，一組爲三根長拱骨，另一組爲兩根長、兩根短的拱骨搭架排比而成，每兩根拱骨端擱於另一根拱骨中部的橫木上。整個拱是立體的結構，單獨一片拱架是不能建立的，至少須兩片拱架，用橫木聯繫起來。橫木除了起聯繫的作用外，同時是拱架構成的主要部分，且起橫向分配的作用。

從清明上河圖看此橋，正如湯鼎汴京雲驥橋詩所云：「橋頭車馬鬧喧闐，橋下帆檣見畫船。」過橋的船正在緊張地控制方向，引船過橋。從圖可以一絲不爽地觀察橋的正面，有五長二短的七根拱骨。最中間一根的中心，便是欄杆的中心蜀柱；横木的頂端，爲了防雨，都釘上了擋水板，飾以虎頭。從橋的底面，可以看見最外面是一根拱骨，然後是每兩根一組，用繩捆紮。這繩子捆紮的形式，在橋正面，每根拱骨中心都有。這樣一組一組排比過去，上面釘上横向橋面，裝上欄杆，鋪上路面，便構成完整的橋梁。拱橋釘上護脚板，置於堅固整齊的金剛墻上。金剛墻伸出拱脚一段距離，作爲牽道平臺，設有階梯，上通及岸。

汴水虹橋的結構在世界上也是絶無僅有。不但在中國橋梁史上，就是在世界橋梁史上，也有崇高的地位。因爲這座梁的拱木起拱和梁的作用，故名之曰叠梁拱。

茅以昇中國古橋技術史第三章拱橋三木拱橋：清明上河圖所取的透視角度，清楚地看出橋的結構。從橋下看去，在橋的寬度内一共並列有二十一組拱骨，拱骨爲大圓木，徑約四十厘米，其上下兩面鋸或錛成平面。二十一組拱骨，共分有兩個系統。最外面一組拱骨，稱爲第一系統，是兩根長拱骨和兩根短拱骨；再裏面一組，稱爲第二系統，是由三根等長的拱骨組成。如此排比過去，共十一組第一系統和十組第二系統。每一系統單獨存在時是一個不穩定的結構，於是在兩個系統拱木的交會點，設置横貫全橋寬度的横木。全橋共有五根横木。横木起聯繫拱骨，使成穩定結構和在横向分配活載的作用。横拱骨下面和上面兩個與另一系統拱骨相交的傾斜面，也可能局部錛成平面，以使接觸密貼，結構穩定。澠水燕談録稱「取巨木數十相貫」的「貫」字，確切地形容了這一結構。拱骨與横木之間的聯結，從圖上所畫綫條看，可能是捆綁式結構，或是某種特製的箍形鐵件。每根横木端部，釘有長方木板一塊，上畫獸頭，拱骨上横鋪橋面板，順拱勢到接岸處成反彎曲綫，使道路和順，也增加了橋的美觀。拱橋産生推力，所以「叠巨石固其岸」，即用方正的條石砌築橋臺，臺前留有纖道，考慮十分周到。它在世界橋梁史上是我國獨創的結構形式的橋梁，反映了中國勞動人民的「智思」。

〔文案〕中華鄧注本未注「虹橋」，京都譯注本注「虹橋」則簡略，許政揚清明上河圖畫的是哪座橋考證「虹橋」乃「下土橋」，於清明上河圖研究有益。至宋方有「虹橋」之新技術，見文物一九七五年第四期刊佈之杜連生宋清明上河圖虹橋建築的研究。虹橋當起於宋前，陳繼儒太平清話謂南唐即有大虹橋，下引雲間志同條可證：西虹橋，南唐以來廢宫橋，若小虹、飛虹之屬是也。二〇〇〇年中國國家地理雜誌七期亦證：閩、浙交界泰順縣木拱虹橋可溯唐貞觀之際。然虹橋之新技術推廣至宋方盛，而非南唐。泰順至今挺拔屹立九百餘座虹橋，當爲宋之苗裔。

〔五〕**州橋**

江鄰幾醴泉筆録上：温仲舒判開封府。一進士早出探榜，其妻繢，有人報其父母船至水門，亟僦驢往省之，至宋門，爲醉人毆擊，僦驢者又懼證佐留滯，潛遁去，府中人以醉人亦有指爪痕，俱杖而遣之，歸家號泣。夫自外亦落第而泣，兩不相知其由。徐知妻被杖，詣所司訴冤，不聽。於州橋夫妻投河溺死。天漢橋俗呼爲州橋。真宗聞之怒，知府已下悉罷去。

華鎮崇寧元年五月十六日天漢橋月下閒步：閒來步月上銀潢，天宇無塵夜色凉。雙闕高尋佳氣聳，三街平襯緑槐長。沈沈琳館東西迴，裹裹珠樓左右光。歸去不須尋蜀客，莫教知到斗牛傍。

宋話本簡帖和尚：只有小娘子見丈夫不要他，把他休了，哭出州衙門來，口中自道：「丈夫又不要我，又没一個親戚投奔，教我那裏安身？不若我自尋死後休！」上天漢州橋，看着金水銀堤汴河，恰待要跳將下去。

張師正括異志卷七郭上竈：郭上竈者，不知何許人。天禧中，嘗以備雇瀹湯滌器於州橋茶肆間。

施耐庵羅貫中水滸傳第十二回梁山泊林沖落草　汴京城楊志賣刀：牛二便去州橋下香椒鋪裹，討了二十文當三錢，一垛兒將來，放在州橋闌干上。

〔六〕**楯欄**

慧琳一切經音義卷四大般若經欄楯：上勒單反，下垂潤反。説文：欄也，檻也。王逸注楚辭云：縱曰欄，横曰楯，楯間子謂之櫺子也。

趙令畤侯鯖録卷七：欄楯。王逸注云：縱曰欄，横曰楯。楯間子曰櫺。欄楯，殿上臨邊之飾，亦以防人墜墮，今言鈎欄是也。

〔七〕**海馬水獸**

張知甫張氏可書：章惇方柄任，用都司賈仲民議，起州橋二樓，又改橋作石岸，以錫鐵灌其縫。宋用臣過之，大笑而去。仲民疑其有所未至，深慮之，遂謁用臣，訪以致笑之端。用臣曰：「石岸固奇絶，但上闊下狹，若甕爾。」仲民始悟，懇以更製。用臣曰：「請作海馬雲氣，以闊其下。」卒如之而成。

唐慎微重修政和經史政類備用本草卷二十一蟲魚部中品：海馬，謹按異志云：生西海，大小如守宮蟲，形若馬形。其色黃褐，性温平，無毒，主婦人難産，帶之於身神驗。

王圻王思義三才圖會鳥獸卷三：海馬，山海經云：北海内獸，狀如馬，又善走，故服色之有取於海馬者，以善走也。或云騊駼亦馬之善走者，即海馬。又隋書云：西域土谷渾有青海，中有小山，其俗至冬冰合，輒放牝馬於其上，言得龍種，嘗得波斯馬放入海，因生驄駒，日行千里，故時稱海馬。

〔八〕京東路

王存元豐九域志卷第一京東路：熙寧七年分東西路。元豐元年詔河北東西、永興、秦鳳、京東東西、京西南北、淮南東西路轉運司通管兩路，以河北、陜府、京東、京西、淮南路爲名，提刑、提舉司仍舊分路。

東路州八，軍一，縣三十七。

〔九〕京索河

王瓘北道刊誤志：京索河在縣西南十五里，京案楚、漢戰京索。京，鄭共叔所居。應劭曰縣名，水經曰黄水，發源京縣黄堆上，東南流，名祝龍泉，泉勢沸湧，狀巨鼎揚湯，西南流謂之龍項口，世謂之京水也。元和縣志曰：京水出滎陽縣東南平地。索案漢書注：京縣有大索小索亭。水經注：索水出京縣西南嵩渚山，北經小索亭西，京相璠曰：世語本索氏兄弟居此，故號小索。又屈東逕大索城南。春秋傳曰：鄭子皮勞叔向於索氏，即此城。北征記有索水，郡縣志曰：索水出滎陽縣小徑山。十道志曰：嵩渚山亦名小徑山。山海經云：小徑之山，器難之水出焉。舊傳即索水也。索音求索之索，一作溹，春秋音義：索，悉落切。二水合流，亦曰金水河，自中牟縣界至縣境，流入御溝。案後唐同光二年，命蔡州刺史朱勍開導索河，以通漕運。

〔一〇〕木槽架過

程大昌雍録卷九飛渠：本朝都汴。城内有大水二，其一自北趨南，直貫都城者，汴渠也。其一自西而東，横亘都城者，京水也。名金水河。太祖欲通京水使東下，以達五丈河。而中間有所謂汴渠者焉，實與京水交午，而京水高於汴渠，若決京注汴，則必隨汴南流，不能東出。故遂於金水會汴之地，架空設槽，横跨汴面，其制如橋，而金水河之水乃自西横絶，以東注乎五丈河也，本朝名惠民河者是也。予意水經之謂飛渠者，如架汴橋渠而遂名之爲「飛」也。「飛」者，底不附土而沿空以行，如禽之不以足履而以翼飛也。蓋未央殿址據山爲高，而明渠之欲入城也，必有窪下之地，中斷不接，故架空爲渠，使得超窪下而注滄池也，飛渠之制，恐必爾也。

吕祖謙歷代制度詳説卷四漕運制度：建隆二年詔陳承昭於京城之西，夾汴水造斗門，引京索、蔡河水通城壕入斗門，俾架流汴水之上，通匯於五丈河，以便東北漕運。即金水河。

**〔二〕後苑**

張師正括異志卷一後苑亭：嘉祐末，仁宗於後苑建一亭，題其榜曰「迎曙亭」。未幾，神文棄天下，英宗嗣位，則亭之名豈徒然哉。

程俱麟臺故事卷五恩榮：仁宗每著歌詩，間命輔臣、宗室、兩制、館閣官屬繼和。天聖四年四月乙卯，内出後苑雙頭牡丹芍藥花圖，以示輔臣，仍令館閣官爲詩賦以獻。

王素王文正公遺事：上於後苑曲燕，步於檻中，自剪牡丹兩朵，召公親戴。

文瑩玉壺清話卷第四：楊大年二十一歲爲光禄丞，賜及第。太宗極稱愛。三月，後苑曲宴，未

貼職不得預，公以詩貽館中諸公曰：「聞戴宮花滿鬢紅，上林絲管侍重瞳。蓬萊咫尺無因到，始信仙

凡迴不同。」諸公不敢匿，即時進呈。上訝有司不即召，左右以未貼職爲對，即日直集賢院，免謝，令

預曲宴。

二程語録卷之十四遺書伊川先生語伊川雜録：太祖初有天下，士卒人許賞二百緡，及即位，以無錢，久不賜，士卒至有題詩於後苑。太祖一日遊後苑，見詩，乃曰：「好詩。」遂索筆和之，以故每於郊時各賜賞給，至今因以爲例，不能去。

趙葵行營雜録：神廟一日行後苑，見牧猳猪者，問何所用？牧者曰：「自太祖來，常令畜之，自稚養以至大，則殺之，又養稚者。累朝不敢易，亦不知何用。」神廟沈思久之，詔付所司：禁中自今不得復畜。月餘，忽獲妖人，急欲血澆之，禁中卒不能致，方悟祖宗遠略。

〔二二〕**白虎橋**

宋話本宋四公大鬧禁魂張：次日，將着他閑走。王秀道：「你見白虎橋下大宅子，便是錢大王府，好一拳財。」

〔二三〕**軍營**

施宿嘉泰會稽志卷四軍營：祖宗有天下，因周之制，又盡收天下雄勁士卒，列營京畿，足以坐制四方矣。又謂郡亦不可無備，則爲之制，其別有禁軍、廂軍，禁軍蓋因梁、周之名，而廂軍則因藩鎮舊名，廂

者乃當時分軍之名，今内則龍神衛四廂，及外郡有第幾廂之類，皆郡分耳。禁軍猶曰京師之兵，而廂軍則郡國所有，雖衣糧有差降，然皆選擇。及歷歲久，禁、廂軍皆郡自募。始猶自京師分遣壯卒爲募士之準，謂之兵樣，繼易以木梃木策，而兵樣不至矣。於是禁軍則教閲以備征戍，廂軍給役而已。禁軍有退惰者降爲廂軍，謂之「落廂」。自熙寧後置將官，而禁軍又有係將不係將之別，則禁軍亦分爲二矣。初，梁太祖令諸軍悉黥面爲細字，各識軍號，五代至本朝因之。方募時，先度人材，次閲馳躍，次試瞻視，初舉手指問之而已，其後又刻木作手加白堊舉以試之。然後黥面，而給衣屨緡錢，謂之「招刺利物」，至今皆不改。若或惜費罷募，使軍士子弟失職，或至於溢額冗濫者，皆非也。

張淏寶慶會稽續志卷第一軍營：府之軍營，凡十有二，曰雄節，係將第一指揮，曰威捷，第二係將指揮，曰威果，係將第二十二指揮、第二十三指揮，不係將第五十四指揮，曰全捷，係將第四指揮、第五指揮，曰全捷，不係將第十三指揮，曰廂軍，崇節第一指揮、第八指揮，曰壯城指揮，曰牢城指揮，廢壞久不葺，軍兵皆僦居於外。嘉定十六年，守汪綱葺舊，外添創屋一千餘間，盡括軍兵遷入營壘，於是軍制稍嚴整矣。

## 大内

大内正門宣德樓列五門，門皆金釘〔一〕朱漆，壁皆磚石間甃，鐫鏤龍鳳飛雲之狀，莫非雕甍畫棟，峻桷層榱，覆以琉璃瓦〔二〕，曲尺朵樓，朱欄彩檻，下列兩闕亭相對，悉用朱紅杈子。入宣德樓正門，乃大慶殿，庭設兩樓，如寺院鐘樓，上有太史局保章正，測驗刻漏〔三〕，逐時刻執牙牌奏。每遇大禮，車駕齋宿，及正朔朝會於此殿。殿外左右橫門曰左右長慶門。内城南壁有門三座，係大朝會趨朝路，宣德樓左曰左掖門〔四〕，右曰右掖門〔五〕。左掖門裏乃明堂，右掖門裏西去乃天章、寶文等閣。宫城〔六〕至北廊約百餘丈。入門東去街北廊乃樞密院，次中書省，次都堂宰相朝退治事於此。次門下省，次大慶殿外廊橫門，北去百餘步，又一橫門，每日宰執趨朝，此處下馬；餘侍從臺諫於第一橫門下馬，行至文德殿〔七〕，入第二橫門。東廊大慶殿東偏門，西廊中書、門下後省；次修國史院，次南向小角門，正對文德殿。常朝殿也。殿前東西大街〔八〕，東出東華門，西出西華門。近裏又兩門相對，左右嘉肅門也。南去左右銀臺門。自東華門裏皇太子宫入嘉肅門，街南大慶殿後門、東西上閤門；街北宣祐門。南北大街西廊面東曰凝暉殿，乃通會通門入禁中矣。殿相對東廊門樓，乃殿中省、六尚局〔九〕、御廚〔一〇〕。殿上常列禁衛兩重〔一一〕，時刻提警，出入甚嚴。近裏皆近侍中貴，殿之外皆知省、御藥幕次〔一二〕，快行、親從官、輦官、車子院、黄院子、内諸司兵士，祗候宣唤；及宫禁買賣進貢，皆由此入。唯此浩穰，諸司人自賣飲食珍奇之物〔一三〕，市井之間未有也。每遇早晚進膳〔一四〕，自殿中省對凝暉殿，禁衛成列，約欄不得過往。省門上有一人呼喝〔一五〕，謂之「撥食家」。次有紫衣、裹脚子向後曲折幞頭者，謂之「院子家」，托一合，用黄繡龍合衣籠罩，左手擕一紅羅繡手巾，進入於此，約十餘合，繼托金瓜合二十餘面進入，非時取唤，謂之「泛索」〔一六〕。宣祐門外，西去紫宸殿。正朔受朝於此。次曰文德殿，常朝所御。次曰垂拱殿，次曰皇儀殿，次曰集英殿。御宴及試舉人於此。後殿曰崇政殿、保和殿〔一七〕。内書閣曰睿思殿〔一八〕。後門曰拱辰㊀門。東華門外〔一九〕，市井最盛，蓋禁中買賣在此，凡飲食、時新花果、魚鰕〔二〇〕鱉蟹、鶉兔脯腊、金玉珍玩、衣着，無非天下之奇。其品味若數十分，客要一二十味下酒〔二一〕，隨索，目下便有之。其歲時果瓜蔬茹新上市，并茄〔二二〕瓠〔二三〕之類新出，每對可直三五十千，諸閤分争以貴價取之。

［校］

㊀「辰」，京都譯注本糾爲「宸」。

［注］

〔一〕**金釘**

宇文懋昭大金國志卷之三十三燕京制度：煬王弑熙宗，築宮室於燕，逮三年而有成。城之四圍凡九里三十步。天津橋之北曰宣陽門，中門繪龍，兩偏繪鳳，用金釘釘之。中門惟車駕出入乃開，兩偏分雙單日開一門。過門有兩樓，曰文曰武，文之轉東曰來寧館，武［之］轉西曰會同館。正北曰「千步廊」，東西對焉。廊之半各有偏門，向東曰太廟，向西曰尚書省。至通天門，後改名應天樓，［觀］高八丈，朱門五，飾以金釘。

〔二〕**琉璃瓦**

宋話本李元吴江救朱蛇：行不一里，見一所宫殿，背靠青山，面朝緑水。水上一橋，橋上列花石欄杆。宫殿上蓋琉璃瓦，兩廊下皆搗紅泥墻壁。

范成大攬轡録：將至宫城廊，即東轉，又百許間，其西亦有三間，出門，但不知所通何處，望之皆民居。東西廊之中，馳道甚闊，兩旁有溝，溝上植柳，兩廊屋脊皆覆以青琉璃瓦，宫闕門户即純用之。

〔三〕**刻漏**

吴處厚青箱雜記卷九：龍圖燕公肅雅多巧思，任梓潼日，嘗作蓮花漏獻於闕下，後作藩青社，出守東潁，悉按其法而爲之。其制爲四分之壺，參差置水器於上，刻木爲四方之箭，箭四觚，面二十五刻，刻六十四面，百刻總六千分，以効日，凡四十八箭，一氣一易，鑄金蓮、承箭、銅烏引水，下注金蓮，浮箭而上，有司唯謹視而易之。其行漏之始，又依周官水地，置臬法，考二交之景，得午時四刻一十分，午爲正南，北景中以起漏焉，以梓潼在南，其法晝增一刻，夜損一刻，青社稍北，晝增三刻，潁處梓青之間，晝增二刻，夜損亦如之。仍作宣秘漏，其窺天愈密焉。兹亦張平子之流也。

## 〔四〕左掖門

孔平仲談苑卷四：選人不得乘馬入宫門。天聖中選人爲館職，始歐陽永叔輩皆自左掖門下馬入館，時號「步行學士」。

韓駒過左掖門馬上口占：十載扁舟自在閒，帝城春物不相關。却因久住蓬萊閣，贏得年年看緑山。

## 〔五〕右掖門

釋惠洪禪林僧寶傳卷二十言法華：法華自右掖門徑趨，將至寢殿，侍衛呵止不可。上笑曰：「朕請而來也。」

楊湜古今詞話許將：嘉祐間，京師殿試，有一南商控細鞍驄馬於右掖門，俟狀元獻之。

葉夢得石林詩話卷中：元豐初，始建東西府於右掖門之前，每府相對爲四位，俗謂之八位。裕陵幸尚書省回，嘗特臨幸，駐輦環視久之。時張侍郎文裕以詩慶宰執，元參政厚之和

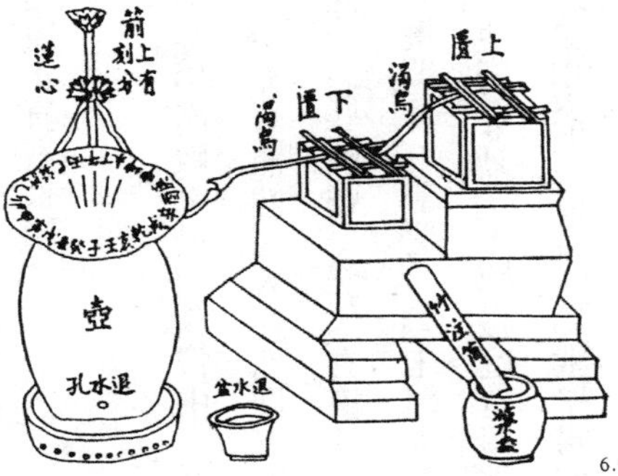


燕肅蓮花漏

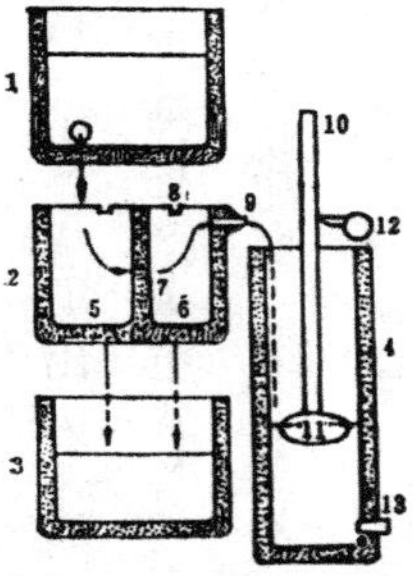


沈括浮漏

（選自李志超水運儀象志）

云：「黄閣勢連東鳳闕，紫樞光直右銀臺。」蓋東府與西闕相近，西府正直右掖門。

〔六〕宫城

白珽湛淵静語卷二：又次日，同官屬看故宫室，宫墻四角皆有樓，高數十尺。其樓中一區高，兩旁各遞減三層，以裏墻角。入自左掖門，向西行一二十步，横入一門，號左昇龍門。入此門即五門，裏大慶門。外由峻廊上五門樓，俯瞰城寺，正望丹鳳樓，復下樓望右昇龍門。此兩門蓋通左、右掖門，五門非車駕出入不開。左、右掖門，百官有司往來，横通左、右昇龍，以造大慶門外，其門有三，中曰大慶，東曰日精，西曰月華，門旁亦列戟。入此門望見大慶殿，兩旁有井亭。東西廊屋各數十間，殿庭有兩樓對峙，東曰嘉福，西曰嘉瑞。大慶殿屋十一間，龍墀三級，旁朵殿各三間，峻廊復與西廡相接，殿壁畫四龍，各長數丈，詢之宦者，稱金主詢渡河來後所畫，中間御屏亦畫龍，上用小斗開成一方井，如佛宫寶蓋，中有一金龍，以絲網罩之，此即正衙也。轉御屏，下峻階數步，一殿曰德儀。由德儀殿出，有三門，中榜曰隆德之門，餘二門，榜左右隆平。入此門，東西兩井亭，望見隆德殿，即舊垂拱殿，今更此名。兩廊屋各數十間，殿亭中，東一樓鐘樓，西一樓鼓樓，殿屋五大間，旁各朵殿三間，階止龍墀一級。左朵殿峻廊接東上閤門，右朵殿峻廊接西上閤門，並樓屋下有門，通往來，此常朝殿也。此殿後峻階數步有旱船，過又一庭院，又一門，榜曰仁安之門，門外東西向兩門，東一門横截出東華門，西一門横截出西華門。入仁安門，望見仁安殿，殿宇龍墀兩廊，皆如隆德規模，止無東西閤門，在本朝爲集英殿，進士唱名在此，新進狀元

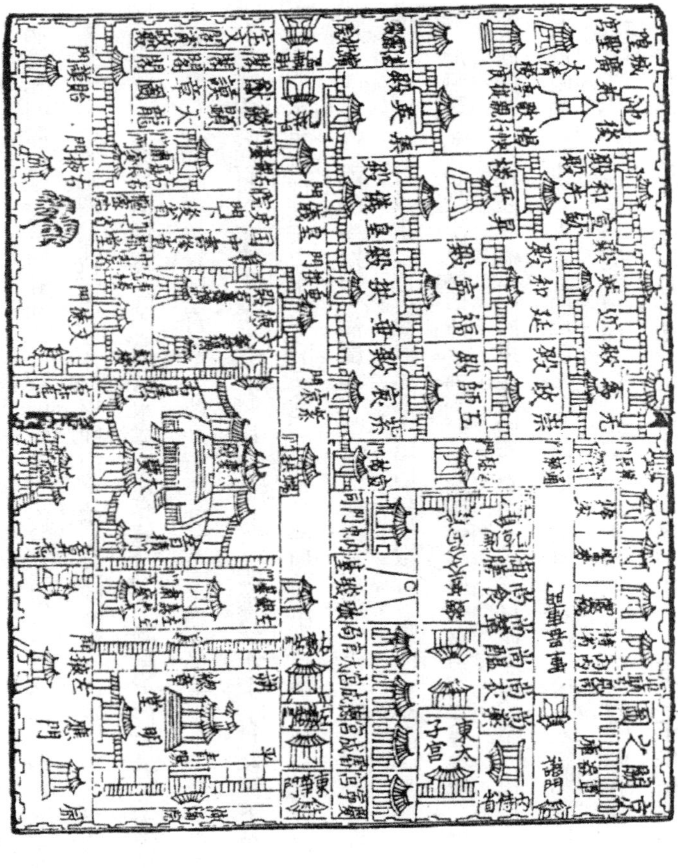

新編羣書類要事林廣記宮城圖

以下並由東華門出，金人改爲仁安，榜顔所改，蹤跡尚在。自此後兩殿有殿無門，皆旱船連接，兩邊廊屋不丹雘，止是黑漆窗户，意必宫人位次，此係内殿，想百官不到。前殿皆琉璃筒瓦，此兩殿並瓦，止用琉璃楞屋脊及用琉璃筒瓦圈屋檐，一殿曰純和，一殿曰寧福。後又一小殿連寧福，如人家堂舍後龜頭，三面皆墻壁，此即正寢。兩旁有兩閤，亦設榻，此殿後即内宫墻，有門兩重。出後苑入苑門，一直行數十步，有小溪橋，度橋過溪，一殿榜曰仁智，溪中尋常水滿，内有龍舟，今涸矣。仁智殿下兩巨石，高三丈，廣半之，東一石有小碑，刻「敕賜卿雲萬態奇峰」，西一石上刻「玉京獨秀太平巖」，徽宗皇帝親書，刻石填金。殿後用怪石壘成山，高百尺，廣倍，最上刻石，榜曰百泉。山後挽水上，自此流下至京玉澗，又流至湧翠峰，下有大滌洞，水自洞門飛下。山下有三池，左右兩池白蓮，中一池紅蓮，山後乃厚載門也。夾仁智殿東偏一橋度溪，有亭曰臨漪，西偏一橋度溪，有亭榜曰瓊杯，即曲水流觴。兩亭並在溪南，自此東西兩邊，别有殿閣。循溪而東皆垂楊，復渡橋過溪，一殿曰長生殿，基稍高，下瞰一園，殿後一亭曰廣寒，時盛暑中，立少時，渾無暑氣。長生殿東曰浮玉殿，西曰湧金殿，廣寒亭東曰蓬萊殿，西曰瀛洲。又兩亭，一曰綺香，一無題顔，自此復渡溪橋，回向東，係毬場，有閲武殿，自毬場復向西，望長生、仁智殿直西行，怪石壘成山，甚高且廣，石砌一逕，屈曲迴旋，以至山頂。初過一石橋，榜吕公洞，旋折而上，一亭壘秀，山之正面一堂榜臨溪，其徑皆夾以花竹，前後不相望。竹木斷處，忽然一亭，類臨溪堂，又横截一亭宜芳，一亭秀野，一亭環翠，一亭真樂，皆結茅爲屋，了不知在城市中。大抵苑中多植檜與木槿，每逕於花木，排列湖石，不可以數計。出苑門，入内宫墻門，由寧福殿，復出純和殿，西廊一門，門復接以修廊，行二三十步，北有一門甚小，榜隆徽，此金人皇后宫。入門一假山如門屏，滿庭盡花木檻欄，一樓對花圃，樓上甚高敞，無榜額。過樓即瓊芳殿，樓屋殿屋隔塵畫雙蟠鳳，殿屋結頂金蟠鳳，大率如人君殿宇。上有鴟尾，下無丹楹，門窗户牖皆黑漆。自此復西過長廊，一樓牓豁然，旁有玉清殿，此皆金主詢所造，規模制度豈敢望舊宫室萬一。復由來路出純和殿，迤邐至大慶門外，横從右昇龍門出，即是本朝舊原廟，一門榜啓慶之宫。入宫門復有三門，中曰德昌，左曰文昭，右曰光興，三殿中左右亦同廣，即舊殿宇，不知榜顔是否。制度宏麗，金碧輝耀。出啓慶宫門，復入右昇龍門，過大慶門外，出左昇龍門向東行，一門向南，榜曰聖壽宫，左安泰門，右明昌門，即金人太后宫，或云本朝東宫，金人更爲太后宫。入宫門直端一門，榜曰徽音，又一門曰光熙，望見徽音殿及長樂殿，入光翼門、繁禧門，有燕壽殿。復出此宫，由左掖門出，所謂秘閣華館，了無所見。左掖門之西，五門之東，即百官待漏所。自五門望南，向丹鳳門，中間禁路，兩旁即千步廊，但餘基址。千步廊盡處，向東一屏墻綽楔門，入門三二十步，面南一大門，即太廟門，内三門，門上並畫蟠龍。殿屋二十五間，高大宏麗，兩旁修廊，東西各開一門，與廊相通，蓋百官陪從入此兩門甚便。殿上十二室，每室盡榜金人祖先廟號，每一室計二間，東偏一門，西偏一窗，有窗處一間向西，壁上嵌以小石，室上下方廣二尺以上，石門一，合開閉，係藏神主處，遇祭奉神主出石室，祭畢復藏，殿宇皆羣小雜居，糞壤堆積，庭下草深數尺，大内諸殿亦然。北人乘馬於殿上，庭草没龍墀，過者不勝故宫黍離之嘆。復出太廟向西行，一屏墻綽楔門，入門行二十步，西南一門即社壇，周圍皆墻，四角有樓，内有社稷二壇，東西南北四門，遇祭祀則開，導迎四方之氣。次日又往城西隅，看故瑶華宫，昔隆祐太后所居之宫，僅存一殿，相近瓊林苑、金明池，苑餘墻垣，池存廢沼。出新城，西偏即龍德宫，與厚載門相近，徽宗皇帝所剏，有殿二，有館四，有亭二十有四，近北軍圍城時拆毁殆盡，止存熙春一傑閣，高百餘尺，巍然插空，非人間所有。金人亦嘗毁之，竟不能。登是閣，見四圍皆荷花，用小橋通諸亭館。吁！故宫自南渡迨今，百餘年中，雖經金人營葺，猶有存者。

〔文案〕據張馭寰中國城池史研究：東京宫城即皇城，南北長九百米，東西寬二百米。百歲寓翁楓窗小牘卷上、宇文懋昭大金國志卷之三十三汴京制度亦詳記東京宫城之貌，有别於湛淵静語，可參。

〔七〕**文德殿**

李心傳道命録卷二：崇寧三年六月丁巳，詔元符奸黨，通爲元祐奸黨，凡三百有九人，而先生如舊。上親書刻石於文德殿之東壁。

宋祁景文集卷四十六：故丞相文正王公碑陰，記太后再受徽號，欲御天安殿，復奏言止御文德。

〔文案〕京都譯注本考文德殿於宋初爲文明殿。

〔八〕**殿前東西大街**

〔文案〕京都譯注本據畫墁録述文德殿與大慶殿排行一列最後位置，疑孟元老記「文德殿前」爲誤，應改爲「殿後東西大街」。

〔九〕**六尚局**

王應麟小學紺珠卷第八職官類六尚：尚食　尚藥　尚衣　尚乘　尚舍　尚輦唐殿中省，其屬有六屬。

尚官　尚儀　尚服　尚食　尚寢　尚功內官六尚。

〔一〇〕**御廚**

王鞏甲申雜記：宣仁同聽政日，御廚進羊乳房及羔兒肉。宣仁蹙然動容曰：「羊方羔而無乳，則餧矣。」又曰：「方羔而烹之，傷夭折也。」却而不食，有旨不得宰羊羔以爲膳。

車若水脚氣集卷上：自膳人、庖人而下，皆入御前供奉。

孔平仲談苑卷二：雷太簡判設案，御廚每日支麵一萬斤，後點檢每日剩支六千斤。先日宰羊二百八十，後只宰四十頭。

陳郁話腴：徽廟一日幸來夫人閣，就灑翰於小白團扇，書七言十四字，而天思稍倦，顧在側璫云：「汝有能吟之客，可令續之。」乃薦鄰里太學生，既宣入，內侍省恭讀宸製，不知指意，乞爲取旨。或續句呈，或就書扇左。上曰：「朝來不喜餐，必惡阻也。當以此爲詞，以續於扇。」續進，上大喜。會將策士，生於末奏名，徑使造庭，賜以第焉。上御詩曰：「選飯朝來不喜餐，御廚空費八珍盤。」生續曰：「人間有味都嘗徧，只許江梅一點酸。」

無名氏李師師外傳：然帝見所供肴饌，皆龍鳳形，或鏤或繪，悉如宫中式。因問之，知出自尚食房廚夫手，姥出金錢倩製者。帝亦不懌，諭姥今後悉如前，無矜張顯著。

鍾邦直宣和乙巳奉使金國行程録：前施朱漆銀裝鍍金几案，果楪以玉，酒器以金，食器以玳瑁，匙箸以象齒。遇食時，數胡人擡舁十數鼎鑊致前，雜手旋切割飣飣以進，名曰「御廚宴」。

〔二〕**禁衛兩重**

范鎮東齋記事卷二：禁衛凡五重：以親從官爲一重，寬衣天武官爲一重，御龍弓箭直、弩直爲一重，御龍骨朵子直爲一重，御龍直爲一重。凡入禁衛一重，徒一年至三年止。誤者減二等。傳卞嘗誤入禁衛，定私罪。永叔再爲論奏，爲公罪，得應制舉。

〔三〕**幕次**

宋真宗令群臣國忌行香赴幕次詔景德四年三月：國忌行香，群臣並須赴幕次，就賜茶酒，候宰臣出，方得退。乃依官次牽馬入院門，違者人從送開封府勘斷，本官容庇，亦具名聞。

張郁乞内班起居預設百官幕次奏淳化二年六月二十九日：内班起居，百官皆無幕次，止權歇於客省閣門使吏舍，及聚立廊下。欲望自今前一日，於東上閤門内東北兩廊預設幕次。

王安石崇政殿詳定幕次偶題：嬌雲漠漠護層軒，嫩水濺濺不見源。禁柳萬條金細撚，宫花一段錦新翻。身閑始更知春樂，地廣還同避世喧。不恨玉盤冰未賜，清談終日自蠲煩。

〔文案〕龔延明關於東京夢華録注部分注文商榷糾中華鄧注本「知省、御藥」與「幕次」斷開之誤，以免「幕次」失去依從，龔文謂「幕次」即指前述「知省」、「御藥」等官值班帳幕，按官品高下列次於殿外。

**〔三〕飲食珍奇之物**

吕希哲發明義理八珍：八珍者，淳熬也，淳母也，炮豚也，擣珍也，漬也，熬也，糝也，肝膋也。先儒不數糝，而分炮豚、炮羊爲二，皆非也。

蘇頌蘇魏公文集附録一丞相魏公譚訓卷第八恬淡器玩飲膳：祖父嘗言：皇祐、至和間諸公餞客，坐有獻白蓮藕者，數倍酬其直。後十餘年頗紛紜，遂以紅蓮藕爲下品。乃知時態愈尚新奇而入浮薄，爲可念也。

蘇頌蘇魏公文集附録一丞相魏公譚訓卷第十雜事：祖父爲省判，判剥馬。案行，衆争取死馬，而不取駝牛。以爲馬肉耐久，埋之爛泥地中，經宿出之如新，爲脯臘，可敵獐鹿。皆税居曹門，鄰巷皆貨之鹽豉者。早行，其臭不可近。晚過之，香聞數百步。多馬肉爲之。

陸游家世舊聞上四十八楚公使歸攜所得貔貍至京師：楚公使虜歸，攜所得貔貍至京師。先君言：猶記其狀，如大鼠而極肥腯，甚畏日，偶爲隙光所射，輒死。性能糜肉，一鼎之内，以貔一臠投之，旋即糜爛，然虜人亦不以此貴之，但謂珍味耳。

〔四〕**進膳**

朱熹二程外書卷十二傳聞雜記：明道説：仁宗一日問折米折幾分，曰「折六分」，怪其太甚也。有旨只令折五分。次供進偶覺，藏府曰：「習使然也。」却令如舊。又禁中進膳，飯中有砂石，含以密示嬪御曰：「切勿語人。朕曾食之，此死罪也。」又一日思生荔枝，有司言已供盡，近侍曰：「市有鬻者，請買之。」上曰：「不可令買之，來歲必增上供之數，流禍百姓無窮。」又一日夜中甚饑，思燒羊頭，近侍乞宣取，上曰：「不可，今次取之，後必常備。日殺三羊，暴殄無窮。」竟夕不食。

徐夢莘三朝北盟會編卷第七十一靖康中帙四十六起靖康元年十二月一日壬辰，盡四日乙未：金人供送上左右寢食皆如法，並吃餛飩、扁食，乃金人御膳也。進上御膳，亦用餛飩、餅餤裹夾之類，内侍争攫拿，金人以手加額云：「罪過，此食未曾供皇帝，豈可食也。」

〔五〕**呼喝**

陶宗儀南村輟耕録卷二十一喝盞：天子凡宴饗，一人執酒觴，立於右階，一人執柏板，立於左階。執板者抑揚其聲，贊曰「斡脱」，執觴者如其聲和之，曰「打弼」。則執板者節一拍，從而王侯卿相合坐者坐，合立者立，於是衆樂皆作，然後進酒，詣上前，上飲畢，授觴，衆樂皆止。别奏曲，以飲陪位之官，謂之「喝盞」。蓋沿襲亡金舊禮，至今不廢，諸王大臣非有賜命不敢用焉。「斡脱」、「打弼」，彼中方言，未暇考求其義。

〔一六〕**泛索**

四水潛夫武林舊事卷第八皇后歸謁家廟：早泛索　皇后下飯七件　菜蔬五件　茶果十合　小楪兒五件　親屬各早食十味。

〔文案〕中華鄧注本引宋會要、事物紀原載「取索司」證「泛索」，與原意差遠。京都譯注本據宋泛實、泛支、泛進等用語，釋「泛索」爲臨時需求。較之中華鄧注本爲明。宋會要職官二一之一三牛羊司謂每月收四十口羊爲額，「内一十口充泛索使用」，亦可爲證。泛索，係時人口語而非官習，乃至衍變宋之飲食市語「點心」之稱也，因點心可不定時取求而即食得其名。

〔一七〕**保和殿**

佚名碧湖雜記宮禁不嚴：宣政間，禁中有保和殿，殿西南廡有玉真軒，軒内有玉華閣，即安妃妝閣也。妃姓劉氏，入宮進位貴妃。林靈素以左道得幸，謂上爲長生帝君，妃爲九華玉真安妃，每神降，必別置妃位，畫妃像於其中。每祀妃像，妃方寢而覺，有酒容。是時群臣惟蔡元長最承恩遇，嘗賦詩題殿壁曰：「瓊瑶錯落密成林，檜竹交加午有陰。恩許塵凡時縱步，不知身在五雲深。」常侍宴於保和殿，上令妃見京，先有詩曰：「雅興酣添逸興，玉真軒内看安妃。」命京賡補成篇，京即題曰「保和新殿麗秋暉，恩許塵凡到綺闈」云云。

宋話本勘皮靴單證二郎神：單説保和殿西南，有一坐玉真軒，乃是官家第一寵倖安妃娘娘妝閣，極是造得華麗：金鋪屈曲，玉檻玲瓏，映徹輝煌，心目俱奪。時侍臣蔡京等，賜宴至此，留題殿壁。有詩爲證：保和新殿麗秋輝，詔許塵凡到綺闈。雅宴酒酣添逸興，玉真軒内看安妃。

## 〔一八〕睿思殿

俞松蘭亭續考卷一：慶曆中，宋景文帥定武，有舉子攜此石至郡，死於營妓家，樂營吏號何水清者，見而識之，取獻景文。景文喜甚，不敢私有，留於公帑，世謂之定武本。後爲薛道祖攜以歸長安。宣和中，有旨取舊石置睿思殿，賞以墨本，分賜近臣。

劉跂暇日記：孟伯饒説，宋用臣種柳睿思殿，用常柳三株，批開急合爲一，取圜直麻縷繫，牛矢泥固濟，深栽之，一年有三年力。

許顗彦周詩話：季父仲山，先大夫同祖弟也。讀書精苦，作詩有源流。昔嘗上書，晚以特奏名得一官。政和間，御製宮詞三百首，嘗和進，今録一絶於此，染指可以知鼎味也。其詞曰：「輕寒慘慘透衾羅，玉箭銅壺漏水多。常是未明供御服，夢回頻問夜如何。」時道君皇帝在睿思殿，宣進甚急，意謂得美官。

施耐庵羅貫中水滸傳第七十二回柴進簪花入禁院李逵元夜鬧東京：且轉過凝暉殿，從殿邊轉將入去，到一個偏殿，牌上金書「睿思殿」三字。此是官家看書之處。側首開着一扇朱紅槅子。柴進閃身入去看時，見正面鋪着御座，兩邊几案上，放着文房四寶：象管筆、花箋、龍墨、端溪硯。書架上盡是群書，各插着牙籤，勿知其數。正面屏風上，堆青疊緑，畫着山河社稷混一之圖。

鄧椿畫繼卷十雜説論近：睿思殿日命待詔一人能雜畫者宿直，以備不測宣唤，他局皆無之也。

趙與虤娱書堂詩話四〇：康與之在高宗朝，以詩章應制，與左璫狎，適睿思殿有徽祖御畫，特爲卓絶，上時持玩，以起羹墻之悲。

成尋參天台五臺山記第七（延久五年三月）：皇帝作文之處四面有竹，惣廿處許，中間無空處，皆作花園，種種果樹，種種食菜盡有之。

**〔一九〕東華門外**

高晦叟珍席放談卷下：潞公嘉祐中位元臺，時上偶違豫，二府同宿於内。一夕，有人款禁闥告變，公即命磨墨於盎，呼其人至前，濃塗面目，驅出，斬東華門外。翌日，都下帖然。

范鎮東齋記事卷第一：太祖一日御後殿慮囚，内有一囚告：「念臣是官家鄰人。」太祖以爲燕薊鄰人，遣問之。乃云：「臣住東華門外。」太祖笑而宥之。

陳師道後山談叢卷五太祖以蜀宫畫圖賜茶肆：太祖閲蜀宫畫圖，問其所用，曰：「以奉人主爾。」太祖曰：「獨覽孰若使衆觀邪。」於是以賜東華門外茶肆。

李畋該聞録：景德二年，李虞部畋與友張及、張達、楊交俱拔鄉薦，奏名預殿試。未唱名前一夕，張及夢乘一筏涉浪，觸岸而覺。李夢遊開寶寺，中路見寺塔數級出雲外。達夢以刀剪瓜而中折，交夢東華門外，候唱名舉人皆倒立。

〔二〇〕鰕

羅浚寶慶四明志卷第四郡志水族之品：鰕有赤、白、青、黄、斑數色，青者大如兒臂，土人珍之，多以餉遠。梅熟時曰梅鰕，蠶熟時曰蠶鰕，狀如蜈蚣，而大者曰鰕姑，身尺餘，鬚亦二三尺，曰鰕黄，不常有。皆産於海，其産於陂湖者曰湖鰕，生於河者曰鰕公，二鉗比他種其長倍之。郭璞江賦云：水母目鰕。注曰水母無耳及目，不知避人，常依鰕隨之。

〔二一〕下酒

無名氏居家必用事類全集庚集肉下酒：生肺　獐肺爲上，兔肺次之。如無，山羊肺代之。一具全無損者，使口咂盡血水。用涼水浸，再咂再浸。倒盡血水如玉葉方可。用韭汁、蒜泥、酪、生薑自然汁入鹽調味匀，濾去滓。以濕布蓋肺冰澌。用灌袋灌之了，務要充滿。就筵上割散之。酥油肺　用獐、兔肺。如無，羯羊肺亦可。依上去血水。用蜜酥加稠酪、杏泥、生薑汁同和，濾紐去滓。布蓋冰澌。筵前割散。琉璃肺　用羖羊肺，依上法去血浄。用杏泥四兩、生薑汁四兩、酥四兩、蜜四兩、薄荷葉汁二合、酪半斤、酒一盞、熟油二兩，已上和匀，濾滓二、三次。依前法灌至滿，冰澌。就筵割散。照鱠　魚不拘大小，鮮活爲佳，去頭尾，肚皮。薄切，攤白紙上晾片時，細切如絲。以蘿蔔細剁，布紐作汁，薑絲少許，拌魚鱠入碟。飣作花樣。簇生香菜、芫荽，以芥辣醋澆。將魚頭尾煮薑辣羹，加菜頭供。浙西人謂之「燙鱠羹」。鱠醋　煨葱四莖、薑二兩、榆仁醬半盞、椒末二錢，一處擂爛，入酸醋内加鹽並糖，拌鱠用之。或減薑半兩，加胡椒一錢。肝肚生　精羊肉並肝，薄批，攤紙上，血盡，縷切，羊百葉亦縷切，裝碟内。簇嫩韭、芫荽、蘿蔔、薑絲，用「膾醋」澆（炒葱油抹過肉不腥）。聚八仙　熟雞爲絲、襯腸焯過剪如線，如無，熟羊肚針絲、熟蝦肉、熟羊肚胘細切，熟羊舌片切，生菜、油、鹽揉糟薑絲、熟筍絲、藕絲、香菜、芫荽簇碟内。鱠醋澆，或芥辣或蒜酪皆可。假炒鱔　羊膂肉批作大片，用豆粉、白麵表裏匀糝，以骨魯槌拍如作湯饗相似，蒸熟，放冷。斜紋切之，如鱔生，用木耳，香菜簇飣。鱠醋澆。作下酒。縱橫切皆不可，唯斜紋切爲製。

〔文案〕卷二飲食果子，卷四筵會假賃、會仙酒樓，卷九宰執親王宗室百官入内上壽亦有「下酒」。據老學庵筆記言，下酒爲俗語。梅宛陵詩則好用案酒。沈自南藝林彙考亦云：脆美可案酒，今北方多言案酒。水滸傳第七回「希奇果子案酒」則證之。水滸傳第十回又證，「案酒」可作「按酒」，若「約計吃過十數杯，再討了按酒，鋪放桌上」。「下酒」，宴飲不可或缺也。余擇其肉下酒數則注之，水晶膾、曹家生紅、水晶冷、淘膾則於另條注引。

**〔三〕茄**

梁克家淳熙三山志卷第四十一土俗類菜蓏：茄有數種：紫茄、重茄、青水茄、白茄，一名落蘇。嶺表録異記南中草菜經冬不衰，故蔬圃之中栽種茄子，宿根有二三年者。近城種多出城西。

談鑰嘉泰吴興志卷二十物産：茄陳書：蔡樽爲太守，於郡齋種紫茄供常廚。本草云：一名落蘇，鄉土有三種，有紫茄，有白茄，有水色茄，色亦白而甜，嫩可生食。

吴其濬植物名實圖考卷四蔬類：茄，開寶本草始著録。本草拾遺：一名落蘇，有紫、白、黄、青各種，長圓大小亦異。嶺表録異：茄樹，其實如瓜，余親見之。茄蒂根燒灰，治皸瘃；莖灰入火藥用。茄種既繁，鼎俎惟宜。遵生八箋有糖蒸、醋糟、淡乾、鵪鶉各法，然未盡也。水茄甘者可以爲果，山谷有謝銀茄詩云：「君家水茄白銀色，絶勝埧裏紫彭亨。」白固勝於紫，然唐以前但云崑崙紫瓜，白茄曰渤海、曰番茄，蓋後出也。段成式云：茄乃蓮莖之名，今呼茄菜，其音若伽，未知所自。小説有草下作佳、作召、作音之謔。白獺髓：趙希倉倅紹興，令庖人造燥子茄，欲書判食單，問廳吏茄字。吏曰：「草頭下著加。」遂援筆書草下家字，都人目曰燥子蒙。

〔三〕瓠

崔豹古今註卷下草木第六：匏，瓠也。壺蘆，瓠之無柄者也。瓠有柄者曰懸瓠，可爲笙，曲沃者尤善，秋乃可用，則漆其裏。

羅願爾雅翼卷八釋草八瓠：瓠，匏之甘者。詩：「甘瓠纍之。」古者王政，瓜瓠果蓏，植於疆埸。正月可種瓠，六月可畜瓠，八月可斷瓠作蓄。詩云「斷壺」。瓠中白膚，所謂張蒼「肥白如瓠」者也。可以飼豕致肥，其瓣可以作燭致明，其葉又可爲菜，詩所謂「幡幡瓠葉，采之亨之」是也。

王楨東魯王氏農書百穀譜集之三蓏屬瓠：夫瓠之爲物也，累然而生，食之無窮，最爲佳蔬，烹飪無不宜者。種如其法，則其實斗、石，大之爲甕盎，小之爲瓢杓，膚瓤可以喂猪，犀瓣可以灌燭，咸無棄材。濟世之功大矣，可不知所種哉？

三才圖會卷之草木十　　三十三

瓠

瓠有苦有甘有三四種處處有之苦者入藥主黄疸大水面目四肢浮腫下水令人吐甘者可食能發痼疾亦不宜多食

三才圖會瓠圖

# 内諸司

内諸司皆在禁中，如學士院、皇城司、四方館、客省〔一〕、東西上閤門、通進司、内弓劍鎗甲軍器等庫〔二〕、翰林司〔三〕、茶酒局也。内侍省、入内内侍省、内藏庫、奉宸庫、景福殿庫、延福宫、殿中省、六尚局。尚藥、尚食、尚輦、尚醖、尚舍、尚衣㊀。諸閤分、内香藥庫〔四〕、後苑作、翰林書藝局〔五〕、醫官局、天章等閣，明堂頒朔布政府。

［校］

㊀「衣」，原作「依」，據津逮、學津本改。

［注］

〔一〕**客省**

［文案］京都譯注本據宋會要釋「客省」爲職掌各地諸蕃朝貢、賞賜、接待事務之部門，然於「客省」後加「司」則誤。「客省」因接待貴賓亦名「賓省」，不以「司」稱。

〔二〕**内弓劍鎗甲軍器等庫**

［文案］京都譯注本考「内弓劍鎗甲軍器等庫」爲「弓劍」、「衣甲」、「鎗」、「劍」、「弩」五庫。龔延明關於東京夢華録注部分注文商榷考「内弓」代表内弓箭庫，「劍」代表劍弩箭庫，「鎗」代表「弓鎗庫」，「甲」代表「衣甲庫」，「軍器」則爲總括詞。「内弓劍鎗甲軍器等庫」全係略稱，實爲四庫，皆爲軍器庫。

〔三〕**翰林司**

高晦叟珍席放談卷下：曾子宣、吕吉甫同爲内相，與客啜茶，注湯者頗數。客云：「爾爲翰林司，何故不解點茶？」吉甫即云：「翰林司若盡會點茶，則翰林學士須盡工文章也。」意譏子宣，緣此遂相失矣。

〔四〕**内香藥庫**

龐元英文昌雜録卷第三：内香藥庫在謻門内，凡二十八庫。真宗皇帝賜御詩二十八字以爲庫牌。其詩曰：「每歲沈檀來遠裔，累朝珠玉實皇居。今辰内府初開處，充牣尤宜史筆書。」東庫内有玉燒金藥一爐，至今猶在。又有辰砂一塊，其上忽生新砂二十二顆，赤如火色。嘗取之禁中，還送本庫焉。

唐士恥詩話二：内香藥庫者，古玉府也。獨以香藥名者，不貴異物賤用物也。上以備服御之須，下以裨經費之闕。犀珠磊落，粲然溢目。梯山航海，訖惟人面，罔不虔職，貢之修盛，舟車之湊，越自肇造，日積月累。柴周之所儲，嶺蜀之所聚，銖收寸藏，殆非一日。至於我真宗章聖皇帝之年，蓋二十有八庫焉。維帝緝熙唐文，形之篇什，字爲一室之標。親灑璇跗，肆筆成書，金榜昭揭，下被萬古，雲漢成章，夫豈徒然哉！由盛帝明良之歌，若三侯之章，秋風之什，見於載籍者不可屢數。求其克勤，小物無一之或遺。若我真宗章聖皇帝者，蓋千萬世不一見也。其事不見國史，獨夢得石林燕語存其梗概，而歲不具焉。容光必照日月之輝已。小臣敬贊盛德之萬一。贊曰：「皇家之興，五緯若繩。若繩貫珠，降婁是明。降婁何職，比於東壁。文物之占，天意歷歷。累聖承承，宸章方增。九閣垂象，真星最稱。汗牛充棟，其書總總。克勤小物，罔不鼓動。玉府在周，遺規可求。服御是供，一職以修。冠以香藥，其名何作。不貴異物，厥義坦若。四七其門，臚列彪分。扁以宸章，理則具存。維玉至寶，及他玩好。兹焉是藏，儲之於早。亦有南琛，四方同文。訖惟人面，職貢繽紛。旁暨良藥，癢痾可却。拔象之齒，擢犀之角。罔不粲然，溢乎後先。標以唐文，相映相鮮。是謂玉食，以奉維辟。冢宰不會，宏哉九式。叶於四聲，七字一精。柏梁之餘，肆筆而成。如彼列宿，麗天昱昱。揭示萬世，漢將之目。聖作爛焉，永示萬年。」

〔五〕**翰林書藝局**

〔文案〕據龔延明宋代官制辭典第一編皇帝制度類：翰林書藝局即翰林御書院，元豐五年新制改名，簡稱書藝局。翰林書藝局職掌爲善書法備顧問及應奉。

# 外諸司

外諸司：左右金吾街仗司〔一〕、法酒庫、内酒坊〔二〕、牛羊司〔三〕、乳酪院〔四〕、儀鸞司、帳設局也。車輅院、供奉庫、雜物庫、雜賣務、東西作坊、萬全、造軍器所。修内司、文思院、上下界綾錦院、文繡院、軍器所〔五〕、上下竹木務、箔場、車營〔六〕、致遠務、騾務、駞坊、象院、作坊、物料庫、東西窯務、内外物庫、油醋庫〔七〕、京城守具所、鞍轡庫〔八〕、養馬曰左右騏驥院〔九〕、天駟十監〔一〇〕、河南北十炭場㊀〔一一〕、四熟藥局、内外柴炭庫、軍頭引見司、架子營、樓店務、店宅務。榷貨務、都茶場、大宗正司、左藏、大觀、元豐、宣和等庫、編估局、打套所㊁〔一二〕、諸米麥等。自州東虹橋、元豐倉、順成倉、東水門裏廣濟、裏河折中、外河折中、富國、廣盈、萬盈、永豐〔一三〕、濟遠等倉、陳州門裏麥倉子、州北夷門山、五丈河諸倉〔一四〕，約共有五十餘所。日有支納下卸，即有下卸指揮兵士，支遣即有袋家，每人肩兩石布袋。遇有支遣，倉前成市。近新城有草場〔一五〕二十餘所。每遇冬月諸鄉納粟〔一六〕稈草，牛車〔一七〕闐塞道路，車尾相銜，數千萬量〔一八〕不絶，場内堆積如山。諸軍打請〔一九〕，營在州北，即往州南倉，不許雇人般擔，並要親自肩㊂來，祖宗之法〔二〇〕也。

［校］

㈠中華鄧注本案：宋史職官志「十」作「石」，孔憲易據宋會要指「十炭場」中漏刻一「石」字。

㈡「所」，應爲「局」。

㈢「肩」，津逮、學津兩本作「負」。

［注］

〔一〕**左右金吾街仗司**

［文案］龔延明據宋會要輯稿職官二二之一三金吾街仗司，二二之一四金吾街仗司，元豐官制之衛尉寺，李攸宋朝事實卷十三儀注，謂左、右金吾街仗司，係左、右金吾引駕仗司（簡稱左、右金吾仗司或左右仗司）與左、右金吾街司（或省稱左、右街司）之合稱，宋絶無「左右金吾仗司」之機構。鄧之誠引周城宋東京考爲「左右金吾仗司」作注，失於考核而致誤。

〔二〕**内酒坊**

［文案］中華鄧注本承周城宋東京考外諸司「内酒坊」之條，行文爲「内酒坊掌造法糯酒，常料之三等酒，以供拜國之用」。龔延明據宋會要輯稿職官二一之四光禄寺、文獻通考職官考光禄卿，謂周注、

鄧注僅舉法糯酒、常料酒、漏落糯酒，當補入。「以供拜國」，應爲「以供邦國」。余補孔平仲談苑卷二：內酒坊，祖宗朝糯米八百石，真廟三千石，仁宗八萬石。江少虞宋朝事實類苑卷第一祖宗聖訓：一日，內酒坊火，悉以監官而下數十人棄市，詰得遺火卒，縛於火中。自是內司諸署，莫不整肅。

〔三〕牛羊司

宋真宗牛羊司廣牧指揮補闕事詔景德元年三月：牛羊司，廣牧指揮如闕員僚，即於本指揮揀年勞能部轄十將補副都頭，即不差殿侍權管。節級軍士月給麻屨，合與月糧同歷勘支。

宋真宗諭牛羊司詔景德二年六月：牛羊司，外群送納死羊及諸處取索羊肉羊羓，並須每口實定斤重，出抄申破，不得止憑估羊節級懸估。

宋真宗牛羊司畜孳乳者勿宰殺詔景德三年十二月二十日：牛羊司畜孳乳者，並放牧之，無得宰殺。

宋真宗牧羊少失決罰數詔景德四年六月：牛羊司牧羊少失羊決罰之數：一口至三口，羣頭笞四十，牧子加一等；四口至六口，羣頭杖六十；七口至十口，羣頭杖七十，巡羊十將笞三十；十口至十五口，羣頭杖八十已上，牧子遞加一等，巡羊十將杖六十，員僚笞三十；十五口至二十口，牧子徒一年，配外州牢城，羣頭杖一百，降充牧子，巡羊十將杖八十，降一資，員僚杖六十；二十口已上，牧子徒一年半，羣頭徒一年，並配遠惡州府，十將杖一百，降二資，員僚杖八十，降一資，巡羊使臣奏勘替與降等差遣。

〔四〕乳酪院

孫逢吉職官分紀卷十九乳酪院：國朝舊有南北兩院，有監官。景德二年合爲一，以騏驥院監官專副兼充，掌供御廚乳酪酥。

〔五〕軍器所

李心傳建炎以來朝野雜記甲集卷十八兵馬御前軍器所器甲物料所書斤重價直等附：元豐官制，置軍器監，以掌戎器之政令。又有御前軍器所，其役兵有萬全軍匠三千七百人，東、西作坊工匠五千人。無名氏翰苑新書前集卷三十一京局官：御前軍器所。（紹興）十一年，臣僚奏軍器所隸工部，當隸臺察，從之。中興會要。後復以中人典領，其調度程品，軍器監有不得預聞者。三十年，黄通老爲侍郎，爲上言非祖宗建官正名之意，請得隸屬稽考之，詔依條檢察。孝宗受禪，增置提點官一員，以内省都知李綽爲之，改稱提舉。又七日，詔御前軍器所專隸提舉，其隸工部等指揮勿行。張真父時爲御史，力論其不然，上乃命仍隸。朝野雜記。舊有提點官，今同舊有提轄官六員，今一員，幹辦官二員，今一員，監造官六員，今二員，受給官二員，今一員，監門官二員，今一員。中興會要。

〔六〕車營

葉夢得石林燕語卷十：丁晉公初治第於車營務街。

蘇轍龍川略志第五言水陸運米難易：元祐三年春，關中小旱，提刑司依法賑民，不以聞朝廷。吕微仲，陝人，憂之過甚。有吴革者，自白波輦運罷還，欲求堂除，因議水陸運米，以濟關中之饑，朝廷下户部，且使革領其事。革言陸運以車營務車、駝坊駝騾運至陝；水運以東南綱船般至洛口，以白波綱船自洛口般入黄河。革見予於户部，予謂之曰：「吾已謂君呼車營務、駝坊職掌人矣，君姑坐待之。」既至，問之。車營務無車，駝坊無馳騾。予曰：「此可以賀君矣。若有車與駝騾，君將若之何！」革曰：「何故？」曰：「陸運至難。君不過欲多差小使臣、軍大將，謹其囊封耳。車營務、駝坊兵級，多過犯配刺到，既行，必多作緣故，使前後斷絶，監者力不能及，所至盜食且賣。若不幸遇雨，則化爲泥土，君皆莫如之何也。」革無語。

「文案」「車營」與「致遠」，爲兩務，應斷。中華鄧注本未斷，京都譯注本則斷。余引龍川略志此條亦可注下「馳坊」。

〔七〕**油醋庫**

徐松宋會要輯稿食貨五二之三油醋庫：油醋庫在建初坊，掌造麻荏菜三等油及醋，以供膳局。以京朝官三班及内侍二人監，有油匠六十，醋匠四人。太宗至道二年閏七月，詔油醋庫賣退糟錢，除本庫土地專典紙筆外，至年終支不盡者並納入左藏庫。真宗大中祥符二年，詔油醋庫舊各置監官，自今併爲一庫，減監官二人。仁宗天聖元年四月定奪所言：在京油麻元納油醋庫，後爲專典乞錢，三司剏置受納脂麻庫，隔手支與油醋庫，歲費萬餘石，有監官副知雜役斗子八人，如法酒庫、内酒坊，造酒米麥皆船般，緣河就倉納下，不別置庫。欲乞如例，只於税倉寄廒收貯，從之。

〔八〕鞍轡庫

徐松宋會要輯稿食貨五二之三七、三八鞍轡庫：庫在景龍門内之街西，掌御馬金玉鞍勒及給賜王公羣臣、外國使并國信韉轡之名物。以諸司使副、三班副、内侍二人監，兵級及匠四十七人。真宗大中祥符四年正月，羣牧司言，請於崇政殿門外北横門北，擗截行廊屋三間，充架閣御鞍庫房，從之。六年二月，詔今後入契丹使供新鞍勒，接絆止支經借者。天禧二年四月，内侍馬仁俊言：奉詔點檢鞍轡庫數，内宣賜鞍轡，乞留金鍍銀鉸具一百兩，五副。八十兩，三十副。七十兩麻葉，五十兩麻葉，四十兩寶相花，三十兩洛州花，各三十副。二十五兩三鐶，十五副。二十兩三鐶，三十副。十五兩二鐶，五十副。十五兩鑾雲子，七十副。十七兩帶甲，二十副。白成銀鉸具，十二兩微窊，百五十副。十二兩鈌束，十五副。十五兩合口，十副。二十兩合口，三十副。十五兩合口，五十副爲額。準備賜與，外有金鍍銀鬧裝二百二十三兩，漏塵寶相花八十一兩，各一副。金鍍陷銀花，二十五兩，鳳子促結，三副，中箭鞥三鐶，一副，頻伽三鐶三十二兩，孩兒三鐶三十二兩，鹿兒三鐶二十一兩，各一副。陷墨花鳳子金解落促結四十一兩，十副。白成陷墨銀花瑞草二十五兩，一副，二十一兩，二副。龜鶴二十一兩，麒麟二十三兩，各一副。鸂鶒三鐶三十三兩，一副。準備取孛，其餘不合副者，並拆剥送納，從之。

〔九〕**左右騏驥院**

孫逢吉職官分紀卷十九左右騏驥院：唐有小馬坊、飛龍院之號。五代後唐長興元年，分飛龍院爲左右，以小馬坊爲右。飛龍院，國朝太平興國五年改飛龍爲天厩院，雍熙元年改左右騏驥院，各領天駟二監，天厩一坊。大中祥符二年，詔左右騏驥院及諸坊監馬數目，令旬奏月比，以省日奏之繁。五年，群牧制置使言：左右騏驥院、六坊監，見飼馬萬七千匹，所費芻粟四百萬，自今請止留馬二千，餘悉遣就淳澤監放牧，或官有急用，可信宿而至，歲省芻粟三百餘萬。從之。

〔一〇〕**天駟十監**

孫逢吉職官分紀卷十九左右天駟監：唐馬有左右監。國朝太平興國四年，置養馬務，五年作四厩，詔以爲天駟監，左右各有二焉。熙寧三年，以天駟監併作左右兩監。

〔一一〕**十炭場**

歐陽修歸田録卷二：清泉，地名，香餅，石炭也，用以焚香，一餅之火，可終日不滅。

佚名景泰寰宇通志卷二十二徐州土産：石炭，白土鎮出，宋蘇軾爲守，日以冶鐵作兵，犀利勝常。

〔文案〕龔延明宋代官制辭典考證東京置石炭場至遲不晚於元豐。東京有河南第一至第十石炭場，此與外諸司所記相合。又能抽買石炭場、豐濟石炭場共十二石炭場。劉益安對新版東京夢華録注本質疑亦對中華鄧注本所案「宋史職官志：十作石，十炭爲石炭之訛」有異議：「十炭場」

顯指外諸司一些機構的數字，而職官志所講爲石炭場職務範圍，兩者根本不是一回事，亦無必然聯繫。

〔二〕**編估局打套所**

無名氏翰苑新書前集卷三十一京局官編估打套局：紹興年間從户部新請，三路發到市舶香藥藏雜物，左藏東西庫、榷貨務交納外，其編估職事，乞除委左藏庫監門官一員兼，其打套職事，委太府寺丞引庫監官兼。八年專置打套局監官一員，以右迪功郎范仲由充，從户侍李彌遜請也。九年置編估官一員，十一年移編估打套局出左藏庫之外，南倉之北置局。會要。

〔文案〕紹興七年正月二十八日，始見有「編估」、「打套」職事。

〔三〕**永豐**

錢希白洞微志：虞部郎中周仁得監永豐倉，有通謁者進士吕中，及見之，十歲小兒，出一啓爲贄。仁得讀之，有「莊周之壑已空，孔緒之車初適」，仁得問「孔氏之車」出何書？乃厲聲呼仁得父祖名，化爲大鼠入倉而去。

〔四〕**諸倉**

陳襄州縣提綱卷四禁擅入倉：詣倉受納，止可容斗子及輸納之户，其無干預人，悉令出倉。

邵思雁門野説入倉避兵：開寶八年十一月二十七日夜半，金陵城陷，大軍將入。予六歲矣，父母昆弟十三人，空宅號泣而出，未知藏匿之所。天漸明，行至廣濟倉東北角姑之子張成家，成見予父母，泣且言曰：「兵至矣，去將安適？此有梯可逾垣入倉，大軍若來，必不燒倉。」成家老小幸相隨而度，度迄毁梯，勿使人覺。」父異其言，骨肉由是皆入，既而成欲去梯，父曰：「不可也，我與汝既免，後人何從？但留之，俾來者得踰垣，則衆皆濟矣。」於是果有人沿梯而上，復有駕肩而登者。父乃與仲氏取廥中官梯兩隻擲於外。至卯辰間，大軍既入，火照臺城。少頃，果有百餘甲士持赤幟，立於墻外，寔守倉敖。是則張成所謀，蓋得濟者衆，由我父不使去梯而又益之也。二十八日招安，城中多被殺傷，惟此間老幼近二千人獲全。

董弅閑燕常談：何㮚當京城已陷虜人，入視帑藏倉庾，時有胡思者爲司農卿，其諸倉米麥數白㮚，既復，㮚送至廳事傍，遽屬言曰：「大卿切勿令亂量。」思應諾。至客次，方悟其戲。蓋語有胡思亂量也，時謂作宰相如此，何以服百僚？

董煟救荒活民書卷一：仁宗初即位，乾興元年十二月，以京城穀價翔貴，出常平倉米，分十四場賤糶，以濟貧民。慶曆元年十一月，以京城穀價涌貴，發廩一百萬石，減價出糶，以濟貧民。四年正月，詔陝西穀價翔貴，其令轉運司出常平倉米，減價以濟貧民。皇祐三年十二月癸巳，詔曰：「天下常平倉，其依元糴價，糶以濟貧民，毋得收餘利，以希恩賞。」

吕中宋大事記講義卷七真宗皇帝常平倉：景德三年正月，置常平倉，每州計户口，量留上供錢，擇清幹官主之，委司農總領，三司毋得移用，歲餘萬石，止於五萬石。

〔一五〕**草場**

施耐庵、羅貫中水滸傳第十回林教頭風雪山神廟 陸虞候火燒草料場：到第六日，只見管營叫喚林沖到點視廳上，説道：「你來這裏許多時，柴大官人面皮不曾擡舉的你。此間東門外十五里，有座大軍草場，每月但是納草納料的，有些常例錢取覓。原是一個老軍看管。我如今擡舉你去替那老軍來守天王堂，你在那裏閿幾貫盤纏。你可和差撥便去那裏交割。」

早來到草料場外看時，一周遭有些黄土墻，兩扇大門。推開看裏面時，七八間草房做着倉廒，四下裏都是馬草堆，中間兩座草廳。到那廳裏，只見那老軍在裏面向火。差撥説道：「管營差這個林沖來替你回天王堂看守，你可即便交割。」老軍拿了鑰匙，引着林沖，吩咐道：「倉廒内自有官司封記，這幾堆草一堆堆都有數目。」

〔一六〕**諸鄉納粟**

楊輝詳解九章算法：今有均輸粟，甲縣一萬户，行道八日，乙縣九千五百户，行道十日，丙縣一萬二千三百五十户，行道十三日，丁縣一萬二千二百户，行道二十日，各到輸所，凡四縣賦，當輸二十五萬斛，用車一萬乘，欲以道里遠近，户數多少，衰出之，問粟車各幾何？

答曰：甲縣，粟八萬三千一百斛，車三千三百二十四乘。乙縣，粟六萬三千一百七十五斛，車二千五百二十七乘。丙縣，粟六萬三千一百七十五斛，車二千五百二十七乘。丁縣，粟四萬五百五十斛，車一千六百二十二乘。

〔一七〕牛車

歐陽修六一詩話二：仁宗朝有數達官，以詩知名。常慕白樂天體，故其語多得於容易。嘗有一聯云：「有祿肥妻子，無恩及吏民。」有戲之者云：「昨日通衢遇一輜軿車，載極重，而羸牛甚苦，豈非足下『肥妻子』乎？」聞者傳以爲笑。

馬永卿嬾真子卷之三安樂窩：先生以春秋天色温涼之時，乘安車，駕黄牛，出遊於諸公家。

徐夢莘三朝北盟會編卷第二十九靖康中帙四起靖康元年正月八日甲戌，盡十日丙子：昨來郭藥師守燕山，要馬，朝廷下川陝馬司應副，試問藥師：「其馬堪與不堪？與元抛數足不足？」即見得城内有馬不多，耕牛盡在城外民間，城中所有，多是宗室國戚人家，養三兩頭，牽駕座車子。

劉弇道旁見牛車因成二絶：由來得計在通津，蝕盡冥冥古道塵。犢子掣轅疲欲死，須知作俑是椎輪。

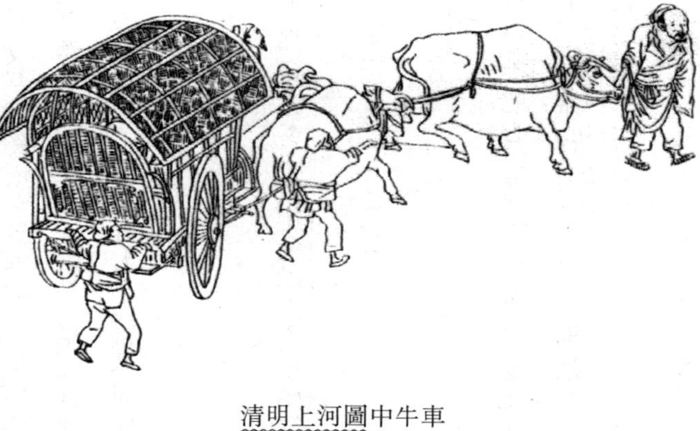

清明上河圖中牛車

〔一八〕**數千萬量**

〔文案〕中華鄧注本案量應作輛，余以爲元本未誤而鄧誤。龐元英文昌雜録卷第五有證：「開寶寺試國學進士。景德寺又爲别試所。既開院，以車營務驢車數十量載試卷赴禮部架閣，數日方畢。」據此可知「量」確矣。又據賈昌朝群經音辨卷第六辯字音清濁，量，酌也，龍張切。酌之有大小曰量，龍向切。此處「量」通，不必如津逮、學津改作「輛」。

〔一九〕**打請**

〔文案〕劉昌詩蘆浦筆記卷第三打字云：諸軍請糧謂之打請。京都譯注本注：建炎以來繫年要録卷三一，宋會要刑法二之一二〇載有「打請」用語之例。

〔二〇〕**祖宗之法**

陳師道後山談叢卷三：士不衣帛，酒肉食肆不近營，太祖之軍法也。

曹彦約經幄管見卷一：太祖太宗家法可守，更於家法上倍加吝惜，推此心以往，事事節省，謹之於外戚，必將謹之於宦官，謹之於宦官，又將謹之於宫女。上而服御下，御下而賜予無所不謹，則無所不省，財用安得不裕？民力安得不寬？此咸平、景德間所以爲本朝極盛也。

吕中宋大事記講義卷十九哲宗皇帝家法：元祐八年正月，范祖禹上仁皇訓典。先是，上帝學八篇曰：今人有寶器，猶且愛惜之，况祖宗百三十年全盛之天下，可不務學以守之乎？

我朝以學爲家法，故欲守祖宗之法，當務祖宗之學，此帝學一書，極言我朝百三十年海内承平，由祖宗無不好學故也。至於上仁皇訓典，又曰：一祖五宗，畏天愛民，後嗣子孫，皆當取法。而仁宗在位最久，德澤最深，宜專法仁宗。蓋漢唐而下，言家法莫如我朝。我朝家法之粹者，莫如仁宗。是意也，元祐諸臣知之，熙寧不知也，紹聖不知也。獨契丹與其宰相議曰：南朝專法仁宗故事，可勑燕京留守，戒吏毋生事。夷狄猶知，爲臣者獨不知之乎。

周煇清波雜志卷第一祖宗家法：哲宗御邇英閣，召宰執暨講讀官講禮記、讀寶訓。顧臨讀至「漢武帝籍提封爲上林苑」。仁宗曰：「山澤之利當與衆共之，何用此也！」丁度對曰：「臣事陛下二十年，每奉德音，未始不本於憂勤，此蓋祖宗家法爾。」讀畢，宰臣吕大防等進曰：「祖宗家法甚多，自三代以後，唯本朝百三十年中外無事，蓋由祖宗所立家法最善。臣請舉其略：自古人主事母后，朝見有時，如漢武帝五日一朝長樂宫。祖宗以來，事母后皆朝夕見，此事親之法也。前代大長公主用臣妾之禮，本朝必先致恭，仁宗以侄事姑之禮見獻穆大長公主，此事長之法也。」上曰：「今宫中見行家人禮。」大防等曰：「前代宫闈多不肅，宫人或與廷臣相見，唐入閤圖有昭容位。本朝宫禁嚴密，内外整肅，此治内之法也。前代外戚多預政事，常致敗亂。本朝母后之族皆不預事，此待外戚之法也。前代宫室多尚華侈，本朝宫殿止用赤白，此尚儉之法也。前代人君雖在宫禁，出輿入輦。祖宗皆步自内庭，出御後殿。豈乏人力哉，亦欲涉歷廣庭，稍冒寒暑爾，此勤身之法也。前代人主在禁中，冠服苟簡。祖宗以來，燕居必以禮。

竊聞陛下昨郊禮畢，具禮服謝太皇太后，此尚禮之法也。前代多深於用刑，大者誅戮，小者遠竄。唯本朝用法最輕，臣下有罪，止於罷黜，此寬仁之法也。至於虚己納諫，不好畋獵，不尚玩好，不用玉器，飲食不貴異味，御廚止用羊肉，此皆祖宗家法所以致太平者。陛下不須遠法前代，但盡行家法，足以爲天下。」上甚然之。列聖家法之盛，大臣啓迪之忠，皆可書而誦也。

鄭元祐遂昌雜録宋家法之嚴：宋巨璫李太尉者，宋亡爲道士，號梅溪。元祐童時，嘗侍其遊故内，指點歷歷如在，獨記其過葫蘆井，揮涕曰：「是蓋宋時先朝位，上釘金字大牌曰：皇帝過此，罰金百兩。」兩宋家法之嚴如此，他則童騃不能記憶也。

陶宗儀南村輟耕録卷十九宋朝家法：鄭遂昌言，宋巨璫李太尉者，國亡，爲道士，號梅溪。余童時，嘗侍其遊故内，指點歷歷如在。過葫蘆井，揮涕曰：「是蓋宋之先朝位，上釘金字大牌曰：皇帝過此，罰金百兩。」近周申父言：先表叔祖金二提舉，住杭州，暗問其室氏，乃宋内夫人，余年十四五，尚猶識之，但兩鬢俱秃。問知在宫中任此職者，例裹巾，巾帶之末，各綴一金錢，每晨用以掠髮入巾，故久而致然也。因曰：「吾爲内夫人日，每日輪流六人侍帝左右，以紙一番，從後端起筆，書帝起居，旋書旋卷，至暮，封付史館。」内夫人别居一宫，宫門金字大牌曰：「官家無故至此，罰金一鎰。」以二者言之，可見宋朝家法之嚴。

顧炎武日知録卷十五宋朝家法：宋世典常不立，政事叢脞，一代之制殊不足言，然其過於前人者數事：如人君宫中自行三年之喪，一也。外言不入於梱，二也。未及末命即立族子爲皇嗣，三也。不殺大臣及言事官，四也。此皆漢、唐之所不及，故得繼世享國至三百餘年。若其職官、軍旅、食貨之制，冗襍無紀，後之爲國者並當取以爲戒。

# 幽蘭居士東京夢華録卷之二

## 御街

坊巷御街〔一〕，自宣德樓一直南去，約闊二百餘步，兩邊乃御廊，舊許市人〔二〕買賣於其間，自政和間官司禁止，各安立黑漆杈子，路心又安朱漆杈子兩行，中心御道，不得人馬行往㊀，行人皆在廊下朱杈子〔三〕之㊁外，杈子裏有磚石甃砌御溝〔四〕水兩道，宣和間盡植蓮荷，近岸植桃、李、梨、杏，雜花相間，春夏之間，望之如繡。

［校］

㊀「往」，説郛作「住」。

㊁説郛無「之」字。

［注］

〔一〕御街

晁補之御街行：雙闕齊紫清，馳道直如線。煌煌塵内客，相逢不相見。上有高槐枝，下有清漣漪。朱欄夾兩邊，貴者中道馳。借問煌煌子，中道誰行此。且復就下論，驄馬知雜事。官卑有常度，那得行同路。相效良獨難，且復東西去。

〔二〕市人

蘇軾沈括蘇沈内翰良方卷四暴下方：歐陽文忠公嘗得暴下，國醫不能愈，夫人云：「市人有此藥，三文一貼，甚效。」公曰：「吾輩臟腑與市人不同，不可服。」夫人使以國醫藥，雜進之，一服而愈。公召賣者，厚遺之，求其方，久之乃肯傳。

徐鉉稽神録卷之三僧珉楚：廣陵法雲寺僧珉楚嘗與中山賈人章某者親熟。章死，珉楚爲設齋誦經數月。忽遇章於市中，楚未食，章即延入食店，爲置胡餅。既食，楚問：「君已死，那得在此？」章曰：「然。吾以小罪未得辭脱。今死爲揚州掠剩兒。」復問：「何謂掠剩？」曰：「凡市人賣販，利息皆有常數。過數得之爲掠剩，吾得而掠有之。今人間如吾輩甚多。」因指路人男女曰：「某人某人皆是也。」

〔三〕**朱杈子**

〔文案〕京都譯注本謂此「朱」大概爲「黑」之誤，有理。宋之杈子分不同地點以不同漆色相别。卷一大内記宣德樓相對兩闕亭，「悉用朱紅杈子」可證，方以智通雅卷三八述杈子：宫闕用朱，官寺用黑。杈子亦稱之爲「行馬」或「拒馬」。程大昌演繁露卷一行馬：「一木横中，兩木互穿以成四角，施之於門以爲約禁也。」李誡營造法式卷八拒馬叉子將其「兩木互穿」喚爲「櫺子」，「其櫺子自連梯上皆左右隔間分佈於上串内，出首交斜相向」。此釋杈子較之歷代更詳，宋春游晚歸圖城門前路之旁各置一杈子，可以見其形象。

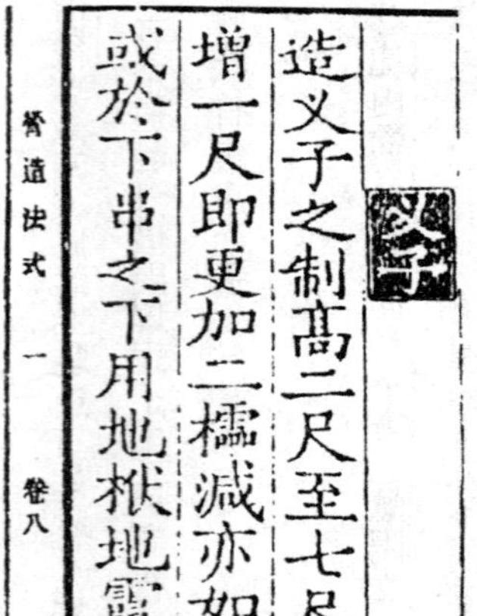
叉子
造叉子之制高二尺至七尺如廣一丈用二十七櫺若廣
增一尺即更加二櫺減亦如之兩壁用馬銜木上下用串
或於下串之下用地栿地霞造其名件廣厚皆以高五尺
營造法式　一　卷八　一百七十一

李誡營造法式叉子書影

〔四〕**御溝**

魏泰東軒筆録卷之三：一日，真宗賦御溝柳詩，宣旨自宰相兩省皆和進。恭公因進詩曰：「一度春來一度新，翠光長得照龍津。君王自愛天然態，恨殺昭陽學舞人。」

宋白宫詞：天上雞人唱曉籌，嚴妝鐘動景陽樓。千門競洗燕脂面，流作香波入御溝。

王珪宫詞：盆山高疊小蓬萊，檜柏屏風鳳尾開。緑繞金階春水闊，新分一派御溝來。露井銀牀凍不收，深宫花暗曉鶯愁。殘紅滿地無人掃，一半隨風落御溝。

王仲修宫詞：曉風薄薄透羅衣，桃李芬芳長舊圍。雨過御溝春水滿，小灘風月漱珠璣。鳳闕巍峨瑞氣間，御溝春晚水潺潺。吾皇勤政無遊幸，天廄門深八駿閑。

田錫御溝：春半桃花水初下，一溝潤緑元如研。夾道宫城數里中，静稱潺湲明月夜。千門萬户建章宫，金銷横門溝闇通。三月花飛若零雨，水聲何處咽香紅。

## 宣德㈠樓前省府宫宇

宣德樓前，左南廊對左掖門，爲明堂頒朔布政府〔一〕。祕書省，右南廊㈡對右掖門。近東則兩府八位，西則尚書省。御街大内前南去，左則景靈東宫，右則西宫。近南大晟府，次曰太常寺。州橋曲轉大街面南曰左藏庫。近東鄭太宰宅、青魚市、内㈢行，景靈東宫南門大街以東，南則唐家金銀鋪〔二〕、温州漆器〔三〕什物鋪〔四〕、大相國寺〔五〕、直至十三間樓、舊宋門。自大内西廊南去，即景靈西宫，南曲對即報慈寺街、都進奏院、百鍾圓藥鋪，至浚儀橋大街。西宫南㊃皆御廊杈子，至州橋投西大街，乃果子行〔六〕。街北㊄都亭驛〔七〕，大遼人使驛也。相對梁家珠子鋪。餘皆賣時行紙畫〔八〕、花果鋪席。至浚儀橋之西，即開封府。

御街一直南去，過州橋，兩邊皆居民。街東㊅車家，炭張家酒店，次則王樓山洞梅花包子、李家香鋪、曹婆婆肉餅〔九〕、李四分茶〔一〇〕。至朱雀門街西，過橋即投西大街，謂之麯院街〔一一〕，街南㊆遇仙正店，前有樓子㊇後有臺，都人謂之「臺上」。此一店最是酒店上户，銀缾酒七十二文一角〔一二〕，羊羔酒〔一三〕八十一文一角。街北薛家分茶、羊飯、熟羊肉鋪。向西去皆妓㊈館舍〔一四〕，都人謂之「院街」。御廊西即鹿家包子，餘皆羹店、分茶、酒店、香藥〔一五〕鋪、居民。

［校］

㊀「德」，諸本均作「和」，誤。説郛則不誤。本條首句可自糾其誤。

㊁「右南廊」，原作「右廊南」，據前文「左南廊對左掖門」改。

㊂「内」疑爲「肉」字之誤。

㊃「南」，京都譯注本應爲「東」。

㊄「街北」下説郛補一「則」字。

㊅「街東」下説郛補一「則」字。

㊆「街南」下説郛補一「則」字。

㊇「前有樓子」，疑「子」爲衍字。

㊈上古標校本據學津、説郛補「女」字，意爲元本原脱。宋妓館之説屢見不鮮，余以爲元本未脱。朱雀門外街巷中「妓館」亦可證。

## 〔注〕

〔一〕**明堂頒朔布政府**

徐松宋會要輯稿禮二四之八一、八二、八四：今肇建明堂，統和天人，凡宗祀聽朔布政朝會，遠法成周之制，欲乞置明堂頒政一員爲長，頒事二員爲二，頒朔每方二員，各掌遠方之事，以備太平盛典焉。政和七年九月一日詔頒朔布政，自十月爲始，十月一日皇帝御明堂平朔左个，以是月天運政治，及八年戊戌歲運曆數布於天下，自是每月朔御明堂，布是月之政。每歲十月以來，歲運數布於天下，宣和二年始用正月朔布是歲之運數，後以爲常，其文不能盡録。政和三年三月八日詔頒月之朔，使民知寒暑燥濕之化，而萬里之遠，雖驛置日行五百里，已不及時，千里外可前期十日先進呈，取旨頒布，諸州長吏封掌候月朔宣讀。

〔二〕**金銀鋪**

高似孫緯略卷五金鋪：通俗文曰：門首飾，謂之鋪首。風俗通曰：門户鋪首。揚雄甘泉賦曰：排玉户而揚金鋪兮，發蘭蕙與芎藭是也。説文曰：門扇環，謂之鋪首。李尤平樂觀賦曰：過洞房之輔闥，歷金鐶之華鋪是也。通俗文又引百家書曰：輸般見水上蠡，謂之曰：開汝頭，見汝形。蠡適出其頭，般以足畫圖之。蠡引閉其户，終不可開。設之門户，欲使閉藏，如此固密也。義訓曰：門飾金，謂之鋪，鋪謂之鏂音歐，今俗謂浮漚釘者也。

戴侗六書故卷四地理一：鋪⿰金鼠善胡切，門上銜環者也，借爲鋪陳之義，陳物之肆，因謂之鋪，普故切。

宋話本洛陽三怪記：説這河南府章臺街上，有個開金銀鋪潘小員外，叫名潘松。

宋話本楊温攔路虎傳：當日，楊員外和楊温在金銀鋪坐地，也是早飯罷，則見一個大漢，騎一匹馬，來金銀鋪前下馬，唱喏道：「覆員外，太公不快，交來請員外回來則個！」那漢説了，上馬便去。楊温認得：當夜被劫，是這厮把着火把。欲待轅身出櫃身來捉那厮，三步近，兩步遠，那厮馬快，走了。楊員外道：「兄弟，你看着鋪，我回去見我爹則個，五七日便來。」楊三官人：「覆仁兄，温要隨仁兄去走一遭，叫公公則個。」員外道：「你去不得。我爹爹心煩利害人，則好休去。」楊温道：「鋪中許□財物，不敢在此。」

## 〔三〕温州漆器

祝穆宋本方輿勝覽卷九浙東路：風俗　織紝工而器用備。永嘉志温居塗泥之鹵，土薄艱植，民勤於力，而以力勝。

耐得翁都城紀勝鋪席：又有大小鋪席，皆是廣大物貨，如平津橋沿河，布鋪、扇鋪、温州漆器鋪、青白碗器鋪之類。

徐夢莘三朝北盟會編卷一政宣上帙一起政和七年七月四日庚寅，盡政和八年四月二十七日己卯：蔡絛北征紀實曰：政和元年，童貫副鄭允中奉使北虜，時虜酋天祚，欲與童貫一相見，因使貫覘其國。北討之意，已形於此，而中外未知也。然其時虜酋方肆縱，欲見貫者，但希中國玉帛奇玩而已！而中國寖侈，亦自是而始。故貫所賷奇玩，至運二浙髹漆之具，火閣書櫃床椅之屬，悉往以遺之，相誇尚而已。

談鑰嘉泰吳興志卷十八食用故事漆器：安吉長興武康山多漆市行，漆器舊頗有名。元豐間嘗供三十事，今器不逮昔，不充貢。

陶穀清異録卷下饌羞門雁櫝：富家出遊，運致饌具，皆用髹櫝，蒙以紫碧，重簷罩衣，兩人舁之。其行列之盛，有若雁行，旁觀號爲「雁櫝」。

高濂遵生八箋卷十四燕閑清賞箋上論剔紅倭漆雕刻鑲嵌器皿：高子曰：宋人雕紅漆器，如宮中用盒，多以金銀爲胎，以朱漆厚堆至數十層，始刻人物樓臺花草等像，刀法之工，雕鏤之巧，儼若畫圖。有錫胎者，有蠟地者，紅花黄地，二色炫觀。有用五色漆胎，刻法深淺，隨粧露色，如紅花、緑葉、黄心、黑石之類，奪目可觀，傳世甚少。又等以朱爲地刻錦，以黑爲面刻花，錦地壓花，紅黑可愛。然多盒制，而盤匣次之，盒有蒸餅式、河西式、蔗段式、三撞式、兩撞式、梅花式、鵝子式，大則盈尺，小則寸許，兩面俱花。盤有圓者，有方者，腰樣者，有四入角者，有緣環樣者，有四角牡丹瓣者，匣有長方、四方、二撞、三撞四式。

謝坤金玉瑣碎：宋人有雕漆盤盒等物，刀入三層，書畫極工，竟有黄金爲胎者，蓋大内物也。民間有銀胎、灰胎，亦無不精妙。

徐樹丕識小録卷一雕漆：雕漆起於宋，謂之宋剔，有金銀胎者，至今傳寶。

鄧之誠骨董瑣紀全編骨董續紀卷三政和雕漆：袁珏生侍講，藏宋雕漆小合，徑不及寸，金底上刻雲龍，鱗鬣筋肉，骨角爪牙，夭矯飛動，宛若生成，平生所見雕漆，此爲第一，迥非明漆可比。底刻「政和年製」四字隸書，刀法圓勁，必出當時名手，蓋裏刻宫寶一印篆文，似後來加款，或永宣造器時，曾徵入九禁，審其精美，爲鐫此二字，以爲宫中之寶器也，則尤足貴矣。

〔四〕**什物鋪**

法雲翻譯名義集三什物第三十七：經音義云：什者，才也，聚也，雜也，亦會數之名也。謂資生之物。莊子關尹曰：凡有貌象聲色者，皆物也。易曰：天地絪緼，萬物化醇。玉篇云：凡生天地之間，皆物也，事也，類也。

慧琳一切經音義卷第十仁王般若經下卷什物：音十，舊音義釋云：什，衆也，雜也，會數之名也，資生之物，謂之什物也。字鏡云：物即萬物也，牛爲大物，天地之起，牽牛，故物字從牛，勿，聲也。

顔師古匡謬正俗卷六：什器，或問曰生生之具，謂之什器，什是何物？答曰：此名原起軍戎，遂謂天下通稱。軍法五人爲伍，二伍爲什，一什之内，共有器物若干，皆是人之所須，不可造次而廢者，或稱什物。猶今軍行戍役工匠之屬，十人爲火，一火内共畜器物，謂之幕調度耳。

徐鉉稽神録卷三廣陵賈人：廣陵有賈人，以柏木造牀，凡什物百餘事，製作甚精。

虞裕談撰：器用謂之什物者，蓋成周軍法，以五人爲伍，二伍爲什，供其器物，故器用通謂之什物。

曾紆南遊記舊詞識：李端愿，宫保文和長子，治園池，延賓客，不替父風。每休沐，必置酒高會，延侍從、館閣，率以爲例，至夜分寢閣，什物供帳皆不移具。

宋話本霅川蕭琛貶霸王：次日，太守傳臺旨，令合屬人等各辦事，於正廳上妝塑霸王神像，修設從人，面前羅列供具什物，軒下窗槅、神簾、祭器俱全。

宋話本任孝子烈性爲神：教地方公同作眼，將梁公家家財什物變賣了。買下五具棺材，盛下屍首，聽候官府發落。

〔五〕**大相國寺**

宋白大相國寺碑銘：臣供職禁林，伏膺典策。伽藍故事，湘素預聞。按大相國寺本北齊建國寺也，至唐室睿宗改賜今名。大凡有土地然後置國城，有國城然後興棟宇。恭承制旨，願畢其辭。謹再拜而揚言曰：天生蒸民，樹之司牧，文經武緯，創業垂統，建邦設都，上古已還，弗常厥所。堯都平陽，舜都蒲阪，周都豐鎬，漢都長安，咸以爲天下之君，保域中之大。乃聆梁國，古屬豫州。主於斗極之三，度入房星之五。無名山大川之阻，沖四通五達之郊。梁開平中昇爲京闕，晉漢有周，三代因之。嘻，天道玄遠，有開必先。惟周之興，爲宋經始。遷宗社於斯，築新城於斯。太祖皇帝潛陽在下，玄德昇聞。百姓與能，三靈改卜。爰尊禪讓，方陟元后，以爲必躬必親，所以康世難。破澤潞維揚之隩，不壯不麗，何以威外夷，闢皇居應門之象！國之大事，在祀與戎。增嚴禋上帝之壇，大禁衛連營之制。由是荆湖内附，吴蜀一統。向明而治，十有七年。太宗皇帝，德合天地，明齊日月。肇膺顧命，一委長君。恢張四維，奮迅獨斷。盛哉吴越，享國百齡，我以尺一而召之；蕞爾并汾，不庭二紀，我以一戎而下之。功成制禮，治寶作樂。新集仙秘閣之署，草籍田東封之儀。既而麟鳳效祥，草木呈瑞。重衣端拱，二十二祀。崇文廣武聖明仁孝皇帝之應運也，紫氣充庭，黄雲作蓋。壽邸通三之貴，震宫明兩之朝。歷數在躬，大寶曰位。以至誠奉六廟，以純孝尊萬安。接盤維以雍睦，御臣民以公正。禮無違者，文思化成。六合無不獲之夫，四海多來賓之國。皇猷既以彰矣，昌期亦以隆矣。一旦負黼扆語侍臣曰：朕荷九天眷命，襲二聖丕基。寅畏奉行，弗敢失墜。人熙有慶，時汔小康。行大中之道，吾無間然；存方外之教，意有所闕。太祖革封禪爲開寶之號，太宗錫龍興以太平之名。別開啓聖之梵宫，實作上都之壯觀。惟相國寺敕建三門，御書賜額，餘未成就，我當修之。乃宣内臣，飭大臣。百工麇至，衆材山積。岳立正殿，翼舒長廊。左鐘曰樓，右經曰藏。後拔層閣，北通便門。廣庭之内，花木羅生。中廡之外，僧居鱗次。大殿睟容，即慧雲師所鑄彌勒瑞像也。前樓衆聖，即潁川郡所迎五百羅漢也。其形勢之雄，制度之廣，剞劂之妙，丹青之英。星繁高手，雲萃名工。外國之希奇，八方之異巧，聚精會神，争能角勝，極思而成之也。偉天觚棱鳥跂，梅梁虹伸，繡栭文楣，璿題玉砌，金碧輝映，雲霞失容。筝鐸玲瓏，咸韶合奏。森善法於目前，飄樂音於耳界。若乃龍華春日，然燈月夕，都人士女，百億如雲。綺羅繽紛，花鬘纓珞。巡禮圍繞，旃檀衆香。仰而駭之，謂兜率廣嚴，攝歸於人世。又若天仗還都，鳳樓肆赦。千乘萬騎，流水如龍。旌旗篲空，歌吹沸渭。憑欄四顧，佳氣榮光。俯而望之，疑蕊珠閬風，神化於海上。猗宏麗也超勝也，皆不可稱不可量。大矣哉，維大雄氏，真大聖人。佐佑大君，興隆大化。受記付囑，爲世外護。故將以法王能仁，兼帝王要道，參而行之。經言廣大，則無思不服；經言慈悲，則視民如傷；經言忍辱，則國君含垢；經言利益，則我澤如春。德惟日新，精進也。畏於天命，持戒也。如是知見，如是信解。然由造有相之功德，廣無邊之福田。固皇圖如泰山，躋蒼生於壽域。冀災沴不作，僭賊不生，風雨咸若，寰區謐寧者歟。古云登高能賦，作器能銘。彼皆小者，尚以文爲。昔簡栖抒頭陀之碑，江總紀棲霞之迹，庾信述鳳林之景，王勃演牛頭之詞。鴻筆遺妍，龜趺盡在。矧夫夷門巽位，汴水陽涯。旁連北斗之城，近對蒼龍之闕。構此大壯，宜揚頌聲。臣久玷鼇山，榮瞻鳳扆。學微覩奥，文愧非工。捧詔惕然，抽毫銘曰：地象爲輿，天形若笠。四序循環，三辰出入。吁嗟五代，日不暇給。祖宗耿光，神祇降祥。受天永命，得人者昌。崛起大宋，祚踰皇唐。赫赫太祖，聰明神武。櫛風沐雨，披攘九土。握機蹈矩，炳文如虎。明明太宗，寬仁肅恭。務財訓農，萬方來同。類帝禋宗，神德猶龍。重熙累洽，慶流三葉。玉塞鏖兵，銅梁獻捷。文物葳蕤，禎符雜遝。信及豚魚，混一車書。儒通墳索，道講玄虛。勤行二教，諦奉真如。隋堤之側，寺名相國。髣髴天宮，光華日域。下福蒸人，上延聖曆。輪焉奂焉，五色相宣。春陵寶馬，許史雲軿。争趨勝地，如會諸天。不可思議，歎未曾有。悦懌羣心，歡呼萬口。千劫受塵，一時抖擻。揆日占星，揚於紫庭。黄麻錫詔，翠琰刊銘。金田寶刹，萬祀千齡。

施耐庵羅貫中水滸傳第六回九紋龍剪徑赤松林　魯智深火燒瓦罐寺：智深看見東京熱鬧，市井喧嘩，來到城中，陪個小心，問人道：「大相國寺在何處？」街坊人答道：「前面州橋便是。」智深提了禪杖便走，早來到寺前，入得山門看時，端的好一座大刹。但見：

山門高聳，梵宇清幽。當頭敕額字分明，兩下金剛形勢猛。五間大殿，龍鱗瓦砌碧成行；四壁僧房，龜背磨磚花嵌縫。鐘樓森立，經閣巍峨。旛竿高峻接青雲，寶塔依稀侵碧漢。木魚横掛，雲板高懸。佛前燈燭熒煌，爐内香煙繚繞。幢幡不斷，觀音殿接祖師堂；寶蓋相連，水陸會通羅漢院。時時護法諸天降，歲歲降魔尊者來。

## 〔六〕果子行

蘇頌蘇魏公文集附録一魏公譚訓卷十雜事：祖父嘗言，在館中時，雇得一婢，問其家何爲？云：「住曹門外，惟錘石蓮。」問一家幾人各何爲？云：「十口皆然，無他業。」初甚訝之。又云：「非獨某家，一巷數十家皆然。」蓋夏末梁山泊諸道載蓮子百十車，皆投此巷，鎚取蓮肉，貨於果子行。乃知京師浩瀚，何所不有，非外方耳目所及也。

李燾續資治通鑑長編卷二百四十神宗熙寧五年：明日，進呈内東門及諸殿吏人名數白上曰：「從來諸司皆取賂於果子行人，今行人歲入市易務息錢，幾至萬緡，欲與此輩增禄。」

加藤繁中國經濟史考證論唐宋時代的商業組織「行」並及清代的會館二同業商店街區的行：在唐宋時代，同業商人組織，叫做「行」，而「行」這一個詞，同時又指同業商店的街區而言。

像開封的果子行，就是一個例子，根據東京夢華録，果子行是賣水果和花木的商店的街區，而且也是水果和花木等定期市開市的地方。然而，定期市却不一定限於在同業商店的街區開市。這和市的制度的崩潰有關係。規定叫做「市」的商業區域，把商店專設於這個地方的制度，到了唐代末期，已經鬆弛頽廢，而到了北宋中期以後，就完全崩潰。其結果，商店分佈的情況，可分爲兩種：一種是種種的商店毫無限制地任意開設，還有一種，同業的商店雖然脱離了叫做「市」的商業區域的拘束，但還是集合而成街區，散在都市内的各個地方。定期市在同業商店的街區開市，是後一種場合的事情；在前一種場合就是同業商店散在各處的場合，就選擇交通方便的河畔、橋頭、城門内外等地方開市，而不管在什麽地方開市，它都叫做行、市或者團等等。

〔七〕都亭驛

李濂汴京遺迹志卷之十三雜志二宋四館驛：都亭驛。待遼使之所。都亭西驛。待西蕃、阿黎、于闐、新羅、渤海使之所。懷遠驛。待交趾使之所。同文館。待青唐、高麗使之所。

〔八〕時行紙畫

鄧椿畫繼卷六人物傳寫：劉宗道，京師人。作照盆孩兒，以水指影，影亦相指，形影自分。每作一扇，必畫數百本，然後出貨，即日流布。

鄧椿畫繼卷七小景雜畫：楊威，絳州人。工畫村田樂，每有販其畫者，威必問所往，若至都下，則告之曰：「汝往畫院前易也。」如其言，院中人争出取之，獲價必倍。

劉道醇聖朝名畫評卷二山水林木門神品：景祐中，成孫宥爲開封尹，命相國寺僧惠明購成之畫，倍出金幣，歸者如市。

郭若虚圖畫見聞志卷六近事：景祐中，有畫僧曾於市中見舊功德一幅。看之，乃是慈氏菩薩像，左邊一人執手爐裹幞頭，衣中央服，右邊一婦人捧花盤，頂翠鳳衣冠，衣珠絡，泥金廣袖。畫僧默識其立意非俗，而畫法精高，遂以半千售之。

佚名宣和畫譜卷十八花鳥四：趙昌，字昌之，廣漢人。善畫花果，名重一時。作折枝極有生意，傅色尤造其妙，兼工於草蟲，然雖不及花果之爲勝。蓋晚年自喜其所得，往往深藏而不市，既流落，則復自購以歸之。

劉道醇聖朝名畫評卷一人物門能品：燕文貴，吴興人，隷軍中。善畫山水及人物。初師河東郝惠，太宗朝駕舟來京師，多畫山水人物，貨於天門之道。待詔高益見而驚之，遂售數番，輒聞於上。

〔文案〕宋畫多用紙而鮮用絹，所謂「時行紙畫也」。日加藤繁博士，不解「時行紙畫」，乃因宋畫民間普及商業化之勃興未明使然。

〔九〕**肉餅**

忽思慧飲膳正要卷第一聚珍異饌肉餅兒：精羊肉十斤，去脂膜筋，搥爲泥　哈昔泥三錢　胡椒二兩　蓽撥一兩　芫荽末一兩　右件，用鹽調和勻，捻餅，入小油煠。

〔一〇〕**分茶**

向子湮浣溪沙：趙總憐以扇頭來乞詞，戲有此贈。趙能著棋、寫字、分茶、彈琴。艶趙傾燕花裏仙。烏絲闌寫永和年。有時閑弄醒心絃。　茗碗分雲微醉後，紋楸斜倚髻鬟偏。風流模樣總堪憐。

周去非嶺外代答卷六器用門茶具：雷州鐵工甚巧，製茶碾、湯甌、湯匱之屬，皆若鑄就。余以比之建寧所出，不能相上下也。夫建寧名茶所出，俗亦雅尚，無不善分茶者。

史浩臨江仙：憶昔來時雙髻小，如今雲鬢堆鴉。緑窗冉冉度年華。秋波嬌殢酒，春筍慣分茶。

吴坰五總志：學士陶穀侍兒，太尉党公故姬也。陶一日以雪水分茶，謂之曰：「党公解此乎？」對曰：「党公武人，每遇天寒雪作時，於錦帳中命歌兒度曲，飲羊羔酒爾，安知此樂。」

王之道西江月和董令昇燕宴分茶：磨急鋸霏瓊屑，湯鳴車轉羊腸。一杯聊解水仙漿。七日狂酲頓爽。指點紅裙勸坐，招呼巖桂分香。看花不覺酒浮觴，醉倒寧辭鼠量。

〔文案〕錢鍾書管錐編增訂一〇五頁解「分茶」於宋含兩義，一指茗事，一指沽酒市脯，雖著茶字，無關品茗。錢釋甚確。許政揚宋元小説戲曲語釋言分茶非别茶亦非品茶，而應是烹茶。顧學頡王學奇元曲釋詞謂：分茶當是隨意飲酒、小吃之意。此二釋均未準確矣。分茶乃爲一神奇伎藝也，陶穀清異録記分茶「使湯紋水脈成物象者，禽獸蟲魚花草之屬，纖巧如畫。」楊萬里澹庵座上觀顯上人分茶亦證：「煎茶不似分茶巧」，「怪怪奇奇真善幻」，「紛如擘絮行太空，景落寒江能萬變」。乃知分茶爲泡茶注水相融之際，高下疾徐，擊拂撥弄，幻成字畫之類物象。分茶已與風行之琴棋書畫並肩而立也，其伎藝獨特，鮮有能者，然市井飲食商家多趨名藝絶技，紛紛以「分茶」標榜，以示品味高尚而招徠顧客耳。故臨安大凡麵食店，亦謂之「分茶店」，此繼東京食店之風，實與分茶無涉，只取誠爲飲食活動審美精神矣。若吴自牧夢粱録卷十六酒肆謂：「酒家人先下看菜，問酒多寡，然後别换好菜蔬。有一等外郡士夫，未曾諳識者，便下筯喫，被酒家人哂笑。然店肆飲酒，在人出着，且如下酒品件，其錢數不多，謂之『分茶』、『小分下酒』。」

〔一〕**麯院街**

方勺泊宅編卷第六：京師不摧酤。官置院造麴，增其直出賣，凡酒户定年額斤數占買，雖不摧亦摧也。院之井滓穢，不堪汲用，唯以造麴特善，它井皆不如。

謝采伯密齋筆記卷一：都麴院麴賣於酒户，西京、南京皆然。東京在城每歲四十七萬四千六百四十五貫，南京在城賣麴三萬六百九十貫二百一十七文。

田汝成西湖遊覽志卷十北山勝蹟：麯院，宋時取金沙澗之水造麯以醸官酒，其地多荷花，世稱「麯院風荷」是也。

〔文案〕京都譯注本謂「院街」爲妓女「行院」集中地之俗稱，此顯爲中國歷來注家誤將行院專解爲妓院所致。妓院爲行院，未錯，水滸傳第二十一回閻婆言其女兒：「從小兒在東京時，只去行院人家串，那一個行院不愛他。」然將行院通視爲妓院則誤。行院及同業組織，各行皆有，宋四公大鬧禁魂張：「行院少有認得你的。」萬秀娘仇報山亭兒：「又被萬員外分付盡襄陽府開茶坊底行院。」車若水脚氣集記載均可證之。故許政揚謂：凡伎藝人等所謂行院者，皆爲此意。此爲「行院」最具説服力、最完善之解。而官置院造麯其數必夥，故一街皆稱。此爲麯院街本意也。

〔二〕**一角**

鄭獬觥記注：角者，以角爲之，受四升。

宋話本張古老種瓜娶文女：「與我去尋兩個媒人婆子。若尋得來時，相贈二百足錢，自買一角酒吃。」

宋話本宋四公大鬧禁魂張：王秀没猜道是誰，猛然想起今日宋四公的親戚，身上穿一套衣裳，好似我家的。心上委決不下，肚裏又悶，提一角酒，索性和婆子吃個醉。

震鈞天咫偶聞卷四北城：凡京酒店飲酒，以半盌爲程，而實四兩，若一盌，則半斤矣。疑宋人所謂一角者即此。

〔三〕**羊羔酒**

朱肱北山酒經卷下白羊酒：臘月，取絶肥嫩羯羊肉三十斤肉三十斤内要肥膘十斤。連骨，使水六斗已來，入鍋煮，肉令息軟，漉出骨，將肉絲擘碎，留着肉汁。炊蒸酒飯時，匀撒脂肉於飯上，蒸令軟，依常拌攪，使盡肉汁六斗。潑饋了，再蒸良久卸案上，攤令温冷得所，揀好脚醅依前法酘拌，更使肉汁二升以來，收拾案上及元壓面水，依尋常大酒法日數，但麴盡於酴米中用爾。一法：脚醅發，只於酘飯内，方煮肉，取脚醅

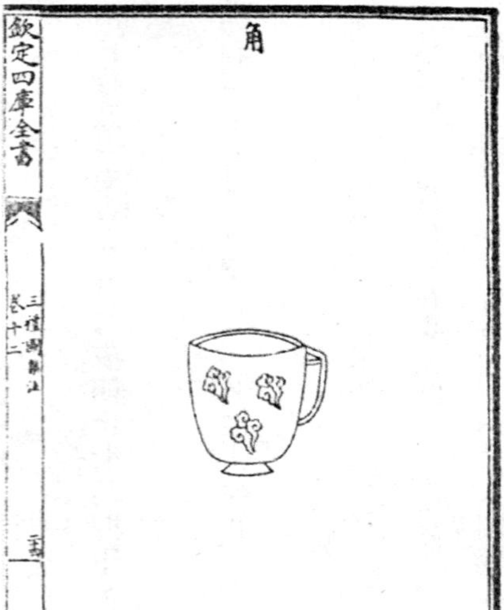


三禮圖集注角圖

一處搜拌入甕。

王舉之［雙調］折桂令羊羔酒：杜康亡肘後遺方，自墮甘泉，紫府仙漿。味勝醍醐，醲欺琥珀，價重西凉。凝碎玉金杯泛香，點浮酥風琖鎔光。錦帳高張，炎氏風流，低唱新腔。

高濂遵生八箋卷十二飲饌服食箋中羊羔酒：糯米一石，如常法浸漿肥羊肉七斤，麯十四兩，杏仁一斤，煮去苦水，又同羊肉多湯煮爛留汁七斗，拌前米飯，加木香一兩同醖，不得犯水，十日可吃，味極甘滑。

［文案］遵生八箋所載，與壽親養老新書卷三所述羊羔酒製法相同，據稱引自宣和化成殿方。

## ［四］妓館舍

施彦執北窗炙輠録卷下：家兄門生，有沈君章，無他奇，但性頗孝，喜爲狹邪遊。一日宿妓館，因感寒疾以歸，苦兩股疼。其母按其股曰：「兒讀書良苦，常深夜閲書，學中乏炭薪，故爲凍損耳。」君章謂余言：「某聞老母此語時，直覺天下無容身處，即心誓曰：『自此不復遊妓館矣。』」後余察之信然，此亦可謂善改過矣。

羅燁新編醉翁談録卷之一丁集序平康巷陌諸曲：平康里者，乃東京諸妓所居之地也。自城北門而入，東回三曲。妓中最勝者，多在南曲。其曲中居處，皆堂宇寬静，各有三四廳事，前後多植花卉，或有怪石盆池，左經右史，小室垂簾，茵榻帷幌之類。凡舉子及新進士、三司、幕府，但未通朝籍，未直館殿者，咸可就遊，不吝所費，則下車水陸備矣。其中諸妓，多能文詞，善吐談，亦評品人物，應對有度。及膏粱子弟來遊者，僕馬繁多，宴遊崇侈。

〔二五〕香藥

葉寘坦齋筆衡品香：范致能平生酷愛水沉香，有精鑒，嘗謂：廣舶所販之中下品，黎峒所産大䰟大率如蔴粟、如附子、如芝菌、如茅竹葉者，皆爲佳品。雖刳薄如紙，入水亦沉。蓋香之節目，久墊土中，滋液流下，結而爲香。環島四郡，以萬安軍所采爲絶品，或謂萬安在島之正東，鍾朝陽之氣，尤醖藉豐郁，四面悉香，翻爇燼餘而氣不焦，所産處價與銀等。洪駒父香譜亦以沉香絶品，瓊之黎峒南爲最，然皆聞於人，要未得其真也。兩廣惟産橄欖香，出廣海之北，橄欖木之節目結成，狀如膠飴而清烈，無俗旖旎氣，烟清味嚴，宛有真馥。生香唯此品，如素馨、茉莉、柑柚爲蒸香，皆以降真爲骨，去其夙生而薰入焉，各有製法，而素馨之薰最佳。有吴氏者以香業於五羊城中，以龍涎著名，香有定價，家富日饗如封君，入自叩之，彼不急于售也。高容雷化山間亦有香，但白如木，不禁火力，氣味極短，疑亦無膏乳，士人賣不論錢也。光香、箋香、黄熟、黄生、速香、結香、排香、蓬萊香，皆出海外，惟生結鷓斑，脱殼茅葉爲沉之最，藥沉不預也，大率沉水以萬安、東峒爲第一品，如范致能之所詳。在海外則登流眉片沉，可與黎東之香相伯仲。登流眉有絶品，乃千年枯木所結，如石杵、如拳、如肘、如鳳、如孔雀、如龜蛇、如雲氣、如神山人物，焚一片則盈屋香霧，越三日不散，彼人自謂之無價寶，世罕有之，多歸兩廣帥府，及大貴勢之家。

［文案］洪芻香譜録香藥八十三種，後來葉廷珪名香譜又記香藥六十九種，兩香譜相同者三十七種：都夷香、沉水香、安息香、雞舌香、龍文香、雀頭香、迷疊香、辟寒香、月支香、振靈香、千畝香、龜甲香、兜末香、沉光香、沉榆香、茵墀香、石葉香、紫述香、百濯香、千步香、蘅蕪香、金磾香、九和香、九真香、罽賓國香、拘物頭華香、祇精香、飛氣香、兜婁婆香、大象藏香、牛頭旃檀香、龢齊香、鳳腦香、辟邪香、瑞麟香、金鳳香、必栗香。未同者，洪芻香譜四十六種：龍腦香、麝香、白檀香、蘇合香、郁金香、薰陸香、詹糖香、丁香、波律香、乳香、青桂香、雞骨香、木香、降真香、艾蒳香、甘松香、零陵香、茅香花、棧香、水盤香、白眼香、葉子香、芸香、蘭香、芳香、藹香、蕙香、白膠香、都梁香、甲香、白茅香、藒車香、兜納香、耕香、木蜜香、荼蕪香、十里香、威香、薰肌香、升霄靈香、五香、千和香、多伽羅香、羯布羅香、詹葡花香、兜婁香。葉廷珪名香譜亦有三十一種：蟬蠶香、荃蕪香、還魂香、震檀香、驚精香、返生香、却死香、百蘊香、月麟香、青木香、五枝香、明庭香、明天發□香、揭車香、刀圭第一香、曲水香、鷹嘴香、乳頭香、助情香、夜酣香、伴月香、亞濕香、金顔香、神精香、明庭香、塗魂香、蓬萊香、鷓鴣斑香、思勞香、橄欖香、沉光香。洪芻爲紹聖期間進士，葉廷珪爲政和五年進士，所著香譜，以北宋爲準，可爲東京具多種中外香藥品種之證。後陳敬陳氏香譜之浩博，亦證洪、葉所記北宋香藥品種之多不虚。

## 朱雀門外街巷

出朱雀門東壁亦人家，東去大街麥稭㊀巷、狀元〔一〕樓，餘皆妓館，至保康門街。其御街東朱雀門外，西通新門瓦子，以南殺猪巷亦妓館。以南東西兩教坊，餘皆居民或茶坊。街心市井〔二〕，至夜尤盛。過龍津橋〔三〕南去，路心又設朱漆杈子如内前。東劉廉訪〔四〕宅，以南太學、國子監，過太學又有横街，乃太學南門。街南熟藥惠民南局。以南五里許皆民居。又東去横大街，乃㊁五嶽觀後門。大街約半里許乃看街亭，尋常車駕行幸，登亭觀馬騎於此。東至貢院什物庫、禮部貢院、車營務草場。街南葆真宫，直至蔡河雲騎橋。御街至南薰門裏，街西㊂五嶽觀，最爲雄壯。自西門東去觀橋、宣泰橋，柳陰牙道，約五里許，内有中太一宫、佑神㊃觀。街南明麗殿、奉靈園、九成宫，内安頓九鼎。近東即迎祥㊄池，夾岸垂楊，菰蒲〔五〕蓮荷，鳧鴈〔六〕遊泳其間，橋亭臺榭，棊布相峙，唯每歲清明日，放萬姓燒香遊觀一日。龍津橋南西壁鄧樞密〔七〕宅，以南武學巷内曲子張宅〔八〕、武成王廟〔九〕。以南張家油餅、明節皇后〔一〇〕宅。西去大街曰大巷口，又西曰清風樓酒店〔一一〕，都人夏月多乘涼於此。以西老鴉巷口軍器所，直接第一座橋。自大巷口南去，延真觀延接四方道民於此。以南西去小巷口三學院，西去直抵宜男橋小巷，南去即南薰門。其門尋常士庶殯葬〔三〕，車輿皆不得經由此門而出，謂正與大内相對〔三〕。唯民間所宰猪，須從此入京，每日至晚，每羣萬數，止數十人驅逐，無有亂行者。

〔校〕

㊀中華鄧注本謂「稍」應作「稭」。文謂應從元本，集韻卷三可證。京都譯注本亦持同解。

㊁「乃五嶽觀」，説郛作「乃至五嶽觀」。

㊂「西」應爲「東」。京都譯注本糾「西」爲「東」，確。孔憲易據宋繼郊志略備采亦考定此糾甚確。

㊃中華鄧注本謂：佑神俗稱，本作佑聖。

㊄中華鄧注本謂：迎祥俗稱，本作凝祥。

〔注〕

〔一〕**狀元**

張師正括異志卷二楊狀元：前進士黄通與狀元楊公寘相善，嘗夢楊投刺，自稱「龍首山人」。慶曆初，既登第，丁内艱，未終而卒。其後好事者解之曰：「龍首，謂狀元登第也；山人，無禄之稱也。」

范鎮東齋記事卷三：韓持國知潁川府，時彦以狀元及第，每稱狀元。持國怒曰：「狀元無官耶！」自此呼爲簽判。彦終身銜之。馬涓巨濟亦以狀元及第，爲秦簽，亦呼狀元。秦帥吕晉伯曰：「狀元者，及第未除也。既爲判官，不可曰狀元。」巨濟媿謝。

王明清揮麈前録卷三本朝父子兄弟俱爲狀元有四家：本朝父子狀元及第：張去華子師德，梁顥子固。兄弟：孫何、孫僅，陳堯佐、堯咨四家而已。後來沈文通孫晦以祖孫相繼。近年許克昌寔許安世之親姪孫；而王資深子洋，俱爲榜眼。

俞文豹吹劍録外集：祥符八年，狀元蔡齊，真宗喜其韶秀，詔金吾給騶從傳呼，自是爲例。

吴枋宜齋野乘狀元詞誤：今人唱「五百人中第一仙」鷓鴣天詞，第二句便云「花如羅綺柳如綿」，最無意義，當是錯誤。分曉其詞，以第二句與第七句對换過，義理方通。合云：「五百人中第一仙，等閑平步上青天。緑袍乍著君恩重，黄榜初開御墨鮮。　龍作馬，玉爲鞭。花如羅綺柳如綿。時人莫訝登科早，自是嫦娥愛少年。」

九山書會編撰張協狀元第二十一齣王府計議勝花婚事：［同前］朱紫駢駢，不若荷衣一狀元。況兼奴家是豪貴，若非高甲，怎生攀羡！（外）我王擇賢畢竟是今年，與我兒選個福非淺。（合）出得幾多錢，招捉那狀元爲姻眷。

祝穆古今事文類聚前集卷二十六仕進部大小狀元：章聖即位，咸平元年二年皆放進士，舉孫僅、孫暨相繼魁天下，皆汝州人，京師閭巷之人榮之，至於百姓亦以大狀元、小狀元呼之。嘉祐八年，許將，治平四年，許世安，時謂大許、小許，然亦以姓呼，蓋由隔彭汝礪一牓也。

蘊聞大慧普覺禪師住徑山能仁禪院語録卷第四：張侍郎請陞座，僧問：「十方同聚會，個個學無爲。此是選佛場，心空及第歸。時如何。」師云：「題目道甚麽。」進云：「分明在目前。」師云：「杜撰禪和，如麻似粟。」進云：「争柰一等共攀仙桂樹，要折蟾宫第一枝。」師云：「這漢今日他白。」進云：「雖然如是。今夏定作禪狀元。」便禮拜。問：「侍郎見處何似去年？」師云：「今年去年只隔三百六十日。」進云：「莫謗侍郎好，侍郎無這箇消息。」師云：「即無這個消息，了因又亂道作甚麽。」進云：「借人口説一兩句，又且何妨。」便禮拜。師乃云：「借人口説得底，不幹自己事。自己胸襟流出底，傍觀者有眼如盲。有口如啞，便恁麽領略得。作禪狀元也不難。直饒如是始入得徑山門，未入得徑山室，若入得徑山室，禪狀元始用得着。禪狀元纔用得着，儒狀元便用不着。敢問大衆，前面爲甚麽用得着，後面爲甚麽却用不着。」乃顧視左右云：「還知徑山落處麽，若知徑山落處，禪狀元即是儒狀元，儒狀元即是禪狀元，即今拈却禪與儒，且道當面一句作麽生道，要知死底張宣教，便是活底狀元爺。」

李頎詩話七九王曾梅花詩：王沂公布衣時，以梅花詩獻吕文穆公云：「雪中未問和羹事，且向百花頭上開。」文穆曰：「此生已安排狀元宰相也。」後果然。

葉夢得石林詩話：國朝狀元爲相者四人：吕文穆公，王文正公，李文定公，宋元憲公。文穆登第十二年拜，文正二十一年，文定二十九年，元憲二十七年。文正、文定皆再入，而文穆三入，爲尤盛。初文正行卷見薛簡肅公，其首篇早梅云：「如今未説和羹事，且向百花頭上開。」簡肅讀之，喜曰：「足下殆將作狀元了做宰相耶？」

歐陽修回賈狀元黯啓慶曆六年：伏以狀元廷評，行久著於鄉書，聲素馳于文囿，果先羣彥，榮中甲科。英雄入於彀中，衆稱妙選；風采傾乎天下，争仰餘光。蓋以擢才之難，近世爲重。趨好尚而成俗，則文章坐變其風；繫利害於斯民，則公輔常由此出。一賢既進，拔茅皆可以彙徵；一士以旌，勸善不勞於家至。得人之要，其利若斯。鴻惟治朝，臻此盛事。方深竊抃，遽辱惠音。顧惟棄置之餘，宜此退藏之密。久稽裁敘，但切悚惶。

宋話本戒指兒記：從此小姐放下情懷，一心看覷孩兒。光陰似箭，不覺長成六歲，生得清奇，與阮三一般標致，又且資性聰明，陳太尉愛惜真如掌上之珠，用自己姓，取名陳宗阮，請個先生教他讀書。到一十六歲，果然學富五車，書通二酉。十九歲上，連科及第，中了頭甲狀元，奉旨歸娶，陳阮二家争先迎接回家，賓朋滿堂，輪流做慶賀筵席。

姜宸英湛園劄記卷二：宋制狀元，一月後率榜下士詣闕謝恩，謂之「門謝」。授承事郎、簽書某軍節度判官廳公事，至後一科放進士榜，則前一科狀元召入爲秘書省正字，名曰「對花召」。宋時稱狀元謂之「文魁」，亦曰「魁彥」，見文文山集。

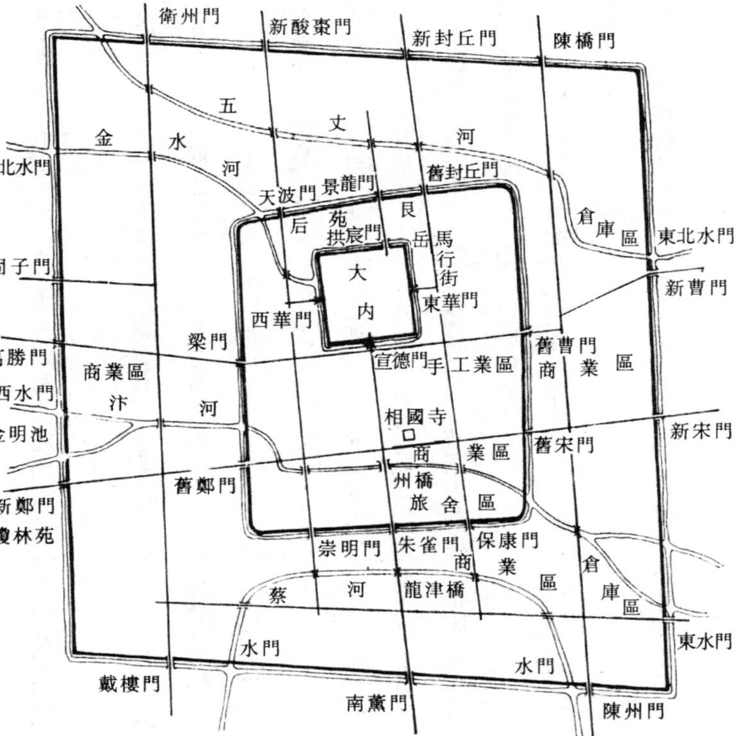


宋東京城市規劃輪廓圖

（選自賀業矩中國古代城市規劃史）

〔二〕**市井**

任廣書敘指南卷第十七市井街衢：市井曰萬商之川。左太沖。市井道曰隧。班固賦。舊市井地曰舊鄽。庾信答移書教。

俞文豹唾玉集市井闤闠：顔延之云：闤，市門；闠，巷門也。市廛者，市中邸舍，楊子有田一廛，言有百畝之居。市井者，古者鄉田同一井，一井心有一市。文豹嘗作開井疏曰：「六十四卦，有井卦，言水養人；二十八宿，有井星，司人汲水。雖三家之市皆有，豈兩巷之間反無？平地鑿空，要湧出醴泉甘露；諸天打拱，會移來金海銀河。」

史繩祖學齋佔畢卷三市井字出春秋田記：今人常談市井字，莫考其證據，此蓋出於後漢循吏傳中云：白首不入市井。注引春秋井田記，曰井田之義有五，一曰無泄天時地氣，二曰無費一家，三曰同風俗，四曰合巧拙，五曰通財貨。因井爲市，交易而退，故稱市井也。余因愛市井之名義起於此，且春秋井田記不見於他書，獨此引用，故表而出之，以資博聞。

［文案］卷一大内，卷三馬行街鋪席，亦有「市井」。

〔三〕**龍津橋**

楊奂汴故宫記：皇城外門曰南薰，南薰之北新城曰豐宜橋，曰龍津橋。

〔四〕**廉訪**

徐度却掃編卷中：祖宗時，諸路帥司，皆有走馬承受公事二員，一使臣，一宦者，屬官也。每季得奏事京師，軍旅之外，他無所預。徽宗朝易名廉訪使者，仍俾與監司序官，凡耳目所及皆以聞。於是與帥臣抗禮，而脅制州縣，無所不至，於時頗患苦之。

無名氏宋大詔令集卷第一百七十九政事三十二委諸路提刑廉訪使因巡案所至點檢新宫御筆手詔政和八年二月二十日：其令諸路提點刑獄廉訪使者，巡按所至，躬詣新宫，瞻視貌像，考驗殿室。凡宫所須，究其避就，觀其廢舉，察其設施，各具奏聞，將有考焉，手劄詔示，宜體朕懷。

〔五〕**菰蒲**

蘇頌本草圖經草部下品之下卷第九菰根：菰根，舊不著所出州土，今江湖陂澤中皆有之，即江南人呼爲茭草者。生水中，葉如蒲、葦輩，刈以秣馬甚肥。春亦生筍，甜美堪啖，即菰菜也，又謂之茭白。其歲久者，中心生白臺如小兒臂，謂之菰手。今人作菰首，非也。爾雅所謂遽蔬。注云：似土菌，生菰草中。正謂此也。故南方人至今謂菌爲菰，亦緣此義也。其臺中有黑者，謂之茭鬱。其根亦如蘆根，冷利更甚。二浙下澤處，菰草最多。其根相結而生，久則並上浮於水上，彼人謂之菰葑。刈去其葉，便可耕蒔。其苗有莖梗者，謂之菰蔣草。至秋結實，乃雕胡米也。古人以爲美饌，今饑歲人猶采以當糧。西京雜記云：漢太液池邊，皆是雕胡、紫籜、緑節，蒲叢之類。菰之有米者，長安人謂爲雕胡。葭蘆之米解葉者紫籜。菰之有首者，謂之緑節是也。然則雕胡諸米，今皆不貫，大抵菰之種類皆極冷，不可過食，甚不益人。惟服金石人相宜耳。

〔六〕**鳧雁**

慧琳一切經音義卷第十一大寶積經卷第一鳧雁：上輔無反，爾雅：「舒鳧，鶩，音木。」郭璞注云：「鴨屬也，鳥甲反。」考聲云：「野鴨之小者。」文字釋要云：「從鳥几音殊聲也。几者，鳥之短羽，飛則几几然，上形下聲也。」下顔諫反，或作鴈，二體同，毛詩傳云：「大曰鴻，小曰雁。」説文云：「鵝屬也，從鳥，從人，厂聲。」案：鴻雁者，隨陽鳥也。禮記月令曰：「季秋之月，鴻雁來賓也。」

高似孫剡録卷十草木禽魚詁下禽鳧：梁簡文詩：「戲鳧乘洑下，漁舟冒浪前。」又詩：「旅雁同洲宿，寒鳧夾浦飛。」許敬宗詩：「波擁群鳧至，秋飄朔雁歸。」皆剡中風景。毛萇詩傳曰：「鳧，水鳥。」鄭玄詩箋曰：「鷖，鳧屬也。」方言曰：「野鳧甚小，好投水，謂之鷿鵜。」倉頡解詁曰：「鷗名水鴞。」晉張望鷿鵜賦曰：「惟鷿鵜之小鳥，托川湖以繁育。能率性以閑放，匪宭惕於籠畜。」謝朓野鳧賦曰：「碎文錦之丹臆，納綺緑之翠衿。」

羅願爾雅翼卷十七釋鳥五鳧：鳧，似鴨而小，長尾，背上有文，今江東亦呼爲鸍。

〔七〕**鄧樞密**

洪邁容齋三筆卷第四樞密稱呼：樞密使之名，起於唐。本以宦者爲之，蓋内諸司之貴者耳。五代始以士大夫居其職，遂與宰相等。自此接於本朝，又有副使、知院事、同知院事、簽書、同簽書之别。雖品秩有高下，然均稱爲樞密。

潘自牧記纂淵海卷二十六職官部樞密使：本朝樞密使，國初首命趙韓王普焉，號稱「二府」，禮遇無間，每朝奏事，共中書先後上所言，兩不相知，祖宗亦賴此以聞異同，用分宰相之權。會要。韓世忠除樞密使，上謂世忠曰：「朕付卿等以樞府本兵之權甚大，卿宜合爲一心，勿分彼此，則兵利全而莫之能禦。顧如烏珠者，又何足掃除乎？」言行録。至道三年，以鎮海節度曹彬兼侍中充樞密使。同上。文彦博除樞密使，制乃位冠於中樞。温公集。

〔文案〕京都譯注本考「鄧樞密」爲鄧洵武，政和六年任保大軍節度使，兼掌樞密院機務，政和八年受賜邸宅。宣和三年卒。另宋會要方域四之二三有重和元年七月賜鄧洵武宅第記事。

**〔八〕曲子張宅**

〔文案〕王灼碧雞漫志卷二述政和間與滑稽無賴之魁首曹組等齊名者張衮臣，供奉禁中，號「曲子張觀察」。可知張伎藝甚精，獨步一時，從而享賜宅之隆遇。

**〔九〕武成王廟**

宋話本老馮唐直諫漢文帝：乾德五年，太祖車駕幸國子□，聽諸儒講説前代史書。時有丞相趙普，尚書竇儀、張昭□側。

太祖聽講周齊太公用兵□之法，聖情大喜，隨問：「武成廟在何處？」張昭奏曰：「只在國學之西。」太祖駕往武廟，上□燒香，令丞相趙普替拜，已下□官亦皆拜。天子逐一位問其功勞，趙普等以本傳可對。太祖策玉塵斧，下殿左廊，指押班：「此何人也？」竇儀曰：「秦將白起也。」太祖曰：「莫非坑趙卒四十萬乎？」竇儀曰：「然。」太祖大怒，指白起畫像而言曰：「坑降殺順之人，何得押班？」以塵斧劃碎其面，回顧趙普曰：「當以何人代之？」普曰：「非吴起不可。」太祖問吴起事，普奏呈吴起之書。聖喜，便令即日代之，就書其事於上。

後太祖崩，太宗傳位真宗，國家昇平無事。真宗□詔史官講前代名臣列傳，遂命駕幸武廟，上殿燒香，令丞相替拜。逐一位問。問至韓信，真宗曰：「信曾反漢遭誅，何得廟食？可貶出廟！」尚書張詢出奏：「唐李勣曾阿諛言，高宗幾乎喪國。此時高宗欲立武氏，諸大臣皆不可。勣曰：『家□事豈問大臣？』遂立武氏，險送了大唐。此人亦不可入廟。」真宗曰：「韓信、李勣，皆有大罪，合貶下殿。諸葛亮雖有微功，乃忠善之士，不可降之。」奏請：「趙充國乃漢之名將，年七十，尤建大功，可代韓信之位。李晟威震華夏，唐之功臣，可代李勣之位。」真宗從之。又奏：「伍子胥曾鞭主屍，趙雲曾叱主母，此二人不堪入廟。」真宗曰：「此二人亦英傑□，可於門首享祭。」至今於武廟爲把門將。

徐松宋會要輯稿禮一六之五、之六：三年九月十六日壬申，詔於東京舊城南建武成王廟，與國學相對。命左諫議大夫崔頌、一作判國子監崔頌。中使盧德岳董其役。仍命頌檢閲唐末以來謀臣名將勳績尤著者，具名以聞。考試舉人權就武成王廟。四年四月六日丁亥，帝幸廟，閲土木之功也。歷觀兩廊下圖畫名將，指白起曰：「此人殺已降，不武之甚，何受享於此？」以杖畫去之。六月十三日癸巳，知制誥高錫言：「配享七十二賢，王僧辯不克令終，慮非全德，望加裁定。」詔吏部尚書張昭、工部尚書竇儀與錫詳定以聞。昭等奏：「新入歷代功臣二十三人，如灌嬰、耿純、王霸、祭遵、班超、西晉王渾、東晉周訪、宋沈慶之、後魏李崇、傅永、北齊段韶、後周李弼、唐秦叔寶、張公謹、唐休璟、渾瑊、裴度、李光顔、李愬、鄭畋、梁葛從周、後唐周德威、符存審；舊配享功臣退二十二人，魏吴起、齊孫臏、趙廉頗、漢韓彭、周亞夫、段紀明、魏鄧艾、蜀關羽、張飛、晉杜元凱、陶侃、北齊慕容紹宗、梁王僧辨、陳吴明徹、隋楊素、賀若弼、史萬歲、唐李光弼、王孝傑、張齊丘、郭元振。」詔曰：「其武成王廟從祀神像，齊相管仲宜塑像陞於堂，魏河西太守吴起宜畫像降於廡。餘依昭等議外，並從舊制。」

徐石麒官爵志卷之二京衛武學：宋神宗始就武成王廟側建武學，如太學儀。

〔文案〕據程穆衡水滸傳注略謂：武成王廟爲姜太公廟也。唐開元十九年初，令兩京諸州各置太公廟，以張良配享，選古名將以備十哲，以二八月上戊致祭。祠武成王廟自此始。

**〔一〇〕明節皇后**

王稱東都事略卷十四世家二：明節皇后劉氏，本酒家保女也，父宗元以女貴，爲興寧軍節度使，始入宫爲小殿直都知，係昭懷殿，寖被顧遇。后以事囚於宦者何訢家，内侍楊戩奏取歸復得入宫，明達薨，以同姓之故，使承明達閣焉。由才人爲婕妤，累遷賢妃又爲淑妃，進位貴妃。性穎悟，能迎旨合意，又善裝飾，衣冠塗澤一新，世争效之。道士林靈素，以左道得幸，謂上爲長生帝君，謂妃爲九華玉真安妃，每神霄降，必别寘安妃位圖畫肖妃像，謂每祀妃，妃方酣寢而覺，有酒色，始妃因何訢家，訢遇妃不禮焉，及得志遂陷訢以罪。未幾，妃薨，年三十三，時宣和三年也。追册爲皇后，謚曰明節，與明達並園立祠。

趙佶醉落魄預賞景龍門追悼明節皇后：無言哽噎。看燈記得年時節。行行指月行行説。願月常圓，休要暫時缺。今年華市燈羅列，好燈争奈人心别。人前不敢分明説。不忍擡頭，羞見舊時月。張氏可書

張知甫張氏可書：明達皇后乃紫虚元君，明節皇后乃九華安妃，稱大劉、小劉。案宋史：徽宗劉貴妃册贈爲后，謚明節，時林靈素以技進，目爲九華玉真安妃。

僕見一海賈，鬻真龍涎香。二錢，云三十萬緡可售鬻。時明節皇后閤酬以二十萬緡，不售，遂命開封府驗其真贋。吏問：「何以爲别？」賈曰：「浮於水則魚集，薰於衣則香不竭。」果如所言。

〔二〕**清風樓酒店**

〔文案〕清風樓於本書尚有二處，一卷三大内西右掖門外街巷：「街以西殿前司，相對清風樓。」一卷八四月八日：「唯州南清風樓，最宜夏飲。」據此可知清風樓位於東京城内龍津橋西南，其樓高大舒適，宜於乘凉，都人夏月多於此把酒臨風。司馬光曾有和孫器之清風樓詩云：「晚吹來千里，清商落萬家。」似感凉爽之意撲面來矣。

〔三〕士庶殯葬

洪邁夷堅三志己卷第八唐革廉訪：京都之俗，士夫家殯葬經由之處，巡檢司例以十數卒持采旗導前，不待告約。到墓次，但量犒酒炙而已。

趙與虤娛書堂詩話三六：梅聖俞因劉元甫戲言之讖，竟終於都官，葬在宣城，俗呼爲「梅夫子墓」。弔之者有句云：「贏得兒童叫夫子，可憐名位只都官。」

何坦西疇老人常言：士庶殯葬，止弊。冠昏喪祭，民生日用之禮，不可苟也。

宋祁宋景文筆記下治戒：吾殁後，稱家之有亡，以治喪斂。用濯浣之鶴氅、紗表帽、綫履，三日棺，三月葬，慎無爲陰陽拘忌，棺用雜木，漆其四會，三塗即止，使數十年足以臘吾骸、朽衣巾而已。吾之君宋史徽然朗朗有識者，還於造物，放之太虛，可腐敗者合於黃壚，下付無窮，吾尚何患？掘塚三丈，小爲塚室，劣取容棺及明器，左置明水二盎，酒二缸，右置米麵二奩，朝服一稱，私服一稱，鞾履自副，左刻吾誌，右刻吾銘，即掩壙，惟簡惟儉。

俞文豹吹劍録外集：一，俗以棺木厚而大爲美，不知厚則重，重則難以致遠，難以下壙；大則壙須寬，寬則易壞。又虛簷則占地步，而高足則下虛，不若四直樣爲利多。

二，初喪之家，三日内哭聲不絶。然非人力所堪。聖人恐其傷生，故小斂後，則使之更替哭。君喪，則懸壺分時刻，以官高卑代哭，卿大夫士，以親疎代器。自非行禮時，但二三人哭亦可，若人少不足以代，則分十二時，每時一聚哭亦可。

三，弔喪無不哭者。俗以無淚爲僞哭，而恥之不哭。不知哭者，所以盡弔喪之禮，助主人之哀，若知生而不知死，可以不哭。若親若故，安可不哭。凡喪者弔者皆忌之，甚可笑。

四，古有「含襚賵賻」之禮，珠玉曰含，衣裳曰襚，車馬曰賵，貨財曰賻。今人送紙錢繒諸僞物，焚爲灰燼，於生死俱無益。不若復古賻襚之禮，凡金帛錢物皆可。多少則隨力隨人情厚薄，尺帛斗粟皆可。記曰：「不以靡没禮，不以菲廢禮，苟弔喪雖哀，而無物以將之，亦君子所恥也。」然文豹猶有一見，今貴者官極品，富者財鉅萬，貧且賤者何敢以貨財爲禮？故晦翁高弟黄勉齋，惟從事香燭而已。陳平家貧，邑大喪，平侍喪，以先往後罷爲助。

宋話本鬧樊樓多情周勝僊：媽媽抱着女兒哭。本是不死，因没人救，却死了。周媽媽罵周大郎：「你直恁地毒害！想必你不捨得三五千貫房奩，故意把我女兒壞了性命！」周大郎聽得，大怒道：「你道我不捨得三五千貫房奩？這等奚落我！」周大郎走將出去。周媽媽如何不煩惱，一個觀音也似女兒，又伶俐，又好針線，諸般都好，如何教他不煩惱！離不得周大郎買具棺木，八個人擡來。周媽媽見棺材進門，哭得好苦！周大郎看着媽媽道：「你道我割捨不得三五千貫房奩，你那女兒房裏，但有的細軟，都搬在棺材裏。」只就當時，叫仵作人等入了殮，實時使人吩咐管墳園張一郎、兄弟二郎：「你兩個便與我砌坑子。」吩咐了畢，話休絮煩，功德水陸也不作，停留也不停留，只就來日便出喪。周媽媽教留幾日，那裹拗得過來。早出了喪，埋葬已了，各人自歸。

施耐庵羅貫中水滸傳第二十六回鄆哥大鬧授官廳 武松鬥殺西門慶：且説王婆一力攛掇那婆娘，當夜伴靈。第二日，請四僧念些經文。第三日早，衆火家自來扛擡棺材，也有幾家鄰舍街坊相送。那婦人帶上孝，一路上假哭養家人。來到城外化人場上，便教舉火燒化。再説那婦人歸到家中，去槅子前面設個靈牌，上寫「亡夫武大郎之位」。靈牀子前點一盞琉璃燈，裏面貼些經旛、錢垛、金銀錠、綵繒之屬。

〔三〕**正與大内相對**

〔文案〕京都譯注本據陸容菽園雜記考南京洪武門、朝陽門、通濟門、旱西門、北京正陽門仍有「與大内相對」皆禁喪出之規。宋之殯喪影響深矣。

## 州橋夜市

出朱雀門，直至龍津橋。自州橋南去，當街水飯、爊㈠肉〔一〕、乾脯〔二〕、玉樓㈡前獾兒〔三〕、野狐肉〔四〕、脯雞〔五〕、梅家、鹿家鵝鴨雞兔、肚肺、鱔魚〔六〕、包子〔七〕、雞皮、腰腎雞㈢碎〔八〕，每個不過十五文。曹家從食〔九〕，至朱雀門，旋煎羊白腸〔一〇〕、鮓脯〔一一〕、爒凍魚頭〔一二〕、薑豉〔一三〕、剿子〔一四〕、抹臟〔一五〕、紅絲〔一六〕、批切羊頭〔一七〕、辣脚子〔一八〕、薑辣蘿蔔、夏月麻腐雞皮〔一九〕、麻飲細粉〔二〇〕、素簽〔二一〕、沙糖冰雪冷元子㊃、水晶皂兒〔二二〕、生淹水木瓜、藥木瓜〔二三〕、雞頭〔二四〕穰、沙糖菉豆甘草冰雪凉水〔二五〕、荔枝膏〔二六〕、廣芥瓜兒〔二七〕、醎菜、杏片、梅子薑〔二八〕、萵苣筍〔二九〕、芥辣〔三〇〕瓜兒、細料餶飿兒〔三一〕、香糖果子、間道糖荔枝㊄〔三二〕、越梅㊅〔三三〕、鋦刀紫蘇膏〔三四〕、金絲黨梅〔三五〕、香棖㊆元，皆用梅紅匣兒盛貯。冬月盤兔〔三六〕、旋炙猪皮肉〔三七〕、野鴨肉〔三八〕、滴酥㊇〔三九〕、水晶鱠〔四〇〕、煎夾子〔四一〕、猪臟〔四二〕之類，直至龍津橋須腦子肉〔四三〕止，謂之雜嚼〔四四〕，直至三更。

## ［校］

㊀「熝」，中華鄧注本謂「熝」或作「爊」、「燠」，皆俗字。今作「熬」。

㊁「玉」，上古標校本徑改爲「王」，未知何據。中華鄧注本據説郛改「玉樓」爲「王樓」，誤。京都譯注本率意定王樓，亦誤。東京有玉樓，見朱弁曲洧舊聞卷七市店。

㊂「雞」，中華鄧注本謂應作「雜」，此不熟飲食之誤也。雞雜碎即雞胗、肝、脖等。

㊃「元」，中華鄧注本謂即「丸」，避「桓」嫌名，可備一説。宋市肆直呼丸子者有之，詳見宋王碩易簡方。

㊄「間道糖荔枝」，京都譯注本斷爲「間道糖」，「荔枝」屬下，誤。

⑥京都譯注本將「荔枝越梅鋸刀」合讀，誤。

⑦中華鄧注本謂：「棖」俗字，本作橙。

⑧中華鄧注本、上古標校本、京都譯注本均將「滴酥」與下「水晶鱠」合讀，誤。

## ［注］

〔一〕**燠肉**

宋話本宋四公大鬧禁魂張：宋四公便叫將店小二來説道：「店二哥，我如今要行，二百錢在這裏，煩你買一百錢爊肉，多討椒鹽，買五十錢蒸餅。剩五十錢，與你買碗酒吃。」宋四公安排行李，還了房錢，脊背上背着一包被臥，手裏提着包裹，便是覓得禁魂張員外的細軟，離了客店。行一里有餘，取八角鎮路上來。到渡頭看那渡船，却在對岸，等不來，肚裏又饑，坐在地上，放細軟包兒在面前，解開爊肉裹兒，擘開一個蒸餅，把四五塊肥底爊肉，多蘸些椒鹽，捲做一卷，嚼得兩口。

［文案］宋四公蒸餅捲爊肉，亦即本卷飲食果子三十三條所注「白肉夾面子」。又岳元聲方言據卷下：爊，生煮謂之爊。於刀切。韓愈詩：燖炮煨燠孰飛弄。廣雅：爊，煴也。可知燠非限於煮，亦可燒烤也。

〔二〕**乾脯**

孔平仲談苑卷一：取其白肉爲脯，先以海水浄洗，換海水浸之，暴於日中，以重物壓其上，須候四日，乃去所壓之物，傅之以鹽，再暴乃成。

魏了翁方回古今考卷三十四珍用八物：漬：取牛肉必新殺者，薄切之必絶其理，湛諸美酒，期朝而食之以醢若醯醷。爲熬：捶之，去其皽，編萑，布牛肉焉，屑桂與薑，以灑諸上而鹽之，乾而食之。施羊亦如之，施麋施鹿施麇，皆如牛羊。欲濡肉則釋而煎之以醢，欲乾肉則捶而食之。

趙希鵠調燮類編卷三葷饌：千里脯：將肉切作大塊，每一斤用鹽半兩，香油同醃，片時，入陳皮、川椒、茴香，酒醬煮至乾，曝極乾，夏月旬日不壞。

〔三〕**獾兒**

孫應時鮑廉增盧鎮琴川志卷第九敘産獸之屬：獾。有兩種，猪獾可食，狗獾不可食。

史能之咸淳毗陵志卷第十三土産獸之屬：猯，一名獾豚，極肥。

趙不悔羅願新安志卷第二獸類：獾豚，體促，可三四斤。

〔文案〕唐慎微重修政和經史證類備用本草卷第十八獸部狐條下引郭璞注爾雅云：猯，一名獾，乃是一物。獾肉，如本草綱目云：味甚甘美，啖之殺蛔蟲。獾既小且肥，東京市民特愛野味，故冠以「獾兒」昵稱。

〔四〕**野狐肉**

〔文案〕蘇頌本草圖經獸禽部卷第十三狐謂：京洛多狐，且北土善治狐作鱠。然狐肉前綴「野」，其意以「野」相召，以彰狐肉「生食之甚暖，去風，補虚勞」之效也。

**〔五〕脯雞**

〔文案〕據諸食譜：脯雞或作雞脯，其製法大致同乾脯、肉脯，煮雞塊熟，醬油浸乾，以便攜遠。

**〔六〕鱔魚**

陳耆卿赤城志卷三十六風土門魚之屬：鱔。黄色，狀如蛇，或傳荇蓼根莖所化。

祝穆古今事文類聚前集卷二十四人道部庖蛙煎鱔：山谷戲答史應之云：「歲晚亦無雞可割，庖蛙煎鱔薦松醪。」以應之嘗授館於人爲童子師，故云爾。前輩嘗有詩曰：「來朝爲送先生飯，一夜沿溪捉鱔魚。」

蘇頌本草圖經狐狸圖

**〔七〕包子**

王林燕翼詒謀録卷三仁宗誕日賜包子：大中祥符八年二月丁酉，值仁宗皇帝誕生之日，真宗皇帝喜甚，宰臣以下稱賀，宫中出包子以賜臣下，其中皆金珠也。

羅大經鶴林玉露卷之六丙編縷葱絲：有士夫於京師買一妾，自言是蔡太師府包子廚中人。一日，令其作包子，辭以不能。詰之曰：「既是包子廚中人，何爲不能作包子？」對曰：「妾乃包子廚中縷葱絲者也。」曾無疑乃周益公門下士，有委之作誌銘者，無疑援此事以辭曰：「某於益公之門，乃包子廚中縷葱絲者也，焉能作包子哉！」

黄庭堅宜州家乘：二十日己未，雨，崇寧道人同宗廣二僧、王紫堂來，啖素包子。 二十二日辛酉，雨不已。崇寧慶公來，遂率至寺中，食包子。

〔八〕**腰腎雞碎**

童岳薦調鼎集卷四羽族部：拌雞腎雞舌：熟雞腎、雞舌配蘆筍，糟油拌。鹹菜心煨雞雜：一切雞雜切碎，配火腿片、筍片，醃菜心先用清水煮去鹹味，擠乾，同入雞湯，酒、花椒、葱、飛鹽煨。

〔九〕**曹家從食**

百歲寓翁楓窗小牘卷下：舊京工伎固多奇妙，即烹煮槃案，亦復擅名，如王樓梅花包子，曹婆婆肉餅，薛家羊飯，梅家鵝鴨，曹家從食。

無名氏居家必用事類全集庚集從食品：白熟餅子 頭麵三斤。内一斤作酵麵，一斤作湯麵，一斤餳、蜜、水和。三件麵一處和匀，揉一二百拳，再放暖處，停一時許。伺麵性行暄泛，再揉一二百拳。逐旋取麵作劑，用骨魯槌捍開，入紅爐煿熟，鏊上亦可。捍餅入蜜少許，不脆硬。 山藥胡餅 熟山藥二斤、麵一斤、蜜半兩、油半兩，和搜捍餅。 燒餅 每麵一斤，入油兩半、炒鹽一錢，冷水和搜，骨魯槌研開。鏊上煿得硬，煻火内燒熟極脆美。 肉油餅 白麵一斤、熟油二兩半、猪羊脂各二兩，剁碎，酒一小盞，與麵同和。如硬，入羊骨髓。分作十劑，捍開，包餡。用托子印花様，入爐煿熟。筵席上，大者每分供二個，小者供四個。餡與饅頭生餡同。或者供素食，蜜穰餡、棗穰亦可。酥蜜餅　麵十斤，蜜三兩半。羊脂油春四夏六秋冬三兩，猪脂油春半斤夏六兩秋冬九兩，溶開，傾蜜攪勻，澆入麵搜和勻。取意印花樣。入爐熬，紙襯底，慢火煿熟供。七寶捲煎餅　白麵二斤半，冷水和成硬劑，旋旋添水調作糊。銚盤上用油攤薄煎餅，包餡子，如捲餅樣。再煎供。餡用羊肉炒燥子、蘑菇、熟蝦肉、松仁、胡桃仁、白糖末、薑米，入炒葱、乾薑末、鹽、醋各少許，調和滋味得所用。金銀捲煎餅　鴨卵或雞卵打破，清、黄另放，添水調開，加豆粉再調，攤作煎餅。包餡，再煎。每分供一對，作下飯。餡炒熟。烙麵角兒　麵二斤半。燒湯升半，候滚，傾下麵八停，留二停作粰。用湯攪，烙熟，取出，晾冷，搜劑，捍皮。包炒熟餡子，捏作角兒，入盞，脱下爐爊煿熟。素餡皆可。盞酪燋油　以麵調作稠糊，攤作厚煎餅。翻轉，慢火煿熟。不可焦了。取出，入蜜和，爲劑，捍爲厚餅樣，包熟餡子。印脱花樣，深油炸黄色。或手按圓，炸之。素餡亦可。圓焦油　麵二斤半。内六分，熟水和碱、酵各一合，化作水，入麵調，打泛爲度。餡用熟者，丸如彈子。將麵、餡上手包裹了虎口，即出滚深油内，炸熟爲度。餶飿角兒　麵一斤。香油一兩，傾入麵内拌。以滚湯斟酌逐旋傾下，用杖攪勻，燙作熟麵。挑出鍋，攤冷，捍作皮。入生餡包，以盞脱之，作蛾眉樣。油炸熟，筵上供。每分四隻。

［文案］「曹家從食」若楓窗小牘所言爲東京名食，居家必用事類全集亦曾記曹家生紅，雖爲「下酒」小菜，然可見其著名也。

〔一〇〕**旋煎羊白腸**

〔文案〕旋，急速轉做之意也。又同現，即刻也。煎羊白腸，用肥羊大腸灌注羊血，加羊油而成，羊白腸亦稱「羊霜腸」，即腸上之油白似秋霜，故名。近代北京仍有賣熟羊白腸者，號「霜腸王」。

〔一一〕**鮓脯**

陶穀清異録卷下饌羞門玲瓏牡丹鮓：吴越有一種玲瓏牡丹鮓，以魚葉鬥成牡丹狀，既熟，出盎中，微紅，如初開牡丹。

四水潛夫武林舊事卷第六犯鮓：算條、界方條、線條、魚肉影戲、胡羊犯、削脯、槌脯、松脯、兔犯、麞犯鹿脯、糟猪頭、乾鹹豉、皂角鋌、臘肉、炙骨頭、旋炙荷包、荔枝皮、鵝鮓、荷包旋鮓、三和鮓、切鮓、骨鮓、桃花鮓、雪團鮓、玉板鮓、鱘鰉鮓、春子鮓、黄雀鮓、銀魚鮓、蝛鮓。

浦江吴氏中饋録脯鮓肉鮓：生燒猪羊腿，精批作片，以刀背匀捶三兩次，切作塊子。沸湯隨漉出，用布内扭乾。每一斤入好醋一盞，鹽四錢，椒油、草果、砂仁各少許，供饌亦珍美。

蟶鮓：蟶一斤，鹽一兩，醃一伏時。再洗净，控乾，布包石壓，加熟油五錢，薑、橘絲五錢，鹽一錢，葱絲五分，酒一大盞，飯糁一合，磨米拌匀入瓶，泥封十日可供。魚鮓同。

黄雀鮓：每隻治净，用酒洗，拭乾，不犯水。用麥黄、紅麴、鹽、椒、葱絲，嘗味和爲止。却將雀入匾壇内；鋪一層，上料一層，裝實。以箬蓋篾片扦定。候鹵出，傾去，加酒浸，密封久用。

范成大桂海虞衡志志酒：每歲臘中，家家造鮓，使可爲卒歲計。有貴客，則設老酒、冬鮓以示勤。

黄徹䂬溪詩話卷第八：嘗見同儕因行飲令，人索一魚名。有浙人大唱云：「周公魚。」余謂坐客：且喜「召伯鮓」有對矣。滿堂盧胡不止，因戲爲足成其語云：「京市鮓先誇召伯，浙音魚或號周公。」

徐鉉稽神録卷之三池州民：池州民楊氏，以賣鮓爲業。嘗烹鯉魚十枚，令兒守之。

談鑰嘉泰吴興志卷十八食用故事鮓：唐張文規郡齋書情云：「食有吴興鮓。」蔡寬夫詩話云：「吴中作鮓，多就谿池中蓮葉包爲之，後數日取食，比瓶中者氣味特妙。」白居易詩曰：「就荷葉上包魚鮓，當石渠中浸酒尊。」昔人已有此法，鄉間取大魚切作片，用䰛米屑荷葉三數重包之，謂之荷包，可以致遠，非就荷上作也。間用精肉旋鮓，就池荷包裹，數刻可供，蓋荷葉性惡肥膩，多作能害荷。

吴棫韻補卷三上聲：鮓。壯所切，藏魚也。釋名：鮓，葅也，以鹽米釀之如葅，熟食也。

［文案］鮓脯爲新鮮鯉魚或它魚爲原料而醃製之食品。楊伯嵒六帖補卷十六酒茗肴蔬專有製魚蝦鮓一項。宋詩中多有歌詠魚鮓之作，若王庭珪謝郭景文寄魚鮓，然宋鮓範圍頗大，黄庭堅宜州家乘則有荷包鮓、牛脯、雀鮓，武林舊事又見鮓之品質樣繁式別，陳元靚事林廣記卷三有披錦鮓、海棠鮓、金溪鮓、玉板鮓、逡巡鮓。卷四有玉鈎鮓、羊肉旋鮓、清凉蝦鮓。披錦鮓爲黄雀鮓，海棠鮓爲猪、羊鮓，金溪鮓爲鵝、鴨鮓，逡巡鮓爲浄肉鮓，玉鈎鮓爲大蝦鮓，八鮓僅玉板鮓爲鯉魚所製，中饋録另有胡蘿蔔鮓、茭白鮓、

筍鮓，以麵筋製成筍味之鮓，别具口感，足見宋鮓脯之技法多樣矣。

〔三〕爊凍魚頭

陳元靚新編群書類要事林廣記卷之四夏凍魚法：取羊蹄子内筋數條，先煮熟，研如膏，後取魚事治了，同煮熟，漉入盆扇冷，便凍。

顧仲養小録卷之下魚之屬凍魚：鮮鯉魚，切小塊，鹽醃過，醬煮熟，收起。用魚鱗同荆芥煎汁，澄去渣，再煎汁，稠，入魚。調和得味，錫器密盛，懸井中凍就。濃薑、醋澆。

〔文案〕爊，猶煎煮也。關漢卿望江亭第三折云：「難的小娘子如此般用意！怎敢著小娘子切鱠，俗了手。李稍，拿了去，與我薑辣煎爊了來。」爊凍魚頭與元易牙遺意帶凍薑醋魚、明養餘月令猪蹄膏、多能鄙事凍雞所載大同小異。

〔三〕薑豉

吴曾能改齋漫録逸文：今市中所賣薑豉，以細抹猪肉凍而爲之，自唐以來有也。朝野僉載：姜悔爲吏部侍郎，眼不識字，手不解書。濫掌銓衡，曾無分别。選人歌曰：「今年選數恰相當，抑由坐主無文章。案後一腔凍猪肉，所以名爲薑豉郎。」

陳元靚歲時廣記卷第十五凍薑豉：歲時雜記寒食煮豚肉，並汁露頓，候其凍取之，謂之「薑豉」。以薦餅而食之。或剜以匕，或裁以刀，調以薑豉，故名焉。

**〔一四〕𠞰子**

賈思勰齊民要術卷九作脺奥糟苞第八十一：食經曰：作犬䐑法：犬肉三十斤，小麥六升，白酒六升，煮之，令三沸。易湯，更以小麥、白酒各三升，煮令肉離骨。乃擘雞子三十枚，著肉中。便裹肉，甑中蒸令雞子得乾，以石迮之。一宿出，可食。名曰「犬䐑」。

食經曰：苞䐑法：用牛、鹿頭、肫蹄，白煮。柳葉細切，擇去耳、口、鼻、舌，又去惡者，蒸之。别切猪蹄，蒸熟。方寸切：熟雞鴨卵、薑、椒、橘皮、鹽，就甑中和之，仍復蒸之，令極爛熟。一升肉，可與三鴨子。别復蒸令軟，以苞之。用散茅爲束附之相連必致。令裹大如鞾雍，小如人脚蹲腸。大長二尺，小長尺半。大木迮之令平正，唯重爲佳。冬則不入水。夏作小者，不迮，用小板挾之。一處與板兩重：都有四板。以繩通體纏之，兩頭與楔楔之：二板之間，楔宜長薄，令中交度，如楔車軸法。强打，不容則止。懸井中，去水一尺許。若急待，内水中，時用去上白皮，名曰「水䐑」。

又云：用牛、猪肉，煮切之，如上。蒸熟。置出白茅上，以熟煮雞子白，三重間之，即以茅苞，細繩概束。以兩小板挾之，急束兩頭，懸井中。經一日許，方得。又云：藿葉薄切，蒸，將熟，破生雞子，並細切薑橘，就甑中和之，蒸苞如初。莫如「白䐑」，一名「迮䐑」是也。

忽思慧飲膳正要卷第一聚珍異饌煠䐑兒係細項：䐑兒二個，卸成各一節 哈昔泥一錢 葱一兩，切細 右件，用鹽一同淹拌，少時，入小油煠熟。次用咱夫蘭二錢，水浸汁，下料物、芫荽末，同糝拌。

〔文案〕將肉切薄爲臠，即牒，製牛、羊、猪肉均可。如明宋詡竹嶼山房雜部牛脯：「用肉薄切爲牒。」其注曰：「少儀曰：聶而切之爲膾。注曰：聶之言牒也。」

〔一五〕**抹臟**

〔文案〕抹，爲運刀術語，爲逼緊刀片成片之意，今北方「抹刀片」是也。抹臟即爲割臟、切臟。

〔一六〕**紅絲**

忽思慧飲膳正要卷第一聚珍異饌紅絲：羊血同白麵依法煮熟　生薑四兩　蘿蔔一個　香菜　蓼子各一兩，切細絲　右件，用鹽、醋、芥末調和。

倪瓚雲林堂飲食制度集：蜜釀紅絲粉，用真粉入胚子搜和勻，用濃稻草灰汁作湯，索粉於中即成。清雞汁供，雞絲或肉絲任用作點頭。

劉基多能鄙事卷第二紅絲：活血兩椀，涼水椀半，對攪須自凝，削開入湯煮。

〔文案〕紅絲種類不一，或粉或肉或蔬菜或猪羊雞等動物血，多以備調味之用。如居家必用事類全集所謂「肉灌腸紅絲品」也。卷三馬行街鋪席、卷九立冬「紅絲」亦同。然以麵爲主，配鮮蝦而煮成紅色者，亦可屬「紅絲」之列，如居家必用事類全集庚集「紅絲麵」即是也。

〔一七〕**批切羊頭**

〔文案〕元無名氏居家必用事類全集，明劉基多能鄙事有相同之法煮羊頭，爲慢火煮熟。「放冷，切作片，臨食，木碗盛。酒灑蒸熱，入堞供，勝燒者。作簽亦佳。」雖名煮，實批切，即削、斜辟刀刀法也。近代北京批切羊頭，賣者一案板，一薄亮大方刀，將剔出骨頭之羊臉子肉，批切極薄，置紙上灑花椒鹽食用。

〔一八〕**辣脚子**

〔文案〕脚子，腿也。若俗語典：「合喫肉的一脚子肉。按：物之有四脚者，四分之一，各爲一脚。」見元忽思慧飲膳正要卷一所舉馬思荅吉湯、大麥湯、八兒不湯、沙乞某兒湯、苦豆湯、木瓜湯，俯拾皆是。文疑辣是否指羊牛猪腿所熬湯之辣？

〔一九〕**麻腐雞皮**

蘇頌蘇魏公文集附録一魏公譚訓卷第九道釋神祠疾醫卜相：高太尉留心醫術，得所謂以意爲主者。嘗云：京師薑粥、麻粉日活數千人，不必藥也。小民或癘，飲一杯熟熱粥出汗。夏中暍，食一杯麻粉，即皆愈矣。

顧仲養小録卷之上豆麻腐：芝麻略炒，和水磨細。絹濾去渣取汁，煮熟。加真粉少許，入白糖，飲。或不用糖，則少用水，凝作腐。或煎或煮，以供素饌。

朱彝尊食憲鴻秘上卷飲之屬麻腐：芝麻略炒，微香，磨爛，加水，生絹濾過，去渣，取汁煮熟，入白糖，熱飲爲佳。或不用糖，用少水凝作腐，或煎或入湯，供素饌。

［文案］京都譯注本譯「夏月麻腐」爲「夏季胡麻豆腐」，未解其物，致誤。「麻腐」爲素饌食品，暑期最佳。今開封「麻腐」，乃將芝麻醬與緑豆粉芡調成糊，熬製凝結，爲豆腐之狀。還可與熟雞皮一體食用，故名之曰「麻腐雞皮」。

〔二〇〕**麻飲細粉**

［文案］麻飲與麻腐同源，即如前麻腐製作所言：芝麻略炒，磨爛，加水，生絹濾過，去渣，取汁煮熟，入白糖，熱飲。細粉則如夢粱録卷十六所記麻飲雞蝦粉是也。

〔二一〕**素簽**

林洪山家清供卷下豆黄簽：豆麵細茵，曝乾藏之。青芥菜心同煮爲佳。第此二品，獨泉有之。如止用他菜及醬汁，亦可，惟欠風韻耳。

耐得翁都城紀勝食店：素食店賣。素簽、頭羹、麵食、乳蕈、河鯤、脯煼、元魚。

〔二二〕**水晶皂兒**

莊綽雞肋編卷上：浙中少皂莢，澡面、浣衣，皆用肥珠子。木亦高大，葉如槐而細，生角長者不過三數寸，子圓黑肥大，肉亦厚，膏潤於皂莢，故一名肥皂，人皆蒸熟暴乾乃收。京師取皂莢子仁煮過，以糖水浸食，謂之「水晶皂兒」。

蘇軾格物粗談卷下飲饌：每肉一斛同石花菜四兩煮化，夏月凝凍如水晶。

## 〔二三〕生淹水木瓜、藥木瓜

潛説友咸淳臨安志卷之五十八物産果之品：木瓜祥符舊志云：產木瓜，瓜色青而小，土人切作片，暴乾入藥，都城以糖煎，名「爊木瓜」。

重修政和經史證類各用本草蜀州木瓜圖

無名氏居家必用事類全集己集諸品湯乾木瓜湯：除濕止渴快氣出李氏方。乾木瓜去皮净，四兩、白檀一兩、沈香半兩、茴香炒，一兩、白豆蔻半兩、縮砂仁一兩、粉草炙，一兩半、乾生薑二兩，右爲極細末。每用半錢。加鹽，沸湯點服。

無名氏居家必用事類全集己集渴水木瓜渴水：木瓜不計多少。去皮、穰、核，取净肉一斤爲率，切作方寸大薄片。先用蜜三斤或四五斤，於砂石銀器内慢火熬開，濾過，次入木瓜片，同前。如滾起泛沫，旋旋掠去。煎兩三個時辰，嘗味。如酸，入蜜。須要甜酸得中。用匙挑出放冷器内。候冷，再挑起，其蜜稠硬如絲不斷者爲度。若火緊則焦，又有湧溢之患，其味又不加則焦煿氣。但慢火爲佳。

無名氏居家必用事類全集己集漿水類木瓜漿：木瓜一個，切下蓋，去穰。盛蜜，却蓋了，用簽簽之。於甑上蒸軟。去蜜不用，及削去。中別入熟蜜半盞，入生薑汁同研如泥。以熟水三大碗拌勻，濾滓，盛瓶内，井底沈之。

忽思慧飲膳正要卷第二諸般湯煎木瓜湯：治脚氣不仁，膝勞冷痹疼痛。木瓜四個，蒸熟，去皮，研爛如泥、白沙蜜二斤，煉浄。右件二味，調和勻，入浄磁器内盛之。空心白湯點服。

〔二四〕**雞頭**

劉跂暇日記：雞頭一斗，用防風四兩，涣水浸之，久久益佳。雞頭煮以防風，浸之，經月不壞。陳彦和每用之。

施宿嘉泰會稽志卷十七草部：今山陰梅市之雞頭最盛，有一户種及十八里者，然亦有數等，小白皮最佳，大白皮、中白皮，其皮頗堅難齧，黄嫩又太軟，皆不逮也。其柄又可爲葅，甚美，越人謂之藕梗，其實芡柄耳。

談鑰嘉泰吴興志卷二十物産芡：「本草謂之雞頭，一名芰。陶隱居曰：「以花似雞冠，故名雞頭。」陳士良云：「有軟根，名葰菜，可作蔬菜食之。」今土人多種，葉如盤貼水，多刺，實大如雞頭，破之得數十子，顆顆勻圓，用沙淅去滑膩，内之黄者肉嫩，青者肉硬，惟半青黄者謂之合熟，甘滑有佳味。又言芡性暖，謂之「水硫黄」，以其花日中開也，菱花夜開晝合，故性寒。葰菜，土人呼爲雞冠菜，以充蔬，亦可煮爲羹。

蘇頌蘇魏公文集附録一魏公譚訓卷第八恬淡器玩飲饌：祖父喜食雞頭，以爲有五穀之甘而無三牲之爽，温平清香，甘濡厚實，可以療饑，不廢坐談。真佳果也。

陸佃埤雅卷第十五芡：芡葉似荷而大，其上有數十蹙衄如沸棣，生而有芒刺，其中有米可以濟饑。傳云：「蓮芡之屬有橐韜，一名雞頭。蓋其蓬鐏似雞首，故曰雞頭，一名雞壅。」莊子曰：「藥也，其實堇也，橘梗也，雞壅也，豕零也，是時爲帝者也。」此言貴賤更事也。當其所須則貴，雖用而緩則賤，豈有常也哉？俗云：「荷華日舒夜斂，芡華晝合宵炕，此陰陽之異也。」方言曰：「北燕謂之葰，青、徐、淮、泗之間謂之芡，南楚、江淮之間謂之雞頭，或謂之雁頭，狀蓋似禽鳥之首，故傳以名之。」

忽思慧飲膳正要卷第一聚珍異饌：雞頭粉雀舌餅子，補中，益精氣。羊肉一脚子，卸成事件　草果五個　回回豆子半升，擣碎，去皮　右件，同熬成湯，濾浄，用雞頭粉二斤，豆粉一斤，同和，切作餅子，羊肉切細乞馬，生薑汁一合，炒葱調和。

**〔三五〕沙糖菉豆甘草冰雪凉水**

盧多遜李昉開寶本草果部卷第十七：沙糖，味甘，寒，無毒。功體與石蜜同，而冷利過之。榨甘蔗汁煎作。蜀地、西戎、江東並有。

陳達叟本心齋疏食譜：菉粉菉豆粉也，鋪薑爲羹。碾破緑珠，撒成銀縷。熱藹金石，清徹肺腑。

陶穀清異録卷下茗荈門甘草癖：宣城何子華邀客，於剖金堂慶新橙，酒半，出嘉陽嚴峻畫陸鴻漸像。子華因言：「前世惑駿逸者爲馬癖，泥貫索者爲錢癖，躭於子息者爲譽兒癖，躭於褒貶者爲左傳癖。若此叟者，溺於茗事，將何以名其癖？」楊粹仲曰：「茶至珍，蓋未離乎草也。草中之甘，無出茶上者。宜追目陸氏爲甘草癖。」坐客曰：「允矣哉！」

四水潛夫武林舊事卷六涼水：甘豆湯　椰子酒　豆兒水　鹿梨漿　鹵梅水　薑蜜水　木瓜汁　茶水　沈香水　荔枝膏水　苦水　金橘團　雪泡縮皮飲　梅花酒　香薷飲　五苓大順散　紫蘇飲。

太平惠民和劑局太平惠民和劑局方卷之二縮脾飲：解伏熱，除煩渴，消暑毒，止吐利。霍亂之後服熱藥大多致煩躁者，並宜服之。　縮砂仁　烏梅肉淨　草果煨，去皮　甘草炙，各四兩　乾葛剉　白扁豆去皮，炒，各二兩　右㕮咀，各服四錢，水一大碗，煎八分，去滓。以水沉冷服以解煩，或欲熱欲温，並任意服，代熟水飲之極妙。

西湖老人繁勝録諸般水名：漉梨漿、椰子酒、木瓜汁、皂兒水、甘豆糖、菉豆水、參蘇飲、縮脾飲、鹵梅水、江茶水、五苓散、大順散、荔枝膏、梅花酒、白水、乳糖真雪。富家散暑藥冰水。

無名氏居家必用事類全集己集造清涼飲法：生氣爽神　葛粉、郁金、山梔各一錢、甘草一兩。右爲細末，以新汲水逐旋調飲。

方回古今考續卷三十飲用六清六飲五飲角柶之制：飲水則冷飲，涼飲，以井爲水和酸則梅，和甘則飴蜜。温則曰熱水，黄豉、甘草、縮砂、荳蔻、紫蘇，草木之花葉，無所不可，而素馨、茉莉、木犀、沉檀，皆可調合丸藥餌，曰湯，日飲無數。

〔二六〕**荔枝膏**

許國楨御藥院方卷之第二治傷寒門荔枝膏：烏梅八兩　桂一十兩　乳糖二十六兩　生薑五兩，取汁　麝香半錢　熟蜜一十四兩　右用水一斗五升，熬至一半濾去滓，下乳糖再熬，候糖熔化開，入薑汁再熬，濾去滓，俟少時入麝香，用如常法服。

忽思慧飲膳正要卷第二諸般湯煎荔枝膏：生津止渴，去煩。烏梅半斤，取肉　桂一十兩，去皮，剉　沙糖二十六兩　麝香半錢，研　生薑汁五兩　熟蜜一十四兩　右用水一斗五升，熬至一半，濾去滓，下沙糖、生薑汁，再熬去柤，澄定少時，入麝香攪匀，澄清如常，任意服。

蘇頌本草圖經荔枝圖

〔二七〕**廣芥瓜兒**

浦江吴氏中饋録制蔬藏芥：芥菜肥者不犯水，曬至六、七分乾，去葉。每斤鹽四兩，淹一宿，出水。每莖紮成小把，置小瓶中，倒瀝盡其水。並煎醃出水，同煎。取清汁，待冷，入瓶，封固，夏月食。

〔文案〕據此可否推之：從芥菜提取汁水，澆淹於各種之瓜，以食。參見下注芥辣瓜兒。

〔二八〕**梅子薑**

朱之瑜朱氏舜水談綺卷下飲食：鹽梅，沙糖漬淹，加之細銼生薑、紫蘇，即可成爲「蘇梅薑」。

〔文案〕梅子作醬，史不絶書。以清朱彝尊食憲鴻秘爲例，鹹、甜均具，其梅醬製法：「三伏取熟梅，搗爛，不見水，不加鹽，曬十日。去核及皮，加紫蘇，再曬十日，收貯。用時，或入鹽，或入糖。梅經伏日曬，不壞。」加之薑亦可，若其書之糖薑條：「嫩薑一斤，湯煮，去辣味過半。砂糖四兩，煮六分乾，再换糖四兩。如嫌味辣，再换糖煮一次（或只煮一次，以後蒸頓皆可），略加梅鹵妙。」此末一句點明，糖薑入梅醬，可稱之爲「梅子薑」。

〔二九〕**萵苣筍**

陶穀清異録卷上蔬菜門千金菜：高國使者來漢，隋人求得菜種，酬之甚厚，故因名「千金菜」，今萵苣也。

寇宗奭本草衍義萵苣：今菜中惟此，自初生便堪生啖，四方皆有。多食昏人眼，蛇亦畏之。蟲入耳，以汁滴耳中，蟲出，諸蟲不敢食其葉，以其心置耳中，留蟲出路，蟲亦出。有人自長立禁此一物不敢食，至老目不昏。苦苣擣汁，傅丁瘡殊驗。青苗陽乾，以備冬月，爲末，水調傅亦可。

潛説友咸淳臨安志卷五十八物産菜之品：萵苣。食取其根，名萵苣。

〔文案〕釋贊寧筍譜記宋及宋前筍品九十四種，其可食者達三十餘種。釋贊寧亦總結若干食筍法：煮筍法、蒸筍法、菹法、鮓法，亦有藏法、生藏法、乾法、脯法、會稽箭筍乾法、結筍乾法。且一反本草諸説筍皆冷之言，「陳説非也。以親驗爲證，諸筍以豉汁漬之，能解酒毒。」建議：「凡食筍之要，譬若治藥，修煉得門則益人，反是則損。」其言頗可采。

### 〔三〇〕芥辣

浦江吳氏中饋録制蔬芥辣：二年陳芥子，碾細，水調，納實碗内，韌紙封固。沸湯三、五次，泡出黃水，覆冷地上。傾後有氣，入淡醋解開，布濾去渣。

談鑰嘉泰吳興志卷二十物産：芥唐本草注云：有三種，有葉麁大者，有葉小子細者，又有白芥。又云：白芥生太原。今鄉土有大葉者，取其心充蔬，甚辛美。收子貯爲虀，又有赤芥，色深赤。

陳耆卿嘉定赤城志卷第三十六蔬之屬：芥一名水蘇，有紫芥、黃芥、青芥、油芥數種，出石鏬者曰山芥，味極辛，出黃岩、仙居。

張岱夜航船卷十九物理部菜蔬：收芥菜子，宜隔年者則辣。

汪曰楨湖雅卷一蔬芥辣：按白芥子研末，爲之調和，所用宜於夏月。

〔文案〕芥末衝辣，用以調味。有通肺、開胃、利氣、止嗽、明耳亮目之功效。爲川菜常用味型。

**〔三〕細料餶飿兒**

〔文案〕本書卷四、六亦有「細料餶飿兒」，冠以「細料」者，蓋言其主、輔料精細，可謂較爲常見之麵食。中國烹飪一九八六年十二月號張德鑫整理餶飿四説，一曰饅頭，二曰麵食，小型麵果，三曰餛飩，四曰餃子。饅頭説和者甚寡，麵食（麵果）説過於籠統，餛飩説呼聲漸高，餃子説頗具新意。鄧廣銘主餃子説最力（中國烹飪一九八六年一月號宋代麵食考釋之一），稱：「在山東半島一帶民間的口語當中則依舊把它叫做餶飿兒，儘管在書寫文字中已經不再出現這一詞兒。既然在活的語言當中還在沿襲使用這一名稱，則斷言宋代人記載中所説的餶飿兒就是今天的水餃或蒸餃，應該是不會有問題的。」然反對者亦可持同理，張德鑫文曰：「據查今河南東部項城、商丘一帶民間亦把一種油墩子的麵食叫做餶飿兒。所謂『油墩子』，是一種帶餡的圓狀炸麵果。」據此可知餶飿兒包餡，「若再推定餶飿兒是圓狀的，則可更易理解水滸傳第一回中『看身上時，寒栗子比餶飿兒大小』的比喻。」「在宋代，餛飩、餶飿兒就是餶飿兒自己。如果一定要給以注釋，聯繫今天膠東的煮水餃餶飿兒及豫東的油墩子餶飿兒，可以認爲餶飿是一種帶餡的近乎圓狀的麵果，由水煮或油煎（炸）等不同方法烹製而成。」故有學者「估計它應是一種油炸的帶餡的面果。」（丘龐同中國麵點史第四章宋代）今閲錢塘漁隱濟顛師録，發見濟公爲賣餶飿兒王公酒店題寫「王公清油細豆大餶餜兒」十字，錢塘漁隱濟顛語録雖標明本，實爲記録南宋以來民間廣傳濟顛傳説説話人底本，以此證之餶餜兒於宋代有油炸者則可信。又元羅貫中平妖傳第二十七回所提「油煎的餶餜兒」，亦證之餶餜兒可油煎。

〔三二〕間道糖荔枝

〔文案〕施耐庵羅貫中水滸傳第十二回述楊志打扮「下面青白間道行纏，抓着褲子口」，所指乃青、白二色互配之褲飾，同書第十五回阮小五則圍「間道棋子布手巾」。由此可推「間道糖荔枝」乃或紅或白，或黄或粉之相異色澤荔枝，入糖淹漬而成。如唐慎微重修政和經史證類備用本草卷二十三果部中品荔枝子：「其市貨者，多用雜色荔枝，入鹽梅暴之成，而皮深紅味亦少酸，殊失本真，凡經暴皆可經歲，好者寄至都下及關陝河外諸處。」以此佐證「間道糖荔枝」則更明。

〔三三〕越梅

施宿嘉泰會稽志卷十七木部：楊梅，異物志曰：楊梅如彈丸，味酸，蓋昔人未識。會稽楊梅，今出項里、何塔、六峰、塘里，其品之最佳者曰官長梅，色深紫。香味俱絶曰線梅，一名稜梅，其實有紋隆，隆如線，故名。色尤紫，實大核小，亦可亞官長梅也，曰烏漤梅。色黑而韻下曰孫家梅。色紅而酢，越人多漬以餹或鹽以案酒，曰聖僧梅。色白曰白蔕梅，曰何塔蚤梅，曰金家晚梅，曰三線梅，斯爲下矣。方楊梅盛出時，好事者多以小舫往遊，因置酒舟中，高飣楊梅與樽罍相間，足爲奇觀。婦女以簪髻上，丹實緑葉，繁麗可愛。又以雀眼竹筥盛貯爲遺，道路相望不絶，識者以爲唐人所稱荔枝筐，不過如此。

〔三四〕鎞刀紫蘇膏

司馬光奏議卷一論兩浙不宜添置弓手狀先公知杭州代作：近年以來，雖亦頗有强盗，然比諸内地，要自稀疏。今避差點者若竄匿無歸，必例爲寇竊。加以弓矢刀鎞之類，許其私置，自今以後，賊盗必多。李燾續資治通鑑長編卷三十五太宗淳化五年：緣此三路，土山柏林，溪谷相接，而復隘陿不得成列，躡此嚮導踏白，可使步卒多持弓弩槍鎞隨之。

太平惠民和劑局太平惠民和劑方卷之三治一切氣紫蘇子圓：治一切氣逆，胸膈噎悶，心腹刺痛，脅肋脹滿，飲食不消，嘔逆欲吐，及治肺胃傷冷，咳嗽痞滿，或上氣奔急，不得安卧。紫蘇子揀淨　陳皮去白，各二兩　肉桂去粗皮　人參去蘆　高良薑炒，各一兩　右五味爲細末，煉蜜和圓，如彈子大。每服一圓，細嚼，温酒下，米飲亦得，不計時候。或作小圓服之亦得。若食瓜膾生冷，覺有所傷，噫氣生熟，欲成霍亂者，含化一圓，細細咽汁，服盡應時立愈。常服此藥，永不患霍亂，甚妙。

姚可成食物本草卷之十九草部三芳草類紫蘇：紫蘇，處處有之，以背面皆紫者佳。夏采莖葉，秋采子。有數種：水蘇，魚蘇，山魚蘇，皆是荏類。李時珍曰：紫蘇、白蘇，皆以二三月下種，或宿子在地自生。其莖方，其葉圓而有尖，四周有鋸齒。肥地者面背皆紫，瘦地者面青背紫。其面背皆白者，即白蘇，乃荏也。紫蘇嫩時采葉和蔬茹之，或鹽及梅鹵作葅食，甚香。夏月作熟湯飲之。

今有一種花紫蘇，其葉細齒密紐，如剪成之狀，香、色、莖、子並無異者，人稱回回蘇云。

［文案］鋸刀紫蘇膏乃因其葉製之紫蘇有鋸齒似刀而得稱。膏亦可爲丸，宋諸藥書可證。此膏當爲東京食療最爲流行之品也。

〔三五〕**金絲黨梅**

［文案］許國楨御藥院方卷之十金絲膏爲治病眼之藥，顯與食用之金絲黨梅有別，然金絲膏由明乳香、青州大棗、真白蜜等構成，或細切調配成金絲之狀，食譜所述「金絲」乃羊肉切作。黨梅，無疑爲梅之一種，然遍查宋方志筆記所記之梅，或白或紅或杏或蠟或鳥或楊，或江梅或早梅或消梅或古梅或官城梅或緑萼梅，獨未見黨梅之蹤跡。施宿嘉泰會稽志卷之十七木部記：「頰紅消梅，其實脆而無滓，其始傳於花涇李氏，故或謂之李家梅。」以此而推之黨梅，莫非黨氏所植之梅出類拔萃適於食品製作而得名耶？

〔三六〕**冬月盤兔**

無名氏居家必用事類全集庚集盤兔：肥者一隻，煮七分熟，拆開，縷切。用香油四兩煉熟，下肉，入鹽少許、葱絲一握，炒片時。却將元汁澄清下鍋，滚二三沸，入醬些小。再滚一二沸，調麵絲，更加活血兩杓，滚一沸。看滋味，添鹽醋少許。若與羊尾、羊膘縷切同炒，尤妙。

忽思慧飲膳正要卷第一聚珍異饌盤兔：兔兒二個，切作事件　蘿蔔二個，切　羊尾子，一個，切片　細料物

二錢　右件，用炒，葱、醋調和，下麵絲二兩，調和。

〔文案〕開封長春軒鹵肉店五香兔肉，選用立冬至立春間獵獲、重在三斤以上鮮兔製成，野味醇濃，加以花椒、大小茴香、草果、豆蔻、丁香、冰糖十餘種佐料，五香調和，據傳已具數百年史，可謂「冬月盤兔」之餘響。

〔三七〕**旋炙猪皮肉**

童岳薦調鼎集卷三特牲部猪炙肉皮：　乾肉皮掃上醬油、麻油、椒末，炭火炙。

〔三八〕**野鴨肉**

瀛若氏三風十愆記記飲饌：　蒸野鴨。　家鴨肥濃，不足貴也。　必野鴨之網得者，去毛極浄，乃空其腹，用五香和甜醬、醬油、陳酒實腹中，而縫其隙。　外用新出鍋腐衣包之，乃蒸。　蒸爛去皮，自頸至腿，節節開解之，抽其骨，止存頭脚，仍用全體，再用五香甜醬、醬油、陳酒等料，入原汁中，微火熿之，視汁將乾，乃取出供客。餘若山中花雞、刺蝟鷹等物之有脂者，皆用腐衣包裹而蒸，故脂不漏而腴。　鴨舌：從廚師家，或酒館中，廣取得之，熟而去其舌中嫩骨，竪切爲兩，同筍芽、香菌等入麻油同炒，潑以甜白酒漿。　客食之，疑爲素品中麻姑之類，而味不同，此爲雜品中第一。

〔三九〕**滴酥**

梅堯臣余之親家有女子能點酥爲詩并花果麟鳳等物一皆妙絶其家持以爲歲日辛盤之助余喪偶兒

女服未除不作歲因轉贈通判通判有詩見答故走筆酬之：翦竹纏金大於掌，紅縷龜紋挑作網。瓊酥點出探春詩，玉刻小書題在牓。名花雜果能眩真，祥獸珍禽得非廣。礌落果兒不足爲，女工餘思聊可賞。

李廌師友談記：蘇過叔黨言：其堂姊嫁蒲澈，澈，資政傳正之子也。傳正守長安日，澈之婦閉户不治一事，惟滴酥爲花果等物。每請客，一客二十飣，皆工巧，盡力爲之者。只用一次。復速客，則更之。以此諸婦日夜滴酥不輟。

談鑰嘉泰吴興志卷十八食用故事酥：俗稱烏戌乳酥最佳，又爲花果魚鳥之屬，以爲盤飣之華，可用寄遠，大抵鄉間畜牛之家，例能爲酥及乳。

## 〔四〇〕水晶鱠

歐陽德隆增修校正押韻釋疑卷四去聲十四泰：鱠釋細切魚，黄補亦作膾，説文曰：細切肉。禮膾炙處外。又國名，莊：堯欲伐宗膾胥敖，疏云：堯時小蕃，三國號宗也，膾也，胥敖也在此。

陳元靚新編群書類要事林廣記癸集卷之十水晶膾法：赤稍鯉魚，鱗以多爲妙，浄洗去涎，水浸一宿，用新水於鍋内慢火熬，候濃，去鱗，放冷即凝。細切，入五辛、醋調和，味極珍，須冬月爲之方可。

高觀國菩薩蠻又水晶膾：玉鱗熬出香凝軟。并刀斷處冰絲顫。紅縷間堆盤，輕明相映寒。纖柔分勸處，膩滑難停箸。一洗醉魂清。真成醒酒冰。

〔文案〕水晶鱠多魚製而成，然猪肉亦可製水晶鱠，居家必用事類全集即有猪皮、魚皮兩製法。猪皮則爲首選，其文曰：「猪皮，割去脂，洗浄。每斤用水一斗，葱椒、陳皮少許，慢火煮皮軟，取出，細切如縷，却入原汁内再煮稀稠得中，用綿子濾，候凝即成。膾切之。釅醋澆食。」

**〔四二〕煎夾子**

浦江吴氏中饋録甜食油䬨兒方：麵搜劑，包餡，作䬨兒，油煎熟。餡同肉餅法。

林洪山家清供卷下勝肉䬨：焯筍、蕈，同截，入松子、胡桃，和以油、醬、香料，搜麵作䬨子。

周紫芝竹坡詩話：金陵吴思道爲余言，頃嘗以近詩示徐公，徐公謂僕「是豈欲擬杜少陵句法耶。」思道曰：「少陵安可擬，但不取法耳。」公因言余平生正坐子美見誤。思道問其故，公曰：「今人飯客，飲食中最美者無如饅頭夾子，連日食之，如嚼木劄耳。」

〔文案〕夾子又作䬨兒。夢粱録卷十六記録頗多：細餡夾兒、筍肉夾兒、油䬨夾兒、金鋌夾兒、江魚夾兒。武林舊事卷六亦記肝臟夾子。臨安素食點心從食店專賣「素夾兒」，係前引山家清供所説「勝肉䬨」。可謂葷素鹹甜均備，品種花色繁多，城市大衆鍾情食品也。飲食史家則認夾子即餃子，中華鄧注本於飲食果子注案曰：「夾子或即荷葉餅空心餅之類。」此二説不可立。武林舊事詳述市食，「諸色䬨子」與「諸色包子」、「諸色果食」、「諸色角兒」並列，角兒爲唐以來餃子之稱，與夾兒相異，居家必用事類全集載水晶角兒、駝峰角兒、烙面角兒、饅饠角兒，亦可相佐。若爲荷葉餅、空心餅，則與最爲常見，「油䬨兒」未符，夾子中有餡心，兩層薄皮相夾，呈扁平之形，似於今日韭菜盒子之類。如京都譯注本據玉篇釋「夾」同「餗」，爲二枚餅夾而食之也。因其快速煎成，四時皆有，不誤主顧，可及時就食，故「夾子」入沿街巷陌盤賣點心之中，可謂爲市民方便「快餐」也。

〔四二〕**猪臟**

韓元吉桐陰舊話：契丹使每歲至中國，索食料，多不時珍異之物，州縣撓動。公之使虜，入其境稍深，則必索猪肉及胃臟之屬。從者莫能曉，蓋燕北第産羊，俗不畜猪。

宋話本新橋市韓五賣春情：當日金奴與母親商議，教八老買兩個猪肚磨浄，把糯米蓮肉灌在裏面，安排爛熟。

倪瓚雲林堂飲食制度集燒猪臟或肚：先用湯煮熟前物。入切碎蒜片並粗燥子，合鹽少許，就鍋内竹棒閣起，蓋鍋。熳火燒之。鍋内仍用水一盞。

〔四三〕**須腦子肉**

〔文案〕賈思勰齊民要術第九卷記麩麵製好曬乾，「須即湯煮」。此「須」爲要，亦轉含迅速之意，即片刻須臾，此意可移之於須腦子肉。腦子肉則爲動物食物之頭腦肉，不外乎猪腦、羊腦、魚腦之類。豆腐亦有稱之爲腦者，朱彝尊食憲鴻秘鳳凰腦子即是，豆腐製作時亦可入動物之肉，鄭光祖一斑録雜述二名廚佳制「八寶豆腐」：用好豆腐，切不大不小之塊，滚水撈之，去泔水瀝乾。另以鮮雞肉與肝切片，同蝦肉入油鍋烹，白酒加下。一切或如竹筍、松菌、鮮蓮子、木耳、香菌、熟南腿片之類，酌加醬油、糖花，已熟，乃以豆腐傾入，同滚盛用。然須各物共計一半，而豆腐不及一半，必佳。」此菜已具腦子肉之徵象，然未如猪腦製作與腦子肉相契合，或曰「腦子肉」主指猪腦而言。若童岳薦調鼎集所列燜猪腦、猪腦糕、燒猪腦，以猪腦腐爲最：「生猪腦去膜，打成腐，加花椒、醬油、酒蒸，或作襯菜。」北京飲食史家王仁興友人按猪腦腐如法炮製，出籠撒少許青蒜末，合家食之，皆曰「奇味」。

〔四四〕雜嚼

〔文案〕各式小吃，亦作「雜噲」解。齊如山北京土話謂紅樓夢第十四回胡氏曾言「嚼用」，其意爲消費，同「雜嚼」無異，可知語源於宋市間飲食時尚之語也。

## 東角樓街巷

自宣德東去東角樓，乃皇城東南角也。十字街南去薑〔一〕行，高頭街北去，從紗行至東華門街、晨暉門、寶籙宫，直至舊酸棗門，最是鋪席〔二〕要鬧。宣和間展夾城牙道矣。東去乃潘樓街，街南曰「鷹店」，只下販鷹鶻客〔三〕，餘皆真珠〔四〕、匹帛、香藥鋪席。南通一巷，謂之「界身」〔五〕，並是金銀綵帛交易之所，屋宇雄壯，門面廣闊，望之森然，每一交易，動即千萬，駭人聞見。以東街北曰潘樓酒店，其下每日自五更市合〔六〕，買賣衣物、書畫、珍玩、犀玉〔七〕，至平明，羊頭、肚肺、赤白腰子〔八〕、妳房、肚胘〔九〕、鶉兔鳩鴿野味〔一〇〕、螃蟹、蛤蜊之類訖，方有諸手作人上市，買賣零碎作料。飯後飲食上市，如酥蜜食〔一一〕、棗餾、澄砂團子〔一二〕、香糖果子、蜜煎雕花〔一三〕之類。向晚〔一四〕，賣何婁頭面〔一五〕、冠梳、領抹〔一六〕、珍玩、動使之類。東去則徐家瓠羹〔一七〕店。街南桑家瓦子〔一八〕，近北則中瓦，次裏瓦，其中大小勾欄〔一九〕五十餘座。内中瓦子蓮花棚、牡丹棚〔二〇〕；裏瓦子夜叉〔二一〕棚、象棚〔二二〕最大，可容數千人。自丁先現、王團子、張七聖輩，後來可有人㊀於此作場。瓦中多有貨藥、賣卦、喝故衣〔二三〕、探搏〔二四〕、飲食、剃剪〔二五〕、紙畫、令曲〔二六〕之類。終日居此㊁，不覺抵暮。

## 〔校〕

㊀「後來可有人」，説郛作「後來亦有人」。

㊁「終日居此」，説郛作「終日俱此」。

## 〔注〕

〔一〕**薑**

李石續博物志卷七：作乾薑法：水淹三日，畢，置流水中六日，更去皮，然後曝乾，入甕瓶，謂之釀也。

趙希鵠調燮類編卷三蔬供：薑性惡濕畏日，故秋熱則無薑。伏天切薄片，入少鹽曬乾，曰「伏薑」，久藏不壞。初摘嫩芽，同硃砂入醋漬之，色味俱勝。糟薑。瓶中置蠶蛻少許，即老薑亦無筋。史繩祖學齋佔畢卷三不徹薑食：論語鄉黨謂：「不徹薑食。」荆公嘗問其義於劉貢甫，貢甫善謔，隨對之曰：「案本草：薑多食，令人損智。道非明民，將以愚之，孔子方以道教人，故勸民食薑，以愚其智耳。」本以戲介甫之鑿於經學也。介甫初然其説，而徐悟其戲。及晦庵朱文公詠子薑詩兩聯云：「薑云能損心，此謗誰與雪。請誦去穢功，神明看朝徹。」自注云：本草載薑久食去臭氣，通神明。或云：傷心氣不可多食者。

〔二〕鋪席

紹隆等圓悟佛果禪師語録卷第十二小參五：山僧二十七年，開個鋪席。與一切人，解黏去縛抽釘拔楔，令一個個無窠臼無計校，不作合頭語，不作相似語，不依倚一物。

吴自牧夢粱録卷十三鋪席：自大街及諸坊巷，大小鋪席，連門俱是，即無虚空之屋。每日清晨，兩街巷門，浮鋪上行，百市買賣，熱鬧至飯前，市罷而收。蓋杭城乃四方輻輳之地，即與外郡不同。所以客販往來，旁午於道，曾無虚日。至於故楮羽毛，皆有鋪席發客，其他鋪可知矣。

〔三〕販鷹鶻客

趙叔向肯綮録味漱書：余頃在蕭山時，地近武林一族人家，好養鷹。一日，有中貴人以百餘千買一鷹去，嘗見其幾間有書一帙，上題「咊嗽」二字，初不曉，取視之，則皆飼鷹鶻之語，字書紙籍極皆如法，問其所從來，則曰：「吾父頃在北司，諸閹往來甚厚，以此見遺。」且曰：「飼養法皆可用也。」嘗以二字遍詢相知，莫有知者。而咊字篇韻皆所不載，疑其誤書或俗子命字。後見沈存中筆談載養鷹鶻者，其類相語，謂之咊嗽咊，以麥切，三館書目有咊嗽書三卷，皆養鷹鶻法及毉療之術。始知讀書不廣，不可妄有詆訾也。但此書三卷，言多鄙猥，竊其名爾，或附益近事也。咊，一作以陸切。

〔四〕**真珠**

〔文案〕宋珠三稱，一爲珍珠，馬永卿元城語録解卷中稱。一爲珠子，周密齊東野語卷一一沈君與、王鞏隨手雜録稱。一爲真珠。若辛棄疾南燼紀聞録所記，多采之深水之中。龐元英文昌雜録卷一又有：「禮部侍郎謝公言：有一養珠法，以今所作假珠，擇光瑩圓潤者，取稍大蚌蛤，以清水浸之。伺其口開，急以珠投之，頻換清水，夜置月中。蚌蛤采月華，玩此經兩秋，即成真珠矣。」此記較近商業性真珠鋪席矣。

〔五〕**界身**

宋話本小夫人金錢贈年少：話説東京汴州開封府界身子裏，一個開線鋪的員外張士廉。

〔文案〕界亦作戒，魏泰東軒筆録卷之十三：戒身巷即寺之戒壇也。

〔六〕**市合**

蘇轍龍川別志卷下：張安道知成都，日以醫官自隨。重九，請出觀藥市，五更，市方合而雨作，入五局觀避之。

〔文案〕京都譯注本考定期所開之市謂之「市合」。即每天所設之市，在規定時刻開張，唤爲「市合」。

〔七〕**犀玉**

葉隆禮契丹國志卷之二十一契丹每次回賜物件：犀玉腰帶二條。

洪皓松漠紀聞卷二：犀有三種，重透外黑有一暈，白中又黑，世艱得之，正透又曰通犀，倒透亦曰花犀或斑犀，有游魚形，諸犀中水犀最貴。秀州周通直家有正透犀帶，其中一點白，紙燈近之即滅，有濕氣，疑是水犀。

〔八〕**赤白腰子**

〔文案〕宋腰子菜頗多：焅腰子、鹽酒腰子、脂蒸腰子、釀腰子、荔枝腰子、腰子假炒肺、大片腰子、松花腰子之類，流行於市，獨赤白腰子鮮見。京都譯注本引雲麓漫鈔諸書，謂腰子爲内、外兩腎，赤、白乃用肉部位之顔色。猪赤，下品，羊白，上品。陳元靚事林廣記癸集則述白魚去骨之假白腰子製法，亦證此菜人氣之旺。孫注本則謂：赤，爲紅色腰子，白爲白色睾丸，合稱赤白腰子。此與酌中志卷二〇飲食好尚紀略春三月「吃雄猪腰子」，秋十月「又羊白腰者，則外腎卵」相合，可知此菜食之補虚損，爲春秋間特色菜肴也。

〔九〕**肚肱**

〔文案〕泛指牛、羊、猪之胃厚處。今稱猪肚頭、牛肚嶺。詳注見「飲食果子」「酒炙肚肱」條。

〔一〇〕**鶉兔鳩鴿野味**

高似孫剡録卷十草木禽魚詁下禽：鶉，博雅曰：鶉善鬭。梅聖俞鶉詩：「脱命秋隼下，鳴鬭自相俘。」夏爲黄鶉，秋冬爲白鶉。夏鶉入饌絶勝，人多籠致。李白詩：「君看海上鶴，何似籠中鶉。」

江少虞宋朝事實類苑卷第六十一風俗雜志蛙變爲鶉：至道二年夏秋間，京師鬻鶉者積於市，諸門皆以大車載而入，鶉纔直二錢。

寇宗奭本草衍義兔：有白毛者，全得金之氣也。入藥尤功，餘兔至秋深時則可食，金氣全也。纔至春夏，其味變，取四脚肘後毛爲逐食，飼雕鷹，至次日，却吐出，其意欲腹中逐盡脂肥，使饑急捕逐速爾，然作醬必使五味，既患豌豆瘡，又食此，則發毒太甚，恐班爛損人。

周必大二老堂詩話四六鳩芹詩：蜀人縷鳩爲膾，配以芹菜。或爲詩云：「本欲將芹補，那知弄巧成。」

談鑰嘉泰吴興志卷二十物産鳩：本草：斑鷦一名斑鳩。又有青鷦，今鄉土皆有。斑鳩價高於布穀，青鳩又倍。

張世南遊宦紀聞卷三：又嘗記其答益公惠鳩兔、橘酒小柬云：「錦羽在桑，翩翩二七；褐衣缺口，躍躍一雙。挾歡伯以俱來，與木奴而偕至。共惟某官，文章羹酒，儒學鳳麟。遊梁王之兔園，夙推能賦；賜漢庭之鳩杖，晚冠耆英。橘頌續騷，酒箴飽德。填然四美，萃此一翁。某已嘗占辭，敬致追節。」云云。觀此，足見善於體物者也。

唐慎微重修政和經史證類備用本草卷十九禽部下品白鴿：白鴿，味鹹，平，無毒，肉主解諸藥毒及人馬久患疥。

〔一〕**酥蜜食**

〔文案〕西湖老人繁勝録記曰：「酥蜜裹食，天下無比，入口便化。」此即武林舊事卷六果子所載裹蜜，蒸作從食所載小蜜食、蜜劑，小點心是也。浦江吴氏中饋録酥餅方載：「油酥四兩，蜜一兩，白麵一斤，搜成劑，入印，作餅，上爐。或用猪油亦可，蜜用二兩，尤好。」明清仍見「酥蜜食」蹤跡，若高濂遵生八箋卷一三「到口酥」之類，又若童岳薦調鼎集卷九所述印酥、蜜酥，則與「酥蜜食」無異矣。

〔二〕**澄砂團子**

丁度集韻卷之四平聲四登第十七：澄小水相益。

浦江吴氏中饋録甜食煮沙團方：沙糖入赤豆或緑豆煮成一團，外以生糯米粉裹作大團。蒸，或滾湯内煮，亦可。

〔三〕**蜜煎雕花**

嵇含南方草木狀卷下：五斂子，大如木瓜，黄色，皮肉脆軟，味極酸，上有五稜如刻出，南人呼稜爲斂，故以爲名。以蜜漬之，甘酢而美，出南海。枸緣子，形如瓜，皮似橙而金色，胡人重之，極芬香，肉甚厚，白如蘆菔，女工競雕鏤花鳥，漬以蜂蜜，點燕檀，巧麗妙絶，無與爲比。

四水潛夫武林舊事卷第九高宗幸張府節次略：雕花蜜煎一行：雕花梅球兒　紅消花　雕花筍　蜜冬瓜魚兒　雕花紅團花　木瓜大段兒　雕花金橘　青梅荷葉兒　雕花薑　蜜筍花兒　雕花棖子　木瓜方花兒

〔文案〕日人小川陽一環繞著目連地獄文，解讀蜜煎雕花：「或是點心上粘砂糖，呈現出像花那樣的東西。」此説差矣。蜜煎乃食物蜜漬製成；雕花，則將瓜果雕刻爲花樣。此源可溯於晉之嵇含南方草木狀，至今未絶，若江西萍鄉花果，柚子、雪柑乃至豆角、蘿蔔，經水洗、湯煮、保色、糖泡、烘乾，再施之以雕法，甚而雕宫燈、花籃百餘種，既可品嘗，又可陳賞。

〔一四〕向晚

〔文案〕向，接近之意也，亦作傍解。宋李元弼作邑自箴即謂：「向晚少飲酒。」又如程垓南浦春暮詞：「金鴨懶薰香，向晚來，春酲一枕無緒。」宋元戲文孟月梅寫恨綿香亭：「向晚游遍天街，勝文章太守。」董西厢卷六大石調玉翼蟬：「雨兒乍歇，向晚風如凛冽，那聞得衰柳蟬鳴淒切！」

〔一五〕何婁頭面

曾慥類説卷五十六何樓：世人語虚僞者，爲何樓。國初，京師有何樓，其下所賣物皆濫者，故人以此目之。今樓已廢，語猶相傳。

田汝成西湖遊覽志餘卷二十五委巷叢談：言人虚僞不檢者曰「樓頭」，蓋宋時何家樓下多亡賴，以濫惡物欺人，其時有何樓之號，樓頭者，蓋何樓之惡魁也。

翟灝通俗編卷十二：乾淳起居注：太上太后幸聚景園，皇后先到宫中起居，入幕次换頭面。按俗呼婦人首飾曰頭面，據此則宋已然矣。燕翼貽謀録云：婦人冠，舊以漆紗爲之，而加金銀珠翠彩色裝花諸飾。仁宗時宫中以白角改造，長至三尺，有等肩者。今杭俗女子初嫁，有所謂大頭面。當本於此，蓋亦宋俗之遺也。

〔文案〕中華鄧注本謂「何婁疑誤」。係未解何樓爲東京名樓也。婁，同樓，未誤。見丁度集韻卷之二平聲二虞第十。「賣何婁頭面」，源於商品競争日劇，若謝采伯密齋筆記卷四：「凡物之真者，即有一僞者，久之知有僞，而不復知有真矣。高麗席側可捲舒，價貴未易得。四明便造假高麗席，真水晶瑩澈可愛。上饒便造假水晶色青。」如此之多以假亂真者，故東京市民將虚僞者統稱「賣何樓頭面」也。京都譯注本以元王禎農書卷二八食物「河漏」，出注「何婁」，相去則遠甚（一九八三年孔憲易予以糾誤，一九九六、一九九九年京都譯注本據以改正）。方以智通雅卷之四十九諺原考：「何樓」爲「活絡」一轉耳」。李文澤宋代語言研究釋「何樓」讀音與「活絡」聲母相同，韻母讀音相近，可同音借用。「活絡」者摇動、不結實也，與「何樓」皆行濫貨意義亦近。

〔一六〕領抹

〔文案〕領抹本書有四：本卷潘樓東街巷、卷三相國寺内萬姓交易、諸色雜賣、卷六正月。如此頻繁，其用必多。然領抹究爲何物，京都譯注本謂不詳，中華鄧注本等無注或注之未確。沈從文中國古代服飾研究據宋瑶臺步月圖言：畫裏兩位修長婦女外衣衫子對襟二長條花邊由領而下，屬戳沙繡法，亦有織成畫者，宋人凡提領抹必兼畫繡而言。宋墓常有領抹實物出土，江西德安南宋周氏墓出土羅窄袖夾袍、單袍，河南偃師酒流溝宋墓磚刻畫中二位身着小袖對襟領抹旋襖者皆是。領抹又作領係，又借爲領戲，元曲救風塵一折「替你妹子提領係，整釵環」，黄花峪三折「更有這繡領戲絨線鋪」，均指領抹。

〔一七〕瓠羹

賈思勰齊民要術卷第八羹臛法第七十六：作瓠菜羹法：用瓠葉五斤，羊肉三斤，葱二升，鹽蟻五合，口調其味。卷第九素食第八十七：瓠羹：下油水中，煮極熱，體横切，厚二分，沸而下。與鹽、豉、胡芹，累奠之。

〔一八〕桑家瓦子

宋話本鬧樊樓多情周勝僊：實時差人捉婆子。婆子説：「兒子朱真不在。」當時搜捉朱真不見，却在桑家瓦裏看要，被作公的捉了，解上開封府。

宋話本宋四公大鬧禁魂張：趙正便把王秀許多衣裳着了，再入城裏，去桑家瓦裏，閑走一回，買酒買點心吃了，走出瓦子外面來。

施耐庵羅貫中水滸傳第九十回五臺山宋江參禪 雙林渡燕青射雁：燕青洒脱不開，只得和李逵入城看燈，不敢從陳橋門入去，大寬轉却從封丘門入城。兩個手厮挽着，正投桑家瓦來。

〔文案〕過往學者釋瓦子爲戲場、劇院，專事娛樂之場所。倘細觀宋四公大鬧禁魂張中趙正在桑家瓦子閑走「買酒買點心吃了」之語，可知瓦子爲東京綜合性市場，不惟出演伎藝，亦出賣貨物，薈萃飲食、賭錢等。

〔一九〕**勾欄**

崔豹古今注卷上都邑第二：构欄，漢成帝顧成廟，有三玉鼎，二真金鑪，槐樹悉爲扶老构欄，畫飛雲龍角虛於其上。

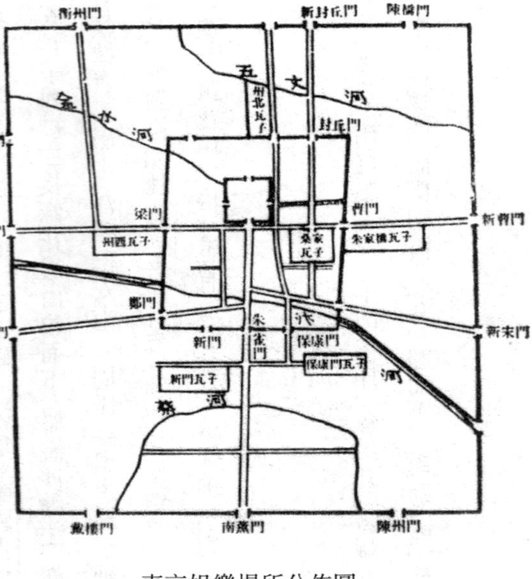


東京娛樂場所分佈圖

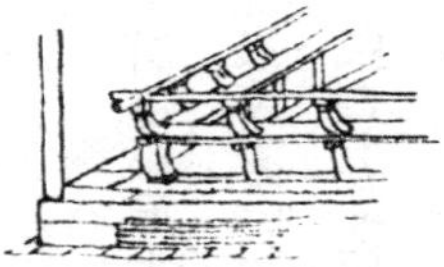
宋畫西園雅集圖

宋畫圍爐博古圖

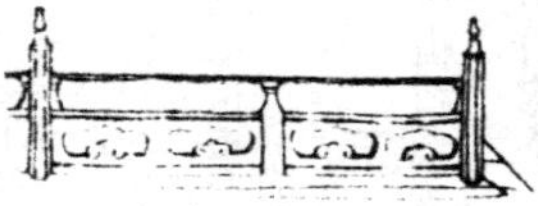
宋畫擣衣圖

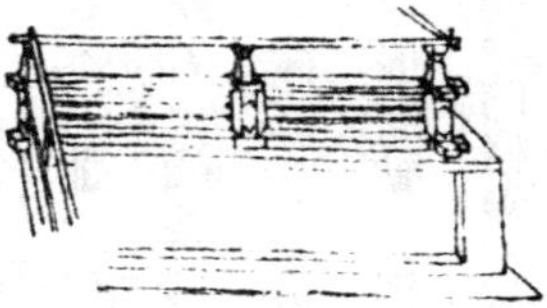
宋畫晉文公復國圖

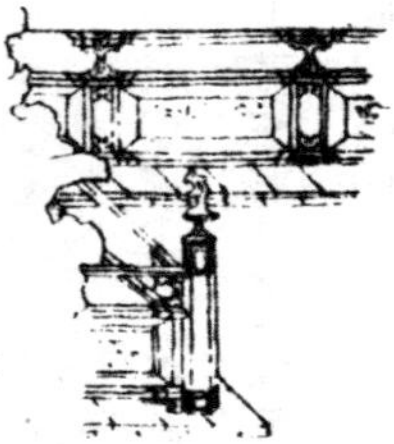
宋畫折檻圖

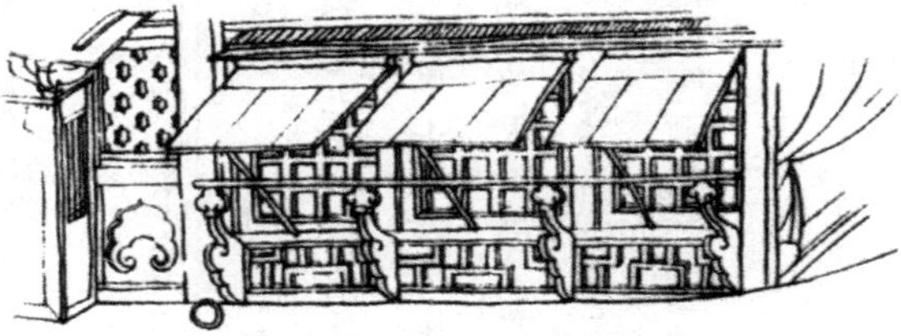
格門、闌檻鈎窗　宋畫雪霽江行圖

趙令畤侯鯖録卷七：欄楯。王逸注云：「縱曰欄，横曰楯。楯間子曰櫺。欄楯，殿上臨邊之飾，亦以防人墜墮，今言鉤欄是也。」

李誡營造法式大木作制度：鉤闌其名有八，一曰櫺檻，二曰軒檻，三曰櫳，四曰梐牢，五曰闌楯，六曰柃，七曰階檻，八曰鉤蘭。

施耐庵羅貫中水滸傳第五十一回插翅虎枷打白秀英　美髯公誤失小衙内：雷横聽了，又遇心閑，便和那李小二徑到勾欄裏來看。只見門首掛着許多金字帳額，旗杆弔着等身靠背。入到裏面，便去青龍頭上第一位坐了。看戲臺上却做笑樂院本。那李小二人叢裏撇了雷横，自出外面趕碗頭腦去了。院本下來，只見一個老兒裹着磕腦兒頭巾，穿着一領茶褐羅衫，繫一條皂絛，拿把扇子，上來開呵道：「老漢是東京人氏白玉喬的便是。如今年邁，只憑女兒秀英歌舞吹彈，普天下伏侍看官。」鑼聲響處，那白秀英早上戲臺，參拜四方。拈起鑼棒，如撒豆般點動。拍下一聲界方，念了四句七言詩，便説道：「今日秀英招牌上明寫着這場話本，是一段風流醖藉的格範，唤做『豫章城雙漸趕蘇卿』。」説了開話又唱，唱了又説，合棚價衆人喝采不絶。

[文案]梁思成石欄杆簡説謂：縱木爲闌，横木爲幹，欄杆亦稱勾欄，宋畫中常見。玲瓏巧制，鏤空剔透。元湯舜民哨遍新建構欄教坊求贊亦寫其精緻，可映現宋勾欄華麗矣。康保成「瓦舍」、「勾欄」新解則據佛經夜摩天上娱樂場所而引伸，「勾欄」乃具頂棚之建築。水滸傳五十一回可證。余以爲「勾

欄」絶非欄杆，欄杆乃「勾欄」中一様，稱之無妨。

〔二〇〕**蓮花棚、牡丹棚**

「文案」「棚」乃宋南戲戲臺之稱也。據劉念茲南戲新證研究：福建莆仙戲、梨園戲稱戲臺爲「棚」，如大棚戲之呼。幼童初學戲時則稱「落棚」，分作兩段，一段喚「彩棚」，二段喚「正棚」。看戲時則分「男棚」、「女棚」。蓮花棚則爲東京最爲火爆之演出場所。羅燁新編醉翁談録卷一丁集曾謂東京平康中曲善樂色技藝者，「暇日群聚金蓮棚中，各呈本事」。此金蓮或蓮花之別稱也。又西湖老人繁勝録所記臨安北瓦勾欄，「蓬花棚」常做御前雜劇。余以爲「蓬」爲「蓮」之誤，於此亦見蓮花棚久負盛名也。而牡丹棚，似因宋城喜好牡丹時尚而得名，歐陽修洛陽牡丹記、周師厚洛陽牡丹記、陸游天彭牡丹譜即記城中無貴賤皆張幕設帳，以觀牡丹，「牡丹棚」乃爲趨迎風習，應運而出者。

〔二一〕**夜叉**

慧琳一切經音義卷第九放光般若經第五卷閲叉：以拙反，或云夜叉，皆訛也。正言藥叉，此譯云能噉人鬼，又云傷者，謂能傷害人也。

玄奘辯機大唐西域記卷第一迦畢試國一質子伽藍：伽藍北嶺上有數石室，質子習定之處也，其中多藏雜寶。其側有銘，藥叉守衛。有欲開發取中寶者，此藥叉神變現異形，或作師子，或作蟒蛇、猛獸、毒蟲，殊形震怒，以故無人敢得攻發。

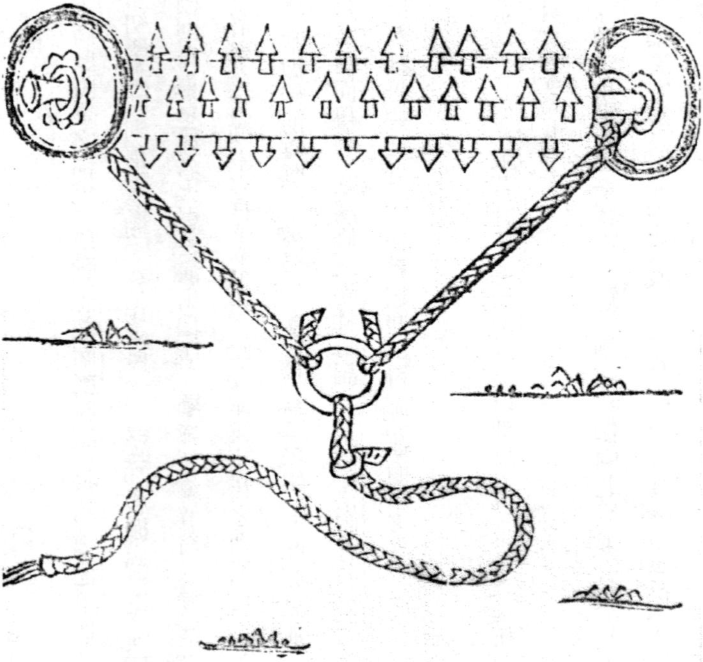

武經總要夜叉檑圖

無名氏大唐三藏取經詩話卷上過長坑大蛇嶺處第六：被猴行者將金環杖變作一個夜叉，頭點天，脚踏地，手把降魔杵，身如藍靛青，髮似硃沙，口吐百丈火光。

曾公亮武經總要前集卷之十二：夜叉檑，一名留客住，用濕榆木，長一丈許，徑一尺，周回施逆鬚，出木五寸，兩端安輪脚，輪徑二尺，以鐵索絞車放下，復收。並以擊攻城蟻附者。

徐夢莘三朝北盟會編卷第四十四靖康中帙一九起靖康元年三月十七日癸未，盡二十八日甲午：幼老春秋曰：姚古克隆德府。初，姚古爲熙河路經略使也。鞏州王德有赴功名之心，以武勇隸其麾下，古爲河東路制置使，以兵救援太原府也，與宣撫司幹當公事折彦質相遇於懷衛之間，未得虜之虚實，聞隆德府威勝軍已爲金人所陷没，古乃遣德硬探，德斬虜酋一人，持首以還，具以虚實報，古遂補德進武校尉，復令德往，且戒其必得生口，將親詰之，德許諾，引十六騎疾驅入隆德府，生擒僞知府姚璠太師以還。古大驚謂曰：「昔傅介子班超之倫，何足以相似，他日功名須遠到。」古即引衆疾趨，遂復取隆德府，擒僞通判郝伸，少監僞知縣儲汶，並知縣印記，解送赴闕，上臨軒問姚璠被擒狀，璠曰：「亡臣爲夜叉所獲。」自是德有夜叉之號。

季羡林等大唐西域記校注卷第一迦畢試國一質子伽藍注釋藥叉：梵文 Yakṣa 音譯，玄奘謂：「舊曰夜叉，訛也。」藥叉，又譯作夜叉、夜乞叉、閱叉等。據水谷真成譯注大唐西域記（頁 108）之説，舊譯夜叉的「夜」，想是從 di̥ɑ̌g-i̥a 變化而來，故六朝音作夜……［藥叉］，印度的西北方言讀作「夜」，而玄奘在中印度學的是標準梵文，故讀作「藥」。藥叉，原指印度神話中的一種半神的小神靈，是財神的隨從，總的說來是比較和善可親的，比如迦梨陀娑的雲使中的藥叉就是這樣。隨着佛教東傳，藥叉也傳到了中國，但形象變得可惡，成了所謂「八部鬼衆」之一。它勇健輕捷、噉人、多作暴惡之事。翻譯名義集卷二八部篇：「夜叉，此云勇健。亦云暴惡，舊云閱叉。」案藥叉的含義衆說不一，今猶未定。但這裏云「藥叉守衛」，似指大日經疏卷五所謂的毗沙門天王所管理的、以護衆生界的夜叉八大將，亦即寺院的護法守衛神。

施耐庵羅貫中水滸傳第二十七回母夜叉孟州道賣人肉 武都頭十字坡遇張青：看看抹過大樹邊，早望見一個酒店，門前窗檻邊坐着一個婦人，露出緑紗衫兒來，頭上黄烘烘的插着一頭釵環，鬢邊插着些野花。見武松同兩個公人來到門前，那婦人便走起身來迎接。下面繫一條鮮紅生絹裙，搽一臉胭脂鉛粉，敞開胸脯，露出桃紅紗主腰，上面一色金鈕。見那婦人如何？眉横殺氣，眼露凶光。轆軸般蠢坌腰肢，棒槌似桑皮手脚。厚鋪着一層膩粉，遮掩頑皮；濃搽就兩暈胭脂，直侵亂髮。紅裙内斑斕裹肚，黄髮邊皎潔金釵。釧鐲牢籠魔女臂，紅衫照映夜叉精。

俺這渾家姓孫，全學得他父親本事，人都唤他做母夜叉孫二娘。他父親殁了三四年，江湖上前輩緑林中有名，他的父親唤做山夜叉孫元。

吴曾能改齋漫録卷十二記事笑面夜叉：建中靖國元年，侍御史陳次升言章，以蔡元度爲笑面夜叉。

其略云：「卞與章子厚在前朝，更疊唱和，相倚爲重。造作事端，結成冤獄。看詳訴理，編類章疏。中傷士人，或輕或重，皆出其意。主行雖在於章，卞實啓之，時人目爲笑面夜叉，天下之所共知也。」

〔文案〕入唐夜叉述録漸多，若張讀宣室志卷之三夜叉示兆、夜叉作妾、夜叉索皮，或其長丈餘，狀極異，火吻電眸；或赤髮蓬然，牙似鋒刃，喜好食肉，令人恐怖不已。故夜叉棚常出演血腥味重，肢解人體，驚險武功等内容，伎藝行話謂之「腥棚」。又因夜叉迅捷莫測，亦衍變指畸形幻術。

**〔二〕象棚**

〔文案〕參見卷十大禮預教車象「象七頭」注。

**〔三〕喝故衣**

委心子新編分門古今類事第五卷異兆門下文叔遇俠：林文叔，字野夫，興化軍人。治平間，遊上都，寓甘泉坊後巷，貧甚，幾不聊生。比鄰一孀婦，年三十餘，朝肩故衣出售，暮即歸。居之對門有茶肆，文叔多坐其中，婦人亦時來飲茗。時初冬，文叔尚衣暑服，婦人憐之，乃以全體之服與之。

四水潛夫武林舊事卷第六諸色伎藝人：小説：故衣毛三

張端義貴耳集下：何自然中丞上疏，乞朝廷併庫，壽皇從之；方且講究未定。御前有燕，雜劇伶人妝一賣故衣者，持褲一腰，只有一隻褲口。買者得之，問：「如何著？」賣者曰：「兩脚併做一褲口。」買者曰：「褲却併了，只恐行不得。」壽皇即寢此議。

陳鐸坐隱先生精訂滑稽餘韻北越調小桃紅故衣：不分舊剪與新裁，一例都收在。緑緑紅紅自搭派，訴明白。寬窄長短隨心愛，源流好歹。吉凶貨賣，減價買將來。

中國國家圖書館藏清人所繪北京民間生活百圖賣估衣圖圖旁釋文：此中國賣估衣之圖也。其估衣俱係穿舊，自當鋪或小市各處買得，四季單、夾、皮、棉、紗各色衣服，在街市設攤售賣，名曰估衣。

〔文案〕故衣，陳舊衣服也；亦稱估衣，寓估量衣價之意。將舊衣收賣，必用高音亮嗓喝之，惟喝方可招攬顧客。若高承事物紀原卷九所言東京：「凡賣一物，必有聲韻。」依此推之，喝故衣必有韻律而喝叫必精彩。惜宋少喝故衣之細描，然其影響於明清仍見。

〔二四〕**探搏**

張相詩詞曲語詞匯釋卷五探一：探，俯身也。

調露子角力記述旨：角力是兩徒搏也，且虎有爪牙之利，故以器仗格之，則非徒搏也。人彼此皆空相擊，可云徒搏也。名目：今之用力可謂相搏也。釋名曰：搏，四指廣搏以擊之也。然且始舉手擊要，終在撲也。

吴棫韻補卷五入聲：搏擊也。蘇内翰司馬温公碑銘：公如麟鳳，不鷙不搏。羽毛畢朝，雄狡率服。服，鼻墨切。

無名氏鬼董卷第一：雲老拔劍跫步而前，劍墜於水，雲老徒手搏之，誤中師厚，相紛拏久之，傔人入視，則師厚殞於拳下矣。

司馬光涑水記聞卷第三：王嗣宗，汾州人。太祖時舉進士，與趙昌言争狀元於殿前。太祖乃命二人手搏，約勝者與之。昌言髪秃，嗣宗毆其幞頭墜地，趍前謝曰：「臣勝之。」上大笑，即以嗣宗爲狀元，昌言次之。

〔文案〕楊寬中國古代都城制度史研究謂「探博」二字意義不明。故擇數則注之，可見「探博」爲角力相擊之術，兼具捽跤之成份。江藍生魏晉南北朝小説詞語匯釋解「搏」意爲抓取。上引數則亦可證之。京都譯注本則譯「探搏」爲賭賣，即「關撲」也。「搏」通「博」，未錯。然書寫分明，不容混淆。潘樓東街巷「博易」條注可佐。

〔二五〕**剃剪**

〔文案〕中華鄧注本引周密志雅堂雜鈔剪紙注「剃剪紙」，斷句誤，意亦錯。剃剪自成一格，爲理髪業者。若洪邁夷堅三志壬卷第四楊五三鬼：「詹慶所居在撫城委巷中，傍有剃剪工楊五三者，蓋爲儐相。」

〔二六〕**令曲**

耐得翁都城紀勝瓦舍衆伎：嘌唱，謂上鼓面唱令曲小詞，驅駕虚聲，縱弄宫調，與叫果子、唱耍曲兒爲一體，本只街市，今宅院往往有之。……赚者，悮賺之義也，令人正堪美聽，不覺已至尾聲，是不宜爲片序也。今又有「覆賺」，又且變花前月下之情及鐵騎之類。凡賺最難，以其兼慢曲、曲破、大曲、嘌唱、要令、番曲、叫聲諸家腔譜也。

［文案］小唱、嘌唱、叫果子、唱耍令之短小唱曲子爲「令曲」。

## 潘樓東街巷

潘樓東去十字街，謂之土市子，又謂之竹竿市〔一〕。又東十字大街，曰從行裹角茶坊，每五更點燈博易〔二〕，買賣衣物、圖畫、花環、領抹之類，至曉即散，謂之「鬼市子」〔三〕。以東街北趙十萬宅，街南中山正店〔四〕、東榆林巷、西榆林巷〔五〕，北鄭皇后〔六〕宅，東曲首向北墻畔單將軍廟，乃單雄信墓也，上有棗樹，世傳乃棗槊〔七〕發芽，生長成樹，又謂之棗冢子巷〔八〕。又投東則舊曹門街，北山子茶坊，内有仙洞、仙橋，仕女往往夜遊，喫茶〔九〕於彼。又李生菜小兒藥鋪、仇防禦〔一〇〕藥鋪。出舊曹門，朱家橋瓦子，下橋南斜街、北斜街，内有泰山廟，兩街有妓館。橋頭人煙市井，不下州南。以東牛行街、下馬劉家藥鋪、看牛樓酒店，亦有妓館，一直抵新城。自土市子南去，鐵屑樓酒店、皇建院街、得勝橋鄭家油餅店，動二十餘爐。直南抵太廟街、高陽正店〔一一〕，夜市尤盛。土市㊀北去乃馬行街也，人煙浩鬧。先至十字街㊁，曰鷂兒〔一二〕市，向東曰東雞兒巷，向西曰西雞兒巷，皆妓館所居。近北街曰楊樓街〔三〕，東曰莊樓，今改作和樂樓，樓下乃賣馬市也。近北曰任店，今改作欣樂樓，對門馬鐺家羹店。

［校］

㈠「土市」，後疑脱一「子」字。

㈡「先至十字街」，説郛作「北至十字街」。

［注］

〔一〕**竹竿市**

宋話本碾玉觀音：來人去門首看時，只見兩扇門關着，一把鎖鎖着，一條竹竿封着。

宋話本西山一窟鬼：問到陳乾娘門首時，十字兒竹竿封着門，一椀官燈在門前，上面寫着八個字道：「人心似鐵，官法如爐。」

宋話本小夫人金錢贈年少：只見張員外家門便關着，十字兩條竹竿，縛着皮革底釘住，一碗泡燈照着，門上一張手榜貼在。

宋話本白娘子永鎮雷峰塔：門前四扇看階，中間兩扇大門，門外避藉陛，坡前却是垃圾，一條竹子橫夾着。

〔文案〕宋城所需竹竿處頗繁，若引領伎藝人竹竿子，争標水中之竹竿，挑關撲實物竹竿……故買賣竹竿成市。據王明清揮麈後録卷二竹岡詩，知竹已廣植於東京，如詩云：「蒼雲蒙密竹森森，無數新篁出舫林。已有鳳山調玉律，正隨天籟作龍吟。」而含芳園則純以栽種竹子茂密而著名。

〔二〕**博易**

施耐庵羅貫中水滸傳第三十八回及時雨會神行太保　黑旋風鬥浪裏白跳：當時李逵慌忙跑出城外小張乙賭房裏來，便去場上，將這十兩銀子撇在地下，叫道：「把頭錢過來我博。」那小張乙得知李逵從來賭直，便道：「大哥，且歇這一博，下來便是你博。」李逵道：「我要先賭這一博。」小張乙道：「你便傍猜也好。」李逵道：「我不傍猜，只要博這一博。五兩銀子做一注。」有那一般賭的，却待要博，被李逵劈手奪過頭錢來，便叫道：「我博兀誰？」小張乙道：「便博我五兩銀子。」李逵叫一聲，駱駱地博一個叉，小張乙便拿了銀子過來。李逵叫道：「我的銀子是十兩！」小張乙道：「你再博我五兩，快，便還了你這錠銀子。」李逵又拿起頭錢，叫聲：「快！」肐膌的又博個叉。小張乙笑道：「我教你休搶頭錢，且歇一博，不聽我口。如今一連博了兩個叉。」

趙與旹賓退録卷四：「因問：『何謂攤錢？』」云：「博也。」按梁冀「能意錢之戲」，注云：「即擲錢也。」則攤錢之爲博，亦信矣。

陸游老學庵筆記卷五：市人有以博戲取人財者，每博必大勝，號「松子量」。

趙汝适諸蕃志卷上志國占城國：番商與販用腦、麝、檀香、草席、凉傘、絹、扇、漆器、鉛、錫、酒、糖等博易。

孫宗鑑西畬瑣録：今人擲錢爲博者戲，以錢文面背分勝負，曰字，曰幕。

施彦執北窗炙輠録卷下：仁宗嘗與宫人博，纔出錢千，既輸，却即提其半走，宫人皆笑曰：「官家太窮相。」又借，不肯盡與。

〔文案〕據張相詩詞曲語辭匯釋卷五釋「博」，博即换也。可與前「探搏」之「搏」比照，其意自明。

〔三〕**鬼市子**

鄭震讀書愚見佛：師子國乃天竺旁國也。其國舊無人，止有鬼神及龍居之。諸國商估往來市易，鬼神不見其形，但出珍寶，題其所堪價，商人依價取之。諸怪事大率如此。

趙汝适諸蕃志卷上志國大秦國：西海中有市，客主同和，我往則彼去，彼來則我歸。賣者陳之於前，買者酬之於後，皆以其直置諸物旁，待領直然後收物，名曰「鬼市」。

魏泰東軒筆録卷之十三：歐陽文忠公嘗言昔日夷陵從乾德泊舟於漢江野岸中，夕後聞語言歌笑、男女老幼甚衆，亦有交易評議，及叫賣果餌之聲若市井然，殆曉方止。翌日，召舟人問之，云聞聲但不見人，而四瞻皆曠野，無復蹤路，文忠乃步於岸，遠望有一城基，近村而詢之，即曰古隋地也。

闕名輦下歲時記鬼市輦：俗説務本坊西門是鬼市。或風雨曛晦，皆聞其喧聚之聲，秋冬夜聞賣乾柴，云是枯柴精也。

方回虚谷閑抄：登州海中遇晴霽，忽見臺觀城市人物往還者，謂之「海市」。東坡嘗一見之，又歐過河朔高唐縣，宿驛舍，夜聞鬼神自空中過，人畜聲一一可辨。父老云：「二十年前曾晝過，土人謂之市。」高唐去海實遠，海市之説竊恐不然，舊説漢時有人奉使過海，忽見漢家宫闕臺殿如在目前，使人因具衣冠向闕而拜，須臾風駛舟行，遂迷所在。又酉陽雜俎云：「有人掘井，深已倍常井數丈不見水，忽聞向下車馬人物喧闐之聲，近如隔壁，出以告州將，州將遣數人驗之不誣，欲奏其事恐涉怪而止，遽令塞之。」又湘潭界中有寺名方廣，每至四月朔，日在東壁，照見維揚官府樓堞、居民舍宇，物物可數。又家弟宿福清紫微院，至三鼓後忽聞院後歡呼交易之聲，儼如城市，皆是浙音，達旦而止，明日起視，皆高山峻壁也。寺僧云：「一歲之中幾數次，人謂之『鬼市』。」幽陰之事，蓋有非人意所能測者。

陳纂葆光録：有軍人早出，月色朗然，見一獨足者橋闌上卧。軍人少壯無畏懼，乃抱之，其鬼即云：「放我當有相酬。」軍人曰：「何物？」曰「有銀盞一」，問居止，云少間送來，軍人遂捨之。其妻見一少年叩門，云：「賢郎令將盞歸。」授其妻而去。至晚，軍人回，將盞示之夫，乃説今日之事，妻曰：「神靈物不可駐之，今將貨易酒肉祭之。」夫從其言，祭畢，夫曰：「適看此盞有似家内様，莫非偷我者將來否？」妻亦疑之，往取，果失之矣。夫妻愕然曰：「大是俊鬼也。」

元好問續夷堅志卷二鬼市：裴翰林擇之，陽武人。六七歲時，以大父馬上抱往縣東北莊，至外壕，見門東北有市集，人物皆二尺許，男女老幼，吏卒僧道，穰穰往來，市人買賣負擔，驢馱車載，無所不有。以告其大父，大父以爲妄，不之信也。蓋三四至其處，亦皆見之。此與呂氏碣石録記「武平周鼎童時村居，一日，縣人市集，鼎騎長耳從父入市，時地色微，辨見道旁兩列皆佛像，閉目不敢視，開目又不見」，兩事大相類，但佛像之多何也？

〔文案〕自宋以來，由鬼附市者漸多，於是乎絶早點燈買賣，無物不有，黎明即散，皆曰「鬼市子」。其真者稀，贋者多；優者少，劣者衆。雖説貿易，詐僞百出，更有以鬼蜮之謀，行鬼狐之技，出銷前代手筆，田野器物，夜盜夜售，使好小利者紛紛競趨，成「鬼市子」之主流。湯用彬舊都文物略十二雜事略四市井瑣聞曉市傳此作録，近世尤甚，源於宋。

**〔四〕中山正店**

〔文案〕據朱弁曲洧舊聞卷七：中山正店全名喚中山園子正店，自製「千日春」，爲東京名酒。

**〔五〕東榆林巷、西榆林巷**

呂本中東萊呂紫微師友雜志：元豐中，親喪服除，至京師，寓余家榆林舊第。日以粗飯置一盆，又以一盆盛菜蔬，兄弟分食之，甘如飴蜜，不求於人。

闕名異聞總録卷四：呂文靖公宅，在京師榆林巷，群從數十，遇時節朔望，則昧旦共集於一處，以須尊者之出。

〔六〕**鄭皇后**

王稱東都事略卷十四世家二：顯肅皇后鄭氏，開封人也。父紳始爲直省官，以后貴累封太師、樂平郡王，后本欽聖殿押班，徽宗爲端王，每日朝慈德宫，欽聖命鄭王二押班供侍。及即位，欽聖以二人賜之王，后封貴妃，鄆王母也。崇寧初，后封賢妃，遷貴妃，后有異寵，徽宗多齎以詞章，天下歌之。王后崩，政和元年立爲皇后，欽宗即位，尊后爲道君太上皇后，居寧德宫。靖康元年，金人犯京師，后從徽宗北遷去。

〔七〕**棗槊**

段成式酉陽雜俎前集卷三十二語資：單雄信幼時，學堂前植一棗樹，至年十八，伐爲槍，長丈七尺，拱圍不合。

〔文案〕通俗文曰：矛長丈八謂之槊，以棗爲柄，取其重，即棗槊。若水滸傳第五十五回韓滔使一條棗木槊是也。

〔八〕**棗冢子巷**

宋話本簡帖和尚：東京汴州開封棗槊巷裏，有個官人覆姓皇甫，單名松，本身是左班殿直。當時，皇甫殿直官差去押衣襖上邊，回來是年節第二節。去棗槊巷口，一個小小底茶坊。

〔九〕**喫茶**

羅願爾雅翼卷十二釋木四茶：今人飲茶，未知所始。釋木云：檟，苦荼。郭璞云：樹小似梔子。冬生葉，可煮作羹飲，今呼早採者爲茶，晚採者爲茗，一名荈。蜀人名之苦荼，然則古蓋用之矣。埤蒼作榛，今通謂之茶。

楚圓汾陽無德禪師懷語録卷中：趙州見僧到便問：「曾到此間麼？」云不曾到。州云：「喫茶去。」或云曾到，州亦云：「喫茶去。」院主問：「不曾到喫茶去，到來爲甚也喫茶去。」州召院主，主應諾。州云：「喫茶去。」趙州有語喫茶去，天下胡僧總到來。不是石橋元底滑，喚他多少衲僧回。

蘇軾仇池筆記卷上論茶：除煩去膩，不可缺茶，然暗中損人不少。吾有一法，每食已，以濃茶漱口，煩膩既出，而脾胃不知。肉在齒間，消縮脱去，不煩挑刺，而齒性便若緣此堅密。率皆用中、下茶，其上者亦不常有，數日一啜不爲害也。此大有理。

吕居仁軒渠録：强淵明字隱李，除帥長安，辭蔡太師。蔡云：「公今喫冷茶去也。」强不曉而不敢發問。親識間有熟知長安風物者，因以此語訪之，乃笑曰：「長安妓女，步武極小，行皆遲緩，故有喫冷茶之戲。」

宋話本快嘴李翠蓮記：那翠蓮聽得公公討茶，慌忙走到廚下，刷洗鍋兒，煎滾了茶，復到房中，打點各樣果子，泡了一盤茶，托至堂前，擺下椅子，走到公婆面前，道：「請公公、婆婆堂前喫茶。」又到姆姆房中道：「請伯伯、姆姆堂前喫茶。」員外道：「你們只説新媳婦口快，如今我唤他，却怎地又不敢説甚麽？」媽媽道：「這番，只是你使唤他便了。」少刻，一家兒俱到堂前，分大小坐下，只見翠蓮捧着一盤茶，口中道：

公喫茶，婆喫茶，伯伯、姆姆來喫茶，姑娘、小叔若要喫，竈上兩碗自去拿。兩個拿着慢慢走，泡了手時哭喳喳。此茶唤作阿婆茶，名實雖村趣味佳。兩個初煨黄栗子，半抄新炒白芝麻。江南橄欖連皮核，塞北胡桃去殼柤。二位大人慢慢喫，休得壞了你們牙。

［文案］郎瑛七修類稿卷四六考：「種茶下子，不可移植，移植則不復生也，故女子受聘謂之喫茶。」然陸游老學庵筆記卷四謂：「男女未嫁娶者，聚而踏歌，亦可唤『無事出來喫盞茶。』」可知「喫茶」不獨於女子受聘，修身、養性、遊樂、應酬亦以「喫茶」爲禮，爲由也。

［一〇］**防禦**

趙溍養疴漫筆：孝宗嘗患痢，衆醫不効。德壽憂之，過宫偶見小藥肆，遣中使詢之曰：「汝能治痢否？」對曰：「專科。」遂宣之，至請問得病之由，語以食湖蟹多，故致此疾。遂令診脈曰：「此冷痢也。其法用新採藕節細研，以熱酒調服，如其法杵細，酒調數服即愈。」德壽大喜，就以杵藥金杵臼賜之，至今呼爲「金杵臼嚴防禦家」，可謂不世之遇。

無名氏湖海新聞夷堅續志後集卷二怪異門鬼扣醫門：昔京庠有士友數人步月夜行，見有小厮持紅紗籠前導，一婦人冉冉後隨，士友疑其暮夜獨行之異，跡而視之。至衆安橋左側，扣内醫張防禦門謁藥。張啓户視之，即掩門不納。次扣李提點鋪，李出視，延入，遂爲診脈。士友俟久不出，默識兩醫之門而歸。次早訪張防禦，曰：「暮夜獨行，必非良家子女，所以却之。」次過李鋪，聞其家有哀哭聲，問之，則曰：「昨夜一婦女扣門謁藥，去後中風而卒。」方知鬼化爲婦，扣門求藥。豈非李見其美麗，動興而致然爾。

張杲醫説卷第四喘嗽治痰嗽：綬帶李防禦，京師人。初爲入内醫官，直嬪御閣妃，苦痰嗽，終夕不寐，面浮如盤，時方有甚寵，徽宗幸其閣見之，以爲慮，馳遣呼李，李先數用藥，詔令往内東門供狀，若三日不效，當誅。李憂撓伎窮，與妻對泣，忽聞外間叫云：「咳嗽藥一文一貼，喫了今夜得睡。」李使人市藥十貼，其色淺碧，用淡虀水滴麻油數點調服。李疑草藥性獷，或使臟腑滑泄，併三爲一，自試之，既而無他，於是取三貼合爲一，攜入禁庭授妃，請分兩服以餌。是夕嗽止，比曉面腫亦消，内侍走白，天顔絶喜，錫金帛厥直萬緡，李雖幸其安，而念必宣索方書，何辭以對？殆亦死爾，命僕俟前賣藥人，過邀入坐，飲以巨鍾，語之曰：「我見鄰里服汝藥多效，意欲得方，儻以傳我此諸物，爲銀百兩皆以相贈不吝。」扣曰：「一文藥安得其直如此，防禦要得方，當便奉告，只蚌粉一物，新瓦炒，令通紅，拌青黛少許爾。」扣其所從來，曰：「壯而從軍，老而停汰，頃見主帥有此，故剽得之，以其易辨，姑藉以度餘生，無他長也。」李給之終身。

〔一〕**高陽正店**

張淏雲谷雜記補編卷一壽山艮嶽：前列巨石，凡三丈許，號「排衙」。巧怪巉巖，藤羅蔓衍，若龍若鳳，不可殫窮。麓雲、半山居右，極目、蕭森居左，北俯景龍江，長波遠岸，彌十餘里，其上流注山間，西行潺湲爲漱玉軒，又行石間，爲煉丹亭、凝觀、圌山亭，下見高陽酒肆、清斯閣。

〔二〕**鶉兒**

宋話本洛陽三怪記：潘松道：「師兄，你見不見？」□着矮墻上道：「兩個白鶉子在瓦上厮啄，一個走入瓦縫裏去。你看我捉這白鶉子。」

李邦獻省心雜言：太廟之犧被文繡，而悔不及鵪鶉深林一枝之樂也。

〔文案〕鶉兒，司馬光類篇釋鳥名，全稱爲鵪鶉，見蘇軾東坡志林卷四人物張華鵪鶉賦。史載鵪鶉俗名黄騰，羽密體輕，黄絲色。雄者性好鬥，狀類麻雀。而飛集均成群，屬鳴禽類。李昌齡樂善録卷下謂有人好養鵪鶉，因其鬥而不勝則怒，折其兩足，乃知宋鬥鶉頗熾。

〔三〕**楊樓街**

〔文案〕據加藤繁宋代都市的發展所言，酒樓向大街上發展，甚至設在皇城南面大街之上，甚而街名亦用酒樓定名。此景爲宋代方發生之現象。在宋代，此情亦是在坊制崩潰後纔興起。

## 酒樓〔一〕

凡京師酒店門首，皆縛綵樓歡門〔二〕。唯任店入其門，一直主廊〔三〕約百餘步，南北天井兩廊皆小閤子，向晚，燈燭熒煌，上下相照。濃粧妓女〔四〕數百，聚於主廊槏〔五〕面上，以待酒客呼唤，望之宛若神仙。北去楊樓以北穿馬行街，東西兩巷，謂之大小貨行，皆工作伎巧所居。小貨行通雞兒巷妓館，大貨行通牋紙〔六〕店。白礬樓後改爲豐樂樓〔七〕，宣和間更修三層相高，五樓相向，各有飛橋欄檻，明暗相通，珠簾綉額，燈燭晃耀。初開數日，每先到者賞金旗，過一兩夜則已。元夜則每一瓦隴中，皆置蓮燈一盞。内西樓後來禁人登眺，以第一層下視禁中。大抵諸酒肆瓦市，不以風雨寒暑，白晝通夜，駢闐如此。州東宋門外仁和店、姜店，州西宜城樓、藥張四店、班樓，金梁橋下劉樓、曹門蠻王家、乳酪張家，州北八仙樓，戴樓門張八家園宅正店，鄭門河王家、李七家正店，景靈宮東墻長慶樓。在京正店〔八〕七十二户，此外不能遍數，其餘皆謂之「脚店」〔九〕。賣貴細下酒，迎接中貴飲食〔一〇〕，則第一白廚，州西安州巷張秀，以次保康門李慶家，東雞兒巷郭廚，鄭皇后宅後宋⊖〔一一〕廚，曹門塼筒李家，寺東骰子〔一二〕李家，黄胖家〔一三〕。九橋門街市酒店，綵樓相對，繡旆㈡相招，掩翳天日。政和後來，景靈宫東墻下長慶樓尤盛。

清明上河圖中酒樓示意

〔校〕

㊀中華鄧注本以爲「宋」應從説郛作「宋」。

㊁「旆」，「旗」之異稱。韋驤偶疾未平不得預龍蟠之遊輒成詩以迓旆可證。

〔注〕

〔一〕**酒樓**

施耐庵羅貫中水滸傳第三十九回潯陽樓宋江吟反詩　梁山泊戴宗傳假信：正行到一座酒樓前過，仰面看時，旁邊豎着一根望竿，懸掛着一個青布酒旆子，上寫道「潯陽江正庫」，雕簷外一面牌額，上有蘇東坡大書「潯陽樓」三字。宋江看了，便道：「我在鄆城縣時，只聽得説江州好座潯陽樓，原來却在這裏。我雖獨自一個在此，不可錯過，何不且上樓，自己看玩一遭。」宋江來到樓前看時，只見門邊朱紅華表柱上，兩面白粉牌，各有五個大字，寫道：「世間無比酒，天下有名樓。」宋江便上樓來，去靠江占一座閣子裏坐了，憑闌舉目看時，端的好座酒樓。

〔二〕**綵樓歡門**

耐得翁都城紀勝酒肆：酒家事物，門設紅杈子、緋緑簾、貼金紅紗梔子燈之類。舊傳因五代郭高祖遊幸汴京潘樓，至今成俗。

〔文案〕綵樓歡門，於清明上河圖中凡七處，或酒店或飯店或香店門首，繁簡不一。以圖之左方孫家正店爲最，樓兩層，前正中實一平面梯簷，上飾花形鳥狀之物，簷下垂流蘇。此與江湖切口之釋觀門爲「倒垂之帳幕」意相同，又上海博物館所藏北宋閘口盤車圖，酒店門首以木紮高大之歡門，可爲觀照。

〔三〕**主廊**

袁文甕牖閑評卷六：廳後屋，人多呼爲主廊，其實名貯廊。澠水燕談云：「是時會議於玉堂後貯廊。」

趙彦衛雲麓漫鈔卷第三：本朝殿後皆有主廊，廊後有小室三楹，室之左右，各有廊通東西正廊，每乘輿自内出，先坐此室，俟報班齊，然後御殿；今臨安殿後亦然。

劉跂暇日記：李誡仲明言：「堂屋前要不背三陽。」今人作佇廊，非也。

〔四〕**妓女**

宋話本蘇長公章臺柳傳：只見那書院中緑窗朱户，小小亭軒，内排筵席。遂唤一妓者歌唱。此女生得有沉魚落雁之容，閉月羞花之貌，體態妖嬈，精神清爽，當筵祗應清唱。唱罷，佛印問東坡曰：「此妓者，何人也？」東坡曰：「此妓是西湖上有座酒樓唱的，唤做章臺柳。那女子能文章，好歌唱，每日只是怨恨落在風塵裏。今日着他唱奉長老飲酒。」佛印大喜。東坡向章臺柳道：「聞知汝能文章，怨落在風塵裏。汝果有此意乎？我今日出了題目與你做一篇，若做得好，納了花冠褙子，便與你從良嫁人去，敢是我就娶了你。」那女子聞言，乃上前深深地道個萬福道：「妾果有此意，若得相公如此，山海之恩不忘。」東坡曰：「你既有此心，便將你『柳』爲題，要見從良娶你的意思，或詩或詞，□□做來，只不要見『柳』字。」那女子將起筆來作一詞，乃是沁園春：

弱質嬌姿，黛眉星眼，畫工怎描？自章臺分散，隋堤别後，近臨緑水，遠映紅蓼。半占官街，半侵私道，長被狂風取次摇。當今桃腮杏臉，難比好妖嬈。春朝。曉露才消。暗隱黄鸝深處嬌。千絲萬縷，零零風拂水，隨風隨雨，晴雪飄飄。欲告東君，移歸庭院，獨對高堂舞細腰。從今後，無人折損柔條。

作罷，呈上東坡相公。東坡與佛印二人看了，言道：「不枉了這女子，如此聰明！」

劉斧青瑣高議前集卷之二書仙傳曹文姬本係書仙：曹文姬，本長安倡女也。生四五歲，好文字戲，每讀一卷，能通大義，人疑其夙習也。及笄，姿豔絶倫，尤工翰墨。自箋素外至於羅綺窗户，可書之處，必書之，日數千字，人號爲「書仙」，筆力爲關中第一。當時工部周郎中越、馬觀察端，一見稱賞不已。家人教以絲竹，曰：「此賤事，吾豈樂爲之！惟墨池筆塜，使吾老於此間足矣。」由是藉藉聲名，豪貴之士，願輸金委玉求與偶者，不可勝計。

張邦基侍兒小名録拾遺：愛愛姓楊氏，本錢唐倡家女，年十五，尚垂鬟，性善歌舞，幼學胡琴數曲，遂能緣其聲，以通其調。泛舟西湖採荷香，爲金陵少年張逞所調，遂相攜潛遁於京師。逞家雄於財，雅亦曉音律，歲時嬉遊，以犢車同載，故鑾輅之幸，琳館之闢，雖遠必先，雖喧必前。京都偉麗之觀，無不及也。踰二年，逞爲父捕去，不及與愛別。留於巷中，舍與予家相鄰，一日人傳逞死，或往慰問其所，愛愴然泣下曰：「是必虛語，若果然，亦不願他從，故鄉道遠，出非以禮，必不能自還，當死此舍。」自爾素服蔬膳，日呱呱而泣，不復親近樂器，里之他婦欲往見之，即反關不納，好事有力者百計圖之，終不可及。愛姿體纖素豔發，不類人間人。後三年，念逞之勤，感疾而死。小婢子錦兒，今尚在，出其繡手籍香囊纈履數物，香皆鬱然而新。

陳師道後山詩話三七：往時青幕之子婦，妓也，善爲詩詞。同府以詞挑之，妓答曰：「清詞麗句，永叔子瞻曾獨步；似恁文章，寫得出來當甚强。」

魏泰臨漢隱居詩話五四：楚州有官妓王英英，善筆劄，學顔魯公體，蔡襄復教以筆法，晚年作大字甚佳。梅聖俞贈之詩云：「山陽女子大字書，不學常流事梳洗。親傳筆法中郎孫，妙作蠶頭魯公體。」英英貌甚陋，固云「不事梳洗」。中郎孫，君謨也。

李獻民雲齋廣録卷九盈盈傳：皇祐中，龍圖閣學士田公節制東海。予是歲不中春官氏選，杖策間行謁公。有吴女盈盈來遊，容豔甚冶，十四善歌舞，尤能箏，喜詞翰，情思綿緻，千態萬貌，奇性殊絶，所謂翹翹煌煌，出類甚遠。少豪多出金僦歡，盈盈必遴柬，然後一笑。公嘗召在宴，盈盈便巧，能用意賈公愛。公貴，寵愈焉。

宋話本單符郎全州佳偶：却説邢知縣到了鄧州順陽縣，未及半載，值金韃子分道入寇。金將斡離不攻破了順陽，邢知縣一門遇害。春娘年十二歲，爲亂兵所掠，轉賣在全州樂户楊家，得錢十七千而去。春娘從小讀過經書，及唐詩千首，頗通文墨，尤善應對。鴇母愛之如寶，改名楊玉，教以樂器及歌舞，無不精絶。正是：三千粉黛輸顔色，十二朱樓讓舞歌。只是一件，他終是宦家出身，舉止端詳。每詣公庭侍宴，呈藝畢，諸妓調笑謔浪，無所不至，楊玉嘿然獨立，不妄言笑，有良人風度。爲這個上，前後官府，莫不愛之重之。

宋話本新橋市韓五賣春情：金奴暗喜道：「今番纏得這個有錢的男兒，也不枉了。」原來這人家是隱名的娼妓，又叫做「私窠子」，是不當官吃衣飯的，家中別無生意，只靠這一本帳。那老婦人是胖婦人的娘，金奴是胖婦人的女兒。在先，胖婦人也是好人家出來的，因爲丈夫無用，鬧閫不得，已幹這般勾當。金奴自小生得標致，又識幾個字，當時已自嫁與人去了，只因在夫家不跐疊，做出來，發回娘家。事有湊巧，物有偶然，此時胖婦人年紀約近五旬，孤老來得少了，恰好得女兒來接代，也不當斷這樣行業，索性大做了。

[文案]宋娼，清徐士鑾宋豔十二卷所記最詳。余則僅擷取宋市妓數則，重在資證宋市妓其伎藝精絶，承前啓後，其服務對象亦從達官貴人趨向市民大衆，宋話本新橋市韓五賣春情較爲典型，可見一斑。

〔五〕槏

〔文案〕據丁度集韻卷之六上聲下豏第五十三：槏㡘㨎，口減切，説文：户也。一曰牖邊柱，謂之槏。或作㡘㨎。

〔六〕牋紙

范成大吴郡志卷二十九土物上：彩牋，吴中所造，名聞四方。以諸色粉和膠刷紙，隱以羅紋，然後砑花。唐皮、陸有倡和魚牋詩云：「向日乍驚新蘤色，臨風時辨白萍文。」注：「魚子曰白萍，此豈用魚子耶？今法不傳，或者紙紋細如魚子耳。今蜀中作粉牋，正用吴法，名吴牋。」

章望之延漏録：益州出十樣鸞牋，曰深紅，曰淺紅，曰杏紅，曰明黃，曰深青，曰淺青，曰深緑，曰淺緑，曰銅緑，曰淺雲，又有彩霞金粉。

蘇易簡文房四譜卷四紙譜二之造：蜀人造十色牋，凡十幅爲一榻，每幅之尾，必以竹夾夾之，和十色水逐榻以染，當染之際，棄置捶埋，堆盈左右，不勝其委頓，逮乾，則光彩相宣，不可名也。

費著牋紙譜：紙以人得名者，有謝公，有薛濤。所謂謝公者，謝司封景初師厚，師厚創牋樣，以便書尺，俗因以爲名。薛濤本長安良家女，父鄖，因官寓蜀而卒，母孀，養濤及笄，以詩聞外，又能掃眉塗粉，與士族不侔，客有竊與之宴語，時韋中令皋鎮蜀，召令侍酒賦詩，僚佐多士，爲之改觀。期歲，中令議以校書郎奏請之，護軍曰「不可」。遂止。濤出入幕府，自皋至李德裕，凡歷事十一鎮，皆以詩受知。其間與濤唱和者，元稹、白居易、牛僧孺、令狐楚、裴度、嚴綬、張籍、杜牧、劉禹錫、吴武陵、張祜，餘皆名士，記載凡二十人，競有酬和。濤僑止百花潭，躬撰深紅小彩牋，裁書供吟，獻酬賢傑，時謂之薛濤牋。晚歲居碧雞坊，創吟詩樓，偃息於上。後段文昌再鎮成都，太和歲，濤卒。年七十三。文昌爲撰墓誌，謝公有十色牋：深紅、粉紅、杏紅、明黄、深青、淺青、深緑、淺緑、銅緑、淺雲，即十色也。楊文公億談苑載韓浦寄弟詩云：「十樣蠻牋出益州，寄來新自浣花頭。」謝公牋出於此乎？濤所製牋，特深紅一色爾。僞蜀王衍賜金堂縣令張蠙霞光牋五百幅。霞光牋疑即今之彤霞牋，亦深紅色也。蓋以胭脂染色，最爲靡麗，范公成大亦愛之。

項元汴蕉窗九録紙録染宋牋色法：黄柏一片，搥碎，用水四升，浸一伏時，煎熬至二升，止聽用橡斗子一升，如上法，煎水，聽用胭脂五錢，深者方妙。用湯四盌，浸榨出紅三味，各成濃汁，用大盆盛汁，每用觀音簾堅厚紙，先用黄柏汁拖過一次，復以橡斗汁拖一次，再以胭脂汁拖一次，更看深淺加減，逐張晾乾。可用。

鄧之誠骨董瑣記全編骨董瑣記卷七宋元牋簡：宋元牋簡，大半黄白二色，紙側有他色，決無花紋，贋作者則不知矣。繆蓺風先生説。

## 〔七〕白礬樓後改爲豐樂樓

宋話本鬧樊樓多情周勝仙：如今且説那大宋徽宗朝東京金明池邊有座酒樓，唤作樊樓。

宋話本趙伯昇茶肆遇仁宗：將及半晌，見座酒樓，好不高峻！乃是有名的樊樓，有鷓鴣天詞爲證：

城中酒樓高入雲，烹龍煮鳳味肥鮮。公孫下馬聞香醉，一飲不惜費萬錢。招貴客，引高賢，樓上笙歌列管絃。百般美物珍羞味，四面欄杆彩畫簷。

宋話本楊思温燕山逢故人：原來秦樓最廣大，便似東京白樊樓一般：樓上有六十個閣兒，下面散鋪七八十副卓凳。當夜賣酒，合堂熱鬧。

周密齊東野語卷十一沈君與：一日，攜上樊樓，樓乃京師酒肆之甲，飲徒常千餘人。沈遍語在坐，皆令極量盡歡，至夜，盡爲還所直而去，於是豪侈之聲滿三輔。

王安中登豐樂樓：日邊高擁瑞雲深，萬井喧闐正下臨。金碧樓臺雖禁籞，煙霞巖洞却山林。巍然適構千齡運，仰止常傾四海心。此地去天真尺五，九霄歧路不容尋。

施諤淳祐臨安志卷六豐樂樓：在豐豫門外，舊名聳翠樓，政和七年，郡守徐公鑄於湖堂之右，以衆樂亭舊址臨湖，始建此樓。樓據西湖之會，千峰連環，一碧萬頃，柳汀花塢，歷歷闌檻間，而遊橈畫鷁，櫂謳隄唱，往往會合於樓下，爲遊覽最。顧以官酤喧雜，樓亦卑小，弗與景稱。淳祐九年，府尹大資政趙公與簒始撤新之，瓌麗宏特，高切雲漢，而運工敏成，民不知役，自是上延風月，下隔囂埃，遂爲西湖之壯。旁爲花徑曲折，亭榭參差，更與兹樓映帶云。

洪邁夷堅志補卷第七豐樂樓：臨安市民沈一，酒拍户也。居官巷，自開酒壚，又撲買錢塘門外豐樂樓庫，日往監沽，逼暮則還家。淳熙初，當春夏之交，來飲者多。一日，不克歸，就宿於庫。將二鼓，忽有大舫泊湖岸，貴公子五人，挾姬妾十數輩，徑詣樓下，喚酒僕，問何人在此？僕以沈告，客甚喜，招相見，多索酒，沈接續侍奉之。縱飲樓上，歌童舞女，絲管喧沸，不覺罄百樽。飲罷，夜已闌，償酒直，鄭重致謝。

〔八〕**正店**

朱弁曲洧舊聞卷七：市店：豐樂樓，眉壽，又和旨。即白樊樓也。忻樂樓，仙醪。即任店也。和樂樓，瓊漿。即莊樓也。遇仙樓，玉液。玉樓，玉醞。鐵薛樓，瑶醽。仁和樓，瓊漿。高陽店，流霞。清風樓，玉髓。會仙樓，玉醑。八仙樓，仙醪。時樓，碧光。班樓，瓊波。潘樓，瓊液。千春樓，仙醇。今廢爲鋪。中山園子正店，千日春。今廢爲邸。銀王店，延壽。蠻王園子正店，玉漿。朱宅園子正店，瑶光。邵宅園子正店，法清，大桶。張宅園子正店，仙醁。方宅園子正店，瓊酥。姜宅園子正店，羊羔。梁宅園子正店，美禄。郭小齊園子正店，瓊波。楊皇后宅園子正店，法清。

〔九〕**脚店**

〔文案〕宋會要食貨二〇之七記仁宗時樊樓每年賣官麯五萬斤造酒，朝廷下詔三司募人承包，「出辦課利，令於在京脚店酒户内撥定三千户」，每日到樊樓取酒沽賣。於此可知脚店乃爲小零賣酒店俗稱。

〔一〇〕**中貴飲食**

張耒張太史明道雜志：内侍張茂則每食不過粗飯一醆許，濃膩之物絶不向口，老而安寧，年八十餘卒。茂則每勸人必曰：「且少食，無大飽。」王晰龍圖造食物必至精細，食不盡一器，食包子不過一二枚耳，年八十卒。臨老尤康强，精神不衰，王爲余言，食取補氣，不饑即已，飽生衆疾，至用藥物消化，尤傷和也。劉幾秘監食物尤薄，僅飽即止，亦八十而卒。劉監尤喜飲酒，每飲酒更不食物，啖少果實而已。循州蘇侍郎每見某，即勸令節食，言食少即藏氣流通而少疾。

〔文案〕中貴乃太監之稱，皇帝之近臣也。若卷一大内：近裏皆近侍中貴，卷六十六日：中貴邀住，勸酒一金盃令退。又可稱之爲「中貴人」，若唐房千里楊倡傳言：嶺南帥甲之妻尊夫之監軍「中貴人，信人也」。又若本書卷七駕登寶津樓諸軍呈百戲：中貴人許畋押隊。武林舊事卷三禁中納涼：笑遣中貴人以北綾半臂賜之。西湖老人繁勝録則謂「中貴宅院」，可知中貴生活已可比擬王侯，其飲食自然烹天煮海，布列奇珍。上舉一則雖僅個別「中貴」節食之情，然可見其講究精細。市井食店投其所好，選料精嚴上乘，取材稀異名貴，技藝精妙超凡，以成就特殊口味，逢迎「中貴飲食」也。

〔一二〕宋

丁度集韻卷之十入聲下錫第二十三：宋寂詠淑家㝛前曆切，説文：無人聲。或作宋詠諔家㝛，文十一。

錢繹方言箋疏卷第十：家、安，静也。江、湘、九嶷之郊謂之家。〔音義〕家，音寂。〔箋疏〕家，舊本並同，戴本作宋。廣韻：寂，静也，安也。家、宋，並與寂同。盧氏云：楚辭遠遊：野家漠其無人。莊子大宗師：其容家。陸氏釋文云：本亦作寂，崔本作家。又郭象注齊物論云：槁木取其家莫無情耳。釋文：家，音寂。漢和平時，張公神碑：亹界家静。延熹時，成臯令任伯嗣碑：官朝家静。是家字其來已古，戴氏以爲訛字改作宋，太泥，又舊本並脱「音寂」二字。今據宋本補正。説文：宋，無人聲也，或作詠。廣雅：宋，静也。楚辭大招湯谷：宋，只。又九辯云：蟬，宋漠而無聲。家與宋同。説文又云：啾，嗼也。又募，宋也。釋言：貉嗼，安定也。郭注云：皆静定。繫辭云：寂然不動。文選潘岳西征賦李善引韓詩薛君章句云：寂，無聲之貌，字並與家通。説文：安静也。釋名：安，晏也。晏晏然和喜無動懼也。廣雅：安静也。義本方言。李善注江淹別賦「道已寂而未傳」、范蔚宗樂遊應詔詩「虚寂在川岑」，並引此以安静聯文。

## 〔三〕骰子

李濟翁資暇集卷下投子：投子者，投擲於盤筵之義。今或作頭字，言其骨頭所成，非也。因此兼有作骰字者。案諸家之書，骰即股字爾，不音投。史記蔡澤説范睢曰：博者或欲大投。裴注云：投，瓊也。則知以玉石爲投擲之義，安有頭骰之理哉。

洪邁夷堅丁志卷第一夏氏骰子：夏廛，字幾道，衛州汲縣人。崇寧大觀間，居太學甚久，未成名。家故貧，至無一錢。同舍生或相聚博戲，則袖手旁觀，時從勝者覓錙銖，俗謂之乞頭是也。一夕，束帶焚香，對局設拜曰：「廛聞博具有靈，敢以身事敬卜。今年或中選，願於十擲内賜之渾化，不然，將束書歸耕，無復進矣。」祝罷，即挼莎擲焉，六子皆赤。夏愕喜不敢自信，又祝曰：「廛至誠齋心，以平生爲禱，恐適者偶然，願更以告。」復再投之，三采皆同，乃再拜謝神貺。是歲果於莫儔牓登科，後官至中大夫川陝宣撫司參議官。其家藏所卜骰子，奉之甚肅。

〔三〕黄胖家

［文案］李詡戒庵老人漫筆就白獺髓、怡顔録之記，謂二書同以迎春黄胖爲題賦詩，二詩一也。皆爲兒童舞黄胖而斷，爲不詳之兆也。黄胖，據云起於金明池，乃取黄土捏爲人形，爲娱樂玩具。龐元英談藪所言：韓侂胄暮年，以冬月攜家遊西湖畫船花輿，偏覽南北二山之勝。末乃宴於南園，族子院判與焉。席間，有獻牽絲傀儡爲土偶負小兒者，名爲「迎春黄胖」。葉紹翁四朝聞見録亦證：韓以春日宴族人於西湖，用土爲偶，名曰「黄胖」，以綫繫其首，累至數十人。此以「黄胖」充勸酒之具，流動於哪位賓客之前，該人即當飲酒。京都萬物所聚，唯出其不意方有收效，更何況烹煮槃案，亦復擅名，如羊飯薛家、鵝鴨梅家、從食曹家、卞家、瓠羹徐家、油餅鄭家、乳酪王家、酪麵賀家、熬物段家、奶房王家、胡餅臟三家……故飲食必趨有名之家，而借「黄胖」之著名，寓玩於飲，標新立異，以廣招徠，顧客豈不多哉？

## 飲食果子

凡店内賣下酒厨子，謂之「茶飯量酒博士」〔一〕。至店中小兒子，皆通謂之「大伯」〔二〕。更有街坊婦人，腰繫青花布手巾，綰危髻〔三〕，爲酒客换湯、斟酒，俗謂之「焌糟」〔四〕。更有百姓入酒肆，見子弟少年輩飲酒，近前小心供過使令，買物命妓，取送錢物之類，謂之

「閑漢」〔五〕。又有向前換湯、斟酒、歌唱，或獻菓子〔六〕、香藥之類，客散得錢，謂之「厮波」〔七〕。又有下等妓女，不呼自來筵前歌唱〔八〕，臨時以些小錢物贈之而去，謂之「劄客」〔九〕，亦謂之「打酒坐」〔一〇〕。又有賣藥或果實、蘿蔔之類，不問酒客買與不買，散與坐客，然後得錢，謂之「撒暫」〔一一〕。如此處處有之。唯州橋炭張家、乳酪〔一二〕張家，不放前項人入店，亦不賣下酒，唯以好淹藏菜蔬〔一三〕，賣一色好酒〔一四〕。所謂茶飯者，乃百味羹〔一五〕、頭羹〔一六〕、新法鵪子羹〔一七〕、三脆羹〔一八〕、二色腰子〔一九〕、蝦蕈、雞蕈〔二〇〕、渾砲等羹、旋索粉玉棊㈠子〔二一〕、群仙羹〔二二〕、假河魨〔二三〕、白渫㈡虀〔二四〕、貨鱖魚〔二五〕、假元㈢魚〔二六〕、決明〔二七〕兜子〔二八〕、決明湯虀、肉醋托胎襯腸〔二九〕、沙魚兩熟〔三〇〕、紫蘇魚〔三一〕、假蛤蜊〔三二〕、白肉、夾麵子〔三三〕、茸割肉、胡餅、湯骨頭〔三四〕、乳炊羊〔三五〕、肫㈣羊〔三六〕、鬧廳羊〔三七〕、角炙㈤腰子、鵝鴨排蒸〔三八〕、荔枝腰子〔三九〕、還元腰子〔四〇〕、燒臆子〔四一〕、入爐細項〔四二〕蓮花鴨簽〔四三〕、酒炙肚胘〔四四〕、虛汁垂絲羊頭〔四五〕、入爐羊、羊頭簽、鵝鴨簽、雞簽〔四六〕、盤兔、炒兔〔四七〕、葱潑兔〔四八〕、假野狐〔四九〕、金絲肚羹〔五〇〕、石肚羹〔五一〕、假炙獐〔五二〕、煎鵪子〔五三〕、生炒肺〔五四〕、炒蛤蜊〔五五〕、炒蟹〔五六〕、渫㈥蟹〔五七〕、洗手蟹〔五八〕之類，逐時旋行索喚，不許一味有闕。或別呼索變造下酒，亦即時供應。又有外來托賣炙雞〔五九〕、燠鴨、羊脚子〔六〇〕、點羊頭、脆筋巴子〔六一〕、薑蝦、酒蟹〔六二〕、獐巴、鹿脯〔六三〕、從食蒸作〔六四〕、海鮮〔六五〕、時菓〔六六〕、旋切萵苣、生菜〔六七〕、西京笋。又有小兒子，着白虔布衫〔六八〕，青花手巾，挾白磁缸子，賣辣菜〔六九〕。又有托小盤〔七〇〕賣乾菓子，乃旋炒銀杏、栗子〔七一〕、河北鵝梨〔七二〕、梨條、梨乾〔七三〕、梨肉、膠棗〔七四〕、棗圈〔七五〕、梨圈、桃圈、核桃肉〔七六〕、牙棗〔七七〕、海紅〔七八〕、嘉慶子、林檎旋〔七九〕、烏李、李子旋〔八〇〕、櫻桃煎〔八一〕、西京雨梨〔八二〕、夫梨〔八三〕、甘棠梨〔八四〕、鳳栖梨〔八五〕、鎮府濁梨〔八六〕、河陰石榴〔八七〕、河陽查子〔八八〕、查條〔八九〕、沙苑温桲、回馬孛萄、西川乳糖獅子〔九〇〕、糖霜蜂兒〔九一〕、橄欖、温柑、綿棖〔九二〕、金橘、龍眼〔九三〕、荔枝、召白藕〔九四〕、甘蔗〔九五〕、漉梨〔九六〕、林檎乾〔九七〕、枝頭乾〔九八〕、芭蕉乾〔九九〕、人面子、巴覽子、榛子〔一〇〇〕、榧子〔一〇一〕、蝦具之類。諸般蜜煎〔一〇二〕、香藥菓子、罐子黨梅〔一〇三〕、柿膏兒〔一〇四〕、香藥小元兒〔一〇五〕、小臈茶〔一〇六〕、鵬沙元〔一〇七〕之類。更外賣軟羊諸色包子、猪羊荷包〔一〇八〕、燒肉乾脯〔一〇九〕、玉板鮓〔一一〇〕、犯鮓、片醬〔一一一〕之類。其餘小酒店，亦賣下酒，如煎魚、鴨子〔一一二〕、炒雞兔〔一一三〕、煎燠肉〔一一四〕、梅汁〔一一五〕、血羹〔一一六〕、粉羹〔一一七〕之類。每分不過十五錢。諸酒店必有廳院，廊廡掩映〔一一八〕，排列小閤子，弔窗花竹，各垂簾幙，命妓歌笑，各得穩便〔一一九〕。

［校］

㈠「碁」，「棋」之異體字也。蓋因麵做棋子之形。

㈡「渫」，中華鄧注本謂應作「煠」，誤。渫爲沸煮，而非煎炸。

㈢「元」，「黿」之簡體。

㈣中華鄧注本謂「脠」同「燉」，查丁度集韻卷之五混第二十一，「脠」當烹肉解。

㈤中華鄧注本謂「臽」同「炙」，或通。「臽」實爲「臽」之譌字。

㈥「渫」，中華鄧注本徑改爲「煠」，上古校點本亦改，均誤。

## 【注】

### 〔一〕茶飯量酒博士

宋話本楊温攔路虎傳：只見茶博士叫道：「官人，吃茶吃湯？」那楊三官人道：「吃茶也不争，只是我没茶錢。」茶博士道：「官人吃茶也不妨。」茶博士點茶來，這茶是：溪岩勝地，乘曉露剪拂雲芽；玉井甘泉，汲清水燒湯烹下。趙州一碗知滋味，清入肌膚遠睡魔。那楊三官人吃茶罷，茶博士問道：「官人是那裏人？」楊三官人道：「我是東京人。」茶博士道：「官人莫不病起來？」楊温道：「然也。」茶博士道：「官人，你没錢，如何將息？我交官人撰百十錢把來將息，你却肯也不肯？」楊三官人道：「好也，謝你周全。」

宋話本陰騭積善：張客入茶坊坐，吃茶了罷，問茶博士道：「那個是林上舍？」茶博士見問，便道：「姓林的甚多，不知那個林上舍？」張客説：「貫道齋，名積，字善甫。」茶博士見説：「這個便是貫道齋的官人。」張客見説道好人，心下又放下二三分。張客説：「上舍多年個遠親，不相見，怕忘了。若來時，相指引則個。」正説不了，茶博士道：「兀的出齋來的官人便是。他在我家寄衫帽。」張客見了，不敢造次。

蘇頌蘇魏公文集附録一丞相魏公譚訓卷第十雜事：祖父嘗言：忠信度量，豈惟士大夫，貨殖猶然。孫賜，號本行，酒家博士，誠實不欺，主人愛之，假以百千，使爲脚店。孫固辭。主人曰：「不責還期也。」孫曰：「請以一歲爲約。」先期已還足。貨於人者，不計其可償。其貨漸侈大，乃置圖畫於壁間，列書史於几案，爲雅戲之具，皆不凡。人競趨之。久之，遂開正店建樓，漸傾中都。太宗上元爲微行，至其家，孫已預知。蓋耳目廣，又結中貴人，得其歡心。上與柴都尉數公往，孫出致恭，呼大人。先集京師名姬妙藝，杯盤精好，羅列於外。上大喜，酒十行，將散，乃前致謝曰：「家有閑處，願諸大人一臨。」太宗與諸公相顧駭喜。及至其廳事，杯杓器皿陳設，歌舞尤盛。遂使其女彈琵琶獻酒侍上旁，通夕極歡而罷。坐中使柴都尉取錦綺金銀畀之，固不受。及明，上使勞賜，召其女入，其後寵以位號。一日，上使於奉宸庫取真珠，擇其圓者爲數，珠不足，妃侍旁曰：「妾父好畜異物。」顧令一使往問之。孫默記曰：「數年前，有一行頭寄真珠一篋爲信，云絶大，未嘗開也。」乃引使於藏私帑室塵埃中取得之。元未啓封，發視乃喜，賜銀百星。一日，上置宴。西蜀進酴醿種方開，上與妃后賞玩，孫妃云：「妾家亦有，試遣問之。」乃進十合，上大駭，以爲竊禁中種。使往視之，則其本大於禁中數倍矣。孫貸於人者，前期而還；人貸之者，不復問，數月則焚其券，不可勝紀。有一行頭貸萬緡，三年爲期，不至，故以大珠爲謝。孫之致富，皆以信與量而已。孫居與向相敏中爲鄰，向闕宅後地一方，未得完備。及孫死，妃亦得罪，以憂卒。向欲圖其地，孫氏巨富，豈可得？一牙儈見向曰：「相公欲得宅地乎？請以十年爲度，某將致之。」向初不爲然，後十年，牙儈持賬來賀曰：「廣地如期矣。」公大喜，不問價高下，亟售之。又以百千與牙儈，而問曰：「始汝欲取孫氏地，以廣吾居。孫巨億萬，無可得之理。今汝言果然，固足異矣。且汝必以十年爲期，何也？」對曰：「孫氏諸子，其鄰於相公者第幾子殿直，不惟日縱酒博弈，狎遊無度，又日有遊手數十人，田獵遊燕，日賦無藝。其計其所分，不過若干緡，日費若干，十年必盡而貿所居矣。」向大賞異之。

〔二〕大伯

楊湜古今詞話柳永：仁宗皇帝覽而惡之。及御注差注至耆卿，抹其名曰：「此人不可仕宦，盡從他花下淺斟低唱。」由是淪落貧窘。終老無子，掩骸僧舍。京西妓者，鳩錢葬於棗陽縣花山。既出郊原，有浪子數人戲曰：「這大伯做鬼也愛打鬨。」

宋話本志誠張主管：張媒口中不道，心下思量道：「大伯子許多年紀，如今説親，説甚麽人是得？教我怎地應他？」

宋話本楊温攔路虎傳：那大伯在草廳工坐，道：「交他來見我。」楊玉入去，唱喏了。大伯道：「孝順兒子來也。這幾日道路如何?」

宋話本楊思温燕山逢故人:頃間,忽有一老嫗提着飯籃,口中喃喃埋冤,怨暢那大伯。二人遂與婆婆唱喏,婆子還個萬福,語音類東京人。二人問:「韓國夫人宅在那裏?」婆子正待説,大伯又埋怨多口。婆子不管大伯,向二人道:「媳婦是東京人,大伯是山東拗蠻,老媳婦没興嫁得此畜生,全不曉事,逐日送些茶飯,嫌好道歹,且是得人憎。便做到官人問句話,就説何妨!」那大伯口中又嘵嘵的不住。

施耐庵羅貫中水滸傳第六十九回東平府誤陷九紋龍 宋公明義釋雙槍將:且説史進轉入城中,徑到西瓦子李瑞蘭家。大伯見是史進,吃了一驚,接入裏面,叫女兒出來厮見。

洪邁夷堅志三補夢五人列坐:長沙土俗率以歲五月迎南北兩廟瘟神之像,設長杠舆幾三丈,奉土偶於中。惡少年奇容異服,各執其物,簇列環繞,巡行街市。竟則分布坊陌,日嚴香火之薦,謂之「大伯子」。

〔三〕**危髻**

陸游入蜀記卷六:有婦人負酒賣,亦如負水狀。呼買之,長跪以獻。未嫁者,率爲「同心髻」,高二尺,插銀釵至六雙,後插大象牙梳,如手大。

「文案」蜀之一地,女髻竟至二尺,不難想見宋髻高成風矣。爲最者當首推「朝天髻」,據周汛高春明中國歷代婦女妝飾研究:其髻梳髮於頂,先編兩圓柱髮髻,再將髮髻朝前反搭,伸向前額,爲髮髻高聳，在髻下襯以簪釵，以使髮髻前端高翹，山西晉祠聖母殿宋彩塑之女髻即此樣式。福建南宋黄昇墓出土一種巍峨高髻亦可一證。

〔四〕焌糟

〔文案〕據丁度集韻解焌糟，爲燒酒滓之意也。江湖切口則直呼「燒糟」，酒滓也。即可坐實。其含輕蔑，爲棄爲惡爲下等。

〔五〕閑漢

宋話本宋四公大鬧禁魂張：那老兒是鄭州奉寧軍人，姓宋，排行第四，人叫他做宋四公，是小番子閑漢。大尹看到第十來紙狀，有狀子，上面也不依式論訴甚麽事，去那狀上只寫一隻西江月曲兒，道是：

是水歸於大海，閑漢總入京都。三都捉事馬司徒，衫褙難爲作主。盗了親王玉帶，剪除大尹金魚。要知閑漢姓名無？小月傍邊疋土。

施耐庵羅貫中水滸傳第二回王教頭私走延安府 九紋龍大鬧史家村：高俅無計奈何，只得來淮西臨淮州投奔一個開賭坊的閑漢柳大郎，名唤柳世權。他平生專好惜客養閒人，招納四方幹隔澇漢子。

〔六〕菓子

成尋參天台五臺山記第一（延久四年四月）：先食果子，茘子、梅子、松子、龍眼，味如幹棗似茘子，頗少去上皮喫之。胡桃子實極大，皮薄易喫破。又作果五六種不知名。甘蔗、生蓮根、紫苔爲果子，有櫻子。

〔七〕**廝波**

吴自牧夢粱録卷十九閒人：更有一等不本色業藝，專爲探聽妓家賓客，趕趁唱喏，買物供過，及遊湖酒樓飲宴所在，以獻香送歡爲由，乞覓贍家財，謂之「廝波」。

無名氏詞林韻釋卷上三支時平聲：廝僕也。

婁機、李曾伯班馬字類第一上平聲五支六脂七之：廝史記蘇秦傳：廝徒十萬。音斯，廝養之卒，養馬之賤者。漢書張耳陳餘傳：廝養卒，取薪者也。

平步青釋諺小廝：今人呼小子，古曰小廝。癸巳類稿厶字異義考唐郭湜高力士傳云：李輔國趨騶末品，小厶纖人，即小廝，或作小厶亦非，按厶古私字，俞偶忘耳。

江藍生魏晉南北朝小説詞語匯釋波：「波」義爲逃亡，奔跑，可單用，也可出現在復合詞「波蕩、波遷、奔波」之中：鷂子經天飛，群雀兩向波。（樂府25‘2b）百姓波蕩，從亂如歸。（搜7‘101）蘇峻之亂，都邑人士皆東西波遷。（冥祥，鈎沉579）每法輪一轉，則黑白奔波。（高僧傳，晉釋曇徽5‘17b）

蔣禮鴻敦煌變文字義通釋第四篇釋事爲波逃：張淮深變文：「莫遣波逃星散去」（頁121）廬山遠公話：「是時衆僧例總波逃走出。」（頁171）韓擒虎話本：「遂乃波逃入一枯井。」（頁203）周一良説，

「波逃」是奔波逃亡的意思。案：「波逃」應是「逋逃」的假借。鷰子賦：「阿你浦逃落籍。」（頁249）變文集校「浦」作「逋」，當然是對的，可見變文中「波逃」還有寫作「逋逃」的。至於「奔波」，實際上也是「奔逋」的假借而已。

［文案］「厮波」可據上釋解作僕人奔跑，即俗語常言酒樓「跑堂」者。

## 〔八〕筵前歌唱

宋話本計押番金鰻産禍：張彬和慶奴兩個取路到鎮江。那張彬肚裏思量着老娘，憶着這事，因此得病，就在客店中將息。不止一日，身邊細軟衣物解盡。張彬道：「要一文看也没有，却是如何計結？」簌簌地兩行淚下：「教我做個失鄉之鬼！」慶奴道：「不要煩惱，我有錢。」張彬道：「在那裏？」慶奴道：「我會一身本事，唱得好曲，到這裏怕不得羞。何不買個鑼兒，出去諸處酒店内賣唱，趁百十文，把來使用，是好也不好？」張彬道：「你是好人家兒女，如何做得這等勾當？」慶奴道：「事極無奈，但得你没事，和你歸臨安見我爹娘。」從此慶奴只在鎮江店中趕趁。

宋話本宋四公大鬧禁魂張：宋四公且入酒店裏去，買些酒消愁解悶則個。酒保唱了喏，排下酒來。一杯兩盞，酒至三杯，宋四公正悶裏吃酒，只見外面一個婦女入酒店來：油頭粉面，白齒朱脣。錦帕齊眉，羅裙掩地。鬢邊斜插些花朵，臉上微堆着笑容。雖不比閨裏佳人，也當得壚頭少婦。那個婦女入着酒店，與宋四公道個萬福，拍手唱一隻曲兒。宋四公仔細看時，有些個面熟，道這婦女是酒店擦卓兒的。

〔九〕**剳客**

〔文案〕「剳」可通「答」，所謂「答記」也。「剳客」即報答客人，對客以禮，爲之服務之意。

〔一〇〕**打酒坐**

歐陽修歸田録卷二：今世俗言語之訛，而舉世君子小人皆同其繆者，惟「打」字爾。打，丁雅反。其義本謂「考擊」，故人相毆、以物相擊，皆謂之打，而工造金銀器亦謂之打可矣，蓋有槌一作撾擊之義也。至於造舟車者曰「打船」「打車」，網魚曰「打魚」，汲水曰「打水」，役夫餉飯曰「打飯」，兵士給衣糧曰「打衣糧」，從者執傘曰「打傘」，以糊黏紙曰「打黏」，以丈尺量地曰「打量」，舉手試眼之昬明曰「打試」。至於名儒碩學，語皆如此，觸事皆謂之打，而徧檢字書，了無此字。丁雅反者其義主「考擊」之打自音謫疑當作滴耿，以字學言之，打字從手、從丁，丁又擊物之聲，故音「謫耿」爲是。不知因何轉爲「丁雅」也。

劉昌詩蘆浦筆記卷第三打字：然世間言打字尚多：左藏有打套局，諸庫支酒謂之打發，諸軍請糧謂之打請，印文書謂之打印，結算謂之打算，貿易謂之打博，裝飾謂之打扮，請酒醋謂之打醋、打酒，鹽場裝發謂之打袋，席地而睡謂之打鋪，包裹謂之打角，收拾爲打疊，又曰打迸一作併，畚築之間有打號，行路有打火一作伴、打包、打轎，負錢於身爲打腰，飲席有打馬、打令、打雜劇、打諢，僧道有打化，設齋有打供，荷胡床爲打交椅，舞儺爲打驅儺。又宋歌曲詞：「打壞木樓床，誰能坐相思。」又有打睡，打噎噴，打話，打鬧，打門，打和，打合讀作閤，打過，打勾，打了，至於打糊，打麪，打餅，打線，打百索，打絛，打簾，打薦，打蓆，打籬巴，街市戲謔有打砌、打調之類，因併記之。

項安世項氏家説卷八隱語：其於打字，用之尤多，如打疊，打聽，打話，打請，打量，打睡，無非打者。

施耐庵羅貫中水滸傳第三回史大郎夜走華陰縣 魯提轄拳打鎮關西：那婦人便道：「官人不知，容奴告禀。奴家是東京人氏，因同父母來這渭州投奔親眷，不想搬移南京去了。母親在客店裏染病身故。子父二人流落在此生受。此間有個財主，叫做鎮關西鄭大官人，因見奴家，便使强媒硬保，要奴作妾。誰想寫了三千貫文書，虚錢實契，要了奴家身體。未及三個月，他家大娘子好生利害，將奴趕打出來，不容完聚。着落店主人家，追要原典身錢三千貫。父親懦弱，和他争執不的，他又有錢有勢。當初不曾得他一文，如今那討錢來還他。没計奈何，父親自小教得奴家些小曲兒，來這裏酒樓上趕座子。」

〔二〕**撒暫**

佚名墨娥小録卷之十四行院聲嗽：趕酒座撒蹩。

四水潛夫武林舊事卷第六酒樓：有以法製青皮、杏仁、半夏、縮砂、豆蔻、小臈茶、香藥、韻薑、砌香、橄欖、薄荷，至酒閣分俵得錢，謂之「撒暫」。

吴自牧夢粱録卷十六分茶酒店：有賣食藥香藥果子等物，不問要與不要，散與坐客，名之「撒暫」。

〔三〕**乳酪**

無名氏錦繡萬花谷前集卷十六兄弟酥醍乳酪：穆贄兄弟，皆和粹，世以珍珠目之，贊少信。然有格爲酪，質美而多文爲酥，員爲醍醐，賞爲乳腐。

謝采伯密齋筆記卷五：京師一老醫人云：市中成桶擔賣牛乳，以泡飲食之，則膚革充潤。東南人已駭聞，佛民食乳不足多怪。

耐得翁都城紀勝食店：如酪麵，亦只後市街賣酥賀家一分，每個五百貫〔文案〕疑誤，以新樣油餅兩枚夾而食之，此北食也。

朱彝尊食憲鴻秘上卷飯之屬乳酪方從乳出酪，從酪出酥，從生酥出熟酥，從熟酥出醍醐：牛乳一碗或羊乳，攙水半鍾，入白麵三撮，濾過，下鍋，微火熬之。待滚，下白糖霜。然後用緊火，將木杓打一會，熟了再濾入碗糖内和薄荷末一撮更佳。

〔一三〕**淹藏菜蔬**

浦江吴氏中饋録製蔬醃鹽韭法：霜前，揀肥韭無黄梢者，擇净，洗，控乾。於瓷盆内鋪韭一層，糁鹽一層，候鹽、韭匀鋪，盡爲度，醃一二宿，翻數次，裝入瓷器内。用原鹵加香油少許，尤妙。藏芥：芥菜肥者不犯水，曬至六七分乾，去葉。每斤鹽四兩，淹一宿，出水。每莖紮成小把，置小瓶中，倒瀝盡其水。并煎醃出水，同煎。取清汁，待冷，入瓶，封固，夏月食。

談鑰嘉泰吴興志卷十八食用故事水菜：舊編云：合溪蘆菔極脆美，水亦甘潔。土人就以水滌，漬入鹽，爲水菜，甚有名，壇置以饋送。

〔文案〕宋之淹藏菜蔬，製法大同小異，不外鹽、糖淹泡，添入佐料，若配鹽瓜菽，糖蒸茄。舉上醃、藏兩例，可窺大概。

## 〔一四〕好酒

陳郁話腴：至我國朝，京師造酒，惟內酒坊、酒法庫上，皇朝始置上醞局，其外諸后殿親王府與主弟勳戚之家，例許醞造，間賜以美名。惠恭后殿曰儀德，寧德后殿曰坤儀，德隆殿曰日月波瀾，聖后殿曰坤珍，宣仁高后宅曰香泉，欽聖向后宅曰天醇，欽成朱后宅曰璚緑，紹懷劉后宅曰玉腴，明達劉后宅曰瑤池，燕邸曰迎醳，趙邸曰瓊醑，曰玉液，蔡邸曰春泉，鄆邸曰瓊醙，景邸曰雲醙，濟邸曰浮春，曰嘉成。肅邸曰蘭旨，昌王宮曰瑞露，潞王宮曰親賢，李遵勖曰金波玉獅，約曰源瑶，李瑋曰衮醒，王詵曰碧香，張敦禮曰靈液，曰醽醁，曹詩曰成春，曹晟曰保平，潘正夫曰慶源，曹湜曰介壽。蔡京曰君臣慶會。鄭醑紳曰清醑，蔡倅曰棣華，童貫曰褒功。又官府所造，開封曰瑤泉，洛口曰金泉。下至市肆，如太平豐樂，亦賜名曰眉壽，取用不同，而俱得古人名酒之意。

錢世昭錢氏私志：酒名，親王、宰相、使相，歲賜公使錢七千貫，許造酒，主第亦然。李和文家酒名：金波。吾家酒名：清淳。王晉卿家：碧香。蔡魯公家：君臣慶會。秦師垣家：表勳。皆賜名，其餘不能盡記。

張耒張太史明道雜志：余自罷守宣城至今且二年，所過州府數十，而有佳酒者不過三四處。高郵酒最佳，幾似内法，問之其匠，故内庫匠也。其次陳州瓊液酒，陳輔郡之雄，自宜有佳匠。其次乃黄州酒，可亞瓊液而差薄，此謫官中一幸也。平生飲徒，大抵止能飲五升，已上未有至斗者。惟劉仲平學士、楊器之朝奉，能大杯滿釂，然不過六、七升醉矣。晁無咎與余酒量正敵，每相遇，兩人對飲，輒盡一斗，才微醺耳。」

戚輔之佩楚軒客談：續曲洧舊聞酒名：玉井秋香　薌林秋露向伯芳子恭新　黄嬌段子新　萼緑春范才元　甕中雲易毅夫　清無底　金盤露阮腴老　桃花雨茅恕老　銀光胡長文　雲露范至能　桂子香楊萬里誠齋自釀名冷香。

費袞梁谿漫志卷七二州酒名：敘州，本戎州也。老杜戎州詩云：「重碧傾春酒，輕紅擘荔枝。」今敘州公醞，遂名以「重碧」。東坡在齊安，有「春江緑漲蒲萄醅」之句，靖康初元，韓子蒼舍人駒作守，有旨添賜郡釀，因名其庫曰「蒲萄醅」，仍有詩：「孤臣政術不堪論，尚得君王賜酒尊。父老異時傳盛事，蒲萄醅熟記初元。」

范成大桂海虞衡志志酒：余性不能酒，士友之飲少者莫予若也，然能知酒者亦莫予若也。頃數仕於朝，遊王公貴人家，未始得見名酒。使虜至燕山，得其宮中酒號金蘭者，乃大佳。燕西有金蘭山，汲其泉以釀。及來桂林，而飲瑞露，乃盡酒之妙，聲震湖廣，則雖金蘭之勝，未必能頡頏也。

瑞露。帥司公廚酒也，經撫廳前有井清洌，汲以釀，遂有名。今南庫中自出一泉。近年只用庫井酒，仍佳。

張表臣珊瑚鉤詩話卷三：酒有「若下春」，謂烏程也；「九醞」，謂宜城也；「千日」，中山也；「蒲桃」，西凉也；「竹葉」，豫北也；「土窟春」，滎陽也；「石凍春」，富平也；「燒春」，劍南也；「桑落」，陜右也。烏孫國有青田核，莫知其木與實，而核如五六斤瓠，空之盛水，俄而成酒。劉章曾得二焉，集賓設之，一核才盡，一核又熟，可供二十客，名曰「青田壺」。歷城北有使君林，魏正始中，鄭公慤三伏避暑於此。取大蓮葉置硯格上，盛酒三升，以簪刺葉，會酒與柄通，屈莖吸之，香氣清冽，名曰「碧筩酒」。余詩曰：「釀憶青田核，觴宜碧藕筩。直須千日醉，莫放一盃空。」近時以黄柑醖酒，號「洞庭春色」，以糯米藥麯作白醪，號「玉友」，皆奇絶者。

無名氏釋常談醇醪：好酒謂之醇醪。吴書程據常以氣凌周瑜，瑜未嘗有愠色，承奉愈謹。程據自慚，遂投分於瑜曰：與公瑾爲友，如飲醇醪，不覺自醉。

## 〔一五〕百味羹

陳録善誘文人與物同：食鳩鴿鶉雀者，殺十餘命，方得一羹；食蚌蛤蝦蜆者，殺百餘命，方得一羹；又有好美味求適意者，則不止。

陶穀清異録卷下饌羞門十遠羹：石耳、石髮、石線、海紫菜、鹿角脂菜、天花蕈、沙魚、海鰾白、石決明、蝦魁臘。右用雞、羊、鶉汁及決明、蝦蕈浸漬，自然水澄清，與三汁相和，鹽酎莊嚴，多汁爲良。十品不足聽闕，忌入别物，恐倫類雜則風韻去矣。

〔文案〕宋羹湯品類極富，且多味混合。然百味羹未必百味，若忽思慧飲膳正要雜羹、葷素羹，意在色殊味重，葷素相配則可。周密武林舊事卷九「大碗百味羹」即證。

〔一六〕**頭羹**

彭乘續墨客揮犀卷七頭食：余一日會賓於館，庖人薦粉，有客即席而問曰：「此味宴會將終方食，謂之頭食，何也？」或對曰：「本朝太祖皇帝時每内宴，常先令進此味，故目之，蓋後人失其次耳。」

〔一七〕**鶉子羹**

〔文案〕四水潛夫武林舊事卷九記高宗幸張俊第宴，兩次排出「鶉子羹」，足見食用之高。司膳内人玉食批則作「鶉子炙（一作羹）」，鶉子羹製法歸之於炙亦可，又如忽思慧飲膳正要：炒鶴鶉「用煮鶴鶉湯炒」相同。

〔一八〕**三脆羹**

林洪山家清供卷之下山家三脆：嫩筍、小蕈、枸杞頭，入鹽湯焯熟，同香熟油、胡椒、鹽各少許，醬油、滴醋拌食。趙竹溪（密夫）酷嗜此。

〔文案〕「三脆」長於山野，清新爽口，嗜食者甚盛。乃至以此自譽。金劉祁歸潛志卷第六叙金之將帥多出世家，皆膏粱乳臭子，其完顔定奴亦自號「三脆羹」即一證也。

〔一九〕二色腰子

〔文案〕開封又一新飯莊特一級廚師蘇永秀據東京夢華録所載「二色腰子」精心研製：係用去浄外皮猪腰一個（約三兩）一沖兩半，片浄腰臊，放入清水内追出血水。再用反推刀法（約深三分之二）和立刀（刀深約六分之五）交錯解成「麥穗」刀花。每半個腰子裁成六個長方塊。用料酒、鹽水、味精、元油麻至入味再用浄布搌去水分，放入粉芡、蛋黄攪成的糊内疊上芡，當（植物）油鍋熱至八九成時下入腰塊炸透撈出，擺於盤之外層，擺成一周，撒上花椒鹽。再將鮮雞腰（三兩）用開水浸透，揭去外皮，一破二開，與冬笋片、冬菇等一起放入，用大油、奶油燒製，湯内再添入鹽水、料酒、毛薑汁、味精燒製，少勾流水芡，至汁收濃盛入腰子中間，即成爲紅白相映、色調鮮明、雞腰軟嫩、猪腰脆鮮之菜肴。

〔二〇〕蕈

俞成螢雪叢説卷下戒食菰蕈：夏秋月雜菰蕈，皆是惡蟲蛇氣結成，前後壞人甚多，斷不可吃爾。農民何不勤力種菜，四時無缺，何用將性命試此毒物，特此勸諭，莫招後悔。

徐鉉稽神録卷之六豫章人：豫章人，好食蕈，有黄姑蕈者，尤爲美味，有民家治舍，烹此蕈以食工人。

趙希鵠調燮類編卷三蔬供：蕈惟桑榆楊柳者可用。凡煮，先以薑屑飰顆投之，若黑色者有毒殺人，夏月尤不宜食。中蕈毒，連服地漿水解之，多食橄欖亦解，薺菜與麵同食發病。

林洪山家清供卷下酒煮玉蕈：鮮蕈净洗，約水煮，少熟，乃以好酒煮。或佐以臨漳緑竹筍，尤佳。施芸隱樞玉蕈詩云：「幸從腐木出，敢被齒牙和。真有山林味，難教世俗知。香痕浮玉葉，生意滿瓊枝。饕腹何多幸，相酬獨有詩。」今後苑多用酥炙，其風味猶不淺也。

陳仁玉菌譜合蕈：邑極西韋羌山，高迥秀異，寒極雪收，林木堅瘦，春氣微欲動，土鬆芽活，此菌候也。菌質外褐色，肌理玉潔，芳香韻味發釜鬲，聞百步外。蓋菌多種，例柔美皆無香，獨合蕈香與味稱，雖靈芝、天花無是也，非全德耶！宜特尊之，以冠諸菌。合蕈始名台菌，舊傳昔嘗上進，標以台蕈，上遥見誤讀，因承誤云。數十年來，既充苞貢，土人得善價，率曝乾以售，罕獲生致。邑孟溪山中亦同時産，惟蕈柄高無香氣，土人以是别於韋羌焉。

蘇軾約吴遠遊與姜君弼吃蕈饅頭：天下風流筍餅餤，人間濟楚蕈饅頭。事須莫與繆漢吃，送與麻田吴遠遊。

陳耆卿嘉定赤城志卷第三十六蔬之屬：蕈多種，出仙居稠皋者勝。其地有左溪、右溪、中溪，中溪者最香。又天台萬年山出合蕈，土人珍之，多暴以致遠，仙居亦有之。

〔二二〕**索粉玉碁子**

韓奕易牙遺意卷下湯餅類索粉：每乾粉一斤，用濕粉二兩，打成厚漿，放鏇中。每添滚湯一次解薄，便連鏇子放湯鍋内煮之。取出，不住手打攪，務要稠膩。如此數次，候十分熟。大概春夏漿宜稍厚，秋冬宜薄，以筯鍬起成牽絲，垂下不斷方好。候温，和乾粉成劑。如索不下，添些熱湯；如大注下，添些調匀。團在手中，搓索下滾湯中，浮起便撈在冷水中，瀝乾，隨意葷素澆供。只用芥辣尤妙。

無名氏居家必用事類全集庚集濕麵食品米心棋子：頭麵。以凉水入鹽和成劑。棒拗過，捍至薄，切作細棊子。以密篩隔過。再用刀切千百次，再隔過。粗者再切。細者有粗末却顛去。如下湯煮熟，連湯起，入凉水盆内攪轉，撈起，控乾。麻汁加碎肉、糟薑末、醬瓜末、黄瓜末、香菜等。

耐得翁都城紀勝食店：菜麵店專賣菜麵、虀淘、血臟麵、素棊子、經帶，或有撥刀、冷淘。此處不甚尊貴，非待客之所。

西湖老人繁勝録起店：鋪羊、三鮮、炒雞、桐皮、庵生、蝦燥三刀、棊子、火燠、經帶、鋪雞、造羹、鹽煎、飳饆、餛飩、帶汁煎、羊泡飯、生熟燒。

吴自牧夢粱録卷十六麵食店：更有麵食名件：猪羊庵生麵、絲雞麵、三鮮麵、魚桐皮麵、鹽煎麵、筍潑肉麵、炒雞麵、大爊麵、子料澆蝦燥麵、爊汁米子、諸色造羹、糊羹、三鮮棊子、蝦燥棊子、蝦魚棊子、絲雞棊子、七寶棊子。

忽思慧飲膳正要卷第一聚珍異饌水龍餺子：補中益氣。羊肉二脚子，熟，切作乞馬　白麵六斤，切作錢眼餺子　雞子十個　山藥一斤　糟薑四兩　胡蘿蔔五個　瓜虀二兩，各切細　三色彈兒内一色肉彈兒，外二色粉，雞子彈兒。右件，用清汁，下胡椒二兩，鹽、醋調和。

〔文案〕明沈榜宛署雜記卷二〇書字棊炒云：嘉靖三十年北虜内犯，户部行二縣領太倉銀叁千，散給各燒餅鋪户，每兩上棊炒一石。所謂「棊炒」之法：用白麵少和香油芝麻爲薄餅，斷爲棊子塊樣炒熟。棊與碁同，棊子乃爲模子塊樣，非湯麵一種，亦可爲餅，本書卷四食店所提「棊子」如是。

〔三二〕**群仙羹**

〔文案〕無名氏居家必用事類全集有「聚八仙」，爲八種左右原料之冷盤菜，然與「群仙羹」相去不遠，無非羊肚針絲等换爲若干湯料。

〔三三〕**假河魨**

百歲寓翁楓窗小牘卷下：東坡謂食河魨值得一死，余過平江，姻家張諫院言：「南來無它快事，只學得手煮河魨耳。」須臾烹煮，對余方且共食，忽有客見顧，俱起延款，爲猫翻盆，犬復佐食，頃之，猫犬皆死。幸矣哉，奪兩人於猫犬之口也。乃汴中食店以假河魨餉人，以今念之，亦足半死。

費衮梁谿漫志卷九本草誤：如河豚之目並其子凡血皆有毒，食者每剔去之；其肉則洗滌數十過，俟色如雪，方敢烹。故梅聖俞詩云：「烹炰苟失所，入喉爲鏌鋣。」而大觀本草乃云：河豚性温無毒，所謂注本草誤而能殺人者，殆此類邪？

范致明岳陽風土記：江上漁人取江豚，冬深水落，視其絶没處，布網圍而取之，無不獲。或用鈎釣，若鈎中喉吻，雖巨綸亦掣斷，或挂牙齒間，則隨上下，惟人所制，略不頓掣，然至腥臭不可近，惟取脂油以供點照，士人間有能食者。

孫奕示兒編卷十七雜記西施乳舌：「東坡居常州，頗嗜河豚，而里中士大夫家有妙於烹是魚者，招東坡享之，婦子傾室闖於屏間，冀一語品題，東坡下箸大嚼，寂如喑者，闖者失望相顧，東坡忽下箸云：「也直一死。」」於是合舍大悦。

歐陽修六一詩話四：梅聖俞嘗於范希文席上賦河豚魚詩云：「春洲生荻芽，春岸飛楊花。河豚當是時，貴不數魚蝦。」此下一有「其狀已可怪，其毒亦莫加。忿腹若封豕，怒目猶吳蛙。庖煎苟失所，入喉爲鏌鋣。若此喪軀體，何須資齒牙？持問南方人，黨護復矜誇。皆言美無度，誰謂死如麻？我語不能屈，自思空咄嗟。退之來潮陽，始憚餐龍蛇。子源居柳州，而甘食蝦蟇。二物雖可憎，性命無舛差。斯味曾不比，中藏禍無涯。甚美惡亦稱，此言誠可嘉。」河豚常出於春暮，羣游水上，食柳絮而肥。南人多與荻芽爲羹，云最美。故知詩者，謂只破題兩句，已道盡河豚好處。

劉攽中山詩話六：王元之謫黃州詩曰：「又爲太守黃州去，依舊郎官白髮生。」在朝與執政不相能，作江豚詩以譏之曰：「江雲漠漠江雨來，天意爲霖不干汝。」俗云，豚出則有風雨。又曰：「餐啗蝦魚頗肥腯。」譏其肥大。

朱弁風月堂詩話卷下六四：晁季一檢討嘗爲予言，歸田録所記聖俞賦河豚云：「春洲生荻芽，春岸飛楊花。河豚於此時，貴不數魚蝦。」則是食河豚時正在二月。而吾妻家毗陵，人争新，相問遺，會賓客，惟恐後，時價雖高，無吝色，多在臘月，過上元則不復貴重，所食時節與歐公稱賞聖俞絶不相同，豈聖俞賦詩之地與毗陵異耶？風氣所産，隨地有早晚，亦未可一概論也，故爲記之。

嚴有翼詩話六河豚：河豚，新附本草云：「味甘温，無毒。」日華子云：「有毒。」予按倦遊雜録：「河豚魚有大毒，肝與卵，人食之必死。暮春柳花飛，此魚大肥。江、淮人以爲時珍，更相贈遺。臠其肉雜蔞蒿荻芽，瀹而爲羹，或不甚熟，亦能害人，歲有被毒而死者。」然南人嗜之不已，故聖俞詩「春洲生荻芽，春岸飛楊花。河豚當此時，貴不數魚蝦。」而其後又云：「炮煎苟失所，轉喉爲莫邪。」則其毒可知。本草以爲無毒，蓋誤矣。及觀張文潛明道雜志，則又云：河豚，水族之奇味，世傳以爲有毒，能殺人。余守丹陽及宣城，見土人户食之，其烹者亦無法，但用蔞蒿、荻芽、菘菜三物，而未嘗見死者。若以爲土人習之，故不傷。蘇子瞻，蜀人，守揚州，晁無咎，濟南人，作倅，每日食之，了無所覺。南人云：「魚無頰無鱗，與目能開闔及作聲者，有大毒。」河豚備此四者，故人畏之。而此魚自有二種，色淡黑有文點謂之斑子，云能毒人，土人亦不甚捕也。子瞻在資善堂，嘗與人談河豚之美者，云：「也直那一死。」其美可知。或云：「子不可食，其大纔一粟，浸之經宿，如彈丸。人有中其毒者，以水調炒槐花末，及龍腦，皆可解。」(予嘗見漁者，説所以取之之由，曰：「河豚盛氣易怒，每伏水底，必設網於上，故以物就而觸之，彼將奮怒而上，遂爲所獲。」)吴人珍之，目其腹腴爲西施乳。予嘗戲作絶句云：「蔞蒿短短荻芽肥，正是河豚欲上時。甘美遠勝西子乳，吴王當日未曾知。」雖然，甚美必甚惡。河豚，味之美也，吴人嗜之以喪其軀；西施，色之美也，吴王嗜之以亡其國，茲可以爲來者之戒。

蔡居厚詩話八二：梅聖俞河豚詩云：「春岸飛楊花。」永叔謂河豚食楊花則肥。韓渥詩：「柳絮覆溪魚正肥。」大抵魚食楊花則肥，不必河豚。

周紫芝竹坡詩話：楊次翁守丹陽，米元章過郡，留數日而去。元章好易他人書畫，次翁作羹以飲之，曰：「今日爲君作河豚。」其實他魚。元章疑而不食，次翁笑曰：「公可無疑，此贋本耳。」

〔文案〕河豚味美，史不絶書，然劇毒，非人皆能製。「假河魨」，則應運而出，「假」者，象形也。自唐即興，若孫光憲北夢瑣言卷三所記崔侍中安潛，喜食蔬食，每宴部屬「以麵及蒟蒻之類染作顔色，用象豚肩、羊臑、膾炙之屬，皆逼真也。」又若林洪山家清供卷下假煎肉：葫蘆、麵筋均切薄片，加料同煎（麵筋用大油鍋，葫蘆用猪脂油煎），加葱、椒油、酒，做一處炒。其形象肉，味道亦不能辨，與肉味同。此「假煎肉」可反映「假河魨」之面貌。

〔二四〕**白渫虀**

陳達叟本心齋蔬食譜銀虀：黄虀白水，椒薑和之。泠泠水白，剪剪銀黄。虀鹽風味，牙齒宫商。

〔文案〕白渫虀即白水煮菜，熟後切碎拌和成肴。可參後「渫蟹」注。

〔二五〕**貨鱖魚**

羅願新安志卷第二水族：其大而多鬚者曰鱯鱖，巨口而細鱗，其牡文采尤鮮明，繫之溪中可以致群牝，或以鮮明者鱸鱖，亦曰蘆花鱖，大率盛夏藏石罅中，徒手捫得之。

〔文案〕孫注本疑「貨鱖魚」指以鱖魚爲主所製菜肴。若今河南民間，粉條、白菜絲調拌而成曰「調貨菜」，炒製而成曰「炒貨菜」。

〔二六〕**假元魚**

陸法言、陳彭年覆宋本重修廣韻上平聲卷第一二十六：黿黿，似鼈又音元。

岑象求吉壽凶影響録：韋丹未第時，洛陽橋見漁者得一黿甚大，丹異之，買投於河。後有元長史名浚之來謝謁，即其黿也。

丁度附釋文互注禮部韻略卷一上平聲二十二元：黿釋云似鼈而大。

呂忱字林分毫字辯：黿音元。

俞希魯至順鎮江志卷四土産黿：出揚子江中，本草圖經鼈之大名爲黿，或有闊一二丈者，南人捕而食之，其肉有五色，生卵大如雞鴨子，一産二百枚，人亦掘取，以鹽淹可食。

〔文案〕「假元魚」與「假河魨」同。此「元」爲「黿」之簡寫，本書卷九宰執親王宗室百官入内上壽條「假黿魚」可證。居家必用事類全集庚集「假鼈羹」亦從另面可證「假元魚」。

〔二七〕**決明**

盧多遜、李昉開寶本草蟲魚部卷第十六石決明：味鹹，平，無毒，主目障翳痛，青盲。久服益精，輕身。生南海。

倪瓚雲林堂飲食制度集煮決明法：先洗淨，入酒瓶内，以清茶水貯瓶滿，礱糠火煨一番取出。換水浸之，切用。

高士奇北墅抱甕録決明：決明，本小末尖，似槐葉，秋開深黄，花結角如小指長二寸，尤喜其苗葉，可作酒麯餔糟，啜醨與衆同醉，計之最得者也，京師名爲「望江南」。

〔二八〕**兜子**

高承事物紀原卷八舟車帷幄部第四十兜子：又曰兜籠。巴蜀婦人所用。乾元以來，蕃將多著勳於朝，兜籠易於檐負。京師先用車轝，後亦以兜籠代之，即今之兜子。蓋其制起於巴蜀，而用於中朝，自唐乾元以來也。

林洪山家清供卷上山海兜：春採筍、蕨之嫩者，以湯瀹過，取魚蝦之鮮者，同切作塊子，用湯泡，裹蒸熟，

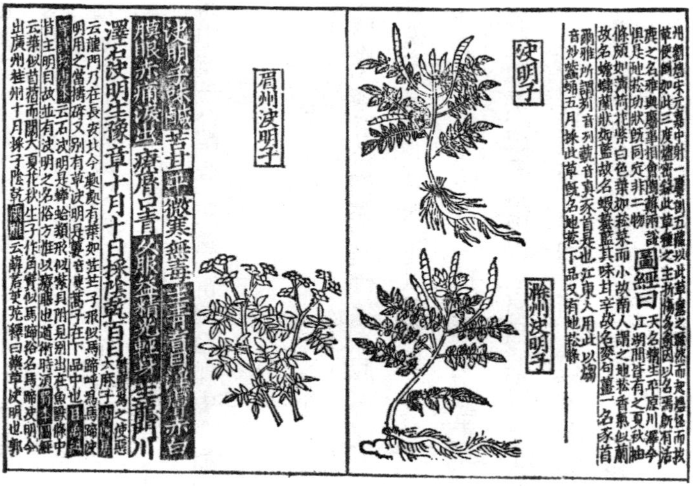


重修政和經史證類備用本草決明子圖

入醬油、麻油、鹽、研胡椒，同緑豆粉皮拌勻，加滴醋。今後苑多進此，名「蝦魚筍蕨兜」。今以所出不同，而得同於俎豆間，亦一良遇也，名「山海兜」。或即羹以筍蕨，亦佳。許梅屋（棐）詩云：「趁得山家筍蕨春，借廚烹者自吹薪。倩誰分我杯羹去，寄與中朝食肉人。」

〔文案〕據居家必用事類全集、飲膳正要載：兜子爲澱粉所製薄皮兒，一張粉皮劃爲四片，每片成一兜子皮兒；兜子餡心，用料多達二十餘種。若夢粱録記：石首鯉魚兜子，鵝、雜餡、蟹黄、荷蓮等等，無一不可入兜子。其製法：緑豆粉皮鋪於盞中，置入餡心，蒸熟，再倒扣碟中。加調料食用。

〔二九〕**肉醋托胎襯腸**

周煇清波雜志卷第九猫食：客言：蘇伯昌初筮長安獄掾，令買魚飼猫，乃供猪襯腸。詰之，云：「此間例以此爲猫食。」乃一笑，留以充庖，同寮從而逐日買猫食，蓋西北品味，止以羊爲貴。

〔文案〕托胎即「脱胎」，爲換置菜肴之原料。若朱彝尊食憲鴻秘肉幢蛋：「揀小雞子，煮半熟，打一眼，將黄倒出。以碎肉加料補之。」襯爲配也，如清盛行之燕窩襯菜，肥嫩猪肉以豆腐襯底者。又朱彝尊食憲鴻秘套腸可證：「猪小腸肥美者，治淨，兩條套爲一條。入肉汁煮熟。斜切寸斷，伴以鮮筍、香蕈汁湯煮供。」此菜煮熟，用臘酒糟糟效果亦妙。「套腸」可作襯腸觀。肉、臘則兩便其用，隨菜。京都譯注本則托胎、襯腸分注，錯。

## 〔三〇〕沙魚兩熟

蘇頌本草圖經蟲魚上卷第十四鮫魚皮：鮫魚皮，舊不著所出州土。蘇恭云出南海。形似鼈無脚，而有尾。山海經云：鮫，沙魚，其皮可以飾劍是也。今南人但謂之沙魚。然有二種：其最大而長喙如鋸者，謂之胡沙，性善而肉美；小而皮粗者，曰白沙，肉强而有小毒。二種，彼人皆鹽爲修脯。其皮刮治，去沙，剪爲鱠，皆食品之美者，食之益人。

無名氏居家必用事類全集庚集素食兩熟魚：每十分。熟山藥二斤、乳團一個，各研爛，陳皮三斤、生薑二兩，各剁碎，薑末半錢、鹽少許，豆粉半斤調糊，一處拌，再加乾豆粉調稠作餡。每粉皮一個，粉絲抹濕，入餡折掩，捏魚樣。油炸熟。再入蘑菇汁内煮。碟供。糝薑絲、菜頭。

重修政和經史證類備用本草沙魚圖

〔文案〕沙魚兩熟，即胡沙、白沙二種，其類同兩熟魚素製之法。

## 〔三一〕紫蘇魚

陳耆卿嘉定赤城志卷第三十六蔬之屬：蘇有紫蘇、花蘇、板蘇三種。

梁克家淳熙三山志卷第四十一土俗類菜茈：紫蘇葉下紫而甚香，夏採莖葉秋採實，一名荏冬不死，夏採莖葉曝乾。

高士奇北墅抱甕録紫蘇：紫蘇香氣清越，摘片葉嗅之，倦悶即豁。自昔以萱蘇並稱有以也。背面俱紫者爲上，面紫背青者次之。八月作花，九月採子。

〔文案〕紫蘇爲調料，佐治於魚，風味別具，故呼之「紫蘇魚」。

〔三二〕**假蛤蜊**

陳元靚新編群書類要事林廣記卷之四癸集假蛤蜊法：用鱖魚，批取精肉，切作蛤蜊片子，用葱絲、鹽、酒、胡椒淹一處，淹了，別作蝦汁湯熟。

〔三三〕**白肉夾面子**

〔文案〕元韓奕易牙遺意曾記「韭餅」、「捲煎餅」，亦「白肉夾面子」同類也。製作均以猪、羊肉爲餡，「捲煎餅」則須多配葱白、筍乾，「韭餅」則用兩面薄餅相合，夾帶膘猪肉餡而煎而蒸而焙之。「捲煎餅」之做法與肉餅同，「兩頭以麵糊粘住」，油煎而食。此與前州橋夜市所釋「煎夾子」大同小異也。又如臨安著名「市食」中「肝臟夾子」者，所謂「白肉夾面子」不過爲諸「夾子」之一種俗稱也。

〔三四〕**湯骨頭**

〔文案〕吴自牧夢粱録卷十六所記「包子酒店」專賣「灌燫大骨」即是。温革分門瑣碎録曾記「湯鍋」，亦可與「湯骨頭」相佐：「京師賣煮熟猪肉，香味珍絶者，熝肉只斷血便止，又使其鍋釜煮肉，早晚不曾斷便添水，非釜毁不易也。今臨安食有四十年不易之汁，蓋食日久不斷火，少則加水□□鍋滿，人衆不欲煮物速糜者就之，頃刻而爛，蓋以肉汁而煮，肉香感故也。」「湯骨頭」無非依此程式而做。

### 〔三五〕乳炊羊

周煇清波雜志卷第三乳羊：英州碧落洞乳羊，飲鍾乳澗水，體白如乳，遇封方見，然不常有也。

范大成桂海虞衡志志獸：乳羊本出英州，其地出仙茅，羊食茅，舉體悉化爲肪，不復有血肉，食之宜人。

朱彧萍洲可談卷二：英州碧落洞生鍾乳，牧羊者多往焉。或云羊食鍾乳間水，有全體如乳白者，其肉大補羸，謂之「乳羊」。活時了不能識，封之然後見，極難得，或一歲得一二枚，郡守即獻廣帥、監司。

〔文案〕乳羊稀有，商家取它羊炊之仿作，以饗慕名食客。或避宋仁宗趙禎諱，改蒸爲炊耳。

### 〔三六〕爊羊

宋詡竹嶼山房雜部卷三養生部三獸屬製烹羊：取肉烹糜爛去骨，乘熟以布苴壓實，冷而切之爲餻，惟頭最宜熟，肉宜燒，葱白、醬或花椒油，或汁中惟加醬油瀹之。

爊於刀切羊二制：一肉烹糜爛，軒之先合爊料同鮮紫蘇葉水煎，濃汁加醬調和入肉。一以爊料汁烹羊，肩背俟熟，加醬調和，撈起架鍋中，炙燥爲度。

爊料：凡爊物用此佳，孩兒菊味次之。香白芷二兩，藿香二兩，官桂花二兩，甘草五錢，㕮咀之。

童岳薦調鼎集卷三特牲部羊燉羊肉：大尾羊肉入湯一滾，即將肉切大塊，不用原湯，更入河水煮爛，加花椒、鹽，白燉。又加醬油紅煨。又，配黄芽菜燉。又，配紅蘿蔔塊燉。又，配冬筍燉。

〔三七〕**閙廳羊**

馮贄雲仙散録九二過廳羊：青州雜記曰：熊翻每會客，客至酒半，階前旋殺羊。令衆客自割，隨所好者，彩線繫定記號，畢，蒸之。各自認取，以剛竹刀切食。一時盛行，號「過廳羊」。

〔文案〕於廳前現（旋）殺羊，蒸之，其情雖「過廳」，然寓「閙廳」之中，或可又唤「現蒸羊」。

〔三八〕**鵝鴨排蒸**

梅堯臣宣司理餉蒸鵝：昔年相國籠之贈，今日參軍饟以蒸。一咀肥甘酬短句，定應無復謗言興。

袁枚隨園食單羽族單雲林鵝：倪雲林集中，載製鵝法。整鵝一隻，洗浄後，用鹽三錢，擦其腹内，塞葱一帚，填實其中，外將蜜拌酒，通身滿塗之，鍋中一大碗酒、一大碗水蒸之，用竹箸架之，不使鵝身近水。竈内用山茅二束，緩緩燒盡爲度。俟鍋蓋冷後，揭開鍋蓋，將鵝翻身，仍將鍋蓋封好蒸之，再用茅柴一束，燒盡爲度；柴俟其自盡，不可挑撥。鍋蓋用綿紙糊封；逼燥裂縫，以水潤之。起鍋時，不但鵝爛如泥，湯亦鮮美。以此法製鴨，味美亦同。每茅柴一束，重一斤八兩。擦鹽時，串入葱、椒末子，以酒和匀。雲林集中，載食品甚多，只此一法，試之頗效。餘俱附會。

蒸鴨：生肥鴨去骨，内用糯米一酒杯、火腿丁、大頭菜丁、香蕈丁、筍丁、秋油、酒、小磨麻油、葱花，俱灌鴨肚内，外用雞湯放盤中，隔水蒸透。此真定魏太守家法也。

〔三九〕**荔枝腰子**

〔文案〕據食譜：「荔枝腰子」因於動物腰子上劃作荔枝紋，故名。林正秋中國宋代菜點概述謂杭州八卦樓「荔枝白腰子」，仿宋風味：猪腰三百五十克，鮮荔枝二十顆，薑汁五克，自製調味酒十五克，精鹽五克，高湯三百克，葱花五克。製法：將猪腰去外層膜，對切開，劈除腰臊。用斜刀法在猪腰上剞一條條平行斜刀紋，轉一九十度，用直刀法在猪腰上剞出一條條與斜刀紋垂直之刀紋，再切成菱形塊。取一盛器，放入切好腰花，清水漂洗十二小時，去浄血水，呈現乳白色，瀝乾水份，料酒、薑汁、精鹽浸漬十餘分鐘。用兩隻炒鍋，一隻加清水，一隻加高湯，清水煮沸，倒入腰花，竹筷撥散，焯至斷生捲曲呈荔枝狀迅疾撈出，再放入高湯鍋中一過，即出鍋裝盤，圍以葱絲、鮮荔枝即成。

〔四〇〕**還元腰子**

〔文案〕即爲炒腰子。腰子炒枯則木，炒嫩則令人生疑。莫如先將腰子焯過再炒，以保鮮嫩，所謂「還元」者是也。焯，可水可酒。高濂飲饌服食牋、朱彝尊食憲鴻秘卷下可證。

〔四一〕**燒臆子**

〔文案〕據李思敬燒臆子可知：「燒臆子」爲開封廚師世家陳氏兄弟祖傳之技。其法是將胸叉肉切成上寬八寸、下寬一尺、長一尺二寸的方塊，順排骨間隙穿數孔，將燒叉從排骨面插入，在木炭火上先將排骨烤透，再反過來再燒帶皮一面。邊烤邊用刷子蘸花椒鹽水刷在排骨上，使其滲透入味。一次燒製要用三四個小時。烤成「臆子」肉皮金黄酥脆，恰到好處。若趁熱去叉，頂刀切成大片，立即裝盤上席，「火勁兒」未消，上席後仍滋滋作響。配以「荷葉夾」、葱段、甜麵醬食用，越嚼越香，爽口不膩。河南省商委、烹飪學會中國名菜譜河南風味肉菜燒臆子所記亦詳：臆，即胸；臆子，乃胸叉肉。主料：猪胸叉肉五千克。調料：葱段五十克，甜麵醬五十克，精鹽七十五克，花椒二十五克，紹酒十克，味精五克，芝麻油一百克。製法：精鹽、花椒、紹酒、味精、芝麻油放碗内，兑成花椒鹽水。猪胸叉肉洗淨，切成上寬二十五厘米、下寬三十厘米、長三十六厘米之塊。順排骨間隙紮穿數孔，把烤叉從排骨下面插入，在炭火上先把排骨肉面烤透。然後翻過來烤帶皮一面。邊燒邊用刷子蘸花椒鹽水（含紹酒、味精、芝麻油）刷在排骨之上，使其滲透入味。待色呈金黄，滋滋冒油時即成。趁熱去叉，頂刀切成大片，立即裝盤上席，外帶葱段、甜麵醬。

〔四二〕**入爐細項**

〔文案〕中華鄧注本、京都譯注本未將「入爐細項」與「蓮花鴨簽」斷讀，顯誤。「入爐」爲加熱，「細項」則爲某一原料，一禽類，或鴨或雞或魚或猪，若武林舊事卷六蒸作從食「鵝項」是也。「細項」亦可作「細食」、「熟食」解，若事林廣記綺談市語曾謂「熟食」爲「細食」，即此。

〔四三〕**蓮花鴨簽**

〔文案〕武林舊事卷九張俊進奉高宗對食十盞二十分即上「蓮花鴨簽」。「鴨簽」者，如清異録所言：「郭進家能作蓮花餅餡，有十五隔者，每隔有一折枝蓮花，作十五色。」以此推之蓮花鴨簽：是將鴨肉切長絲，加粉芡、蛋清、葱、椒調味成餡，猪肉油作皮，包裹爲圓筒，先蒸後炸，切象眼塊，拼擺蓮花狀，上盤，入爐烤爲金黄色，方食。

〔四四〕**酒炙肚胘**

賈思勰齊民要術卷九炙法第八十牛胘炙：老牛胘，厚而肥，剗穿痛蹙令聚，逼火急炙，令上劈裂；然後割之，則脆而甚美。若挽令舒申，微火遥炙，則薄而且明。

平步青霞外攟屑卷十湯包肚：京師酒肆，最膾炙者湯包肚。按史記貨殖傳，胃脯，簡微耳，濁氏連騎。注：晉灼曰：今大官常以十月作沸湯，燖羊胃，以末椒薑拌之，暴使燥是也。廣雅卷六釋親，胃，謂之胘。説文「胘」下，徐鍇注云：今俗言肚胘也。是漢時羊肚作脯，至於進御。無怪張驢兒娘垂涎羊肚羹，消得一死也。

〔四五〕**虚汁垂絲羊頭**

忽思慧飲膳正要卷第一聚珍異饌帶花羊頭：羊頭三個，熟切　羊腰四個　羊肚肺各一具，煮熟切，攢胭脂染　生薑四兩　糟薑二兩，各切　雞子五個，作花樣　蘿蔔三個，作花樣　右件，用好肉湯炒，葱、鹽、醋調和。　攢羊頭：羊頭五個，煮熟攢　薑末四兩　胡椒一兩　右件，用好肉湯炒，葱、鹽、醋調和。

## 〔四六〕羊頭簽、鵝鴨簽、雞簽

賈思勰齊民要術卷八第七十六羹臛法臉臘：用猪腸。經湯出，三寸斷之，決破，切細，熬。與水，沸，下豉清、破米汁。葱、薑、椒、胡芹、小蒜、芥，並細切鍛。下鹽、醋、蒜子細切。將血奠與之。早與血則變大，可增米奠。

陳元靚歲時廣記卷二五三伏節尚羊簽：歲時雜記：京師三伏日，特吏人、醫家、大賈，聚會宴飲，其宴飲者尚食羊頭簽，士大夫家不以爲節。

趙叔向肯綮録簽羹誤：今人多不識「臘羹」字，直寫作「簽」，士大夫亦如此，一云「臉」字。

司膳内人玉食批：如：羊頭簽止取兩翼，土步魚止取兩腮，以蝤蛑爲簽、爲餛飩、爲棖甕，止取兩螯，餘悉棄之地；謂非貴人食。有取之，則曰：「吾輩真狗子也！」噫。

洪巽暘谷漫録：食品第一爲羊頭簽，菜品第一爲葱虀，餘皆易辨者。廚娘謹奉旨，數舉筆硯，具物料，内羊頭簽五分，合用羊頭十個。其治羊頭也，漉置几上，剔留臉肉，餘悉擲之地。衆問其故，廚娘曰：「此皆非貴人之所食矣。」

四水潛夫武林舊事卷第九高宗幸張府節次略：下酒十五盞：第二盞　奶房簽　第三盞　羊舌簽

第四盞　肫掌簽

王先謙釋名疏證補卷第四釋飲食第十三：雞纖，細擗其臘，令纖，然後漬以酢也。兔纖亦如之。王啓原曰：此云細擗，則纖其本義，下云漬酢，則又當爲瀸。説文：瀸，漬也。本無正名，隨所命之，舉一則義不全。故齊民要術别謂之雞臛。其言示云：腤雞一名炰雞，以渾鹽豉、葱白中截、乾蘇，微火炙，生蘇不炙，與成治渾雞俱下水中熟煮，出雞及葱，漉出汁中蘇豉，澄令清。擘肉廣寸餘，奠之，以煖汁沃之，肉若冷，將奠，蒸令煖，滿奠。又云：葱蘇鹽豉汁與雞煮，既熟，擘奠，與汁，葱蘇在上，莫按下，可增葱白，令細也。其言作法至詳，而不言漬酢。漢至後魏，經時已久，故法小異，名亦微變，廣雅始出臛字，云美也。玉篇則訓臛爲羹。

忽思慧飲膳正要卷第一聚珍異饌鼓兒籤子：羊肉五斤，切細　羊尾子一個，切細　雞子十五個　生薑二錢　葱二兩，切　陳皮二錢，去白　料物三錢　右件，調和勻，入羊白腸内，煮熟切作鼓樣，用豆粉一斤，白麵一斤，咱夫蘭一錢，梔子三錢，取汁，同拌鼓兒籤子，入小油煠。

［文案］簽源於漢之纖，音借，尤與魏之「臉簽」相近。其製法如時習之「簽」再識謂：今河南簽菜，預製之時，均筒捲裹絲，若筷子在籠。而「簽」「籯籠」之意。簽熟之後，改刀切片，又如簽之另一薄竹片簽「如抽籤之簽」之義也；其製餡，則仍如雞纖，呈細絲狀。而並非朱瑞熙中國古代的簽所言：宋簽僅爲將主要原料切成細絲而做成之羹。郝延南尋「簽」記亦發現：今河南仍有「雞簽」、「魚簽」，其製法：蛋皮之上，鋪一層肥肉片片，再鋪肉茸泥，蓋一層菜葉，或用蛋皮包成小卷，蒸後油煎，加汁煨，即成。然史載，宋簽確有煮者，若山家清供「豆黃簽」，有「爐造」、「乾簽」者。與油煎簽相較，不過支流，綜合諸飲食史家之説：宋簽屬油炸類菜，於烹製流程着眼，要製餡，要包皮，要裹餡，要加熱爲半成品，要拖糊爲

型坯，最後油炸；於菜品成型着眼，成熟後，改刀前，均成捲筒狀；於口感着眼，「簽」是油炸後外皮香脆，裏鮮嫩配料型菜品。簽類菜以簽命名，主要取其形象如簽——籯籠。開封籤子菜與東京簽有關。羊頭簽、鵝鴨簽，雞簽，均爲裹餡油炸、形似籤筒之菜肴。然「簽」亦可做羹，若飲膳正要沸湯點服之「酥簽」也。

〔四七〕**炒兔**

〔文案〕宋詡竹嶼山房雜部卷三獸屬製謂：「炒兔」爲「油炒兔」，炒法與「油炒羊」同：「用羊爲軒。先取鍋熬油，入肉加酒水烹之，以鹽、蒜、葱、花椒調和。」

〔四八〕**葱潑兔**

〔文案〕葱潑兔即以葱爲主而調之者。賈思勰齊民要術羹臛法作兔臛法即此一例：「兔一頭，斷，大如棗。水二升，酒一升，木蘭五分，葱三升，米一合，鹽、豉、苦酒，口調其味也。」

〔四九〕**假野狐**

〔文案〕州橋夜市已注野狐，「假」者乃以它物象此物形者也。錢易南部新書可證：「野狐泉店，在潼關之西，泉在道南店後坡下。舊傳云：『野狐掊而泉湧，店人改爲冷淘，過者行旅止焉。』今法饌中有野狐泉者，以菉粉爲之，亦象此也。」

〔五〇〕**金絲肚羹**

〔文案〕州橋夜市所注「金絲黨梅」，可參。金絲肚羹據食譜爲切絲肉肚湯之類。較常見爲羊肚切絲。或以所切菜絲如黄花菜等命名。

## 〔五二〕石肚羹

〔文案〕依林洪山家清供卷下白石羹言，於溪流清處，取小白石子或帶蘚苔石子一二十枚，置水煮之，取其泉石之氣。再入肉肚烹羹。

## 〔五三〕假炙獐

唐慎微重修政和經史證類備用本草卷十七獸部中品獐骨：獐骨，微温。主虚損，洩精。臣禹錫等謹按藥性論云：獐骨，味甘無毒。肉，温補，益五藏。臣禹錫等謹按蜀本云：獐囟味甘。孟詵云：肉亦同，麋釀酒，道家名爲白脯，惟獐鹿是也。餘者不入，又其中往往得香栗子大，不能全香亦治惡病。其肉八月止十一月食之，勝羊肉，自十二月止七月食，動氣也。又若瘦惡者食，發瘤疾也。日華子云：獐肉無毒。髓，益氣力，悦澤人面。陶隱居云：俗云白肉是獐，言白膽易驚怖也。又呼爲麏。居筠切。麏肉不可合鵠肉食，成癥痼也。今按：陳藏器本草云：麏，主人心粗豪，取心、肝曝乾爲末，酒下一具，便即小膽；若小心食之，則轉怯不知所爲。道家名白脯者，麏鹿是也。臣禹錫等謹按日華子云：骨補虚損，益精髓，悦顔色，臍下有香，治一切虚損。圖經曰：獐骨及肉，本經不載所出州土，今陂澤淺草中多有之，亦呼爲麏。獐之類甚多，麏其總名也。有有牙者，有無牙者，用之皆同。然其牙不能噬齒。崔豹古今注曰：獐有牙而不能噬，鹿有角而不能觸是也。其肉自八月已後至十一月以前食之，勝羊肉。十二月至七月食之動氣，道家以獐鹿肉羞爲白脯，言其無禁忌也。唐方有獐骨酒及獐髓煎，並補下，其腦亦入面膏。

重修政和經史證類備用本草郢州麞骨圖

[文案]林洪山家清供卷下炙獐條：「本草：秋後，其味勝羊。道家羞爲白脯。其骨可爲獐骨酒。今作大臠，用鹽、酒、香料醃少頃，取羊脂包裹，猛火炙熟，擘去脂，食其獐。」若加之以「假」，則不難想見必是以植物性食物製成象形獐肉，作熟即可。

〔五三〕**煎鵪子**

[文案]諸食譜製鵪鶉法頗多，所言皆爲茶油、芝麻油炒鵪鶉，獨無煎鵪鶉。馬純陶朱新録則記蔡京大觀間爲相，因賀雪，庖者殺鵪子千餘，「爲君羹内肉」，必有「煎」成之點心也。又江少虞宋朝事實類苑卷五八油煎蛤蜊謂：「如今之北方人，喜用麻油煎物，不問何物，皆用油煎。」據此可知，「煎鵪子」已負盛名久矣。

〔五四〕**生炒肺**

〔文案〕據居家必用事類全集謂：「生肺：獐肺爲上，兔肺次之。如無，山羊肺代之。一具全無損者，使口咂盡血水，用凉水浸，再咂再浸。倒盡血水如玉葉方可。」若炒，一般則切肺爲絲，入蒜。

〔五五〕**炒蛤蜊**

顧仲養小録卷之下魚之屬臊子蛤蜊：水煮去殼。切猪肉，肥精相半，作小骰子塊，酒拌，炒煮半熟，次下椒、葱、砂仁末、鹽、醋和匀，入蛤蜊同炒一轉，取前煮蛤原湯澄清烹入湯不許太多，滚過取供。

〔文案〕元易牙遺意亦有同載，可知「炒蛤蜊」影響甚巨。

〔五六〕**炒蟹**

童岳薦調鼎集卷五江鮮部炒蟹肉：以現剥現炒之蟹爲佳，過兩個時辰則肉乾而味失。

蟹炒麵：不論切麵、索麵，同蟹肉油炒。又，加火腿丁炒；蟹肉炒細肉絲；脊筋炒蟹肉。又，青菜心炒蟹肉。又，栗菌炒蟹肉。

〔五七〕**渫蟹**

無名氏居家必用事類全集庚集肉羹食品螃蟹羹：大者十隻，削去毛浄，控乾。剁去小脚稍並肚靨，生拆開，再剁作四段。用乾麵蘸過下鍋煮。候滚，入鹽、醬、胡椒調和供。與冬瓜煮，其味更佳。

童岳薦調鼎集卷五江鮮部煮蟹：蟹洗浄，用生薑、紫蘇、橘皮、鹽同煮，水略滚便翻轉，大滚即起，蘸用橙橘絲、薑粉、老醋。

〔五八〕**洗手蟹**

傅肱蟹譜下篇食品：北人以蟹生析之，酤以鹽梅，芼以椒橙。盥手畢，即可食，目爲「洗手蟹」。

浦江吴氏中饋録脯蟹生：用生蟹剁碎，以麻油先熬熟，冷，並草果、茴香、砂仁、花椒末、水薑、胡椒俱爲末，再加葱、鹽、醋共十味，入蟹内拌匀，即時可食。

洪邁夷堅乙志卷第一夢讀異書：有嫠女僧懷政來，同寓慧通寺，政作東坡玉糝羹，約沈陸共之。陸至，則羹盡矣，因戲政曰：「恰沿河來，見舟中婦人作洗手蟹，偶得一詩，持贈子，云：『紫髯霜蟹殼如紙，蒲萄作肉琥珀髓。主人揎腕斫兩螯，點醋揉橙薦新醴。癡禪受生無此味，一箸菜根飽欲死。唤渠試與轑釜底，换取舌頭别參起。』坐皆傳翫擊節。」

〔五九〕**炙雞**

戴侗六書故卷三天文下：炙炙，之石切，肉在火上，炙之義也，肉既炙爲炙，之夜切，又作炙，夕聲。

吴自牧夢粱録卷十六分茶酒店：又有托盤檐架至酒肆中，歌叫買賣者，如炙雞、八焙雞、紅燶雞、脯雞。

〔六〇〕**羊脚子**

鄭闢祖一斑録雜述二名廚佳製：羊脚饌，冬月收鮮羊爪風乾，至春夏用之。煮使極爛，去骨，盛小碗，澆以紅燒雞肉汁，蒸令入味，麵糁砂仁末。

## 〔六一〕脆筋巴子

浦江吴氏中饋録脯鮓算條巴子：猪肉精肥，各另切作三寸長，各如算子樣，以砂糖、花椒末、宿砂末調和得所，拌勻、曬乾、蒸熟。

西湖老人繁勝録食店：紅羊羓、影戲羓、算條羓。

〔文案〕巴子爲鹽、糖醃漬而成之乾肉，或未醃漬而曬乾之肉製品。因其加工時將肉切爲不同形狀，故名稱有所不同。若算條巴，即算籌長條之樣。又因肉原料之各異，遂有猪、獐、鹿、兔、胡羊巴之不同。亦有因口感、製式而命名者，「脆筋巴子」、「雲夢巴兒」可證。

## 〔六二〕酒蟹

滕康翰墨叢記：淮南人藏鹽酒蟹，凡一器十隻，以皂筴半挺置其中，則經歲不壞。

傅肱蟹譜下篇酒蟹：酒蟹，須十二月間作。於酒甕間撇清酒，不得近糟，和鹽浸蟹，一宿即取出。於厴中去其糞穢，重實椒鹽訖，疊浄器中。取前所浸鹽酒，更入少新撇者，同煎一沸，以別器盛之。隔宿候冷，傾蟹中，須令滿。蟛蚏亦可依此法。二三月間，止用生乾煮酒。

倪瓚雲林堂飲食制度集酒煮蟹法：用蟹洗浄，生帶殻剁作兩段。次擘開殻，以股剁作小塊，殻亦剁作小塊，脚只用向上一段，螯擘開，葱、椒、純酒，入鹽少許，於砂錫器中重湯頓熟。啖之不用醋供。

鄺璠便民圖纂卷第十四製造類上酒蟹：九月間，揀肥壯者十斤，用炒鹽一斤四兩，好白礬末一兩

重修政和經史證類備用本草蟹圖

半，先將蟹洗浄，用稀篾籃封貯，懸於當風處，以蟹乾爲度。好醅酒五斤拌和鹽礬，令蟹入酒內，良久取出。每蟹一隻，以花椒一顆納臍內，入磁瓶實捺收貯，更用花椒糝其上，包瓶紙花上，用韶粉一粒，箬劄泥固。取時不許見燈，或用好酒，破開，臘糟拌鹽礬亦得，糟用五斤。

〔文案〕酒蟹亦作醉蟹，諸食譜記録頗多。

〔六三〕**鹿脯**

馮贄雲仙散録二八二以脯芼羹：董慎續豫章記曰：陳蕃待客，拌飯以鹿脯，芼羹以牛脯，未常別爲異饌。

〔文案〕朱彝尊食憲鴻秘下卷鹿脯條，僅言與牛脯製法同，未作細述。其因莫非鹿脯淵源有自，人皆耳熟能詳。賈思勰齊民要術脯臘即可概全：牛、羊、獐、鹿諸製法略同，脯者或切條或切片，若「五味脯」：入骨汁煮，就香美豉，葱白搗令熟，加以椒、薑、橘皮末浸，手揉令徹。過三宿或看味透，用細繩穿，於屋北簷下陰乾。如清佚名燕臺口號一百首所道：「獲鹿也知風作脯，擘將生食不須燒。」

## 〔六四〕從食蒸作

四水潛夫武林舊事卷第六蒸作從食：子母蠒　春蠒　大包子　荷葉餅　芙蓉餅　壽帶龜　子母龜　歡喜　撚尖　翦花　小蒸作　駱駝蹄　太學饅頭　羊肉饅頭　細餡　糖餡　豆沙餡　蜜辣餡　生餡　飯餡　酸餡　筍肉餡　麩蕈餡　棗栗餡　薄皮　蟹黃　灌漿　卧爐　鵝項　棗䭅　仙桃　乳餅　菜餅　秤錘蒸餅　睡蒸餅　千層　雞頭籃兒　鵝彈　月餅　餣子　炙焦　肉油酥　燒餅　火棒　小蜜食　金花餅　市羅　蜜劑　餅餤　春餅　胡餅　韭餅　諸色餤子　諸色包子　諸色角兒　諸色果食　諸色從食

## 〔六五〕海鮮

羅大經詩話一一五：楊東山嘗爲余言，昔周益公、洪容齋嘗侍壽皇宴，因談肴核。上問容齋：「卿鄉里所産？」容齋，鄱陽人也，對曰：「沙地馬蹄鼈，雪天牛尾狸。」又問益公，公廬陵人也，對曰：「金柑玉版筍，銀杏水精葱。」上吟賞，又問一侍從，忘其名，浙人也。對曰：「螺頭新婦臂，魚脚老婆牙。」四者皆海鮮也。

施彦執北窗炙輠録卷下：杭州江漲橋有富人黄氏，惟嗜鼈，日羹數鼈。

孔平仲談苑卷一：松江鱸魚，長橋南出者四腮，天生膾材也。味美肉緊，切至終日色不變，橋北近山，大江入海，所出者三腮，味帶鹹，肉稍慢，迥不及松江所出。

凌萬頃玉峰志卷下土産水族石首魚：吴地記崑山縣石首魚，冬化爲鳧，土人呼爲鷗鳴，小魚長五寸，秋化爲黄雀食稻。至冬，還海復爲魚。

孫宗鑑西畬瑣録：余頃官海上，同僚多吴人，盛誇鼀味之美。坐有一閩右士人大噱，吴人不能平，余從旁爲解紛。

周密癸辛雜識别集上蟛蜞餛飩：軒渠録載，有人以糟蟹鐵子同薦酒者，或笑曰：「則是家中没物事，然此二味作一處怎生喫？」衆以爲笑。近傳溆浦富家楊彦嘗宴客作蟛蜞餛飩，真可作對也。

魯應龍閑窗括異志：盧十五，嘉興華亭人，所居修竹鄉。盧十五以擉鼈爲業，每擉鼈歸舍，與其妻活煮其鼈，然後出賣，每日如是。

楊彦齡楊公筆録：鰒魚，説文以爲海魚也，然自北齊顔之推已云即石決明也，内旁有七孔，至九而止，似蛤。登州所出，其味珍絶，雖有魚名，固非魚類。漢以前未聞其貴，至王莽欲敗時已聞，但飲酒啗鰒魚。而光武時張步遣使隨伏隆詣闕，上書獻鰒魚。又臨淄太守賜吴良鰒魚百枚，則兩漢時此物已號真貴。宋劉邕嗜食瘡痂，以爲味似鰒魚，時淮北屬江南，無復得鰒魚，或有間關得至者，一枚直數千，人有餉褚彦回三十枚，門生以爲賣之可得十萬錢，方是時尤爲難得可知。余以謂鰒魚之珍，尤勝江珧柱，不可乾至故也，若沙魚翅鰾之類，皆可北面矣。

王君玉國老談苑卷第二：陶穀以翰林學士奉使吴越，忠懿王宴之。因食蝤蛑，詢其名類，忠懿命自蝤蛑至蟚蚏，凡羅列十餘種以進，穀視之笑謂忠懿曰：「此謂一代不如一代也。」

車若水脚氣集卷上：天下有貴物，乃不如賤者，只如眼前海菜，以紫菜爲貴，海藻次之。海藻所謂大菜也，苔爲下。紫菜爽口，乃發百病。大菜，病又可食。苔之好者，真勝前兩菜，且無渣滓。本草謂其能消食也。

常棠海鹽澉水志卷上物産門海味：鯔　鯧　鱉　鮫　鰳　鱸　梅　蠣　蛤　鰕　鰻　鯊　鱴　鱭　鰌　蟶　蛇　銀魚　鯿　拳螺　香螺　淡菜　帶魚　鰞鰂　螃蠘　老婆蟹　望潮魚　白蟹　黄鯜　土鐵　沙蟹　蚌蛤　沙魚　海蟄

洪邁夷堅乙志卷第十三蚌中觀音：溧水人俞集，宣和中，赴泰州興化尉，挈家舟行。淮上多蚌蛤，舟人日買以食。

洪邁夷堅甲志卷第四陳五鰍報：秀州人好以鰍爲乾，謂於水族中性最暖，雖孕婦病者皆可食。陳五者，所貨最佳，人競往市。

洪邁夷堅丁志卷第十四慈感蚌珠：大觀中，湖州人邵宗益買蚌於市，烹而剖之。

洪邁夷堅丁志卷第十六吴民放鱓：吴中甲乙兩細民同以鬻鱓爲業，日贏三百錢。

洪邁夷堅丁志卷第五張琴童：張永年居京師時，值暮冬大雪，家人宴賞，遣小蒼頭曰琴童者，持糖蟹海錯餉三里間親戚家。

洪邁夷堅甲志卷第二鼈報：承節郎懷景元，錢塘人。宣和初，於秀州多寶寺爲蔡攸置局應奉，性嗜鼈。一卒善庖，將烹時，先以刀斷頸瀝血，云味全而美。

〔六六〕**時菓**

無名氏李師師外傳：帝麾止餘人，獨與迪翔步而入。堂户卑痹。姥出迎，分庭抗禮，慰問周至。進以時果數種，中有香雪藕、水晶蘋婆，而鮮棗大如卵，皆大官所未供者。

〔六七〕**生菜**

周煇清波雜志卷第三生菜：紹興丁巳歲，車駕巡幸建康。回蹕時，先人主丹徒簿，排辦新豐鎮頓，物皆備。御舟過，止宣索生菜兩籃，非所辦者。官吏倉卒供進，幸免闕事。前頓傳報，生菜遂爲珍品。物有時而貴，世事奚不然。

祝穆詩話一四食生菜：東晉李鄂立春日命以蘆服、芹芽爲菜，盤相饋貺（摭遺）。唐立春日春餅、生菜，號「春盤」（四時寳鏡）。齊人月令：立春日食生菜，取迎新之意。坡詩：「漸覺東風料峭寒，青蒿黄韭試春盤。」又云：「蓼茸蒿筍試春盤。」

無名氏宣和畫譜卷二十蔬果敘論宋生菜圖：丁謙，晉陵人。初工畫竹，後兼善果實園蔬，傅粉淺深，率有生意，蟲蠹殘蝕之狀，具能模寫，至使人捫之，若有迹也。嘗畫葱一本，爲江南李氏賞激，親書丁謙二字於其上，蓋欲别其非常畫耳。其後寇準藏之以爲珍玩焉。今御府所藏三：寫生蓮藕圖一、寫生葱圖二。

汪灝廣群芳譜卷第十五蔬譜三生菜：原生菜一名白苣，一名石苣。增〔陸璣詩疏〕青州謂之芭。原似萵苣而葉色白，斷之有白汁。正二月下種，四月開黄花，如苦蕒，結子亦同。八月十月可再種，以糞水頻澆，則肥大。諺云：「生菜不離園。」宜生食，又生挼，鹽醋拌食，故名生菜。色紫者名紫苣，一云紫苣和土作器，火煅如銅。集藻〔詩散句〕增〔唐杜甫〕脆添生菜美，陰益食單凉。别録原〔種植〕作畦下種，如菠薐法，先用水浸種一日，於濕地上襯佈置子，以盆合之。候芽出，種畦中，宜肥地。

**〔六八〕白虔布衫**

〔文案〕京都譯注本據三朝北盟會編卷七二、元豐九域志，考「虔布」即虔州（今江西贛縣）所産白紵，爲其州土貢之品。

**〔六九〕辣菜**

李化楠醒園録卷下做辣菜法：取芥菜之旁芽内葉並心尾二三節，曬兩日半。其心節當剖開曬，曬好切節，以寸爲度。用清水比菜略多些，將水下鍋，煮至鍋邊響時下菜，用勺翻兩三遍，急取起，壓去水氣，用薑絲、淡鹽花作速合拌，收入磁罐内，裝塞極緊，勿令稀鬆。其罐嘴用芥葉滚水微燙過，二三重封固。將嘴倒覆竈上二三時久，移覆地下，一周日開用。好吃。鹹的，用鹽、醋、猪油或麻油拌吃，好吃。甜的，用糖、醋、油拌吃。

甜辣菜法：用白菜幫帶心葉一併切寸許長下飯籮，俟水將滚有聲時候落去一抄，取起晾乾。用好米醋和白糖加細薑絲、花椒、芥末、麻油少許調勻，傾入菜内，拌勻裝入罈。三四天可吃，甚美。

〔七〇〕**托小盤**

程大昌演繁露卷之十五托子：古者彝有舟，爵有坫，即今俗稱臺琖之類也。然臺琖亦始於盞托，托始于唐，前世無有也。崔寧女飲茶，病盞熱熨指，取楪子融蠟，象盞足大小，而環結其中，寘盞於蠟，無所傾側，因命工髹漆爲之，寧喜其爲，名之曰「托」，遂行於世，而托子遂不可廢。今世托子又遂著足，以便插取，間有隔塞其中，不爲通管者，乃初時楪子環蠟遺制也。

宋話本鄭節使立功神臂弓：衆員外身邊一家一個妓弟。便教整頓酒來，正吃得半酣，只見走一個人入來。如何打扮？

裹一頭藍青頭巾，帶一對撲匾金環，着兩上領白綾子衫，腰繫乾紅絨線縧，下着多耳麻鞋，手中攜着一個籃兒。

這人走至面前，放下籃兒，叉着手唱三個喏。衆員外道：「有何話説？」只見那漢就籃内取出砧刀，借個盤子，把塊牛肉來切得幾片，安在盤裹。便來衆員外面前道：「得知衆員外在此吃酒，特來送一勸。」道罷，安在面前，唱個喏便去。

〔七二〕栗子

范成大吴郡志卷三十土物下：頂山栗，出常熟頂山。比常栗甚小，香味勝絶。亦號「麝香囊」，以其香而軟也，微風乾之尤美。所出極少，土人得數十百枚，則以彩囊貯之，以相饋遺。此栗與朔方易州栗相類。但易栗殼多毛，頂栗殼瑩浄耳。

重修政和經史證類備用本草栗子圖

蘇軾格物粗談卷上：平底栗二枚，一用香油塗底，一用白水塗底，合作一對置鍋心中，遂旋蓋栗在上，將鍋蓋密燒一飯，頃俱熟，不粘殼。

脱脱遼史卷一百三列傳第三十二文學上蕭韓家奴：重熙初，同知三司使事。四年，遷天成軍節度使，徙彰愍宮使。帝與語，才之，命爲詩友。嘗從容問曰：「卿居外有異聞乎？」韓家奴對曰：「臣惟知炒栗：小者熟，則大者必生；大者熟，則小者必焦。使大小均熟，始爲盡美。不知其他。」

〔七三〕**河北鵝梨**

梁克家淳熙三山志卷第四十一土俗類果實：梨鵝梨，舊出近京，今州亦有之，皮薄而漿多，木差短於宣城乳梨，香則勝之。其餘輕消梨、拒霜梨、水梨、赤梨、紫梨、煤梨之類，其麋者謂之綿梨。

重修政和經史證類備用本草梨圖

董弅閑燕常談：李端行，字聖達，毘陵人。崇寧間，太學屢中魁選，聲名藉甚。大觀丁亥歲，與諸路貢士群試，李士英作魁，聖達第二，意不中之，嘗曰：「天下清氣，無南北之異，但吴中清氣十分鍾於人，河朔清氣爲鵝梨占了八分。」以士英爲河内人故也。

顧文薦負暄雜録梨：昔楊吉老在泗州，以醫得名。忽有人到門求診視者，楊與按脈曰：「君來年當以疽毒死，今氣血凝結，無可解者。」沈思久之曰：「惟有鵝梨爾，可往京師買鵝梨食，若無生梨，以梨乾煎汁飲，並食其滓，候來春，當復訪我。」其人如教，至期再往診脈曰：「病已去矣，恐渴作，若能更食則可安。」後果如其言。是以知梨亦能解氣血凝滯之疾，不可以一概論，謂之「百損黄」也。

周紫芝十月晦日郡席見鵝梨：雪後新嘗淺齒泉，樽前風味固依然。自從北郡無人到，不見鵝梨今幾年。魯酒漫傾猶病渴，并刀未下已流涎。從今莫覓張公種，飣坐雖多不當賢。

徐光啓農政全書卷之二十九樹藝果部上梨：鵝梨，出近京州郡及北都，皮薄而漿多。味差短乾乳梨，香則過之。

〔七三〕**梨乾**

汪灝廣群芳譜果譜二梨卷第五十五製用農桑通訣：西路産梨處，取甜梨去皮，切作厚片火焙乾，謂之梨花，允爲佳果，可充貢。

丁宜曾農圃便覽秋八月梨乾：甜梨去皮，切厚片，火焙乾，允爲佳果。

〔七四〕**膠棗**

〔文案〕據李時珍本草綱目卷二十九：棗蒸熟者爲膠棗。

〔七五〕**棗圈**

寇宗奭本草衍義卷之十八大棗：今先青州，次晉州，此二等可𤏲曝入藥，益脾胃，爲佳。餘止可充食用。又云御棗甘美輕脆，後衆棗熟，以其甘故多生蟲，今人所謂落酥者是。又有牙棗，先衆棗熟，亦甘美，但微酸，尖長，此二等，止堪啗，不堪收曝。今人將乾棗去核，於鐺鍋中微火縷逼，乾爲末，量多少，入生薑末爲湯，點服，調和胃氣，又將煮棗肉，和治脾胃丸藥尤佳人。青州棗去皮核，焙乾爲棗圈，達都下，爲奇果。

〔文案〕後梨圈、桃圈製法類同。

〔七六〕**核桃肉**

盧多遜李昉開寶本草果部卷第十七胡桃：味甘，平，無毒。食之令人肥健，潤肌，黑髮。取瓤燒令黑，未斷煙，和松脂研，傅瘰癧瘡。又和胡粉爲泥，撥白鬚髮，以内孔中，其毛皆黑。多食利小便，能脱人眉，動風故也。去五痔。外青皮染髭及帛皆黑。其樹皮止水痢，可染褐。仙方取青皮壓油，和詹糖香塗毛髮，色如漆。生北土，云張騫從西域將來。

宋話本宋四公大鬧禁魂張：那着紫衫的人懷裏取出一裹松子、胡桃仁，傾在兩盞茶裏。

重修政和經史證類備用本草核桃人圖

謝維新古今合璧事類備要別集卷四十五果門胡桃：格物總論：胡桃生北土，今陝、洛間多有之，大株厚葉，食之令人肥健。秋冬熟時，採之。又一種，皮厚而堅，底如小栗，三角其中，仁香美。東夷食之當果，雲南崧子、巴豆相似，其味不及也。

〔七七〕**牙棗**

俞希魯至順鎮江志卷四土産果：棗有數種，實大味美而色瑩，白者名牙棗。

梁克家淳熙三山志卷第四十一土俗類三物産果實：棗種類非一，方者名骰子，尖長者多龍牙。

〔七八〕**海紅**

韓彦直橘録卷上海紅柑：海紅柑，顆極大，有及尺以上圍者，皮厚而色紅，藏之久而味愈甘。木高二三尺，有生數十顆者，枝重委地，亦可愛。是柑可以致遠，今都下堆積道旁者多此種。初因近海，故以海紅得名。

史能之咸淳毗陵志卷第十三土産果之屬：海紅似海棠，結子如彈。

趙彦衛雲麓漫鈔卷第二：永嘉人呼柑之大而可留過歲者曰「海紅」。按古今注：「甘實形如石榴者，謂之壺甘。」

姚可成食物本草卷之八果部山果類海紅：海紅一名海棠梨，今通稱棠蒸梨。狀如木瓜而小，二月開紅花，實至八月乃熟。盛於蜀中。其出江南者名南海棠，大抵相類，而花差小。棠性多類梨。其核生者長慢，數十年乃花。以枝接梨及木瓜者易茂。其根色黄而盤勁，且木堅而多節，外白中赤。其枝葉密而條暢。其葉類杜，大者縹緑色，小者淺紫色。二月開花五出，初如胭脂點點然，開則漸成纈暈，落則有若宿妝淡粉。其蒂長寸餘，淡紫色，或三萼、五萼成叢。其蕊如金粟，中有紫鬚。其實狀如梨，大如櫻桃，味甘酸，至秋可食。海紅：味酸、甘、平，無毒。食之，能治泄痢。

［文案］海紅爲海紅柑，較與事理合，然明清典籍亦有海紅爲山果類海棠梨之稱也。章穆調疾飲食辯第四卷果類記海紅「子大如櫻桃，味酸澀不宜食。飲膳正要云能止泄痢，澀故也」。以此觀之，與本條所言海紅遠矣。更有甚者，明屠本畯閩中海錯疏卷下謂「海紅」爲蛤蜊之别名。余據本文所示，以「海紅」爲果較適宜也。

〔七九〕**林檎旋**

范成大吳郡志卷三十土物下：蜜林檎，實味極甘如蜜，雖未大熟，亦無酸味。本品中第一，行都尤貴之。他林檎雖硬大，且酣紅，亦有酸味，鄉人謂之平林檎，或曰花紅林檎。皆在蜜林檎之下。吳其濬植物名實圖考卷之三十一果類林檎：林檎，開寶本草始著録，即沙果。李時珍以爲文林郎果即此。

〔文案〕四水潛夫武林舊事卷九記高宗幸清河郡王第，所上「樂仙果子叉袋兒一行」有「林檎旋」。「旋」當「現」解，爲即時可食意。

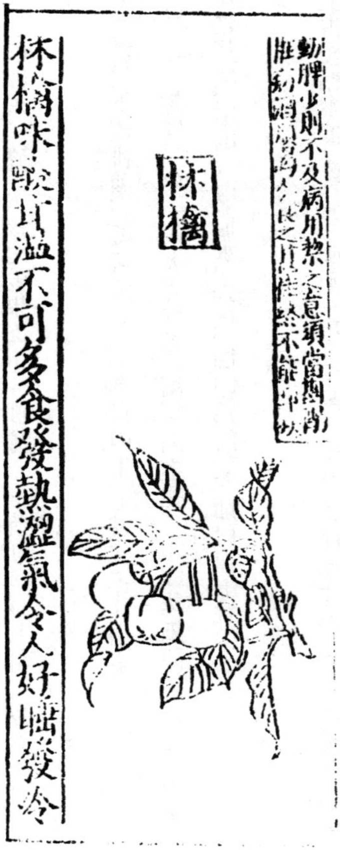


重修政和經史證類備用本草 林檎圖

〔八〇〕**李子旋**

〔文案〕李子旋即李子條，去核之乾果肉也。此旋爲回旋切削成長條片狀之刀法。

〔八一〕**櫻桃煎**

林洪山家清供卷下櫻桃煎：櫻桃經雨，則蟲自内生，人莫之見。用水一碗浸之，良久，其蟲皆蟄，蟄而出，乃可食也。楊誠齋詩云：「何人弄好手，萬顆搗虚脆。印成花鈿薄，染作冰澌紫。北果非不多，此味良獨美。」要之其法，不過煮以梅水，去核，搗印爲餅，而加以白糖耳。

〔八二〕**雨梨**

〔文案〕上古校點本據説郛改「雨梨」爲「雪梨」，中華鄧注本亦如是改，均誤。然宋確有雪梨，産於北京一帶。龐元英文昌雜録卷第一所記北京壓沙是也。震鈞天咫偶聞卷十又謂：京師人名雪梨曰雅爾梨，以其産於沙雅爾，故以地名名之也。及讀文昌雜録，則作壓沙梨，然知者絶稀。雨梨則見於宋周敘洛陽花木記。京都譯注本謂「雨梨」與「語兒梨」同，宋筆記常見「語兒梨」，或可備一説。

〔八三〕**夫梨**

〔文案〕孫注本據舊五代史周太祖紀、資治通鑑卷二百九十胡三省注、洛陽花木記、洛陽伽藍記、本草圖經諸書，證皆有水梨而無夫梨，疑「夫」爲「水」之誤，甚是。「鳳棲梨」注引文彦博詩即提「水梨」，前注「河北鵝梨」所引淳熙三山志亦有「水梨」，均可證。

〔八四〕**甘棠梨**

施宿嘉泰會稽志卷十七木部甘棠：釋木云：杜，甘棠。甘棠，今之杜梨也，又曰杜赤棠、白者棠。樊光云：赤者爲杜，白者爲棠，市人多蒸熟賣之，越人目爲梨頭，蓋其實不如北方之美爾。

陸佃埤雅卷十三釋木甘棠：陸璣草木蟲魚疏以爲赤棠與白棠同爾，但子有赤白、美惡，子白色爲白棠，甘棠也，赤棠子澀而酢無味，俗語曰「澀如杜」是也。

王安石甘棠梨：甘棠詩所歌，自足誇衆果。愛其凌秋霜，萬玉懸磊砢。園夫盛採摘，市賈爭包裹。車輪動盈箱，舟載輒連柁。朝分不知數，暮在知幾顆。但使甘有餘，何分小而橢。主人捐千金，飣餖留四坐。柑椑與橙栗，在口亦云可。都城紛華地，內熱易生火。問客當此時，蠲煩孰如我。

〔八五〕**鳳栖梨**

蔡絛鐵圍山叢談卷第六：蒲中產梨棗，已久得名。昔唐太宗時，有鳳儀止梨樹上，因變肌肉細膩，紅頰玉液，至今號「鳳棲梨」也。

程大昌演繁露卷之十棲梨：陝州有梨樹，正觀中有鳳止其上，結實香脆，其色赤黃，號「鳳棲梨」。

文彥博蒙惠咸陽水梨極佳快陶隱居謂梨爲快果太原鳳棲梨少許納上非報也欲校其味耳呂大忠運使惠：「鳳棲佳果玉漿寒，馬乳龍鬚味一般。太原葡萄名重天下。未敢便教充飣坐，更將冰蜜校量看。」咸陽有冰蜜之名。

### 〔八六〕鎮府濁梨

〔文案〕孫注本考鎮府，爲漢真定國，唐鎮州，五代、宋皆名真定府，今保定。濁梨，一名御梨，一名紫花梨。

### 〔八七〕石榴

阮閲詩話總龜卷之二十詠物門上九〇七：荆公作相，苑中有石榴一叢，枝葉甚茂，止發一花，題詩云：「濃緑萬枝紅一點，動人春色不須多。」

孫奕示兒編卷十五雜記人物異名：石榴，甜者曰天漿。

陸游家世舊聞上：楚公使虜時，館中有小胡，執事甚謹，亦能華言，因食夾子，以食不盡者與之，拜

重修政和經史證類備用本草安石榴圖

謝而不食，問其故，曰：「將以遺父母。」公喜，更多與之，且問：「識此何物也？」曰：「人言是石榴。」意其言食餾也。

唐慎微重修政和經史證類備用本草卷二十三果部下品安石榴：安石榴，舊不著所出州土，或云本生西域。陸機與弟雲書云：張騫爲漢使外國十八年，得塗林安石榴是也。今處處有之。一名丹若。廣雅謂之若榴。木不甚高大，枝柯附幹，自地便生作叢，種極易息，折其條盤土中便生。花有黄、赤二色。實赤有甘、酢二種，甘者可食，酢者入藥。多食其實，則損人肺。東行根並殼入殺蟲及染鬚髮口齒等藥。其花百葉者，主心熱吐血及衄血等。乾之作末，吹鼻中立差。崔元亮海上方：療金瘡刀斧傷破血流。以石灰一升、石榴花半斤，搗末，取少許傅上，捺少時，血斷便差。又，治寸白蟲，取醋石榴根，切一升，東南引者良，水二升三合，煮取八合，去滓，着少米作稀粥，空腹食之，即蟲下。又一種山石榴，形頗相類而絶小，不作房生，青、齊間甚多，不入藥，但蜜漬以當果，或寄京下，甚美。

〔八八〕**河陽查子**

〔文案〕據孫注本：爲今河南孟縣一帶山楂。

〔八九〕**查條**

無名氏逞風流王焕百花亭第二折：〔小二云〕小人有一計，可使官人與賀家大姐相見。只要官人不惜廉耻，權做下流，將小人頭至下、脚至上渾身衣服並這個查梨條籃兒，都借與官人，打扮做賣查梨條的，才入的那承天寺去。［正末謝科云］高見高見，多承見愛，將你這一弄兒都借與我，就傳與我叫的腔兒咱。［小二云］待小人叫與官人聽，查梨條賣也，查梨條賣也。［正末學叫科云］可也像麽？［小二云］官人倒做的小人的師父哩。［正末唱］［隨尾煞］皂頭巾裹着額顱，班竹籃提在手，叫歌聲習演的腔兒溜，新得了個查梨條除授，則這的是郎君愛女下場頭。［同下］

第三折［正末提查梨條從古門叫上云］查梨條賣也，查梨條賣也。才離瓦市，恰出茶房，迅指轉過翠紅鄉，回頭便入鶯花寨。須記的京城古本老郎傳流，這果是家園製造，道地收來也。有福州府甜津津、香噴噴、紅馥馥、帶漿兒新剥的圓眼荔枝，也有平江路酸溜溜、凉陰陰、美甘甘、連葉兒整下的黄橙緑橘。也有松陽縣軟柔柔、白璞璞、蜜煎煎、帶粉兒壓匾的凝霜柿餅，也有婺州府脆鬆鬆、鮮潤潤、明晃晃、拌糖兒捏就的龍纏棗頭。也有蜜和成、糖製就、細切的新建薑絲，也有日曬皺、風吹乾、去殼的高郵菱米，也有黑的黑、紅的紅、魏郡收來的指頂大瓜子，也有酸不酸、甜不甜、宣城販到的得法軟梨條。俺也説不盡果品多般，略鋪陳眼前數種，香閨繡閣風流的美女佳人，大厦高堂俏倬的郎君子弟。非誇大口，敢賣虛名？試嘗管别，吃着再買。查梨條賣也，查梨條賣也。

［做叫科，云］查梨條賣也，查梨條賣也。生長在京城古汴，從小裏拜個名師。學成浪子家風習慣，花台伎倆。專伏侍那些可喜知音的公子，更和那等聰明俊俏的佳人。假若是怨女曠夫，買吃了成雙作對。縱然他毒郎狠妓，但嘗着助喜添歡，春蘭秋菊益生津，金橘木瓜偏爽口。枝頭乾分利陰陽，嘉慶子

調和臟腑。這棗頭補虚平胃，止嗽清脾，吃兩枚諸災不犯。這柿餅滋喉潤肺，解郁除焦，嚼一個百病都安。這荔枝紅躅煩養血，去穢生香，長安歲歲逢天使。這查梨條消痰化氣，醒酒和中，帝城日日會王孫。查梨條賣也，查梨條賣也。

〔做叫科，云〕查梨條賣也，查梨條賣也。歌姬未起，客館先知，查梨條賣也。一聲叫入珠簾去，慌殺梳妝鏡裏人。

〔文案〕查梨似梨而較梨酸，故賣查梨條，乃寓隱酸澀。王焕吟賣果子品類頗多，反復唱叫查梨條，實以此託名，專一伏侍公子、佳人，「買吃了成雙作對」，方爲東京之查條盛賣真意也。

〔九〇〕**乳糖獅子**

〔文案〕中華鄧注本將「乳糖獅子糖霜蜂兒」斷爲「獅子糖」，錯。應爲「乳糖獅子」，若孔平仲談苑卷一所言「川中乳糖獅子」。曾慥高齋漫録：宣仁太后上元賞外族每位小兒兩個「乳糖獅子」。四水潛夫武林舊事卷六「乳糖獅兒」。朴通事諺解卷之上：幾位「好弟兄，在花園裏做『賞花筵席』，桌子中間置放『象生纏糖』」，即用白糖、白芝麻相和，以火煎熬，頃入木刻成物形範模印中，須臾凉後與果實相似的糖食。其中「獅仙糖」，即「以糖印做騎獅仙人之形也」，亦即「乳糖獅子」。

〔九一〕**糖霜蜂兒**

王灼糖霜譜原委第一：糖霜，一名糖冰，福唐、四明、香禺、廣漢、遂寧有之，獨遂寧爲冠。四郡所産甚微而碎，色淺味薄，才比遂之最下者。凡物以希有難致見珍，故查梨、橙柑、荔枝、楊梅四方不盡出，乃貴重於世。若甘蔗所在皆植，所植皆善，非異物也。至結蔗爲霜，則中國之大，止此五郡，又遂寧專美焉。外之邊儌所出皆有佳蔗，而糖霜無聞，此物理之不可詰也。第七，本草稱甘蔗消痰止渴，除心煩熱，今糖霜亦如之。然沙糖招痰飲，殊不可曉也。有作湯者作餅者，並附其法：吴氏龍涎香七分餅和之。糖霜餅：不以斤兩，細研，劈松子或胡桃肉，研和匀如酥蜜食，模脱成。模方圓雕花各隨意，長不過寸。研糖霜必擇顆塊者，沙脚即膠粘不堪用。

周密浩然齋意鈔蔗霜糖冰：魯直答雍熙長老寄糖霜詩：「遠寄蔗霜如有味。」又糖霜譜曰：「遂寧有糖冰，冠於四郡。」

〔文案〕「糖霜蜂兒」亦可稱之爲「瓏纏果子」。四水潛夫武林舊事卷第九：張俊進御筵節次所上「瓏纏果子一行」「糖霜玉蜂兒」可證。其制無非和胡桃、松子研匀，脱入食模而成。呈蜂狀，故名。北宋汪藻蜂兒行詩則謂土人唤蜜蜂爲「霜蜂」。「那知長安貴公子，酒酣咀爾不摇牙。登盤未辨羽與股，百金購買囊紅紗。」捕捉「霜蜂」充稀罕佳食，已登京都美食之殿堂，故採賣者、刻意仿作者紛紛。

〔九二〕**綿棖**

韓彦直橘録卷中綿橘：綿橘，微小，極軟美可愛，故以名。圃中間見一二樹，結子復稀。物以罕見爲奇，此橘是也。

張淏寶慶會稽續志卷第四果：根，越中固有，而剡爲多。張籍詩：「山路黄根熟，沙田紫芋肥。」真剡中風物也。梅聖俞詩：「越虀根熟久，楚飯稻春初。」

## 〔九三〕龍眼

梁克家淳熙三山志卷第四十一土俗類果實：龍眼一名益智，葉凌冬不凋，春末夏初生細白花，七八月實成，殼青黄色，圓如彈，肉白而甜，有大如錢者，人亦珍之，曝乾寄遠，亞於荔枝。

盧多遜、李昉開寶本草木部中品卷第十三：龍眼。味甘，平，無毒。主療五臟邪氣，安志厭食，除蟲去毒。久服强魂魄，聰察，輕身不老，通神明。一名益智。其大者似檳榔。生南海山谷。〔陶隱居云〕廣州別有龍眼，似荔枝而小，非益智，恐彼人別名，今者爲益智耳，食之並利人。

重修政和經史證類備用本草龍眼圖

〔唐本注云〕益智，似連翹子。頭未開者，味甘、辛，殊不似檳榔。其苗，葉、花、根與豆蔻無别，唯子小耳。龍眼一名益智，而益智非龍眼也。其龍眼樹，似荔枝，葉若林檎，花白色，子如檳榔，有鱗甲，大如雉卵，味甘、酸。

〔今注〕按此樹高二丈餘，枝葉凌冬不凋。花白色，七月始熟，一名亞荔枝。大者形似檳榔而小，有鱗甲，其肉薄於荔枝而甘美，堪食。本經云一名益智者，蓋甘味歸脾而能益智，非今益智子爾。

〔九四〕召白藕

談鑰嘉泰吴興志卷二十物産：蓮藕，爾雅：荷，芙蕖，其實蓮，其根藕。今鄉土多水泊，遶郭三二十里，多種之，夏月彌望如錦繡。芙蕖有紅、白兩種，紅者蓮腴而甜，藕硬而淡；白者蓮嫩而淡，藕瑩而甜。故鄉人以紅荷蓮、白荷藕爲貴。

蘇頌本草圖經果部卷第十六藕實：藕實莖，生汝南池澤，今處處有之。生水中，其葉名荷。謹按爾雅及陸機疏謂荷爲芙蕖，江東呼荷。其莖茄，其葉蕸加遐二音，或作葭，其本蔤士筆切，莖下白蒻音若在泥中者。其華未發爲菡萏，已發爲芙蓉。其實蓮，蓮謂房也。其根藕，幽州人謂之光旁，至深益大，如人臂。其中的，蓮中子，謂青皮白子也。中有青長二分爲薏，中心苦者是也。凡此數物，今人皆以中藥。藕生食，其莖主霍亂後虚渴煩悶，不能食及解酒食毒。花鎮心，益顔色，入香尤佳。荷葉止渴，殺蕈毒，今婦人藥多有用荷葉者。葉中蒂，謂之荷鼻，主安胎，去惡血，留好血。實主益氣。其的至秋，表皮黑而沉水者，謂之石蓮。陸機云可磨爲飯如粟飯，輕身益氣，令人强健。醫人炒末以止痢，治腰痛。又治噦逆，以實人六枚，炒赤黃色，研末，冷熟水半盞，和服，便止。惟苦薏不可食，能令霍亂。大抵功用主血多效，乃因宋太官作血衉，庖人削藕皮誤落血中，遂散不凝，自此醫家方用主血也。

〔文案〕京都譯注本考證「召白」爲「邵伯」，爲今江蘇江都縣湖之名。

## 〔九五〕甘蔗

潛說友咸淳臨安志卷之五十八物産果之品：甘蔗舊貢。今仁和、臨平、小林多種之，以土窖藏至春夏，可經年味不變，小如蘆者曰荻蔗，亦甘。

重修政和經史證類備用本草甘蔗圖

唐慎微重修政和經史證類備用本草卷二十三果部中品甘蔗：甘蔗音柘味甘，平，無毒，主下氣，和中，助脾氣，利大腸。陶隱居云：今出江東爲勝，廬陵亦有好者。廣州一種數年生，皆如大竹，長丈餘，取汁以爲沙糖，甚益人。又有荻蔗，節踈而細，亦可噉也。今按：别本注云：蔗有兩種，赤色名昆侖蔗，白色名荻蔗，出蜀及嶺南爲勝，並煎爲沙糖。今江東甚多，而劣於蜀者亦甚甘美，時用煎爲稀沙糖也。今會稽作乳糖殆勝於蜀，去煩止渴解酒毒。臣禹錫等謹按蜀本圖經云：葉似荻，高丈許，有竹、荻二蔗，竹蔗莖粗出江南，荻蔗莖細出江北，霜下後收莖，笮其汁爲沙糖，鍊沙糖和牛乳爲石蜜，並好。日華子云：冷，利大小腸，下氣痢，補脾消痰，止渴除心煩熱，作沙糖潤心肺，殺蟲解酒毒，臘月窨糞坑中，患天行熱狂人，絞汁服，甚良也。

洪邁容齋詩話八八：蔗有四色，曰杜蔗，曰芳蔗，曰西蔗，本草所謂荻蔗也，曰紅蔗，本草所謂昆侖蔗也。紅蔗止堪生啗，芳蔗可作沙糖，西蔗可作霜，色淺，土人不甚貴。杜蔗紫嫩，味極厚，專用作霜。凡蔗最困地力，今年爲蔗田者，明年改種五穀以息之。霜户器用，曰蔗削，曰蔗鐮，曰蔗凳，曰蔗輾，曰榨斗，曰榨牀，曰滚甕，各有制度。

成尋參天台五臺山記第一（延久四年四月）：十五日甲子：未時，梢工陳從志與甘蔗一枝，長四尺，口徑一寸，節三寸五分，皆齊在之，寸切吃汁，如未煎，極甘美也，吸取汁後，去捨。

談鑰嘉泰吴興志卷二十物産甘蔗：續圖經載：三都賦謂之諸蔗，本草甘庶注云：有兩種，赤色名昆侖蔗，白色名荻蔗，今土人亦種兩種。

〔九六〕**漉梨**

蘇頌本草圖經果部卷第十六梨：又江寧府信州出一種小梨，名鹿梨，葉如茶，根如小拇指，彼處人取其皮治瘡癬及疥癩，云甚效，八月採。近處亦有，但採其實作乾，不聞入藥。

葉庭珪海録碎事卷二十二下果實門鹿梨：鹿梨亦名鼠梨、山梨也。今人有種者，其味極甘美。

姚可成食物本草卷之八果部山果類：鹿梨一名山梨。江寧府信州一種小梨名鹿梨，葉如茶，根如小拇指。彼人取皮治瘡，八月採之。李時珍曰：山梨，即野梨也，處處有之。梨大如杏，可食。其木文細密，赤者文急，白者文緩。按陸璣云：鹿梨，齊郡堯山、魯國、河内皆有，人亦種之。實似梨而酢，亦有美脆味甘者。鹿梨味酸，澀，寒，無毒。煨食治痢。

〔文案〕「漉梨漿」見於西湖老人繁勝録，爲消暑佳水。

〔九七〕林檎乾

〔文案〕吕本中童蒙訓卷中記：滎陽公爲郡處，令公帑多蓄鰒魚諸乾物，及笋乾、簟乾以待實客，以減雞、鴨等物。此例可見宋製動物乾、植物乾之風氣。范成大吴郡志所述多種林檎，多可製乾。

〔九八〕枝頭乾

葉夢得石林燕語卷五：元祐初，用治平故事，命大臣薦士試館職，多一時名士，在館率論資考次遷，未有越次進用者，皆有滯留之歎。張文潛、晁無咎俱在其間。一日，二人閲朝報，見蘇子由自中書舍人除户部侍郎，無咎意以爲平，緩曰：「子由此除不離核。」謂如果之粘核者。文潛遽曰：「豈不勝汝枝頭乾乎？」聞者皆大笑。東北有果如李，每熟不得摘，輒便槁，土人因取藏之，謂之「枝頭乾」，故云。

〔九九〕芭蕉乾

周去非嶺外代答卷八花木門一七五蕉子：芭蕉極大者凌冬不凋，中抽一幹，節節有花如菡萏。花謝有實，一穗數枚，如肥皂，長數寸。去皮取肉，軟爛如緑柹，極甘冷。四季實。以梅汁漬，暴乾按匾，所云「芭蕉乾」是也。

梁克家淳熙三山志卷第四十一土俗類果實：蕉芭如菡萏，嫣紫而倒垂，左右挺弓駢其間，味甘清，嫣紫者爲佛指蕉，極香美爲牙蕉，曝乾可以寄遠，無實而花紅者爲紅蕉，白者爲水蕉。

〔一〇〇〕**榛子**

陳耆卿嘉定赤城志卷之三十六風土門果之屬：榛似栗而圓小，又有二種曰鉤栗，俗呼巢鉤。

〔一〇一〕**榧子**

高似孫剡録卷十草木禽魚詁下果榧：平泉草木記曰：木之奇者，稽山之榧。東坡詩：「彼美玉山果，粲爲金槃實。」玉山屬東陽，剡、暨接壤，榧多佳者，僧巽中棐湯詩：「久厭玉山果，初嘗新棐湯。」棐肉和以生蜜，水腦作湯，奇絶。其木宜製書几。

〔一〇二〕**諸般蜜煎**

蔡襄荔枝譜第六：福州舊貢紅鹽、蜜煎二種。慶曆初，太官問歲進之狀，知州事沈邈以道遠不可致，減紅鹽之數，而增白曬者。兼令漳、泉二郡亦均貢焉。蜜煎，剥生荔枝，榨去其漿，然後蜜煎之。予前知福州，用曬及半乾者爲煎，色黄白而味美可愛，其費荔枝減常歲十之六七。

〔文案〕六十年代初中華書局影印元至順刊行之南宋陳元靚新編纂圖增類群書類要事林廣記，日本

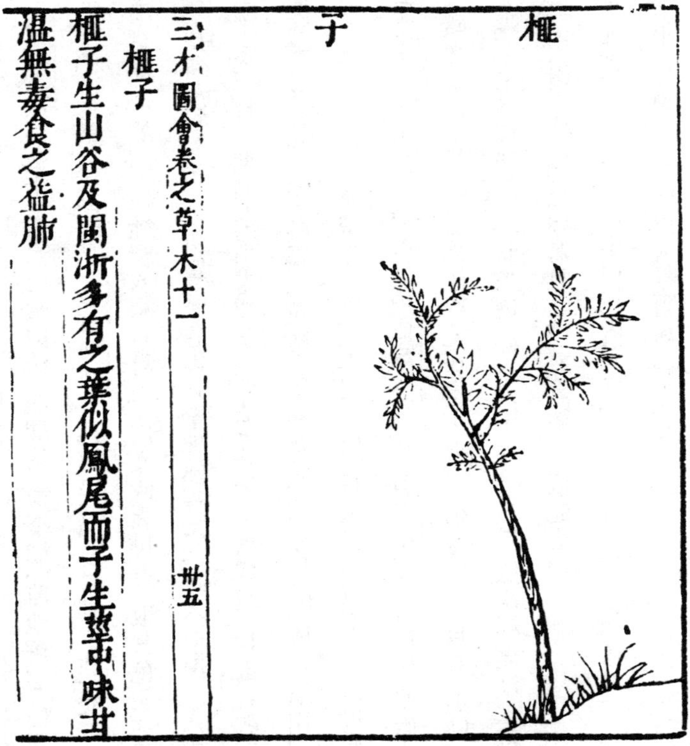

榧子

三才圖會卷之草木十一　卌五

榧子

榧子生山谷及閩浙多有之葉似鳳尾而子生莖中味甘温無毒食之益肺

三才圖會榧子圖

元禄十二年(1699)京都今井七郎兵衛、中野五郎左衛門翻刻元泰定二年新編群書類要事林廣記，兩本均記煎荔枝，又記諸般蜜煎：造蜜煎法、乾蜜煎法、煎酸果、煎金橘、煎地黄、煎桔梗、煎櫻桃，大體無差，小異者，元至順本多桃、杏、藕。均同者：造蜜煎訣：凡煎果，最要遂其本性，酸苦辛硬，隨性製之畢，以半蜜半水煮十數沸，乘熱控乾，別換純蜜入銀石銚内，用文武火再煮，取其色明透爲度，入新缸盛貯，緊蜜封窨，勿令生蟲，更須時復看視，才覺蜜酸，急以新蜜煉熟，易之，雖久不損。

換蜜煎法：（文案：日本翻刻泰定本爲乾蜜煎法）此法切須擇蜜，凡蜜有數等，春爲百花蜜，其蜜雜以乳蜂，色渾而味酸，又作腥氣。冬爲稻花蜜，色如凝脂，味亦易酸，皆不堪用，須擇真純夏蜜乃佳。應於果子如常法，煎訖，隨手控去熟蜜，換生夏蜜，浸入瓶，日久自然凝潔，乾净可愛。

煎酸果法：（文案：日本翻刻泰定本爲造蜜煎法）凡煎果子，酸者用樸硝破水，大段硬酸者，用湯化，樸硝放冷浸去酸味，軟酸者，只煉蜜，放冷澆在果子，淹一宿，其酸味自去，煎時須用銀石銚爲佳。

煎金橘法：金橘大者，鏤開，以法酒煮透，候冷，用針挑去核，捺遍瀝盡汁。每一斤用蜜半斤，煎去酸水苦汁，控出，再用蜜半斤，煎入，瓷器收之。煎橙橘，一依此法。

煎地黄法：生地黄根肥壯者，四兩白梅，肉半斤，同以水煮，不可爛，竹刀子去皮，再用甘草二兩浸水，煮一時後，入蜜半斤，慢火煎，取出入罐再煉，蜜候冷浸之。

煎桔梗法：桔梗揀均大者，米泔浸，去皮及爛者，以井水煮，取出，以蜜四兩，慢火煎，蜜盡爲度，再用蜜半斤重浸，日中曬乾爲度，以瓷罐收貯，若乾，再煉蜜添之。

煎櫻桃法：櫻桃不以多少，挾去核，銀石器内，先以蜜半斤，慢火熬煎，出水，控向筲箕中，令乾，再入蜜二斤，慢火煎，如琥珀色爲度，放冷，以瓷器收貯之爲佳也。

煎荔枝法：荔枝和皮曬。一日頻一番轉，令匀。次日，取肉，每一斤用白蜜一斤半，於銀石器内，慢火煎百十沸，却以文武火養一日，瓷缽攤開，於日中曬，蜜濃也。

小異者（中華書局影印元至順本）煎桃杏：杏，一百個，鹽半斤，淹三日出，曬半乾，冷水洗過，曬乾，去核，熟蜜三斤浸，曬蜜乾爲度。桃一百個，去皮核，切作片子，先以蜜去酸水，然後用别蜜煎，澇去灑乾，方收之。

煎藕：初秋，藕新生者，湯内焯，令五分熟，去皮切作條子，每一斤用白梅四兩，浸汁一大碗，放令冷浸一時辰，澇出控乾，用蜜六兩，去鹵水，别蜜十兩，慢火煎放，令入罐。

〔一〇三〕**罐子黨梅**

〔文案〕罐子黨梅爲梅之别種。即如段公路北户録卷三紅梅所記：嶺北紅梅，選其大梅，刻鏤瓶、罐結帶之類。取梅汁漬之，亦甚甘脆。又段公路引鄭公虔云：因鳥莀國之婆芙迦木，其子如升大，花披之時，「人即雕畫瓦罐承花，候其子長滿罐中，即破而取之，文彩彬煥，與畫罐相類」。所謂「雕畫瓦罐」。「猶中國鏤梅」，即以梅鏤罐，所謂「罐子黨梅」是也。

## 〔一〇四〕柿膏兒

寇宗奭本草衍義卷之十八柿：有着蓋柿，於蔕下别生一重，又牛心柿，如牛之心。蒸餅柿。如今之市買蒸餅。華州有一等朱柿，比諸品中最小，深紅色。又一種塔柿，亦大於諸柿，性皆凉，不至大寒，食之引痰，極甘，故如是，去皮，挂大木株上，使風日中自乾，食之多動風火，乾者味不佳，生則澀，以温水養之，需澀去可食。逮至自然紅爛，澀亦自去，乾則性平。

〔文案〕柿熟製爲膏，先將柿洗浄，切絲榨汁，加糖漿、蜂蜜，鍋中熬煮再過濾，傾入罐、瓶。膏之成序與清嘉慶創製「秋梨膏」無甚大異。

## 〔一〇五〕香藥小元兒

〔文案〕元者，丸也。香藥小丸兒爲泛稱，以香藥配料製成小丸子，如許國楨御藥院方言：如梧桐子、豌豆、榛子、櫻桃、彈子、小豆、緑豆、麻子等類之大，爲飲食期間必備爽口順氣之食。其用如韓弈易牙遺意食藥類所述：透頂香、硼砂丸、甘露丸、豆蔻丸、橄欖丸、丁香煎丸、蓽澄茄丸等，其用或辟化惡氣，清口舒脈，醒酒降火，生津止渴，或悦澤顔色，補益脾胃，除臭解勞，進美飲食，如洪芻香譜窨酒龍腦丸：龍麝研細末，蜜爲丸，和如櫻桃大，一斗酒置一丸於中，封密，三五日開飲，其味香美。又如周嘉胄香乘：豆蔻香身丸：丁香、青木香、藿香、甘松各一兩。白藏、香附子、當歸、桂心、檳榔、豆蔻各半兩。麝香少許，右爲細末，煉蜜爲劑，入少酥油，丸如梧桐子大。每服二十丸，逐旋噙化咽津，久服，令人身香。所謂「香藥小丸兒」，大致如是。

〔一〇六〕**小臈茶**

陳元靚新編群書類要事林廣記癸集卷之十造臈茶法：細茶不拘多少，重蒸過焙乾，細碾，煮精米，膠和，令微潤，於茶模子上，以木槌令實，焙乾片子方收之。

孫昇孫公談圃卷中：曾魯公七十餘，苦痢疾，鄉人陳應之用水梅花、臈茶服之，遂愈。

〔一〇七〕**鵬沙元**

韓奕易牙遺意卷下食藥類硼砂丸：片腦五分，射香六分，硼砂五分，寒水石六兩，甘草膏丸，硃砂一錢五分爲衣。

高濂遵生八箋卷十三法製藥品類硼砂丸：片腦五分，射香四分，硼砂二錢，寒水石六兩，甘草膏丸，硃砂四錢爲衣。

〔一〇八〕**猪羊荷包**

〔文案〕賈思勰齊民要術有「雞鴨子餅」製法：「破，寫甌中，不與鹽。鍋鐺中膏法煎之，令成團餅，厚二分。全奠一。」此爲荷包蛋之煎法，移之於「猪羊荷包」，亦相類：用猪羊細碎肉屑，攤於鍋鐺之中，成團餅即荷包之形。每份一個。或作襯菜。若宋詡竹嶼山房雜部卷二「猪肉餅三製」最明，其制爲丸餅形，以肉泥雜以藕末，或外包以緑豆粉皮，内包以或去殼或炒熟之芝腐、豆腐、山藥、生竹筍、蒸果、蒸蔬、鮮菱肉、豇豆、雞頭莖。醬油同香油煎熟。「羊荷包」與此同法。

〔一〇九〕**燒肉乾脯**

顧仲養小録卷之下肉之屬肉脯：訣曰：一斤肉切十來條，不論猪羊與太牢。大盞醇醪小盞醋，葱椒茴桂入分毫。飛鹽四兩稱來準，分付庖人慢火燒。酒盡醋乾方是味，味甘不論孔聞韶。

〔文案〕此與元居家必用事類全集「脯法」三歌訣大同小異，足見燒肉乾脯自宋傳之久遠。

〔一一〇〕**玉板鮓**

樓鑰玉板鮓次陸子元郎中韻：鱘黄不減鯨與鱣，逆風鼓鬣噴腥涎。漁人不顧浪如山，談笑坐致扁舟前。一鈎香餌不得去，何用大網相牽纏。揮刀紛紜臠肉骨，巨口噞喁誠可憐。珍鮓萬甕不論錢，頭顱萬里頳行肩。星郎日參玉板禪，頗厭蔬食供盤筵。尚書親作孟宗寄，坐覺匕箸生春妍。却笑多事張茂先，光怪異説空十年。

陳元靚新編群書類要事林廣記癸集卷之十玉板鮓：鯉魚大者，取浄肉，隨意切片，每斤用鹽一兩，淹過宿，漉出，控乾，入川椒、馬芹、蕪荑、阿魏、□葉、熟油半兩、酸醋一盒、粳飯三兩匙，再入鹽少許調和，入瓶。

劉基多能鄙事卷之一鮓法：青魚、鯉魚，大者皆可，取浄肉隨意切片，每一片用鹽一兩，淹過夜，控乾，入川椒、□□、生薑、橘皮絲、葱絲、熟油半兩、橘葉數片、茴香少許、硬飯三兩匙，再入鹽少許調和，箬封泥固。

〔一二〕**片醬**

陳元靚新編群書類要事林廣記癸集卷之十白魚片醬：白魚事治了，揩乾作大片批開，每魚五斤，入鹽半斤、青椒、紅麴、蒔蘿、米黄一升半，生葱不拘多少，切□，生油二兩，和匀，同入罐，封窨。先用鹽半兩，淹出水。

〔文案〕據厲荃原輯、關槐增編事物異名録卷十五飲食部鮓録苑詳注：江、淮間，以鰉、鱘魚爲鮓，名曰片醬。又曰玉板鮓。依此驗之「玉板鮓」、䰾鮓、片醬之類，語序吻合。非諸食譜所記製醬「切片」之俗稱。

〔一三〕**煎魚、鴨子**

賈思勰齊民要術卷第八脏腤煎消第七十八蜜純煎魚法：用鯽魚，治腹中，不鱗。苦酒、蜜中半，和鹽漬魚；一炊久，漉出。膏油熬之，令赤。渾奠焉。

鴨煎法：用新成子鴨極肥者，其大如雉，去頭爛治，却腥翠五藏，又浄洗，細剉如籠肉，細切葱白，下鹽豉汁，炒令極熟，下薑椒末，食之。

〔一三〕**炒雞兔**

〔文案〕炒雞，諸食譜甚多。林洪山家清供黄金雞曾言之：「有如新法川炒等製。」川炒者，即劉基多能鄙事川炒雞：「每只治浄，切作事件。煉香油三兩炒，内入葱絲、鹽半兩。炒七分熟，以醬一匙同研爛胡椒、茴香，入水一大碗，下鍋煮熟。加好酒少許。」或又見袁枚隨園食單：梨炒雞、炒雞片、炒雞丁、栗子炒雞。兔與雞並列則少見，獨炒則有之，如童岳薦調鼎集炒兔絲：「切細絲，加筍、醬油、醋炮炒。」或炒雞、兔法同，故並列言之，如宋詡竹嶼山房雜部：兔製皆可仿羊製。如前注「炒兔」也。

〔二四〕煎燠肉

賈思勰齊民要術卷九作脖奥糟苞第八十一作奥肉法：先養宿猪令肥，臘月中殺之。攣訖，以火燒之令黄，用暖水梳洗之，削刮令浄。刳去五藏。猪肪燭取脂。肉臠，方五六寸作，令皮肉相兼。着水令相淹漬，於釜中燭之。肉熟水氣盡，更以向所燭肪膏煮肉。大率脂二升，酒三升，鹽三升，令脂渡没肉。緩水煮半日許，乃佳。漉出甕中。餘膏仍瀉肉甕中，令相淹漬。食時，水煮令熟，而調和之，如常肉法。尤宜新韭。新韭爛拌，亦中炙啗。其二歲猪，肉未堅，爛壞，不任作也。

〔文案〕燠肉似過油之肉，加之淹漬，耐久，食時可煎，亦可他作。卷四食店「煎燠肉」亦同。

〔二五〕梅汁

章穆調疾飲食辯第一卷總類梅汁：古作楳，又作梟，又作某，象子在木上之形。後人作梅。然書之鹽梅，詩之標梅，皆從木、每，則其來亦古矣。爾雅曰：梅，柟。孫炎正義曰：荆州曰梅，揚州曰柟。綱目曰：梅實酢，可以媒合衆味，故名梅。書曰：若作和羹，爾維鹽梅。埤雅曰：梅入北方變爲杏。故詩疏曰：杏類也。此説殊不然。橘逾淮而爲枳，形既相似，花、實又復同時，謂之同類則可。梅、杏形既不似，花、實早晚更極相懸。杏花在開桃花之殿，梅花早者初冬即放。宋人句曰「十月先開嶺上梅」，遲亦不過冬至前後。杜工部冬至詩曰：「岸容待臘將舒柳，山意沖寒欲放梅。」惟其受氣各殊，故榮枯節候各異。徒以其變杏謂爲同類，則物之易地、易時而變者，多不可以理測，如雀蛤、雉蜃、鼠鴽之屬，皆可云同類乎？至因梅字，謂反梅爲杏，反杏爲梅，尤爲拘泥。范石湖梅譜曰：江梅不經栽接，花小而香，子小而硬；消梅多液無渣；緑萼梅枝跗皆緑；重葉梅枝葉重疊，結實多雙；紅梅花紅如杏；杏梅色淡，實扁而斑；鴛鴦梅一蒂雙實。雖種類甚多，惟白花、單瓣者結子最繁。至於花色，俗競繁華，惟紅梅是艷。不知白花五出者，玉骨冰肌，寒香冷艷，其品尤絶高也。高青邱詩曰：「瓊姿只合在瑶臺，誰向江南處處栽。雪滿山中高士卧，月明林下美人來。」林和靖詩曰：「疏影横斜水清淺，暗香浮動月黄昏。」逸韻孤芳，夐乎不可尚已。

其子充果，可以香口，然味太酸，極不益人。日華本草曰：多食損齒傷筋（素問曰：酸走筋），蝕脾胃（梅能消肉，本經曰：去死肌，蝕惡肉。脾主肌肉，故外消肌肉者，必内傷脾胃），發膈上痰熱（酸則聚飲，故發痰。酸爲木味，木生火，故發熱）。蜜餞，糖藏皆不爲美。熱病及表病人切忌。作飲代茶，不可過酸。拾遺曰：能收斂肺氣，凡久嗽、久痢宜之（同乾薑止冷痢，同黄連止熱痢）。又生津止渴，凡霍亂吐下、心煩，及受暑吐瀉、汗出但渴者，皆津液受傷也，無不宜之（同粳米或糯米煮汁，米熟爲度）。病止即停，不宜過飲。惟暑月力作，及注夏人汗常大泄，不拘粥飲。茶湯中用數枚同煮，微帶酸味，長飲極佳。入藥：烟熏爲烏梅，鹽醃爲白梅。能制蟲，仲景治蛔厥，食鑒本草治蛔蟲上行，皆用之。又拾遺用止吐逆，濃汁頻飲一匕，又湧吐去涎。聖濟總録用治喉痹乳蛾：白梅去核，包白礬半分，含汁。甚者加炒鹽、牙皂末各少許，搗爲丸，噙汁咽。又蝕瘡瘍久爛，死肌惡肉，劉涓子鬼遺方用烏梅燒存性，研敷。又止血，聖惠方治血痢腹痛：烏梅肉、黄連末同搗爲丸，米飲下。食療本草治血崩不止：烏梅肉燒存性，研米，飲下。又治小便溺血，方同上，酒下。又解魚毒、硫黄毒（水煎濃汁）。又圖經治乳癰腫毒，食物本草治刀傷血出，均用白鹽梅搗敷。又刺在肉中，搗敷即出。深不能出，亦不作膿（出食療本草）。又解馬汗入瘡毒，刺破，擠去紫血，烏梅和醋搗敷（出經驗方）。又開牙關緊閉，凡中風、驚癇、喉痹、痰厥等症，牙關不開，藥不能入，梅肉擦牙齦，涎出即開。其葉，夏月衣生黴點，煎湯洗即去（並出綱目）。春夏山水暴漲，飲之令人吐瀉，頭痛惡寒，心煩拘急，日輕夜重，梅葉搗汁，和開水頻飲（出肘後方）。

〔一一六〕血羹

陸游老學庵筆記卷七：建安陳氏享先，用肝串子、猪白割、血羹、肉汁。皆世世守之，富貴不加，貧賤不廢也。

賈思勰齊民要術卷第八羹臛第七十六作羊盤腸雌斛法：取羊血五升，去中脈麻跡，裂之。細切羊胳肪二升，細切薑一觔。橘皮三葉，椒末一合，豆醬一升，豉汁五合，麵一升五合，和米一升作糝。都和合。更以水三升澆之。解大腸，淘汰，復以白酒一過，洗腸中屈申。以和灌腸。屈，長五寸，煮之。視血不出，便熟。寸切，以苦酒醬食之也。

〔二七〕**粉羹**

章岳薦調鼎集卷三特牲部羊羊血羹：腐皮、筍衣、胡椒末、豆粉、豆腐絲、血絲、醋、醬油、原汁作羹。

林洪山家清供卷下石榴粉銀絲羹附：藕截細塊，砂器内擦稍圓，用梅水同胭脂染色，調緑豆粉拌之，入雞汁煮，宛如石榴子狀。又，用熟筍細絲，亦和以粉煮，名銀絲羹。此二法，恐相因而成之者，故並存。

〔二八〕**掩映**

〔文案〕許政揚宋元小説戲曲語釋謂「掩映」或者「遮映」，並屬重言，止是隱藏，遮藏之意。「掩映」與「遮」字互文，意相同。「掩映」亦「藏」義。

〔二九〕**穩便**

〔文案〕宋人筆記小説常見「穩便」。若志誠張主管：「即時邀入酒店一個穩便閣兒坐下。」

# 幽蘭居士東京夢華録卷之三

## 馬行街北諸醫鋪

馬行北去，乃小貨行，時樓，大骨傳㊀藥鋪，直抵正係舊封丘門，兩行金紫醫官〔一〕藥鋪，如杜金鈎家〔二〕、曹家獨勝元〔三〕、山水李家〔四〕口齒咽喉藥〔五〕、石魚兒班防禦、銀孩兒栢郎中家醫小兒〔六〕、大鞋任家産科〔七〕。其餘香藥鋪席，官員宅舍，不欲徧記。夜市比州橋又盛百倍，車馬闐擁，不可駐足，都人謂之「裏頭」〔八〕。

［校］

㊀京都譯注本謂「傳」應爲「傅」，確。

［注］

〔一〕金紫醫官

趙昇朝野類要卷三爵禄伎術官服色：醫官並太史官，謂之文官頭、武官尾。蓋初入仕着緑，及格則換紫並紅鞓帶，又及和安春官大夫，則或特轉之類，而醫官有特賜金帶者。

江少虞宋朝事實類苑卷第四十八占相醫藥太宗校醫人：賈黄中爲禮部侍郎兼起居監察，中風眩卒。太宗悼惜之，切責諸醫，大搜京城醫工，凡通神農本草、黄帝難經、素問及善針灸藥餌者，校其能否，以補翰林醫學及醫官院祗候。

孔平仲談苑卷一：京師語曰：「宣醫喪命，勑葬破家。」蓋所遣醫官云某奉勑來，須奏服藥加減次第，往往必令餌其藥，至死而後已。勑葬之家使副洗手帨巾，每人白羅三疋，它物可知也。元祐中韓康公病革，宣醫視之，進金液丹，雖暫能飲食，然公老年，真氣衰不能制客陽，竟以薨背。朝廷遣使問後事，病亂中誤諾勑葬，其後子侄辭焉。

司馬光奏議卷十二醫官第二劄子：臣亦聞曏者朝廷選醫官數人，皆委近臣，試以難經、素問，考其通粗，取合格者以爲侍醫。亦有不試而使與安道等雜處共事者。夫良醫由性識敏達，以平生所治之人，考其得失，探其精粹，得之於心，未必皆讀古書也。亦猶誦詩書者，豈盡能治民？讀孫吴者，豈盡能行兵？今以難經、素問試之，是徒得記誦之人，未嘗得醫人也。安道等久在醫局，專利忌能，交結貴近，更相黨庇。使外方新進醫人與之共處，豈敢展其胸臆，施其方術哉。是以一概混同，而久不見功也。今若精擇一人，使之專診御脈，旬月之間，考其應驗。有功則加以重賞，無功則俟以嚴刑。則術精者得盡其力，術疏者不敢濫進矣。

洪邁容齋三筆卷第十六醫職冗濫：神宗董正治官，立醫官，額止於四員。及宣和中，自和安大夫至翰林醫官，凡一百十七人，直局至祗候，凡九百七十九人，冗濫如此。三年五月始詔大夫以二十員，郎以三十員，醫效至祗候，以三百人爲額。而額外人免改正，但不許作官户，見帶遥郡人並依元豐舊制，然竟不能循守也。

葉時禮經會元卷二上醫官：天官自宰夫而下第一項是宫官，所以防肘腋之變，而弭之於無形之始。第二項是食官，所以保身體之安，而養之於無事之日。第三項是醫官，所以全性命之正，而藥之於無病之時。三者體統雖殊，而脈絡則一，皆關國本民命之大者。

〔文案〕所謂金紫者，乃宋以前金印紫綬也。金爲金飾魚形袋珮於公服，用以分貴賤；紫則以色別官職之大小，三品以上爲紫色。受賜金紫則榮莫大焉。醫官因其隨侍皇帝左右，易享金紫隆遇而得名。

〔二〕**杜金鈎家**

洪邁夷堅三志辛卷第十鬼殺高二：饒州城内德化橋民高屠，世以售風藥爲業，手執叉鈎，牽一黑漆木猪以自標記，故得屠之名。

洪邁夷堅丁志卷第十徐樓臺：當塗外科醫徐樓臺，累世能治癰癤，其門首畫樓臺標記，以故得名。

〔文案〕宋城售藥者多以標記爲招，以醒目争病者，聊舉夷堅志二則，可推見「杜金鈎家」之一斑。

〔三〕獨勝元

盛如梓庶齋老學叢談卷四：放翁與村鄰聚飲詩：「蟹供牢九美，魚煮膾殘香。」自注：聞人懋德言，餅賦中所謂牢九，今包子也。又有食野味包子詩：「疊雙初中鵠，牢九已登盤。」或謂牢九者，牢丸也，即蒸餅。宋諱丸字，去一點，相承已久。

〔文案〕獨勝丸類，王碩易簡方所舉市肆常賣丸藥一十種者，若蘇合香丸、感應丸、消暑丸、紅丸子、青州白丸子、大已寒丸等，或治上盛下虚，霍亂、中暑，或治脾積氣、婦人血痛、小兒驚風；或痰飲，久寒喘急，或清目，飲食難化……凡倉卒之病，易療之疾，靡不悉具。其源於東京衆醫所聚，百藥所備，以丸藥最便。獨勝丸雖不見載諸方，然王碩易簡方所載諸丸藥亦可見獨勝丸爲大衆常備丸藥，以頗具功效而享名。

〔四〕山水李家

無名氏宣和畫譜卷十一山水二：自成歿後，名益著，其畫益難得。故學成者皆摹仿成所畫峰巒泉石，至於刻畫圖記名字等，庶幾亂真，可以欺世。然不到處，終爲識者辨之。第名之不可掩而使人慕之如是，信公議所同焉。或云又兼善畫龍水，亦奇絶也，但所長在於山水之間，故不稱云。今御府所藏一百五十有九：

重巒春曉圖四　煙嵐春曉圖二　夏山圖二　夏景晴嵐圖二　夏雲出谷圖四　秋山圖三　秋山静釣圖一　冬晴行旅圖二　秋嶺遥山圖二　山鎖秋嵐圖二　冬景遥山圖二　密雲待渡圖二　江山密雪圖三　林石雪景圖三　羣山雪霽圖三　雪麓早行圖一　雪溪圖二　雪峰圖一　愛景晴嵐圖三　愛景寒林圖三　寒林圖八　寒林獨玩圖一　奇石寒林圖二　巨石寒林圖四　嵐煙晚晴圖三　煙嵐曉景圖七　晴嵐曉景圖八　嵐光清曉圖二　曉嵐平遠圖二　曉景雙峰圖二　闊渚晴峰圖二　曉嵐圖一　晴嵐圖二　晴巒圖二　晴巒平遠圖三　晴巒蕭寺圖二　晴峰霽靄圖一　晴江列岫圖一　横峰曉霽圖三　峻峰茂林圖一　喬木蕭寺圖一　長山平遠圖二　古木遥岑圖四　霧披遥山圖三　山陰磨溪圖二　高山圖三　平遠圖一　雙峰圖三　山腰樓觀圖三　讀碑窠石圖二　煙峰行旅圖二　遠浦遥岑圖一　煙波漁艇圖一　江山漁父圖一　亭泉松石圖一　秀峰圖一　平遠窠石圖一　起蟄圖一　大寒林圖四　小寒林圖二　山谷晴嵐圖二　江皋群峰圖三　老筆層峰圖二　群峰灌木圖二　春山早行圖三　春雲出岫圖二

趙希鵠洞天清録名畫辨李營丘：營丘作山水，危峰奮起，蔚然天成，喬木倚磴，下自成陰，軒暢閒雅，悠然遠眺，道路深窈，儼然深居。用墨頗濃，而皴散分曉。凝坐觀之，雲煙忽生，澄江萬里，神變萬狀。予嘗見一雙幅，每對之，不知身在千巖萬壑中。

〔五〕**口齒咽喉藥**

洪遵洪氏集驗方卷第一牙藥：香附子五兩□　右以生薑三兩研，和滓汁，浸香附子三夕，炒焦黑存性，爲末，以青鹽二錢，拌勻揩牙。

許國楨御藥院方卷之九治咽喉口齒門嗽口沉香散：治牙槽熱毒之氣沖發，齒齗腫痛，或瘡，或差，或發，並宜服之。香附子八兩　沉香　升麻各一兩　華細辛半兩　右爲細末，每用二錢，水一大盞同煎至三兩沸，去滓温漱，冷吐，誤嚥不妨，不計時候，日用三四次。

咽喉碧玉散：治心肺積熱上攻，咽喉腫痛閉塞，水漿不下，或生喉癰，重舌、木舌腫脹，並宜服之。青黛　盆消　蒲黄　甘草末各一兩　右同研勻細，每用藥少許，乾摻在咽，嚥內，細細嚥津，綿裹噙化亦得。若作丸，沙糖和丸，每兩作五十丸，每服一丸，噙化，嚥津亦得。

**〔六〕醫小兒**

吴彦夔傳信適用方卷下治小兒衆疾：三和散，治小兒吐，利津液燥少　茯苓壹錢　烏梅肉半錢　木瓜半錢　右爲細末，每服半錢，水半盞，煎至叁分，温服。

姑熟李氏小兒保生要方：治小兒吐瀉初定，當服醒脾散。　天南星沸湯浸洗柒遍　右壹味，爲細末，壹歲兒每服半錢匕，以河水柒分盞，冬瓜子柒粒，同煎至叁分，温服不拘時候。

〔文案〕宋之錢乙因善治小兒天花、麻疹、驚風、疳積，而獨享「兒科聖手」大名，然似錢乙善醫小兒者甚衆，上舉二例僅見一斑。清明上河圖亦證：一門前一挑子，上書「專治小兒科」，堂內坐一郎中，旁一人攜一小兒，小兒約怕郎中，欲脱跑走，風趣畢現。另一門首挂「小兒科」招牌，數人站立向內觀望。

此爲宋小兒醫學盛況之投影。

〔七〕**大鞋任家産科**

熊夢祥析津志風俗：又有穩婆收生之家，門首以大紅紙糊篾筐大鞋一雙爲記，專治婦人胎前産後一應病證，並有通血之藥。而生産之家，門懸草圈，上繫以紅帛，則諸人不相往來。

〔八〕**裏頭**

顔湣楚俗書證誤：裏從二，從重非。

朴通事諺解附録單字解：裏，内也。裏頭，内裏。又閾内，亦曰裏頭，又曰内裏。又處也，這裏那裏。又語助，去裏，有裏，通作裏俚哩。

〔文案〕「裏」爲宋人好用俗語，多以此冠之於方位，若本書「裏瓦子」，夢粱録「裏沙河」，武林舊事「裏湖」等。

## 大内西右掖門外街巷

大内西去，右掖門祆㈠廟，直南浚儀橋，街西尚書省東門，至省前横街，南即御史臺，西即郊社。省南門正對開封府後墻，省西門謂之西車子曲，史家瓠羹〔二〕、萬家饅頭〔三〕在京第一〔三〕。次曰吴起廟。出巷乃大内西角樓大街，西去踴路街〔四〕，南太平興國寺後門，北對啓聖院，街以西殿前司，相對清風樓〔五〕、無比客店〔六〕、張戴花洗面藥〔七〕、國太丞、張老兒、金龜兒〔八〕、醜婆婆〔九〕藥鋪、唐家酒店，直至梁門，正名闔閭。出梁門西去，街北建隆觀，觀内東廊于道士賣齒藥，都人用之。街南蔡太師宅，西去州西瓦子，南自汴河岸〔一〇〕，北抵梁門大街亞其裏瓦，約一里有餘，過街北即舊宜城樓。近西去金梁橋街，西大街荆筐兒藥鋪〔一一〕，棗王家金銀鋪。近北巷口熟藥惠民西局〔一二〕。西去甕市子，乃開封府刑人〔一三〕之所也。西去蓋防禦藥鋪、大佛寺。都亭西驛，相對京城守具所。自甕市子北去大街，班樓酒店，以北大三橋子至白虎橋，直北即衛州門。

## [校]

㈠「祆」，據王雱字書誤讀：祆廟，祆音軒，誤妖。

## [注]

〔一〕**史家瓠羹**

[文案]卷一注「瓠」最爲佳蔬，烹飪無不宜者。其爲羹，食店爲之成專門，必美味也。

〔二〕萬家饅頭

宋話本宋四公大鬧禁魂張：只見汴河岸上，有個饅頭店。門前一個婦女，玉井欄手巾勒着腰，叫道：「客長，吃饅頭點心去。」門前牌兒上寫着：「本行侯家，上等饅頭點心。」

黄休復茅亭客話卷九鬻饅頭：新繁縣李氏，失其名，家養蠶甚多。將成，值桑大貴，遂不終飼而埋之，鬻其桑葉，大獲其利，將買肉麵歸家造饅頭食之。

葉夢得避暑録話卷下：有言窮書生不識饅頭，計無從得。一日見市肆有列而鬻者，輒大呼仆地。主人驚問，曰：「吾畏饅頭。」主人曰：「安有是理。」乃設饅頭百許枚，空室閉之。徐伺於外，寂不聞聲。穴壁窺之，則以手搏撮食者過半矣。

顧文薦負暄雜録饅頭：湯餅，唐人謂之不托，今曰餺飥。晉束皙餅賦有「饅頭薄特，起溲牢丸」。今惟饅頭名猶存，而起溲牢丸莫曉何物。薄特，荀氏云：薄夜。亦莫知爲何物。予見京師餅鋪有一等餅，名薄脆者，恐亦所自也，饅亦作槾。

〔三〕在京第一

劉攽中山詩話一二：李絢公素有詩贈同姓人曰：「吾宗天下著。」王勝之輒取注之曰：「居甘泉者以謳著，京師名倡李氏居甘泉坊，善謳。賣藥者以木牛著，京師李家賣藥，以木牛自表，人呼爲李木牛。圍棋者以憨著，李乃國手，而神思昏濁，人呼爲李憨子。裁幞頭者以拗著，李家幞頭，天下稱善，而必與人乖剌，歲久自以拗李呼。作詩者以豁達著。」豁達老人喜爲詩，所至輒自題寫，詩句鄙下而自稱豁達李老。嘗書人新素墻壁，主人憾怒，訴官杖之，拘執使市石灰更杇漫訖，告官乃得縱舍，聞者哂之。此數人因勝之有云，遂自託不朽。

太平老人袖中錦天下第一：監書、内酒、端硯、洛陽花、建州茶、蜀錦、定磁、浙漆、吴紙、晉銅、西馬、東絹、契丹鞍、夏國劍、高麗秘色、興化軍子魚、福州荔眼、温州掛、臨江黄雀、江陰縣河豚、金山鹹豉、簡寂觀苦筍、東華門把鮓、京兵、福建出秀才、大江以南士大夫、江西湖外長老、京師婦人，皆爲天下第一，他處雖效之，終不及。

俞炎爐火監戒録：京師蠻家金肆，天下第一，往市之無疑。

〔文案〕第一常用于宋詞，如柳永鬥百花「宫中第一妖嬈」，張先熙州慢「武林鄉，占第一湖山」，晏幾道采桑子「寒雁來時，第一傳書慰别離」等。「在京第一」則係瓠羹、饅頭而言，然京師第一甚多非止此二者，故注之以求其互證。

〔四〕**踴路街**

〔文案〕京都譯注本謂踴路即甬道。類於漢時兩側建立墻壁之道路。

〔五〕**清風樓**

司馬光和孫器之清風樓：賢侯宴枚馬，歌鼓事繁華。晚吹來千里，清商落萬家。平原轉疏雨，遠樹隔殘霞。宋玉雖能賦，還須念景差。

〔六〕**無比客店**

陳長方步里客談卷上：吕正獻初喜邢恕，聞恕到京，訪之旅邸中。

宋話本趙伯昇茶肆遇仁宗：不則一日，來到東京。遂入城中，觀看景致。只見樓臺錦繡，人物繁華，正是龍虎風雲之地。行到狀元坊，尋個客店安歇，守待試期。

董弅閑燕常讀：政和中，何執中爲首臺，廣殖資産，邸店之多，甲於京師。

上官融友會談叢卷上：故滄州節度使米信，本銀下部落，以軍功累官至加節鉞，纖嗇聚斂，爲時所鄙。京師龍和曲築大第，外營田園，内造邸舍，日入月算，何啻千緡。

宋話本福禄壽三星度世：走入城中，見一人家門首，挂着一面牌，看時，寫着「顧一郎店」。本道向前問道：「那個是顧一郎？」那人道：「我便是。」本道道：「小生和家間爹爹説不着，趕我夫妻兩口出來，無處安歇，問一郎討間小房，權住三五日。親戚相勸，回心轉意時，便歸去，却得相謝。」顧一郎道：「小娘子在那裏？」本道叫：「妻子來相見則個。」顧一郎見他夫妻兩個，引來店中，去南首第三間房，開放房門，討了鑰匙。本道看時，好喜歡。當日打火做飯吃了，將些金珠變賣來，買些箱籠被卧衣服，在這店中約過半年。

張師正倦遊雜録無比店與有巴樓：參政趙侍郎宅，在東京麗景門内，後致政，歸睢陽舊第。宋門之宅，更以爲客邸，而材植雄壯，非邸可比，時謂之「無比店」。李給事師中保釐西京，時駝馬市有人新造酒樓，李乘馬過其下，悦其壯麗，忽大言曰：「有巴。京師諺語以美好爲有巴。」時人對曰：「梁苑叔平無比店，洛陽君賜有巴樓。」

〔文案〕：麗景門即汴京東門，俗稱舊宋門，趙侍郎宅所改無比客店自應在麗景門内。然夢華録所載無比客店却在大内以西，方位絶異。意汴京無比客店非止一家，蓋因其雄壯，故凡客邸，皆流行以無比自稱，因將有關汴京客邸資料彙集於此。

## 〔七〕洗面藥

許國楨御藥院方卷之十洗面藥門：無皂角洗面藥：藿香葉　白芷　藁本　檀香　瓜蔞根　楮桃兒　白茯苓　防風已上各一兩　甘松　零陵香　茅香各二兩半　丁香一兩　麝香研，三錢　沉香一兩　黑牽牛四兩　赤小豆三兩　川芎一兩　糯米一升　右爲細末。

御前洗面藥：糯米一升，碾作粉子　黄明膠一兩，炒成珠子　大皂角火炮，去皮，半斤　白及一兩　白斂一兩　香白芷二兩，生　白朮一兩半　沉香半兩　藁本一兩，去皮浄　川芎一兩，去皮　細辛一兩，去土葉　甘松一兩，去土　川茯苓一兩半　白檀一兩半　楮桃兒新者三兩　右爲細末。

皇后洗面藥：川芎　細辛　附子　藁本　藿香　冬瓜子　沉香各一兩　白檀二兩　楮桃半斤　白朮半兩　絲瓜四個　甘草二兩　生栗子第二皮半兩　杜苓苓二兩　廣苓苓一兩　白及二兩　白斂一兩半　土瓜根一兩　阿膠　吴白芷二兩　白茯苓二兩　腦子二錢半　皂角末一兩　糯米粉一斤半　右爲細末。

冬瓜洗面藥：治顔面不潔，蒼黑無色。冬瓜一個　右用竹刀子去青皮，切作片子，酒一升半，水一升，同煮爛，用竹綿擦去滓，再以布子濾過，熬成膏，入蜜一斤，再熬稀稠得所，以新綿再濾過，於瓷器内盛。用時取栗子大，用津液調塗面上，用手擦。柴二稱，炭一稱，布一丈。

〔八〕**金龜兒**

秦再思洛中記異録金龜堂：朱梁許州節度使温韜，於衙城壕内得一小龜，金色，遍身緑毛，石函而進之。後主敕於苑内鑿池養之，又構屋宏敞，號「金龜堂」者，是歸我也。

〔文案〕以金龜兒爲名標其藥鋪者，自東京始。

〔九〕**醜婆婆**

〔文案〕爲招顧客，不惜醜化自家，乃宋商販慣用之手段，「醜婆婆」亦如是。若吴自牧夢粱録卷十三夜市所記：一點茶婆婆，帶三朵花，敲響盞，掇頭兒拍板，其形醜矣，引人哂笑而注意者。

〔一〇〕**汴河岸**

張師正括異志卷六麥道録：麥道録，本宦者。嘗爲入内供奉官勾當事材場。一日出西水門，有丐者死於汴河岸之側，有敗席短杖。

吴則禮汴岸紫花叢生狀如香囊間出黄菊於其側：霜着船頭八月涼，故教寒蝶韻幽芳。傳語西川華屋處，端須戲取阿玄囊。

〔文案〕據宋會要方域十六之十六：元豐三年五月二十二日，改都大提舉導洛通汴司爲都大提舉汴河堤岸司，徽宗朝沿置。

〔二〕**荆筐兒藥鋪**

李濟翁資暇集卷中星貨：肆有以筐以筥，或倚或垂，鱗其物以鬻者，曰「星貨鋪」。

李之彦東穀隨筆藥石：方今藥材鄙賤者，且數十倍於前，貴細者有數百倍於前，至攜繞市鋪求之不獲者，人孰不知，真藥之難得，如此凡設鋪而招人贖僞藥者愚也。贖僞藥而覬療病者，愚益甚矣。吾輩家何策，且如於飲食衣服上加，謹古人首重食醫，春多酸，夏多苦，秋多辛，冬多鹹，調以滑甘，平居必節飲食，飯後行三十步，不用開藥鋪。

〔三〕**熟藥惠民西局**

周煇清波雜志卷第十二惠民局：神宗朝刱置賣藥所，初止一所，崇寧二年增爲五局，又增和劑二局，第以都城東西南北壁賣藥所爲名，議者謂失元創藥局惠民之意。

蔡絛鐵圍山叢談卷第六：都邑惠民多增五局，貨藥濟四方，甚盛舉也。歲校出入，得息錢四十萬緡，入户部助經費，然往時議者甚大不然矣。時上每飭和劑局，凡藥材告闕，俾時上請焉。大觀間，和劑局官一日請内帑授藥犀百數，歸解之。

無名氏翰苑新書前集卷三十一京局官：太平惠民局神宗朝設太醫局、熟藥所於京師。崇寧中增置七局，揭以和劑、惠民之名，修製給賣，各有攸司。和劑局方子。添置太府丞一員，提點後廢。續會要。紹興六年置藥局，以行在太醫局、熟藥局東西南北四所爲名，内將藥局一所，以和劑爲名，從户侍王俣之請也，詔和劑局置監官文武各一員，差京朝官與大使臣，十八年依在京改作太平惠民局。中興會要。

俞文豹吹劍録外集：達則願爲宰相，窮則願爲良醫。以濟人利物之功一也。朝廷置惠民局、太醫局，所以達濟利之心，贊仁壽之治也。今惠民局，以藥材貴而藥價廉，名雖存而實則泯。職其事者太府丞也。非惟藥材不能通曉，而驟遷倏易，亦不暇究心職業。所謂四局官，止於受成坐肆而已，惟吏輩寢處其間，出入變化，皆在其手。藥材既苦惡，藥料又減虧，稍貴細藥，則留應權貴之需。四局所賣者，惟泛常粗藥，缺者多而贖者亦罕。一局輸費，爲數不貲，民拜其名，吏享其實，故都人謂惠民局爲惠官局，和劑局爲和吏局。

董弅閑燕常談：宗汝霖澤，政和初知萊州掖縣，時户部下提舉司科買牛黄，以供在京惠民、和劑局合藥用，督責急如星火，州縣百姓競屠牛以取黄。

梅應發劉錫開慶四明續志卷第二惠民藥局：聖天子以天地日生之德，訪民疾苦，寶祐五年冬十一月，御批申飭軍民五事，官藥局其一也，令臺閫嚴督所部，恪共奉行：劑料必真，修合必精，使民被實惠。仍揭黄榜於諸州軍，大哉王言，民其有瘳乎。大使丞相吴公，吾胞吾與之心，與上符契祗若明命，匪懈益虔。惟鄞有局，寶慶三年所創也，郡圃射垛西，地逼隘匪便，且藥工出入，旃輳不肅，歲久屋尤老，亟謀爽塏而更之。先是，犒賞庫有樓曰海晏，爲屋凡十餘楹，後改爲參議官舍，高明闓室，居者棄焉，公謂是寬閑者可以濟吾用矣，乃即樓而局，上以處熟劑成料而梅潤不及，物帑作局，旷列其下，衆工盤礴者得其所，前則增門屋三，後則增翼屋五，浚汲清之池，新煆丹之鼎，焙室烹釜，莫不畢備，井井規模，於是非前日比，若夫遴監臨之選，嚴修製之防，品劑既真，市者旁午，若郡若邑若軍，凡增置子鋪一十四所，歲春夏，數施藥餌，無間城内外，君相濟衆之仁博矣。

〔三〕**刑人**

施耐庵羅貫中水滸傳第六十二回放冷箭燕青救主　劫法場石秀跳樓：十字路口，周回圍住法場，十數對刀棒劊子，前排後擁，把盧俊義押到樓前跪下。鐵臂膊蔡福拿着法刀，一枝花蔡慶扶着枷梢，説道：「盧員外，你自精細看。不是我兄弟兩個救你不的，事做拙了！前面五聖堂裏，我已安排下你的坐位了，你可一塊去那裏領受。」説罷，人叢裏一聲叫道：「午時三刻到了！」一邊開枷，蔡慶早拿住了頭，蔡福早掣出法刀在手。當案孔目高聲讀罷犯由牌。衆人齊和一聲。

## 大内前州橋東街巷

大内前，州橋之東，臨汴河大街，曰相國寺。有橋平正如州橋，與保康門相對。橋西賈家瓠羹，孫好手饅頭，近南即保康門潘家黄耆圓〔一〕。延寧宮禁女道士觀〔二〕，人罕得入。街西保康門瓦子，東去沿城皆客店，南方官員商賈兵級，皆於此安泊。近東四聖觀、襪拗巷。以東城角定力院，内有朱梁高祖御容。出保康門外，新建三尸廟、德安公廟。南至横街，西去通御街曰麥稍㊀巷。口以南太學東門，水櫃街〔三〕余家染店〔四〕。以南街東法雲寺〔五〕。又西去横街張駙馬〔六〕宅，寺南佑神觀㊁〔七〕。

［校］

㊀中華鄧注本謂「稍」應作「稭」，誤。

㊁「佑神觀」下，秘册、學津補「後門」。

［注］

〔一〕**黄耆圓**

太平惠民和劑局太平惠民和劑局方卷之五治諸虚附骨蒸黄耆圓：治丈夫腎臟風毒，上攻頭面虚浮，耳内蟬聲，頭目昏眩，項背拘急；下注腰脚，脚膝生瘡，行步艱難，脚下隱疼，不能踏地。筋脈拘攣，不得屈伸，四肢少力，百節疼痛，腰腿冷痛，小便滑數，及癱緩風痹，遍身頑麻。又療婦人血風，肢體癢痛，脚膝緩弱，起坐艱難，並宜服之。

黄耆　杜蒺藜去圓　川楝子　茴香炒　川烏炮，去皮、臍　赤小豆　地龍去土，炒　防風去蘆、叉，各一兩　烏藥二兩　右爲細末，酒煮麪糊爲圓，如梧桐子大。每服十五圓，温酒鹽湯亦得，婦人醋湯下，空心服。

**〔二〕延寧宫禁女道士觀**

林子中野史禁中尼道：禁中帝后及西宫，各有尼並女冠各七人，選於諸内侍，年三十以上能法事者充隨。本殿内人居處，每日一尼一道，於上之遵佛閣前贊念，導上燒香。佛道各兩拜。又導下殿燒天香，四拜。又導之殿門後殿，出視朝方退，應諸閣分欲請尼道看經者皆此輩，每半年或數月一歸元寺觀拆洗，本位使臣隨，住五七日還。

**〔三〕水櫃街**

魏泰東軒筆録卷十三：丁謂爲宰相，將治第於冰櫃街，患其卑下，既而於集禧觀鑿池，取棄土以實其基，遂高爽，又奏開保康門爲通衢，而宅據要會矣。

葉夢得避暑録話卷下：張友正，鄧公之季子，少喜學書，不出仕，有別業價三百萬，盡鬻以買紙，筆跡高簡，有晉宋人風味，尤工於草書。故廬在甜水巷，一日棄去，從水櫃街僦小屋，與染工爲鄰，或問其故，答曰：「吾欲假其縑素學書耳。」

〔文案〕京都譯注本據樓鑰北行日録卷上、蘇轍乞給還京西水櫃所占民田狀、再論京西水櫃狀考證水櫃係採集貯藏冰之用。然京都譯注本云水櫃之水係冰之誤而當呼冰櫃街，則與理不合。

〔四〕染店

洪邁夷堅乙志卷第十五諸般染鋪：王錫文在京師，見一人推小車，車上有甕，其外爲花門，立小牓曰「諸般染鋪」，架上挂雜色繒十數條。人窺其甕，但貯濁汁斗許。或授以尺絹，曰：「欲染青。」受而投之，少頃取出，則成青絹矣。又以尺紗欲染茜，亦投於中，及取出，成茜紗矣。他或黄、或赤、或黑、或白，以丹爲碧，以紫爲絳，從所求索，應之如響，而斗水未嘗竭。視所染色，皆明潔精好，如練肆經日所爲者，竟無人能測其何術。

周去非嶺外代答卷六服用門瑶斑布：瑶人以藍染布爲斑，其紋極細。其法以木板二片，鏤成細花，用以夾布，而熔蠟灌於鏤中，而後乃釋板取布，投諸藍中。布即受藍，則煮布以去其蠟，故能受成極細斑花，炳然可觀。故夫染斑之法，莫瑶人若也。

程其珏楊震福光緒嘉定縣志卷八土産：藥斑布出安亭，宋嘉泰中土人歸姓始爲之，以灰藥塗布染青，俟乾拭去，青白成文，有山水、樓臺、人物、花果、鳥獸諸象。

［文案］藥斑布即藍印花布也，於宋流行，因瑶人精於藥斑布印染而呼之爲瑶斑布。據載唐仲友於婺州所開彩帛鋪即産此布，足見宋染普及染店甚多。究其源則在藥斑布印花工藝行用簡便，若圖書集成卷六八一蘇州紡織物名目所言：「以布抹灰藥而染青，候乾，去灰藥，則青白相間，有人物、花鳥、詩詞

各色。」其法可概爲：染色糊料，即「漿水纈」，於染液入粉質、膠質之充料，使其增厚，漏版刮印之時，防染液滲化，以保花紋界線清晰，類於近代「漿印」之法。

〔五〕**法雲寺**

普濟五燈會元卷第十六天衣懷禪師法嗣法雲法秀禪師：東京法雲寺法秀圓通禪師，秦州隴城辛氏子。母夢老僧託宿，覺而有娠。先是，麥積山老僧與應乾寺魯和尚者善，嘗欲從魯遊方。魯老之，既去，緒語曰：「他日當尋找我竹鋪坡前，鐵場嶺下。」魯後聞其所俄有兒生，即往觀焉，兒爲一笑。三歲願隨魯歸，遂從魯姓。十九試經圓具，勵志講肆。習圓覺、華嚴，妙入精義。

邵伯温邵氏聞見録卷第十五：長老道楷者，崇寧中以朝廷命住京師法雲寺。上一日賜紫方袍及禪師號，楷曰：「非吾法也。」却不受。

〔六〕**張駙馬**

馬永卿嬾真子卷五：駙馬都尉之名起於三國，故何晏尚魏公主，謂之駙馬都尉。然不獨官名以駙馬給之。蓋御馬之副，謂之駙馬。從而給之，示親愛也。故杜預尚晉文帝妹高陸公主，至武帝踐祚，拜鎮南大將軍，給追鋒車、第二駙馬，且晏如傅粉，宜爲禁臠。若預乃癭如瓠爾，何至妻帝之女也。始信前古帝婿，唯擇人材，不專以貌也。後世浸失此意，惜哉。

袁文甕牖閑評卷三：正如駙馬者，天子之婿也。以副馬給之，故稱駙馬，不知所謂郡馬、縣馬者何義。

吴曾辯誤録卷下駙馬都尉：初，駙馬都尉漢武置也，掌御馬。説文曰：駙馬字從馬，副聲。一曰：駙，近也，疾也。今既是掌御馬，故不可謂之，給以駙馬副。

〔文案〕：據宋史卷二四八公主傳，有宋一代，爲張姓駙馬者，僅張敦禮者，所娶公主爲英宗第三女，封韓魏國大長公主，張駙馬應即張敦禮。

〔七〕**佑神觀**

無名氏翰苑新書前集卷三十七宫觀：佑神觀大觀六年，尚書右僕射兼中書侍郎趙挺之，除觀文殿大學士充使。續會要。

## 相國寺内萬姓交易

相國寺，每月五次開放，萬姓交易。大三門上皆是飛禽猫犬之類，珍禽奇獸〔一〕，無所不有〔二〕。第二、三門皆動用什物，庭中設綵幙、露屋、義鋪，賣蒲合〔三〕、簟席〔四〕、屏幃、洗漱、鞍轡、弓劍、時果、臘脯之類。近佛殿，孟家道院㊀王道人蜜煎、趙文秀筆及潘谷墨，占定兩廊，皆諸寺師姑賣繡作〔五〕、領抹、花朵、珠翠、頭面、生色銷金花樣幞頭、帽子、特髻冠子、絛線〔六〕之類。殿後資聖門前，皆書籍〔七〕、玩好〔八〕、圖畫〔九〕，及諸路散㊁任官員土物、香藥之類。後廊皆日者、貨術〔一〇〕、傳神〔一一〕之類。寺三門閣上并資聖門，各有金銅鑄羅漢五百尊〔一二〕、佛牙等。凡有齋供，皆取旨方開。三門左右有兩缾琉璃塔，寺内有智海、惠林、寶梵、河沙、東西塔院〔一三〕，乃出角院舍，各有住持僧官，每遇齋會，凡飲食茶果、動使〔一四〕、器皿，雖三五百分，莫不咄嗟而辦㊂。大殿兩廊，皆國朝名公筆跡，左壁畫熾盛光佛降九曜鬼百戲〔一五〕，右壁佛降鬼子母揭盂㊃。殿庭供獻樂部〔一六〕馬隊之類，大殿朵廊皆壁隱樓殿人物，莫非精妙。

［校］

㊀「院」，津逮、學津均作「冠」。

㊁「散」，上古標校本據秘册諸本改爲「罷」。余以爲元本未錯，至清尚有「散任」之遺。老殘游記續集遺稿第一回述德慧生「散了一個吏部主事」。

㊂中華鄧注本謂：「辨」「辦」古通用。

㊃「盂」，中華鄧注本案「盂」應作「盋」。據婁機李曾伯班馬字類卷第五十二曷十三末盋讀作鉢，同盂。

## ［注］

〔一〕**珍禽奇獸**

無名氏宣和遺事前集：上方爲期門之事，故苑囿皆仿江浙，爲白屋，不施五采，多爲村居野店；及聚珍禽異獸，動數千百，以實其中。都下每秋風夜静，禽獸之聲四徹，宛若山林陂澤之間，識者以爲不祥。

洪邁夷堅支戊卷第七錢氏鼠狼：錢仲本爲大理評事日，其僕以五百錢就市買一鼠狼，黠而馴。每於人手内取食，戲擾於傍，如素所蓄者。

蘇頌蘇魏公文集附録一魏公譚訓卷第十雜事：祖父嘗説：在滄州時，有一漁師獻一魚，戴作冠，如婦人所戴謂之垂肩者。因言海中色色有之，世所有之物皆有肖似者。犀如牛，江豚如猪，膃肭臍如狸，此衆所知。所見者奇形怪狀，不可勝紀。每有獻異物者，皆爆以爲臘，寄公庫甚多。有如美婦人者，有如嬰兒者，有如翁姥者，皆可駭異。一日，漁人獻一膃肭臍，置大桶中，以水養之，鮮健善啖，可久養。祖父恐其失性傷生，不納之。後元祐中，有挈至京師者，自王侯戚里富豪之家，無不取觀，所得甚厚。謂之「海哥」，亦嘗轉入禁中，甚有謡詠，不知是何祥。

〔二〕**無所不有**

范公偁過庭録：黄笑曰：「一時戲謔耳。某頃年見京師相國寺中賣大葫蘆種，仍背一葫蘆，甚大，一粒數百金，人競買。至春種結，仍乃瓠爾。」

孫昇孫公談圃卷中：張文定嘗苦脚疾，無藥可療。一日遊相國寺，有賣藥者，得菉豆兩粒服之，遂愈。

〔三〕**蒲合**

丁度集韻卷之九入聲下盍第二十八：蓋青、齊人謂蒲席曰蒲蓋。

〔文案〕據張喆生抹、蒲合、每謂：蒲合，爲徐州所稱用蒲草編織而成苫子。「合」亦作「蓋」。

〔四〕**簟席**

羅浚寶慶四明志卷四郡志四：席江東多席草，人業於織，著名四方曰明席。

楊伯喦六帖補卷十五服用器皿枕席簟褥衾：蔗心席唐潁川郡貢蔗心席。蘇熏席南賓郡忠州、普安郡劍州貢蘇熏席，廣陵郡揚州貢莞席。文犀簟漢時跋勒國獻文犀簟，四頭角表有光，名曰明犀；暗中亦有光，曰暗犀。織皮爲簟，如錦繡之紋，謂之文犀簟。

〔五〕**諸寺師姑賣繡作**

楊彦齡楊公筆録：女郎曾希蘊作詩立成。一日遊乾明寺，見諸尼作繡工，尼乞詩，乃應聲爲集句：

睡起楊花滿繡牀，爲他人作嫁衣裳。因過竹院逢僧話，始覺空門氣味長。

翟顥通俗編卷六：傳燈録有尼參保福從展，展問阿誰，侍者報曰：「覺師姑。」又五臺智通忽大悟曰：「師姑原是女人作。」按廣異記：大曆時，某寺尼令婢往市買餅，見朱自勸問云：「汝和尚好否？」又云：「聞汝和尚未挾纊，今附絹二匹，與和尚作寒具。」婢承命持絹授尼，則唐時尼亦稱和尚。雞肋編云：市師尼諱師，尼諱師姑，號女和尚，有自來也。

顧張思土風録卷十七師姑：女尼曰師姑。見續傳燈録：駙馬都尉李遵勖臨終時，謂尼道堅曰：「大師與我煎一服藥來。」堅無語，公曰：「這師姑藥也不會煎得。」亦見慈明僧傳。

〔六〕**絛線**

〔文案〕據孫注本：絛線即絛環，又名偏諸，絲線編成花邊或扁平帶子。

〔七〕**書籍**

蘇頌蘇魏公文集附録一魏公譚訓卷第八恬淡器玩飲膳：祖父應舉之年，元日遊相國寺。時浙本中字前漢書方出，祖父戲撲之，爲錢五千，十三淳一擲皆紅。鬻書者云：「未嘗領所下金。」祖父遂行，不取。衆亦皆不平。然以爲必有大喜慶，逾月，南廟試第一，遂登科。

祖父嘗於相國寺置得閣本法帖十卷，甚奇。其末云：「玉堂夜直，蒙恩賜到，受恩如是，激節可知。」用「公高之裔」圖書，乃畢文簡公賜本也。文簡以圖書斥遠祖名，未中禮。

邵博邵氏聞見後録卷第十七：真宗嘗問楊大年：「見比紅兒詩否？」大年失對。每語子孫爲恨，後諸孫有得於相國寺庭雜賣故書中者。蓋唐末羅虯、羅鄴、羅隱兄弟俱有文，時號「三羅」。虯登科，從事坊州，有營妓小字紅兒。先爲郡將所嬖，人不敢近，蚪亦悦之，郡將不能容，蚪棄官去，然於紅兒猶不忘也。擬諸美物，作比紅兒詩百首，事出摭言，亦略見太平廣記中，大年不知，何也。

百歲寓翁楓窗小牘卷下：余家藏春秋繁露，中缺兩紙，比從藏書家借對，缺紙皆然，即館閣訂本，亦復爾爾。不知當時校勘受賞銀絹者，得無媿乎？後從相國寺資聖門買得抄本，兩紙俱全，此時歡喜如得重寶，架橐似爲生氣，及離亂南來，缺本且不可得矣。

張邦基墨莊漫録卷二：漢宮香方，鄭康成注。沉水香，二十四銖，著石蜜復湯鬻，銅鐵輩皆並香。以指嘗試，能飲甲則已，南海賈胡貴一種香木，末如蜜房，鋭澤正黄，可减甲。以寒水炭四焙之。青木香，十二之一，可酌損之。雞舌香，以其子，勿以其母，青木香用二錢。合擣爲糜，沉水得鬻蜜，煙黄而氣鬱。投初鬻蜜中，媒使相悦，閟以黄堥，蜜隙瑫不津地，薶之一月中許出之，投龍腦六銖，麝損半，一爐注如茇子，薰鬱鬱，略聞百步中人也。今太官加蜜鬻，紅螺如射，外家効之以殊勝。此方，魏泰道輔强記面疏，以示洪炎玉父，意其實古語，其後於相國寺庭中，買得古葉子書雜抄，有此法，改正十餘字。又，一貴人家見一編號古妝臺記，證數字，甚妙。予恐失之，因附於此。

王明清玉照新志卷第一：紹興庚申，金人以河南故地歸我，詔以孟富文庾爲東京留守，富文辟畢少董良史以自隨。未幾，金敗盟，少董身陷僞地者累年。嘗於相國寺鬻故書處，得熙豐日曆殘帙數葉，無復倫序。少董南歸，出以相示，於是緝其可以傳信者凡八條，今録於編，亦有已見裕陵實録中者，併存之。

王得臣麈史卷中論文：吴興姚鉉集唐人所爲古賦、樂章、歌詩、讚頌、碑銘、文論、箴表、傳録、書序凡百卷，名文粹。予在開封時長子渝遊相國寺，得唐漳州刺史張登文集一册六卷，權文公爲之序，其略曰：「所著詩賦之外，書啓、誌記、序述、銘誄合爲一百二十篇。」又曰：「如求居、寄别、懷人三賦與證相一篇，意有所激，鏘然玉振，儻有繼梁昭明之爲者，斯不可遺者也。」然所得書肆鏤板纔六十六篇，蓋已亡其半。抑觀文粹並不編載，由是知姚亦有未見者。予續文粹之外，登之文，以至金石所傳，裒而録之，以廣前集。今病矣，不酬其志。

岳珂桯史卷十三武夷先生：建中靖國初，有宿儒曰徐常，持節河朔，風采隱然，重於時，然持論與時大異。曾文肅布惡之，嘗具詆先烈人姓名，陳之乙覽，常列其間，然未有以罪也。會市肆有刊武夷先生集者，迺常所爲文，文肅之子紆適相國寺，偶售得之。

魏泰東軒筆録卷之三：文章隨時美惡，咸通已後，文力衰弱，無復氣格。本朝穆修首倡古道，學者稍稍向之。修性褊訐少合，初任海州參軍，以氣陵通判，遂爲捃摭削籍，繫池州，其集中有秋浦會遇詩，自敍甚詳。後遇赦釋放，流落江外，賦命窮薄，稍得錢帛，即遇盜，或卧病，費竭然後已，是故衣食不能給。晚年得柳宗元集，募工鏤板，印數百帙，攜入京相國寺，設肆鬻之。有儒生數輩至其肆，未評價直，先展揭披閲，修就手奪取，瞑目謂曰：「汝輩能讀一篇，不失句讀，吾當以一部贈汝。」其忤物如此，自是經年不售一部。

王明清玉照新志卷第四：蔡襄在昭陵朝，與歐陽文忠公齊名一時。英宗即位，韓魏公當國，首薦二公，同登政府。先是，君謨守泉南日，晉江令章拱之在任不法，君謨按以贓罪，坐廢終身。拱之，望之表氏同胞也。至是，既訟冤於朝，又撰造君謨乞不立厚陵爲皇子疏，刊板印售於相藍。

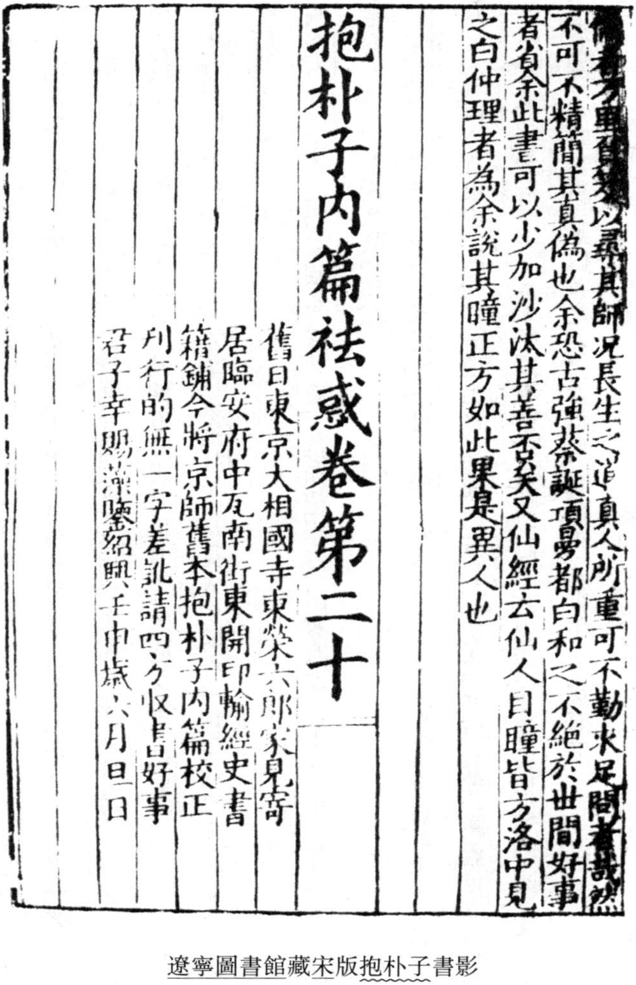
偽者方軍首變以暴其師況長生之道真人所重可不勤求足問者哉然
不可不精簡其真偽也余恐古強蔡誕項曼都白和之不絕於世間好事
者省余此書可以少加沙汰其善否矣又仙經云仙人目瞳皆方洛中見
之白仲理者為余說其瞳正方如此果是異人也

抱朴子内篇祛惑卷第二十

舊日東京大相國寺東榮六郎家見寄
居臨安府中瓦南街東開印輸經史書
籍鋪今將京師舊本抱朴子内篇校正
刊行的無一字差訛請四方收書好事
君子幸賜藻鑒紹興壬申歲六月旦日

遼寧圖書館藏宋版抱朴子書影

〔文案〕現存遼寧省圖書館宋版抱朴子爲大相國寺東榮六郎書籍鋪所刻。其書爲晉葛洪撰抱朴子内篇二十卷，字用歐體，宋諱「慎」字不缺筆。半葉十五行，行二十八字，白口，左右雙邊，卷二十後刻有文字五行：「舊日東京大相國寺東榮六郎家，見寄居臨安府中瓦南街東，開印經史書籍鋪，今將京師舊本抱朴子内篇校正刊行，的無一字差訛，請四方收書好事君子，幸賜藻鑒。紹興壬申歲六月旦日。」榮六郎書籍鋪從東京遷臨安，於紹興二十二年重刻抱朴子，足見大相國寺書籍生命之强，營銷之廣矣。

〔八〕玩好

李清照金石録後序：趙、李族寒，素貧儉。每朔望謁告，出質衣取半千錢，步入相國寺，市碑文果實歸。相對展玩咀嚼，自謂葛天氏之民也。

江少虞宋朝事實類苑卷第六十風俗雜志日本扇：熙寧末，余遊相國寺，見賣日本國扇者，琴漆柄，以鴉青紙厚如餅，揲爲旋風扇，淡粉畫平遠山水，薄傅以五彩，近岸爲寒蘆衰蓼，鷗鷺佇立，景物如八九月間，艤小舟，漁人披蓑釣其上。天末隱隱有微雲飛鳥之狀，意思深遠，筆勢精妙，中國之善畫者，或不能也。索價絶高，余時苦貧，無以置之，每以爲恨。其後再訪都市，不復有矣。

梅堯臣同次道遊相國寺買得翠玉罌一枚：古寺老柏下，叟貨翠玉罌。獸足面以立，瓜腹肩而平。虚能一勺容，色與藍水并。我獨何爲者，忽見目以驚。家無半鍾畜，不吝百金輕。都人莫識寶，白日雙眼盲。

張邦基墨莊漫録卷四：東坡自儋耳北歸，臨行以詩留别黎子雲秀才云：「我本儋州民，寄生西蜀州。忽然跨海上，譬如事遠遊。平生生死夢，三者無劣優。知見不再見，欲去且少留。」後批云：新釀佳甚，求一具理，臨行寫此，以折菜錢。宣和中，予在京相藍，見南州一士人攜此帖來，粗厚楮紙，行書，塗抹一二字，類顔魯公祭侄文，甚奇偉也。

〔九〕圖畫

岳珂桯史卷第十一蟻蝶圖：黨禍既起，山谷居黔。有以屏圖遺之者，繪雙蝶翾舞，罥於蛛絲而墜，蟻憧憧其間，題六言於上曰：「蝴蝶雙飛得意，偶然畢命網羅。群蟻争收墜翼，策勳歸去南柯。」崇寧間，又遷於宜，圖偶爲人攜入京，鬻於相國寺肆。

米芾畫史唐畫五代、國朝附：范大珪字君錫，富鄭公婿，同行相國寺，以七百金，常賣處買得雪圖，破碎甚古，如世所謂王維者。

余相國寺中，八金得紙桃兩枝，緑葉蟲透背，一葉着桃上，一桃突兀，高出紙素，徐熙真筆也。

〔一〇〕貨術

蘇軾東坡志林卷二記道人戲語：紹聖二年五月九日，都下有道人，坐相國寺，賣諸禁方。緘題其一曰：「賣賭錢不輸方。」少年有博者，以千金得之。歸，發視其方，曰：「但止乞頭。」道人亦善鬻術矣。戲語得千金，然亦未嘗欺少年也。

〔二〕**傳神**

張師正括異志卷六許偏頭：成都府畫師許偏頭者，忘其名，善傳神，開畫肆於觀街。一日有貧人弊衣憔悴，約四十許，負布囊詣許求傳神。許笑曰：「君容狀若此，而求傳神，得非有所禀而召僕也邪？」曰：「非也。聞君筆妙，故來耳。幸無見鄙。」即解布囊出黄道服一襲，又出一鹿皮冠、白玉簪，遂頂矣。引其鬚，應手而黑且長矣，乃一美丈夫也。許大驚，謝曰：「不知神仙降臨，前言戲瀆，誠負媿惕。」道人笑曰：「君可傳吾像置肆中，後當有識者。」或求售者，止取一千錢，不可逾也。」許如命寫訖，未及語，攜囊而出。許拜謝，已不見。許遂陳所傳像於肆，有識之者曰：「此靈泉朱真人也。」求售者日十數，許家貲遂日益。

〔三〕**金銅鑄羅漢五百尊**

葉夢得石林詩話卷中五一：元豐間，嘗久旱不雨，裕陵禁中齋禱甚力。一日，夢有僧乘馬馳空中，口吐雲霧，既覺而雨大作。翌日，遣中貴人尋夢中所見，物色於相國寺三門五百羅漢中，第十三尊略彷佛，即迎入内視之，正所夢也。王丞相禹玉作喜雨詩云：「良弼爲霖辜宿望，神僧作霧應精求。」元參政厚之云：「仙驥籲雲穿仗下，佛花吹雨匝天流。」蓋記此。相國寺羅漢，本江南李氏時物，在廬山東林寺。曹翰下江南，盡取其城中金帛寶貨，連百餘舟，私盜以歸，無以爲之名，乃取羅漢，每舟載十許尊獻之，詔因賜於相國寺，當時謂之押綱羅漢云。

周密癸辛雜識別集卷上汴梁雜事：樓閣最高而見存者：相國寺資聖閣、朝元宮閣、登雲樓。資聖閣雄麗，五簷滴水，廬山五百銅羅漢在焉。國初曹翰所取者也。

李濂汴京遺迹志卷之十寺觀：相國寺宋真宗咸平四年，增建翼廊、三門、前樓，迎取潁川郡銅羅漢五百尊，置於閣上。

**〔三〕智海、惠林、寶梵、河沙、東西塔院**

釋志磐佛祖統記卷四十五：元豐五年，詔相國寺辟六十四院爲八禪二律，以東西序爲慧林、智海二巨刹。

道謙大慧普覺禪師宗門武庫：佛光天礙禪師自蘇州永安赴詔，住大相國寺慧林禪院。

釋覺岸釋氏稽右略卷四：元豐五年，詔中使梁從政辟汴京相國寺六十四院爲二禪八律，起自元豐庚申，成是壬戌之秋。以東西序爲慧林、智海二巨禪刹。驛詔杭州浄慈禪師宗本住慧林，江州廬山東林禪師常總住智海，總辭之固，詔容之，就賜號廣慧禪師。

鄒伸之使北日録：其寺舊包十院，今存其八。右偏定慈、廣慈、善慈律院三，智海禪院一。東偏寶梵、寶嚴、寶覺律院三，慧林禪院一。

王圻續文獻通考卷二百四十七仙釋考：神宗元豐元年，制革相國寺六十四院爲二禪八律，詔宗本禪師住慧林，引對於延和殿問法。

李濂汴京遺迹志卷之十寺觀相國寺：神宗元豐中，增建東西兩廂。又立八院：東曰寶嚴、寶梵、寶覺、慧林；西曰定慈、廣慈、普慈、智海。

普濟五燈會元卷第十六天衣禪師法嗣慧林若沖禪師：東京相國慧林院若沖覺海禪師，江寧府鍾氏子。

宋話本楊思温燕山逢故人：思温聽其語音，類東京人。問行者道：「參頭，仙鄉何處？」行者答言：「某乃大相國寺河沙院行者，今在此間復爲行者，請官人坐於凳上，閒話則個。」

〔一四〕**動使**

宋話本宋四公大鬧禁魂張：宋四公取出蹊蹺作怪動使，一挂挂在屋檐上，從上面打一盤盤在屋上，從天井裏一跳跳將下去。

趙正道：「覷察醉也。」扶住他，取出一件作怪動使剪子，剪下覷察一半衫襟，安在袖裏，還了茶錢。

無名氏宣和遺事前集：尹知縣令司吏辨認酒桶是誰人動使，便可尋覓賊蹤。把那酒桶辨驗，見上面有「酒海花家」四個字分曉。

〔文案〕動使即器具之類。卷二「東角樓街巷」、卷五「民俗」均有之。

〔一五〕**鬼百戲**

李廌德隅齋畫品玉皇朝會圖：又嘗見恪所作鬼百戲圖：鍾馗夫婦，對案置酒，供張果肴，及執事左右，皆述其情態，前有大小鬼數十合樂，呈伎倆，曲盡其妙。此圖玉皇像，不敢深戲，然猶不免懸蝌，欲調後人之一笑也。

〔一六〕**殿庭供獻樂部** 曾鞏集卷第十三序相國寺維摩院聽琴序：治平三年夏，得洪君於京師，始合同舍之士，聽其琴於相國寺之維摩院。

# 寺東門街巷

寺東門大街，皆是幞頭、腰帶〔一〕，書籍、冠朵鋪席，丁家素茶。寺南即録事巷妓館，繡巷皆師姑繡作居住。北即小甜水巷，巷内南食店〔二〕甚盛，妓館亦多。向北李慶糟薑〔三〕鋪。直北出景靈宫〔四〕東門前，又向北曲東税務街、高頭街、薑行後巷，乃脂皮畫曲妓館。南北講堂巷、孫殿丞藥鋪、靴店〔五〕。出界㊀北巷，巷口宋家生藥鋪〔六〕，鋪中兩壁皆李成所畫山水。自景靈宫東門大街向東，街北舊乾明寺〔七〕，沿火改作五寺王㊁監。以東向南曰第三條甜水巷〔八〕，以東熙熙樓客店，都下着數〔九〕。以東街南高陽正店，向北入馬行。向東街北曰車輅院，南曰第二甜水巷。以東審計院，以東桐樹子韓家，直抵太廟前門。南往觀音院，乃第一條甜水巷也。太廟北入榆林巷，通曹門〔一〇〕大街，不能遍數也。

［校］

㊀中華鄧注本、上古標校本「界」下增「身」字。證之卷二東角樓街巷並小夫人金錢贈年少，似脱「身」字。

㊁「王」，元本誤，中華鄧注本糾「王」爲「三」。

［注］

〔一〕**腰帶**

張知甫張氏可書：京師一富人，質得金帶一條，常常繫之。每送迎賓客，輒止中門而返，必曰：「腰帶有礙，不敢出門，且告不罪也。」

佚名靖康要録：宣和七年十二月，皇太子除開封牧。二十日，差内使梁邦彦僅押賜皇太子碾玉龍束帶一條，不許辭免。

趙善璙自警編卷二操修類：有貨玉帶於王文正弟，以呈文正，文正曰：「如何？」弟曰：「甚佳。」公命繫之，曰：「還見否？」曰：「繫之安得自見。」文正曰：「自負重，而使觀者稱好，無乃勞乎？我腰間不稱此物。」亟還之，故生平所服，止於賜帶。

〔文案〕宋最重金帶，岳珂愧郯録卷十二可證。然王國維庚申之間讀書記述宋歌舞伎樂人便服亦繫排方玉帶，可見束玉帶於宋已屬平常。

〔二〕**南食店**

耐得翁都城紀勝食店：「南食店謂之南食，川飯分茶。蓋因京師開此店，以備南人不服北食者，今既在南，則其名誤矣，所以專賣麵食魚肉之屬，如鋪羊麵、庵生麵、薑潑刀、鹽煎麵、鱘魚桐皮麵、抹肉淘、肉虀淘、棊子、鰕燥子麵、帶汁煎，下至撲刀雞、鵝麵、家常三刀麵，皆是也。」

曹彦約經幄管見卷三：「知樞密院王欽若以疾請告，上顧王旦等曰：『欽若久疾如何？』旦曰：『臣等昨往視之，形容甚瘦，灼艾三百餘丸。』馮拯曰：『欽若不食羊，食物多動風氣，故常有疾。』上曰：『四方之人所食皆異，雖係嗜好，不當令至生疾。京師事物列於市肆，南人所食咸備。』」

〔三〕**糟薑**

梅堯臣答劉原甫寄糟薑：「名國萬家城，千畦等封侯。剷當燕去前，醃牙費糟丘。無筋偃王笑，有味三閭羞。寄入翰林席，聖以不撤優。又寄蓬門下，作賦誰肯休。唯我廣文舍，免爲齏鹽仇。劉公漢家裔，才學歆向儔。胸懷飽經史，辯論出九州。曾不奉權貴，但與故人投。贈辛非贈甘，此意當自求。」

浦江吴氏中饋録卷上糟薑方：「薑一斤，糟一斤，鹽五兩，揀社日前可糟。不要見水，不可損了薑皮，用乾布擦去泥，曬半乾後，糟鹽拌之，入甕。」

鄺璠便民圖纂卷第十五製造類上糟薑：社前嫩薑，去蘆，揩浄。用煮酒和糟鹽拌匀，入磁罈。上用沙糖一塊。箬紮泥封。

〔四〕景靈宫

王瓘北道刊誤志：景靈宫在太平坊，大中祥符八年置正殿曰天興，有奉真、孝嚴、英德三殿，以奉三宗聖容。又有章懿太后，廣孝殿宫之東隅建碑刻景靈宫贊并序，真宗御製御書。

富大用古今事文類聚遺集卷十五路官部遺景靈宫使：明道中，錢惟演以使相爲景靈宫使。又祥符七年，宰臣向敏中爲景靈宫使。

〔五〕**靴店**

宋話本勘皮靴單證二郎神：「冉大，又來了。這隻靴又不是一件稀奇作怪、眼中少見的東西，止無過皮兒染皂的，線兒扣縫的，藍布弔裏的，加上楦頭，噴口水兒，弄得緊棚棚好看的。」冉貴却也不來兜攬，向燈下細細看那靴時，却是四條縫，縫得甚是緊密。看至靴尖，那一條縫略有些走線，冉貴偶然將小指頭撥一撥，撥斷了兩股線，那皮就有些撬起來。向燈下照照裏面時，却是藍布托裏。仔細一看，只見藍布上有一條白紙條兒，便伸兩個指頭進去一扯，扯出紙條。仔細看時，不看時萬事全休，看了時，却如半夜裏拾金寶的一般。那王觀察一見也便喜從天降，笑逐顔開。衆人争上前看時，那紙條上面却寫着：「宣和三年三月五日鋪户任一郎造。」

任一郎接着靴，仔細看了一番，告觀察：「這靴兒委是男女做的。却有一個緣故：我家開下鋪時，或是官員府中定製的，或是使客往來帶出去的，家裹都有一本坐簿，上面明寫着某年某月某府中差某幹辦來定製做造。就是皮靴裹面，也有一條紙條兒，字號與坐簿上一般的。觀察不信，只消割開這靴，取出紙條兒來看，便知端的。」王觀察見他説着海底眼，便道：「這厮老實，放了他好好與他講。」當下放了任一郎，便道：「一郎休怪，這是上司的差遣，不得不如此。」就將紙條兒與他看。任一郎看了道：「觀察，不打緊。休説是一兩年間做的，就是四五年前做的，坐簿還在家中。却着人同去取來對看，便有分曉。」當時又差兩個人，跟了任一郎，脚不點地，到家中取了簿子，到得使臣房裹。王觀察親自從頭檢看。看至三年三月五日，與紙條兒上字號對照相同。看時，喫了一驚，做聲不得：却是蔡太師府中張幹辦來定製的。

〔六〕**生藥鋪**

宋話本白娘子永鎮雷峰塔：話説宋高宗南渡，紹興年間，杭州臨安府過軍橋黑珠巷内，有一宦家，姓李名仁，見做南廊閣子庫募事官，又與邵太尉管錢糧。家中妻子，有一個兄弟許宣，排行小乙。他爹曾開生藥店。自幼父母雙亡，却在表叔李將仕家生藥鋪做主管，年方二十二歲。那生藥店開在官巷口。許宣問白娘子討了些銀子，教蔣和去鎮江渡口馬頭上，賃了一間房子，買下一付生藥廚櫃，陸續收買生藥。十月前後，俱已完備，選日開張藥店，不去做主管。

許宣自開店來，不匡買賣一日興一日，普得厚利。正在門前賣生藥，只見一個和尚將着一個募緣簿子道：「小僧是金山寺和尚，如今七月初七日是英烈龍王生日，伏望官人到寺燒香，佈施些香錢！」許宣道：「不必寫名，我有一塊好降香，捨與你拿去燒罷。」

宋話本張古老種瓜娶文女：當時從六合縣取路，迤逦直到揚州，問人尋到開明橋下，果然有個申公，開生藥鋪。韋義方來到生藥鋪前，見一個老兒，生得形容古怪，裝束清奇：

頷邊銀剪蒼髯，頭上雪堆白髪。鳶肩龜背，有如天降明星；鶴骨松形，好似化胡老子。多疑商嶺逃秦客，料是磻溪執釣人。

在生藥鋪裏坐。韋義方道：「老丈拜揖！這裏莫是申公生藥鋪？」公公道：「便是。」韋義方着眼看生藥鋪廚裏：四個茖苲三個空，一個盛着西北風。韋義方肚裏思量道：「却那裏討十萬貫錢支與我？」且問大伯，買三文薄荷。公公道：「好薄荷！本草上説凉頭明目，要買幾文？」韋義方道：「回三錢。」公公道：「恰恨缺。」韋義方道：「回些個百藥煎。」公公道：「百藥煎能消酒面，善潤咽喉，要買幾文？」韋義方道：「回三錢。」公公道：「恰恨賣盡。」

〔七〕**乾明寺**

桑正國會課乾明寺：悠悠意得自疏通，寂地因居樂性空。幽思曉風清迫枕，静聽寒雨細霑桐。修莖竹韻澄簫玉，緑影松垂亂鬢蓬。儔侶好邀同此適，搜吟得到幾匆匆。

宋話本張生彩鸞燈傳：次夜，生復伺於舊處。俄有青蓋舊車，迤邐而來，更無人從，車前挂雙鴛鴦燈。生覩車中非昨夜相遇之女，乃一尼耳。車夫連稱：「送師歸院去。」生遲疑間，見尼轉手而招生，生潛隨之，至乾明寺。

〔八〕**甜水巷**

葉夢得避暑録話卷下：張友正，鄧公之季子。少喜學書，不出仕，有别業，價三百萬，盡鬻以買紙，筆蹟高簡，有晉宋人風味，尤工於草書，故廬在甜水巷。

曾敏行獨醒雜志卷第一：包孝肅公尹京，人莫敢犯者。一日，閭巷火作，救焚方急。有無賴子相約乘變調公，亟走聲喏於前曰：「取水於甜水巷耶，於苦水巷耶？」公勿省，亟命斬之。由是人益畏服。

洪邁夷堅三志己卷第九甜水巷蛤蜊：李士美丞相，劉行簡給事，因入京師，同僦甜水巷客邸。

〔九〕**着數**

〔文案〕京都譯注本據王瑛詩詞曲語辭例釋、董解元西厢記卷一解「着數」爲數一數二，數，數得着之意也。

〔一〇〕**曹門**

張師正括異志卷一曹門謡：天聖末洎明道中，京師市井坊巷之人，凡物之美嘉者即曰「曹門好」；物之高大者即曰「曹門高」。耆壯童稚無不道者。

陳郁話腴乙集卷上：王晉公祐創第京師曹門外，手植三槐於庭曰：「子孫必有登第爲三公者。」已而，魏公果爲太保。

周煇清波雜志卷第四兩學人物：承平時，兩學作成之盛，不但英才輩出，爲國之華；群居燕處，雖一時謔浪之語，人皆喜聞而樂道之。嘗見前輩説數事：元祐間，敏求齋有治春秋陳生，與宋門一倡狎。一日，會飲於曹門，因用春秋之文題於壁曰：「春正月，會吴姬於宋；夏四月，復會於曹。」

徐大焯燼餘録：天聖中，童謡云：「曹門好，有好好；曹門高，有高高。」後高后實太皇太后曹氏之所自出。

上官融友會談叢卷中：丐者旬歲間，凌晨必至，生憐之，日以五錢贈焉，頗懷感激。忽一日，生見丐者袍帶巾櫛，跨馬引僕而過，深以爲訝。丐者曰：「某有兄，官於交廣，連綿數任。留京師，以至貧窶，地遠絶信，乃丐於人。兄適方歸，相見甚歡，衣裝僕馬，皆兄與也。」生然之。又曰：「自十餘年，感君之恩多矣。思欲報答，今得其時，兄於曹門斜街，僦得一宅，暫邀過門，夙令具饌奉俟。」生辭以故，丐者曰：「已約數賓，不可拒矣。」遂留僕導生而來，丐者躍馬先行，生隨僕出曹門，入斜街，委曲深巷。

## 上清宮

上清宮在新宋門裏街北，以西茆山下院。醴泉觀在東水門裏。觀音院〔一〕在舊宋門後太廟南門。景德寺在上清宮背，寺前有桃花洞，皆妓館。開寶寺在舊封丘門外斜街子，内有二十四院，惟仁王院最盛。天清寺〔二〕在州北清暉橋。興德院在金水門外。長生宮在鹿家巷。顯寧寺在炭場巷北。婆㊀臺寺在陳州門裏。兜率寺在紅門道。地踴佛寺在州西草場巷街南。十方静㊁因院在州西油醋巷。浴室院〔三〕在第三條甜水巷。福田院〔四〕在舊曹門外。報恩寺在卸鹽巷。太和宮〔五〕女道士，在州西洪橋子大街。洞元觀〔六〕女道士，在班樓北。瑶華宮在金水門外。萬壽觀在舊酸棗門外十王宮前。

〔校〕

㊀京都譯注本謂「婆」同「繁」，婆臺寺爲前後白雲、天清、相國三寺總稱。

㊁中華鄧注本謂「静」應作「浄」，驗之鐵圍山叢談、冷齋夜話、五燈會元、東坡全集、欒城集諸書，確。

〔注〕

〔一〕**觀音院**

曾鞏京師觀音院新堂：九衢言語亂人耳，三市塵沙眯人目。猿狙未慣裹章綬，魚鳥寧忘慕溪谷。恨無棲宿在清曠，欲弄潺湲愈煩燠。道人誰氏斥佳境，決漢披霄敞華屋。駢羅巖巖三秀石，叢迸娟娟兩修竹。雲蒸雨泄被巖壑，海倒河垂動林麓。頓驚俯仰遠囂濁，豈直形骸擺羈束。解衣坚坐暝忘返，飲水清談心亦足。丈夫壯志須坦蕩，曲士陰機謾翻覆。青鞋赤舃偶然爾，安用區區巧追逐。

葛勝仲題觀音院：弱水無風到海山，慈容親覿紫旃檀。亭亭寶刹淩雲近，湛湛清池漱玉寒。橘熟獨垂紅萬顆，竹迷曾蒔碧千竿。熱官步武何容到，散秩須知第一官。

曾慥高齋漫録：蔡京，崇寧中以星文罷相，般出觀音院待罪。

〔二〕**天清寺**

陳肖巖庚溪詩話卷下五九：靖康間，遊京師天清寺，於僧房壁間得一絶云：「空餘緑綺琴，懶把新聲寫。不見臨邛人，誰是知音者。」不題名氏，想有感而題之也。

王瓘北道刊誤志：天清寺在繁臺下，周顯德二年置在清遠坊，六年徙於此，三門記，王著撰。有興慈塔。開寶中建。

〔三〕**浴室院**

劉攽登浴室院閣：秋霽登臨好，危欄百尺梯。層城斜照裏，雙闕五雲西。雜樹黄映緑，生煙高復低。章臺少年子，走馬錦障泥。稍出紅塵外，方知萬象虚。林端辨遠水，樓角怪行車。燈續黄金像，香餘貝葉書。誰能捐世事，即地亦山居。

徐夢莘三朝北盟會編卷第三十四靖康中帙九起靖康元年二月五日辛丑，盡其日：繼而開封府尹王時雍來，謂諸生曰：「脅天子可乎？胡不退。」諸生應之曰：「以忠義脅天子，不愈於奸佞脅之乎？」復欲前毆之，時雍逸去。殿帥王宗湋謂上曰：「事已爾，無可奈何，當黽勉從之，不然且生變。」遂遣南仲號於衆曰：「已得旨宣李綱矣。」百姓數千人，詣浴室院迎之。

〔四〕福田院

大唐三藏取經詩話卷中經過女人國處第十：僧行遂謁見女王。女王問曰：「和尚因何到此國？」法師答言：「奉唐帝勑命，爲東土衆生往西天取經作大福田。」女王合掌，遂設齋供。

崇岳、了悟密庵和尚語録：師乃云：去年第一會，水陸街坊，今年羅漢第一會裏納疏，識得去年人。便是今年事，今年與去年，非新亦非故，擂鼓共證明，眉毛俱卓竪，北欝打三更，西瞿日未暮，其施汝者不名福田。

李濂汴京遺迹志卷十一祠廟庵院福田院：在仁和門外之東北，唐太宗貞觀二年剏建，後爲兵毁。

王三聘古今事物考卷之三國制養濟院：唐會要曰：開元中，京城乞兒，官置坊，給廩食，爲養病院。又分置卑田院於諸寺，宋因之，以僧院名福田。

〔五〕太和宫

孔平仲談苑卷之一：真宗禁銷金，自東封歸，杜使仔者，昭憲太后之侄女也，迎駕服之，上怒送太和宫出家，由此人莫敢犯。

〔六〕洞元觀

〔文案〕京都譯注本、孫注本考景祐二年富平郡王姑施氏願入道爲女冠，乃以崔懷道私第八十間改作道觀，宋仁宗賜名「洞源」。「元」應爲「源」。

# 馬行街鋪席

馬行北去，舊封丘門外祅廟斜街，州北瓦子。新封丘門大街，兩邊民户鋪席，外餘諸班直軍營相對，至門約十里餘，其餘坊巷院落，縱横萬數，莫知紀極。處處擁門，各有茶坊〔一〕酒店，勾肆飲食。市井經紀之家，往往只於市店旋買飲食，不置家蔬〔二〕。北食〔三〕則礬樓前李四家、段家爊物、石逢巴子，南食則寺橋金家、九曲子周家，最爲屈指。夜市〔四〕直至三更盡，纔五更又復開張。如要鬧去處，通曉不絶。尋常四梢〔五〕遠静去處，夜市亦有燋酸豏〔六〕、猪胰胡餅〔七〕、和菜餅〔八〕、獾兒、野狐肉、果木翹羹、灌腸〔九〕、香糖果子之類。冬月雖大風雪陰雨，亦有夜市。　㓨子、薑豉、抹臟、紅絲、水晶鱠、煎肝臟、蛤蜊、螃蟹、胡桃、澤州餳、奇豆〔一〇〕、鵝梨〔一一〕、石榴、查子、榅桲、糍糕、團子、鹽豉湯之類。至三更，方有提瓶賣茶者〔一二〕。蓋都人公私榮㊀幹，夜深方歸也。

［校］

㊀「榮」通「營」。

[注]

〔一〕茶坊

宋話本萬秀娘仇報山亭兒：萬員外復身再來凳上坐地，叫這陶鐵僧來問道：「你在我家裏幾年？」陶鐵僧道：「從小裏，隨先老底便在員外宅裏掉茶盞抹托子，自從老底死後，罪過員外收留，養得大，却也有十四五年。」萬員外道：「你一日只做偷我五十錢，十日五百，一個月一貫五百，一年十八貫，十五年來，你偷了我二百七十貫錢。如今不欲送你去官司，你且閑休！」當下發遣了陶鐵僧。這陶鐵僧辭了萬員外，收拾了被包，離了萬員外茶坊裏。

這陶鐵僧小後生家，尋常和囉槌不曾收拾得一個，包裹有得些個錢物，没十日都使盡了。又被萬員外分付盡一襄陽府開茶坊底行院，這陶鐵僧没經紀，無討飯吃處。

〔二〕旋買飲食，不置家蔬

宋話本任孝子烈性爲神：周得一霎時買得一尾魚、一隻猪蹄、四色時新果兒，又買下一大瓶五加皮酒，拿來家裏，教使女春梅安排完備。

周煇清波别志卷中：煇幼小時，見人説京師人家，日供常膳，未識下筯，食味非取於市不屬饜。

葉夢得避暑録話卷上：晏元憲公，雖早富貴，而奉養極約，惟喜賓客。未嘗一日不燕飲而盤饌皆不預辦，客至旋營之。頃有蘇丞相子容，嘗在公幕府，見每有嘉客必留，但人設一空、案一杯，既命酒，果實蔬茹漸至，亦必以歌樂相佐，談笑雜出，數行之後，案上已燦然矣。

〔三〕**北食**

莊綽雞肋編卷上：南人罕作麪餌，有戲語云：「孩兒先自睡不穩，更將擀麪杖柱門，何如買個胡餅藥殺著！」蓋譏不北食也。

張師正倦遊雜録南北方嗜好不同：杜大監植言：南方無好羊洎麪，惟魚稻爲嘉，故南人嗜之。北方魚稻不多，而肉麪嘉，故北人嗜之。易地則皆然，不必相非笑也。

趙希鵠調燮類編卷三粒食：煮麵令湯清，北方用花鹻，南方用糖醋撮。

〔四〕**夜市**

吴自牧夢粱録卷十三夜市：又有夜市物件，中瓦前車子賣香茶異湯，獅子巷口爊要魚，罐裏爊雞絲粉，七寶科頭，中瓦子武林園前煎白腸、熓腸，灌肺嶺賣輕餳，五間樓前賣餘甘子、新荔枝，木檐市西坊賣焦酸餡、千層兒，又有沿街頭盤叫賣薑豉、膘皮牒子、炙椒、酸犯兒、羊脂韭餅、糟羊蹄、糟蟹，又有擔架子賣香辣罐肺、香辣素粉羹、臘肉、細粉科頭、薑蝦、海蜇鮓、清汁田螺羹、羊血湯、胡瀣、海蜇、螺頭瀣、餶飿兒瀣麪等，各有叫聲。大街更有夜市賣卦：蔣星堂、玉蓮相、花字青、霄三命、玉壺五星、草窗五星、沈南天五星、簡堂石鼓、野庵五星、泰來心、鑑三命。中瓦子浮鋪有西山神女賣卦，灌肺嶺曹德明易課。又有盤街賣卦人，如心鑑及甘羅次、北算子者。更有叫「時運來時，買莊田，取老婆」賣卦者。有在新街融和坊賣卦，名「桃花三月放」者。其餘橋道坊巷，亦有夜市撲賣果子糖等物，亦有賣卦人盤街叫賣，如頂盤擔架賣市食，至三更不絶。冬月雖大雨雪，亦有夜市盤賣。至三更後，方有提瓶賣茶。冬間，擔架子賣茶、餓子，慈茶始過。蓋都人公私營幹，深夜方歸故也。

施彦執北窗炙輠録卷下：又一夜，在宫中聞絲竹歌笑之聲，問曰：「此何處作樂？」宫人曰：「此民間酒樓作樂處。」宫人因曰：「官家且聽外間如此快活，都不似我宫中如此冷冷落落也。」仁宗曰：「汝知否，我因此冷落，故得渠如此快活，我若爲渠，渠便冷落矣。」

〔五〕四梢

張敂九河公語録：民間訛言云：「有白頭老翁，夜後食人男女。」郡縣嘵嘵，至暮路無行人。公召知西浦寺丞阮昌齡曰：「近訛言惑衆，汝歸縣中訪市肆。」有四明人爲鄉里患者，必大言其事指但證解來，明日果得之，送上州，遂僇於市，即日帖然，夜市如故。

〔文案〕梢爲俗語，盡頭邊緣之意也。若水滸傳第三十二回：「二人出得店來，行到市鎮梢頭三岔路口。」

〔六〕燋酸豏

慧琳一切經音義卷第五音大般若經第四百五十卷焦炷：鄭注禮記云：焦，臭也。廣雅云：焦，黑也。説文從隹從火，經文中多作燋。

戴侗六書故卷三天文下：燋説文曰：燋，所以然，持火也。鄭康成曰：燋，炬也，所以然火者也。又曰：未爇曰燋。

宋話本宋四公大鬧禁魂張：宋四公夜至三更前後，向金梁橋上四文錢買兩隻焦酸餡。那金梁橋下，一個賣酸餡的，也是我們行院，姓王，名秀，這漢走得樓閣没賽，起個渾名，唤做「病猫兒」。他家在大相國寺後面院子裏住。他那賣酸餡架兒上一個大金絲罐，是定州中山府窯變了燒出來的。

成尋參天台五臺山記第五（延久四年十一月）：五日己卯天晴，卯時從府被送粥，辰一點，與使臣通事共參府謁大卿，以通事樂通言，最好人也。點茶二度，湯藥一度，即送驛，有齋酒，路食別被送餕餡五十隻、砂餡五十隻、糖油餅五百個、素油餅五十個、散子五個，使與二佰文錢了。次被送路食酒大瓶二口，通事一瓶，使與二佰文了。諸事沙汰，使與錢二貫文了。從州前馬鋪十匹來，巳一點乘馬還，至龍泉馬鋪，官人二人各用馬云云，直乍騎過了，過四十五里。申時至凉縣驛，州兵士廿人返了，馬鋪擔擔依極疲，與餕餡廿二個了，十一人各二與了。

十一日乙酉，天晴，卯時送粥，殿直切逗留，依之沸湯。巳時送齋，有酒一瓶、醋一瓶。申時馬鋪馬十匹來，即出驛間被送齋，不喫出了，過二十里。酉時至新店馬鋪宿，二時行法，經第四，太原府被送路食糖餅五十枚、餕餡五十、心餅五十。

無名氏居家必用事類全集庚集素食酸餡：饅頭皮同，褶兒較粗，餡子任意。豆餡或脱或光者。

趙叔向肯綮録俚俗字義：歸田記云：「京師食店賣酸餡者，皆大牌榜於衢路。而俚俗昧於字法，轉酸從食，醶從臽。有滑稽子謂人曰：彼家所賣餕餡音俊叨不知爲何物也。」以余觀之，山谷法帖見於世者，皆作酸䭠，韻略上聲，集韻與陷同音，在去聲，注云：餅中餡也。篇韻皆無餡字，不知歐陽公從何得也？俚方言云：關東西謂甑爲甗音輦，或曰鬵音岑，或謂之酢陷。而唐韻甗音巘、鬵音尋，與方言所音已不同矣。豈特此也。今士大夫因循相承，信筆而書，極爲未允。因從陸法言唐韻，摘世間所常用者，以示兒曹具於後。

丁度附釋文互注禮部韻略卷一上平聲二十六歡：酸蘇官切。釋云：酢也，關東謂酢曰酸。

祝穆古今事文類聚前集卷十二天時部食燋糟：峽人十月一日，多以蒸裹爲節物。荆楚人多食燋糟或作糖，故杜詩云：「蒸裹如千室，燋糟萃一柈。茲辰南國重，舊俗自相歡。」

崇嶽、了悟密庵和尚語録：上元上堂。十五日已前，明頭來明頭打；十五日已後，暗頭來暗頭打。正當十五日，一燈然百千燈，燈燈相續，廓徹聖凡。觀世音菩薩，將錢買胡餅，放下因什麽，却是個鐵酸醶。

〔七〕**猪胰胡餅**

耐得翁都城紀勝食店：猪胰胡餅，自中興以來只東京臟三家一分，每夜在太平坊巷口，近來又或有效之者。

〔文案〕李時珍本草綱目獸一家云：猪胰乃爲猪之兩腎中似脂非脂似肉非肉處。與餅連稱，即如無名氏居家必用事類全集所載「山藥胡餅」也：熟山藥二斤、麵一斤、蜜半兩、油半兩，和搜捍餅。其料爲猪胰。又賈思勰齊民要術卷九餅法第八十二豚肉餅法，亦可參證：湯溲粉，令如薄粥。大鐺中煮湯，以小杓子挹粉，着銅鉢内，頓鉢煮沸湯中，以指急旋鉢，令粉悉着鉢中四畔。餅既成，仍挹鉢，傾餅着湯中，煮熟。令漉出，着冷水中。酷似豚皮。臛澆麻酪任意，滑而且美。

〔八〕**和菜餅**

浦江吴氏中饋録製蔬三和菜：淡醋一分，酒一分，水一分，鹽、甘草調和其味得所。煎滚，下菜苗絲、橘皮絲各少許，白芷一二小片摻菜上，重湯頓，勿令開，至熟，食之。

〔文案〕竊以爲和菜餅即多種菜肴拌製而成之餡餛飩之類，近似於湯餅。

〔九〕**灌腸**

〔文案〕無名氏居家必用事類全集庚集肉灌腸紅絲品灌腸：肥羊盤腸並大腸洗浄。每活血杓半，凉水杓半，攪勾。依常法灌滿。活血則旋旋對，不可多了，多則凝不能灌入。此「灌腸」源自賈思勰齊民要術卷九炙法第八十灌腸法，二者均爲羊肉灌腸。猪肉灌腸則用猪大腸灌澱粉，煮一熟，上鐺油煎，蘸蒜而食。中華鄧注本稱北京灌腸乃唐宋遺風，未嘗不可。

〔一〇〕**奇豆**

〔文案〕「奇」同「萁」，萁豆爲宋城常見市食，武林舊事卷六作坊記謂作坊每日必備，以供需求。尤爲小兒所鍾愛，故夢粱録卷一三記沿街叫賣小兒諸般食件往往有之。萁豆亦爲「消夜果子」，夢粱録卷六除夜載内司進呈禁中「精巧消夜果子合」，合内簇諸果，「五色萁豆」即爲一種。武林舊事卷三歲除亦同：「以大合簇飣凡百餘種，如蜜煎珍果，下至花餳、萁豆，皆極小巧。」由此可推知，萁豆當爲植物性食品，類似赤小豆之大小棋子塊食也，或鹽製或糖製，或炒或煮，味道美妙，爲大衆消閒食品也。

〔二〕**鵝梨**

〔文案〕此鵝梨與卷二「飲食果子」之「河北鵝梨」有别。陸璣毛詩草木鳥獸蟲魚疏記：鵝梨出河南北諸州郡，味差短，皮帶鵝黄色，故名。又據古今圖書集成方輿彙編職方典第三百七十九卷開封府物産考：鄭州亦出梨，兩種，其一曰鵝梨，大如瓶，落地則碎，土人以布囊承之，其味甘脆，食之可解煩渴。

〔三〕**提瓶賣茶者**

洪邁夷堅甲志卷十五伊陽古瓶：張虞卿者，文定公齊賢裔孫，居西京伊陽縣小水鎮。得古瓶於土中，色甚黑，頗愛之，置書室養花。方冬極寒，一夕忘去水，意爲凍裂。明日視之，凡他物有水者皆凍，獨此瓶不然。異之，試以湯，終日不冷。張或與客出郊，置瓶於篋，傾水瀹茗，皆如新沸者，自是始知秘，惜後爲醉僕觸碎。視其中，與常陶器等，但夾底厚幾二寸，有鬼執火以燎，刻畫甚精，無人能識其爲何時物也。

黑龍江省博物館藏南宋鬥茶圖

洪邁夷堅丁志卷十七琉璃瓶：徽宗嘗以紫流離膽瓶十，付小璫，使命匠範金托其裹。璫持示苑匠，皆束手曰：「置金於中，當用鐵篦熨烙之，乃妥貼，而是器頸窄不能容，又脆薄不堪手觸，必治之且破碎，寧獲罪，不敢爲也。」璫知不可强，漫貯篋中。他日，行廛間，見錫工釦陶器精甚，試以一授之曰：「爲我托裹。」工不復擬議，但約明旦來取。至則已畢。璫曰：「吾觀汝伎能，絶出禁苑諸人右，顧屈居此，得非以貧累乎？」因以實諗之。答曰：「易事耳。」璫即與俱入而奏其事。上亦欲親閱視，爲之幸後苑，悉呼衆金工列庭下，一一詢之，皆如昨説。錫工者獨前，取金鍛冶，薄如紙，舉而裹瓶外。衆咄曰：「若然，誰不能？固知汝俗工，何足辨此。」其人笑不應，俄剥所裹者，押於銀箸上，插瓶中，稍稍實以汞，揜瓶口，左右澒挏之。良久，金附着滿中，了無罅隙，徐以爪甲匀其上而已。衆始愕眙相視。其人奏言：「琉璃爲器，豈復容堅物振觸？獨水銀柔而重，徐入而不傷，雖其性必蝕金，然非目所覩處，無害也。」上大喜，厚賚賜遣之。

［附録］衆所周知，暖水瓶是一種雙層玻璃容器，内外壁在頂部完全封攏，將夾層中空氣抽出來。暖水瓶的内壁需鍍上一層水銀，目的是爲了減少由輻射傳走之熱量。夷堅志中兩條史料表明：宋代暖水瓶製作已有今日暖水瓶之雛型。這在第一條史料中，分外明顯，所記張虞卿擁有之暖水瓶，是「夾底厚幾二寸」，這直接告示於人此暖水瓶是中間有空隙之雙層構造，因「夾底」即夾層也。第二條史料則記述錫工剥所裹金箔，押於銀筷子上，插入玻璃瓶中，稍稍再輸入水銀，掩住瓶口，左右摇動以使水銀塗

鍍在瓶膽上，這大體上符合暖水瓶製作技術。

考之宋代典籍，琉璃爲自然之物，彩澤光潤，逾於衆玉。它用石英砂、純鹼長石及石灰石爲主料，有時加入少量澄清劑，將原料混合、熔融、匀化後，加工成形，再經退火處理而得玻璃製品。宋代已能夠進行這種玻璃品的製作，而且價格很便宜（戴埴鼠璞）。許多士大夫用詩歌吟詠玻璃製品，其驚奇、喜愛之情躍然紙上，像孔平仲之海南碧琉璃瓶：「手持蒼翠玉，終日看無足。秋天長在眼，春水忽盈掬。瑩然無埃塵，可以清心曲。有酒自此傾，金樽莫相瀆。」用詩聯繫宋徽宗一次就能給小太監十個紫色琉璃瓶，可知北宋後期，玻璃瓶製作數量已不小，品種多樣，只是在質量上要遜於外國玻璃製品。

所謂外國玻璃製品，主要指大食諸國玻璃製品，筆者翻檢這一時期中外貿易史料時，發見波斯語國家與宋朝貿易「方物」中，玻璃瓶爲一大項。如自建隆二年起，占城就進有「大食瓶」。而大食國貿易「方物」中，每次都有玻璃製品，以各式玻璃瓶爲多。如至道元年，一次「貢品」中就有：「眼藥二十小琉璃瓶，白沙糖三琉璃甕，千年棗、舶上五味子，各六琉璃瓶，舶上褊桃一琉璃瓶，薔薇水二十琉璃瓶。」大食國貿易而來之玻璃瓶，爲宋代能製造質量較好之暖水瓶提供有益借鑒。大食諸國玻璃燒煉之法與中國同。「其法用石膏燒成，大食則添入南鵬砂，故滋潤不烈，最耐寒暑，宿水不壞，以此貴重於中國」（趙汝适諸蕃志卷下志物琉璃）。當時有人詳細地記下了這些舶來玻璃瓶中「可異者，雖百沸湯注之，與磁銀無異，了不損動」，揭示出宋人將自己玻璃品製作技術，與外國玻璃品製作技術相比較、學習之態度。

從製造玻璃暖水瓶所必備之技術基礎條件——水銀着眼，宋水銀提煉極爲興盛。唐慎微重修政和經史證類備用本草卷四玉石部中品水銀記載：「作爐。置砂於中，下承以水，上覆以盎器，外加火煅養，則煙飛於上，水銀溜於下。」提煉水銀之器具和方法之傳揚，是社會對水銀需求量很大之反映。宋代社會所出現的各式各樣的煉丹術，也可以證之。在北宋後期，水銀就作爲一種商品廣泛流行。若「瓢内出汞成金」、「草製汞鐵皆成庚」、「市藥即乾汞」、「藥瓦成金」等（何薳春渚紀聞卷十記丹藥）。這從另一面告訴我們：水銀在人民生活中已佔有一席之地。通過考索，大致可以瞭解，宋之玻璃瓶製品與水銀塗鍍技術、水銀提煉技術及使用，均呈現出一派興旺景象，從而爲暖水瓶生産開闢了有利條件。但必須看到，這些僅爲暖水瓶出現之基本科學技術因素，倘若無合適之自然條件、社會環境，暖水瓶也不會出現於北宋。

氣象學權威竺可楨認爲，十一世紀之北宋，是中國歷史上最爲寒冷時期之一，僅從天禧元年至政和三年這段時間東京來看：降雪不斷，凍死甚衆，有時大雪連月，至春不止，平地積雪八尺有餘，連飛鳥都凍死了（宋史卷六二五行一下）。於是，我們就看到了「提瓶賣茶者」的現象。商販們所用之瓶是保温之暖水瓶，因爲用鐵或瓷製成之瓶裝茶水，即使在茶瓶外面包裹厚實棉被之類，在極寒冷之冬夜，一會兒也會凉的。也就是説，若没有保暖之瓶膽，在冬夜裏是不可能賣熱茶的，而冷茶在冬夜裏是不可能有市場的。且在宋代，是非常講究注滚熱的湯水於盞杯中，「點開」茶葉或茶餅才飲用。正所謂：「凡欲點茶，先須熁盞令熱，冷則茶不浮。」（蔡襄茶録茶論）在宋代筆記小説、詩歌中屢屢出現之「鬥茶」，往往是人們攜瓶遠足時舉行。倘無盛貯滚沸熱水之保温瓶，是無法想像「鬥茶」的。由此而推及「提瓶賣茶」，成爲宋代飲食行業一獨立行當，實屬自然。需要提及的是，宋徽宗是最能追求浮華的，宦官貴吏無不以有珍稀物品争相獻上邀賞，民間工匠也無不受其傳染，紛紛鑽研奇巧伎藝。夷堅志所記擅長塗鍍水銀技術之錫工，就是小太監在百姓居住區發現的。這就標示着這種水銀塗鍍技術已在民間廣泛流行，而暖水瓶得到最喜歡奢侈品的徽宗賞識，會很快推廣開來，是非常可能的。

宋之暖水瓶爲何樣式？目前尚未有出土之宋代暖水瓶實物證實。然而這並不妨礙我們從出土之宋代瓷茶瓶、玻璃水瓶尋找旁證——從出土宋代茶瓶看，它一般造型爲寬口、鼓腹、平底、短流，與流成九十度角的腹壁上安有筒形把手（薛翹、劉勁峰、陳春惠宋元茶俗與茶具）。在江西贛州市景德鎮的宋井中、江蘇無錫環城河宋代古井中出土的宋代挈瓶，爲寬口、短頸、溜肩、長圓腹、小圈足或小平底，爲便提攜，在肩部安雙繫或四繫（無錫市博物館無錫市環城河古井清理）。此外，從内蒙古奈曼旗遼開泰七年陳國公主墓出土的十至十一世紀初中亞伊斯蘭製造的高頸玻璃水瓶，遼寧朝陽北塔地宫出土的伊斯蘭玻璃瓶，天津薊縣獨樂寺遼代塔基内發現的伊斯蘭刻花玻璃瓶，河北定縣北宋太平興國二年塔墓内發現的六種伊斯蘭玻璃器（徐苹芳考古學上所見的中國通往日本的絲綢之路），都能使我們對宋代暖水瓶形狀有所認知。又據一九八六年南京林學院發現的北宋墓中，有許多高約三十一厘米，底六點四厘米，口徑六厘米的瓶子，這些瓶子雖不是玻璃瓶，但依考古學家研究，已和現今的瓶子十分相似了。另宋代花塢醉歸圖中有一挑着行李的僕人，行李後端攜帶的酒瓶，也爲宋代暖水瓶的樣式提供了參照，可以想見，宋代暖水瓶雖然不能和現代的暖水瓶完全一樣，可其基本樣式已無太大距離。

綜合以上考證，筆者傾向于認爲，宋代暖水瓶的樣式爲：寬口、長頸、長腹，瓶口安有開啓的瓶蓋，它與暖水瓶包裝外腹壁上近似直角的弧形鐵把手相連，箍在瓶頸口上，以便於開啓和提攜。也許有一天會出土宋代暖水瓶實物，那將對筆者的這一考證作一驗證。

## 般載雜賣

東京般載車〔一〕，大者曰「太平」，上有箱無蓋，箱如枸攔而平㈠，板壁前出兩木，長二三尺許，駕車人在中間，兩手扶捉鞭綏㈡駕之，前列騾或驢二十餘，前後作兩行，或牛五七頭拽之。車兩輪與箱齊，後有兩斜木脚拖〔二〕，夜中間懸一鐵鈴〔三〕，行即有聲，使遠來者車相避。仍於車後繫驢騾二頭，遇下峻險橋路，以鞭誂之，使倒坐綞車，令緩行也，可載數十石。官中車惟用驢〔四〕，差小耳。其次有「平頭車」，亦如「太平車」而小，兩輪前出長木作轅，木梢橫一木，以獨牛在轅内項負橫木，人在一邊，以手牽牛鼻繩駕之，酒正店多以此載酒梢〔五〕桶矣。梢桶如長水桶，面安靨口，每梢三斗許，一貫五百文。又有宅眷坐車子〔六〕，與「平頭車」大抵相似，但樱作蓋，及前後有枸欄門，垂簾。又有獨輪車〔七〕，前後二人把駕，兩旁兩人扶枴，前有驢拽，謂之「串車」〔八〕，以不用耳子轉輪也，般載竹木瓦石。但無前轅，止一人或兩人推之。此車往往賣糕及餻糜〔九〕之類人用，不中載物也。平盤兩輪，謂之「浪子車」。唯用人拽。又有載巨石大木，只有短梯盤而無輪，謂之「癡車」，皆省人力也。又有駞騾驢馱子〔一〇〕，或皮或竹爲之，如方匾竹篓兩搭背上，斛㪷則用布袋〔一一〕馳之。

［校］

㈠「箱如枸欄而平」，上古標校本據秘册、學津諸本改「攔」爲「欄」。

㈡中華鄧注本疑「綾」當作「綏」。

［注］

〔一〕般載車

章叔虎搜神秘覽卷中原分：安肅軍朱氏家素貧乏，他日巡警卒爲之曰：「長史有何警兆？某數日爲見大車中般載財寶入長史宅中，不知其數，疑必有以先爲祥報者。」

〔文案〕宋之運輸唤般載，般載車又作驢騾大車，若老乞大集覽下驢騾大車：一車駕驢騾五頭者，平地任載大車也。宋應星天工開物卷下舟車第十五則可詳證之：「凡騾車之制有四輪者，有雙輪者，其上承載支架，皆從軸上穿斗而起。四輪者前後各横軸一根，軸上短柱起架直梁，梁上載箱。馬止脱駕之時，其上平整，如居屋安穩之象。若兩輪者，駕馬行時，馬曳其前則箱地平正，脱馬之時則以短木從地支撑而住，不然則欹卸也。」「凡四輪大車量可載五十石，騾馬多者或十二挂或十挂，少亦八挂。執鞭掌御者居箱之中，立足高處。前馬分爲兩班（戰車四馬一班，分驂服。）糾黄麻爲長索分繫馬項，後套總結，收入衡内兩旁。掌御者手執長鞭，鞭以麻爲繩，長七尺許，竿身亦相等。察視不力者鞭及其身。箱内用二人踹繩，須識馬性與索性者爲之。馬行太緊則急起踹繩，否則翻車之禍從此起也。凡車行時，遇前途行人應避者，則掌御者急以聲呼，則羣馬皆止。凡馬索總繫透衡入箱處，皆以牛皮束縛，詩經所謂肋驅是也。」天工開物所言與清明上河圖所繪太平車可相互印證也。

〔二〕**木脚拖**

〔文案〕姜注本謂木脚拖體制不詳。清明上河圖一四騾車後下垂木脚拖可參，爲制動裝置。

〔三〕**鐵鈴**

蘇軾東坡居士艾子雜説：一日，造艾子問曰：「凡大車之下，與橐駝之項，多綴鈴鐸，其故何也？」

艾子曰：「車、駝之爲物甚大，且多夜行，忽狹路相逢，則難於回避，以借鳴聲相聞，使預得回避爾。」

**〔四〕官中車惟用驢**

宋真宗内藏庫般錢絹申三司差驢車詔大中祥符六年七月：内藏庫，若般錢絹赴景福庫封樁膳移，即申三司差驢車三十兩裝載，皇城親從、親事官百人般運。其左藏庫送還錢，只抽那親從官百人掏錢。如綱運稍稀，止五十人。

竇儀宋刑統卷第十五廄庫律牧畜死失及課不充檢驗畜産不以實 養療不如法 官畜官車私馱載：諸應乘官馬牛駞騾驢，私馱物不得過十斤，違者一斤笞十，十斤加一等，罪止杖八十。

**〔五〕酒梢**

熊夢祥析津志輯佚風俗：酒以木作長桶盛之擔送，名酒稍。

**〔六〕宅眷坐車子**

陸游老學庵筆記卷二：成都諸名族婦女，出入皆乘犢車。惟城北郭氏車最鮮華，爲一城之冠，謂之郭家車子。江瀆廟西廂有壁畫犢車，庫祝指以示予曰：「此郭家車子也。」

朴通事諺解卷中：「各樣帳房室車。室車，鄉習以細字作室字讀，謂車上設屋可卧者也。然漢人凡稱物之善者皆曰細，如云茶之好者曰細茶，今此細車亦謂設帳房於車上爲屋，乃車之善者也，故謂之細車。連呼帳房細車讀亦通，質問云，如婦人所乘車，周圍雕刻花槅，油飾花鬢，方言謂之細車。又云女人所乘有槅長蓋之車。」

〔文案〕中華鄧注本以陸游老學庵筆記注「宅眷坐車子」，稍嫌不足。朴通事諺解「帳房室車」可補。明人摹宋文姬歸漢圖其女眷所乘牛拉帳房室車可與此互參。

### 〔七〕獨輪車

李誡營造法式卷十六般運功：獨輪小車子扶駕二人，每車子裝物重二百斤。

高承事物紀原卷八舟車帷幄部第四十小車：蜀相諸葛亮之出征，始造木牛流馬以運餉，蓋巴蜀道阻，便于登陟故耳，木牛，即今小車之有前轅者；流馬，即今獨推者是，而民間謂之「江州車子」，按後漢郡國志有江州縣，是時劉備全有巴蜀之地，疑亮之創始作之於江州縣，當時云然，故後人以爲名也。

李元弼作邑自箴拾遺第十登途須知：大小車行帶斧鑿鍪鑊，以防急用。江州車仍帶準備耳子，更須附繩檜三五副，以備般剥。

〔文案〕獨輪車制，朴趾源熱河日記卷二記之則可直證：自後一人腋轅而推之。當中爲輪，輪之半既出輿上，則左右爲箱，載物不得偏重。當

清明上河圖中獨輪車

輪處爲半鼓形，夾輪以隔離之，使輪與物不相礙。腋轅下有短棒雙垂，行則與轅俱舉，止則與輪俱停，所以支吾撑柱，使不傾翻也。獨輪車亦唤「江州車兒」，水滸傳第十六回有證：「只見松林裏一字兒擺着七輛江州車兒。」

〔八〕**串車**

〔文案〕據孫注本：串車即今之俗稱「挂牲口」，又唤「跑梢」者是也。

〔九〕**餻糜**

無名氏居家必用事類全集庚集回回食品餻糜：羊頭煮極爛，提去骨。原汁内下回回豆，候軟，下糯米粉，成稠糕糜，下酥蜜、松仁、胡桃仁，和匀供。

〔文案〕陳元靚歲時廣記卷第二十獻節物，文昌雜録唐歲時節物四月八日則有糕糜。

〔一〇〕**馲騾驢馱子**

毛晃、毛居正增修互注禮部韻略卷二下平聲七歌：馲同上（它），又馬名，杜甫詩：馲背錦模糊。增入。

無名氏詞林韻釋卷下十二何和平聲：馲馬名。

洪邁夷堅丁志卷第七夏二娘：京師婦人夏二娘，死經年，見夢其子杜生曰：「我在生時欠某坊王家錢十二貫，某坊陳家錢三十四貫，坐謫爲王氏驢而鬻於陳。王氏所得價錢償已足，而陳未也。日與之負麥，然一往反纔直三十八錢許，今日以外，尚欠十八千，非兩年不可了。吾昔日瘞銀百餘兩於堂内户限下，可發取以贖我。」其子曰：「即往尋訪，以何爲記？」曰：「明早從南薰門入，一騾最先行，別又一驢，次則我。汝來時，我自舉頭視汝。」杜生瘖，掘地得銀，徑詣南薰待之，果遇麥馱聯翩來，第三者仰頭相視。杜雨泣，欲牽以歸，陳氏之役曰：「此吾主家物，汝何爲者？」杜曰：「吾母也，當還元價以贖。」其人不許，相與忿爭。廂官録送府，府尹扣其説，命引驢至前，謂曰：「果識汝子，可銜其裾。」應聲而然。尹異之。時劉豫盜京師，尹具以白，豫呼入殿廷，復謂之曰：「能舉前兩足搭子肩上，則信矣。」應聲亦然。

〔文案〕驗之清明上河圖端首：五頭毛驢，背馱兩搭木炭，行進樹木夾峙的郊野小路。汴河虹橋上下，亦有五頭毛驢，背馱圓滾糧袋。第一十字街道上，大街小橋邊大樹底下，各有三匹「方匾竹簍兩搭背上」毛驢，「孫家正店」前樹下，兩人從兩匹毛驢背上卸貨。馱糧食或貨物之毛驢，於清明上河圖中有十三匹之多。

## 〔一一〕布袋

李濟翁資暇集卷下被袋：非古制，不知孰起也。比者遠遊行則用，大和九年，以十家之累者邐迤竄謫，人人皆不自期，常虞蒼卒之遺，每出私第，咸備四時服用。舊以紐革爲腰，囊置於殿乘。至是服用既繁，乃以被易之，成俗於今。大中已來，吴人亦結絲爲之，或有餉遺，豪徒翫而不用也。

〔文案〕婿入他家，呼爲「補代」。若猗覺寮雜記卷上言：「世號贅婿爲布袋，多不曉其義，如入布袋，氣不得出。頃附舟入浙，有一同舟者，號李布袋。篙人問其徒云：『如何入舍婿謂之布袋？』衆無語。忽一人曰：『謂之補代，人家有女無子，恐世代從此絶，不肯嫁出，招婿以補其代爾。』此言絶有理。」而裝填布袋，貨賣他家，其意與之相近。又因布袋常使之物，漸衍變爲通俗之語，多方借用。入贅不過其一例也。

## 都市錢陌

都市錢陌〔一〕，官用七十七〔二〕，街市通用七十五，魚、肉、菜七十二陌〔三〕，金銀七十四，珠珍㊀、雇婢妮〔四〕、買虫蟻六十八，文字〔五〕五十六陌，行市各有短長使用。

〔校〕

㊀「珠珍」應爲「珍珠」。

〔注〕

〔一〕錢陌

沈括夢溪筆談卷四辯證二：今之數錢，百錢謂之「陌」者，借「陌」字用之，其實只是「佰」字，如

「什」與「伍」耳。唐自皇甫鎛爲墊錢法，至昭宗末，乃定八十爲「陌」。漢隱帝時，三司使王章每出官錢，又減三錢，以七十七爲「陌」，輸官仍用八十。至今輸官錢有用八十陌者。

洪邁容齋四筆卷一十十錢：市肆間交易論錢陌者，云十十錢，言其足數滿百無蹺減也。其語至俗，然亦有所本。後漢書襄楷傳，引宫崇所獻神書，其太平經興帝王篇云：開其玉户，施種於中，比若春種於地也。十十相應和而生，其施不以其時，比若十月種物於地也。十十盡死，固無生者。其書不傳於今，唐章懷太子注釋之時，尚猶存也。此所謂十十，蓋言十種十生無一失耳，其盡死之義亦然。與錢陌之事殊，然其字則同也。

高晦叟珍席放談卷上：唐京師錢陌八十五，自河而南八十五，燕代皆以八十爲陌。漢王章建言：官司出錢陌，減其三。今則凡官司出入，悉用七十七陌，謂之省陌者是已。獨封贈錢輸官帑陌猶用八十，乃唐時餘制也。

文素如浄和尚語録卷下：銅錢鐵錢，省數足陌。

馬端臨文獻通考卷九錢幣考二歷代錢幣之制：國初因漢制，其輸官錢，亦用八十或八十五爲陌，然諸州私用各隨俗，至有以四十八錢爲陌。是歲所在用七十七陌爲貫，及四斤半以上。

于慎行穀山筆塵卷之十四雜解：陌即百字，唐以八十錢爲陌，宋以百錢爲陌。

〔二〕官用七十七

楊輝乘除通變算寶卷中加法五術：足錢九十六貫二百五十文，問伸作七十七陌，幾何？

〔答曰〕一百二十五貫文。

草曰：足錢爲身，身下〔加三〕望貫，〔除一〕猶加三以一代七十七除也。望貫者，退位於第四位，除文。置足錢爲身。貫上定貫。〔加三〕得一百二十五貫一百二十五文。望貫〔除文〕。上是一百二十五貫，下除一百二十五文。合問。

〔文案〕「官用七十七」「省錢」之錢法，見洪邁容齋三筆卷第四省錢百陌。

〔三〕七十二陌

〔文案〕「依除」之錢法，即于「七十七」之「省陌」，「又尅其五」交易。見歐陽修歸田録卷二。

〔四〕婢妮

朱子編二程外書卷十大全集拾遺：今人家買乳婢，亦多有不得已者，或不能自乳，須着使人。

王洙王氏談録不置侍婢：伯堅又云：相愛者與家人言以某年高，在遠方，勸置一女子侍飲食湯藥，圖其安逸。

侯君素旌異記：晏元獻家老乳媪燕婆，在晏氏數十年，一家頗加禮，既死，猶以時節祭之。嘗見夢曰：「冥間甚樂，但衰老須人扶持，苦乏人耳。」其家爲畫二婦人，焚之。又夢曰：「受賜多矣，奈軟弱不中用何。」其家歎異，命匠爲厚紙格，繪二美婢。他日又夢來謝曰：「新婢絶可人意，今不寂寞矣。」

張師正括異志卷五李氏婢：賈國傳大沖嘗説，有李某屢典郡，既卒，家人歸京師舊居。有老婢，凡京城巷陌無不知者。家之貿易、飲膳、衣着，洎親家傳導往來，悉賴焉。邑君愛之如兒侄。明道春方淘溝，俾至親家通起居，抵暮不歸。數日尋訪無迹。邑君曰：「是媪苦風眩，疾作墜溝死矣。」即命諸婢設

宋半閒秋興圖中女婢像

靈座祭焉。家之吉凶亦來報，邑君泣曰：「是媪雖死，不忘吾家。」明年春，自外來。家人皆以爲鬼也。媪拜曰：「去歲令妾傳語某人，至某處。風眩作，墜溝中。某人宅主姥見之，令人拯出，滌去穢污，加以藥餌，得不死。某誓傭一年以報。今即朞，即辭歸。」往詢某氏，果然。

〔五〕文字

馬純詩話一：吕吉甫知維揚，有吕川者，賣詩於市，句有可采者，常與吉甫賡和。有贈吉甫侄注少卿詩，注好道清修之士也，詩云：「峨嵋月浸千秋雪，太華峰摇十丈蓮。一見昇平玉清客，雪蓮聲價頓銷然。」又有贈致仕郭朝儀詩云：「漫道任公釣有神，六鼇無迹海生塵。争如静卧南窗下，蘭菊任争秋與春。」

闕名桐江詩話一二曹希藴新月詩：曹希藴貨詩都下，人有以「敲梢交」爲韻，索賦新月詩者。曹詩云：「禁鼓初聞第一敲，乍看新月出林梢。誰有寶鑑新磨出？匣小參差蓋不交。」蓋模多遜之句也。

佚名東南紀聞卷二：昔有詩客朱少遊者，在街市間立桌賣詩，以精敏得名。一日，有士人命以「掬水月在手」一句爲題，客應聲云：「十指纖纖弄碧波，分明掌上見姮娥。不知李白當年醉，曾同江邊捉得麽。」又有持芭蕉一莖，俾賦之，即書云：「剪得西園一片青，故將來此惱詩情。怪來昨夜窗前雨，减去瀟瀟數點聲。」誠可謂精矣。

洪邁夷堅三志己卷第八浪花詩：曹道沖售詩於京都，隨所命題即就。羣不逞欲苦之，乃求浪花詩絶句，仍以紅字爲韻。曹謝曰：「非吾所能爲，唯南薰門外菊坡王輔道學士能之耳，他人俱不可也。」不遑曰：「我固知其名久矣。但彼在館閣，吾儕小人耳，豈容輒詣？」曹曰：「試賫佳紙筆往拜而求之，必可得。」於是相率修謁下拜有請，王欣然捉筆，一揮而成。其語曰：「一江秋水浸寒空，漁笛無端弄晚風。萬里波心誰折得？夕陽影裏碎殘紅。」讀者無不嗟伏。

宋話本趙伯升茶肆遇仁宗：自此流落東京。至秋深，僕人不肯守待，私奔回家去。趙旭孤身旅邸，又無盤纏，每日上街，與人作文寫字。

［文案］京都譯注本以夢粱録「太廟前尹家文字鋪」爲據，並以宋版書所記「臨安府太廟前尹家書籍鋪刊行」佐證，認定「文字」爲「文字鋪」省略，當「書籍店」解。余以爲非也，「文字」於宋較爲寬泛，若「樞密院檢詳諸房文字」是也。吕本中東萊吕紫微師友雜志「商榷文字」亦是也，丁特起靖康紀聞「追毁出身以來文字」是也，范正敏遯齋閑覽題壁兩行「文字」是也，朱弁續骫骳説「制撰文字」是也，宋話本三現身包龍圖斷案「袖裏袋着一軸文字」是也，宋話本合同文字記「立兩紙合同文字」亦是也。「文字五十六陌」則爲都城以「文字」爲商品買賣者，若前引數例。

## 雇覓人力

凡雇覓人力〔一〕，幹當人〔二〕，酒食作匠之類〔三〕，各有行老供雇。覓女使即有引至牙人。

## 〔注〕

〔一〕**雇覓人力**

成尋參天台五臺山記第一（延久四年五月）：十一日庚寅。天晴。示家主張九郎雇夫九人，轎子擔二人，與三貫三百文錢了。十一人，人別三百文。至國清寺三日功食，又與二百廿文。家主志百文，房賃五十文，轎子功七十文。賴緣供奉。私以六百七十文錢雇二人乘轎，餘人徒行。過卅五里至新昌縣，以錢九十八文與夫十三人酒料了。

〔二〕**幹當人**

吴自牧夢粱録卷十九顧覓人力：凡顧倩人力及幹當人，如解庫掌事，貼窗鋪席，主管酒肆食店博士、鐺頭、行菜、過買、外出鬙兒、酒家人師公、大伯等人。

〔三〕**酒食作匠之類**

陶穀清異録卷上蔬茶門玉乳蘿蔔：王薁善營度，子孫不許仕宦。每年止種火田玉乳蘿蔔、壺城馬面菘，可致千緡。

高懌群居解頤嶺南風俗又：嶺南無問貧富之家數，女不以針縷紡績爲功，但窮庖廚、勤刀俎而已。善醯醢葅鮓者，得爲大好女矣。俚民争姻聘者，相與語曰：「我女裁袍、補襖，即灼然不會；若修治水蛇、黄鱔，則一條勝似一條矣。」

彭乘續墨客揮犀卷第一扈興屠狗爲事：扈興，府界酸棗縣市民也。始以屠狗爲事，間或亦宰牛豕，而又善庖，邑人多用之，悉呼之曰「扈廚」。

鄭望之膳夫録廚婢：蔡太師京，廚婢數百人，庖子亦十五人。

洪巽暘谷謾録：予以寶祐丁巳參閫寓江陵，嘗聞時官中有舉似其族人置廚娘事，首末甚悉，謾中之以發一笑。其族人名某者，奮身寒素，已歷二倅一守，然受用淡泊，不改儒家風。偶奉祠居里，便嬖不足使令，飲饌且大粗率。守念昔留某官處晚膳，出京都廚娘調羹，極可口。適有便介如京，謾作承受人書，囑以物色，價不屑較。未幾，承受人復書曰：「得之矣，其人年可二十餘，近回自府地，有容藝，能筭能書，旦夕遣以詣直。」不二旬月，果至。初憩五裏頭時，遣脚夫先申狀來，乃其親筆也。字畫端楷，歷敘慶新，即日伏事左右，末乞以回轎接取，庶成體面。辭甚委曲，殆非庸碌女子所可及。守一見，爲之破顔。及入門，容止循雅，紅衫翠裙，參侍左右，乃退。守大過所望。少選，親朋皆議舉杯爲賀。廚娘亦遽致使廚之請，守曰：「未可展會，明日且具常食五杯五分。」廚娘請食品、菜品質次，守書以予之，食品第一爲羊頭僉，菜品第一爲葱虀，餘皆易便者。廚娘謹奉旨，數舉筆硯具物料，內羊頭五分，各用羊頭十個也，葱韭五碟，合用葱五斤，它稱是，守因疑其妄，然未欲遽爾以儉鄙，姑從之，而密覘其所用。翌旦，廚師告物料齊，廚娘發行奩，取鍋、銚、盂、勺、湯盤之屬，令小婢先捧以行，熣爛耀目，皆是白金所爲，大約止該

宋厨娘畫像磚摹圖

五七十兩。至如刀砧雜器，亦一一精緻。傍觀嘖嘖。廚娘更團襖圍裙，銀索攀膊，掉臂而入，據坐胡牀，徐起切抹批臠，慣熟條理，真有運斤成風之勢。其治羊頭也，漉置几上，剔留臉肉，餘悉擲之地，衆問其故？廚娘曰：「此皆非貴人之所食矣。」衆爲拾頓它所。廚娘笑曰：「若輩真狗子也。」衆雖怒，無語以答。其治葱韭也，取葱輒微過湯沸，悉去鬚葉，視碟之大小分寸而裁截之，又除其外數重，取條心之似韭黄者，以淡酒醯浸漬，餘棄置，了不惜。凡所供備，馨香脆美，濟楚細膩，難以盡其形容。食之舉箸無贏餘，相顧稱好。即撤席，廚娘整襟再拜曰：「此日試廚，幸中臺意，照例支犒。」守方遲難，廚娘曰：「豈非待檢例？」探囊取數幅紙以呈曰：「是昨在某官處所得支賜判單也。」守視之，其例每展會支賜或至於券數匹，家聚或至三二百千，雙足無虛拘者。守破慳勉强，私切喟嘆曰：「吾輩事力單薄，此等筵宴不宜常舉，此等廚娘不宜常用。」不兩月，託以它事善遣以還。其可笑如此。

## 防火〔一〕

每坊㊀〔二〕巷三百步許，有軍巡鋪〔三〕屋一所，鋪兵五人，夜間巡警〔四〕，收領公事。又於高處磚砌望火樓〔五〕，樓上有人卓㊁望。下有官屋數間，屯駐軍兵百餘人，及有救火家事㊂〔六〕，謂如大小桶〔七〕、洒子〔八〕、麻搭、斧鋸〔九〕、梯子〔一〇〕、火叉〔一一〕、大索、鐵猫兒之類。每遇有遺火〔三〕去處，則有馬軍奔報軍厢主，馬步軍、殿前三衙、開封府，各領軍級撲滅，不勞百姓。

［校］

㊀百歲寓翁楓窗小牘卷下「每坊」前有「東京」二字。

㊁「卓」，百歲寓翁楓窗小牘卷下作「探」。

㊂「事」應爲「什」或「使」，如卷二朱雀門外街巷「什物」，東角樓街巷「動使」。

［注］

〔一〕防火　陳襄州縣提綱卷二修舉火政：治舍及獄須於天井之四隅，各置一大器貯水，又於其側備不測取水之器。市民團五家爲甲，每家貯水之器各寘於門，救火之器分置，必預備立四隅，各隅擇立隅長以轄焉。四隅則又總於一官，月終勒每甲各執救火之具呈點，必加檢察，無爲具文，設有緩急，倉卒可集，若不預備，臨期張皇，束手無策，此若緩而甚急者，宜加意焉。

## 〔二〕每坊

王瓘北道刊誤志坊：太平　義和　安業　廣利　寶積　宣平　興寧　觀德　明德　嘉善　景寧　惠政　興禮　信陵汴有信陵亭，故名。　龍華　昭德　福善　延德　崇濟　興道　光德　宜春　樂遊　延康　惠和　建初　太和　景明　甘泉　崇仁　保和　靖安　昭慶　嘉德　廣福　興國　宣化　新昌　常樂　光化　利仁　岳臺　敦義　全順　壽昌坊有啓聖院，太宗誕聖之地，故曰壽昌。　嘉平　溢德　永濟　清和　建隆　顯仁　春明　汴陽　崇善　宣陽　安仁　建隆　延秋　咸寧　惠寧　福昌　隆安　慶成　興化　徽安　延禧　永豐　豐安　義康　順成　善利　安遠　宣義　景福　保義　順政　崇節　崇義　普寧　奉化　歸德　大寧　崇禮　廣濟　敦教坊有國子監，故名。　建寧　普惠　永和　景平　昭化　敦化　武成坊有武成王廟，故名。　景耀　永泰　建平　長慶　清化　光慶　永昌　敦信　永安　寧遠汴有夷門山，舊坊曰夷門，大中祥符改今名。　昌樂　永寧　永平　豐義　崇慶　安興　延慶　瑞應　咸宜　安定　崇化　保安　泰寧　嘉慶　保寧　永順　延福　昭善　安化

〔文案〕據孔憲易北宋東京城坊考畧：東京内外城坊見於文字者，共六十六坊。而周寶珠宋代東京研究據宋會要考東京城内八廂一百二十一坊，城外九廂十四坊，共計一百三十五坊。

## 〔三〕軍巡鋪

徐松宋會要輯稿兵三之五至之七：神宗熙寧元年十二月九日，詔新舊城裏都巡檢諸處巡鋪圖二

面，如有可省罷分明簽貼進入，乃減罷八十六鋪，計五百四十六人。先是，京城巡鋪所占禁軍人數甚多，步軍兵士尤衆，不得番休，故量行裁省，其鋪分遠近不均者，委巡檢使移那焉。

政和六年春某月甲子，開封尹臣革奏事殿中，建言：「臣所部都城四厢，無慮若干坊，坊有徼巡卒合若干人數，嘗築廬以居。歲久廬壞，或廢徙亡失，無以庇風雨，禦寒暑。卒皆僑寄他處，往往託民籬下，私賈販以自營，訟者莫知所訴。盜賊益玩，弛無忌憚，甚不稱詔令。願下將作，以時繕完。臣昧死以聞。」皇帝曰：「嘻，弊有甚於此者邪！顧將作役多，力弗能專，汝言可續，甚爲朕典司之。」因出御府錢二萬緡，下開封府如章。「臣既承詔，鳩工揆材，相方視址，均遠近，視要害，有遷有仍，或因或革，作以某月之甲子，成於某月之甲子。若干區，棊布星列，縱見横出，股引鉤聯，聲通氣接。都人聚觀，愕怡踴躍。舊舍甲乙之次，雜取旁近官寺若佛老之居，以爲題號，久或遷易，浸失本真，因一切削去訛舛，冠以坊名。具綆勺，儲水器，暑以療暍，火以濡焚。書之於籍，轉相付授，月校季考，稽比以時，有可以資備預者，無弗飭也。」

佚名南宋館閣續録卷二省舍：省西北墻外添築外墻一重，並置鋪屋巡邏。墻外多爲民居所占，嘉泰二年六月因遺火延燒，遂請於朝，不許再造。仍添築外墻一重爲限。

施諤淳祐臨安志卷第六厢軍：按舊制，列郡有厢禁土軍，而行都駐蹕以來，周廬設卒，虎旅環屯，故郡兵不加益，惟仍舊額，而輦下繁盛，火政當嚴，自大資政趙公與𥲅尹正京邑，因嘉定以來之成規，增置

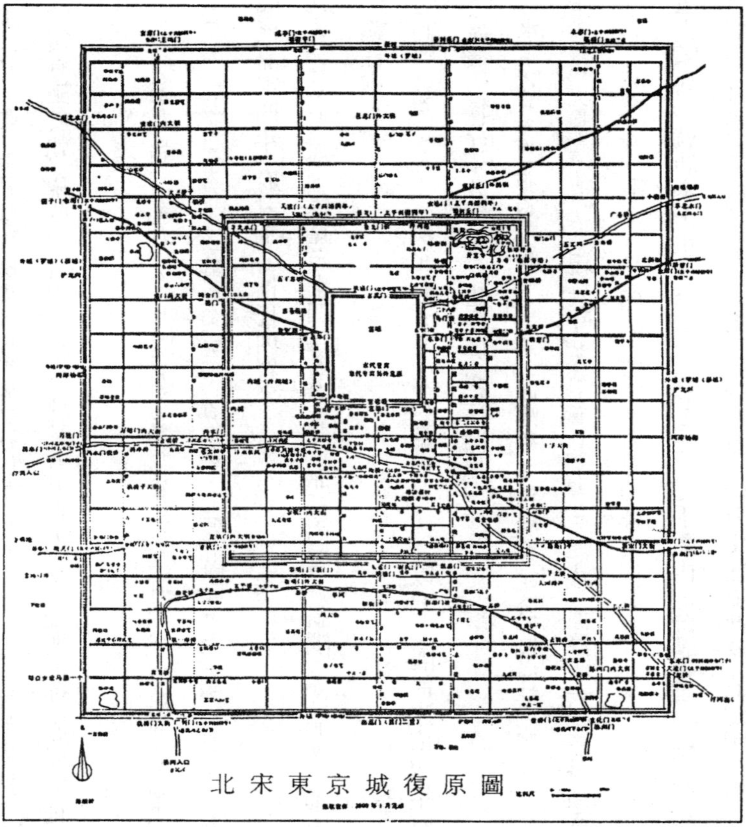

北宋東京城復原圖

潛火軍兵，總爲十二隅七隊，皆就禁軍數内抽撥，處置得宜，自是十來年間，民始安堵。浙江東接海門，水軍亦所當補，公復有請於朝，招刺强壯習水精於技藝者五百人，隸忠節指揮，亦以填補諸營闕額之數，其於急務，實有補云。

火十二隅　東隅在都税院側，元額百二人。西隅在本府鐵作院側，元額一百二人。南隅在太歲廟下，元額一百二人。北隅在潘閬巷，元額一百二人。上隅在大瓦子三真君廟側，元額一百二人。中隅在下中沙巷，元額一百二人。下隅在棚後，元額一百二人。以上七隅係嘉定四年，府尹王公柟任内置。

府隅在左院墻下，元額一百二人。係嘉定十四年府尹袁公韶任内置。新隅在朝天門裏，元額一百二人。係嘉定四年府尹余公天錫任内置。

新南隅在候潮門裏，元額一百二人。新北隅在餘杭門裏，元額一百二人。以上二隅係淳祐四年府尹趙公與簒任内置。新上隅在侍郎橋。係淳祐九年府尹趙公與簒任内置。

潛火七隊　水軍隊在本府教場内，元額二百六人。係淳祐九年府尹趙公與簒任内置。

搭材隊在本府教場内，元額一百十八人。親兵隊在本府教場内，元額二百二人。係淳祐六年府尹趙公與簒任内置。

帳前四隊在本府大門裏，元額三百五十人。係開禧二年府尹廖公俣任内置。

城南北厢潛火隅兵　就諸寨土軍及錢塘仁和縣尉司弓手數内，四壁各管一壁，殿司統制二員，一員正任本府兵馬鈐轄，一員添差兵馬鈐轄。步司統制二員，一員正任浙西路兵馬副都監，一員添差兵馬副都監。設有不虞，俾各任責，如是本隅地界不候指揮使即部領隅兵前去救撲，如是别隅地界，本將辦集隅兵，聽候臨安府節制司關唤，方許出寨。本府兼節制自此始。

東壁元額五百人。　西壁元額五百人。　南壁元額五百人。　北壁元額三百人。　城外四隅　城外居民繁盛，防虞之事亦豈容略。淳祐四年八月府尹趙公與𥲅有請於朝，就殿、步兩司營寨在城外四壁者，各選軍兵三百人，總計一千二百人，仍各差統制官二員，帶本府鈐路職事，分任四壁防虞之責，並照城内四壁約束，仍隸本府節制。東壁元額三百人。　西壁元額三百人。　南壁元額三百人。　北壁元額三百人。

〔四〕夜間巡警

袁采世範卷下：火之所起，多從廚竈，蓋廚屋多時不掃，則挨墨易得引火，或竈中有留火，而竈前有積薪接連，亦引火之端也。夜間最當巡視。

〔五〕望火樓

李誡營造法式卷二十九大木作功限三望火樓功限：望火樓一坐四柱，各高三十尺，基高十尺。上方五尺，下方一丈一尺。造作功：柱四條共一十六功，榥三十六條共二功八分八厘，梯脚二條共六分功，平栿二條共二分功，蜀柱二枚，搏風版二片。右各共六厘功。

榑三條共三分功，角柱四條，厦瓦版二十片。右各共八分功。護縫二十二條共二分二厘功，壓脊一條一分二厘功，坐版六片共三分六厘功。右以上穿鑿安卓共四功四分八厘。

〔文案〕桂林尚存咸淳七年鎸刻桂林府城北鸚鵡山石壁全城總平面圖，望火樓在焉。樓在該城寳賢門、鎮嶺門之間山上，連接城墻，出寳賢門沿石階可登此建於立柱之上方形二層樓，據營造法式規定，一柱高三十尺，約合今九三〇厘米高，立足於此，探望全城火警，一覽無餘。

〔六〕**救火家事**

趙與衮辛巳泣蘄録：同日造大麻搭五百四十副，竹唧筩一千一百副，分五十四座戰樓準備。又埋金汁鍋百二十隻，於四隅及五隅。官排門率百姓，水缸二百隻，上城貯水，以防不測。曾公亮武經總要前集卷之十守城：右水袋以馬牛雜畜皮渾脱爲袋，貯水三四石，以大竹一丈，去節縛於袋口，若火焚樓棚，則以壯士三五人持袋口，向火蹙水注之，每門置兩具。

水囊以猪牛胞盛水，敵若積薪，城下順風發火，則以囊擲火中，古軍法作油囊亦便。

唧筩用長竹，下開竅，以絮裹水桿，自竅唧水。

麻搭以八尺桿繫散麻二斤，蘸泥漿，皆以蹙火。

賊以火攻城，則以城上應救火之具，有托叉、火鈎、火鐮、柳灑子、柳罐、鐵猫手、唧筩，尋常之所預備者。形制具攻城器械圖中。若攻具猛至，則爲水袋、水囊以投沃之，應棚樓器械雖已塗覆，亦頻舉麻搭潤護，若賊爲火車燒城門，則下濕沙滅之，切勿以水，水加則油焰愈熾。賊若縱煙向城，則列甕缸以醋漿水各實五分，人覆面於上，其煙不能犯鼻目。

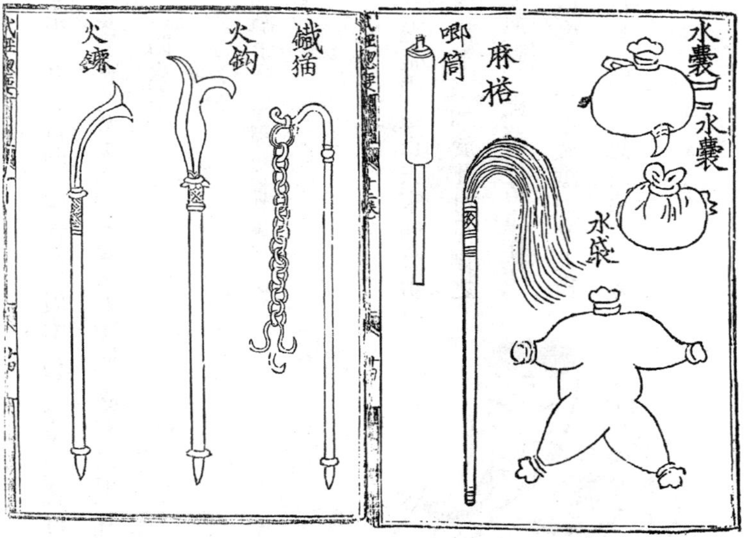


武經總要救火家事圖

〔七〕**大小桶**

脱脱宋史卷六十六志第十九五行四：開寳初，廣南劉鋹令民家置貯水桶，號「防火大桶」。趙萬年襄陽守城録：委屬官巡警火盜，又恐虜人臨城，必有火炮，凡近城茅竹屋，並附倉庫者悉撤去，仍取市井潛火水桶上，以防火箭。

〔八〕**洒子**

韓國老乞大集覽上：灑子汲水之器，以柳枝編成者呼曰柳罐。元語謂貼落，灑音從上聲。

〔九〕**鋸**

〔文案〕宋四公大鬧禁魂張中趙正去宋四公處盜物，「把小鋸兒將兩條窗栅下來」，於此可見鋸之破壞作用之一斑。清明上河圖一處路口造車作坊，一使用平木鏟製車匠人前，置放一框架鋸；又大街行走衆人間，亦有一手提框架鋸者。鋸於東京已處處可見矣。

〔一〇〕**梯子**

清明上河圖中的平木鏟和框架鋸

歐陽修歸田録卷二：慶曆八年正月十八日夜，崇政殿宿衛士作亂於殿前，殺傷四人，取準備救火長梯登屋入禁中。

〔二〕**火叉**

曾公亮武經總要前集卷之十守城：火叉以鐵爲兩歧，凡攻城將透積薪草、松明、麻䊵於地道中，加以膏油縱火焚城，續之令不滅，則施四物以備用，燒之三日，其城自摧。

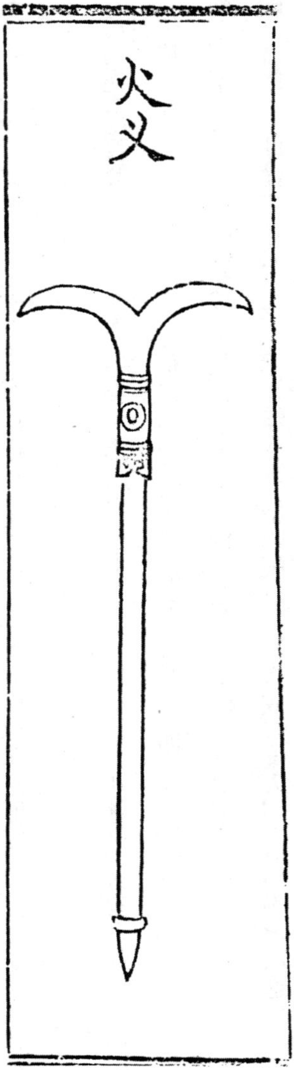


武經總要火叉圖

〔三〕**遺火**

桂萬榮棠陰比事原編程琳焳竈：程宣徽知開封府，時禁中失火，延燒兩宮，宦者根治，諸縫人已誣服，乃送府具獄。琳辨其非是，又命工圖火所經處，且言：「後宮人多而居隘，其焳竈近板壁，久燥而焚，此殆天災，不可罪人。」上爲寬其獄，無死者。

李元綱厚德録卷二：宮禁火災，真宗驚惶，語王文正公旦曰：「兩朝所積，朕不敢妄費，一朝殆盡，誠可惜也。」公對曰：「陛下富有天下，財帛不足憂。所慮者政令賞罰有所不當。臣備位宰相，天災如此，臣當免罷。」繼上表待罪，上乃降詔罪己，許中外上封事，言朝廷得失，後有大臣言非天災，乃王宮失於火禁，請置獄。上出其狀，當斬決者數百人。公持以歸，翌日，乞獨對。言：「初火災陛下降詔罪己，臣上言待罪，今行此刑，恐不副前詔，有違天意。果欲行刑，願罪臣以明無罪狀。」上欣然聽納，免死者幾百輩。

司馬光奏議卷九論儀鸞失火劄子嘉祐七年八月十一日上：臣竊聞今月九日夜，大慶殿前儀鸞司房内失火。煙焰已起，燒及屋宇。側近守宿之人，知覺差早，僅能救滅。或聞聖恩欲寬貸失火之人。竊以宮省之内，火禁不可不嚴。向使救之稍緩，爲災不細。伏望選差不干礙官一員，子細檢定火發蹤由。委開封府依公盡理，根勘從初失火因依。應干係人等，嚴賜施行。所貴戒厲後人，不敢懈慢。取進止。

竇儀宋刑統卷第二十七失火：諸於官府廨院及倉庫内失火者，徒二年。在宮内加二等。廟社内亦同。損害贓重者，坐贓論。殺傷人者，減鬬殺傷一等。延燒廟及宮闕者，絞；社，減一等。

謝深甫慶元條法事類卷八十雜門失火敕令格：令　雜令　諸州縣鎮寨城内，每十家爲一甲，選一家爲甲頭，置牌具録户名，印押付甲頭掌之，遇火發，甲頭每家集一名救撲，訖，當官以牌點數，仍以官錢量置防火器具，官爲收掌，有損闕即時增修。　諸官私船火發不得解纜，放令走流。　儀制令　諸應避路者，遇有急切事，謂救火之類，不容久待者。許横絶馳過。

錢惟演玉堂逢辰録卷二十榮王宮火：大中祥符八年四月二十三日夜，榮王宮火，時大風東北來，五更後火益盛。予起登樓觀之，知是禁中，通夕不寐。未明，東宮六位一時蕩盡。宮人多走上東華門樓，有出不及者，焚死百餘人，東宮六位，東行第一雍王，第二相王，第三南陽郡王，西行第一兖王，第二曹王，第三榮王，西上即連御廚，密邇上臺。二十四日，左掖門、東華門並不開，朝者皆趨右掖門，天明宰相等並立於内東門廊廡之下，既而火至承天門，西燒儀鸞司，使燒朝元殿後閣，西至東上閤，長春殿南廊折南北主廊，以絶火勢。火遂南燒内藏庫、香藥庫，又東回燒左藏庫，又西燒秘閣史館，午時燒朝元門東角樓，西至朝堂，救之而止。未時火出宮城，連燒中書省、門下省、鼓司審官院。是夕，燒屋舍計二千餘間，救焚而死者千五百人，火至夜不絶，宰臣、樞密兩制，是夕並宿禁中，是時救左藏庫人尤衆，輦出金銀匹帛，莫知其數，積於城墻之上。及燒角樓，風急，回東北又燒之，煙焰燭天，救者不能措手。初燒長春殿南廊，火自屋内西行，忽隔十餘間而發，人皆奔走避之，所存惟大内及中書樞密院以西而已，二王時無居處，寓於東華門樓。及夕，上召入禁中，明日出居於上原驛。時焚諸庫，香聞十餘里，秘閣三館圖籍一時俱盡，又大風中有飄書籍至汴水之南者。中夕，風定，火亦止。二十五日詔知雜王與中使閻文慶、岑守素勘遺火之蹤。中人説二十四日欲明，火勢漸東來，遂折御廚主廊，數百人登屋運水，時望見宮人相壓死於煨燼中甚衆，猶有手足能動者。曹王夫人將投火中救之，獲免。宮人入火者不知其數，禁中大樹燒之殆盡，所餘者亦焦枯焉。惟相王宮在東南，火自西北起，王四更破東墻，自率宿衛者，運府庫等物出，十得七八矣。五月三日，榮王落遂州節度使，降封端王。先領梓、遂二州。

沈作喆寓簡卷四：仁宗初即位，章獻明肅皇后垂簾。一夕，大内火，宫門晨未啓。輔臣請對，上與太后御拱宸門樓，百官拜樓下，申公獨立不肯拜，曰：「昔者禁掖不戒於火，中外震動，願一見上，乃敢拜。」詔爲舉簾見之，廷中聳然稱歎，皆曰：「此真宰相器也。」

王得臣麈史卷下乖謬：元祐中，民家晝日火作。先是數日前，太守令晝闔子城南門，不得啓，民莫曉也。已而火作，居者不得出，救者不得入，民屋盡焚。余詰守，對曰：「某以久旱，用董仲舒閉縱之術耳。」

蔡絛鐵圍山叢談卷第五：開寶寺災，殿舍既雄，人力罕克施。魯公時尹天府，夜帥役夫拯之，煙焰屬天矣。覩一僧在屋上救火狀，亟令傳呼：「當靳性命，不宜前。」僧不顧，處屋上，經營自若。俄火透出，屋壞，僧墮於烈焰中。人憤其不韙，快之。則又見在他屋往來不已。益使傳呼：「萬衆在是，猶不可施力，汝一僧詎能撤也？」又不聽，則復墮。如是者出没四三。竟曉火熄，人謂是僧必死。於是天府吏檢校寺衆，則俱在，無一損。獨於福勝閣下一阿羅漢像形面焦赬。汗珠如雨，猶流未止，故俗號「救火羅漢」。後數遊福勝閣下，魯公指示，得識之。

宋真宗緝捉遺火賊人詔：近日遺火稍多，雖累條約，訪聞尚有接便奸倖，放火謀盜財物，其救火兵士、水行人等，又不用心救潑及收捉賊人，致有將擎刀斧斫開門户籠櫃，般盜物色，本主收救，又爲巡檢人員約攔，不令向前，或致緣燒舍屋，疎失財物甚多。開封府宜令左右軍巡使、廂界所由及密切差人緝捉放火及遺火去處賊人，仍榜示許人陳告，候獲賊，勘逐人不虚，犯人於本處處斬，一房骨肉並配遠惡州軍；告事及緝捉人支賞錢一百千，軍人、公人更與轉三資，百姓願安排者亦聽，不願者更兩倍支賜。如同情並受寄賊人等，亦許徒中首告，給賞軍人與轉兩資，百姓願安排者亦聽，不願者更一倍支賜。並以係省錢支。如止於遺火處偷竊，仰收捉勘罪，仍不得約攔本主收救財物。候救滅，即都巡檢等搜檢。救火當直軍人及水行人等，如搜捉下財物、犯人，即送開封府，依令條施行。別處捉獲，及因事彰露，本地分人員、所由，並當嚴斷，巡檢並軍巡使，亦重行朝典。

宋話本崔待詔生死冤家：不則一日，時遇春天。崔待詔遊春回來，入得錢塘門，在一個酒肆與三四個相知方才吃得數杯，則聽得街上鬧炒炒，連忙推開樓窗看時，見亂哄哄道：「井亭橋有遺漏！」吃不得這酒成，慌忙下酒樓看時，只見：

初如螢火，次若燈火。千條蠟燭焰難當，萬座糝盆敵不住。六丁神推倒寶天爐，八力士放起焚山火。驪山會上，料應褒姒逞嬌容；赤壁磯頭，想是周郎施妙策。五通神牽住火葫蘆，宋無忌趕番赤騾子。又不曾瀉燭燒油，直恁的煙飛火猛！

崔待詔望見了，急忙道：「在我本府前不遠！」奔到府中看時，已搬挈得罄盡，靜悄悄地無一個人。

宋話本鬧樊樓多情周勝僊：約莫也是更盡前後，朱真的老娘在家，只聽得叫「有火」，急開門看時，是隔四五家酒店裏火起，慌殺娘的，急走入來收拾。女孩兒聽得，自思道：「這裏不走，更待何時！」

# 天曉諸人入市

每日交五更，諸寺院行者打鐵牌子，或木魚，循門報曉〔一〕，亦各分地分，日間求化。諸趍朝入市之人〔二〕，聞此而起。諸門橋市井已開，如瓠羹店門首坐一小兒，叫「饒骨頭」〔三〕，間有灌肺〔四〕及炒肺。酒店多點燈燭沽賣，每分不過二十文，並粥〔五〕、飯〔六〕、點心〔七〕。亦間或有賣洗面水〔八〕，煎點湯茶藥者〔九〕，直至天明。其殺猪羊作坊〔一〇〕，每人擔猪羊及車子上市，動即百數。如果木亦集於朱雀門外，及州橋之西，謂之菓子行。紙畫兒亦在彼處，行販不絶。其賣麥麵，秤〔一一〕作一布袋，謂之「一宛」，或三五秤作一宛，用太平車或驢、馬馱之，從城外守門入城貨賣，至天明不絶。更有御街、州橋至南内前，趍朝賣藥及飲食者，吟叫百端〔一二〕。

## 〔注〕

### 〔一〕報曉

羅貫中施耐庵水滸傳第四十五回楊雄醉罵潘巧雲 石秀智殺裴如海：本房原有個胡道，今在寺後退居里小庵中過活，諸人都叫他做胡頭陀。每日只是起五更來敲木魚報曉，勸人念佛，天明時收掠齋飯。

錢鍾書管錐編增訂一〇五頁：中世紀「黎明怨別詩」每以報更夫［watchman］或望風之友人［a friend of the lovers who has been standing guard］代報曉雞，使情侶自酣睡中驚起(A Preminger, ed. Encyclopedia of Poetry and Poetics, 8)。水滸傳第四五回裴闍黎宿潘巧雲家，「只怕五更睡着了，不知省覺」，因賂頭陀胡道人，命其「把木魚大敲報曉，高聲念佛」，俾「和尚和婦人夢中驚覺」，迎兒「開後門放他去了」。頭陀正取「烏臼鳥」、「碧樹雞」而代之，事物（character）異而作用（function）同（Cf. V. Propp, Morphology of the Folktale tr. L. Scott, Znd ed., 21）東京夢華録卷三、夢粱録卷一三皆記兩宋京師風俗，每夜四、五更，行者、頭陀打鐵板木魚，沿街循門報曉。故水滸此節因俗制宜，就實構虛。

### 〔二〕諸趁朝入市之人

宋話本任孝子烈性爲神：趁星光之下，直望候潮門來。却忒早了些，城門未開。城邊無數經紀行販，挑着鹽擔，坐在門下等開門。也有唱曲兒的，也有説閒話的，也有作小買賣的。

〔三〕**饒骨頭**

西湖老人繁勝録：饒皮骨，壯漢只吃得三十八錢，起吃不了皮骨，饒荷葉裹歸，緣物賤之故。起每袋七十省，二斤二兩，肉，賣九十，省一斤。城内諸店皆如此饒皮骨。

「文案」顧起元客座贅語卷一謂：饒，飽也，益也，多也。其意於「饒骨頭」不錯，饒亦有另送之意也，水滸傳第七回：「一漢賣刀於林冲，實價二千貫，林冲給一千貫。那漢道：「我急要些錢使，你若端的要時，饒你五百貫，實要一千五百貫。」即是也。此足證張相詩詞曲語詞匯釋所釋：「饒」，猶添也，不足而求增益也。本書卷四「饒虀頭羹」、卷七「饒梅花酒」，亦同也。京都譯注本釋「饒」爲「燒」、「曉」，顯對原意未解。

〔四〕**灌肺**

林洪山家清供卷上玉灌肺：真粉、油餅、芝麻、松子、核桃，去皮，加蒔蘿少許，白糖、紅麴少許，爲末，拌和入甑蒸熟，切作肺樣塊子，用辣汁供。今後苑名曰「御愛玉灌肺」。

浦江吴氏中饋録甜食玉灌肺方：真粉、油餅、芝麻、松子、胡桃、茴香六味，拌和成，捲入甑蒸熟，切作塊子，供食，美甚。不用油，入各物，粉或麵同拌蒸，亦妙。

無名氏居家必用事類全集庚集肉灌腸紅絲品灌肺：羊肺帶心一具，洗乾浄，如玉葉。用生薑六兩，取自然汁，如無，以乾薑末二兩代之，麻泥、杏泥共一盞，白麵三兩，豆粉二兩，熟油二兩，一處拌勻，入鹽、肉汁。看肺大小用之。灌滿，煮熟。又法：用麵半斤、豆粉半斤、香油四兩、乾薑末四兩，共打成糊，下鍋煮熟。依法灌之。用慢火煮。素食假灌肺：蒟蒻切作片，焯過。用杏泥、薑、椒、醬醃兩時許，揩净。先起葱油，然後同水研乳，薑、椒調和勻。蒟蒻煠過。合汁供。素灌肺：熟麵筋，切肺樣塊，五味醃，豆粉内滾熟。合汁供。

〔五〕粥

林洪山家清供卷上豆粥：用沙瓶爛煮赤豆，候粥少沸，投之同煮，既熟而食。東坡詩曰：「豈如江頭千頃雪色蘆，茅簷出没晨煙孤。地碓舂秔光似玉，沙瓶煮豆軟如酥。我老此身無着處，賣書來問東家住。卧聽雞鳴粥熟時，蓬頭曳履君家去。」此豆粥之法也。

趙希鵠調燮類編卷三粒食：仙人粥，採何首烏大者，不可犯鐵，竹刀刮去皮，切成片，收起。每用五錢，砂罐煮爛，下白米三合煮粥，食之發黑體健。

乳粥，用肥人乳，候煮粥半熟去湯，下人乳汁代湯，煮熟置碗中，加酥油一二錢，旋攪，甘美大補元氣，無酥亦可。

菊苗粥，用甘菊新長嫩鬚叢生，摘來洗净，細切入鹽，同米煮粥食之，清目寧心。

薏苡粥，淘净對配白米煮粥，入白糖一二匙食之。

梅粥，收落梅花瓣，用雪水煮粥候熟，下梅瓣一滚即起，食之，能清神思。

山藥粥，用淮山藥爲末，四六分配米煮粥，食之甚補下元。

清晨食白粥，能暢胃氣，生津液。

粥内入白湯成淋病，粥後飲白湯爲淋，爲停濕。

范成大吴郡志卷二風俗：二十五日食赤豆粥，云辟瘟。舉家大小無不及，下至婢僕猫犬皆有之；家人有出外者，亦貯其分，名曰「口數粥」。

藴聞大慧普覺禪師住徑山能仁禪院語録卷第二：上堂。山僧今日設粥供養大衆，粥罷同到龍王殿念誦。

李光謫居古藤病起禁雞猪不食與兒子攻苦食淡久之頗覺安健吕居仁書來傳道家胎息之術因作食粥詩示孟博並寄德應侍郎：晨起一甌粥，香粳粲如玉。稀稠要得所，進火寧過熟。空腸得軟暖，和氣自滲漉。過午一甌粥，瓶罌有餘粟。淡薄資齏鹽，腥穢謝魚肉。嶺南氣候惡，永日值三伏。外强幾中乾，那受外物觸。兩餐莫過飽，二粥可接續。故人尺書至，教我禦瘴毒。燕坐朝黄庭，妙理端可矚。神車御氣馬，晝夜更往復。久久當自佳，根深柯葉緑。寄語陳太丘，人生真易足。醉飽厭腥羶，忽認海南叔。

釋德洪豆粥：出碓新秔明玉粒，落叢小豆楓葉赤。井花洗秔勿去萁，沙瓶煮豆須彌日。五更鍋面漚起滅，秋詔隆隆流雨集。急除烈焰看徐攪，豆纔亦趁洄渦入。須臾大杓傳浄甕，浪寒不興色如粟。食餘偏稱地爐眠，白灰紅火光濛密。金谷賓朋怪咄嗟，蔓亭君臣相記憶。我今萬事不知佗，但覺銅瓶蚯蚓泣。

王直方詩話一九三秦少遊食粥詩：秦少遊爲黄本，錢穆父爲户部，皆居於東華門之堆垛場。少遊春日嘗以詩遺穆父云：「三年京國鬢如絲，又見新花發故枝。日典春衣非爲酒，家貧食粥已多時。」穆父以米二石送之，復爲二十八字云：「儒館優賢蓋取頤，校讎尤自困朝饑。西鄰無禄爲多少，希薄才堪作淖糜。」時人以少遊有如此人而亦食粥，似不相稱耳。

集成宏智禪師廣録卷第四：示衆舉僧問趙州，學人乍入叢林，乞師指示。州云：「吃粥了未？」僧云：「吃粥了。」州云：「洗鉢盂去。」僧豁然大悟，師云：「吃粥了洗鉢去，法爾圓成正規矩。」街坊設乳粥上堂，乳粥當年得善生。

宋話本五戒禪師私紅蓮記：清一遞與長老，長老看上却寫道：「今年六月十五日午時生，小名紅蓮。」長老分咐清一：「好生抱去房裏，養到五七歲，把與人家去，也是好事。」清一依言，抱到千佛殿後一帶三間四椽平屋房中，放些火在火囤内烘他，取些粥餵了。

一日，時遇六月炎天，五戒禪師忽想十數年前之事，洗了浴，吃了晚粥，徑走來千佛閣後來。

楊和甫行都紀事：監左帑龍舒張宣儀嘗言：有親戚遊宦西蜀路，經襄漢，晚投一店，飯畢行户外，忽見旁左側上有一人無首，以爲鬼也。主人云：「尊人不須驚，此人也，非鬼也。往年因患瘰癧，病勢蔓衍，一旦頭忽脱墮，家人以爲不可救而竟無恙。自此每有所需，則以手指畫，但日以粥湯灌之，故至今猶存耳。」

〔六〕**飯**

談鑰嘉泰吴興志卷十八食用故事飯：舊圖經云：稻米有名「十里香」、「師姑秔」，炊飯以「師姑秔」一斗雜以「十里香」一升，自是芬香發越。

林洪山家清供卷下金飯：采紫莖黄色正菊英，以甘草湯和鹽少許焯過。候飯少熟，投之同煮。久食可以明目延年。苟得南陽甘谷水煎之，尤佳也。

林洪山家清供卷下玉井飯：章雪齋鑑宰德澤時，雖槐古馬高，尤喜延客，然飲食多不取諸市，恐旁緣擾人。一日往訪之，適有蝗不入境之處，留以晚酌數杯，命左右造玉井飯，甚香美。其法：削嫩白藕作塊，采新蓮子去皮心，候飯少沸投之，如庵飯法。蓋取「太華峰頭玉井蓮，花開十丈藕如船」之句。

吴自牧夢粱録卷十六麵食店：又有專賣家常飯食，如攛肉羹、骨頭羹、蹄子清羹、魚辣羹、雞羹、耍魚辣羹、猪大骨清羹、雜合羹、南北羹，兼賣蝴蝶麵、煎肉、大熝蝦燥等蝴蝶麵，及有煎肉、煎肝、凍魚、凍鮝、凍肉、煎鴨子、煎鰟魚、醋鮝等下飯。更有專賣血臟麵、虀肉菜麵、筍淘麵、素骨頭麵、麸筍素羹飯。

〔七〕**點心**

吴曾能改齋漫録卷二事始點心：世俗例以早晨小食爲點心，自唐時已有此語。按，唐鄭傪爲江淮留後，家人備夫人晨饌，夫人顧其弟曰：「治妝未畢，我未及餐，爾且可點心。」其弟舉甌已罄，俄而女僕請飯庫鑰匙，備夫人點心。修詬曰：「適已給了，何得又請。」云云。

王楙野客叢書卷第三十以點心爲小食：漫録謂世俗例以早晨小食爲點心，自唐已有此語。鄭修爲江淮留後，夫人曰：「爾且點心。」或謂小食亦罕知出處，僕謂見昭明太子傳曰：「京師穀貴，改常饌爲小食。」小食之名本此。

宋話本福禄壽三星度世：自後女子在卦鋪裏，從早至晚，挨擠不開，算命發課，書符咒水，没工夫得吃點心，因此出名。

吴自牧夢粱録卷第十六葷素從食店諸色點心事件附：市食點心，四時皆有，任便索喚，不悮主顧。且如蒸作麵行賣四色饅頭、細餡大包子，賣米薄皮春蠒、生餡饅頭、餣子、笑靨兒、金銀炙焦牡丹餅、雜色煎花饅頭、棗箍荷葉餅、芙蓉餅、菊花餅、月餅、梅花餅、開爐餅、壽帶龜仙桃、子母春蠒、子母龜、子母仙桃、圓歡喜、駱駝蹄、糖蜜果食、果食將軍、肉果食、重陽糕、肉絲糕、水晶包兒、筍肉包兒、蝦魚包兒、江魚包兒、蟹肉包兒、鵝鴨包兒、鵝眉夾兒、十色小從食、細餡夾兒、筍肉夾兒、油煠夾兒、金鋌夾兒、江魚夾兒、甘露餅、肉油餅、菊花餅、糖肉饅頭、羊肉饅頭、太學饅頭、筍肉饅頭、魚肉饅頭、蟹肉饅頭、肉酸餡、千層兒、炊餅、鵝彈。更有專賣素點心從食店，如豐糖糕、乳糕、栗糕、鏡面糕、重陽糕、棗糕、乳餅、麩筍絲、假肉饅頭、筍絲饅頭、裹蒸饅頭、波菜果子饅頭、七寶酸餡、薑糖、辣餡糖餡饅頭、活糖沙餡諸色春蠒、仙桃鼅兒、包子、點子、諸色油煠、素夾兒、油酥餅兒、筍絲麩兒、果子、韻果、七寶包兒等點心。更有饅頭店兼賣江魚兜子、雜合細粉、灌燋軟爛大骨料頭、七寶料頭。又有粉食店，專賣山藥元子、真珠元子、金橘水糰、澄粉水糰、乳糖槌、拍花糕、糖蜜糕、裹蒸粽子、栗粽、金鋌裹蒸茭粽、糖蜜韻果、巧粽、豆糰、麻糰、糍糰及四時糖食點心。及沿街巷陌盤賣點心：饅頭、炊餅及糖蜜酥皮燒餅、夾子、薄脆、油煠從食、諸般糖食油煠、蝦魚劄子、常熟糍糕、餶飿瓦鈴兒、春餅、芥餅、元子、湯糰、水糰、蒸糍、栗粽、裹蒸、米食等點心。

〔八〕**洗面水**

〔文案〕洗面水可賣者，必摻藥料，故宋之洗面水已成專門，或稱之爲洗面藥亦可。卷三大内西右掖門外街巷條已注。若許國楨御藥院方所記無皂角洗面藥、御前洗面藥、皇后洗面藥、冬瓜洗面藥，均如是也。

〔九〕**煎點湯茶藥者**

丁謂煎茶：開緘試雨前，須汲遠山泉。自繞風爐立，誰聽石碾眠。輕微緑入廚，猛沸却如蟬。羅細烹還好，鐺新味更全。花隨僧箸破，雲逐客甌圓。痛惜藏書篋，堅留待雪天。睡醒思滿啜，吟困憶重煎。只此消塵慮，何須作酒仙。

蘇轍和子瞻煎茶：年來病懶百不堪，未廢飲食求芳甘。煎茶舊法出西蜀，水聲火候猶能諳。相傳煎茶只煎水，茶性仍存偏有味。君不見蜀中茶品天下高，傾身事茶不知勞。又不見北方俚人茗飲無不有，鹽酪椒薑誇滿口。我今倦遊思故鄉，不學南方與北方。銅鐺得火蚯蚓叫，匙脚旋轉秋螢光。何時茅簷歸去炙背讀文字，遣兒折取枯竹女煎湯。

林洪山家清供卷下茶供：茶，即藥也。煎服，則去滯而化食。以湯點之，則反滯膈而損脾胃。蓋世之利者，多採葉雜以爲末，既又怠於煎煮，宜有害也。今法，採芽或用碎萼，以活水，火煎之。飯後，必少頃乃服。東坡詩云「活水須將活火烹」，又云「飯後茶甌未要深」，此煎法也。

蔡襄茶録茶論點茶：茶少湯多，則雲脚散；茶多湯少，則粥面聚建人謂之雲脚粥面；鈔茶一錢七，先注湯，調令極勻，又添注入，環回擊拂。湯上盞可四分則止，視其面色鮮白，着盞無水痕爲絶佳，建安鬥試，以水痕先没者爲負，耐久者爲勝，故較勝負之説曰：「相去一水兩水。」

陶穀清異録卷下茗荈門生成盞：饌茶而幻出物象於湯麵者，茶匠通神之藝也。沙門福全生於金鄉，長於茶海，能注湯幻茶，成一句詩，並點四甌，共一絶句，泛乎湯表。小小物類，唾手辦耳。檀越日造門求觀湯戲，全自詠曰：「生成盞裏水丹青，巧畫功夫學不成。却笑當時陸鴻漸，煎茶贏得好名聲。」

趙佶大觀茶論點：點茶不一，而調膏繼刻。以湯注之手重筅輕，無粟文蟹眼者，謂之静麵點。蓋擊拂無力，茶不發立，水乳未浹，又復傷湯，色澤不盡，英華淪散，茶無立作矣。有隨湯擊拂，手筅俱重，立文泛泛，謂之一發點。蓋用湯已故，指腕不圓，粥面未凝，茶力已盡，霧雲雖泛，水脚易生。妙於此者，量茶受湯，調如融膠，環注盞畔，勿使浸茶。勢不欲猛，先須攪動茶膏，漸加擊拂，手輕筅重，指繞腕旋，上下透徹，如酵蘖之起麵，疏星皎月，燦然而生，則茶麵根本立矣。

蘇軾問答録佛印題茶詩與東坡：「穿雲摘盡社前春，一兩平分半與君。遇客不須容易點，點茶須是吃茶人。」東坡答佛印云：「嫩蕊馨香兩味過，感師遠贈隔煙羅。試烹一盞精神爽，好物元來不須多。」

施耐庵羅貫中水滸傳第二十一回虔婆醉打唐牛兒 宋江怒殺閻婆惜：宋江出得門來，就拽上了。忿那口氣没出處，一直要奔回下處來。却從縣前過，見一碗燈明，看時，却是賣湯藥的王公，來到縣前趕早市。那老兒見是宋江來，慌忙道：「押司如何今日出來得早？」宋江道：「便是夜來酒醉，錯聽更鼓。」王公道：「押司必然傷酒，且請一盞醒酒二陳湯。」宋江道：「最好。」就凳上坐了。那老子濃濃地奉一盞二陳湯，遞與宋江吃。

王碩易簡方增損飲子治法三十首二陳湯：治痰飲爲患，或嘔吐噁心；或頭眩心悸；或中脘不快；或發爲寒熱；或因食生冷，脾胃不和，悉主之。　半夏五兩　橘紅五兩　茯苓三兩　甘草一兩　右㕮咀，每服四錢。水一盞半，薑七片，烏梅一個，煎至六分。去滓，熱服，不拘時候。傷寒後不敢進燥藥者，亦宜服餌。用此快脾，則飲食倍進，易得復常。治痁疾，加草果如半夏之數，下紅丸子。因酒食所傷，發爲黄疸，亦宜用此加草果，咽紅丸子。多服取效。

太平惠民和劑局太平惠民和劑局方卷之十諸湯：豆蔻湯　木香湯　桂花湯　破氣湯　玉真湯

薄荷湯　紫蘇湯　棗湯　二宜湯　厚朴湯　五味湯　仙術湯　杏霜湯　生薑湯　益智湯　茴香湯

寶慶新增方：茴香湯　檀香湯　縮砂湯　胡椒湯　吴直閣增諸家名方：撾脾湯　小理中湯　白梅湯

三倍湯　續添諸局經驗秘方：鐵刷湯　快湯

劉斧青瑣高議後集卷之十養素先生詔上殿宣賜茶藥：仁廟聞先生之名，特詔上殿賜坐。及賜茶藥，館先生於芳林園。

無名氏錦繡萬花谷續集卷二賜坐飲茶：本朝舊講談官，每見，先賜坐飲茶，乃延入閣，復坐。其後暫起，講讀畢，坐飲湯，乃退。吕希吉家塾記。

無名氏南窗紀談：客至則設茶，欲去則設湯，不知起於何時？然上自官府，下至里閭，莫之或廢。有武臣楊應誠獨曰：「客至設湯，是飲人之藥也。」是故，其家每客至，多以蜜漬橙果木瓜之類爲湯，飲客或者効之。予謂：「不然，蓋客坐既久，恐其語多傷氣，故其欲去則飲之以湯，前人之意必出於此，不足爲嫌也。」

晁説之晁氏客語：范純夫每次日當進講，是夜講於家，群從子弟畢集聽焉，講終，點湯而退。

宋話本拗相公：荆公因痰火病發，隨身扶手帶得有清肺乾糕及丸藥茶餅等物，吩咐手下：「只取沸湯一甌來，你們自去吃飯。」荆公將沸湯調茶，用了點心。

張齊賢洛陽搢紳舊聞記卷四水中照見王者服冕：洛陽甘露院主事僧，年六十餘，長大豐肥，甚有蓄積。開寶中，有布衣，貌古，美鬚髯，策笻杖，引一僕，鬚眉皓白，擔布囊隨之。命老僕叩院門，僧啓扉納之，既升堂，院主相揖，共語且久，布衣命老僕取茯苓湯來，老僕聲喏，開布囊取湯末，並金盂兩隻，小金湯瓶一隻，從行者索火燒金瓶，借院家托子點湯，俟温而進之。

袁文甕牖閑評卷六：古人客來點茶，茶罷點湯，此常禮也。近世則不然，客至點茶與湯，客主皆虚盞，已極好笑。而公廳之上，主人則有少湯，客邊盡是空盞，本欲行禮而反失禮，此尤可笑者也。

高晦叟珍席放談卷下：曾子宣、吕吉甫，同爲内相，與客啜茶，注湯者頗數。客云：「爾爲翰林司，何故不解點茶？」吉甫即云：「翰林司若盡會點茶，則翰林學士須盡工文章也。」意譏子宣，緣此遂相失矣。

陸游家世舊聞上楚公儉約：楚公性儉約，尤不喜飲酒。每與弟子諸生語至夜分，不過啜菉豆粉山藥湯一杯，或進桃奴丸一服而已。

陳世隆北軒筆記：司馬公置獨樂園，當春明之際，卉木繁秀，觀者咸以錢與園丁吕直，謂之「茶湯錢」。

阮閲詩話總龜卷之十八丙集紀實門中八四四：唐人煎茶用薑，故薛能詩云：「鹽損添常戒，薑宜著更誇。」據此，則又有用鹽者矣。近世有用此二物者輒大笑之。然茶之中等者，用薑煎信佳，鹽則不可。

成尋參天台五臺山記第五（延久四年十一月）：申時參府，使臣通事共參，點茶之後數剋談話，又以好茶點茶，次點湯，自藥也。

夏竦代僕射相公謝宣賜藥表：臣某言：伏蒙聖慈，賜臣抱龍丸、解毒丸、厭熱解躁金露丸、蘇合大丸、白散子共一合者。星使俄臨，天言誕布。靈藥爰頒於三品，微軀曷戴於鴻慈。捧受競榮，罔知裁處。

〔文案〕中華鄧注本將「煎點湯茶藥者」斷開，僅注「煎點湯茶」，且擇萍洲可談一條史料，語焉不詳。其餘三條，均爲北宋、南宋市行之據，注之「煎點湯茶」，文不對題，實爲一錯注。余謂「煎點湯茶」與「藥」合讀，方爲一整句也。

〔一〇〕**殺猪羊作坊**

〔文案〕開殺猪羊作坊，爲宋時市民最需亦爲最便贏利之事也。如水滸傳第四十四回楊雄丈人潘公與石秀商量開屠宰作坊，有空房，有井水，猪，「外縣」去買即可。於是「便把大青大緑妝點起肉案子、水盆、砧頭，打磨了許多刀仗，整頓了肉案，打併了作坊、猪圈，趕上十數個肥猪，選個吉日開張肉鋪。」

〔一一〕**秤**

俞正燮癸巳存稿卷十宋秤：秤爲稱之草書字。小爾雅云：「斤十謂之衡，衡有半謂之秤。秤二謂之鈞。」不知其文於古何所釋。意小爾雅隋唐以前書，宋人又增續，宋明人謂家語出自阮逸，蓋逸略有編排，十五斤之秤，五代時始見之，馬令南唐書苛政傳云：「張宣鎮鄂州，賣炭者率以十五斤爲秤，無敢輕重。」宋人則盛行其數。宋史律曆志云：「景德中，以御書真、行、草三體淳化錢，較定實重二銖四絫爲一錢，以二千四百得十五斤，爲一稱之則。」皇祐新樂圖記，阮逸、胡瑗言：隋實以二斤爲一斤，今十五斤秤乃古三十斤一鈞也。數多錯出，然可知爲宋今秤也。夢溪筆談云：「予考定鍾律，及受詔改渾儀，求秦漢以前度量升斗，古六斗當今一斗七升九合，古三斤當今十三兩，皆古不及今三之一。」其秤則以宋斤十五爲則。職官志有給炭月二百秤，月百秤，月三十秤，月二十秤。青箱雜記云：楊億與王旦書曰：「山栗一秤，聊表郵信。」夢溪筆談云：「施昌言發尸毘墓，得千餘秤炭。」侯鯖録云：「元祐六年，汝陰作院有炭數萬秤，酒務有餘柴數十萬秤。」宋史職官志奉禄制上云：宰相、樞密使，歲給炭，十月至正月二百秤，餘月一百秤，以下，三十秤、十五秤、二十秤。墨莊漫録云：「翰林司金丹閣，日供炭五秤。」清波雜志云：「蔡京庫中點檢蜂兒現在數目，得三十七秤。」是在宋見於官文書，流爲常談也。

謝察微算經衡：秤原十五斤，今二十斤或三十斤。

阮逸、胡瑗皇祐新樂圖記卷上皇祐權衡圖第五：右臣逸臣瑗謹按：隋志開皇中，以古秤二斤爲一

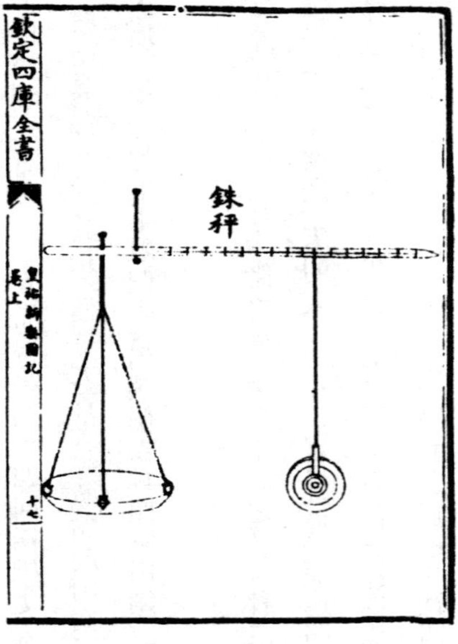


皇祐新樂圖記銖秤圖

斤，隋書誤作三斤爲一斤。則今太府寺十五斤秤乃古一鈞之權衡也。然今黍秤十六兩，比太府寺八兩尚少三銖，半强者亦以年代浸遠而製造有差也。

程迥三器圖義：皇祐新樂圖有銖秤，其圖幹上分二十四銖爲一兩正，一面有星，一系一盤，如民間金銀等子者，其錘形如環。

〔文案〕清明上河圖「趙太丞家」藥鋪，正面桌上置一算盤，可見算盤已風行於東京市面矣。據專家研究：中國歷史博物館保存之直徑二十一厘米木製算盤珠，係北宋大觀二年被洪水淹没河北鉅鹿出土，可推算其頂徑爲十六厘米，高九厘米，與今算盤珠無異。清明上河圖中算盤則爲此上下自由撥珠串檔算盤。「秤」則如卷三「諸色雜賣」注。

**〔三〕吟叫百端**

沈括夢溪筆談卷十三權智：世人以竹、木、牙、骨之類爲叫子，置人喉中吹之，能作人言，謂之「顙叫子」。嘗有病瘖者，爲人所苦，含冤無以自言。聽訟者試取叫子令顙子作聲如傀儡子，粗能辨其一二，其冤獲申。此亦可記也。

張世南遊宦紀聞卷三：宣和間，市井競唱韻令。

莊綽雞肋編卷上饊子：食物中有「饊子」，又名「環餅」，或曰即古之「寒具」也。京師凡賣熟食者，必爲詭異標表語言，然後所售益廣。嘗有貨環餅者，不言何物，但長歎曰：「虧便虧我也！」謂價廉不稱耳。紹聖中，昭慈被廢，居瑶華宫。而其人每至宫前，必置擔太息大言。遂爲開封府捕而究之，無他，猶斷杖一百罷。自是改曰：「待我放下歇則個。」人莫不笑之，而買者增多。

〔文案〕韋絢劉賓客嘉話録述長安安邑里巷口有鬻餅當壚者而謳歌。然此非東京貨物而吟叫者，張耒北鄰賣餅兒每五鼓未日即繞街呼賣雖大寒烈風不廢而時略不少差也因爲作詩且有所警示秬稭可證：「捧盤出户歌一聲，市樓東西人未行。」乃東京吟叫百端者。

## 諸色雜賣

若養馬，則有兩人日供切草〔一〕。養犬〔二〕則供餳〔三〕糟，養猫〔四〕則供猫食并小魚。其錮路〔五〕、釘鉸〔六〕、⿰阝茜㊀桶、修整動使、掌鞋、刷腰帶、修幞頭、帽子、補角冠㊁〔七〕、日供打香印者，則管定鋪席，人家牌額，時節即印施佛像等〔八〕。其供人家打水者，各有地分坊巷，及有使漆、打釵環、荷大斧〔九〕斫柴〔一〇〕、换扇子柄〔一一〕、供香餅子〔一二〕、炭團，夏月則有洗氈、淘井者〔一三〕，舉意皆在目前。或軍營放停樂人〔一四〕，動鼓樂於空閑，就坊巷引小兒、婦女觀看，散糖果子之類，謂之「賣梅子」，又謂之「把街」〔一五〕。每日如宅舍宫院前，則有就門賣羊肉〔一六〕、頭、肚、腰子〔一七〕、白腸、鶉、兔、魚、蝦、退毛雞鴨、蛤蜊、螃蟹、雜爊〔一八〕、香藥果子、博㊂賣冠梳、領抹、頭面、衣着、動使、銅鐵器〔一九〕、衣箱、磁器〔二〇〕之類。亦有撲上件物事者，謂之「勘宅」。其後街或閑空處，團轉蓋局屋，向背聚居，謂之「院子」〔二一〕，皆小民居止。每日賣蒸梨棗〔二二〕、黄糕糜、宿蒸餅〔二三〕、發牙豆〔二四〕之類。每遇春時，官中差人夫，監淘在城渠〔二五〕，别開坑盛淘出者泥，謂之「泥盆」，候官差人來撿視了方蓋覆。夜間出入，月黑宜照管也。

〔校〕

㊀「藡」，中華鄧注本謂應作「箍」。丁度集韻卷之二平聲二虞第十：「藡」爲「莤」之異體。

㊁「補角冠」，津逮、學津作「補洗魫角冠子」。

㊂「博」，津逮、學津作「撲」。

〔注〕

〔一〕**切草**

〔文案〕京都譯注本細察夢粱録卷十三諸色雜貨開首「每日有人供草料」，缺一「兩」字，此與「切草」對，未誤。供與切非同，供草無須兩人，切草則必需兩人。沈從文中國古代服飾研究謂宋公麟繪百馬圖，畫中切草爲兩人，一人俯身持鍘刀下切，一人蹲向鍘刀槽内入草，兩切草者衣袖均用繩索摟起縛定掛於頸間，以利操作，不經意間而成宋之一發明，即專爲切草勞動之工具，名爲「襻膊兒」者。

〔二〕**養犬**

李頎詩話六〇李至桃花犬歌：淳化中，合州貢桃花犬，甚小而性急，常馴擾於御榻之側。每坐朝，犬必掉尾先吠，人乃肅然。太宗不豫，此犬不食。及上仙，號呼涕泗瘦瘠。章聖初及位，左右引令前導，嗚吠徘徊，意若不忍。章聖令諭以奉陵，即摇尾飲食如故，詔造大鐵籠施素裀，置鹵簿中，行路見者流涕。李至作桃花犬歌，以寄史官錢若水，末句云：「白麟赤鳳且勿喜，願君書此懲浮俗。」

楊輝詳解九章算法：今有共買犬，人出五，不足九十，人出五十，適足，問人數犬價各幾何？答曰：二人，犬價一百。

談鑰嘉泰吳興志卷二十風俗犬：統記云：「太常卿邱泉之，烏程人。童幼時握得犬子九頭，識者曰犬爲人守，此兒大當爲九郡守，後泉之果歷九郡。」今鄉人多蓄以警盜，又有田犬、獵犬，所養有直數千者。近又有胡犬，小而捷，有北犬甚高大，皆來自北地。

〔三〕**餳**

龐元英文昌雜録：禮部王員外言：昔在金陵，有一士子，爲魚鯁所苦，累日不能飲食。忽見賣白餳者，因買食之，頓覺無恙。然後知餳能治鯁也。

劉昌詩蘆浦筆記卷第一餳字出處：嬾真子録載，餳字出於六經及楚詞，而獨引周禮小師掌教簫，注云：「簫，編小竹管，如今賣飴餳者所吹。」招魂曰：「粔巨籹蜜餌，有餦餭些。」注云：「餦餭，餳也。」蓋戰國時以餳爲餦餭，後漢亦謂之餳耳。

王鞏甲申雜記：周仲元章作漕淮南，謂予曰：「嘗爲衡陽宰。一日，邑吏云：『甘露降，視松竹間光潔如珠。』因取一枝視劉貢父。貢父曰：『速棄之，此陰陽之戾氣所成。其名爵餳。飲之令人致疾，古人蓋有説焉。』當求博識之君子，求甘露爵餳之别。」

劉孝孫事原餳粥：陸翽鄴中記記云：寒食之日作醴酪，煮粳米及大麥爲酪。擣杏仁煮作粥。玉燭寶典曰：今人悉以大麥粥研杏仁爲酪，以餳飲之，蓋斷火，故作此粥也。

〔四〕養猫

方勺泊宅編卷第五：和州烏江縣高望鎮升中寺，真宗登封，曾此駐蹕，因賜寺額。寺僧有負主僧金久而不償，病且革，自誓爲畜産以報。既卒，主僧晝寢，夢病僧披衣入牀下，覺而異之。須臾，猫生一子。稍長，極馴擾，每客至，則歡迎走報，見非其人者，輒謹隨之。人有知者，呼其名，必前怒噬。至主僧呼，則昂首號叫，若求隱其事者。

洪邁夷堅三志已卷九乾紅猫：臨安内北門外西邊小巷，民孫三者居之。一夫一妻，無男女。每旦攜熟肉出售，常戒其妻曰：「照管猫兒，都城並無此種，莫要散外間見。若放出，必被人偷去。我老無子，撫惜他便與親生孩兒一般，切須掛意。」日日申言不已。鄰里未嘗相往還，但數聞其語。或云：「想只是虎斑，舊時罕有，如今亦不足貴，此翁忉忉護守，爲可笑也。」一日，忽拽索出到門，妻急抱回，見者皆駭，猫乾紅深色，尾足毛鬚盡然，無不嘆羨。孫三歸，痛箠厥妻。已而浸浸達於内侍之耳，即遣人以厚直評買。而孫拒之曰：「我孤貧一世，有飯喫便了，無用錢處。愛此猫如性命，豈能割捨！」内侍求之甚力，竟以錢三百千取之。孫垂泣分付，復箠妻，仍終夕嗟悵。内侍得猫不勝喜，欲調馴安帖，乃以進入。已而色澤漸淡，才及半月，全成白猫。走訪孫氏，既徙居矣。蓋用染馬纓紼之法，積日爲僞。前之告戒箠怒，悉姦計也。馬相孟章説，蓋親見之。

潛説友咸淳臨安志卷之五十八物産獸之品：猫都人蓄猫，有長毛白色者，名曰「獅猫」，蓋不捕之猫，徒以觀美，特見貴愛。

## 〔五〕錮路

陸游老學庵續筆記一卷：市井中有補治故銅鐵器者，謂之「骨路」，莫曉何義。春秋正義曰：「説文云：『錮，塞也。』鐵器穿穴者，鑄鐵以塞之，使不漏。禁人使不得仕宦，其事亦似之，謂之禁錮。」余案：「骨路」正是「錮」字反語。

蘊聞大慧普覺禪師住徑山能仁禪院語録卷第二：上堂。臘月十五天降雪，爲瑞爲祥無空闕。文殊露出廣長舌，普賢大士得一橛。如何是那一橛，看錮鏴著生鐵。

丁度附釋文互注禮部韻略卷四去聲十一暮：錮左傳重幣錮之，禁錮也。説文：鑄塞之也。

張存紳雅俗稽言卷十三器用雜具：市中補治銅鐵諸破器者謂之「骨路」。

閑園鞠農燕市貨聲工藝：錮漏鍋喲，有錮者扛回鋪中，次日送還，並有挑擔立錮者。近又能錮盆換底。

燕歸來簃主人燕市負販瑣記：箍桶匠修理水桶馬桶等什物。補漏鍋按補俗念箍。

〔文案〕「錮路」之「路」同「漏」。據孫注本謂，今河南民間將打破之瓷器鐵鍋用小鐵鈀脚固定一處，仍喚「錮路」，修治匠人所喚市聲仍爲「錮路鍋」、「釘鍋。」

〔六〕**釘鉸**

李昉太平廣記卷第一百六十二感應二劉行者：唐廬陵闤闠中，有一劉行者，以釘鉸爲業。性至孝，母親患眼二十餘年，行者懇苦救療。

陳葆光詩話三三御寇剖心：雲溪友議：列御寇墓在鄭郊。有胡生者，家貧，少爲洗鑑、鎪釘之業，號「胡釘鉸」。

張邦基墨莊漫録卷一：世傳宗室中，昔有昏謬。俗呼爲厥撒太尉。一日，坐宫門，見釘鉸者，亟呼之，命僕取弊履，令工以革護其首。工笑曰：「非我技也。」公乃悟，曰：「我謬也，誤呼汝矣。適欲唤一錮漏俗呼骨路者耳。」聞者大笑之。

〔七〕**角冠**

江鄰幾醴泉筆録下：錢明逸知開封府時，都下婦人白角冠闊四尺，梳一尺餘。禁官上疏禁止，重其罰，告者有賞。

〔八〕**時節即印施佛像等**

蘇軾東坡居士艾子雜説：艾子一日晨出，見齊之相府門前，有數十人皆貧窶之甚，人相聚而立，因問之曰：「汝何者而集於此？」其人曰：「吾皆齊之貧民，以少業自營，亦終歲不乏，今有至冤，欲訴於丞相辨之。」艾子曰：「相府非辨訟之所，當詣士師也。」其人曰：「事由丞相，非士師可辨。」艾子曰：

「然則何事也？」其人曰：「吾所業乃印雨龍與指日鑾也，今丞相爲政數年，率春及夏旱，僕印賣求雨龍，纔秋至冬多雨潦，即賣指日鑾，吾獲利以足衣食，皆前半年取逋債印造，及期無不售者；却去年冬係大雪，接春又陰晦，或雨泥濘牛馬皮，下令人家求晴。吾數家但習常年先印下求雨龍，唯一人有秋時剩下指日鑾，逐專其利，豈不爲至冤乎？」艾子曰：「汝所印龍，當秋却售也。此乃丞相恐人道爕理手段，年年一般，且要倒過耳。」

〔九〕**大斧**

王直方詩話二〇一戲用語訛爲詩：京師人呼大夫爲大斧，呼承制爲承池，蓋語訛也。有人戲爲句云：「大夫何嘗斧，承制豈當池？」

〔一〇〕**斫柴**

陸游老學庵筆記卷一：蜀人爨薪，皆短而粗，束縛齊密，狀如大餅餤。不可遽燒，必以斧破之，至有以斧柴爲業者。孟蜀時，周世宗志欲取蜀，蜀卒涅面爲斧形，號「破柴都」。

〔一一〕**扇子柄**

〔文案〕羅振玉俗説云：楊璉真伽啓掘宋帝諸陵，度宗陵有五色藤絲盤影魚瓊扇柄。扇柄隨帝葬，足見貴重。一九七五年七月，金壇南宋周瑀墓出土兩把團扇，同時，福州南宋黄昇墓亦出土一把團扇，團扇下部爲扇柄。亦可佐證。周瑀墓雕漆扇柄，略似橄欖形，中間稍粗，兩頭稍細，長十二點五厘米，最大圓周七點二厘米。柄上鏤空透雕三組對稱雲頭如意紋飾，刻有「君玉」二字。在鏤空處可見木質扇軸。表層漆色黝黑，刀口呈赭色，細看纔見零點五厘米左右刀口上呈現十多道紅漆，每道間以黑漆，其細如髮，雕工精細，刀法圓潤。此雕漆又稱「剔紅」。扇柄套在扇軸上，但它未膠着於扇軸上，扇軸在扇柄内可左右轉動，不能上下移動，取不下來。此轉柄如何製造？和惠宋代團扇和雕漆扇柄謂：此由漆器工藝中雕鏤與脱胎兩種工藝結合起來製成。以兩種或兩種以上不同髹漆工藝結合起來同施於一件器物之上，在漆器裝飾中常見。其製造過程是：先將扇軸一頭製成橄欖形，以此作胎——内模，打磨光滑後，刷上脱離劑，再一層一層上漆，並經多次打磨，上到預定厚度，乾固後打磨平滑，再鏤空透雕。這些工序完成後，就把膠着於扇軸上一小段層漆截開（實物扇柄上部約有二至三厘米寬的層漆膠着在扇軸上）。再把扇柄浸入熱水溶化脱離劑（由於扇柄鏤空透雕，空隙處多，熱水與脱離劑直接接觸，易溶化），使扇柄與扇軸分離。這樣，雕漆扇柄雖經過脱胎，而胎膜仍在其内，所以柄在軸上可以在固定位置轉動。同時，由於柄和軸都是橄欖形，中間粗兩頭細，因此柄只能固定在軸上，而不能取下。現在我們在掉下的一塊雕漆上看到，其底層乃是黑漆，色澤尚光亮如新。

〔三〕香餅子

許國楨御藥院方卷三治一切正氣門上沉香餅子：治食飲停積，胸膈痞滿，腹肋疼痛，嘔吐不止　京三稜　蓬莪术　青皮　陳皮　紅豆　訶子煨　縮砂仁　半夏　芫花醋炒　乾薑　檳榔　薑黄　巴豆和

皮　益智去皮爲粗末，熳火炒令褐紫色　桂去皮　木香　藿香葉　沉香　硇砂另研細。已上各等分　右件一十九味同爲細末，打白麪糊和丸，如小豆大，捏作餅子。每服七餅子至十餅子，更量虛實加减，温生薑湯下，食後服。

鄺璠便民圖纂卷第十六製類下作香餅：用堅硬木灰三斤杵細，黄丹、定粉、針砂、牙硝各半兩，入炭末。爛煮棗一升，去皮核，共拌匀作餅子，若棗肉少，以煮棗汁和之，一餅可燒一日。

〔一三〕**淘井者**

祝穆詩話四七淘井：東坡在黄州夢參寥所作新詩，覺而記兩句云：「寒食清明都過了，石泉槐火一時新。」夢中曰：「火固新矣，泉何故新？」答曰：「俗以清明日淘井。」

〔一四〕**軍營放停樂人**

王曾王文正公筆録：駙馬都尉高懷德，以節制領睢陽。歲久，性頗奢靡，而洞曉音律，故聲伎之妙，冠於當時。法部中精絶者，殆不過之。宋城南抵汴渠五里，有東西二橋，舟車交會，民居繁夥，倡優雜户，厥類亦衆，然率多鄙俚，爲高之伶人所輕誚，每宴飲樂作，必效其樸野之態，以爲戲翫，謂之「河市樂」，迄今俳優常有此戲。

丁謂丁晉公談録：河東僞相趙文度歸向朝廷，便授華州節度使，時同州節度使宋相公移鎮邠州，道由華下，趙張筵，命宋。宋以趙自河東來，氣焰凌之，帶隨使樂官一百人入趙府署庭所，使排立於東廂，將舉盞，趙之樂官立於西廡，時東廂先品數聲，趙謂曰：「於此調吹采蓮送盞，皆吹不得。」却令西廡吹之。送盞畢，東廂之樂由是失次。宋亦覺其挫鋭，泊中筵起，移於便廳再坐，宋自吹笙送趙一盞，趙遂索笛復送一盞，聲調清越，衆所驚嘆。其笛之竅，宋之隨使樂工，手指按之不滿。泊席闋，宋回驛，趙又於山亭張夜宴，召之不至，宋於是宵遯。

〔一五〕**「賣梅子」又謂之「把街」**

〔文案〕散糖果子之所以稱之爲「賣梅子」，蓋因梅子甚甜，可爲糖之代表，故又稱爲糖梅。若屈大均廣東新語卷十四糖梅有曰：「嫁女者無論貧富，必以糖梅爲舅姑之贄，多者至數十百罌，廣召親友，爲糖梅宴會。」卷二州橋夜市「越梅」條，余以施宿會稽志卷十七木部楊梅注之，其文曰楊梅盛出時，足爲奇觀，人以雀眼竹笪盛貯爲遺，道路相望不絶。此正所謂「賣梅子」，又謂之「把街」也。

〔一六〕**羊肉**

李季可松窗百説服餌：富貴人求服餌導引法，以逞嗜欲，冀長生，而服餌多，反誤導引，見效遲，乃不如羊肉、白麵、法酒，善調之，自能壯健補益。

賈銘飲食須知卷八獸類羊肉：味甘，性熱。反半夏菖蒲。同蕎麥麵、豆醬食，發痼疾。同醋食，傷人心。同鮓鱠酪食，害人。熱病、疫證、瘧疾病後食之，復發致危。妊婦食之，令子多熱病頭。蹄肉：味甘，性平，水腫人食之，百不一愈。冷病人勿多食。妊婦食羊目，令子睛白。血：味鹹，性平。凡猪、羊血食久，鼻中毛出，晝夜長五寸，漸如繩，痛不可忍，摘去復生，惟用乳石硇砂等分爲丸，臨卧服十丸，自落也。服丹石人忌食羊血，十年一食，前功盡亡。服地黄、何首烏諸補藥者忌之。能解胡蔓草毒。腦：有毒，食之發風病，和酒服，迷人心、成風疾，男子食之，損精氣，少子。白羊黑頭，食其腦，作腸癰。羊心有孔者勿食，能殺人。羊肺三月至五月其中有蟲，狀如馬尾，長二三寸，須去之，不去食之，令人痢下。肝：味苦性寒。同猪肉及梅子、小豆食，傷人心。同生椒食，傷人五臟。最損小兒。同苦筍食，病青盲。妊婦食之，令子多阨。羊腊和飯飲久食，令人多唾清水，成反胃，作噎病。凡煮羊肉，用杏仁或瓦片，則易爛。同胡桃及萊菔煮，不臊。同竹鰡煮，助味。以銅器煮食，男子損陽，女人暴下。白羊黑頭、黑羊白頭、獨角者並有毒，食之生癰。中羊肉毒者，飲甘草湯解之。過食羊肉傷者，多食棗子、草果可消。

〔一七〕**腰子**

忽思慧飲膳正要卷第一聚珍異饌炙羊腰：治卒患腰眼疼痛者。羊腰一對　咱夫蘭一錢　右件，用玫瑰水一杓，浸取汁，入鹽少許，簽子簽腰子火上炙。將咱夫蘭汁徐徐塗之，汁盡爲度，食之，甚有效驗。

〔文案〕此「腰子」爲羊之腰子，後「白腸」爲羊之白腸，「頭肚」亦如是。應與「羊肉」合讀。

〔一八〕**雜爊**

賈思勰齊民要術卷第九作脺奥糟苞第八十一作奥肉法：先養宿猪令肥，臘月中殺之。撆訖，以火燒之令黄，用煖水梳洗之，削刮令净。刳去五藏，猪肪煼取脂。肉臠，方五六寸作，令皮肉相兼。着水令相淹漬，於釜中熁之。肉熟水氣盡，更以向所熁肪膏煮肉。大率脂一升，酒二升，鹽三升，令脂没肉。緩火煮半日許，乃佳。漉出甕中，餘膏仍瀉肉甕中，令相淹漬。食時，水煮令熟，而調和之，如常肉法。

〔文案〕所謂「雜燠」者，乃各類醃藏肉食也。亦與「肉行」「曝燠熟食」同，可參「食店」「燠肉」注。

〔一九〕**銅鐵器**

談鑰嘉泰吴興志卷十八食用故事銅鏡：大寧寺有章后鏡一面，郡舊有銅坑，工人鑄造得訣，小大方圓，照鑒若一，官禁銅鏡漸難得，工價廉，器亦不迨昔。

〔二〇〕**磁器**

吴淑秘閣閒談青磁碗：巴東下岩院主僧，水際得一青磁碗，攜歸折花置佛像前，明日花滿其中。更置少米，經宿米亦滿碗。以錢及金銀置之，皆然。自是院中富貴。

陳元靚纂圖增新群書類要事林廣記辛集下卷風月笑林嘲客不辭酒：外道多虎傷人，有客販賣瓷器，忽撞見一虎開口近前，其客慌忙將一瓷瓶投之，其虎不去，客又將一瓶投之，又不去，一擔瓷瓶投之將盡，只留一隻，乃高聲云：「畜生畜生，你去也只是這一瓶，不去也只是這一瓶。」

莊綽雞肋編卷上：處州龍泉縣多佳樹，地名豫章，以木而著也。山中尤多古楓木，其根破之，文若花錦。人多取爲几案盤器。又雜以他木，陷作禽鳥花草，色像如畫。他處所未見。又出青瓷器，謂之「秘色」，錢氏所貢，蓋取於此。宣和中，禁庭製樣須索，益加工巧。

顧文薦負暄雜録窯器：陶器自舜時便有，三代迄於秦漢，所謂甓器是也。今土中得者，其質渾厚不務色澤，末俗尚靡，不貴金玉而貴銅磁，遂有秘色窯器。世言錢氏有國日，越州燒進者，不得臣庶用，故云秘。陸龜蒙詩：「九秋風露越窯開，奪得千峰翠色來。如向中霄盛沆瀣，共嵇中散鬥遺杯。」迺知唐世已有，非始於錢氏。本朝以定州白磁器有芒不堪用，遂命汝州造青窯器，故河北唐、鄧、耀州悉有之，汝窯爲魁。江南則處州龍泉縣窯，質頗麤厚。宣政間，京師自置燒造，名曰官窯。中興渡江，有邵成章提舉後苑，號邵局，襲徽宗遺制，置窯於修内司造青器，名内窯，澄泥爲範，極其精緻，油色瑩澈，爲世所珍。後郊下別立新窯，亦曰官窯，比舊窯大不侔矣。餘如烏泥窯、餘姚窯、續窯，皆非官窯，比若謂舊越窯不復見矣。

宋真宗諭瓷器庫詔景德四年九月：瓷器庫除揀封樁供進外，餘者令本庫將樣赴三司，行人估價出賣。其漆器架閣收管，品配供應，準備供進及榷場博易之用。

劉祁歸潛志卷第八：主長葛簿時，與屏山、張仲傑會飲，坐中有定磁酒甌，因爲聯句，先子首唱曰：「定州花磁甌，顏色天下白。」諸公稱之。屏山則曰：「輕浮妾玻璃，頑鈍奴琥珀。」張則曰：「器質至堅脆，膚理還悦澤。」

〔三〕**院子**

宋話本宋四公大鬧禁魂張：捉笊籬的回過頭來，看那個人，却是獄家院子打扮一個老兒。宋四公便改换色服，妝做一個獄家院子打扮，把一把扇子遮着臉，假做瞎眼，一路上慢騰騰地，取路要來謨縣。

宋話本董永遇仙傳：當日離家，徑投傅長者家，見了院子，央他報説賣身之事。

吕居仁軒渠録：莊綽季裕，年未甚老，而體極癯瘠，洪析仲本呼爲「細腰宫院子」。

梁同書直語補證院子：今人階下露地曰天井，亦曰院子。按儀禮士昏禮，期，初昏，陳三鼎於寢門外，疏，命士以上之父子異室，自然別有寢，若不命之士，父子同室，雖大院同居，其中亦隔別，各有門户云云。然則院子之稱，唐有之矣。

〔三二〕**蒸梨棗**

〔文案〕據孫注本：今開封仍有蒸梨棗，其製先將梨蒸，再與棗一併用冰糖水、蜂蜜慢火煎煮。食之可止口乾。

〔三三〕**宿蒸餅**

徐夢莘三朝北盟會編卷第一百五十炎興下帙五十起紹興二年正月，盡四月：韓世清屯於宣州，其部兵多欲作過者，先是賣蒸餅者，皆叫云：「一個二十五，裏外一般。」蓋言一個賣二十五錢，裏外皆是麵也。

忽思慧飲膳正要卷第一聚珍異饌：飥餅經捲兒一同　白麵十斤　小油一斤　小椒一兩，炒去汗　茴香一兩，炒　右件，隔宿用酵子、鹽、鹼、温水，一同和麵，次日入麵接肥，再和成麵。每斤作二個，入籠内蒸。

〔二四〕**發牙豆**

韓奕易牙遺意卷上蔬菜類緑豆芽：將緑豆冷水浸兩宿，候漲换水，淘兩次，烘乾。預掃地潔净，以水灑濕，鋪紙一層，置豆於紙上，以盆蓋之。一日灑兩次水。候芽長，淘去殻。沸湯略焯，薑、醋和之。肉燥尤宜。

〔二五〕**監淘在城渠**

黄休復茅亭客話卷三淘沙子：僞蜀大東市，有養病院。凡乞丐貧病者，皆得居之，中有攜畚鍤，日循街坊溝渠内淘泥沙，時獲碎銅鐵及諸物，以給口食，人呼爲「淘沙子」焉。

梅堯臣淘渠：開春溝，畎春泥。五步掘一塹，當途如壞堤。車無行轍馬無蹊，遮截門户雞犬迷。屈曲措足高復低，芒鞋苔滑雨淒淒。老翁夜行無子攜，眼昏失脚非有擠。明日尋者爾瘦妻，手提幼女哭嘶嘶。金吾司街務欲齊，不管人死獸顛啼。

# 幽蘭居士東京夢華録卷之四

## 軍頭司

軍頭司〔一〕每旬休，按閲内等子，相撲手、劍棒手格鬥〔二〕。諸軍營殿前指揮使〔三〕直，在禁中有左右班〔四〕、内殿直、散員、散都頭、散直、散指揮〔五〕。御龍左右直，係打御從物御龍骨朵子直、弓箭直、弩直、習馭直、騎御馬、鈞容直、招箭班、金鎗班〔六〕、銀鎗班。殿侍諸軍東西五班常入祗候〔七〕，每日教閲野戰〔八〕。每遇諸路解到武藝人〔九〕對御格鬥。天武、捧日、龍衛、神衛，各二十指揮〔一〇〕，謂之「上四軍」，不出戍。驍騎、雲騎、拱聖、龍騎，各十指揮。殿前司〔一一〕、步軍司有虎翼各二十指揮，虎翼水軍、宣武，各十五指揮，神勇、廣勇，各十指揮，飛山牀子弩〔一二〕、雄武、廣固等指揮。諸司則宣效六軍，武肅、武和、街道司諸司、諸軍指揮，動以百數。諸宮觀宅院，各有清衛、廂軍、禁軍〔一三〕、剩員十指揮〔一四〕。其餘工匠：修内司、八作司、廣固作坊、後苑作坊、書藝局、綾錦院、文繡院、内酒坊、法酒庫、牛羊司、油醋庫、儀鸞司、翰林司、喝探、武嚴、輦官、車子院、皇城官親從官、親事官、上下宫皇城黄皂院子、滌除〔二五〕，各有指揮，記省不盡。

【注】

〔一〕**軍頭司**

王應麟玉海卷一三九兵制太平興國易禁軍號：端拱二年正月，改軍頭引見司爲御前忠佐軍頭引見司，有馬步兩直。

〔二〕**劍棒手格鬥**

宋話本楊温攔路虎傳：員外間棒，都頭拿一條棒起，做了一個旗鼓。楊官人也做一個旗鼓，道：「都頭，一合使，是兩合使？」都頭道：「只一合。」間棒起，兩個不三合，不兩合，只一合地使。所謂：兩條硬棒相迎敵，寧免中間無損傷。手起不須三兩合，須知誰弱與誰强。馬都頭棒打楊官人，就幸則一步，攔腰便打。那馬都頭使棒，則半步一隔，楊官人便走。都頭趕上使一棒，匹頭打下來，楊官人把脚側一步，棒過和身也過，落夾背一棒，把都頭打了一下伏地，看見脊背上腫起來。楊官人道：「都頭使得好，我不是刷子！」都頭起來，着了衣裳，道：「好，你真個爲。」正是：

好手手中呈好手，紅心心裏中紅心。

楊三官把一條棒，李貴把一條棒，兩個放對使一合。楊三是行家，使棒的叫做騰倒，見了冷破，再使一合。那楊承局一棒，劈頭便打下來，唤做大捷。李貴使一扛隔，楊官人棒待落，却不打頭，入一步則半步一棒，望小腿上打着，李貴叫一聲，辟然倒地。正是：

好雞無兩對，快馬只一鞭。

李貴輸了，楊温就那獻臺上説了四句詩，道是：

天下未嘗無敵手，强中猶自有强人。霸王尚有烏江難，李貴今朝折了名。

〔三〕**指揮使**

［文案］據龔延明宋代官制辭典考：指揮使從二品，編制一人。凡聖節、拜郊、大朝會，於御前站班。

〔四〕**左右班**

潛説友咸淳臨安志卷之十四禁衛兵班直：殿前指揮使左班，殿前指揮使右班，長入祗候，御龍直。

〔五〕**散指揮**

王栐燕翼詒謀録卷五：五季日尋干戈，其於軍卒，尤先激勵，凡軍頭非有戰功，皆號伴飯指揮使。皇朝一統，邊境無虞，伴飯者衆，乃詔以處有罪者。凡爲此職，人皆望而知其犯罪也。大中祥符二年二月，詔改軍頭伴飯指揮使爲散指揮使。然自此人不復以爲恥，而激勵之權微矣。

〔六〕**金鎗班**

施耐庵羅貫中水滸傳第五十六回吳用使時遷盜甲 湯隆賺徐寧上山：「他在東京，見做金鎗班教師。這鉤鐮槍法，只有他一個教頭。他家祖傳習學，不教外人。或是馬上，或是步行，都有法則。端的使動神出鬼没。」説言未了，林沖問道：「莫不是見做金鎗班教師徐寧？」湯隆應道：「正是此人。」林沖道：「你不説起，我也忘了。這徐寧的金鎗法、鉤鐮鎗法，端的是天下獨步。」

次日，踅進城來，尋問金鎗班教師徐寧家。有人指點道：「入得班門裏，靠東第五家黑角子門便是。」時遷轉入班門裏，先看了前門；次後踅來相了後門，見是一帶高墻，墻裏望見兩間小巧樓屋，側手却是一根戧柱。時遷看了一回，又去街坊問道：「徐教師在家裏麽？」人應道：「直到晚方歸來，五更便去内裏隨班。」

約至二更以後，徐寧收拾上牀。娘子問道：「明日隨直也不？」徐寧道：「明日正是天子駕幸龍符宮，須用早起五更去伺候。」

〔七〕**常入祗候**

陳世崇隨隱漫録卷二：二十四班：行門、長入祗候、殿前指揮左右班、御龍直、金鎗班、銀鎗班、散員、散指揮、骨朵直、散祗候、散都頭、東一至五、西一至二、茶酒新舊四班、招箭班、殿直、弓箭直、弩直、散直、禁衛内殿直、散鈞容直、隨龍忠佐習馭直。先是太祖自陳橋驛擁兵入覲，長入祗候班。莊綽鷄肋編卷下：古所謂媵妾者，今世俗西北名曰「祗候人」，或云「左右人」，以其親近爲言，已極鄙陋。

〔八〕**野戰**

邵伯温邵氏聞見録卷第三：富公進司徒，子紹京除閤門祗候。

趙昇朝野類要卷四野戰：閲習驍鋭也。

〔九〕**武藝人**

葉夢得石林燕語卷一：崇政殿即舊講武殿，惟國忌前一日，及軍頭司引見，呈試武藝人。

韓琦論校試武藝奏康定二年：今之試武藝，弓弩惟務鬥力多，而不求所射疏密。其左右斫鬃、腰射、腦射、一綽筈子放數箭之類，乃是軍中之戲。又馬槍止試左右盤弄，而不較所刺中否，皆非實藝。而使臣、軍員，緣此例得拔用，故諸軍亦循守常法，而無所更。以此臨陣對寇，罕能取勝。臣常熟思之，縱得武士挽三石力弓，踏五石力弩，不能射中，則與空手無異。嘗閲武部式，見唐取人皆較實藝。今定凡步射弓弩，於四十步内，各射箭十，弓一石五斗以上，七中爲第一；一石二斗以上，五中爲第二；九斗以上，三中爲第三。弩三石五斗以上，八中爲第一；三石以上，七中爲第二；兩石五斗以上，五中爲第三。凡馬射鹿子，或筍樁，各箭十，弓一石以上，八中爲第一；九斗以上，七中爲第二；八斗以上，五中爲第三。凡馬上使槍，左右十刺，得五中木人爲及等；馬上鐵鞭、鐵簡、棍子、雙劍、大斧、連枷之類，並是一法，每兩條共重十斤，爲及等；但取左右實打有力者爲中；馬鎗、鐵簡俱及等爲第三；步刺鎗、步斫劍即勝者爲第二；馬上盤鋸刀、木槊，五十斤以上、勇力過人者爲第一。以上若一件入第一，請優與遷擢；入第二，恩澤次之；入第三，量才録用。如二件以上入第一、三件以上入第二、四件以上第三，並鎗、簡及等，與不次獎拔。

宋話本汪信之一死救全家：他有個嫡親兄弟汪革，字信之，是個文武全才。從幼只在哥哥身邊居住，因與哥哥汪孚酒中争論一句閒話，别口氣隻身徑走出門，口裏説道：「不致千金，誓不還鄉！」身邊只帶得一把雨傘，並無財物，思想：「那裏去好？我聞得人説，淮慶一路有耕治可業，甚好經營。且到彼地，再作道理。」只是没有盤纏。心生一計：自小學得些槍棒拳法在身，那時抓縛衣袖，做個把勢模樣。逢着馬頭聚處，使幾路空拳，將這傘權爲槍棒，撇個架子，一般有人喝采，齎發幾文錢，將就買些酒飯用度。

〔一〇〕**指揮**

曾慥類説卷之十九三朝聖政録乘快指揮誤失：太祖一日罷朝，俯首不言者久之。内侍王繼恩問其故。「一日早來前殿，乘快指揮一使，偶有誤失，史官必書之，我所以不樂也。」

〔一一〕**殿前司**

脱脱宋史卷一百六十六志第一百一十九職官六殿前司：都指揮使、副都指揮使、都虞候各一人。

掌殿前諸班直及步騎諸指揮之名籍，凡統制、訓練、番衛、戍守、遷補、賞罰，皆總其政令。而有都點檢、副都點檢之名，在都指揮之上，後不復置。入則侍衛殿陛，出則扈從乘輿，大禮則提點編排，整肅禁衛鹵簿儀仗，掌宿衛之事。都指揮使以節度使爲之，而副都指揮使、都虞候以刺史以上充；資序淺則主管本司公事，馬步軍亦如之。備則通治，闕則互攝。凡軍事皆行以法，而治其獄訟，若情不中法，則稟奏聽旨。

〔二〕牀子弩

馬端臨文獻通考卷一百六十一兵考十三軍器：嘗令試牀子弩於近郊外，矢及七百步，又令别造千步弩試之，矢及三里。戎具精勁，近古未有。

〔三〕禁軍

司馬光涑水記聞卷第一：太祖既納韓王之謀，數遣使者分詣諸道，選擇精兵，凡其才力技藝有過人者，皆收補禁軍。聚之京師，以備宿衛。厚其糧賜，居常躬自按閲訓練，皆一以當百。諸鎮皆自知兵力精鋭非京師之敵，莫敢有異心者。由我太祖能强幹弱枝，制治於未亂故也。

史能之咸淳毗陵志卷第十二禁軍：國初以禁軍衛京師，上命征討則遣戍於外，康定後議者以禁兵不耐勞苦，不習水土，遂募就糧軍，始於陝西、河北，行於諸道，乃有在外禁兵，本郡嘗置宣毅一指揮，後廢不補。嘉祐間，詔荆南等郡置威果兩朝史志，今郡有威果，亦嘉祐後置，雄節本熙寧之教厢軍，元豐昇爲禁軍焉。

〔一四〕**剩員十指揮**

梁克家淳熙三山志卷第十八兵防類一剩員指揮：大中祥符四年，勑諸路轉運使副巡行屬郡，同知、通、都監監押揀選本城牢城人員、節級兵士。慶曆五年，乃差内臣往福建等路揀選，其就糧禁軍及本城兵士，如病患可醫者減充半分，剩員久或不堪，與給放停公據，若曾有戰功及陣亡人弟姪子孫，令仍舊。自役歲委監司分揀，於是有剩員指揮。

〔一五〕**滌除**

〔文案〕京都譯注本考西湖老人繁勝録：黄院子、皂院子之後「司圊」即「滌除」，確。「滌除」爲禁軍卒，隸皇城司，專事清掃皇城内厠所之職。

# 皇太子納妃

皇太子納妃〔一〕，鹵部儀仗〔二〕，宴樂儀衛，妃乘厭翟車〔三〕，車上設紫色團蓋〔四〕，四柱維幕，四垂大帶，四馬駕之。

# 〔注〕

## 〔一〕皇太子納妃

〔文案〕宋皇太子納妃，亦循古禮。宋史卷一百一十五志第六十八禮十八，載其大概。鄭居中政和五禮新儀卷一百七十二、卷一百七十三皇太子納妃儀，記之甚詳。撮其要，爲采擇、問名、告吉、告期、告成、奏告、册妃、醮戒、親迎、同牢、設對位、妃朝見、盥饋，程式謹嚴，制度完備，不同於前朝者，皇太子納妃，皇帝常臨主持。

## 〔二〕鹵部儀仗

葉夢得石林燕語卷四：大駕儀仗，通號「鹵簿」，蔡邕獨斷，已有此名。唐人謂鹵，櫓也。甲楯之别名，凡兵衛以甲楯居外爲前導，捍蔽其先後，皆著之簿籍，故曰鹵簿。

張師正括異志卷十蔡侍禁：少時，有虹梁自東南抵室門而止，驢駕橐駝負載巨橐者，罔知其數。復有金飾犢車，垂珠簾，張青蓋者數十乘。又有衣錦袍，屬櫜鞬而騎者，執撾而趨者，左右前後亦數千人。有伶人百餘，衣紫、緋、緑袍，奏樂前導，郎君者，乘馬按轡徐行。其後又有臂鷹隼、牽獵犬洎四夷之人數百，偕入於室中。大抵類車駕之儀仗，他人弗之見也。

〔三〕厭翟車

王應麟玉海卷七十九車服明道六車：志：皇后之車，唐六等：皇朝鹵簿唯用厭翟車。常出用副，金裝、銀裝、白藤輿，上覆椶屋，飾以鳳𦐇。咸平中，萬安太后輿上設行龍六。

聶崇義三禮圖集注卷二厭翟車：男子立乘，其車有蓋無帷裳。婦人坐乘，有蓋有帷裳。案士昏禮説：「婿乘墨車，下云婦車亦如之有裧。」注云：「亦如之者，同等裧車裳帷幃通。周禮謂之容車，有容則有蓋。」衛氓詩云：「淇水湯湯，漸車帷裳。」童容也。孔義云：「帷裳一名童容，故巾車云重翟厭翟安車，皆有容蓋。」先鄭云：容謂幨車裧與襜同，又或作幨，皆昌廉反。山東謂之帷裳，或云童容即氓詩云：「漸車帷裳」，是山東名帷裳也。以其帷障車之傍如裳，以爲容飾，故謂之帷裳。或謂之童容者，其上有蓋，四傍垂而下，謂之裧，故雜記云：其輤有裧。注云：裧謂鼈甲邊緣是也。然則童容與裧别而先，鄭云：容謂幨車者，以其有童容者必有幨，故謂之爲幨車也。惟婦人之車爲然也。王后始乘重翟，王女下嫁諸侯乘厭翟，服則褕翟，後鄭云：重翟，重翟雉之羽，厭翟次其羽，使相迫也，謂相次厭，其本以蔽車也，皆有容，蓋舊圖以下著合巹破匏爲之，以線連柄端，其制一同匏爵，故不重出。太子詹事尹拙議云：今新圖不以金飾諸末，乃引通典云：自兩漢、晉、宋、齊皇后唯乘重翟，金塗五末，輈一，轂二，箱二，至後魏始説厭翟，亦金飾諸末。又云不畫八鑾者，工部尚書竇儀議云：臣儀今詳，新圖續總輦帶車末之飾，皆已正矣。其帷裳所畫翟雉，但云以類求之，臣亦檢録，未見本義。所闕八鑾，請令畫之。

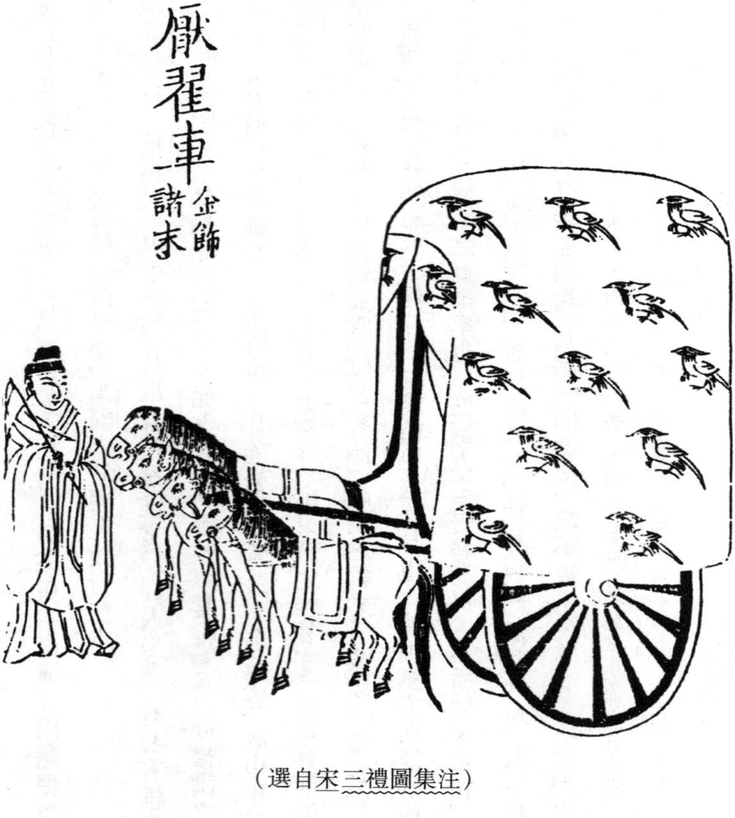


（選自宋三禮圖集注）

〔四〕團蓋　郭彖睽車志卷二：閩中一士人居華亭，有趙通判者居烏程。約士人爲館，久未得往。士人偶閑步至嶽祠，見一婦人緩行，一僕持一小青蓋，且挈香合、背子從其後。

王得臣麈史卷上禮義：都城内非執政大臣、宗室，並不許張蓋，然宗室之家乘車，比至乳保輩乘馬，皆張之。

# 公主出降

公主出降〔一〕，亦設儀仗、行幕步障〔二〕、水路〔三〕，凡親王〔四〕、公主出則有之。皆係街道司〔五〕兵級數十人，各執掃具、鍍金銀水桶，前導洒之，名曰「水路」。用檐⊖牀〔六〕數百，鋪設房卧，並紫衫卷脚幞頭天武官擡舁〔七〕。又有宫嬪數十，皆真珠釵插、吊朵〔八〕、玲瓏簇羅頭面，紅羅銷金〔九〕袍帔〔一〇〕，乘馬雙控雙搭，青蓋前導，謂之「短鐙」〔一一〕。前後用紅羅銷金掌扇遮簇，乘金銅檐子，覆以剪㯿〔一二〕，朱紅梁脊，上列滲金銅鑄雲鳳花朵，檐子約高五尺許，深八尺，闊四尺許，内容六人，四維垂繡額珠簾，白藤間花。匡箱之外，兩壁出欄檻，皆鏤金花裝雕木人物神仙。出隊兩竿十二人，竿前後皆設緑絲條，金魚勾子勾定。

［校］

㈠「檐」，中華鄧注本謂應作「擔」，誤。顔湣楚俗書證誤：簷，今檐。可糾其誤。見後案。

［注］

〔一〕**公主出降**

王安石王文公文集卷第十五表賀魯國大長公主出降表：臣某言：伏覩進奏院報魯國大長公主出降者。占蛇聘夢，祥實發於先朝；奠雁告期，禮甫成於外館。中賀。臣聞親成經五禮之始，睦婣貫六行之中。善與物昌，慶惟時賴。恭惟皇帝陛下，齊家而國治，睦族而民雍，恩隆天屬之尊，禮重王姬之降。愼所選尚，燕及文母之慈；厚於送歸，追成穆考之孝。臣叨陪興運，獲覩盛儀。

〔二〕**步障**

宋話本李元吴江救朱蛇：李元隨王轉玉屏，花磚之上，皆鋪繡褥，兩旁皆繃錦步障。

〔三〕**水路**

周煇清波别志卷中：凡貴遊出，令一二十人，持鍍金水罐子，前導旋灑路過車，都人名曰「水路」。

〔四〕**親王**

佚名宋大詔令集卷第三十五親王十優禮晉王位宰相上詔開寶六年九月壬申：周之宗盟，異姓爲後，此先王所以睦九族而和萬邦也。晉王某，親賢莫二，位望俱崇，方資夾輔之勳，俾先三事之例，自今宜位宰相上。

出閤外邸皇弟佖佶請外居未允詔：天屬之親，莫如兄弟。敦叙之禮，厥有舊章。營建邸宫，姑循故事。忽覽章奏，欲即外遷。親兹同生，其室則邇。遽遠朝夕，豈勝此情。尚體眷懷，往安無亟。所請宜不允。

〔五〕**街道司**

徐松宋會要輯稿職官三〇之一八：街道司掌治京師道路，以奉乘輿出入。勾當官二員，以大使臣或三班使臣領之。仁宗嘉祐二年十二月二十六日，管勾街道司公事寇利亨言，乞招置兵士五百人，充街道司指揮功役，更不立等杖，委本司招置少壯堪充功役之人，所有請受例物乞行支給。詔置五百人爲額，立充街道指揮，例物每人交錢二千，青衫子一領，請受即依保節例支給，仍不許宣借及諸處抽差，並本司官員當直。餘從之。

〔六〕**檐牀**

〔文案〕檐牀只設坐而無轎厢之便轎，亦唤兜子。

〔七〕**擡舁**

陳鵠西塘集耆舊續聞李英華附崔府君女：李有一女，慧性過人，聞誦詩書，皆默記之，姿度不凡。俄染癘疾而逝，殯於邑之仙巖寺三峰閣。李公滿罷，因舁以歸。

佚名鬼董卷第二：明日晡後，兩傔以金合至，其中皆名鯖異饌佳果，及髹器金卮，信如禁中物。婦人乘肩舁，金翠耀目，紫袍踵其後。

〔八〕**吊朵**

〔文案〕京都譯注本謂吊朵乃冠髮間插垂之人造假花。

〔九〕**銷金**

韓琦銷金定罪乞用祥符舊敕奏：大中祥符八年敕，犯銷金者斬。

無名氏咸淳遺事卷下：三月詔禁珠翠銷金，其文曰：「群臣之言崇儉者屢矣，朕聽其言而行之者亦屢矣，其言猶不置，是不容不周思熟慮，求以置身於無過之地也。然必自宮掖始，斯可以息人言。其珠翠銷金之飾，實崇儉之大者，遠而藝祖，以至列聖家法可考，一越乎此，皆禍所伏，近而先帝率而從之，尤表表在人耳目。朕烏可不仰遵詒謀，其自宮禁，敢以珠翠銷金爲首飾服用，必罰無貸。臣庶之家亦宜體悉，工匠犯者，一如景祐之制，定從重典。」

宋話本志誠張主管：次早，參拜家堂張員外穿紫羅衫，新頭巾，新靴，新襪；這小夫人着乾紅鞘金大繡團花霞帔，銷金蓋頭。

施耐庵羅貫中水滸傳第五回小霸王醉入銷金帳 花和尚大鬧桃花村：智深把房中一椅獨桌都掇過

了，將戒刀放在牀頭，禪杖把來倚在牀邊，把銷金帳子下了。

〔一〇〕**袍帔**

〔文案〕據中國古代服飾研究諸書，袍帔爲婦女禮制套服。以長度至足上、表裏兼備之對衿寬敞外衣爲袍；披於外面肩上，長至膝下，上綉文飾，下面兩端接頭處懸墜子之長寬帶稱帔，又名繞衿。

〔一一〕**短鐙**

呂大臨考古圖卷五鐙：右不知所從得，高六寸有半，面徑五寸，深四分，無銘識。按公食大夫禮，大羹湆實于鐙，鐙文從金，即金豆也。爾雅：瓦豆謂之登，則金豆不嫌同名。漢制多有行鐙，形制類此。其中有丶，音主。以爲燈炷，而加膏油，爲説文主字，作𡈼，亦象鐙形。古之燎燭，皆以薪蒸，未有膏蜜，厥後知膏油可以供照，爲丶於鐙而用之，因名曰鐙。愚按詩「于豆于登」，注：豆，木豆。登，瓦豆也。字上從肉，與登字不同。

〔一二〕**剪㯤**

丁度集韻卷之一平聲一一東：㯤㯤棡，木名，葉似車輪。

成尋參天台五臺山記第四（延久四年十月）：午時出船，未剋，至同縣下土橋停船，見從橋上牛懸車過行，雖似日本車屋形，前後左右有四柱，窗蓋柱也。

〔文案〕成尋所記「下土橋」乃卷一「河道」「下土橋」也。從此橋過行前後左右有四柱窗之牛車，驗之清明上河圖。一十字路口道上，一輛兩頭肥牛拽拉樱蓋大車。十字路口房脊後顯露此車一側面：描畫有精緻之「門」、「欄杆」、「垂簾」。車之樱毛頂蓋尤爲奪目，車上有屋頂之形如帽，四邊樱毛下垂，齊齊整整，或可直呼爲「剪樱」。

## 皇后出乘輿

皇太后、皇后〔一〕出乘者，謂之「輿」〔二〕。比檐子稍增廣，花様皆龍，前後簷皆剪樱，儀仗與駕出相似而少，仍無駕頭〔三〕警蹕耳。士庶家與貴家婚嫁，亦乘檐子，只無脊上銅鳳花朵，左右兩軍自有假賃所在。以至從人衫帽，衣服從物，俱可賃，不須借措。餘命婦王宫士庶，通乘坐車子，如檐子様製，亦可容六人，前後有小勾欄，底下軸貫兩挾朱輪，前出長轅〔四〕，約七八尺，獨牛駕之，亦可假賃〔五〕。

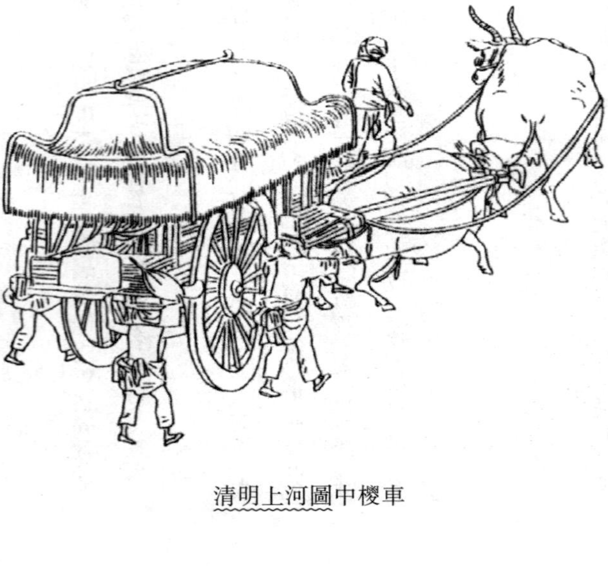

清明上河圖中樱車

## 〔注〕

〔一〕皇太后、皇后

李心傳舊聞證誤卷三：哲宗登極，尊皇太后爲太皇太后，皇后爲皇太后，惟朱妃稱號未定。太皇太后曰：「母以子貴，朝廷宜詳議，當優隆之。」時蔡確、章惇尚在朝，議久不決。諂諛者謂亦當爲皇太后，守正者則曰「止合稱皇妃太母」。曰：「自古無並爲皇太后之禮，當尊爲皇太妃。」凡百禮儀，並依皇后；乘行龍檐子；服用繖扇等皆紅；百僚稱臣太母；又增月給在皇后之上。哲宗喜慰。皇太妃謝曰：「非太皇太后，妾何緣得此盛極。」闕書名按此一段尤差誤。德妃朱氏爲皇太妃，當諸公議神宗遺制時，已增入矣。此云「議久不決」者，妄也。元豐八年六月甲戌，詔皇太妃出入許乘檐子。七月甲辰，禮部尚書韓忠彦等言，皇太妃在三年服内，衣褥從物並淺淡，生日節序物色，依皇后例；慶賀用箋，百官不稱臣。己巳，禮部又言，皇太妃生日節序物色，其冠服之屬減皇后五分之一，此云「服用紅，百寮稱臣，月給在皇后之上」，皆誤也。元祐三年秋，詔增議太妃典禮。禮官請檐子飾以龍鳳，繖用紅，冠服如皇后。紹聖元年，宣仁聖烈皇后既葬，上中批付禮官，於是坐六輿，立宫殿名，繖紅黄兼用，月費内中批出，他儀制如皇后。蓋前後十年而始定其典禮。此所記誤矣。

〔二〕輿

葉夢得石林詩話卷上一四：神宗皇帝天性儉約，奉慈壽宫尤盡孝道。慈聖太后嘗以乘輿服物未備，因同天節作珠子鞍轡爲壽。神宗一御於禁中，後藏去不復用。

吴箕常談：轎，今人所乘竹輿也。漢書嚴助傳：輿、轎而逾嶺，轎之義與今正同。服虔音橋，謂橋梁隘道輿車也。臣瓚謂：「今竹輿，車也，江表作竹輿以行是也。」

葉夢得巖下放言卷下：文潞公洛陽居地，袁象先舊基，屋雖不甚宏大，晚年得其傍羡地數畝爲園，號「東田」。日挾家童數輩，肩輿與賓客姻親，共遊無虚時。

司馬光奏議卷三十八辭入對小殿劄子元祐元年上：臣今月二日聞有聖旨，令臣「不候參假，特放正謝，仍權免赴前後殿起居，許乘轎子，三日一至都堂聚議，或門下、尚書省治事」。臣以恩禮太優，不敢輒當，尋具劄子辭免。今月四日又覩中書省録黄，奉聖旨「依前降指揮，不許辭免，仍令閤門告示，許肩輿至内東門外，令男康扶掖至小殿引對，特免起居，令引見前一日聞奏」。如此則禮數愈重，尤不敢當。臣竊惟富弼三世輔臣，德高望重，神宗皇帝想見其人，故特制此禮，乃自古所無。顧臣何人，敢與爲比？况親屈乘輿，特御小殿，以臣勤君，其罪至大。

司馬光涑水記聞卷第九：癸未，皇子猶堅卧，不肯入肩輿，宗愕責之曰：「汝爲人臣子，豈得堅拒君父之命，而終不受耶？我非不能與衆執汝强置於肩輿，恐使汝遂失臣子之義，陷於惡名耳。」皇子乃就濮王影堂慟哭，而就肩輿。

孔平仲珩璜新論卷四：今之肩輿，正是以人代畜也。周禮司徒有輦，輦以人輓。夏后氏二十人，商人十八人，周人十五人，然只以載任器耳。東漢井丹見陰就，左右進輦。丹笑曰：「吾聞桀駕人車，豈比耶？」注云帝王紀曰：「桀以人駕車。」唐王求禮諫武后亦云：「自軒轅以來，服牛乘馬。今輦以人負，則是以人代畜也。」

無名氏愛日齋叢鈔卷一：文公語録云：記得京師全盛時，百官皆只乘馬，惟元勳大臣，老而有疾，方賜乘轎。而宦者將命之類，亦皆乘轎。却掃篇云：京城士大夫，自宰臣至百執事，皆乘馬出入。司馬温公居相位，以病不能騎，乃詔許肩輿至内東門，蓋特恩也。建炎初，駐蹕揚州，以通衢皆磚甃，霜滑不可以乘馬，特詔百官用肩輿出入。朝野雜記云：故事，百官皆乘馬。建炎初，上以維揚磚滑，謂大臣曰：「君臣一體，朕不忍使群臣奔走危地，可特許乘轎。」蓋東都舊制，惟婦人得乘車，其他耆德大臣或宗室近屬行尊者，特旨許乘肩輿，已爲異禮。靖康末，高宗奉使至磁，磁守宗汝霖以所乘轎進，黑紫褥而已，上猶却之。蓋在京百官，不用肩輿，所以避至尊也。今行在百官，非入朝無乘馬者。觀汪彦章集：有行在百官謝許乘輪轎表云：方披棘以立朝，適雨霜之在候。慮乘款段，或至顛擠。乃曲軫於睿慈，俾獲安於徐步。事與李氏記思陵天語合。自大觀二年詔巡檢縣尉無乘轎，提點刑獄司察之，是郡縣有司多已乘轎矣。政和三年，詔時雪薦降，路滑馬蹶，臣僚造朝或至墜傷，可特許暫乘肩輿，惟不得入宫門。

則肩輿之制，始權宜通同於京師。北盟集編載：靖康元年十二月二十四日，有旨：勘會百官，馬既行在根括殆盡，不可步行。今檢政和三年大雪，例許乘轎子出入，仍不得入皇城門。省符下開封府榜示。百官乘轎實不自建炎始。丁特起靖康録云：金人索良馬萬匹，在京除執政侍從、卿監郎官許留一匹，自是士大夫跨驢，有徒步者。皆言京師也。竹輿之用，久著於江表，由東南馬少故，從土俗之便爾。

蘇軾問答録佛印因坡見罪：東坡詆毀大臣變新法，由是獲罪。當時遂置東坡於烏臺按鞫。其平昔所與交遊者，一時連坐，謫斥廢秩者，不下一二百人，累及佛印，遂法加編配。有與其厚善者，皆至慰勞。且傷其刺字之苦。佛印怡然嘆曰：「我佛胸題萬字，老僧面帶兩行。」佛印後至一州，太守憐之，使健卒二人肩輿以送往。佛印戲謂健兒曰：「健兒，你輩擡我，便是夾頌底金剛經，面面皆有字。」聞者莫不大笑。

〔三〕**駕頭**

〔文案〕駕頭本爲御座，以是太祖即位時所用，故列朝重之，帝出則載之以行。故中華鄧注本、京都譯注本均注駕頭，以示其要。然以孫楷第釋駕頭爲最詳：車駕出時，此坐在乘輿之前，故通稱駕頭。駕頭惟皇帝儀衛有之，皇太后皇后皇太子儀衛皆不得有。

〔四〕**長轅**

葉大慶考古質疑卷六：吴氏漫録曰：「晉王導傳：『蔡謨曰：但見短轅犢車，長柄麈尾。』按後漢馬援傳：『乘下澤車。』注云：『行澤者欲短轂，行山者欲長轂，短轂則利，長轂則安。』短轂者，短轅也。蓋本於周禮冬官『車人爲車』。」云云。大慶竊謂此言非也。愚嘗學禮而知車之制，轂與轅正自不同。老子曰：「三十輻共一轂。」則轂居輪之中，所以爲利轉者也。孔叢子廣器：「轅謂之輈。」則轅居車之前，所以駕牛馬者也。原注：周禮輈人注：輈，車轅也。但輈與轅一物而異名。據周禮輈人之職而言之，駕馬之車謂之輈，駕牛之車謂之轅。故國馬、田馬、駑馬皆言輈，而於大車則言轅。大車，牛車也。所謂轅下駒，則馬車亦通謂之轅。是則轅與輈同，而轂與轅異。以其犢車，故短轅爾。今乃以「行澤者欲短轂」爲言，是混轅轂爲一物，恐誤後學，故特辨之。

〔五〕**假賃**

〔文案〕中華鄧注本以丁特起孤臣泣血録一條注假賃，字句寥寥，僅具肩輿，未得其詳。且標之「車子」，注之未確。余於雜賃注「假賃鞍馬者」，可補鄧注。

## 雜賃

若凶事出殯，自上而下，凶肆〔一〕各有體例。如方相〔二〕、車轝〔三〕、結絡、綵帛，皆有定價，不須勞力。尋常出街市幹事，稍似路遠倦行，逐坊巷橋市，自有假賃鞍馬者〔四〕，不過百錢。

## [注]

[一]凶肆

宋話本李亞仙：原來這凶肆，是歌郎所居聚集之地。但凡人家喪事，都要雇倩他們，喪車輿輦，器用什物，又要歌郎數人，身穿五色衣，執鐸揚幡，在靈柩前導。內一人謂之肆長，又名蒿裏丞相。聲歌薤露之章，必選音聲清響、韻調悲淒者爲之，使喪家男女及路人聞之，無不下淚者爲尚。

原來長安有兩個凶肆：一個是東肆，對街是西肆。東肆所備兇器，一應車輦什物，件件鮮明華彩，惟哀輓歌詞不及西肆。兩肆互争，勝負未定。當時東肆長知生音妙，願出錢二萬，雇倩元和在家，令善歌者教生新聲。數日之間習學已熟，人莫知之。一日，兩肆長又相争論。東肆長道：「我與你相争終無結局，須是先過地方保正，立了契約，選個日子同到天門街上衆人矚目之所，各陳所長，比較優劣。若不勝者，罰錢五萬以備酒饌何如？」

兩邊肆長，各將一應器具，令衆執事人搬的搬，擡的擡，自朝至午，列舉輦輿威儀之具，彼此比較，西肆皆不能勝，看的人只稱讚東肆的好。西肆長覺得没趣，乃命十來個歌郎，各□□□□，執著幡幢，簇擁一個□□□□□，設榻於南臺，衆歌郎上得臺時，只見長髯人擁蜂而前，奮髯揚眉，扼腕頓顙而登。乃歌白馬之詞，恃其夙勝，顧盼左右，旁若無人。齊聲讚揚，以爲獨步一時矣。看的人也有讚的，也有議論他的，都説：「西肆器具什物雖不及東肆，這歌郎其實好！」衆人説聲未絶，這東肆長於北隅臺上設連榻，有烏巾少年，左右五六人秉翣而至，即元和也。整其衣服，俯仰甚徐，申喉發調，容若不勝。乃歌薤露之章，舉聲清越，響振林木。曲度未終，聞者無不欷嘘掩泣，内中這些孤兒寡婦聽了那悽楚之音，鼻涕眼淚哭一個不住。

〔二〕**方相**

葛立方韻語陽秋卷一七、三五二：周官方相氏，以黄金四目，玄衣朱裳，執戈揚盾，以索室敺疫，謂之時儺。釋者謂四時皆作也。

聶崇義三禮圖集注卷十九方相氏：夏官方相氏，掌蒙熊皮，黄金四目，玄衣朱裳，執戈揚盾，大喪先匶，謂葬使之前導，以却兇惡也，及墓入壙，以戈擊四隅，驅罔兩也。

〔三〕**車轝**

温豫詩話三：吴太伯祠，在東閶門之西。每春秋季，市肆相率合牢禮祈福於三讓王，多圖善馬彩轝子女以獻之。

〔四〕**假賃鞍馬者**

宋話本拗相公飲恨半山堂：江居禀道：「相公陸行，必用脚力。還是拿鈞帖到縣驛取討，還是自家用錢雇賃？」荆公道：「我吩咐在前，不許驚動官府，只自家雇賃便了。」江居道：「若自家雇賃，須要投個主家。」當下僮僕攜了包裹，江居引荆公到一個經紀人家來。主人迎接上坐。問道：「客官要往哪裏去？」荆公道：「要往江寧，欲覓肩輿一乘，或騾或馬三匹，即刻便行。」

魏泰東軒筆録卷之九：京師人多賃馬出入，馭者先許其直，必問曰：「一去耶？却來耶？」苟乘以往來，則其價倍於一去也。良孺以貧，不養馬，每出，必賃之。一日將押大辟囚棄市，而賃馬以往，其馭者問曰：「官人將何之？」良孺曰：「至法場頭。」馭者曰：「一去耶？却來耶？」聞者駭笑。

許坐於臺門，不能進退，適有邏卒過前，遂呼告之曰：「我臺中放出官員也，病不能行。可煩爲於市橋賃一馬。」邏卒憐之，與呼一馬至，遂跨而行。是時許初罷判開封府，税居於甜水巷，馭者懼逼夜禁，急鞭馬，馬躍，許失綏墜地，腰膝盡傷，馭者扶之於鞍，又疾驅而去，比至巷，則宅門已閉。許下馬坐於砌上，俾馭者扣門，久之無應者，馭者曰：「願得主名以呼之。」許曰：「但云内翰已歸可也。」馭者方知其爲判府許内翰，且懼獲墜馬之罪，遽策馬而走。

## 修整雜貨及齋僧請道

儻欲修整屋宇，泥補墻壁，生辰忌日，欲設齋僧尼道士〔一〕，即早辰橋市街巷口，皆有木竹匠人〔二〕，謂之「雜貨工匠」，以至雜作人夫，道士僧人，羅立會聚，候人請唤，謂之「羅齋」。竹木作料，亦有鋪席。磚瓦泥匠〔三〕，隨手即就。

【注】

〔一〕道士

李攸宋朝事實卷七道釋：建隆初，太祖遣使詣真源祠老子，於京城修建隆觀。觀在閶闔門外，周世宗建，曰太清觀。帝命重修，賜今名，自是齋修率就是觀。自五代以來，道流庸雜，乾德五年右街道録何自守坐事流配，乃詔萊州道士劉若拙爲左街道録，案：左街道録原本闕街字，今從李燾長編增入。俾之肅正道流。開寶五年閏二月詔曰：沖妙之門，清浄爲本，逮於末俗，頗玷真風。或竊服冠裳，寓家宫觀，所宜懲革，以副欽崇。兩京諸州士庶稱奇詭者，一切禁斷。其道流先有家屬同止者速遣出外，自今如願入道者，須本師與本觀知事同詣長吏陳牒，請給公驗，方許披度。十月，又令若拙與功德使集京師道士試驗，其學業至而不修飭者，皆斥之。若拙蜀人，自號華蓋先生，善服氣養生，九十餘歲不衰，步履輕捷，每水旱，必召於禁中致禱，其法精至。上甚重之。

陸游家世舊聞下先君言徽宗崇方士：又有劉混康者，茅山道士，其師祖朱自英，以傳籙著名。章獻明肅太后臨朝時，嘗召至京師，從受法籙，故混康亦得召。混康頗有識，善劾鬼神，然未嘗行。每曰：

「安能敲枷擊鎖作老獄吏耶？」二人者既至，皆物故。上疑其變化仙去，益求其類。初，京爲真定帥，道人王老志自言鍾離權弟子，嘗言京必貴極人臣。至是，物色得之。京館之後圃，引與見上。老志敢大言，熟視上，曰：「頗記老臣否？」上亦自記，嘗夢遊帝所，有仙官贊拜者，其面目真老志也。恩禮尤渥。車駕遊幸，老志輒羽衣導駕，言：「有非常，輒能知之。」未幾，老志夜叩京門，告以鍾離公大怒我語涉欺誕，行當謫墮，公福亦不終矣。明日，得疾，力辭歸河朔而死。自是，方士自言有異術者相踵，而林靈素最後出，尤爲魁傑。

郭彖睽車志卷二：京師有道人姓鄭，持一銅鈴，終日鳴鈴闤闠間，丐錢爲食，用餘則分惠貧者，號爲「鄭摇鈴」。

曾敏行獨醒雜志卷第一：新淦縣道士何得一者，常人也。徽宗嘗夢有道士曰何得一者來見，遂以姓名及狀貌圖像求之。守令以其姓名之同，遂以聞。上大喜，即令送至闕下。既召見，山野齷齪，不能應對，甚不稱上意。時方集道流於寶籙宫作醮，因命得一預焉。建醮畢，授丹林郎，遣歸。初，得一之有是命也，守令意其形於帝夢，必有所得。因問其有何技能。得一以爲昔浴於江中，得杖子狀如龍，又嘗噀水於壁間，成罨畫山水。守亦信之，具以表聞。後人詰其故，杖乃木根，初無他異；而噀水成畫者因醉後嘔吐成瀝耳。至今人傳以爲笑。

耿延禧林靈素傳：林靈素，初名靈噩，字歲昌。家世寒微，慕遠游，至蜀從趙昇道人。數載，趙卒，得其書，秘藏之，由是善妖術，輔以五雷法。往來宿、亳、淮、泗間，乞食諸寺。政和三年，至京師，寓東太一宮。徽宗夢赴東華帝君召，遊神霄宮。覺而異之，敕道録徐知常訪神霄事蹟。知常素不曉，告假。或告曰：「道堂有温州林道士，累言神霄，亦作神霄詩題壁間。」知常得之，大驚，以聞。召見，上問有何術。對曰：「臣上知天宮，中識人間，下知地府。」上視靈噩風貌如舊識，賜名靈素，號金門羽客，通真達靈元妙先生，賜金牌，無時入内。五年築通真宮以居之。時宮禁多怪，命靈素治之，埋鐵簡長九尺於地，其怪遂絶。因建寶籙宮、太一西宮，建仁濟亭，施符水，開神霄寶籙壇。詔天下：天寧觀改爲神霄主清萬壽宮，無觀者以寺充。仍設長生大帝君、青華大帝君像。上自稱教主道君皇帝。皆靈素所建也。靈素被旨修道書，改正諸家醮儀，校讎丹經，删修注解。每遇初七日昇座，座下皆宰執、百官、三衙、親王、中貴，士俗觀者如堵。講談三洞道經，京師士民始知奉道矣。

無名氏湖海新聞夷堅續志後集卷一道教門崇興道教：宋徽宗一日誦大洞真經，舉首見左右有仙官侍立。上於道家已大留心。政和初，上疾。一夕，夢一仙官延請，至一宮觀，有道士二人爲引。至一壇，上遥望金光閃爍，莫辨何地。二道士命上設拜。

［文案］本書尚有數處提及道士，或賣藥或賣蜜煎或道場或弄椎鼓，異常活躍，遠勝於歷朝歷代。其源蓋出於徽宗大力尊道，甚而癈佛，可謂登峰造極矣。

〔二〕**木竹匠人**

岳珂愧郯録卷第十三京師木工：今世郡縣官府營繕創締，募匠庀役，凡木工率計在市之樸斲規矩者，雖居楔之技無能逃，平日皆籍其姓名鱗差以俟命，謂之「當行」。間有幸而脱，則其儕相與訟，挽之不置，蓋不出不止也，謂之「糾差」。其入役也，苟簡鈍拙，務閟其技巧，使人之不已知，務誇其工料，使人之不願爲，而亟其斥且畢，謂之「官作」。珂嘗疑祖宗承平時，愛民惠工以阜都邑，當未必如此。及考之典故，有意存而可見者。於是始有以信臆度之不誣，表之以示陳古風今之義焉。

〔三〕**磚瓦泥匠**

施耐庵羅貫中水滸傳第十回林教頭風雪山神廟 陸虞候火燒草料場：仰面看那草屋時，四下裏崩壞了，又被朔風吹撼，搖振得動。林沖道：「這屋如何過得一冬？待雪晴了，去城中喚個泥水匠來修理。」

宋真宗諸色房屋用泥飾詔景德四年九月：自今皇城内外、親王宫宅、寺觀、祠廟用石灰泥，諸司庫務、營舍、廳堂、門屋用破灰泥，自餘止麥糠細泥。營舍、廳堂、門屋用赤色裝，如自備泥飾者聽。

羅振玉俗説瓦匠：宋名臣言行録張詠傳：有一瓦匠因雨乞假，公判曰：天晴蓋瓦，雨下和泥。

# 筵會假賃

凡民間吉凶筵會，椅卓陳設，器皿〔一〕合盤〔二〕，酒檐動使之類，自有茶酒司〔三〕管賃。

喫食下酒，自有廚司。以至托盤下請書〔四〕、安排坐次、尊前執事、歌説勸酒，謂之「白席人」，總謂之「四司人」〔五〕。欲就園館亭榭寺院遊賞命客之類，舉意便辦，亦各有地分〔六〕，承攬排備，自有則例，亦不敢過越取錢。雖百十分，廳館整肅，主人只出錢而已，不用費力。

## 〔注〕

**〔一〕器皿**

袁文甕牖閑評卷六：器皿，人多云受用，其實名售用。談苑云：「吴越王錢俶以妃平生售用凡百箱賜孫承祐。」承祐，蓋妃之弟也。

宋話本李元吴江救朱蛇：須臾，令二子進酒，皆再拜，擡上果桌，佇目觀之，器皿皆是玻璃、水晶、琥珀、瑪瑙爲之，曲盡巧妙，非人間所有。

**〔二〕合盤**

〔文案〕據孫注本謂：今中原地區仍有其遺，爲盛裝糕點用具。其形正方，木質，層層摞起，故名「合盤」。

**〔三〕茶酒司**

吴自牧夢粱録卷十九四司六局筵會假賃：如茶酒司，官府所用名「賓客司」，專掌客過茶湯、斟酒、上食、喝揖而已，民庶家俱用茶酒司掌管筵席，合用金銀器具及煖盪、請坐、諮席、開話、斟酒、上食、喝揖、喝坐席，迎送親姻，吉筵慶壽，邀賓筵會，喪葬齋筵，修設僧道齋供，傳語取覆，上書請客，送聘禮合，成姻禮儀，先次迎請等事。

**〔四〕托盤下請書**

宋話本簡帖和尚：等多時，只見一個男女托個盤兒，口中叫：「賣鵪鶉餶飿兒！」官人把手打招，叫：「買餶飿兒。」僧兒見叫，托盤兒入茶坊内，放在桌上，將條篾篁穿那餶飿兒，捏些鹽，放在官人面前道：「官人吃餶飿兒。」官人道：「我吃。先煩你一件事。」僧兒道：「不知要做甚麽？」那官人指着棗槊巷裏第四家，問僧兒：「認得這人家麽？」僧兒道：「認得，那裏是皇甫殿直家裏。殿直押衣襖上邊，方才回家。」官人問道：「他家有幾口？」僧兒道：「只是殿直，一個小娘子，一個小養娘。」官人道：「你認得那小娘子也不？」僧兒道：「小娘子尋常不出簾兒外面，有時叫僧兒買餶飿兒，常去，認得。問他做甚麽？」官人去腰裏取下版金錢篋兒，抖下五十來錢，安在僧兒盤子裏。僧兒見了，可煞喜歡，叉手不離方寸：「告官人，有何使令？」官人道：「我相煩你則個。」袖中取出一張白紙，包着一對落索鐶兒、兩隻短金釵子、一個簡帖兒，付與僧兒道：「這三件物事，煩你送去適間問的小娘子、你見殿直，不要送與他。見小娘子時，你只道官

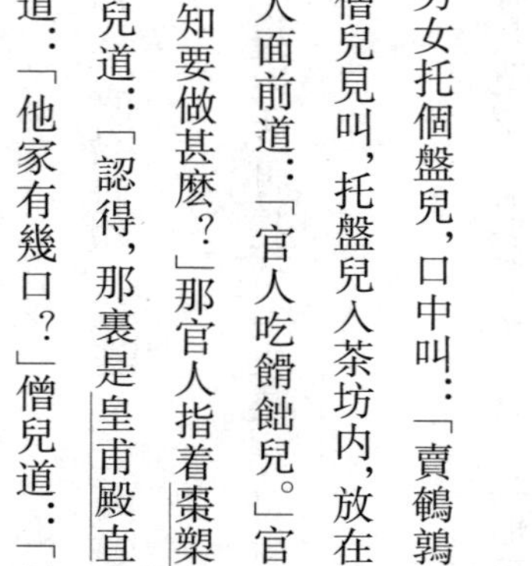

白沙宋墓中碗、托盤圖

人再三傳語，將這三件物來與小娘子，萬望笑留。你便去，我只在這裏等你回報。」

〔五〕**四司人**

宋話本史弘肇龍虎君臣會：這洪内翰遂安排筵席於鎮越堂上，請衆官宴會。那四司六局祗應供過的人，都在堂下，甚次第。當日果獻時新，食烹異味。

〔六〕**地分**

葉夢得石林燕語卷十：真宗幸澶淵，丁晉公以鄆、齊、濮安撫使知鄆州。虜既入塞，河北居民驚犇渡河，欲避於京東者，日數千人，舟人邀阻，不時濟。丁聞之，亟取獄中死囚數人以爲舟人，悉斬於河上，於是曉夕並渡，不三日皆盡。既渡，復擇民之少壯者，分畫地分，各使執旗幟，鳴金鼓於河上，夜則傳更點、申號令，連數百里。

〔文案〕京都譯注本考「地分」原爲法制用語，源于五代，所管區域之意，宋屢見於宋會要，如「地分官司」、「地分巡檢」等。

## 會仙酒樓

如州東仁和店，新門裏會仙樓正店，常有百十分廳館動使〔一〕，各各足備，不尚少闕一件。大抵都人風俗奢侈〔二〕，度量稍寬，凡酒店中，不問何人，止兩人對坐飲酒，亦須用注碗〔三〕一副，盤盞兩副，菓菜楪〔四〕各五片，水菜〔五〕椀三五隻，即銀近百兩矣。雖一人獨飲，盌遂亦用銀盂之類〔六〕。其菓子菜蔬，無非精潔。若別要下酒，即使人外買軟羊〔七〕、龜背〔八〕、大小骨、諸色包子、玉板鮓、生削巴子、瓜薑之類。

## 〔注〕

〔一〕**廳館動使**

「文案」「動使」亦可稱之「動事」。吴自牧夢粱録卷十三諸色雜貨所記「家生動事」即含「廳館動使」之類，若面桶、食托、青白瓷器、甌、碗、碟、茶盞、茶盆、油杆杖、蒸籠、酒絡、酒籠等。

〔二〕**都人風俗奢侈**

劉攽中山詩話五〇：石曼卿獨行京師，一豪士揖之而語曰：「公幸過我家。」石許之，同入委巷，抵大第，藻飾宏麗，錦繡珠翠，殆非人間所擬。歌舞歡醉，丐書，爲揮籌筆驛詩數篇，以金帛數百千贈之，復使騶從送還，恍然不知其誰。翼日，殆無復省所居矣。他日，遇諸塗，又遺以白金數兩，謂曰：「詩中『意中流水遠，愁外舊山青』，最爲佳句。」

彭乘墨客揮犀卷八：石曼卿居蔡河下曲，鄰有一豪家，日聞歌鐘之聲，其家僮僕數十人，常往來曼卿之門。曼卿呼一僕問：「豪爲何人？」對曰：「姓李氏，主人方二十歲，並無昆弟，家妾曳羅綺者數十人。」曼卿求欲見之。其人曰：「郎君素未嘗接士大夫，他人必不可見，然喜飲酒，屢言聞學士能飲酒，意亦似欲相見，待試問之。」一日，果使人延曼卿，曼卿即着帽往見之。坐於堂上，久之方出，主人着頭巾，繫勒帛，不具衣冠，見曼卿全不知拱揖之禮。引曼卿入一別館，供帳赫然，坐良久，有二鬟妾各持一小槃至曼卿前，槃中紅牙牌十餘，其一槃是酒名，凡十餘品，令曼卿擇一牌，其一槃肴饌名，令擇五品。既而二鬟去，有群妓十餘人，各執肴果、樂器、粧服，人品皆豔麗粲然。一妓酌酒以進。酒罷，群妓執果肴者萃立其前。食罷則分列其左右，京師人謂之「軟盤」。酒五行，群妓皆退，主人者亦翩然而去，略不揖客。曼卿獨步而出。曼卿言豪者之情狀，懵然愚癡，不分菽麥，而奉養如此，極可怪也。

曾季狸艇齋詩話四九：東湖明皇夜遊圖詩，宣和年間作，其意蓋諷當時也。詩中云：「苑風翠袖濕，宮露赭袍光。」可見其遊宴達旦也。

李之彦東谷隨筆物價：奈何風俗好奢，人情好勝，競尚華居，競服靡衣，競嗜珍饌，競用美器，豪家巨族固宜享用，小夫賤隸，卒富暴貴，豈惟效尤，又且過之。

陳録善誘文人與物同：據現在之物，順平常之理，殺而食之，或驅役奴婢遠致異品，或畜養雞魚犬彘，擇肥而旋殺，生蟹投糟欲其味入，鞭魚造膾欲有經紋，聚炭燒蚌，環火逼羊，開腹取胎，刺喉瀝血，作計烹煎，巧意鬥飣，食之既飽，則揚揚自得，少不如意，則怒罵庖者。嗟乎，染習成俗，見聞久慣，以爲飲食合當如此，而不以爲怪，深思痛念，良可驚懼。

王明清揮麈後録卷八：政和中，將作監賈讜明仲，奉詔爲童貫治賜第於都城。既落成，賈往謝之，貫云：「久勞神觀，而恩恩竟未能小款。翌早朝退無它，幸見過點心而已。」明仲領其意。詰朝既見，賓主不交一談。頃之，一卒持二物，若寶蓋瓔珞狀，張於貫及己之上，視之，皆真珠也。各命二雙鬟捧卓子一隻至所座前，又令庖人持銀鐐竈，即廳之側燎火造包子。以酒食行，凡三。每一行易一卓。凡果楪、酒杯之屬，初以銀，次金，又次以玉，其製作奇絶，目所未覩。三杯即徹。賈亦辭出，甦至局中，然後歸舍。見數人立於門云：「太傅致意，適來大監坐間受用一分器皿及雙鬟，悉令持納。」計其直逾數萬緡，賈繇此雄豪，至今以富聞湘中。讜，逵之孫也。

曾敏行獨醒雜志卷九：蔡元長爲相日，置講議司，官吏數百人，俸給優異，費用不貲。一日，集僚屬會議，因留飲，命作蟹黄饅頭。飲罷，吏略計其費，饅頭一味爲錢一千三百餘緡。又嘗有客集其家，酒酣，京顧庫吏曰：「取江西官員所送鹹豉來！」吏以十瓶進，客分食之，乃黄雀肫也。元長問：「尚有幾何？」吏對以：「猶餘八十有奇。」

李昌齡樂善録卷上：寇萊公自少年富貴，不點油燈，尤好夜宴劇飲，雖寢，室亦燃燭達旦。

宋庠中書試戒風俗奢靡詔：聞夫古先哲王之御俗也，皆上求天心，下建民極。天道貴質，故敦本以體元；民情易流，必閑邪而制法。然後能趨富壽之域，開衣食之源。至穌來臻，大命無泛。國家荷三聖之業，保萬方之大，容典飭盡，訓戒諄勤。然而世道久夷，人心多靡。近聞中外頗僭典常，自通邑名都，世家豪姓，競作浮侈，疊相矜尚。珠玉被於服玩，緹繡裛於垣墻。雕幾歲更，規矩時易。醬藿庖味，山藻室廬。靡嗟民力之勤，罔憚邦儀之禁。此而是縱，孰不可容！況曩者神宗親駕農祠，示稼穡之重；真廟深惜上幣，嚴銷塗之律。朕皆祗紹祖武，奉行前猷。惟爾庶邦，敢忘茂訓！自時以往，咸俾改爲。儻輕蹈於匪彝，當一施於重罰。布告遐爾，知朕意焉。

### 〔三〕注碗

李濟翁資暇集卷下注子偏提：元和初，酌酒猶用樽杓，所以丞相高公有斟酌之譽。雖數十人，一樽一杓，挹酒而散，了無遺滴。居無何，稍用注子，其形若罃，而蓋觜柄皆具。大和九年後，中貴人惡其名同鄭注，乃去柄安係，若茗瓶而小異，目之曰「偏提」。論者亦利其便，且言柄有礙，而屢傾仄，今見行用。

張端義貴耳集卷中：高宗南渡，有將水晶注碗在搉場交

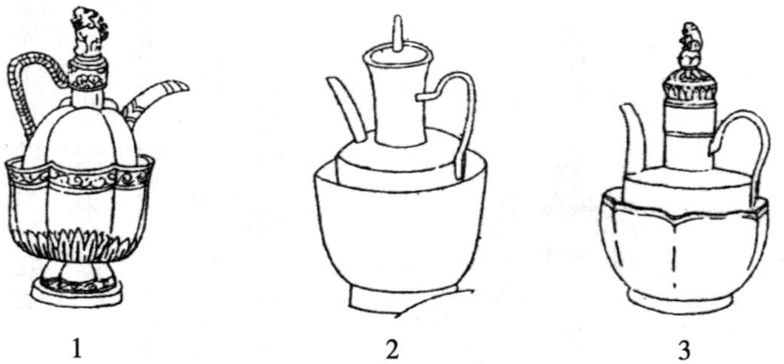

1　　2　　3

1. 白沙宋墓第二號墓墓室西南壁壁畫中的注子和注碗
2. 傳五代顧閎中繪韓熙載夜宴圖中的注子和注碗
3. 朝鮮高麗時代（北宋—元）青瓷注子和注碗

易，高宗得之。

〔文案〕宋之飲酒，將盛酒注子置入碗中，加注熱水，藉以温酒。注子爲瓶，一九七一年冬，安徽懷寧出土一青白釉人形瓷注子即爲一例，其通高二十三點九厘米，口徑二點二厘米。注子呈老臣狀，頭戴冠，身着袍，手捧注嘴，嘴似朝笏，高聳曲柄如袍帶，美觀和諧，堪稱酒瓶類珍品。故孫穆雞林類事謂：酒注曰瓶碗，俗呼「帶碗注子」。一九六三年安徽宿松縣宋墓出土由温碗、注子配套組成之注碗、江西鉛山宋元祐元年墓出土之瓷注碗、河南禹縣白沙宋墓壁畫、洛寧樂重進石棺畫像、内蒙、遼寧等地遼墓出土注與碗之成套酒具，均爲最佳之注證。

注碗、酒注、酒盞與酒臺子（江西南城墓出土）

〔四〕**菓菜楪**

袁文甕牖閑評卷六：古者碗楪以木爲之，故碗楪字皆從木。

〔五〕**水菜**

談鑰嘉泰吴興志卷十八食用故事水菜：舊編云：合溪蘆菔極脆美，水亦甘潔，土人就以水漬入鹽爲水菜，甚有名，壇置，以饋送。

吴曾能改齋漫録卷十四類對訴失蔬圃：國初范質玉堂閒話云「廣州番禺縣，嘗有部民牒訴云：『前夜亡失蔬圃，今認得在於某處，請縣宰判狀往取之。』有北客駭其説，因詰之。民云：『海之淺水中，有藻荇之屬。被風吹沙，與藻荇相雜。其根既浮，其沙或厚三五尺處，可以耕墾，或灌爲圃故也。夜則被盜者盜至百餘里外，若桴筏之乘流也。』以是殖蔬者，海上往往有之。」

楊億楊文公談苑葑田：兩浙有葑田，蓋湖上有茭葑所相繆結，積久，厚至尺餘，潤沃可殖蔬種稻，或割而賣與人。有任浙中官，方視事，民訴失蔬圃，讀其狀甚駭，乃葑園爲人所竊，以小舟撐引而去。

〔文案〕京都譯注本謂水菜不詳。余以爲宋水菜約兩類，一類爲前列葑田二條，另類則爲水生蔬菜，若廣群芳譜所述蕹菜：南人編葦爲筏，作小孔浮水上，種子於水中長成，莖葉皆出葦孔中，隨水上下。可謂水生奇蔬也。

**〔六〕銀盂之類**

吴自牧夢粱録卷十六茶肆：向紹興年間，賣梅花酒之肆，以鼓樂吹梅花引曲破賣之，用銀盂杓盞子，亦如酒肆論一角二角。

酒肆：且杭都如康、沈、施廚等酒樓店，及薦橋豐禾坊王家酒店、暗門外鄭廚分茶酒肆，俱用全桌銀器皿沽賣，更有碗頭店一二處，亦有銀臺碗沽賣，於他郡却無之。

四水潛夫武林舊事卷第六酒樓：和樂樓昇暘宫南庫　和豐樓　中和樓銀甕子中庫　春風樓北庫　太和樓東庫　西樓　太平樓　豐樂樓　南外庫　北外庫　西溪庫

已上並官庫，屬户部點檢所，每庫設官妓數十人，各有金銀酒器千兩，以供飲客之用。

一九八〇年四川平武縣出土宋銀盤摹圖

歌館：前輩如賽觀音、孟家蟬、吴憐兒等甚多，皆以色藝冠一時，家甚華侈。近世目擊者，惟唐安安最號富盛，凡酒器、沙鑼、冰盆、火箱、妝合之類，悉以金銀爲之。

成尋參天台五臺山記第四（延久四年十月）：廿日甲午。天晴，巳時齋。從文慧大師房送羹一杯，珍茶二杯，皆用銀器。

宋話本俞仲舉題詩遇上皇：俞良見請，欣然而入。直走到樓上，揀一個臨湖傍檻的閣兒坐下，只見一個當日的酒保，便向俞良唱個喏：「覆解元，不知要打多少酒？」俞良道：「我約一個相識在此。你可將兩雙箸放在桌上，鋪下兩隻盞，等一等來問。」酒保見説，便將酒缸、酒提、匙、箸、盞、楪，放在面前，盡是銀器。俞良口中不道，心中自言：「好富貴去處！我却這般生受！只有兩貫錢在身邊，做甚用？」少頃，酒保又來問：「解元要多少酒，打來？」俞良道：「我那相識，眼見的不來了。你與我打兩角酒來。」酒保便應了。又問：「解元，要甚下酒？」俞良道：「隨你把來。」當下酒保只當是個好客，折莫甚新鮮果品、可口肴饌、海鮮、案酒之類，鋪排面前，般般都有。將一個銀酒缸盛了兩角酒，安一把杓兒。酒保頻將酒盪。俞良獨自一個，從晌午前直吃到日晡時後。

［文案］胡士瑩話本小説概論以「下次秀才應，須要鄉試得中，然後起京殿試。」係明朝科舉制度，定俞仲舉題詩遇上皇爲明人之作。此斷不確，余檢宋史，此制宋已有。趙伯昇茶肆遇仁宗有異曲同工之妙，亦可佐證。俞仲舉題詩遇上皇，非明人編纂而成，其淵源有自，事見四水潛夫武林舊事卷二西湖遊

幸，書會先生敷衍成篇，入汪信之一死救全家入話頭回，以廣流傳。況俞仲舉題詩遇上皇所道，不離臨安生活方寸，得其髣髴，歸之於明擬話本，差矣。

〔七〕**軟羊**

耐得翁都城紀勝食店：都城食店，多是舊京師人開張，如羊飯店兼賣酒。凡點索食次，大要及時：如欲速飽，則前重後輕，如欲遲飽，則前輕後重。重者如頭羹、石髓飯、大骨飯、泡飯、軟羊、淅米飯；輕者如煎事件、托胎、奶房、肚尖、肚胘、腰子之類。

林洪山家清供卷下山煮羊：羊作臠，寘砂鍋内，除葱、椒外，有一秘法：只用槌真杏仁數枚，活水煮之，至骨糜爛。

〔文案〕夢粱録卷十六謂肥羊酒店經營蒸軟羊、羊四軟（頭、蹄、肝、肺），麵食店則售軟羊腰子，此等皆爲下酒佳肴，因其爛熟而揚名，或如蒸羊時用軟稻草紮緊而得名。亦有軟羊麵，見食店注。

〔八〕**龜背**

〔文案〕余疑龜背者乃玳瑁也。玳瑁形狀似龜，惟腹背甲有紅點。劉恂嶺表録異卷上云：薛王令生取玳瑁背甲小者二片，帶於左臂辟毒。或云玳瑁若生帶之有驗，凡飲饌中有毒，玳瑁甲即自摇動，若死無此驗。以此求之武林舊事卷第六酒樓所言：又有賣酒浸江鰩、章舉蠣肉、龜脚、鎖管、蜜丁、脃螺、鱟醬、法蝦、子魚、鯊魚諸海味者，謂之「醒酒口味」。龜背當屬此類，當與解酒祛毒相關。

# 食店

大凡食店，大者謂之「分茶」，則有頭羹、石髓羹、白肉、胡餅、軟羊、大小骨、角炙犒腰子、石肚羹、入爐羊、罨生㊀〔一〕軟羊麪〔二〕、桐皮麪〔三〕、薑潑刀回刀〔四〕、冷淘棊子、寄爐麪飯之類。吃全茶，饒虀頭羹。更有川飯店〔五〕，則有插肉麪、大燠麪、大小抹肉淘〔六〕、煎燠肉、雜煎事件〔七〕、生熟燒飯〔八〕。更有南食店，魚兜子〔九〕、桐皮熟膾麪、煎魚飯。又有瓠羹店，門前以枋木及花樣沓㊁結縛如山棚，上掛成邊猪羊〔一〇〕，相間三二十邊。近裏門面窗户，皆朱緑裝飾，謂之「驩門」。每店各有廳院東西廊，稱呼坐次。客坐則一人執筯紙，遍問坐客。都人侈縱，百端呼索，或熱或冷，或温或整，或絶冷，精澆、臕澆之類〔一一〕，人人索喚不同。行菜得之，近局次立，從頭唱念，報與局内。當局者謂之「鐺頭」，又曰「着案」〔一二〕訖。須臾，行菜者左手杈三碗，右臂自手至肩，駄疊約二十碗，散下盡合各人呼索，不容差錯。一有差錯，坐客白之主人，必加叱罵〔一三〕，或罰工價，甚者逐之。吾輩入店，則用一等琉璃〔一四〕淺稜椀，謂之「碧椀」，亦謂之「造羹」，菜蔬精細，謂之「造虀」〔一五〕，每碗十文，麪與肉相停〔一六〕，謂之「合羹」〔一七〕，又有單羹，乃半箇也。舊只用匙〔一八〕，今皆用筯〔一九〕矣。更有插肉、撥刀〔二〇〕、炒羊、細物料碁子、餛飩店，及有素分茶〔二一〕，如寺院齋食也。又有菜麵，胡蝶虀肐膣〔二二〕，及賣隨飯，荷包白飯，旋切細料餶飿兒、瓜虀〔二三〕、蘿蔔〔二四〕之類。

［校］

㊀中華鄧注本謂「罨」即「淹」，罨生猶言生淹，可備一説。鄧注本又疑下有脱文，吴自牧夢粱録卷十六「猪羊庵生麪」可證。「庵」亦通「罨」。孫注本則謂罨乃掩之暗轉，掩火苗爲生烱烹調之法。

㊁「沓」，京都譯注本謂爲「沓」之誤，確。

［注］

〔一〕**罨生**

浦江吴氏中饋録脯：夏月醃肉法，用炒過熱鹽擦肉，令軟勻。下缸後，石壓一夜，掛起。見水痕即以大石壓乾，掛當風處，不敗。

宋慈宋提刑洗冤集録卷之二十一洗罨：洗了，如法用糟醋擁罨屍首，仍以死人衣物盡蓋，用煮醋淋，又以薦席罨。一時久，候屍體透軟，即去蓋物，以水沖去糟醋，方驗。

〔二〕**軟羊麵**

蔣穎叔蔣氏日録：范忠宣謫居永州，以書寄人云：「此中羊麵無異北方，每日閉門食餺飥，不知身之在遠。」

〔三〕**桐皮麵**

〔文案〕桐皮麵源自齊民要術卷九：酷似豚皮滑美之麵。下桐皮熟膾麵則爲將製成豚皮切絲食用之麵。或可備一説。

〔四〕**薑潑刀回刀**

〔文案〕薑潑刀亦稱薑撥刀，都城紀勝述臨安南食店，專賣麵食魚肉之屬，如鋪羊麵、庵生麵、薑撥刀、鹽煎麵、鯚魚桐皮麵、抹肉淘、肉虀淘棋子、蝦燥子麵、帶汁煎。回刀，余疑即南食店所賣「三刀麵」是也。

〔五〕**川飯店**

吴自牧夢粱録卷十六麵食店：向者汴京開南食麵店，川飯分茶，以備江南往來士夫，謂其不便北食故耳。

〔六〕**大小抹肉淘**

〔文案〕即大小件「抹肉」澆頭之過水麵。

〔七〕**雜煎事件**

吴自牧夢粱録卷十三天曉諸人出市：御街鋪店，聞鐘而起，賣早市點心，如煎白腸、羊鵝事件。

西湖老人繁勝録食店：蓊羊事件　花事件

無名氏居家必用事類全集庚集飲食類燒肉品筵上燒肉事件：羊膊煮熟，燒　羊肋生燒　獐、鹿膊煮半熟，燒　黄羊肉煮熟，燒　野雞脚兒生燒　鵪鶉去肚，生燒　水扎兔生燒　苦腸蹄子　火燎肝　腰子　膂肉已上生燒　羊耳、舌　黄鼠、沙鼠　搭刺不花　膽、灌脾並生燒　羊奶肪半熟，燒　野鴨、川雁熟燒　督打皮生燒　全身羊爐燒

右件，除爐燒羊外，皆用簽子插於炭火上，蘸油、鹽、醬、細料物、酒、醋調薄糊，不住手勤翻，燒至熟。剥去麵皮供。

〔文案〕「筵上燒肉事件」，明劉基多能鄙事全文照録，足知此「事件」實用，包容廣泛，囊括獸、鳥類内臓及各部位肌肉。甚至不單謂葷食，亦包括果子類食品，亦可指一類菜品之稱謂，亦指刀工處理之成型原料。概言之，事件者，什錦食品也。

〔八〕**燒飯**

李時珍本草綱目穀部第二十五卷飯：荷葉燒飯〔主治〕厚脾胃，通三焦，資助生髪之氣。時珍〔發明〕〔李杲曰〕易水張潔古枳朮丸，用荷葉裹燒飯爲丸。蓋荷之爲物，色青中空，象乎震卦風木。在人爲足少陽膽同手少陽三焦，爲生化萬物之根蔕。用此物以成其化，胃氣何由不上昇乎？更以燒飯和藥，與白朮協力，滋養穀氣，令胃厚不致再傷，其利廣矣大矣。〔時珍曰〕按韓悉醫通云：東南人不識北方炊飯無甑，類呼爲燒，如燒菜之意，遂訛以荷葉包飯入灰燒煨，雖丹溪亦未之辯。但以新荷葉煮湯，入

粳米造飯，氣味亦全也。凡粳米造飯，用荷葉湯者寬中，芥葉湯者豁痰，紫蘇湯者行氣解肌，薄荷湯者去熱，淡竹葉湯者辟暑，皆可類推也。

〔九〕**魚兜子**

無名氏居家必用事類全集庚集乾麵食品魚包子：每十分。鯉、鱖皆可。浄魚五斤，柳葉切。羊脂十兩，骰塊切。猪膔八兩，柳葉切。鹽、醬各二兩，橘皮二箇細切，葱絲十五莖，香油炒葱熟，薑絲一兩，川椒末半兩，細料物一兩，胡椒半兩，杏仁三十粒研細，醋一合，麪搼同。

〔文案〕兜子爲類似包子之包餡蒸食。兜子皮爲澱粉所製，然亦包餡。故此條可與「魚兜子」參照。

〔一〇〕**成邊猪羊**

周煇清波雜志卷九談食經：煇頃出疆，自過淮，見市肆所售羊邊甚大，小者亦度重五六十斤，蓋河北羊之胡頭，有及百斤者。

吴自牧夢粱録卷十六肉鋪：每日各鋪懸掛成邊猪，不下十餘邊。如冬年兩節，各鋪日賣數十邊。壩北修義坊，名曰「肉市」，巷内兩街，皆是屠宰之家，每日不下宰數百口，皆成邊及頭蹄等肉。

李之儀姑溪題跋跋山谷晉州學銘：荆公解「美」字從羊從大，謂羊之大者方美，今同華間，羊之胡頭者，其重至百斤，食之，信天下之美味不能過也。

〔一一〕**精澆、膔澆之類**

陶穀清異録卷下饌羞門張手美家：闤闠門外通衢有食肆，人呼爲「張手美家」，水産陸販，隨需而供，每節則專賣一物，偏京輻湊，號曰「澆店。」

〔文案〕精澆爲瘦肉澆頭，臕澆爲肥肉澆頭。「澆」爲日常俗語也。王利器據民國福建新通志方言志以證：「日用日澆裹。澆謂飲食，裹謂衣服。」是「澆」字直至今日，猶有使用者。

〔三〕**着案**

〔文案〕着案即其所據之案也。食店廚作分紅白兩案。菜肴烹製以爐竈、火爲主，曰「紅案」，紅案又分爐子、墩子（案子）、冷碟、籠鍋、水案，雜務、大竈、菜雜，亦屬其列。糕團、麵點製作多與米、麵案板有涉，故曰「白案」。白案又分大案、小案。大案者，手工麵條、餛飩皮之擀製，饅頭、花卷、餃子大宗麵點之製作。小案者，因案板較小，加之製作點心小且量小而得名。

〔三〕**必加叱駡**

施耐庵羅貫中水滸傳第五十三回戴宗智取公孫勝　李逵斧劈羅真人：當日晌午時分，兩個走得肚饑，路傍邊見一個素麵店，兩個直入來買些點心吃。没一個空處。戴宗、李逵立在當路。過賣問道：「客官要吃麵時，和這老人合坐一坐。」戴宗見個老丈獨自一個占着一副大座頭，便與他施禮，唱個喏，兩個對面坐了。李逵坐在戴宗肩下。吩咐過賣造四個壯麵來。戴宗道：「我吃一個，你吃三個不少麼？」李逵道：「不濟事，一發做六個來，我都包辦！」過賣見了也笑。等了半日，不見把麵來，李逵却見都搬入裏面去了，心中已有五分焦躁。只見過賣却搬一個熱麵放在合坐老人面前，那老人也不讓，拿起麵來便吃。那分麵却熱，老兒低着頭，伏桌兒吃。李逵性急，見不搬麵來，叫一聲：「過賣！」罵道：「却教老爺等了這半日！」

〔一四〕**琉璃**

顧文薦負暄雜録白光琉璃：西京雜記載，漢武帝以白光琉璃爲鞍，暗室照十餘丈如晝，此琉璃乃自然之物，彩澤光潤逾於衆玉，其色不常，乃真琉璃也。佛書謂車渠琉璃，用以布地，言其廣大，恐未必然。今世率以石汁消治衆藥灌成之，蓋始於月氏國元魏時來貢。今北方市不多見，惟大食、高麗有之，青白紫緑，皆塗以金翠，輝耀絢爛，蔡京嘗以大食琉璃酒器獻，淵聖時在東宫，却而不受，蓋已盛于宣政矣。

〔一五〕**造虀**

浦江吴氏中饋録製蔬暴虀：菘菜嫩莖，湯焯半熟，扭乾，切作碎段。少加油略炒過，入器内，加醋些少，停少頃，食之。

林洪山家清供卷下不寒虀：法用極清麵湯，截菘菜和薑、椒、茴、蘿。欲極熟，則以一杯元虀和之。又，入梅英一掬，名「梅花虀」。

〔一六〕**相停**

〔文案〕據郭在貽俗語詞研究與古籍整理謂：相停乃唐宋俗語，平均分配相等之意也。

〔一七〕合羹

陶穀清異録卷下饌羞門道場羹：江南仰山善作道場羹，脯、麵、蔬、筍，非一物也。

〔文案〕合羹則多爲葷素搭配者。

〔一八〕匙

陳元靚歲時廣記卷第十二上元下偷燈盞：瑣碎録：亳社里巷小人，上元夜偷人燈盞等，欲得人呪詛，云：吉利。都城上元夜一夕亦如此，謂之放偷得匙者，尤利，故風俗於此日不用匙。

〔一九〕用筯

孔齊至正直記卷一止筯：宋季大族設席，几案間必用筯瓶查斗，或銀或漆木爲之，以筯置瓶中。遇入座，則僕者移授客，人人有止筯，狀類筆架而小，高廣寸許，上刻二半月彎，以置筯，恐墜於几而有污也，以銅爲之。

〔二〇〕撥刀

〔文案〕吴自牧夢粱録卷十六麵食店記：筍潑肉麵，素麵；筍潑刀，筍菜淘麵。據此可知，撥刀爲麵食製法。撥亦爲潑，如前釋「薑潑刀」，又如水滸傳第三十七回：「若還要喫板刀麵時，俺有一把潑風也似快刀在這艎板底下，我不消三刀五刀，我只一刀一個，都剁你三個人下水去。」此説可知「潑」字之來於「快刀」，即此麵食爲其用刀撥製而成，簡稱此名。又居家必用事類全集山藥撥魚、玲瓏撥魚，亦爲麵食。或可以「撥刀」稱呼「撥魚」之類麵食。

〔二一〕**素分茶**

惠洪冷齋夜話卷之九三十六計走爲上計：紹興初，曾子宣在西府，淵材往謁之，論邊事，極言官軍不可用，用士爲良，子宣喜之。既罷，與余過興國寺河上，食素分茶，甚美。

吴自牧夢粱録卷十六麵食店：又有專賣素食分茶，不誤齋戒，如頭羹、雙峰、三峰、四峰、到底簽、蒸果子、鼈蒸羊、大段果子、魚油煠、魚蠒兒、三鮮、奪真雞、元魚、元羊蹄、梅魚、兩熟魚、煠油河鲀、大片腰子、鼎煮羊麩、乳水龍麩、筍辣羹、雜辣羹、白魚辣羹飯。

〔二二〕**胡蝶虀肐䏶**

陳達叟本心齋蔬食譜貽來：來，小麥也。今水引蝴蝶麵。貽我來思，玉屑塵細。六出飛花，天一生水。

程大昌演繁露卷十五不托：又宗懔荆楚歲時記：六月伏日作湯餅，名辟惡餅。庾闡賦之曰：當用輕羽，拂取飛麵。剛軟適中，然後水引，細如委綖，白如秋練。則其時之謂湯餅，皆齊高帝所嗜水引麵也。水引，今世猶或呼之，俚俗又遂名爲蝴蝶麵也。水引蝴蝶，皆臨鼎，手托爲之。特精麄不同耳。

無名氏居家必用事類全集庚集素食山藥肐䏶：每麵一斤，熟山藥一斤、薑汁一兩、豆粉一合，入水搜和，如水滑麵硬。骨魯槌砑開，切作筭子，入豆粉，卧定案上，搓約長尺許。下鍋煮熟。合葷素汁任用。

〔二三〕瓜齏

張師正倦遊雜録韓贇好啗瓜齏：韓龍圖贇，山東人，鄉里食味，好以醬漬瓜啗之，謂之瓜齏。韓爲河北都漕，廨宇在大名府中，諸軍營多鬻此物，韓嘗曰：「某營者最佳，某營者次之。」趙閲道笑曰：「歐陽永叔嘗撰花譜，蔡君謨亦著荔枝譜，今須請韓龍圖撰瓜齏譜矣。」

浦江吴氏中饋録脯鮓瓜齏：醬瓜、生薑、葱白、淡筍乾或茭白、蝦米、雞胸肉各等分，切作長條絲兒，香油炒過，供之。

周煇清波别志卷中：趙州瓜齏，自昔著名。瓜以小爲貴，味甘且脆，漢使至，用定盆貯於各位門，任取以食。煇北征亦得品嘗，仍攜數枚歸家，夷李太者，夙俾治醬，因得漬瓜法。北客賞其逼真，既老辭去，仗以自給。紹興辛巳，駕幸江上，經從無錫，小黄門入市，偶售以奉玉食，後屢宣索，亦嘗呼唤至夜。

無名氏居家必用事類全集己集蔬食造瓜齏法：甜瓜十枚，帶生者。竹簽穿透。鹽四兩拌入瓜内。瀝去水，令乾。用醬十兩拌匀。烈日曬。翻轉又曬，令乾，入新磁器内收之。用鹽用醬，又看瓜大小，斟量用之得宜。

顧仲養小録卷之中蔬之屬瓜齏：生菜瓜，隨瓣切開去瓤，入百沸湯焯過。每斤用鹽五兩，擦醃過。豆豉末半斤，醋半斤，麵醬斤半，馬芹、川椒、乾薑、陳皮、甘草、茴香各半兩，蕪荑二兩，共末，拌瓜入甕按實。冷處放半月後熟。瓜色如琥珀，味香美。

〔二四〕**蘿蔔**

佚名文酒清話二書生賦詩：河朔書生與洛陽書生同飲賦詩。河朔生曰：「昔年曾向洛陽東，年年只是看花紅。今年不見花枝面，花在舊時紅處紅。」洛陽生曰：「昔年曾向北京北，年年只是看蘿蔔。今年不見蘿蔔面，蘿在舊時蔔處蔔。」

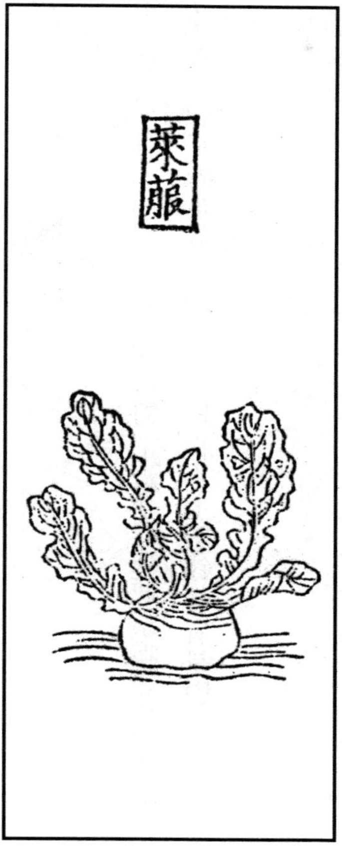


重修政和經史證類備用本草蘿蔔圖

蘇軾物類相感志蔬菜：種蘿蔔法，以宣州大水梨切去心，留頂作蓋，如甕子狀，以蘿蔔子實之，以頂蓋之，使埋於地，候梨乾或爛，取出蘿蔔子，分種之，則實如梨圓，且有梨味。

林洪山家清供卷之下蘿菔麵：王醫師承宣，常搗蘿菔汁搜麵作餅，謂能去麵毒。本草云：地黄與蘿菔同食，能白人髮。水心先生酷嗜蘿菔，甚於服玉，謂「誠齋云：蘿菔始是辣底玉」。僕與靖逸葉賢良紹翁，過從二十年，每飯必索蘿菔，與皮生啗，乃快所欲。

# 肉行

坊巷橋市，皆有肉案〔一〕，列三、五人操刀，生熟肉從便索喚，闊切片批〔二〕，細抹頓刀之類〔三〕。至晚即有燠曝熟食〔四〕上市。凡買物不上數錢得者是數〔五〕。

【注】

〔一〕**肉案**

吴自牧夢粱録卷十六肉鋪：杭城内外，肉鋪不知其幾，皆裝飾肉案，動器新麗。

施耐庵羅貫中水滸傳第三回史大郎夜走華陰縣　魯提轄拳打鎮關西：且説鄭屠開着兩間門面，兩副肉案，懸掛着三五片猪肉，鄭屠正在門前櫃身内坐定，看那十來個刀手賣肉。魯達走到門前，叫聲「鄭屠！」鄭屠看時，見是魯提轄，慌忙出櫃身來唱喏道：「提轄恕罪。」便叫副手掇條凳子來，「提轄請坐。」

魯達坐下道：「奉着經略相公鈞旨，要十斤精肉，切作臊子，不要見半點肥的在上頭。」鄭屠道：「使頭，你們快選好的切十斤去。」魯提轄道：「不要那等腌臢厮們動手，你自與我切。」鄭屠道：「説得是，小人自切便了。」自去肉案上揀了十斤精肉，細細切做臊子。

〔二〕片批

孫宗鑑東皋雜録：顧子敦肥偉，號「顧屠」，故東坡送行詩有「磨刀向猪羊」之句以戲之。又尹京時，與從官同集慈孝寺。子敦憑几假寐，東坡大書案上曰「顧屠肉案」，同會皆大笑。又以三十金擲於案上，子敦驚覺，東坡曰：「且快片批四兩來。」

胡式鈺語竇批：薄切曰批。批削之義。清異録：夜有急，苦作燈之緩。有知之者，批杉條，染硫黄，置之待用，呼引光奴。今京師名取燈兒。

〔三〕細抹頓刀之類

道謙大慧普覺禪師宗門武庫：雲頂山敷禪師。成都府帥請就衙内昇座，時有樂營將，出禮拜，起，回顧街前下馬臺云：一口吸盡江西水即不問，且請和尚吞却街前下馬臺。師展兩手唱云：「細抹將來。」樂營將於此有省。

曾三異因話録絶藝：又一庖人令一人袒背俯僂於地，以其背爲刀几，取肉二斤許，運刀細縷之，撤肉而拭其背，無絲毫之傷。

杭世駿訂訛類編卷六禮制訛頭食絲抹：又州郡公宴，將作曲，伶人呼「細末將來」，蓋御宴進樂，先以絃聲發之，後以衆樂和之，故號「絲抹將來」。今所在起曲，先以竹聲，不惟訛其名，亦失其實矣。

〔四〕**燠曝熟食**

吴自牧夢粱録卷十六肉鋪：更待日午，各鋪又市爊膔熟食：頭、蹄、肝、肺四件，雜爊蹄爪事件，紅白爊肉等。亦有盤街貨賣，更有犯鮓鋪，兼貨生熟肉。且如犯鮓，名件最多，姑言一二。其犯鮓者：算條、影戲、鹽豉、皂角、鋌松、脯界、方條、線條、糟猪頭肉、瑪瑙肉、鵝鮓、旋鮓、寸金鮓、魚頭醬、三和鮓、切鮓、桃花鮓、骨鮓、飯鮓、槌脯、紅羊犯、大魚鮓、鱘鰉魚鮓等類。

〔五〕**凡買物不上數錢得者是數**

〔文案〕：京都譯注本言此句難解。孫注本則釋「是數」爲頻繁，其意爲「少量購買者較多」。此二句實言凡購物没有幾個錢時，則任憑賣者隨便拿一些來添秤。

## 餅店

凡餅〔一〕店，有油餅〔二〕店，有胡餅店。若油餅店，即賣蒸餅，糖餅〔三〕、裝合、引盤之類。胡餅店即賣門油〔四〕、菊花、寬焦、側厚〔五〕、油碣〔六〕、髓餅〔七〕、新樣、滿麻〔八〕。每案用三、五人捍劑卓花〔九〕入爐。自五更卓案之聲，遠近相聞。唯武成王廟前海州張家、皇建院前鄭家最盛，每家有五十餘爐。

## 〔注〕

〔一〕**餅**

劉熙釋名卷四釋飲食：餅，并也。溲麵使合并也。胡餅作之大漫沍也，亦言以胡麻着上也。蒸餅、湯餅、蠍餅、髓餅、金餅、索餅之屬，皆隨形而名之也。

沈自南藝林彙考飲食篇卷三粉類：名義考：凡以麵爲食具者，皆謂之餅。以火炕曰爐餅，有巨勝曰胡餅，漢靈帝所嗜者，即今燒餅，以水瀹曰湯餅，亦曰煮餅。束晳云：玄冬爲最者，即今切麵，蒸而食者曰蒸餅，又曰籠餅。侯思止令縮葱加肉者，即今饅頭。繩而食者曰環餅，又曰寒具。桓玄恐污書畫，乃不復設，即今饊子，他如不托、起溲、牢丸、冷淘等皆餅類。按崔鴻前趙録曰石季龍諱胡，改胡餅曰麻餅。

〔二〕**油餅**

浦江吴氏中饋録甜食酥餅方：油酥四兩，蜜一兩，白麵一斤，搜成劑，入印，作餅，上爐。或用猪油亦可，蜜用二兩，尤好。

油餗兒方：麵搜劑，包餡，作餗兒，油煎熟。餡同肉餅法。

韓奕易牙遺意卷下爐造類肉油餅：白麵一斤，熟油一兩，羊、猪脂各一兩，切如小豆大，酒二盞，與麵搜和，分作十劑。擀開，裹精肉，入爐内熯熟。

素油餅：白麵一斤，真麻油五兩，搜和成劑。隨意加沙糖餡，印脱花樣，爐内炕熟。

〔三〕糖餅

成尋參天台五臺山記第一（延久四年四月）：七日丙辰。雨下，依潮乾不出船。食糖餅，以小麥粉作菓子也，其體似餅，大三寸許。同餅厚五分許，中入糖，其味甘美。

蘊聞大慧普覺禪師住徑山能仁禪院語録卷第二：上堂舉。睦州問僧正云：「講得唯識論麽？」正云不敢，小年曾讀文字來。州拈起糖餅，擘作兩片云：「爾作麽生。」正無語。州云：「唤作糖餅是，不唤作糖餅是。」正云：「不可不唤作糖餅。」州却唤沙彌來：「爾唤作甚麽？」彌云：「糖餅。」州云：「爾也講得唯識論。」師云：「僧正與沙彌，真實講得唯識論。只是不知糖餅來處。」

無名氏居家必用事類全集庚集澄沙糖餡：紅豆煮熟，研爛，淘去皮，小蒲包濾極乾，入沙糖食香，搦餡脱。或麵劑開，放此餡，造澄糖千葉蒸餅。

李實蜀語：油糖餅謂之飥爐，亦謂之爐食。因爐盆所熟，非鍋熟故。

浦江吴氏中饋録甜食糖薄脆法：白糖一斤四兩，清油一斤四兩，水二碗，白麵五斤，加酥油、椒鹽，水少許，搜和成劑，捍薄，如酒盅口大，上用去皮芝麻撒匀，入爐燒熟，食之香脆。

丁宜曾農圃便覽冬糖薄脆：用白糖二十兩，香油二十兩，白麵五斤，加油酥，清水揣和，趕薄餅；上用去皮脂麻撒勻，入爐。凡甜食麵，用上白麵重羅三次，入大鍋內，以木爬翻炒熟，不可胡，使趕麵軸趕細，羅過聽用。其油酥，用蒸熟曬乾重羅白麵十兩，油三兩擦成。

〔四〕門油

〔文案〕飲食行業中表面刷油之餅，謂之「門油」。如今俗稱「外油裏不油」之烙餅是也。

〔五〕寬焦、側厚

楊囦道雲莊四六餘話：舊説，以紅生白熟，脚色手紋，寬焦薄脆之屬，爲天生對偶。方以智通雅卷之三十九飲食：寬焦，今之薄脆。真珠船曰：今三原市賣餅，有曰側厚。按東京夢華録，糊餅店賣寬焦、側厚。乃知其稱有自，即武林舊事所謂寬薄脆者，今但名薄脆。高似孫以安乾即薄脆，一名甘脆。范注祠制曰：孟夏祭有甘脆。

〔文案〕寬焦即今之薄脆。將麵團兒擀薄，四外抻開，以文火炸，炸之薄黄透亮，入口聲脆如鈴，酥香久長。側厚乃今之馬蹄燒餅，形似馬蹄而得名，一面兒粘芝麻，兩層薄皮一樣厚。

〔六〕油碢

〔文案〕據孫注本：秤砣狀之餅，稱之爲「油碢」。今揚州人以蘿蔔絲拌麵糊，放入秤砣形模中油炸，俗名「油砣」。

〔七〕**髓餅**

賈思勰齊民要術卷九餅法第八十二髓餅法：以髓脂蜜合和麵，厚四五分，廣六七寸，便着胡餅爐中令熟，勿令反復，餅肥美，可經久。

〔八〕**滿麻**

〔文案〕開封今日「雙麻餅」係其苗裔，原料爲麵粉、芝麻仁、植物油、大料面、鹽，烤製，色澤柿紅，酥焦香脆。

〔九〕**卓花**

〔文案〕據孫注本：或稱「琢花」，即做成花紋。今開封習俗：用刀於燒餅生坯邊緣刻上花紋，謂之「剁花」，乃宋之「卓花」之遺。

## 魚　行〔一〕

賣生魚〔二〕則用淺抱桶〔三〕，以柳葉間串，清水中浸，或循街出賣。每日早惟新鄭門、西水門、萬勝門，如此生魚有數千檐入門。冬月即黄河諸遠處客魚來，謂之「車魚」，每斤不上一百文。

## 〔注〕

〔一〕**魚行**

紹隆等圓悟佛果禪師語録卷第一上堂一：上堂云：一即一切，實際理地。一切即一，本來無物。拈起也吒吒沙沙，放下也綿綿密密。三界長時獨露，十方無處容身。孤峰頂上倒行，十字街頭横卧。目視雲霄則且致，魚行酒肆一句作麽生道。放憨作麽。下座。

〔二〕**賣生魚**

徐夢莘三朝北盟會編卷一百靖康中帙七十五：遺史曰：有孫賣魚者，楚州人，以賣魚爲生。有買者，孫賣魚必以蒲穿魚之眼而言曰：「只爲爾愚。」

張邦基墨莊漫録卷五：吴中魚市以斗計（一斗爲二斛半。）松陵唱和皮日休釣侶詩云：「一斗霜鱗換濁醪。」注云：「吴中買魚論斗。」

施耐庵羅貫中水滸傳第三十八回及時雨會神行太保 黑旋風斗浪裏白跳：却説李逵走到江邊看時，見那漁船一字排着，約有八九十隻，都纜繫在緑楊樹下。船上漁人，有斜枕着船梢睡的，有在船頭上結網的，也有在水裏洗浴的。此時正是五月半天氣，一輪紅日將及沉西，不見主人來開倉賣魚。李逵走到船邊，喝一聲道：「你們船上活魚，把兩尾來與我。」那漁人應道：「我們等不見魚牙主人來，不敢開倉。你看那行販都在岸上坐地。」李逵道：「等甚麽鳥主人！先把兩尾魚來與我。」那漁人又答道：「紙也未曾燒，如何敢開倉？那裏先拿魚與你！」李逵見他衆人不肯拿魚，便跳上一隻船去。漁人那裏攔當得住。李逵不省得船上的事，只顧便把竹笆篾一拔。漁人在岸上只叫得：「罷了！」李逵伸手去艎板底下一絞摸時，那裏有一個魚在裏面。原來那大江裏漁船，船尾開半截大孔，放江水出入，養着活魚，却把竹笆篾攔住，以此船倉裏活水往來，養放活魚。因此江州有好鮮魚。

張順略哨一聲，只見江面上漁船都撑攏來到岸邊。張順問道：「那個船裏有金色鯉魚？」只是這個應道：「我船上來。」那個應道：「我船裏有。」一霎時却湊攏十數尾金色鯉魚來。張順選了四尾大的，把柳條穿了，先教李逵將來亭上整理。張順自點了行販，吩咐小牙子去把秤賣魚。

無名氏名公書判清明集卷之十四鬥毆因争販魚而致鬥毆：今潘五十二、黎七雖均爲販魚，然潘五十二係居城中，以此爲業，黎七係是耕夫，間一爲之。潘五十二終歲專其利，素無養魚之勞，獨享賣魚之利，疾惡黎七，既毆於賣魚之際，其不仁亦甚矣。黎七一村夫耳，豈能與遊手争勝負於市廛之間哉！

吴自牧夢粱録卷十六鮝鋪：姑以魚鮝言之，此物産於温、台、四明等郡，城南渾水閘，有團招客旅，鮝魚聚集於此。城内外鮝鋪，不下一二百餘家，皆就此上行合摭。

〔三〕**淺抱桶**

〔文案〕據孫注本：淺抱桶今俗訛「布桶」，形橢圓，長未過三尺，深未足一尺，盛清水數寸深，爲賣魚專用木桶。

洪邁夷堅三志辛卷第六五色雞卵：信州五通樓前王氏，專售荷包焤肉，調芼勝於它鋪。

洪邁夷堅支甲卷第四錢塘老僧：錢塘民沈全、施永，皆以捕蛙爲業。政和六年，往本邑靈芝鄉，投里民李安家寓止。彼處固多蛙，前此無人采捕。沈、施既至，窮日力取之，令兒曹挈入城販鬻，所獲視常時十倍。

洪邁夷堅支甲卷第四九里松鰍魚：鞏廷筠爲錢塘宰，與杭州士曹張顯正、縣尉錢紹彭同遊天竺。過九里松，見流水中小鰍魚相銜，逐隊而嬉，才長二寸許，戢戢可愛。從者以器攬取，鞏邀二客下馬步觀之。行百餘步，到水際，得一穴，穴中水溢溢，群鰍迸出如雲，其多不可計。傍側有酒爐，試訪其故，答云：「向有陳翁者，專爲貨鰍主人，凡自餘杭門入者悉經其手乃敢售。晚年遷居此地，自賣炙鰍。」

洪邁夷堅支乙卷第八江牛屠：婺源奸民以屠牛爲業者，或能用藥毒牛，但慢火焚烏頭汁，濟以他藥，浸鐵針長三寸餘，插於牛脅皮中，不經日必死，則喚之使宰剥，肉既非帶疫，人食之無害，謂爲良殺，厥價差高。

洪邁夷堅乙志卷第一俠婦人：董國慶，字元卿，饒州德興人。宣和六年登進士第，調萊州膠水縣主簿。會北邊動兵，留家於鄉，獨處官下。中原陷，不得歸，棄官走村落，頗與逆旅主人相往來，憐其羈窮，爲買一妾，不知何許人也。性慧解，有姿色，見董貧，則以治生爲己任。罄家所有，買磨驢七八頭，麥數十斛，每得麵，自騎驢入城鬻之，至晚負錢以歸。率數日一出，如是三年，獲利愈益多，有田宅矣。

洪邁夷堅丙志卷第四餅店道人：青城道會時，會者萬計，縣民往往旋結屋山下，以鬻茶果。

洪邁夷堅丁志卷第十六雞子夢：東平董瑛堅老之父知澤州淩川縣。縣素荒寂，市中唯有賣胡餅一家，每以飲饌蕭索爲苦。

洪邁夷堅丁志卷第十八紫姑藍粥詩：蓋是時，官妓藍氏者，家世賣粥，人以「藍粥」呼之。

洪邁夷堅支甲卷第八鄂渚王媪：鄂渚王氏，三世以賣飯爲業。

洪邁夷堅支景卷第四人生尾：臨安薦橋門外米市橋之旁有賣萁豆者。

洪邁夷堅支戊卷第八許大郎：許大郎者，京師人。世以鬻麵爲業，然僅能自贍。至此老頗留意營理，增磨坊三處，買驢三四十頭，市麥於外邑，貪多務得，無時少緩。如是十數年家道日以昌盛，駸駸致富矣。

洪邁夷堅支庚卷第四奔城湖女子：蒿塘民談大公有子三人，分室以居，皆力耕賣酒，頗豐贍。

洪邁夷堅支癸卷第八魯四公：饒州市販細民魯四公，煑猪羊血爲羹售人，以養妻子。

洪邁夷堅三志己卷第七周麩麪：平江城北民周氏，本以貨麩麪爲生業。

洪邁夷堅支癸卷第九吴六競渡：初，永年監兵方五死，孀妻獨居，營私釀酒。每用中夜雇漁艇運致，傳入街市酒店，隔數日始取其直。

洪邁夷堅支庚卷第二賈屠宰獐：平江屠者賈循，以貨獐爲業。常豢飼數十頭，每夕宰其一。迨旦，持出鬻於市。吴地少此物，率一斤直錢一千，人皆争買，移時而盡。凡二十餘年，贏得頗多。

洪邁夷堅支癸卷第四鄭四妻子：福州懷安縣津浦坊民鄭四，以鬻羊爲生。

洪邁夷堅甲志卷第四陳五鰍椏：秀州人好以鰍爲乾，謂於水族中性最暖，雖孕婦病者皆可食。陳五者，所貨最佳，人競往市。

洪邁夷堅丁志卷第十六吴民放鱓：吴中甲乙兩細民同以鬻鱓爲業，日贏三百錢。

洪邁夷堅志補卷第二十五李二婆：鄂州民媪李二婆，居於南草市，老而無子，以鬻鹽自給。

## 〔二〕乞丐者

蘇轍龍川略志第二王江善養生：丐者王江，居宛丘，喜飲酒，醉卧塗潦中，不以爲苦。嘗大雪，或以雪埋之，其氣勃然，雪輒融液。遊於市中，常髽角戴花，小兒群聚捽罵之，江嬉笑自若。往往販鬻餅餌，晚不能售，輒呼與共食。入田舍，父老招之食飲，醉飽即睡，婦女在側，江不以自疑，人亦信其無他也。以此陳人敬愛之，至畫其像，事以香火。

陳襄州縣提綱卷二安養乞丐：歲饑丐者接踵，縣無室廬以居之，往往窮冬嚴寒，蒙犯霜雪凍餓而死者相枕藉於道矣。州縣倘能給數椽以安之，豈不愈於創亭榭廣園囿以爲無益之觀美乎？昔范公祖禹奏乞增蓋福田院官屋，以處貧民，至今爲盛德事，士大夫毋以爲緩而不加之意。

道謙大慧普覺禪師宗門武庫：廖等觀知潭州善化縣時，有一婆每日誦金剛經，於街市乞食，夜則歸宿山阿，忽數日不見行乞，群鴉噪集於其止處，令人往視之，見懷金剛經傍巖而化。群鴉負土以覆之，師昇堂舉此，時廖知縣亦在座下。

施耐庵羅貫中水滸傳第六十六回時遷火燒翠雲樓 吳用智取大名府：只見孔明披着頭髮，身穿羊裘破衣，右手拄一條杖子，左手拿個碗，腌腌臢臢在那裏求乞。

無名氏宣和遺事前集徽宗與靈素遊月宫見二人弈：且説徽宗自得燕山之後，與高俅、楊戩、朱勔、王黼之徒，無日不歌歡作樂，遂於宫中内列爲市肆，令其宫女賣茶賣酒，及一百二十行經紀，賣買皆全。有時上皇妝乞化貧子，行乞於中，以取其樂。

田汝成西湖遊覽志餘卷二十三委巷叢談：宋時，杭丐者之長曰「團頭」，雖富，而丐者名不除。有一團頭，家富而女甚美，且能詩，心欲嫁士人，人無與爲婚者。

**〔三〕諸行**

耐得翁都城紀勝諸行：市肆謂之行音杭者，因官府科索而得此名，不以其物小大，但合充用者，皆置爲行，雖醫卜亦有職。

西湖老人繁勝録諸行市：京都有四百十四行。略而言之：鬧慢道業、履歷班朝、風箏藥線、膠礬斗藥、五色箭翎、銀朱印色、茶坊弔掛、琉璃泛子、粘頂膠紙、染紅牙梳、諸般纏令、修飛禽籠、修罘罳骨、成套篩兒、接象牙梳、諸般耍曲、剳熨斗、丁看窗、修砧頭、照路遺、掃金銀、蠲糨紙、造翠紙、乾紅紙、簡笏袋、幞頭籠、腰帶匣、讀書燈、筆硯匣、窗子匣、了事匣、黄草罩、修合溜、淹猪丈、醫飛禽、接舊條、修破扇、醋碗兒、丁鞋絡、掩漆子、搭羅兒、面花兒、香果合、截板尺、印香脱、畫眉篦、造槐簡、開科套、教蟲蟻、剔圖書、起魚鱗、攀膊兒、手巾架、頭巾盝、蛤粉桶、花夾兒、肥皂團、淋了灰、茶花子、出衣粉、做諢裹、注水管、舊鋪帛、木仙宫、字牌兒、洗衣服、鑽真珠、賃花檐子、解玉板、釘魚帶、碾玉藁、賃茶酒器、錦褥子、髮駝兒、煙突帚、扇牌兒、織鞋帶、錦臙脂、七香丸、穩步膏、雁牌額、開先牌、鵓鴿鈴、葫蘆笛、牛糞灰、淥茼孫（此三字不解，然無從臆改。）、細扣子、鬧城兒、消息子、揪金線、真金條、香餅子、香爐灰、打香印、賣朝報、金蓮子、竹夫人、箄子筒、食罩兒、食辟子、白及末、解粥米、熟水草、選官圖、批刷兒、嶼魚尾剔、供席草、賣插藥、寫文字、紙畫兒、提茶瓶、花架兒、賣字本、笛譜兒、小螃蟹、蛇蚪兒、便橋、試卷、試卓、交牀、試籃、拄杖、粘竿、胡梯、水草、風袋、使綿、劈柴、炭墼、捉漏、擔帚、釣鈎、緒底、拂子、鬲粉、占坐、歌舞、歌琴、歌棋、歌樂、歌唱、棕索、髮索、蝍蟧、金麻、蹈蟲、端親。四山四海，三千三百。衣山衣海南瓦，卦山卦海中瓦，南山南海上瓦，人山人海下瓦。

### 〔四〕衣裝各有本色

趙彦衛雲麓漫鈔卷第四：宣政間，人君始巾。在元祐間，獨司馬温公、伊川先生以孱弱惡風，始裁皂紬包首，當時只謂之「温公帽」、「伊川帽」，亦未有巾之名。至渡江方着紫衫，號爲穿衫盡巾，公卿皂隸下至閭閻賤夫皆一律矣。

宋·裹巾子·小袖長衣市民·小冠子·大袖袍服道士·
笠子帽短衣勞動人民和帷帽婦女(張擇端清明上河圖部分)

王栐燕翼詒謀録卷一革帶之制：國初，士庶所服革帶未有定制，大抵貴者以金，賤者以銀，富者尚侈，貧者尚儉。

臣庶許服紫袍：國初仍唐舊制，有官者服皁袍，無官者白袍，庶人布袍，而紫惟施於朝服，非朝服而用紫者，有禁。然所謂紫者，乃赤紫，今所服紫謂之黑紫，以爲妖，其禁尤嚴。故太平興國七年詔曰：「中外官并貢舉人或於緋、緑、白袍者，私自以紫於衣服者，禁之。止許白袍或皁袍。」至端拱二年，忽詔士庶皆許服紫，所在不得禁止。

無名氏宣和遺事前集徽宗易服出後載門遊金環巷：楊戩道：「陛下若擺動鑾輿，則出警入蹕，左言右史，市井肅清，反不自由。莫若易服，裝扮做個秀才儒生，臣等裝爲僕從，由後載門出市私行，可以恣觀市廛風景。」徽宗聞言大喜，即時易了衣服，將龍衣卸却，把一領皁褙穿着，上面着一領紫道服，繫一條紅絲吕公絛，頭戴唐巾，脚下穿一雙烏靴。

無名氏宣和遺事前集往周秀茶肆見李師師：二人聞言，急點手下巡兵二百餘人，人人勇健，個個威風，腿繫着粗布行纏，身穿着鴉青納襖，輕弓短箭，手持着悶棍，腰胯着鑁刀。

**〔五〕衆必救護之**

車若水脚氣集卷上：劉漫塘云：向在金陵親見小民，有行院之説。且如有賣炊餅者，自别處來，未有其地與資，而一城賣餅諸家，便與借市。某送炊具，某貸麵料，百需百備，謂之「護引」。行院無一毫忌心，此等風俗可愛。

〔六〕**軍鋪收領到鬭争公事**　無名氏名公書判清明集卷之十一人品門厢巡約束厢巡不許輒擅生事拘執百姓胡石壁：蔣一與兄弟鄰舍飲酒爲樂，以婦人衣冠裝飭其身，不過作俳諧之態，以供坐客之一笑耳，初非其他異服之比。使厢巡平日不識其人，驟然遇之，猶在可疑之域，今蔣一既住居城市，厢巡豈不識之，又豈不知人家羣聚飲酒，何必擐换家拘執。若官司動輒如此拘束百姓，則市井之間，人人重足側立矣，安得有一毫含哺鼓腹之餘風哉！今後除緝捕盜賊、賭博、争鬧、鬭毆及其它無行止人外，其餘並不許輒擅生事。一行人並放，釵梳給還蔣一，仍備帖諸厢。

〔七〕**鄰左**　〔文案〕中華鄧注本以東西南北四鄰注鄰左，未盡透徹。鄰左或曰左鄰，與鄰右相對，同爲鄰居之意也。若錯斬崔寧：只見幾家鄰舍一齊跪上去告道：「相公的言語，委是青天！他家小娘子昨夜果然借宿在左鄰第二家的。」那邊王老員外與女兒並一干鄰右人等，口口聲聲咬他二人。又張世南遊宦紀聞卷三：「蘇翁者，初不知其何許人。紹興兵火末，來豫章東湖南岸，結廬獨居。待鄰右有恩禮，無良賤老穉，皆不失其懽心。」

〔八〕**獻遺湯茶**

魯紓南遊記舊：黄實自言平生有二事：元豐甲子爲淮東提舉常平，除夜泊汴口，見蘇子瞻植杖立對岸，若有所俟。歸舟中，以揚州廚釀二尊，雍酥一奩遺之。後十五年爲發運使，大暑泊秦淮樓下，見米芾衣犢鼻，自滌研於淮口，索篋中一無所有，獨得小龍團二餅，急遣人送之，趁其滌研未畢。有此二事頗自慰云。

〔九〕**互相支茶**

吴自牧夢粱録卷十六茶肆：巷陌街坊，自有提茶瓶沿門點茶，或朔望日，如遇吉凶二事，點送鄰里茶水，倩其往來傳語，又有一等街司街巷百司人，以茶水點送門面鋪席，乞覓錢物，謂之「齪茶」。僧道頭陀欲行題注，先以茶水沿門點送，以爲進身之階。

〔一〇〕**凡百吉凶之家，人皆盈門**

孔平仲談苑卷二：丁諷以館職病風廢於家。一旦有妄傳諷死者，京師諸公競致奠儀，紙酒塞門。諷曰：「酒且留之，紙錢一任别作使用。」諷方乏資，由是獲美醞盈室焉。

## 京瓦伎藝

崇、觀以來，在京瓦肆伎藝〔一〕，張廷叟、孟子書〔二〕主張〔三〕。小唱李師師〔四〕、徐婆惜〔五〕、封宜奴、孫三四等，誠其角者㊀。嘌唱弟子〔六〕張七七、王京奴、左小四、安娘、毛團等。教坊減罷并温習。張翠蓋、張成、弟子薛子大、薛子小、俏枝兒、楊總惜、周壽㊁奴、稱心〔七〕等。般雜劇，枝㊂頭傀儡任小三，每日五更頭回小雜劇〔八〕，差晚看不及矣。懸絲傀儡〔九〕張金線、李外寧㊃。藥發傀儡〔一〇〕張臻妙、温奴哥、真箇强、没勃臍、小掉刀，筋骨〔一一〕、上索、雜手伎〔一二〕、渾身眼〔一三〕。李宗正、張哥，毬杖〔一四〕、踢弄〔一五〕。孫寬、孫十五、曾無黨、高恕、李孝詳，講史。李慥、楊中立、張十一、徐明、趙世亨、賈九，小説。王顔喜、蓋中寶、劉名廣，散樂。張真奴，舞旋〔一六〕。楊望京，小兒相撲〔一七〕。雜劇、掉刀、蠻牌董十五、趙七、曹保義、朱婆兒、没困駝、風僧哥、俎六姐。影戲丁儀，瘦吉等弄喬影戲〔一八〕。劉百禽弄蟲蟻，孔三傳〔一九〕耍秀才諸宫調，毛詳、霍伯醜商迷。吴八兒合生。張山人説諢話〔二〇〕。劉喬、河北子、帛遂、胡㊄牛兒、達眼五重明、喬駱駝兒、李敦等雜班〔二一〕外入〔二二〕。孫三神鬼，霍四究説三分〔二三〕，尹常賣五代史〔二四〕，文八娘叫果子，其餘不可勝數。不以風雨寒暑，諸棚看人，日日如是。教坊，鈞容直，每遇旬休按樂，亦許人觀看。每遇内宴，前一月，教坊内勾集弟子小兒，習隊舞作樂，雜劇節次。

〔校〕

㊀「誠其」，中華鄧注本疑爲「都城」之訛，純屬臆測。「誠其」者爲真確也，「角者」爲競争出衆也。孟元老意在表彰伎藝拔萃者，何之爲訛？香港學者羅忼烈未作細究，襲鄧此説，誤矣。

㊁中華鄧注本以卷七諸軍呈百戲條崔上壽而疑此「奪一上字」，斷「周崔二字必有一訛」。未必。「周壽」與「奴」合讀爲一，此人名豈非有誤？詳見卷九「李伴奴、雙奴」注。

㊂中華鄧注本謂「枝是杖之訛字」，按夢粱録、繁勝録、都城紀勝、武林舊事，諸書之證，「杖」爲確。

㊃中華鄧注本謂：今人據此録卷六元宵條有李外寧藥法傀儡，遂以爲句。然此録卷七池苑内縱人關撲遊戲條有李外寧水傀儡，是不專以藥法著稱也。今姑以張金線、李外寧爲句。按，孫楷第近世戲曲的唱演形式出自傀儡戲影戲考則斷定「李外寧藥發傀儡」爲一句。「李外寧」應屬下讀，不屬上讀。以本書卷六元宵篇稱「李外寧藥法傀儡」與此合。卷七池苑内縱人關撲遊戲篇稱：「隨駕藝人池上作場者，宣政間……李外寧水傀儡。」知李外寧實以藥法傀儡而兼水傀儡也。鄧、孫兩説相較，鄧説可促思考，孫説更爲圓通，余從以「李外寧藥發傀儡」爲句。

㊄「胡」，上古標校本作「吴」，誤。

## 〔注〕

〔一〕**伎藝**

慧琳一切經音義卷第三音大般若經伎藝：渠綺反。説文：巧也，從手。經從人，誤也。下霓計反。周禮六藝：禮、樂、書、數、射、馭，顧野王曰：藝猶材也。杜預云：藝，法制也。字書云：藝，能也，從云。

〔二〕**孟子書**

徐夢莘三朝北盟會編卷七八靖康二年二月四日引汴都記：二月四日，奉聖旨搜括金銀應付大金，已具了絶事狀，却有取回軍前内官藍訢、醫官周道隆、樂官孟子書等，徑元帥投狀，稱有金銀在家窖藏，乞取前來。

王明清揮麈後録卷四靖康中黄時偁徐揆段光遠三人上虜酋書：且如内侍藍訢、醫官周道隆、樂官孟子書，俱爲平昔僥濫渠魁。

〔三〕**主張**

邵伯温邵氏聞見録卷第二十：熙寧十年夏，康節先生感微疾，氣日益耗，神日益明，笑謂司馬温公曰：「某欲觀化一巡，如何？」温公曰：「先生未應至此。」康節先生曰：「死生常事耳。」張横渠先生喜論命，來問疾，因曰：「先生論命，來當推之。」康節先公曰：「若天命則知之，世俗所謂命則不知也。」横渠曰：「先生知天命矣，某尚何言？」程伊川曰：「先生至此，它人無以爲力，願自主張。」康節先公曰：「平生學道，豈不知此？然亦無可主張。」

吴曾能改齋漫録卷十一記詩饒德操自號倚松道人：政和間，林靈素主張道教，建議以僧爲德士，使加冠巾，其意以釋氏爲出其下耳。

周密齊東野語卷三紹熙内禪：於是往見慈福宫提舉張宗尹曰：「事勢如此，我輩死無日矣。」宗尹曰：「今當如何？」遂告以内禪事，且云：「須得太皇主張方可。」

徐夢莘三朝北盟會編卷第一百四十三炎興下帙四十三起建炎四年十月一日庚午，盡十二月二十七日乙未：傅慶，衛州窯户也。有勇力，善戰，屢立功。岳飛寵惜之，以爲前軍統制。慶恃其才，視飛爲平交，嘗曰：「岳丈所主張此一軍者，皆我出戰有功之力。」

陳世崇隨隱漫録卷一：西山真先生點先君集中警句，如：「閉門不管庭前月，分付梅花自主張。」

黄庭堅戲贈彦深：世傳寒士有食籍，一生當飯百甕葅。冥冥主張審如此，附郭小圃宜勤鋤。

費衮梁谿漫志卷第六江西長老：紹興末，江西一僧，忘其名，住饒州薦福寺。寺傍舊多隙地，寖爲人侵漁，僧自度力不能制，乃謂其徒曰：「寺有主者，所以主張是寺也。坐視地爲他人有而不能直，焉用主者爲？吾甚愧之，今當去矣。」

［文案］入宋，主張頻頻出用，大多場景爲主持、做主、主理之意，錢大昕恒言録引莊子、韓退之送窮文、周墀詩，亦見主張爲主理之意也。京都譯注本考證亦如是：「主張」爲主宰之意。然「主張」兼有支援、包庇之意也，若水滸傳第十回：「却得林沖主張陪話，救了他免送官司。」又若朱子語類卷一百六：「今人爲秀才者，便主張秀才；爲武官者，便主張武官；爲子弟者，便保佑子弟。其以陷溺一至於此。」

〔四〕**李師師**

羅忼烈談李師師：總言之：北宋只有一個李師師，她大約生於宋仁宗嘉祐七年（一〇六二）。準此推算，她比周邦彦小六歲，比趙佶大二十歲。她在熙寧未及見張先，在元豐時與晏幾道、秦觀、周邦彦交遊，在元祐時曾與晁沖之交遊，崇寧、大觀時雄據瓦肆歌壇，政和後趙佶曾聽她歌唱，靖康時被抄家放逐，終年在南宋初，壽六十五歲以上。由於年齡懸殊，趙佶不可能「幸」她；周邦彦和趙佶不可能因她而打破醋罎。關於她的故事還有許多，例如青泥蓮花記説她於宣和末年封李明妃；浩然齋雅談説她被趙佶封爲瀛國夫人；甕天脞語説宋江同她也有一手，並且題了一首念奴嬌詞；李師師外傳説汴京破時，金軍將領要娶她，她因忠於趙佶，吞金自殺而死。都是無稽之談，不必多説。

［文案］：北宋詞中，屢有師師之名，然師本是尼師之簡稱，宋婦多以此爲名，有爲佛弟子之義，張先、晏幾道、秦觀詞中之師師，無法考知其姓，故亦無法證明其必李師師。李師師名揚於徽宗政和及其

後，應無疑義。宋人所著宣和故事、李師師外傳，寓演飾成分，不可盡信。

### 〔五〕徐婆惜

洪邁夷堅支景卷第十婆惜響卜：括蒼何湛叔存，清源王曾孫也。淳熙丁未赴省試，館於三橋旅邸。揭榜之夕，遣僕探候，久而不至，有憂色，因率同輩登橋聽響卜。駐足未定，聞河畔婦人叫呼曰：「婆惜，你得你得！」蓋吴人慍怒欲行打罵之詞，俗謂之受記，非吉兆也。湛獨喜，亟還曰：「可賀我矣。」同輩曰：「叔存作意聽響卜，而連四『得』字，夫復何疑。」湛曰：「不特此也，吾小名正爲婆惜。」衆皆喜，方買酒欲飲而僕至，果中前列。

施耐庵羅貫中水滸傳第二十一回虔婆醉打唐牛兒 宋江怒殺閻婆惜：王婆攔住，指着閻婆對宋江説道：「押司不知，這一家兒從東京來，不是這裏人家。嫡親三口兒，夫主閻公，有個女兒婆惜。他那閻公，平昔是個好唱的人，自小教得他那女兒婆惜也會唱諸般耍令。年方一十八歲，頗有些顔色。」没半月之間，打扮得閻婆惜滿頭珠翠，遍體金玉。正是：花容嫋娜，玉質娉婷。髻横一片烏雲，眉掃半彎新月。金蓮窄窄，湘裙微露不勝情；玉筍纖纖，翠袖半籠無限意。星眼渾如點漆，酥胸真似截肪。韻度若風裏海棠花，標格似雪中玉梅樹。金屋美人離御苑，蕊珠仙子下塵寰。

〔文案〕閻婆惜來自東京，與徐婆惜同時，可知以婆惜名者爲時尚。中亦有女妓佼佼者，如青樓集所記劉婆惜「滑稽歌舞，迥出其流，時貴多重之」。

〔六〕**弟子**

朱彧萍洲可談卷三：近世擇姿容，習歌舞，迎送使客侍宴，好謂之弟子，其魁謂之行首。

周密癸辛雜識後集學舍燕集：學舍燕集必點妓，乃是各齋集正自出帖子，用齋印，明書「仰弟子某人到何處只直本齋燕集」。

程大昌演繁露卷六樂營將弟子：開元二年，玄宗以太常禮樂之司，不應典優倡雜樂，乃更置左右教坊，以教俗樂，命左右驍衛將軍范及爲之使。又選樂工數百人，自教法曲於梨園，謂之「皇帝梨園弟子」。至今謂優女爲弟子，命伶魁爲樂營將者，此其始也。

〔文案〕顧學頡王學奇元曲釋詞謂：弟子爲受訓練者，屬官妓，别於稱作猱兒之普通妓女。若混同言之，弟子、猱兒，則均可稱妓也。

〔七〕**稱心**

〔文案〕中華鄧注本將「奴」「稱心」合讀，顯誤。據孔憲易漫讀「京瓦伎藝」：稱心與薛子大、薛子小、俏枝兒、楊總惜、周壽奴並列，後又加一「等」，一望而知是一藝名。爲此，他們才能演雜劇。

〔八〕**小雜劇**

周南山房集卷四劉先生傳：市南有不逞者三人，女伴二人，莫知其爲弟兄妻姒也。以謔丐錢，市人曰是雜劇者。又曰伶之類也。每會聚之沖，闤咽之市，官府聽訟之旁，迎神之所，畫爲場，資旁觀者笑之。自一錢以上皆取焉。然獨不能鑿空，其所仿效者、譏切者、語言之乖異者、巾幘之詭異者、步趨之傴僂者、兀者、跛者，其所爲戲之所，人識而衆笑之。有劉先生者，少嘗爲儒，已而遇道人者教之養生。忽一日盡棄其所嘗學者，日賣一藥，計所得以活妻子，輒閉門不交人事，然其年已六七十歲，肩高於頂，頤隱於臍，貌特異而獨不出聲，每過市無不爲之絶倒。而其少年者，特工效之，遇其作場，往觀者必曰看劉道人云，計一日之謔雖多端，而其少年效劉喝藥聲則必開場。自是三五年劉出，惡少必隨之，或奪其藥籠，或批其耳，而劉之藥不可售。一日天微雨，伶人者飲於市，適遇劉賣藥過其前，伶乘醉而詬侮之，以資市人之笑樂，路遏不能行。劉困苦甚，乃謂伶者：「若可謂不自憐矣，爾以工於效我，顧從而得衣食其妻子，今不嘿自思，我顧有恩於若，而又困苦之，不知微我，能使觀者若此衆乎？」又顧其觀者曰：「里父兄何笑我爲，且其效我二年矣。衆見之亦厭矣，必又擇其可笑者而效之，計非吾里中人。人不見彼不學，則吾憂某人者必代我矣。且效我，我無妻子，日困苦於市，餓窮一身，爾輩吾家，此聲一出，則誰鬻賣耶？」衆少年聞之駭然而散，退而相與聚言曰：「是言有理。」

〔文案〕吴自牧夢粱録卷二十妓樂、耐得翁都城紀勝瓦舍衆伎均如是説：「先作尋常熟事一段，名曰豔段。次做正雜劇，通名兩段。」此爲雜劇演出前之小雜劇，周南所叙「雜劇」亦如是，宋雜劇人物圖作「眼藥酸」滑稽者，亦爲此形象寫照也。

〔九〕**懸絲傀儡**

晏殊傀儡賦：外眩刻雕，内牽纏索。朱紫坌並，銀黄煜爚。生殺自口，榮枯在握。

〔文案〕懸絲傀儡即小木偶，長不過尺，頭部及雙手兩足綴以細絲，藝人立於活動舞臺上，提線操縱木偶動作，根根細線上下左右頻動，引動木偶行立坐卧動轉，極爲傳神。如河南濟源宋三彩兒童遊樂圖枕：一頭挽雙丫髻緑衣白褲小兒，坐於繡墩，右手執一線提木偶作戲。又若李嵩骷髏幻戲圖：一大骷髏提一小骷髏作戲者，其懸絲結構、操縱手法，與現今線提木偶無異矣。相傳京劇動作，多來源於懸絲傀儡。張次溪人民首都的天橋云：如脚色上場，打引子後，向裏轉身時，須先向左轉，行至椅前，再往右轉方坐下，此係外場椅。如打大引子，坐内場椅時，則須先向右轉，到椅子後，再向左轉，方坐下。此恐即絲線繞住遺意。

〔一〇〕**藥發傀儡**

四水潛夫武林舊事卷三歲除：至於爆仗，有爲果子人物等類

宋陶枕嬰戲懸絲傀儡圖案

不一。而殿司所進屏，外畫鍾馗捕鬼之類。而内藏藥線，一爇百餘不絶。

金盈之新編醉翁談録卷之四京城風俗記四月：迎擁一佛子，外飾以金，一手指天，一手指地，其中不知何物爲之。唯高二尺許，置於金盤中，衆僧舉揚佛事，其聲振地，士女瞻敬，以祈恩福，或見佛子金盤中周行七步，觀者愕然，今之藥傀儡者，蓋得其遺意。

宋話本燈花婆婆：養娘向前，將兩指拈起燈杖，打一剔，剔下紅焰蛾的燈花蕊兒，落在桌上。就燈背後起陣冷風，吹得那燈花左旋右轉，如一粒火珠相似。養娘笑道：「夫人，好耍子，燈花兒活了！」話猶未了，只見那燈花三四旋，旋得象碗兒般大一個火球，滚下地來，咶的一響，如爆竹之聲，那燈花爆開，散作火星滿地，登時不見了。只見三尺來一個老婆婆。

〔文案〕燈花婆婆以宋人詞話類，列於錢曾也是園藏書目。又李日華味水軒日記言其閲燈花婆婆爲宋咸淳故事。驗之宋藥發傀儡，多相契合。若今日本東京北一山村，尚有以焰火筒裝載木偶而發射者。

**〔二〕筋骨**

〔文案〕陳暘樂書卷一百八十七俗部「拗腰伎」是也，翻折其身，手足偕至於地，以口銜器而復立，即今雜技中「柔術」。

**〔三〕雜手伎**

魏泰東軒筆録卷二：一日，宴官僚於齋廳，有雜手伎俗謂弄碗注者，獻藝於庭。

宋話本楊温攔路虎傳：那楊員外對楊三官人説不上數句，道是：「明日是岳帝生辰，你每是東京人，何不去做些雜手藝？明日也去朝神，也叫我那相識們大家周全你，撰二三十貫錢歸去。」

洪邁夷堅支甲卷第九魯晉卿：徐人朱彪赴官宿遷之崔鎮，到任累月，有客魯晉卿來見，丰姿洒落可愛，因留止外館，異待之。每逢人輒出小戲劇資歡笑，而略無所求，見之者無不悦喜。彪會族友飲於後圃，酒方行，晉卿至。彪曰：「今日無以爲樂，先生能效古人化鮮鯉作膾與衆享之，可乎？」笑曰：「此甚易事，但雖得魚鱗一片爲媒則可。」彪命僕取數片授之。乃索巨甕，滿貯水，投鱗於中，幕以青巾，時時一揭視。良久舉巾，數鱗騰出，一座大驚。庖人受魚治膾，鮮腴非買於市者可比。猶以爲幻術所致，不深信也。會郡治一新，移文鎮吏，令製鐵鈎鈕鉸具之屬，合數百斤，期限峻迫，倉卒未能辦。彪意緒窘撓，晉卿問故，彪訴之，笑曰：「何不早告我，是何足言？且飲我酒。」酒至，連酌六七觥，遣人輦黄土汲水，拌和爲泥，捏諸物成坯，暴日中，預熾炭以待。稍乾，悉置爐中，呼鍛工扇以鞴。經時鉗出之，皆如精鐵所就，不假磨錯，無一不堅好。工相顧駭嘆，彪始敬服，乘醉丐其法，晉卿無言。翌日，失所在。

洪邁夷堅支庚卷第九新安道人：洪中孚尚書，新安人也。有道人常遊其門，以茶酒待以不倦。忽告別它適，言曰：「願呈一術，以爲公歡。」時當歲晚，洪指園中枯李曰：「可使開花結子乎？」曰：「能。」即請青幙幕其上，白洪延客置酒以賞之。乃於腰間探藥一粒，納李根，封以土。少選揭視，李已著花。又覆其幕如初，及再揭，李已結實。於是三幕之，令遍行酒，遂去幙，則一樹全熟，青黄交枝，滿座摘食，香味勝於常種。但歎訝而不能識爲異人者，即去之後，方悟其神仙，欲見不可矣。

吴自牧夢粱録卷二十百戲伎藝：且雜手藝，即使藝也，如踢瓶、弄碗、踢磬、踢缸、踢鐘、弄花錢、花鼓槌、踢筆墨、壁上睡、虚空掛香爐、弄花毬兒、拶築毬、弄斗、打硬、教蟲蟻、弄熊、藏人、燒火、藏劍、喫鍼、射弩端、親背、攢壺瓶等，綿包兒、撮米酒、撮放生等藝。淳祐以後，藝術高者有包喜、陸壽、施半仙、金寶、金時好、宋德、徐彦、沈興、趙安、陸勝、包壽、范春、吴順、金勝等。此藝施呈，委是奇特，藏去之術，則手法疾而已。

四水潛夫武林舊事卷第六諸色伎藝人撮弄雜藝：林遇仙　趙十一郎　趙家喜　渾身手　張賽哥　王小仙　姚遇仙　趙念五郎　趙世昌　趙世祥　耍大頭踢弄　金寶　施半仙　金逢仙　小關西　陸壽　包顯　女姑姑　施小仙

〔文案〕雜手伎亦稱作雜手藝，即現代「手彩戲法」之先祖。

〔三〕**渾身眼**

釋惠洪林間録卷下：又元宵賜宴於相國寺，觀徘優，坐客觀甚，公獨作偈曰：「諸優戲場中，一貴復一賤。心知本自同，所以無欣怨。」予嘗謂同學曰：「此老人通身是眼，瞞渠一點也不得。」

〔四〕**毬杖**

賈善翔高道傳蘇校書：蘇校書者，好酒，唱望江南，善製毬杖，外混於衆，内潛修真，每有所闕，即以毬杖桿於人，得所酬之金以易酒。

周密志雅堂雜鈔卷下圖畫碑帖續鈔：僧元靄，畫太宗小本御容，舒却幞頭，上插花五六枝，衣金龍袍，玉束帶，描金龍軟鞓，手持毬杖。

徐競宣和奉使高麗圖經卷第十儀物二毬杖：毬杖之制，以木製成，裹以白金，中有小好貫采綬而垂之。大禮，則以散員校尉十人執之，立於會慶殿兩階下。

〔一五〕踢弄

吴自牧夢粱録卷二十百戲伎藝：有踢弄人，如謝恩、張旺、宋寶哥、沈家强、自來强、宋達、楊家會、宋賽歌、宋國昌、沈喜、張寶哥、常家喜、小娘兒、李顯、沈喜、湯家會、湯鐵柱、莊德、劉家會、小來强、鮑老兒、宋定哥、李成、莊寶、潘貴、宋慶哥、湯家俊等。遇朝家大朝會、聖節，宣押殿庭承應。則官府公筵，府第筵會，點唤供筵，俱有大犒。

〔一六〕舞旋

周煇清波雜志卷第六冷茶：又文勛除福建漕，陛對，翌日，上問輔臣：「記得有藝？」蓋記其工篆學也。章中國對云：「會舞旋。」上遽云：「如此豈可使一路！」遂罷。

〔一七〕小兒相撲

惠康野叟識餘卷三：角觝。今小兒俯身，兩手摅地，以頭相觸作牛鬥狀者，即古角觝之戲。

〔文案〕四川邛窯出土宋小兒相撲瓷塑：互相摟抱相搏，雙腿拉開後支，高僅六點四厘米。可資證小兒相撲。

邛窑宋小兒相撲瓷像

〔一八〕**弄喬影戲**

〔文案〕弄喬爲裝假學做之意，弄喬影戲爲手影戲也。夷堅三志辛三普照明顛有證：嘗遇手影戲者，人請之占頌，即把筆書云：「三尺生綃作戲臺，全憑十指逞詼諧。有時明月燈窗下，一笑還從掌握來。」舊北京天橋厲鏡波即專事此類表演者。最初起於厲夏晚乘凉，手腕遭蚊叮，厲伸手搔癢，借光墻上映出一影，仔細看去若跳舞者，愈看愈像，愈看愈有趣，從此厲注意旁人手影，隨時發現即畫於紙，厲用雙手變演出千百種不同物象，或大衆狂歡，或工匠打鐵，或農民耕作，花樣繁多，最得少年歡心。正如武林舊事卷二元夕所述：以人爲大影戲，兒童諠呼，終夕不絶。

〔一九〕**孔三傳**

王灼碧雞漫志卷第二：澤州孔三傳者，創諸宮調古傳，士大夫皆能誦之。

〔二〇〕**張山人説諢話**

王闢之澠水燕談録卷十談謔：往歲，有丞相薨于位者，有無名子嘲之。時出厚賞，購捕造謗。或疑張壽山人爲之，捕送府。府尹詰之，壽云：「某乃於都下三十餘年，但生而爲十七字詩，鬻錢以餬口，安敢嘲大臣。縱使某爲，安能知此著題。」府尹大笑，遣去。

何薳春渚紀聞卷第五雜記張山人謔：紹聖間，朝廷貶責元祐大臣及禁毁元祐學術文字。有言司馬温公神道碑乃蘇軾撰述，合行除毁。於是州牒巡尉，毁拆碑樓及碎碑。張山人聞之曰：「不須如此行遣，只消令山人帶一個玉册官，去碑頰上添鐫兩個不合字，便了也。」碑額本云「忠清粹德之碑」云。

洪邁夷堅乙志卷十八張山人詩：張山人自山東入京師，以十七字作詩，著名於元祐、紹聖間，至今人能道之。其詞雖俚，然多穎脱，含譏諷，所至皆畏其口，争以酒食錢帛遺之。年益老，頗厭倦，乃還鄉里，未至而死於道。道旁人亦舊識，憐其無子，爲買葦席，束而葬諸原，楬木書其上。久之，一輕薄子至店側，聞有語及此者，奮然曰：「張翁平生豪於詩，今死矣，不可無紀述。」即命筆題於楬曰：「此是山人墳，過者應惆悵。兩片蘆席包，勑葬。」人以爲口業報云。

黄裳贈張山人：極數幽人百尺松，歲寒枝節引清風。世途險易抛身外，人事榮枯落掌中。藥有靈根秋轉活，面多和氣老猶紅。行人借問生前事，何事天津久未通。

王灼碧雞漫志卷第二：長短句中作滑稽無賴語，起於至和，嘉祐之前，猶未盛也。熙、豐、元祐間，兖州張山人以詼諧獨步京師，時出一兩解。

〔三〕**雜班**

趙彦衛雲麓漫鈔卷第十：近日優人作雜班，似雜劇而簡略。金虜官制，有文班、武班；若醫卜、倡優，謂之雜喞。每宴集，伶人進，曰：「雜喞上。」故流傳及此。

〔二〕**外入**

〔文案〕指上伎藝原在巷頭出演，後入勾欄。此爲孫注本之見，孫注本謂孫三神鬼、霍四究説三分爲「外入」。此與余見不同，余以爲所指乃「李敦等雜喞」。

〔三〕**説三分**

施耐庵羅貫中水滸傳第九十回五臺山宋江參禪 雙林渡燕青射雁：聽的勾欄内鑼響，李逵定要入去，燕青只得和他挨在人叢裏，聽的上面説評話，正説三國志，説到關雲長刮骨療毒。當時有雲長左臂中箭，箭毒入骨。醫人華陀道：「若要此疾毒消，可立一銅柱，上置鐵環，將臂膊穿將過去，用索拴牢，割開皮肉，去骨三分，除却箭毒，却用油線縫攏，外用敷藥貼了，内用長托之劑，不過半月，可以平復如初。因此極難治療。」關公大笑道：「大丈夫死生不懼，何況隻手？不用銅柱鐵環，只此便割何妨！」隨即叫取棋盤，與客弈棋，伸起左臂，命華陀刮骨取毒，面不改色，對客談笑自若。正説到這裏，李逵在人叢中高叫道：「這個正是好男子！」衆人失驚，都看李逵。燕青慌忙攔道：「李大哥，你怎地好村！勾欄瓦舍，如何使的大驚小怪這等叫！」李逵道：「説到這裏，不由人不喝采。」燕青拖了李逵便走，兩個離了桑家瓦。

高承事物紀原博弈娃戲部第四十八：宋朝仁宗時，市人有能談三國事者。

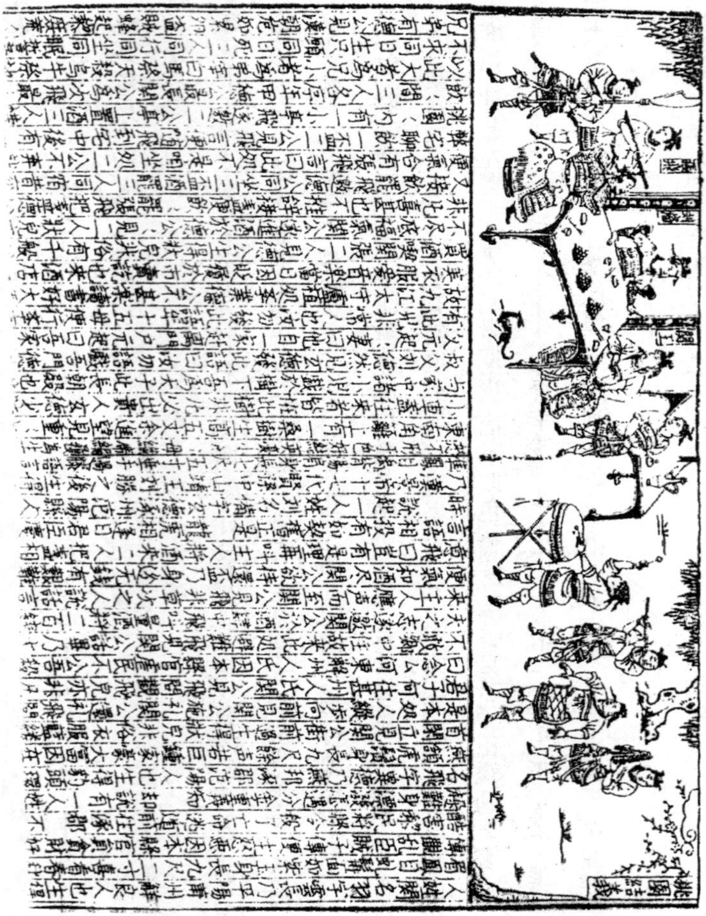

元至治三國志平話圖本

蘇軾東坡志林卷一懷古途巷小兒聽説三國語：王彭嘗云：「途巷小兒薄劣，其家所厭苦，輒與錢，令聚坐，聽説古話。至説三國事，聞劉玄德敗，顰蹙有出涕者；聞曹操敗，即喜唱快。以是知君子小人之澤，百世不斷。」

〔三四〕五代史

宋話本史弘肇龍虎君臣會：這話本是京師老郎流傳，若按歐陽文忠公所編的五代史正傳上載道：梁末調民七户出一兵，弘肇爲兵，隸開道指揮，選爲禁軍，漢高祖典禁軍，爲軍校。其後漢高祖鎮太原，使將武節左右指揮，領雷州刺史。以功拜忠武軍節度使、侍衛步軍都指揮使。再遷侍衛親軍馬步軍都指揮使，領歸德軍節度使、同中書門下平章事。後拜中書令。周太祖郭威即位之日，弘肇已死，追封鄭王。詩曰：結交須結英與豪，勸君莫結兒女曹。英豪際會皆有用，兒女柔脆空煩勞。

宋話本錯斬崔寧：那人又送劉官人至路口，作別回家，不在話下。若是説話的同年生，並肩長，攔腰抱住，把臂拖回，也不見得受這般災悔，却教劉官人死得不如五代史李存孝、漢書中彭越。

# 娶婦

凡娶媳婦〔一〕，先起草帖子，兩家允許，然後起細帖子，序三代名諱，議親〔二〕人有服親田産、官職之類。次檐許口酒，以絡盛酒瓶〔三〕，裝以大花八朵、羅絹生色〔四〕或銀勝八枚，又以花紅繳檐上，謂之繳檐紅與女家。女家以淡水兩瓶，活魚三五箇，筯一雙，悉送在元酒瓶内，謂之「回魚筯」。或下小定、大定〔五〕，或相媳婦與不相。若相媳婦，即男家親人或婆往女家看中，即以釵子插冠中，謂之「插釵子」〔六〕；或不入意，即留一兩端綵段，與之壓驚，則此親不諧矣。其媒人有數等〔七〕，上等戴蓋頭，着紫背子〔八〕，説官親宮院恩澤〔九〕。中等戴冠子，黄包髻，背子，或只繫裙，手把青凉傘兒，皆兩人同行。下定了，即旦望媒人傳語〔一〇〕。遇節序即以節物、頭面、羊酒〔一一〕之類追女家，隨家豐儉〔一二〕。女家多回巧作之類〔一三〕。次下財禮，次報成結日子。次過大禮，先一日，或是日早，下催粧冠帔花粉〔一四〕，女家回公裳〔一五〕、花幞頭之類。前一日，女家先來掛帳，鋪設房卧，謂之「鋪房」。女家親人有茶酒利市〔一六〕之類。至迎娶日，兒家以車子，或花檐子發迎客，引至女家門，女家管待迎客，與之綵段，作樂〔一七〕催粧〔一八〕上車〔一九〕，檐從人未肯起，炒咬利市，謂之「起檐子」，與了然後行。迎客先回至兒家門，從人及兒家人乞覓利市錢物花紅等，謂之「攔門」。新婦下車子，有陰陽人〔二〇〕執斗，内盛穀豆錢菓草節等，咒祝望門而撒，小兒輩争拾之，謂之「撒穀豆」，俗云厭青羊等殺神也。新人下車檐〔二一〕，踏青布條或氈席，不得踏地，一人捧鏡〔二二〕倒行，引新人跨鞍驀草及秤上過，入門於一室内，當中懸帳，謂之「坐虚帳」；或只徑入房中，坐於牀上，亦謂之「坐富貴」〔二三〕。其送女客急三盞而退，謂之「走送」，衆客就筵三盃之後，婿〔二四〕具公裳，花勝簇面，於中堂昇一榻，上置椅子，謂之「高坐」，先媒氏請，次姨氏或妗氏請，各斟一盃飲之；次丈母請，方下坐。新人門額，用綵一段，碎裂其下，横抹掛之，婿入房即衆争撦小片而去，謂之「利市繳門紅」。婿於牀前請新婦出，二家各出綵段綰一同心〔二五〕，謂之「牽巾」，男掛於笏，女搭於手，男倒行出，面皆相向，至家廟前參拜畢，女復倒行扶入房講拜〔二六〕，男女各争先後，對拜畢就牀，女向左，男向右坐，婦女以金錢綵菓散擲，謂之「撒帳」〔二七〕。男左女右，留少頭髮，二家出疋段釵子，木梳頭鬚之類，謂之「合髻」〔二八〕。然後用兩盞以綵結連之，互飲一盞，謂之「交盃酒」〔二九〕。飲訖，擲盞並花冠子於牀下，盞一仰一合，俗云大吉，則衆喜賀，然後掩帳訖。宫院中即親隨人抱女婿去，已下人家即行出房，參謝諸親，復就坐飲酒。散後次日五更，用一卓盛鏡臺〔三〇〕鏡子於其上，望上展拜，謂之「新婦拜堂」，次拜尊長親戚，各有綵段巧作鞋枕等爲獻，謂之「賞賀」〔三一〕。尊長則復换一疋回之，謂之「答賀」。婿往參婦家，謂之「拜門」〔三二〕。有力能趣辦，次日即往，謂之「復面拜門」，不然三日、七日皆可，賞賀亦如女家之禮。酒散，女家具鼓吹從物迎婿還家。三日，女家送綵段油蜜蒸餅，謂之「蜜和油蒸餅」〔三三〕。其女家來作會，謂之「煖女」。七日則取女歸，盛送綵段頭面與之，謂之「洗頭」。一月則大會相慶，謂之「滿月」。自此以後，禮數簡矣。

## 〔注〕

〔一〕**娶媳婦**

周煇清波雜志卷第九嫁女娶婦：「嫁女須勝吾家者，娶婦須不若吾家者。」或問其故，曰：「嫁勝吾家，則女之事人必欽必戒；娶婦不若吾家，則婦事舅姑必執婦道。」安定胡翼之云。煇見老先生言安定爲此説必有謂，豈其男女昏嫁，用此説皆得所歸而然歟。楊伯嵒臆乘：俗謂娶婦曰索妻。關羽傳：孫權遣使索羽女爲子婦。有隋書太子勇傳獨孤后曰：爲伊索得元家女。索妻之語，蓋本諸此。

朱彧萍洲可談卷二：元祐間，廣州蕃坊劉姓人娶宗女，官至左班殿直。劉死，宗女無子，其家争分財産，遣人撾登聞鼓院，朝廷方悟宗女嫁夷部，因禁止，三代須一代有官，乃得娶宗女。

朱弁曲洧舊聞卷一：范諷知開封府日，有富民自陳：「爲子娶婦已三日矣。禁中有指揮，令入見，今半月無消息。」諷曰：「汝不妄乎？如實有兹事，可只在此等候也。」諷即乞對，具以民言聞奏，且曰：「陛下不邇聲色，中外共知，豈宜有此。况民婦既成禮而强取之，何以示天下？」仁宗曰：「皇后曾言，近有進一女，姿色頗得。朕猶未見也。」諷曰：「果如此，願即付臣，無爲近習所欺，而怨謗歸陛下也。」

臣乞於榻前交割此女，歸府面授訴者，不然陛下之謗難户曉也。且臣適已許之矣。」仁宗乃降旨，取其女與諷，諷遂下殿。

胡應麟少室山房筆叢卷四十辛部莊嶽委談上：今俗以新取男稱新郎，女稱新婦。又婦之事公姑者，例呼新婦。案新婦之稱，蓋六代已然，而唐最爲通行。見諸小説稗官家，不可勝舉。然自主翁姑言，非主新嫁也。新郎君，唐人自稱新獲第者，不聞主新娶者言。惟宋世詞有賀新郎，或當起於此時。大抵國朝世俗稱謂，率循習宋、元，世近故也。娘子已見六朝祖珽傳，又唐初有娘子軍。

〔二〕議親

袁采世範卷上：男女議親，不可貪其閥閲之高、資産之厚，苟人物不相當，則子女終身抱恨，況又不和而生他事乎。

人之議親，多要因親及親以示不相忘。此最風俗好處，然其間婦女無遠識，多因相熟而相簡，至於相忽，遂至於相争而不和，反不若素不相識而驟議親者。故凡因親議親，最不可託熟闕其禮文，又不可忘其本意，極於責備，則兩家周致，無他患矣。故有侄女嫁於姑家，獨爲姑氏所惡，甥女嫁於舅家，獨爲舅妻所惡，姨女嫁於姨家，獨爲姨氏所惡，皆由玩易於其初，禮薄而怨生，又有不審於其初之過者。

〔三〕酒瓶

袁文甕牖閑評卷六：今人盛酒，大瓶謂之京瓶，乃用京師京字，意謂此瓶出自京師，誤也。京字當用經籍之經字，普〔文案：疑應作「晉」〕安人以瓦壺小頸、環口、修腹，受一斗可以盛酒者名曰經，則知經瓶者當用此經字也。

趙令畤侯鯖録卷三：陶人之爲器，有酒經焉。晉安人盛酒以瓦壺，其製，小頸、環口、修腹，受一斗，可以盛酒，凡饋人牲，兼以酒器，書云酒一經或二經，至五經焉。他境人有遊於是邦，不達其義，聞五經，至束帶迎於門，乃知是酒五缾爲五經焉。

趙彦衛雲麓漫鈔卷第三：今人呼勸酒瓶爲酒京，侯鯖録云：「陶人爲器，有酒經。晉安人盛酒以瓦壺，小頸，環口、修腹，容一斗。凡饋人牲，兼酒置，書云一經或二經、五經，它境人晉是邦，不達是義，聞送五經，則束帶迎於門。」蓋自晉安人語，相傳及今。

〔文案〕宿白白沙宋墓稱墓中出土一種高瓶，據持瓶人頭巾所繫墨書「書上崔大郎酒」一語推之，當爲盛酒之器。按此種類型高瓶，是當時我國北方自河南

1　2　3　4

1. 白沙宋墓第一號墓甬道西壁壁畫中的酒瓶

2. 河南安陽北宋熙寧十年王月墓壁畫中的酒瓶

3. 遼寧義縣清河門第四號遼墓所出的酒瓶

4. 河南禹縣扒村宋窑白釉黑花瓶

以北，包括今河南、陝西、山西、河北乃至東北、内蒙古一帶民間流行之器物。瓷胎者俗稱梅瓶或花瓶。宿白亦按南北爲經，可訓爲修長，亦正與修腹相應。小頸、環口、修腹與上所引諸圖像、實物形制符合，且袁文南宋初人，時間較近，因疑經（京）瓶者，蓋即此物。宿白之考甚確。經瓶即酒瓶也，其源可溯宋特設講經之制。講經結束，皇帝設宴款待講經大臣，講經筵席酒宴即經宴，特用酒瓶亦喚作「經瓶」，以示高雅尊貴，遂爲風尚。

〔四〕**生色**

江少虞宋朝事實類苑卷第六十二風俗雜志罨畫流蘇錫銷：昔之詞詩小説，多言罨畫流蘇者，詢之朋遊，莫知其狀。予嘗知廣南恩州，恩有匠人求見，問其所能，曰：「某善錫銷。」亦不曉其事，再詰之，則曰：「今京師所謂銀泥者是也。」又問更有何藝，曰：「亦能罨畫。」遽以小兒衣試之，乃今之生色也。

〔五〕**小定、大定**

〔文案〕中華鄧注本以新編事文類聚翰墨全書乙集四婚禮「六禮」出注小定、大定，似嫌籠統。京都譯注本則以倫敦大英博物館藏太平興國九年十月鄧家財禮目出注小定、大定，鄧家財禮目爲男方向女方贈送禮品之目録，然小定、大定究竟若何？京都譯注本則稱未詳。據常人春紅白喜事研究：「小定」亦呼「過小帖」，即所謂「文定」，約束雙方恪守婚約。「大定」則稱「過大禮」，即古禮所謂「納徵」、「納幣」之儀，含男方向女方送彩禮之義，其儀式規模僅次於迎娶。

〔六〕**插釵子**

宋話本西山一窟鬼：自從當日插了釵，離不得下財納禮，奠雁傳書。不則一日，吴教授取過那婦女來，夫妻兩個好説得着。

〔七〕**媒人有數等**

古杭書會小孫屠第八齣：（白）男大須婚，女大須嫁。老身大的孩兒必達，不曾婚娶。半月前有媒婆來曾説親，不擬三言兩句便説成，就選今朝好日子，便取將歸來。只一件，小的孩兒必貴出外打旋未回，況是屠宰之家，他歸來必有言語。這的不妨。今朝這早晚不見媒婆來。（浄扮媒婆出白）開口成匹配，舉口合鳳凰。（生上唱）〔迎仙客〕謝娘子，倸提攜，料想前生曾會伊。燕雙飛，一對兒。〔和〕算來因契，門合非容易。（旦上唱）〔同前〕念奴家，好人女，幸遇君家才貌奇。似

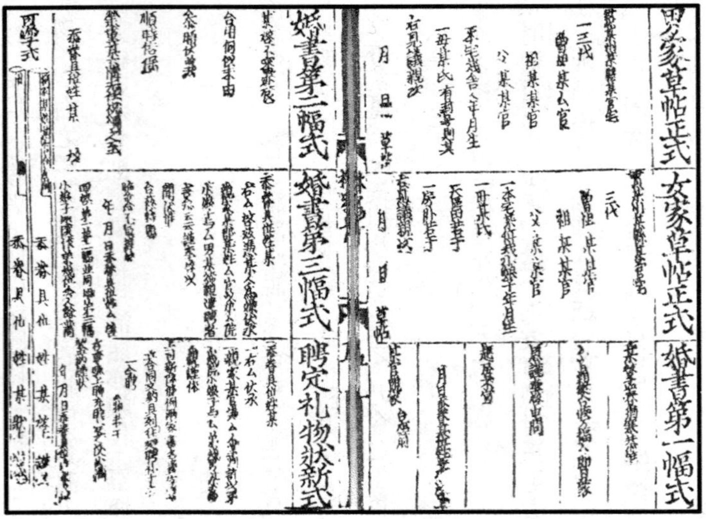


事林廣記中婚帖圖

鸞鳳，一對兒。（和同前）（婆）

［同前］我孩兒，恁聰惠，娶得媳婦百事宜。鄭州梨，一對兒。（和同前）（梅上唱）

［同前］我娘子，果嬌媚，幸遇官人俊貌美。似鴛鴦，一對兒。（和同前）

（生白）天生一對共諧合。（旦）便覺門闌喜氣多。（婆）遇飲酒時須飲酒。（合）得高歌處且高歌。（淨先下）（婆唱）

［繡帶兒］娘言語兒聽取：如今景傍桑榆，男畢結女正當笄年，娘心免得憂慮。忺喜，願得諧老百歲期，得榮貴我心歡喜。（和）真奇異一雙兩美，排宴飲雙雙傚于飛。

龐元英文昌雜録：禮部王員外言：昔見朝議大夫李冠卿，説揚州所居堂前杏一窠，極大，花多而不實。適有一媒姥見如此，笑謂家人曰：「來春與嫁了此杏。」冬深，忽攜酒一樽來云：「是婚家撞門酒。」索處子裙一腰繫杏上，已而奠酒辭祝再三，家人莫不笑之。至來春，此杏結子無數。

宋話本小夫人金錢贈年少：話説東京汴州開封府界身子裏，一個開線鋪的員外張士廉，年過六旬，媽媽死後，孑然一身，並無兒女。家有十萬貲財，用兩個主管營運。張員外忽一日拍胸長歎，對二人説：「我大年紀，無兒無女，要十萬家財何用？」二人曰：「員外何不取房娘子，生得一男半女，也不絶了香火。」員外甚喜，差人隨即唤張媒、李媒前來。這兩個媒人端的是：

開言成匹配，舉口合姻緣。醫世上鳳只鸞孤，管宇宙單眠獨宿。傳言玉女，用機關把臂托來；侍案金童，下説詞攔腰抱住。調唆織女害相思，引得嫦娥離月殿。

員外道：「我因無子，相煩你二人説親。」張媒口中不道，也下思量道：「大伯子許多年紀，如今説親，説甚麽人是得？教我怎地應他？」則見李媒把張媒推了一推，便道：「容易。」臨行，又叫了道：「我有三句話。」只因説出這三句話來，教員外：

青雲有路，番爲苦楚之人；白骨無墳，化作失鄉之鬼。

媒人道：「不知員外意下如何？」張員外道：「有三件事，説與你兩人：第一件，要一個人材出衆，好模好樣的；第二件，要門户相當；第三件，我家下有十萬貫家財，須着個有十萬貫房奩的親來對付我。」兩個媒人，肚裏暗笑，口中胡亂答應道：「這三件事都容易。」當下相辭員外自去。

次日，二媒納會了，雙雙的到張員外宅裏説：「昨日員外吩咐的三件事，老媳尋得一頭親，難得恁般湊巧！第一件，人材十分足色；第二件，是王招宣府裏出來，有名聲的；第三件，十萬貫房奩，則怕員外嫌他年小。」張員外問道：「却幾歲？」張媒應道：「小如員外三四十歲。」張員外滿臉堆笑道：「全仗作成則個！」話休絮煩，當下兩邊俱説允了。少不得行財納禮，奠雁已畢，花燭成章。

朱彧萍洲可談卷一：近世宗女既多，宗正立官媒數十人，掌議婚。

康與之昨夢録：北俗，男女年當嫁娶，未嫁而死者，兩家命媒互求之，謂之「鬼媒」。人通家狀、細帖，各以父母命禱而卜之，得卜即製冥衣，男冠帶、女裙帔等畢備，媒者就男墓備酒果祭以合婚，設二座相並，各立小幡長尺餘者於座後。其未奠也，二幡凝然直垂不動。奠畢，祝諸男女相就，若合巹焉。其相喜者，則二幡微動，以致相合。若一不喜者，幡不爲動，且合也。又有慮男女年幼或未閒教訓，男即取先生已死者，書其姓名、生時以薦之，使受教女，即作冥器充保母使婢之屬。即已成婚，則或夢新婦謁翁姑，婿謁外舅也。不如是，則男女或作祟，見穢惡之迹，謂之男祥女祥。鬼兩家亦薄以幣帛酬鬼媒，鬼媒每歲察鄉里男女之死者而議，資以養生焉。

宋話本花燈轎蓮女成佛記：李押録見媽媽説，只得將就應允了，使請兩個官媒來，商議道：「你兩個與我去做花的張待詔家議親。」二人道：「領鈞旨。」便去。走到隔壁張待詔家，與他相見了，便道：「我兩個是喜蟲兒，特來討茶吃，賀喜事。」張待詔：「多蒙顧管，且請坐，吃茶罷！」便問：「誰家小官人？」二人道：「隔壁李押録小官人。」張待詔道：「只是家寒，小女難以攀陪。」二人道：「不妨。」張待詔道：「只憑二位。」二人道：「他不嫌你家，你若成得這親事，他養你家一世，不用憂柴憂米了。」夫妻二人見説，甚喜，就應允了。

兩個媒婆别了出門，回報李押録。押録見回復肯了，大喜，隨擇一日下財納禮，奠雁傳書，選擇吉日成親。小官人見應承之後，百病皆散，將息復舊，唇紅齒白。

〔八〕**背子**

李廌師友談記：上居中，寶慈在東，長樂在西，皆南向，太妃暨中宫皆西向，寶慈暨長樂皆白角團冠，前後惟白玉龍簪而已，衣黄背子，衣無華彩。太妃暨中宫，皆縷金雲月冠，前後亦白玉龍簪，而飾以北珠，珠甚大，衣紅背子，皆用珠爲飾。

晁説之晁氏客語：司馬植云，神宗疾大漸，太母諭梁惟簡曰：「令你新婦，做一領黄背子。十來歲孩兒着得者，不得令人知。」次日，惟簡袖進，哲宗即位，柩前衣此背子也。

穿背子的婦女（宋人瑤臺步月圖局部）

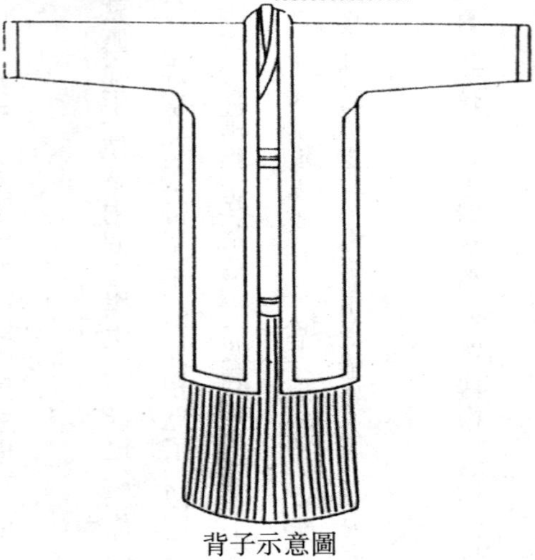

背子示意圖

〔九〕**説官親宮院恩澤**

趙彦衛雲麓漫鈔卷七：皇子之居，謂之某王宮。王子則分院，世俗目之曰官院。

〔文案〕東京夢華録學津討原本改「官親」爲「宮親」，「宮院」爲「官院」。

## 〔一〇〕媒人傳語

洪邁夷堅支癸卷第五連少連書生：饒州安仁書生連少連，其父仲舉下世，獨與母居，年甫冠，就館於近村富家。館相距半里，諸生暮歸，唯一童作伴。當春夜月明，燈下誦讀，忽聞簷間咳聲，舉目視之，見紫衣老媪，豐頤皤腹，已在側。出語通殷勤，問爲誰？曰：「媒人也，東里蕭家有小娘子，姿色絶豔，如神仙中人。慕秀才容儀，請於父母，願爲夫婦，使我來達意。其家快性，纔説便要成，幸勿遲緩。」生曰：「無乃太急乎？我談笑得一好妻，豈不大願。然要俟歸白母，雖正貧悴，須略備納采問名之禮，始爲允當。」媪曰：「秀才經歲辛苦，所獲幾何！今蕭女奩具萬計，及早成婚，即日可化窮薄爲豪富。但一諾，立諧矣。」生沈吟良久，許之。才傾刻，去而復來，攜兩小鬟先至，便有數黄衫卒，施供張，敷茵几，金玉綺繡，雜然盈前，尚疑信未決，聆笙簫之音，鏘洋漸近，翠幃寶蓋，畫扇團列，女子下花輿，席地步入，真國色也。生目眙心蕩，默自計曰：「姑與之結好，則奩中物皆吾有耳。」媒已知之，咄曰：「秀才何得遽起薄幸之念？」生諱謝曰「無之」。就席，酒半，始合巹。

宋話本西山一窟鬼：元來那婆子是個撮合山，專靠做媒爲生，吴教授相揖罷，道：「多時不見，而今婆婆在那裏住？」婆子道：「只道教授忘了老媳婦。如今老媳婦在錢塘門裏沿城住。」教授問：「婆婆高壽？」婆子道：「老媳婦夫馬之年，七十有五。教授青年多少？」教授道：「小子二十有二。」婆子道：「教授方才二十有二，却象三十以上人。想教授每日價費多少心神！據我媳婦愚見，也少不得一個小娘子相伴。」教授道：「我這裏也幾次問人來，却没這般頭腦。」婆子道：「這個不是冤家不聚會。好教官人得知，却有一頭好親在這裏：一千貫錢房臥，帶一個從嫁，又好人材，却有一牀樂器都會，又寫得算得，又是啤嚥大官府第出身。只要嫁個讀書官人。教授却是要也不？」教授聽得説罷，喜從天降，笑逐顔開道：「若還真個有這人時，可知好哩！只是這個小娘子如今在哪里？」婆子道：「好教教授得知，這個小娘子從秦太師府三通判位下出來，有兩個月，不知放了多少帖子，也曾有省部院裏當職事的來説他，也曾有内諸司當差的來説他，也曾有門面鋪席人來説他。只是高來不成，低來不就，小娘子道『我只要嫁個讀書官人』，更兼又没有爹娘，只有一個從嫁，名唤錦兒。因他一牀樂器都會，一府裏人都叫做李樂娘。見今在白雁池一個舊鄰舍家裏住。」

〔二〕羊酒

宋話本金明池吴清逢愛愛：離城還有五十餘里，是個大鎮，權歇馬上店，打中火。只見間壁一個大户人家門首，貼着一張招醫榜文：

本宅有愛女患病垂危，人不能識。倘有四方明醫，善能治療者，奉謝青蚨十萬，花紅羊酒奉迎，决不虚示。

宋話本刎頸鴛鴦會：一日，張二官過門，因見本婦，心甚悦之，俾人説合，求爲繼室。女父母允諾，恨不推將出去。且張二官是個行商，多在外，少在内，不曾打聽得備細，就下盒盤、羊酒，涓吉成親。

邵伯温邵氏聞見録卷第十：至富公會，送羊酒不出。

王鞏甲申雜紀：初貢團茶及白羊酒，惟見任兩府方賜之。仁宗朝及前宰臣，歲賜茶一斤，酒二壺，後以爲例。

宋祁宋景文集卷三二賜樞密院副使晏殊生日羊酒米麵詔一：進止方重，謀猶粹果。燮定臺綍，參決樞華。民瞻國論，浩然胥協。天挺俊義，符我治平。知及誕之辰，懷顧復之慶，宗戚歡祝，宴喜相存。特此頒分，以重褒眷。今賜卿生日羊酒米麵等，具如别録，至可領也。

［文案］結親、祝壽、祭祀、賞賜，禮物多用羊酒。然亦有不同之稱，如以牛以酒，遂牛酒並稱也。推之以羊酒，似可指羊以酒，此或可備一説？

〔三〕**隨家豐儉**

袁采世範卷上：嫁女須隨家力，不可勉强。然或財産寬餘，亦不可視爲他人，不以分給。今世固有生男不得力，而依託女家，及身後葬祭，皆由女子者，豈可謂生女之不如男也。大抵女子之心，最爲可憐，母家富而夫家貧，則欲得母家之財以與夫家；夫家富而母家貧，則欲得夫家之財以與母家。爲父母及夫者，宜憐而稍從之。及其有男女嫁娶之後，男家富而女家貧，則欲得男家之財以與女家；女家富而男家貧，則欲得女家之財以與男家。爲男女者，亦宜憐而稍從之。若或割貧益富，此爲非宜，不從可也。

〔三〕**巧作之類**

〔文案〕入門新婦爲使婆家長輩知曉其針線手藝，婚前親手繡製荷包、汗巾、枕套、鞋面之類小件手工活計。如快嘴李翠蓮自誇巧作手藝道：「女兒不是誇伶俐，從小生得有志氣。紡得紗，織得苧，能裁能縫能繡刺。」

〔四〕**花粉**

〔文案〕孫注本謂花粉爲花子與搽臉粉。花子乃極薄金屬片，或以彩紙剪成小花朵形狀，貼於臉頰、額上，又唤花鈿。

〔五〕**公裳**

〔文案〕裳爲後世所稱之裙，即上衣下裙形制之衣也。宋之公裳爲冠婚通用服飾。方領，前襟加黑邊之寬大長衣，束大帶，着黑鞋，戴烏紗帽。

〔六〕**利市**

宋話本快嘴李翠蓮：只聽得門前鼓樂喧天，笙歌聒耳，娶親車馬，來到門首。張宅先生念詩曰：「高捲珠簾掛玉鈎，香車寶馬到門頭。花紅利市多多賞，富貴榮華過百秋。」李員外便叫媽媽將鈔來，賞賜先生和媒媽媽，並車馬一干人。只見媽媽拿出鈔來，翠蓮接過手，便道：「等我分！爹不慣，娘不慣，哥哥嫂嫂也不慣。衆人都來面前站，合多合少等我散。擡轎的合五貫，先生媒人兩貫半。收好些，休嚷亂，弔下了時休埋怨！這裏多得一貫文，與你這媒人婆買個燒餅，到家哄你呆老漢。」

陳士元俚言解卷之三利市：百工起手或畢工，主人於工價之外賞給財物，謂之「利市」。此亦古語。左傳鄭子産曰：「爾有利市寶賄我，勿與知。」杜預注：利市，逐利於市也。易云爲近利市三倍。

趙翼簷曝雜記：「喜事」曰「利市」。

〔一七〕作樂

周煇清波雜志卷第一元祐大昏：元祐大昏，吕正獻公當國，執議不用樂。宣仁云：「尋常人家，娶個新婦，尚點幾個樂人，如何官家却不得用？」欽聖云：「更休與他懣宰執理會，但自安排着！」遂令教坊、鈞容伏宣德門裏。皇后乘翟車甫入，兩部闌門，衆樂具舉。久之，伶官輩出賞物，語人曰：「不可似得這個科第相公，却不教用！」實録具書納后典禮，但言婚禮不賀，不及用樂一節。王彦霖繫年録載六禮特詳，亦不書此。

〔一八〕催粧

韋驤孫太守席賦催妝：蘿蔓新懽可重誇，葭莩舊契轉增華。閨門素守先生訓，牢卺來歸御史家。直户三星乘節候，迎車百兩減浮奢。鵲橋深夜飛霜冷，早對菱花整鬟花。

〔一九〕上車

朱熹家禮卷三姆奉女出登車：姆奉女出中門，婿揖之，降自西階，主人不降，婿遂出，女從之，婿舉轎簾以俟，姆辭曰：未教不足與爲禮也，女乃登車。

〔二〇〕**陰陽人**

司馬光涑水記聞卷二：繼隆復爲檄，言陰陽人狀：國家不利八月出師。

施耐庵羅貫中水滸傳第三十九回潯陽樓宋江吟反詩 梁山泊戴宗傳假信：「陰陽人已揀定了日期，請二位今日便煩動身。」

宋人編撰五代晉史平話卷上：那時敬瑭方病，經旬日，服藥皆不見效，請得陰陽人房衍來占六壬課，得一個課，名做天皇課。

〔二一〕**新人下車檐**

宋話本花燈轎蓮女成佛記：當時轎子到門前，衆人妝果得錦上添花，請蓮女上轎，擡到李宅門前歇了。司公茶酒傳會，排列香案。時辰到了，司公念攔門詩賦，口中道：「脚下慢行！脚下慢行！請新人下轎！」遂念詩曰：「喜氣盈門，歡聲透户，珠簾繡幕低。攔門接次，只好念新詩。紅光射銀臺畫燭，氤氳香噴金猊。料此會，前生姻眷，今日會佳期。喜得過門後，夫榮婦貴，永效于飛。生五男二女，七子永相隨。衣紫腰金，加官轉職。門户光輝，從今喜氣。後成雙盡老，福禄永齊眉。」

念畢，請新人脚下慢請行。時辰將傍，不見下轎，司公又念詩賦曰：「瑞氣氤氳，祥雲繚繞，笙歌一派聲齊。門闌喜慶，仿佛墜雲霓。畫燭花隨紅影，沈檀滿熱金猊。香風度，迎仙客唱；迎仙客，樂遏雲低。喜得過門後，夫榮妻顯，永效于飛。男才過子建，女貌賽西施。壽比南山，福如東海，佳期從今後，兒孫昌盛，個個赴丹墀。」

司公念畢詩賦，再請新人下轎。三回五次，不見蓮女下轎。司公怕蚪過時辰，便叫張待詔媽媽，自向前請新人下轎。

〔二二〕**捧鏡**

宋話本馮玉梅團圓：希周有祖傳寶鏡，乃是兩鏡合扇的，清光照徹，可開可合，内鑄成「鴛鴦」二字。名爲「鴛鴦寶鏡」，用爲聘禮。

玉梅道：「鴛鴦寶鏡乃是君家行聘之物，妾與君共分一面，牢藏在身。他日此鏡重圓，夫妻再合。」馮公又問道：「足下與先孺人相約時，有何爲記？」承信道：「有鴛鴦寶鏡，合之爲一，分之爲二，夫婦各留一面。」馮公道：「此鏡尚在否？」承信道：「此鏡朝夕隨身，不忍少離。」馮公道：「可借一觀。」承信揭開衣袂，鏡在裹肚繫帶上，解下一個繡囊，囊中藏着寶鏡。馮公取觀，遂於袖中亦取一鏡合之，儼如生成。承信見二鏡符合，不覺悲泣失聲。

〔二三〕**坐富貴**

莊綽鷄肋編卷上：處子則坐於榻上，再適者坐於榻前。其觀者若稱歎美好，雖男子憐撫之，亦喜之而不以爲非也。

〔二四〕**婿**

無名氏釋常談卷上玉潤：女婿謂之玉潤。晉樂廣字彦輔，衆皆呼爲「冰清」，女婿衛玠，字叔宣，世號爲「玉潤」，故時爲之語曰：「婦翁冰清，女婿玉潤。」

佚名宣和書譜卷第十二行書六：文臣蘇舜欽，字子美，其先世居蜀，後爲開封人。官至大理評事。少以蔭補從仕，已而中第，用范仲淹薦爲集賢校理。貌奇偉，工文章，歷官有政聲。雖居下僚，而慷慨喜言事，一時名卿喜與之遊。杜衍以女妻之，人謂「冰清玉潤」。

徐度却掃編卷上：本朝公卿多有知人之明，見於擇婿與辟客。蓋趙參政昌言之婿爲王文正旦，王文正之婿爲韓忠憲億、吕惠穆公弼，吕惠穆之婿爲韓文定忠彦，李侍郎虚己之婿爲晏元獻殊，晏元獻之婿爲富文忠弼、楊尚書察。富文忠之婿爲馮宣徽京，陳康肅堯咨之婿爲賈文元昌朝、曾宣靖公亮。

高晦叟珍席放談卷下：富文忠、楊隱甫，皆晏元獻公婿也。公在二府日，二人已昇貴仕。富每詣謁，則書室中會話，竟日家膳而去。楊或來見，坐堂上置酒，從容出姬侍，奏弦管按歌舞，以相娱樂。人以是知公待二婿之重輕也，二婿之功名年位亦自不相倫矣。

朱彧萍洲可談卷一：本朝貴人家選婿，於科場年，擇過省士人，不問陰陽吉凶及其家世，謂之「榜下捉婿」。亦有緡錢，謂之「繫捉錢」，蓋與婿爲京索之費。近歲富商庸俗與厚藏者嫁女，亦於「榜下捉婿」。厚捉錢以餌士人，使之俯就，一婿至千餘緡。既成婚，其家亦索「偏手錢」。往往計較裝橐，要約束縛如訴牒，如此用心何哉？

蘇軾東坡居士艾子雜説：齊王於女，凡選婿必擇美少年，顔長而白晳，雖中無所有，而外狀稍優者必取之。齊國之法，民爲王婿，則禁與士人往還，唯奉朝請外，享美服珍味，與優伶爲伍，但能奉其王女，則爲效矣。一日，諸婿退朝，相叙而行，傲然自得。艾子顧謂人曰：「齊國之安危重輕，豈不盡在此數公乎！」

范正敏遁齋閑覽臠婿：今人於榜下擇婿，號臠婿。其語蓋本諸袁山松，尤無義理。其間或有意不願就，而爲貴勢豪族擁逼而不得辭者。有一新貴少年，有風姿，爲貴族之有勢力者所慕，命十數僕擁致其第。少年欣然而行，略不辭遜。既至，觀者如堵。須臾，有衣金紫者出曰：「某惟一女，亦不至醜陋，願配君子，可乎？」少年鞠躬謝曰：「寒微得託迹高門，固幸，待更歸家，試與妻子商量如何？」衆皆大笑而散。

〔三五〕**綵段綰一同心**

九山書會張協狀元第十六齣：（淨摗）張協是貧女姻緣，皆宿契，今生重會。向繡幄，效魚水，許綰同心結，永諧連理。

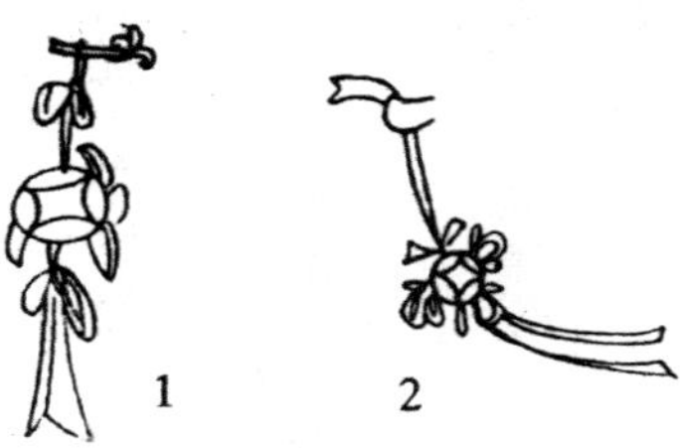

1 2

1. 白沙宋墓第一號墓過道西壁窗下壁畫中“同心結”綫球

2. 元人揭鉢圖中“同心結”綫球玩具

「文案」「同心結」爲兩股彩繩綰成連環回文形式再抽緊而成。宿白白沙宋墓記第一號墓過道西壁窗下壁畫中有一「同心結」綫球，可證「同心結」之狀。

〔二六〕**講拜**

司馬光司馬氏書儀卷三婚儀上親迎：婦從者布於席閫，向東方，壻從者布席於西方，壻婦逾閫，壻立於東席，婦立於西席，婦拜，壻答拜。

古者，婦人與丈夫爲禮則俠拜，鄉里舊俗，男女相拜，女子先一拜，男子拜，女一拜，女子又一拜，蓋由男子以再拜爲禮，女子以四拜爲禮故也。古無壻婦交拜之儀，今世俗相見交拜，拜致恭，亦事理之宜，不可廢也。俠音夾。

〔二七〕**撒帳**

宋話本快嘴李翠蓮記：合家大小俱相見畢。先生念詩賦，請新人入房，坐牀撒帳。新人挪步過高堂，神女仙郎入洞房。花紅利市多多賞，五六撒帳盛陰陽。張郎在前，翠蓮在後，先生捧着五穀，隨進房中。新人坐牀，先生拿起五穀，念道：撒帳東，簾幕深圍燭影紅。佳氣鬱葱長不散，畫堂日日是春風。撒帳西，錦帶流蘇四角垂。揭開便見姮娥面，輸却仙郎捉帶枝。撒帳南，好合情懷樂且耽。涼月好風庭户爽，雙雙繡帶佩宜男。撒帳北，津津一點眉間色。芙蓉帳暖度春宵，月娥苦邀蟾宫客。撒帳上，交頸鴛鴦成兩兩。從今好夢葉維熊，行見蠙珠來入掌。

撒帳中，一雙月裏玉芙蓉。恍若今宵遇神女，紅雲簇擁下巫峰。

撒帳下，見説黄金光照社。今宵吉夢便相隨，來歲生男定聲價。

撒帳前，沈沈非霧亦非煙。香裏金虯相隱映，文簫今遇彩鸞仙。

撒帳後，夫婦和諧長保守。從來夫唱婦相隨，莫作河東獅子吼。

翟顥通俗編卷三：夢華録：凡娶婦男女對拜畢就牀，男向右，女向左坐，婦女以金錢彩果撒擲，謂之撒帳。戊辰雜抄：撒帳始於漢武帝，李夫人初至，帝迎入帳中共坐，飲合巹酒。預戒宫人遥撒五色同心花果，帝與夫人以衣裾盛之，云得多得子多也。按佛家有珍珠撒帳之説。

孫寶瑄忘山廬日記壬寅（光緒二十八年，西元一九零二年）九月二十二日：俗有灑帳之列，蓋剪綵包裹棗栗之類，謂之「喜果」，取以布散幃幕間，旦須誦喜詞。使余任其事，余枯窘不知作何語，新吾教余宋人灑帳之歌，使熟記，待灑時遂唱曰：灑帳東，簾幕深圍燭影紅，佳氣葱籠長不散，畫堂日日醉春風。灑帳西，錦帶流蘇四角低，龍虎榜中標第一，鴛鴦譜裏穩雙棲。灑帳南，琴瑟和鳴樂且耽，碧月團圞人似玉，雙雙繡帶佩宜男。灑帳北，新添喜氣眉間塞，芙蓉並蒂來雙本，廣寒仙子蟾宫客。灑帳中，一雙雲裏玉芙蓉，錦衾洗就湘波緑，繡枕移就琥珀紅。灑帳畢，諸位親朋齊請出，夫夫婦婦咸有家，子子孫孫樂無極。

〔二八〕**合髻**

莊綽鷄肋編卷上：禮文亡闕，無若近時，而婚喪尤爲乖舛。如親王納夫人，亦用拜先靈、合髻等俗禮。李廣結髮與匈奴戰，謂始勝冠年少時也，故杜甫新婚别云「結髮爲君婦」。而後世初婚嫁者，以男女之髮合梳爲髻，謂之「結髮」，甚可笑也。

〔文案〕莊綽云「結髮可笑」，似可休矣。殊不知，宋男女成人結髮上頭已引伸於婚俗，「合髻」乃新婚男女各自剪下一綹頭髮，綰在一起，充作信物，寓以夫婦生死與共之願矣。

〔二九〕**交盃酒**

王得臣麈史卷下風俗：四方不同風，甚者，京師尤可笑。古者婚禮合巹，今也以雙盃綵絲連足，夫婦傳飲，謂之「交盃」。

宋話本錯認屍：周氏將酒篩下，兩個吃一個交盃盞。兩人合吃五六盃。

羅振玉俗説交盃酒：王建失釵怨：雙盃行酒六親喜，我家新婦宜拜堂。按：今江淮間婚娶，新婦降輿後，先以酒二爵，夫婦互進一巵，謂之交盃酒。飲畢然後拜堂。觀建詩，是唐時已然。

〔三〇〕**鏡臺**

〔文案〕白沙宋墓、鄭州南門外宋墓出土之鏡臺樣式及雲笈七籤所附鏡臺圖，可注本條鏡臺。

〔三一〕**賞賀**

〔文案〕女家贈男家之禮，由新婦開箱，將箱中禮物分贈公婆、伯嬸長親，兄弟、子侄晚輩，此舉謂之「賞賀」，近代「開箱禮」亦稱「見面禮」，即其遺風。

〔三二〕**拜門**

洪皓松漠紀聞卷一：女真貴遊子弟及富家兒月夕被酒，則相牽攜尊，馳馬戲飲。其地婦女聞其至，多聚觀之，間令侍坐，與之酒則飲，亦有起舞歌謳以侑觴者。邂逅相契，調謔往反，即載以歸。不爲所顧者至追逐，馬足不遠數里。其攜去者，父母皆不問，留數歲，有子始具茶食酒數車歸寧，謂之「拜門」。

〔三三〕**蜜和油蒸餅**

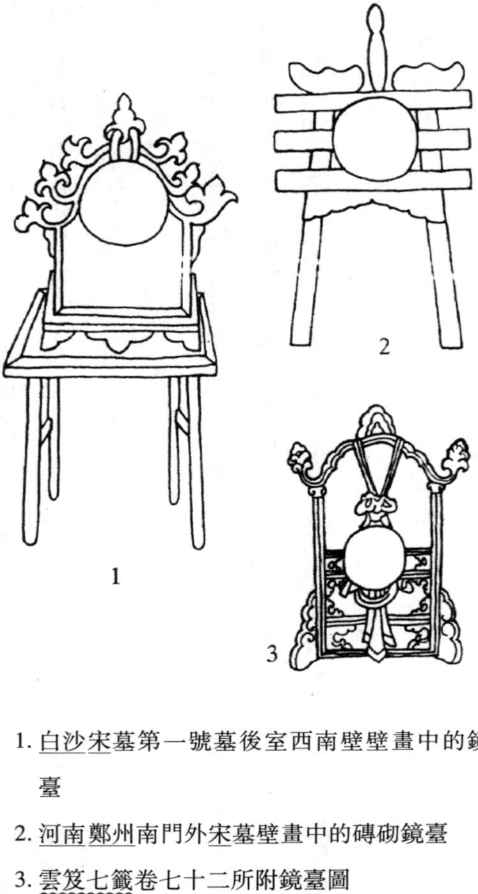


1. 白沙宋墓第一號墓後室西南壁壁畫中的鏡臺
2. 河南鄭州南門外宋墓壁畫中的磚砌鏡臺
3. 雲笈七籤卷七十二所附鏡臺圖

〔文案〕近代北京地區，新婚之家賀禮，多有錫質油燈一架，內盛香油和蜜，以取蜜裏調油之意，以寓新婚夫婦親密和美。蒸餅則借蒸蒸日上之意。「蜜和油蒸餅」兼有二者之意。

## 育子〔一〕

凡孕婦入月於初一日，父母家以銀盆或鋑或綵畫盆，盛粟稈一束，上以錦繡或生色帕複蓋之，上插花朵及通草帖羅五男二女花樣〔二〕，用盤合裝送饅頭，謂之「分痛」。並作眠羊、卧鹿、羊生，菓實取其眠卧之義。並牙兒衣物繃籍等，謂之「催生」〔三〕。就蓐分娩訖，人争送粟米炭醋之類。三日落臍〔四〕、灸顖〔五〕，七日謂之「一臘」。至滿月〔六〕則生色及繃繡錢，貴富家金銀犀玉爲之，並菓子，大展「洗兒會」〔七〕。親賓盛集，煎香湯於盆中，下菓子、綵、錢、葱〔八〕、蒜等，用數丈綵繞之，名曰「圍盆」；以釵子攪水，謂之「攪盆」。觀者各撒錢於水中〔九〕，謂之「添盆」。盆中棗子直立者，婦人争取食之，以爲生男之徵。浴兒〔一〇〕畢，落胎髮，遍謝坐客。抱牙兒入他人房，謂之「移窠」。生子百日置會，謂之「百晬」。至來歲生日謂之「周晬」，羅列盤琖於地，盛菓木、飲食、官誥、筆研、算秤等，經卷、針線〔一一〕，應用之物，觀其所先拈者，以爲徵兆，謂之「試晬」。此小兒之盛禮也。

〔注〕

〔一〕**育子**

丁傳靖宋人軼事彙編卷二十故事：宋京畿各郡有慈幼局。貧家子多輒厭之不育，乃許其抱至局，書生年月日時，局有乳媪育之。他人家或無子女，都來取於局。歲祲，子女多入慈幼局，故道無抛棄子女。遂昌雜録

太平老人袖中錦二妙：蘇州兒，越州女。

永亨搜采異聞録卷之三：今時人家雙生男女，或以後生者爲長，謂受胎在前。或以先生者爲長，謂先後當有序。

〔二〕**上插花朵及通草帖羅五男二女花樣**

宋話本三現身包龍圖斷案：只見兩個婦女，吃得兩頰赤紅。上手的提着一瓶酒，下手的把着兩朵通草花。

宋人冬日嬰戲圖局部

張媒道：「就今日好日，討一個利市團圓吉帖。」押司娘道：「却不曾買在家裏。」李媒道：「老媳婦

這裏有。」便從抹胸内取出一幅五男二女花牋紙來，正是：

雪隱鷺鷥飛始見，柳藏鸚鵡語方知。

當日押司娘教迎兒取將筆硯來，寫了帖子。

［文案］「通草」爲通脱樹，其皮化紙，可粘貼紗羅上。「五男二女」爲宋家庭美滿之喻。若快嘴李翠蓮記：「五男二女，七子團圓。」至清代開封，仍有此類祝賀生子之儀，若李緑園歧路燈第九九回，王象藎得子，「送喜蛋併合家的喜麵」，「上邊插着一朵通草紅花兒」。

〔三〕**催生**

佚名産寶諸方：催生藥：極驗黄龍散，羅試有效。地龍錢子者洗去土，新瓦上焙令微黄。陳皮蒲黄隔紙炒。右等分，各自爲末，貼着，如經日不産，各抄一錢新井水，調下，便産。若兩三日艱難者，只一服即分娩，子母全安。

陳自明婦人大全良方卷十六坐月門入月預備藥物第十：保氣散　佛手散　枳殼散　神寢元　榆白皮散　保生元　催生丹　黑神散　大聖散　花蘂石散　黑龍丹　理中元　催生符　生地黄　羌活　葵子　黄蓮　竹茹　烏梅　雌雄石燕　甘草　海馬　馬銜鐵　棗子　陳皮　薑錢　黑豆　白蜜　無灰酒　童子小便　好醋　白米　煎藥爐　銚子　煮粥沙瓶　濾藥帛　醋炭盆　小石一二十顆　湯瓶　軟硬炭　乾柴茅　暖水釜　洗兒肥皂頭髮　斷臍線及剪刀　乾蓐草　卧交椅　軟厚氊　燈籠　火把

繳巾　油燭　發燭　燈心

朱端章衛生家寶産科備要催生治産難靈符：每遇産婦將欲上草時，燈焰口燒灰，不得飛揚了，急投盞中，用浄水温調服，須臾即産。

郭稽中産育寶慶集卷上李師聖：催生丹治胎死腹中，或産母氣乏委頓、産道乾澀。　蒼朮米泔浸二兩　桔梗二兩　陳皮六錢　白藏　桂心　甘草炙各三錢　當歸　鵰頭炮去皮尖　乾薑炮　厚朴製　南星炮　附子炮去皮臍　半夏湯洗七次　茯苓　芍藥各二兩　杏仁炒去皮尖　阿膠麩炒各二錢五分　川芎錢半　枳殼麩炒四錢　南木香一錢

洪遵洪氏集驗方卷第五催生如聖散：黄蜀葵花　右一味，焙乾爲細末，每服二錢，熟湯，放温調下神妙。或有漏血胎，臟乾澀，難産痛劇者，併進三服，良久，腹中氣寬胎滑，即時産下，如無花，只用黄蜀葵子，爛研小半，合以酒調，濾去滓，温飲尤佳。予家常合以濟人，甚驗。

催生藥　香白芷　百草霜　右等分爲末，用童子小便，却入酒醋少許，沸湯調下，甚有神驗。

［文案］宋催生藥頗夥，其習亦傳之久遠。明宛署雜記第十七卷民風述北京地區女人將臨蓐，婦家先期以果羹饋其女，亦曰「催生」。

**［四］落臍**

無名氏小兒衛生總微論方卷一斷臍論：兒生下，須當以時斷臍。若不以時斷臍者，則令臍汁不乾

而生寒，爲臍風之由。斷臍之法，當隔單衣，以牙咬斷之，將暖氣呵七遍，若用刀斷之，須用剪刀先納懷中暖透，然後方用。不得便用冷刀，多致傷臍生病，宜切戒之。其斷臍帶，當令長至足趺，或云當長六寸，若太短則傷臟，令兒腹中不調；若太長則傷肌，令兒皮枯鱗起。纔斷臍訖，須用烙臍餅子，安臍帶上，燒三壯炷如麥大，若兒未啼，灸至五七壯，灸了，上用封臍散封裹之法，須搥治帛子，令柔軟，用方四寸許，上置新綿，厚半寸，及上置藥末，適緊慢以封之。如不備其藥，即用極細熟艾一塊，置於上封之，但不令封帛緊急，急則令兒吐哯，又須常切照顧，勿令濕着及繃襉中，亦不可令兒尿濕，恐生瘡腫及引風也。

烙臍餅子　豆豉　黄蠟各一分　射香少許　右以豆豉爲細末，入射，研均，鎔蠟和劑，看大小捻作餅用。

封臍散　雄鼠糞七枚，兩頭尖者是　乾薑棗大　甑帶雞子許三味同燒灰　綿灰半兩別燒稱　緋綿灰別燒稱半分　胡粉三錢炒黄　射香少許　右同研極細末，每用半錢至一錢，傅臍上封之，永不患臍瘡腫，如已因風濕患瘡腫者，看臍帶落與未落，依此用藥便差。

吴宏獨醒雜志：樞密孫公抃，生數日患臍風，已不救，家人乃盛以盤合，半棄諸江。道遇老媪曰：「兒可活。」即與俱歸，以艾火主灸臍下，遂活。

〔五〕**灸顖**

無名氏顱顖經原序：夫顱顖者，謂天地陰陽化感顱顖，故受名也。嘗覽黄帝内傳王母金文，始演四序二儀陰陽之術，三才一元之道，採御靈機，黄帝得之昇天秘藏金匱，名曰内經，百姓莫可見。之後穆王賢士師巫於崆峒山得而釋之，敘天地大德陰陽化功，父母交和，中成胎質，爰自精凝血室，兒感陽興，血入精宮，女隨陰住，故以清氣降而陽穀生，濁氣昇而陰井盛也。甚者二儀互換，五氣相參，目覩元機，非賢莫達，謂真陰錯雜，使精血聚而成殃，陽發異端，感榮衛合而有疾，遂使嬰兒纔養驚候，多生庸愚，不測始末，亂施攻療，便致枉損嬰兒。吁哉吁哉！遂究古言，尋察端由，敘成疾目，曰顱顖經焉。

何大任太醫局諸科程文格卷九假令法第一道：對腎氣不足則骨髓無滋養之榮，顱顖開解則頭縫失閉合之道，且產母臨於九月，胎氣資於少陰，始於胚胎而腎氣不成，後爲童稚而骨髓不足。骨者腎之合，腎弱而骨無所充；腦者髓之海，髓虛而腦無所養。故初生而顱不合，漸大而顖自開者，必然之理也。目即春令，正值發陳之時；脈見微弦，乃爲平和之診。經曰：春胃微弦曰平。今反診得微弱之脈，乃應解顱之候。經曰：微則爲虛。又曰：弱則爲虛。本因在胎之時少陰失於榮養，既生之後骨氣乘於滋充，顖門漸大而漸開，頭縫當合而不合者是也。巢氏曰解顱者其狀小兒年大，顖應合而不合，頭縫開解是也，由腎氣不成故也。詳此之病，其勢尚輕，可用奇方治之。

治假令解顱候正一輔二奇方龜甲圓：龜甲爲正味，甘、平、有毒，主小兒顖不合，生南海池澤，惡沙參蜚廉，用一兩醋，炙黃剉。　乾地黃爲輔味，甘、苦、寒、無毒，填骨髓補五臟，内傷不足，生咸陽川澤黃土地者佳。惡貝母畏蕪荑，用半兩剉焙乾。　山蕷爲輔，味甘、溫、平、無毒，充五臟，生嵩高山谷，紫芝爲之使，惡甘遂，用半兩，剉。　右三味爲細末，用狗腦和丸，如麻子大，每服三十丸，白湯送下，乳食前服。

〔六〕**滿月**

無名氏瑞鷓鴣賀宗室子滿月：璇源一派接天流。秀毓君家公共侯。滿月佳時近重九，生朝令節踵千秋。　旦評指日騰佳譽，蟾苑他年快壯遊。氣宇如今復何似，相應十倍虎窺牛。

無名氏西江月賀人女中秋日滿月：八月秋中玉律，十分月滿瑤臺。芳姿謫下佛宫來。疑是東方世界。　黛緑旋聞季發，桃江新暈芳腮。春風滿面笑容開。長似觀音自在。

宋話本花燈轎蓮女成佛記：張待詔見是個女兒，却和那没眼婆婆一般相似。當下，張待詔甚是喜歡。當日過了，第三做了三朝。看看滿月，不在話下。

陳士元俚言解卷之一三朝滿月：生子三日謂之三朝。是日祭祖先、洗兒、灸臍，俗稱洗三。東坡詞：維熊佳夢，釋氏老君親抱送。壯氣横秋，未滿三朝已食牛。又朱文公生，其父韋齋先生洗兒詩「客子三朝壽一壺」是也。又生子一月，謂之滿月。此風唐宋時最盛，親友富豪者投贈犀錢玉果。翰墨大全賀生子滿月啓，有「新添竇桂，又换堯蓂」之句。

羅振玉俗説滿月：北齊書韓鳳傳，男寶仁尚公主，在晉陽賜第一區，其公主生男昌滿月，駕幸鳳宅，宴會盡日。按兒生滿月慶宴，始此。通俗編云：滿月字見北史節義傳，滿月慶宴則始於唐，誤。

〔七〕**洗兒會**

蘇軾調謔編洗兒戲作：人家養子望聰明，我被聰明誤一生。惟願孩兒愚且魯，無災無難到公卿。

我識外家西府相，玉壺冰雪照青春。小郎風骨已凌雲。王以寧浣溪沙又張金志洗兒：招福宫中第幾真。餐花辟穀小夫人。天翁新與玉麒麟。

〔八〕錢、葱

葉寘愛日齋叢鈔卷一：東坡又記閩人生子，三朝浴兒時，家人及賓客皆戴葱、錢，曰葱使兒聰明，錢使兒富。

〔九〕撒錢於水中

洪邁容齋隨筆四筆卷第六洗兒金錢：車駕都錢塘以來，皇子在邸生男及女，則戚里、三衙、浙漕、京尹，皆有餉獻，隨即致答，自金幣之外，洗兒錢果，動以十數合，極其珍巧。若揔而言之，殆不可勝算。莫知其事例之所起。劉原甫在嘉祐中，因論無故疏決云：在外群情皆云聖意以皇女生，故施此慶，恐非王者之令典也。又聞多作金銀、犀象、玉石、琥珀、玳瑁、檀香等錢，及鑄金銀爲花果，賜予臣下。自宰相臺諫，皆受此賜。無益之費，無名之賞，殆無甚於此，若欲誇示奢麗，爲世俗之觀則可矣，非所以軌物訓儉也。宰相臺諫以道德輔主，奈何空受此賜，曾無一言，遂事不諫，臣願深執恭儉，以答上天之貺，不宜行姑息之恩，以損政體。偉哉劉公之論，其勁切如此。歐陽公銘墓，略而不書。予爲國史，亦不知載於本傳，比方讀其奏章，故敬紀之。韓偓金鑾密紀云：天復二年，大駕在岐，皇女生三日，賜洗兒果子、金銀錢、銀葉坐子、金銀鋌子。予謂唐昭宗於是時尚復講此，而在庭無一言，蓋宫掖相承，欲罷不能也。

〔一〇〕**浴兒**

許國楨御藥院方卷之十一凡新降誕兒浴法：用猪膽一枚，投湯中，令不生瘡疥，湯中勿添生水，浴訖斷臍。降誕三日浴法：桃根　李根　梅根各二兩，剉　右三味，以水八斤煎二十沸，去滓浴之。去不祥，令身無瘡痍。一方，煎成去滓，入麝香末少許。

無名氏小兒衛生總微論方卷一洗浴論：兒纔生下，須先洗浴，以蕩滌汙穢，然後乃可斷臍也。若先斷臍，則浴水入臍而爲臍瘡等病。及浴水，須入藥，預先煎下，以瓶貯頓，臨時旋暖用之，不犯生水即佳。並已後浴之，亦用藥煎湯，揀所宜時日則大良矣。凡浴宜用寅卯酉日，若初生不值，但於日中選此三時，如時亦不值，唯忌壬午丁巳癸巳日，時大凶而與避之，餘皆可也，今具煎湯用藥下項：

用猪膽汁湯浴兒，則不患瘡癬，皮膚滑澤。用金銀虎骨丹砂煎湯，則辟邪惡去驚。單用虎骨亦得。用李葉切半升煎湯，則解肌熱去温壯。用白芷二兩、苦參三兩挫碎煎湯，則去諸風。用蒴藋、葱白、葫麻葉、白芷、藁本、蛇牀子煎湯，退熱。用苦參、黄蓮、猪膽、白芨、杉葉、柏葉、楓葉煎湯，去風。用大麻仁、苓陵香、丁香、桑葚、藁本煎湯，治諸瘡。用金銀桃奴、雄黄、丹砂煎湯，則辟邪除驚。用益母草煎湯，治疥癬諸瘡。

凡煎湯，每用水一斗入藥，煎至七升去滓，適寒温用之。冬不可太熱，夏不可令冷，須調停得宜，乃可用之。兒自生之後，須依時洗浴，以去垢污，又不可數數，若都不洗浴，則皮皺毛落，多生瘡疥，凡洗浴時，於背上則微微少用水，餘處任意，即不可極淋其背，亦不可久坐水中，則引驚作病，切須慎之。如常能依法用之，令兒體滑舒暢，血脈通流，及長少病，無不驗也。

無名氏顱顖經卷下澡浴方：苦參　茯苓皮　蒼朮　桑白皮　白礬各半兩　葱白少許　右藥剉細，每浴時取一兩，沸水二升浸藥後通温，與兒浴之，避風於温處妙。

郭應祥鵲橋仙又五月四日仲遠浴兒：去年夕，今年五日，兩見浴兒高會。乃翁種德已多年，看袞袞、公侯未艾。封胡羯末，綜維縝絳，堪羡金魚垂袋。丹砂白蜜不須塗，把續命、彩絲與帶。

〔二〕針線

無名氏摭青雜説鹽商厚德：項鄰里有一金官人，受得醴州安鄉尉。新喪妻，聞此女善能針線，遂親見項求顧，項執前言不肯，金尉求之不已。

龔頤正芥隱筆記社日停針線：周美成社日停針線，蓋用張文昌吴楚詞「今朝社日停針線」，有自來矣。

宇文懋昭大金國志卷之三十一齊國劉豫録：皇后錢氏，宣和間爲御侍，出宫後，爲賊所掠，賣身與豫，爲針線婢，故宫廷事，豫皆取法於錢。

高文虎蓼花洲閑録：定州織刻絲，不用大機，以熟色經於木棦上，隨所欲作花草禽獸狀，以小梭布緯時，先留其處，以雜色綫綴於經緯之上，合以成文，不相連，承空視之如雕鏤之象，故名「刻絲」，如婦人一衣終歲方就，雖作百花，使不相類，亦可。蓋緯綫非通梭所織也。

張應文清秘藏卷上論宋繡刻絲：宋人之繡，針綫細密，用絨止一二絲，用針如髮細者，爲之設色精妙，光彩射目，山水分遠近之趣，樓閣得深邃之體，人物具瞻眺生動之情，花鳥極綽約嚵唼之態，佳者較畫更勝，望之生趣悉備。十指春風，蓋至此乎。余家蓄一幅，作淵明潦倒於東籬，山水樹石，景物粲然也，傍作蠅頭小楷十餘字，亦遒勁不凡，用以裹子昂歸田賦真蹟，亦似得所。元人則用絨稍粗，落針不密，間有用墨描眉目，不復宋人之精工矣。

# 幽蘭居士東京夢華録卷之六

## 正月

正月〔一〕一日年節，開封府放關撲三日。士庶自早互相慶賀，坊巷以食物、動使、菓實、柴炭之類，歌叫關撲。如馬行、潘樓街、州東宋門外、州西梁門外踊路、州北封丘門外及州南一帶，皆結綵棚，鋪陳冠梳、珠翠、頭面、衣着、花朵、領抹㈠、靴鞋、玩好之類，間列舞場歌館，車馬交馳。向晚，貴家婦女〔二〕，縱賞關賭，入場觀看，入市店飲宴，慣習成風，不相笑訝㈡。至寒食冬至三日亦如此。小民雖貧者，亦須新潔衣服，把酒相酬爾。

［校］

㈠「抹」，據明刻本、抄本應爲「抹」。

㈡「訝」，據明刻本、抄本應爲「訝」。

## [注]

〔一〕正月

孔平仲談苑卷二：仁宗朝，王珪上言：請以正月爲端月，爲與上名音相近也。

陸游老學庵續筆記一卷：王羲之之先諱「正」，故法帖中謂「正月」爲「一月」，或爲「初月」，其他「正」字率以「政」代之。

〔二〕貴家婦女

廉宣清尊録狄氏：狄氏者，家故貴，以色名動京師，所嫁亦貴家，明豔絶世。每燈夕及西池春遊，都城士女讙集，自諸王邸第及公侯戚里、中貴人家，帟幕車馬相屬，雖歌姝舞姬，皆飾璫翠、佩珠犀，覽鏡顧影，人人自謂傾國。及狄氏至，靚妝却扇，亭亭獨出，雖平時妒悍自衒者，皆羞服，至相忿詆，輒曰：「若美如狄夫人邪？乃敢凌我！」其名動一時如此。

方回虚谷閑抄：章子厚惇，初來京師赴省試，年少美丰姿。當日晚獨步御街，見雕輿數乘，從衛甚都，最後一輿有一婦人美而豔，揭簾以目挑章，章因信步隨之，不覺至夕。婦人以手招與同輿，載至一甲第，甚雄壯。婦人者蔽章，雜衆人以入一院，甚深邃若無人居者，少選，前婦人始至，備酒饌甚珍，章因問其所，婦人笑而不答。□□人引儕輩疊相往來甚衆，俱亦姝麗，詢之□□□而言他，每去則以巨鎖扃之。

如是累日夕，章爲之體敝，意甚徬徨，一姬年差長，忽發問曰：「此豈郎所遊之地？何爲至此邪？我主翁行迹多不循道理，寵婢多而無嗣息，每鈎致年少之徒，與群婢合，久則斃之此地數人矣。」章惶駭曰：「果爾，爲之奈何？」姬曰：「觀子之容，蓋非碌碌者，似必能脱。主人翊日入朝甚早，今夕解我之衣，以衣子，我且不復鎖門，俟至五鼓，吾來呼子，亟隨我登廳事，我當以厮役之服被子，隨前騶以出，可以無患矣。爾後慎勿以語人，亦勿復由此街，不然吾與若皆禍不旋踵矣。」詰旦果來扣户，章用其術遂免於難，及既貴，始以語族中所厚善者，云後得其主翁之姓名，但不欲曉於人耳。少年輩不可不知戒也。

## 元旦朝會

正旦大朝會，車駕坐大慶殿，有介胄長大人四人立於殿角，謂之「鎮殿將軍」〔一〕。諸國使人入賀殿庭，列法駕儀仗，百官皆冠冕朝服，諸路舉人解首亦士服立班，其服二量㊀冠白袍青緣。諸州進奏吏，各執方物入獻〔二〕。諸國使人，大遼〔三〕大使頂金冠，後簷尖長如大蓮葉，服紫窄袍，金蹀躞〔四〕；副使展裹金帶如漢服。大使拜則立左足，跪右足，以兩手着右肩爲一拜。副使拜如漢儀。夏國〔五〕使、副皆金冠短小樣製，服緋窄袍，金蹀躞，吊敦〔六〕，背㊁叉手〔七〕展拜。高麗〔八〕與南番交州〔九〕使人並如漢儀。回紇〔一〇〕皆長髯高鼻，以疋帛纏頭〔一一〕，散披其服。于闐〔一二〕皆小金花氈笠，金絲戰袍束帶，并妻男同來，乘駱駝氈氈銅鐸入貢。三佛齊〔一三〕皆瘦脊纏頭，緋衣上織成佛面。又有南蠻五姓番〔一四〕，皆椎髻烏氈，並如僧人禮拜，入見旋賜漢裝錦襖之類。更有真臘〔一五〕、大理〔一六〕、大石㊂〔一七〕等國，有時來朝貢。其大遼使人在都亭驛〔一八〕，夏國在都亭西驛，高麗在梁門外安州巷同文館，回紇、于闐在禮賓院，諸番國在瞻雲館或懷遠驛。唯大遼、高麗，就館賜宴。大遼使人朝見訖，翌日詣大相國寺燒香〔一九〕。次日詣南御苑射弓，朝廷旋選能射武臣伴射，就彼賜宴，三節人皆與焉。先列招箭班十餘於垛子前，使人多用弩子射，一裹無脚小幞頭子、錦襖子〔二〇〕遼人，踏開弩子，舞旋楛箭，過與使人，彼㊃窺得端正，止令使人發牙。例本朝伴射用弓箭中的，則賜闊裝〔二一〕銀鞍馬，衣着、金銀器物有差。伴射得捷〔二二〕，京師市井兒遮路爭獻口號，觀者如堵。翌日，人使朝辭。朝退，内前燈山已上綵，其速如神。

［校］

㊀「量」，徐夢莘三朝北盟會編卷第七十四靖康中帙四十九作「梁」。

㊁「背」，陳元靚歲時廣記卷七來朝賀作「皆」。

㊂陳元靚歲時廣記卷七來朝賀「石」作「食」，「大理」、「真臘」互乙。

㈣「彼」，元本即此。中華鄧注本誤爲「被」。

## 〔注〕

〔一〕**鎮殿將軍**

朴通事諺解卷下：大明殿前月臺上，四角頭立地的四個將軍。四個將軍募選身軀長大壯偉異於人者，紅盔銀甲，立於殿前月臺上四隅，名鎮殿將軍，亦曰紅盔將軍，亦曰大漢將軍，其請給衣糧，曰「大漢衣糧」，年過五十，方許出官。咳，那身材長六尺，腰闊三圍抱不匝，頭戴四縫盔，身披黄金鏁子甲、曜日連環，脚穿着朝雲靴，各自腰帶七寶環刀，手持畫幹方天戟的，將鉞斧的，拿劍的，手柱槍的，三尺寬肩膀，燈盞也似兩隻眼，直挺挺的立地，山也似不動彈。咳，正是一條好漢，這的擎天白玉柱，駕海紫金梁，天子百靈咸助，將軍八面威風。

陶宗儀南村輟耕録卷一大漢：國朝鎮殿將軍，募選身軀長大異常者充。凡有所請給，名曰「大漢衣糧」。年過五十，方許出官。

錢大昭邇言卷四將軍：春秋時，晉使卿爲軍將，謂之將中軍、將上軍。左氏昭二十八傳云：豈將軍食之而有不足？將軍二字，始見於此，後世遂以爲官名矣。

〔二〕**方物入獻**

王應麟玉海卷一百五十四朝貢太平興國勃泥入貢：勃泥在西海中，以十二月七日爲歲節。前代未嘗朝貢。興國三年九月丁未，其王尚打遣使奉表，貢龍腦、玳瑁，對其使崇政殿賜鞍馬器幣，館於禮賓院。元豐五年二月二十四日入貢。

祥符諸國奇獸：祥符五年四月丁未詔，以諸國所貢師子、馴象奇獸，列於外苑，諭群臣就苑中游宴。

淳化五年二月癸卯，南海商人獻吉貝布畫、海外蠻圖及猩猩圖、玉帶，上於北苑召近臣觀之。

慶曆塗渤入貢：慶曆八年十月二日，南蕃塗渤國遣使奉表，貢佛金骨、真珠、犀牛頭、象齒。

元豐日本貢方物：太平興國九年三月，日本古倭奴國也。奝然來獻銅鈴、磬、飄壺，並本國職員全年代紀。又言其國多中國典籍，因出孝經一卷，越王孝經新義一卷，孝經即鄭氏注，越王，唐越王正也。元豐元年閏正月二十五日，日本僧仲迴貢方物，乾道九年五月二十五日貢方物。

元豐拂菻貢方物：元豐四年十月六日貢方物，鞍馬刀劍珠。元祐六年四月十九日賜金衣帶、銀瓶。其國南至滅力沙，北至大海。

〔三〕**大遼**

葉隆禮契丹國志卷之二十三國土風俗：契丹國在庫莫奚東，唐所謂黑水靺鞨者，今其地也。有七十二部落，不相統制，好爲寇盜。父母死而悲哭者，以爲不壯，但以其屍置於山樹上，經三年後，乃收其骨而焚之。因酹酒而祝曰：「冬月時，向陽食；夏月時，向陰食；我若射獵時，使我多得猪鹿。」其無禮頑嚚，於諸夷最甚。其風俗與奚、靺鞨頗同。至阿保機，稍併服諸小國，而多用漢人。漢人教之以隸書

胡環卓歇圖

之半增損之，作文字數千，以代刻木之約。又制婚嫁，置官號，稱皇帝。漢時爲匈奴所破，保鮮卑山。魏青龍中，部酋爲王雄所殺，衆遂逃潢水之南，黄龍之北。至元魏，自號曰契丹。在唐開元、天寶間，使朝獻者無慮二十。故事：以范陽節度爲押奚、契丹使，至唐末，契丹始盛。

〔四〕金蹀躞

李逸友遼代帶式考實——陳國公主駙馬合葬墓出土的腰帶：一、金蹀躞帶（即發掘簡報中之金銙銀蹀躞帶）一條，束在駙馬蕭紹矩腰部。帶身用銀片代替革鞓製成，帶長一百五十六厘米、寬三厘米。帶身中部綴方形金帶銙十一件，前端綴方形金帶扣並附有金帶箍，後端綴桃形金帶銙五件和圭形金鉈尾一件。方形銙和鉈尾上都有凸起的錘鍱獸面紋。方形銙下部有「古眼」，内穿仿小革帶的窄銀片，上綴小金銙和鉈尾，以備懸佩物件。其中左、右兩側的第二條小帶上各繫一件金花銀囊，中空無物，應是爲仿金魚袋而作；其内側相鄰的小帶下端各有一件倒置葫蘆形金飾。各條小帶上的小金銙和鉈尾上都有錘獸面紋。帶身懸佩各種物件：右下腹垂有帶銀鞘的銀刀子和帶鎏金銀鞘的玉柄銀錐各一件，左下腹垂有帶銀鞘的銀刀子、琥珀小瓶、琥珀雙魚形佩、琥珀鴛鴦各一件。這條用銀片做成的長帶，帶身爲單帶扣單鉈尾式。

二、金蹀躞帶（即發掘簡報中之金銙絲帶）一條，束在陳國公主腰部。帶身絲質，已腐朽，僅存殘迹。帶上原在後身及腰部兩側釘綴圭形龍紋金帶銙八件，帶銙大而厚重，錘鍱技藝精巧，銙上無「古

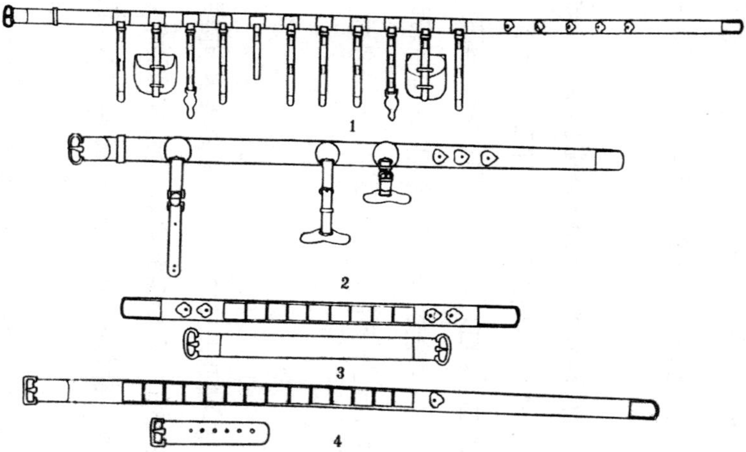


1. 金蹀躞帶——契丹服Ⅰ式蹀躞帶

2. 銀蹀躞帶——契丹服Ⅱ式蹀躞帶

3. 雙帶扣雙鉈尾銅銙革帶——漢服Ⅰ式腰帶

4. 雙帶扣單鉈尾玉帶——漢服Ⅱ式腰帶

眼」。帶上懸佩銀鞘琥珀柄鐵刀子，鏤雕金荷包、八曲花式金盒、鏨花金針筒、琥珀雙魚形盒各一件和工具形玉佩、動物形玉佩等。

該文二節契丹服的蹀躞帶：蹀躞帶，遼史又作鞊鞢帶。蹀躞是指在帶鞓上繫佩物品，凡有繫佩物品的腰帶都稱作蹀躞帶。我國古代北方各族習慣在腰帶上繫佩刀子、解錐等遊牧生活所必需的生產工具和生活用品，蹀躞帶是他們的傳統服飾，與漢代以來中原地區漢族官員所束附垂環以佩弓箭刀劍的那種帶不同。

〔五〕**夏國**

脱脱宋史卷四百八十六外國二夏國下：夏之境土，方二萬餘里，其設官之制，多與宋同。朝賀之儀，雜用唐、宋，而樂之器與曲則唐也。河之内外，州郡凡二十有二。河南之州九：曰靈、曰洪、曰宥、曰銀、曰夏、曰石、曰鹽、曰南威、曰會。河西之州九：曰興、曰定、曰懷、曰永、曰凉、曰甘、曰肅、曰瓜、曰沙。熙、秦河外之州四：曰西寧、曰樂、曰廓、曰積石。其地饒五穀，尤宜稻麥。甘、凉之間，則以諸河爲溉，興、靈則有古渠曰唐來，曰漢源，皆支引黄河。故灌溉之利，歲無旱澇之虞。

〔六〕**吊敦**

〔文案〕一九八八年，黑龍江阿城巨源鄉出土金齊國完顔晏木棺。據參與此次工作的黑龍江考古所朱國忱介紹：「吊敦」爲男女墓主人之着裝，即足與腿所着相連之襪褲也。用楊永琴之描述，「吊敦」

者，褲不連襪，只在褲筒下口踝骨處，縫有一條横套帶，穿時將套帶蹬於足心，以便雙腿穿套外衣或雙足插入靴靿。吊敦上有一對絹製繫帶，穿用時左右隻分别套於腿部，繫帶將其吊繫於内服大口褲下腹横繫帶上。「吊敦」外形極象現代流行之「脚蹬褲」。孔憲易所謂「吊敦」乃「皮靴」之考證不能成立。

〔七〕叉手

普濟五燈會元卷第六亡名古宿：昔有一僧，在經堂内不看經，每日打坐。藏主曰：「何不看經？」僧曰：「某甲不識字。」主曰：「何不問人？」僧近前，叉手鞠躬曰：「這個是甚麼字？」主無對。

鹽店莊彊氏墓出土宋俑叉手像

文惟簡虜廷事實啞揖：漢兒、士大夫、上位者，年時及久闊交友相見，則進退周旋，三出頭五折腰，相揖而不作聲，名曰「啞揖」。不如是者，爲山野之人，不知禮法，衆可嗤笑。契丹人交手於胸前，亦不作聲，是謂「相揖」。

陸法言陳彭年覆宋本重修廣韻上平聲卷第一十三：叉兩支也。説文曰：「手指相錯也。」

蘊聞大慧普覺禪師住徑山能仁禪院語録卷第一：上堂。僧問：「潙仰當時相見處插鍬叉手，意如何？」師云：「兩眼對兩眼。」進云：「没弦琴上知音少，父子彈來格調高。」師云：「爾且道，在插鍬處在叉手處？」

宋話本崔衙内白鷂招妖：衙内自思量道：「先自肚裏又饑，却教吃茶！」正恁沉吟間，則見女娘教安排酒來。道不了，青衣掇過果桌，頃刻之間，咄嗟而辦。幕天席地，燈燭熒煌。筵排異皿奇杯，席屏金觥玉斝。珠疊妝成異果，玉盤簇就珍羞。珊瑚筵上，青衣美麗捧霞觴；玳瑁杯中，粉面丫鬟斟玉液。衙内叉手向前：「多蒙賜酒，不敢祗受。」

宋話本鄭節使立功神臂弓：員外仔細看時吃一驚，這人正是亭子上夢中見的，却恁地模樣！便問那漢：「你是那裏人？姓甚名誰？見在那裏住？」那人叉着手：「告員外，小人是鄭州泰寧軍大户財主人家孩兒。父母早喪，流落此間，見在宅後王婆店中安歇。姓鄭名信。」

無名氏劉知遠諸宮調君臣弟兄子母夫婦團圓第十二：［黄鍾宮］［快活年］「金冠共霞帔，讓了十餘起。其時小衙内，叉手還告啓。」

許政揚宋元小説戲曲語釋二叉手抄手：叉手一詞，小説戲曲中俯拾即得，舉例自可從省。這是古代的一種敬禮，漢唐已有，通行於宋元明間。宋人言「叉手」常和「揖」連在一起。如孔平仲談苑卷四：

習义手圖

凡义手之法以左手緊把右手大拇指其左手小指則向右手腕右手四指皆直以左手大指向上如以右手掩其胸手不可太着胸須令稍去胸二三寸許方爲义手法也

陳元靚事林廣記習叉手圖

「真宗召种放至闕，韋布長揖宰執。」楊大年嘲曰：「不把一言裨萬乘，祇叉雙手揖三公。」這表明作揖時是必須叉手的。

宋代樂器中又有「叉手笛」，一名「拱辰管」。文瑩玉壺清話卷五：「樂府中有古玉管，素號叉手笛。」而叉手笛的得名，是由於吹奏時的姿勢有些像「叉手」的緣故。宋史卷四三八和峴傳：「樂器中有叉手笛者，上意欲增入雅樂，峴即令樂工調品以偕律吕。其執持之狀，如拱揖然，請目曰『拱辰管』。」這又表明叉手的方式，與「拱揖」近似。從而可以推知，宋代的叉手，決不能是「兩手交叉」着行禮。

大體説來，叉手便是拱手。所以古人只要兩手攏在一起，即非行禮，也叫叉手。

在古代，拜跪是最隆重的敬禮；其次則揖；至於叉手，那僅僅是極其一般的禮貌了。

〔八〕高麗

方鳳夷俗考東：「高麗國，知文字，庶民子孫夜誦書畫習射。宋時遣使進别敍孝經一卷，越王孝經一卷，新義八卷，皇靈孝經一卷，孝經雌圖一卷。又表求板本九經，詔與之。三歲一試舉人，有進士諸科等學。每試百餘人，登第者不過一二十人。地産龍鬚席、白硾紙、狼尾筆，士女服尚素。」

葉夢得石林詩話卷中：「高麗自太宗後，久不入貢，至元豐初，始遣使來朝。神宗以張誠一館伴，令問其復朝之意。云：『其國與契丹爲鄰，每因契丹誅求，藉不能堪，國主王徽常誦華嚴經，祈生中國。一夕忽夢至京師，備見城邑宫闕之盛，覺而慕之，乃爲詩以記曰：「惡業因緣近契丹，一年朝貢幾多般。移身忽到京華地，可惜中宵漏滴殘。」余大觀間，館伴高麗人，嘗見誠一語録，備載此故事。

徐競宣和奉使高麗圖經卷第一始封：高麗之先，蓋周武王封箕子胥餘於朝鮮，實子姓也。曆周秦至漢，高祖十二年，燕人衛滿亡命，聚黨椎結，服役蠻夷，浸有朝鮮之地而王之。自子姓有國八百餘年而爲衛氏，衛氏有國八十餘年。先是夫餘王得河神之女，爲日所照，感孕而卵生。既長善射，俗稱善射爲「朱蒙」，因以名之。夫餘人以其生異，謂之不祥，請除之。朱蒙懼，逃焉。遇大水無梁，勢不能渡，因持弓擊水而咒之。魚鼈並浮，因乘以濟，至紇升骨城而居，自號曰高句驪。因以高爲氏，而以高驪爲國。

第三封境：高麗南隔遼海，西距遼水，北接契丹舊地，東距大金，又與日本、琉球、聃羅、黑水、毛人等國，犬牙相制，惟新羅、百濟，不能自固其圉，爲麗人所併。今羅州、廣州道是也。其國在京師之東北，自燕山道陸走渡遼而東之，其境凡三千七百九十里。若海道則河北、京東、淮南、兩浙、廣南、福建皆可往。今所建國，正與登萊濱棣相望。自元豐以後，每朝廷遣使，皆由明州定海放洋絶海而北，舟行皆乘夏至後南風，風便不過五日，即抵岸焉。

〔九〕**交州**

趙汝适諸蕃志卷上志國交趾國：交趾，古交州。東南薄海，接占城，西通白衣蠻，北抵欽州。歷代置守不絶，賦入至薄，守禦甚勞。皇朝重武愛人，不欲宿兵瘴癘之區，以守無用之土。因其獻款，從而羈縻之。王係唐姓。服色飲食略與中國同，但男女皆跣足差異耳。每歲正月四日，椎牛饗其屬。以七月十五日爲大節，家相問遺，官寮以生口獻其酋。十六日開宴酬之。歲時供佛，不祭先。病不服藥。夜不燃燈。樂以蚺蛇皮爲前列。不能造紙筆，求之省地。土産沉香、蓬萊香、生金、銀、鐵、朱砂、珠、貝、犀、象、翠羽、車渠、鹽、漆、木綿、吉貝之屬。歲有進貢。其國不通商。以此首題，言自近者始也。舟行約十餘程抵占城國。

〔一〇〕回紇

劉祁歸潛志卷第十三：其回紇國，地廣袤，際西不見疆畛。四五月百草枯如冬。其山，暑伏有蓄雪。日出而燠，日入而寒。至六月，衾猶綿。夏不雨，迨秋而雨，百花始萌。及冬，川野如春，卉木再華。其人種類甚衆，其鬚髯拳如毛，而緇黄淺深不一。面惟見眼、鼻。其嗜好亦異。有没速魯蠻回紇者，性殘忍，肉必手殺而噉，雖齋亦酒脯自若。有遺里諸回紇者，頗柔懦，不喜殺，遇齋則不肉食。有印都回紇者，色黑而性愿，其餘不可殫記。

程大昌北邊備對回紇九姓：唐史：回紇者，其先匈奴也。後呼鐵勒、薛延陀者，回紇之部落也。貞觀初，突厥已亡，惟回紇與薛延陀爲最雄强。已而回紇攻薛延陀，併有其地，遣使獻功。太宗爲幸靈州，次涇陽，受其功，乃以回紇部爲瀚海部督，多質葛部爲燕然部督，凡六部督。天寶初，回紇之臣裴羅襲破拔密，自稱骨咄禄毗伽款可汗，天子以爲奉義王，居突厥故地，徙牙烏得鞬山南，去高闕無二千里，則去塞甚不遠，而又盡九姓之地。九姓者曰樂葛羅，曰胡咄葛，爲族凡九也。其後裴羅又殺白眉可汗，得地愈廣，盡得古匈奴地。肅宗初，遣兵助廣平王收長安，帝以幼女妻之，此在唐之中世，北虜最强者也。

〔二〕纏頭

程大昌演繁露卷七錦纏頭：唐書代宗詔許大臣燕郭子儀於其第，魚朝恩出錦三十匹，爲纏頭之費。舊俗賞歌舞人，以錦彩置之頭上，謂之「纏頭」，宴饗加惠，借以爲詞。

〔三〕于闐

脱脱宋史卷四百九十列傳第二百四十九外國六：于闐國，自漢至唐，皆入貢中國，安、史之亂，絶不復至。晉天福中，其王李聖天自稱唐之宗屬，遣使來貢。高祖命供奉官張匡鄴持節册聖天爲大寶于闐國王。建隆二年十二月，聖天遣使貢圭一，以玉爲柙；玉枕一。本國摩尼師貢琉璃瓶二、胡錦一段。其使言：本國去京師九千九百里，西南抵葱嶺與婆羅門接，相去三千餘里，南接吐蕃，西北至疎勒二千餘里。國城東有白玉河，西有緑玉河，次西有烏玉河，源出昆岡山，去國城西千三百里。每歲秋，國人取玉於河，謂之撈玉。土宜蒲萄，人多醖以爲酒，甚美。俗事妖神。

〔三〕三佛齊

趙汝适諸蕃志卷上志國三佛齊國：三佛齊，間於真臘、闍婆之間，管州十有五。在泉之正南，冬月順風月餘方至凌牙門。經商三分之一，始入其國。國人多姓蒲。累甓爲城，周數十里。國王出入乘船，身纏縵布，蓋以絹傘，衛以金鏢。其人民散居城外，或作牌水居，鋪板覆茅。不輸租賦。習水陸戰，有所征伐，隨時調發，立酋長率領，皆自備兵器糗糧，臨敵敢死，伯於諸國。無緡錢，止鑿白金貿易。四時之氣，多熱少寒。豢畜頗類中國。有花酒、椰子酒、檳榔蜜酒，皆非麴蘖所醖，飲之亦醉。國中文字用番書。以其王指環爲印，亦有中國文字，上章表則用焉。

其國自唐天祐始通中國。皇朝建隆間凡三遣貢。淳化三年告爲闍婆所侵，乞降詔諭本國，從之。咸平六年上言，本國建佛寺以祝聖壽，願賜名及鐘，上嘉其意，詔以「承天萬壽」爲額，並以鐘賜焉。至景德、祥符、天禧、元祐、元豐貢使絡繹，輒優詔獎慰之。其國東接戎牙路或作重迦盧。

〔四〕**南蠻五姓番**

周去非嶺外代答卷三外國門下西南夷：西南五姓蕃部，曰：龍、羅、方、石、張，自昔許上京入貢。龍、羅、方、石自宜州入境，張蕃自邕州入境。或三年，或四五年，計五姓人徒凡九百六十人。所貢氈、馬、丹砂。朝廷支賜錦衫銀帶，與其他費，凡二萬四千四百餘緡，回答之物不與焉。

朱輔溪蠻叢笑：五溪之蠻，皆盤瓠種也。聚落區分，各亦隨異，沅其故壤，環四封而居者，今有五，曰猫、曰猺、曰獠、曰獞、曰犵狫。風聲氣習大略相似，不巾不履，言語服食，率異乎人。由中州官於此，其始見也，皆仿之，既乃笑之，久則恬不知怪。

〔五〕**真臘**

趙汝适諸蕃志卷上志國真臘國：真臘接占城之南，東至海，西至蒲甘，南至加羅希。自泉州舟行順

〔二〕鬧裝

〔文案〕京都譯注本考鬧裝乃騎馬用帶。然日下舊聞考卷一百四十七據余氏辨林謂：「今京師凡孟春之月，兒女剪采爲花，或草蟲之類插首，曰鬧嚷嚷，即古所謂鬧裝也。」嚷與裝音相近，故訛也。唐白樂天詩「貴主冠浮動，親王轡鬧裝」是也。

〔三〕伴射得捷

趙昇朝野類要卷一故事伴射：殿前、馬、步三司輪差，借觀察、承宣之官，環衛、四廂之職，以伴蕃使射。射於玉津御園，勝則有金帶升轉官資之賞。

朱彧萍洲可談卷三：王德用爲使相，黑色，俗號「黑相」。嘗與北使伴射，使已中的，黑相取箭鎞頭，一發破前矢，俗號「劈筈箭」。姚麟亦善射，爲殿帥十年，伴射常蒙獎賜。崇寧初，王思以遭遇處位殿帥，不習弓矢，歲歲以伴射爲窘。

# 立春

立春前一日㊀，開封府進春牛〔一〕，入禁中鞭春〔二〕。開封、祥符〔三〕兩縣，置春牛於府前。至日絶早，府僚打春〔四〕，如方州儀㊁〔五〕。府前左右百姓賣小春牛，往往花裝欄坐，上列百戲人物，春幡〔六〕雪柳，各相獻遺。春日，宰執、親王、百官，皆賜金銀幡勝。入賀訖，戴歸私第。

［校］

㈠謝維新古今合璧事類備要前集卷十五立春出土牛所載東京夢華録立春條，與元本不同，於「立春前一日」爲：「立春前五日，並造土牛、耕夫、犂具於大門之外。是日黎明，有司爲壇，以祭先農。官吏各具綵仗，環擊牛者三，所以示勸耕之意。」

㈡陳元靚歲時廣記卷八進春牛、賜春幡所記東京夢華録立春與元本自「如方州儀」後大部不同：「官屬大合樂，燕飲訖，辨色，即入朝門謝春幡勝。立春之日，凡在外州郡公庫造小春牛，分送諸廳。立春之節，開封府前左右百姓賣小春牛，大者如猫許，清塗板而立牛其上，又或加以泥，爲樂工、雪柳等物，其市在府南門外，近西至御街，貴家多駕安車就看，買去相贈送。立春日，自郎官御史寺監長貳以上，皆賜春幡勝，以羅爲之。」

［注］

〔一〕**進春牛**

邱光庭兼明書卷之一土牛儀：禮記月令曰：出土牛以示農耕之早晚。不云其牛别加彩色。今州縣所造春牛，或赤或青，或黄或黑，又以杖扣之而便棄者。明曰：「古人尚質，任土所宜。後代重文，更加彩色。而州縣不知本意，率意而爲。」今按開元禮新制篇云：其土牛各隨其方，則是王城四門，各出土牛，悉用五行之色。天下州縣，即如分土之議。分土者天子太社之壇，用五色之土。封東方諸侯則割壇東之青土，以白毛包而賜之，令至其國，先立其壇，全用青土。封南方諸侯則割赤土，西方則割白土，北方則割黑土。今土牛之色，亦宜效彼社壇。或問曰：「今地主率官吏以杖打之，曰打春牛，何也？」答曰：「按月令只言示農耕之早晚，不言以杖打之，此謂人之妄作耳。」又曰：「何謂示農耕之早晚？」答曰：「以立春爲候也。立春在十二月望，即策牛人近前，示其農早也。立春在十二月晦，及正月朔，即策牛人當中，示其農事也。立春正月望，即策牛人近後，示其農晚也。」又問曰：「按月令，出土牛在十二月，今立春方出，何也？」答曰：「季冬之月，二陽已動，土脈已興，故用土作牛，以彰農事。今立春方出，農已自知，何用策牛之人在前在後也？斯自漢朝之失，積習爲常。按漢書立春之日，京都百官青衣立春幡，施土牛耕人於門外。又按營繕令立春前二日，京城及諸州縣門外，各立土牛耕人，斯皆失其先書示農之義也。」又問曰：「幾日而除之？」答曰：「七日而除，蓋欲農人之偏見也。今人打後便除，又乖其理焉。」

向孟土牛經釋春牛顏色第一：立春曰乾色爲角耳尾，支色爲脛脡，納音色爲蹄。假令甲子歲立春，甲爲子，其色青，用青爲牛頭；子爲支，其色黑，黑爲身；納音金，其色白，白爲腹。丙寅日至春，丙爲

宋禮書土牛圖

子，其色赤，用赤爲角耳尾；寅爲支，其色青，用青爲脛脡；納音是火，其色赤，用赤爲蹄。

文彦博土牛賦：國家以上遵古典，下示烝民，出土牛而應候，俾農事以知春。塊然不群，自取授時之制；卓爾可象，殊無引重之因。原夫欲示農時，爰陳春祀。命圬人以備物，俾司存而謀始。遂合土以爲牛，非任重而服軛。有典有則，成形而既取坤爲；不欹不傾，尚象面爰因脈起。徒觀夫寂然不動，莫與之儔。雖顯逸風之狀，實非喘月之流。在泥蟠而著美，豈肉視以包羞。俯以觀之，異伯陽之芻狗；逼而察也，殊葛亮之木牛。於是當解凍之嘉辰，乃立春之令節。覩其儀之攸序，見斯牛之遂設。禮無違者，俾三務之罔愆；人必知之，得四時之有別。美哉！土者五行之本，牛者六畜之宗，何瑩蹄之成象，假聚壤以爲容。爰殊木偶，匪類泥龍。用還非於薦廟，義實本於勤農。庖刃如投，破塊之虞是切；寧歌或叩，擊壤之名可從。五色爰資，一毛靡落。其用也待時而動，其制也因人而作。規模乍設，想覆簣以無虧；丹艧俄施，諒衣繒而有若。是何觀形象以雖著，考動靜而則無。耕耘自我以無爽，先後因茲而不逾。候日土圭，信方斯而異類；翔風石燕，實並此以殊途。盛矣哉！標祀典而聿修，稽舊章而罔忒。觀其形，雖類於角立；賾其本，爰符於土德。所以示諸溥率之民，俾常勤於力穡者也。

**〔二〕入禁中鞭春**

〔文案〕題爲黃冀之南燼紀聞曾謂：靖康元年正月初六日立春節，先是太史局造土牛，陳於迎春殿。至期太常寺備樂迎和鞭牛，此常儀也。可見土牛入禁中「鞭春」爲宮廷規制之一。

**〔三〕祥符**

古今圖書集成方輿彙編職方典第三百七十卷開封府部祥符縣：東至陳留縣界三十五里，西至中牟縣界三十五里，南至尉氏縣界六十五里，北至封丘縣界四十里，東西廣七十里，南北一百五十里，東北九十里爲蘭陽縣。

**〔四〕府僚打春**

陳元靚歲時廣記卷第八纏春杖：歲時雜記：春杖子用五綵絲纏之，官吏人各二條，以鞭春牛。東坡詞云：「春牛春杖，無限春風來海上。」

田況儒林公議：太平興國戊寅歲，程羽守益都，時立春在近，縣吏納土牛偶人於府門外，觀者頗衆，主人恐其爲人所損，遂致廳事之左。適程出視事，怪問之，主者以對，程歎曰：「農夫牧豎非升廳之人，兆見於此，不祥莫大焉。」當時聞之以爲過論，至甲午歲果有村氓叛竊，入據城邑焉，人亦服其理識。

無名氏新編分門古今類事第十三卷讖兆門上興國芒兒：太平興國二年冬，縣司以春牛呈知府，就午門外安排，薦以香燈酒果。其芒兒壞之頗精，同判王洗馬晦明慮觸損關事，移置廳上。知府程給事晚忽見廳角有一土偶，問左右，對曰：「春牛與芒兒。」遽令移出，仍問何人置此，欲罪之。對云：「乃同判指撝。」遂召同判過廳相見，謂曰：「上自開封府，中至刺史，下及縣令，皆有衙廳，是行德教政令之所，其餘則公廳而已。某雖不才，忝爲刺史，且芒兒者耕墾之人，不合將上廳，乃不佳之兆，將來恐村夫輩或有不軌耳。」至甲午年果有順賊之亂，乃其應焉。

張師正括異志卷二陳少卿：太常少卿陳公希亮，曩歲刺宿州。廳事後門常扃鑰，相傳云：開則有怪物見。陳剛方明決，不之信，遽命啓之。果有群妖晝夜隱現於房闥間，陳亦不甚懼。一日，偶至土地堂，見土偶數十，疑其爲妖，命碎之，投諸汴水。妖遂絶。蓋每歲立春，出土牛。牛既爲所分裂，衙卒乃取策牛人置於土地之祠也。

楊囦道雲莊四六餘話：東坡手澤云：元豐六年十一月二十七日，天欲明，數吏持紙一幅，其上題云：請祭春牛文。予取筆疾書云：「三陽既至，庶草將興。爰出土牛，以戒農事。衣被丹青之好，本出泥塗；成毁須臾之間，誰爲喜愠？」吏笑曰：「此兩句，復當有怒者。」傍有一吏云：「不妨不妨，此是唤醒他。」盤洲祭勾芒神文曰：「天子命我，盡牧南海之民；農人告予，將有西疇之事。金銅虎謹班春之職，出土牛示嗣歲之期。」此當是帥廣時所作，意雖與東坡不同，而詞語環妙則似之。

〔五〕**如方州儀**

〔文案〕京都譯注本謂不明「方州儀」。司馬光資治通鑑卷一百三十四宋紀十六順帝昇明元年記魏徐州刺史李訢「以其私用人爲方州」。胡三省注曰：「古者八州八伯，謂之方伯，後世遂以州刺史爲方州。」胡三省注釋「方州儀」意明。

〔六〕**春幡**

陳元靚歲時廣記卷第八簪春幡：提要録：春日刻青繒爲小幡樣，重累十餘，相連綴而簪之，亦漢之遺事也。

宋庠宋元憲集卷三賜賀正旦人使春幡勝盤等：端方布和，上春啓祚。餌辛盤而惟舊，戴賓勝以增華。並示寵頒，且均嘉貺。

韓琦謝春盤幡勝狀：緹律回春，青陽戒節，鏤勝俯遵於俗尚，雕盤棨錫於時珍。上荷恩私，至深銘刻。

# 元宵

正月十五日〔一〕元宵，大内前自歲前冬至後，開封府絞縛山棚，立木正對宣德樓，遊人〔二〕已集御街，兩廊下奇術異能〔三〕，歌舞百戲，鱗鱗相切，樂聲嘈雜十餘里，擊丸〔四〕、蹴踘〔五〕、踏索〔六〕、上竿〔七〕、趙野人倒喫冷淘〔八〕、張九哥〔九〕吞鐵劍、李外寧藥法傀儡、小健兒吐五色水〔一〇〕、旋燒泥丸子〔一一〕、大特落灰藥榾柮兒雜劇、温大頭、小曹嵇琴〔一二〕、党千簫管〔一三〕、孫四燒煉藥方〔一四〕、王十二作劇術〔一五〕、鄒遇、田地廣雜扮〔一六〕、蘇十、孟宣築毬〔一七〕、尹常賣〔一八〕五代史、劉百禽蟲蟻〔一九〕、楊文秀鼓笛〔二〇〕。更有猴呈百戲〔二一〕、魚跳刀門〔二二〕、使唤蜂蝶〔二三〕、追呼螻蟻〔二四〕。其餘賣藥、賣卦〔二五〕、沙書地謎〔二六〕，奇巧百端，日新耳目。至正月七日，人使㊀朝辭出門，燈山〔二七〕上綵，金碧相射，錦繡交輝。面北悉以綵結山沓㊁，上皆畫神仙故事。或坊市賣藥賣卦之人。横列三門，各有綵結、金書大牌，中曰「都門道」，左右曰「左右禁衛之門」，上有大牌曰「宣和與民同樂」〔二八〕。綵山〔二九〕左右以綵結文殊、普賢，跨獅子、白象〔三〇〕，各於手指出水五道，其手摇動。用轆轤〔三一〕絞水上燈山尖高處，用木櫃貯之，逐時放下，如瀑布狀〔三二〕。又於左右門上，各以草把縛成戲龍之狀，用青幕遮籠，草上密置燈燭數萬盞，望之蜿蜒如雙龍飛走〔三三〕。自燈山至宣德門樓〔三四〕横大街，約百餘丈，用棘刺圍遶，謂之「棘盆」，内設兩長竿，高數十丈，以繒綵結束，紙糊百戲人物，懸於竿上，風動宛若飛仙。内設樂棚，差衙前樂人作樂雜戲，并左右軍百戲在其中，駕坐一時呈拽。宣德樓上皆垂黄緣簾，中一位乃御座〔三五〕。用黄羅設一綵棚，御龍直執黄蓋掌扇，列於簾外。兩朵樓各掛燈毬〔三六〕一枚，約方圓丈餘，内燃椽燭，簾内亦作樂。宫嬪嬉笑之聲，下聞於外。樓下用枋木壘成露臺一所，綵結欄檻，兩邊皆禁衛排立，錦袍幞頭簪賜花，執骨朵子。面此樂棚，教坊、鈞容直、露臺弟子，更互雜劇。近門亦有内等子班直排立。萬姓皆在露臺下觀看，樂人時引萬姓山呼。

［校］

㊀陳元靚歲時廣記卷十縛山棚於「人使」前補「外國」二字。

㊁「沓」，陳元靚歲時廣記卷十縛山棚作「沓」。

［注］

〔一〕**正月十五日**

司馬光涑水記聞卷第十四：元豐元年正月十五日夜，張燈。太皇太后以齒疾不能食，不出觀。故上於閏月十五日夜，於禁中張燈，露臺妓樂俱入，太皇太后疾尚未平，酒數行而起。李偕臣云。

無名氏宣和遺事前集：皇都最貴，帝里偏雄。皇都最貴，三年一度拜南郊；帝里偏雄，一年正月十五日夜，州裏底唤做山棚，内前的唤做鼇山。從臘月初一日，直點燈到宣和六年正月十五日夜。爲甚從臘月放燈？蓋恐正月十五日陰雨，有妨行樂，故謂之「預賞元宵」。

〔二〕**遊人**

吕居仁軒渠録：司馬温公在洛陽閒居，時上元節，夫人欲出看燈，公曰：「家中點燈，何必出看？」夫人曰：「兼欲看遊人。」公曰：「某是鬼耶？」

無名氏宣和遺事前集：是時底王孫公子，才子佳人，男子漢都是子頂背帶頭巾，窄地長背子，寬口袴，側面絲鞋，吴綾襪，絹金裹肚，妝着神仙；佳人却是戴蟬肩冠兒，插禁苑瑶花，星眸與秋水争光，素臉共春桃鬥艶，對伴的似臨溪雙洛浦，自行的月殿獨嫦娥。那遊賞之際，肩兒厮挨，手兒厮把，少也是有五千來對兒。詩曰：

太平時節喜無窮，萬斛金蓮照碧空。最好遊人歸去後，滿頭花弄曉風來。

〔三〕**奇術異能**

上官融友會談叢卷中：都官員外郎中師言：至道初，在京師上元夜，與朋立端門下，俟車駕以觀。

俄傾，太宗乘步輦自南來，「棘闈」中宜僚都盧曼延之戲，溢目不可紀。其間一人負巨盎膏焰，其人迎立於駕前，乃揚言曰：「大家看臣藏火之戲。」聖君亦爲之屬目，負盎者遂褫去餘服，止披一綈袍，向火盎而掩之，拉綈袍在兩手團之，如無物。移時，擲於地，即舉而披之，襟袖間尚氣焰四□，仍灼其鬢眉焉。逡巡豁開綈袍火，而披之盎，盎如故，而火猛烈之勢愈甚。太宗駭視久之，賜與加等。又説應舉時，於天街見弄盞者，其盞百隻，置於左右手，更互擲之，常一半在空，遞相拽擊，聲皆中節，雖觀者如堵，但心目眩轉，莫測其所學焉。夫技藝駭衆，世自有之，不經見者，以爲妄談。而列子所説，周穆王時西極之國，有化人來，入水火貫金石，千變萬化，不可窮極，則藏火之人近之。又宋簡子弄七劍，疊而躍之，五劍常在空，則擲盞者方之彼，何足異乎？

吴淑江淮異人録潘扆：潘扆者，大理評事潘鵬之子也。少居於和州，樵采雞籠山以供養其親。嘗過江至金陵，泊舟秦淮口，有一老父求同載過江。扆敬其老，許之。時大雪，扆市酒與同飲。及江中流，酒已盡，扆甚恨其少，不得醉。老父曰：「吾亦有酒。」乃解巾，於髻中取一小葫蘆子，傾之，極飲不竭。扆驚，益敬之。及至岸，謂扆曰：「子事親孝，復有道氣，可教也。」乃授以道術。扆自是所爲詭異，世號之爲「潘仙人」。能掬水銀於手中，按之即成銀。嘗入人家，見池沼中落葉甚多，謂主人曰：「此可以爲戲。」令以物漉，取之置之於地，隨葉大小，皆爲魚矣。更棄於水，葉復如故。有蒯亮者，嘗至所親家，同坐者數人，見扆過於門，主人召之，乃至。因謂扆曰：「請先生出一術以娱賓。」扆曰：「可。」顧見門前有鐵砧，謂主人曰：「得此鐵砧，可以爲戲。」因就假之，既至，宸乃出一小刀子，細細切之至盡。坐客驚愕。既而曰：「假人物不可壞之也。」乃合聚之，砧復如故。又於袖中出一幅舊方巾，謂人曰：「勿輕此，非一人有急，不可從余假之，他人固不能得也。」乃舉以蔽面，退行數步，則不復見。能背本誦所未嘗見書，或卷而封之，置之於前，首舉一字，則誦之終卷。其間點竄塗乙，悉能知之。所爲多此類，亦不復盡紀。後亦以疾卒。

蔡絛鐵圍山叢談卷第四：百戲諸伎甚精者，皆挾法術。元豐中有藝人，善藏舟，用數十人舉而置之，當場萬衆不見也。嘗經御樓前，上下莫不駭異。

景焕野人閒話旌節花：王侍中處回，嘗於私第延接布素之士，蓋欲尋藥術神仙之道，從蜀主之所好也。一旦，有道士龐眉大鼻，布衣襤褸，山童從後，造謁王公。於竹葉上大書：道士王桃枝奉謁。王公從容置酒，觀其談論，清風颯然，甚仰之。因曰：「弟子有志清閒，思於青城山下，致小道院居住。」道士曰：「未也。」因之山童處取劍，細點階前土廣尺餘，囊中取花子種之，令以盆覆於上，逡巡，去盆，花已生矣。漸隨日長大，形長五尺以來，層層有花，爛然可愛者兩苗。道士曰：「聊以寓目適性，此仙家旌節花也。」

無名氏鴛渚志餘雪窗談異帙上鬻柑老人録：端平間，有一老人，寓居嘉興旅店，杖策荷蓧，以賣柑爲事。及暮必醺醉，醉必浩歌甚樂，半度情懷，悠然與常人不伍。如是者月餘，主人疑其非市易者流，且彼之柑，不販不益，而鮮紅美潔者，日滿於器，又何所攜少而所鬻多也。因竊窺之，見老人夜用香爐盛土，植柑於內，老人輕手拂拭，口若誦咒狀，隨即屈膝偃卧。爐中之種，俄而葉，俄而花，又俄而實，遲明則垂熟累累矣。主人奇異其術，因與結歡，密邀飲，願受教。

〔四〕擊丸

魏泰東軒筆録卷之十二：余爲兒童時，嘗聞祖母集慶郡太守陳夫人言：江南有國日，有縣令鍾離君，與鄰縣令許君結姻。鍾離女將出適，買一婢以從嫁。一日，其婢執箕帚治地，至堂前，熟視地之窊處，惻然泣下。鍾離君適見，怪問之，婢泣曰：「幼時我父於此穴地爲毬窩，道我戲劇，歲久矣，而窊處未改也。」

陳元靚歲時廣記卷十六寒食下擊毬戲：歲時雜記：寒食節，京師少年，多以花毬棒爲擊踘之戲。又爲兒弄者，或以木或以泥，皆以華麗爲貴。

元好問續夷堅志卷一京娘墓：都轉運使王宗元老之父礎，任平山令，元老年二十許，初就舉選，肄業縣廨之後園。一日晚，步花石間，與一女子遇，問其姓名，云：「我前任楊令女。」元老悦其稚秀，微言挑之，女不怒而笑，因與之合。他日寒食，元老爲友招，擊丸於園西隙地。僕有指京娘墓窩場者。

朴通事諺解上：開春打毬兒。〔「毬兒」，質問云：作成木圓球。「毬兒」，質問所釋，疑即本國優人所弄杓鈴之戲，與此節小兒之戲，恐或不同。詳見下卷集覽。〕

〔下卷〕「咱們今日打毬兒，如何？」〔「今按質問，畫成毬兒，即如本國당방을。注云：以木刷圓。」〕

「咱賭什麽？」「咱賭錢兒。」「那個新來的崔舍，你也打的麽？」「我怎麽打不的？」「你是新來的莊家，那裏會打？」「不濟事，你休問他。」「我學打這一會。」

「將我那提攬和皮袋來。」〔「提攬」，質問云：如筐子，上有圓圈，用手提攜，方言謂之「提攬」。又云：或竹或荊爲之，有本等長圓提繫。今以質問之釋考之，則「攬」字作「籃」爲是，然此兩釋，似皆不合本意，未詳是否。〕拿出毬棒來。〔「毬棒」，質問云：如人要木毬，要木棒，一上一下，用有柄木杓接毬，相連不絶，方言謂之毬棒。又云：此戲之一端也，有毬門，有窩兒，中者爲勝，以下四者俱打毬之用。〕借與崔舍打，飛棒杓兒、〔「飛棒杓兒」，質問：畫成毬棒，即本國武試毬杖之形。而下云暖木厢柄，其杓用水牛皮爲之，以木爲胎。今按，暖木，黄蘗木也。厢柄者，以黄蘗皮裹其柄也。胎者，以木爲骨，而以皮爲外裹也。〕滚子、鷹嘴，擊起毬兒，〔「鷹嘴」，質問云：毬棒上所用之物。「擊起毬兒」，質問云：如人將木圓毬兒打起老高，便落於窩内，方言謂之擊起毬兒。〕都借與你。」

「咱打那一個窩兒？」〔「窩兒」，質問云：如人打毬兒，先掘一窩兒，後將毬兒打入窩内，方言謂之「窩兒」。又一本質問：畫毬門架子，如本國抛毬樂架子，而云木架子，其高一丈，用五色絹結成彩門，中有圓眼，擊起毬兒入眼過落窩者勝。〕

「咱且打毬門窩了。」〔「毬門窩兒」，質問云：如打毬兒，先竪一毬門，上繫毬窩，然後將毬打上，方言謂之「毬門窩兒」。又云：平地窟成圓窩，擊起毬兒落入窩者勝。」

「打花臺窩兒。」〔「花臺」，質問云：以磚砌臺，其上栽花藏窩，將毬打入窩内爲勝。」

「打花房窩兒。」〔「花房」，質問云：如打毬，先立毬窩於花房之上，然後用棒打入，方言謂之「花房窩兒」。凡數樣毬名，用各不同如此。又云：在馬上舞毬棒，一木有一尺五寸長，上下俱窩兒。今按：上文自打球兒以下，質問各説，似不穩合。先説尤不合於本節所云事意，而又無義理；後説似有可取，而又有一疑，毬棒杓兒之制，一如本國武試毬杖之設，即元時擊丸之事。毬門及三窩兒之設，一如本國抛毬樂之制，質問所畫亦同此制，詳見事林廣記。但今漢俗，未見兩毬，而惟見踢氣毬者，即古之蹴鞠也。此節打毬兒，又如上卷打毬兒，名同事異。但本國龍飛御天歌云：擊毬之法，或數人，或十餘人，分左右以較勝負。棒形如匙，大如掌，用水牛皮爲之，以厚竹合以爲柄棒。皮薄則毬高起，厚則毬不高起。又有滾棒，所擊之毬輪而不起。隨其厚薄大小，厥名各異。毬用木爲之，或用瑪瑙，大如雞卵，掘地如碗，名「窩兒」。或隔殿閣而作窩，或於階上作窩，或於平地作窩。毬行，或騰起，或斜起，或輪轉，各隨窩所在之宜。一擊入窩則得算二，一擊不入，隨毬所止。再三擊之而入，則得算一。一擊而入，則他毬不得再擊而死。再擊而入，則他毬不得三擊而死。此後同。一擊之毬，雖與他毬相觸而不死，再擊之毬，與他毬相觸則死，此後亦同。或立而擊，或跪而擊，節目甚多。又云擊鞠，騎而以杖擊也，黄帝習兵之勢。或曰起於戰國，所以練武士，因嬉戲而講習之，猶打毬，非蹴鞠之戲也。」

「咱打不上的。看那一個毬兒老時，着先打。」一霎兒，人鬧起來，新來的崔舍，三回連打上了。別人道：「夢着了也。」又打了一會，崔舍又打上。衆人喝彩道：「我不想這新來的莊家快打，這的喚做『人不可貌相，海不可斗量』，怎麽小看！」崔舍道：「哥，你們再也敢和我打毬麽？你十分休小看人，常言道：『寸鐵入木，九牛之力。』」

王和卿［南吕］一枝花爲打毬子作：夭桃綻錦囊，嫩柳垂金線。梨花噴白雪，芳草緑鋪茵，春日郊園。出鳳城閑遊玩，選高原勝地面，就華屋芳妍，將步踘家風習演。

［梁州］列俊逸五陵少年，簇豪家一代英賢。把人間得失踏遍。輸贏勝敗，則要敬愛相憐。忘機乘興，花徑斜穿。高場上觔處盤旋，要高名天下人傳。頭棒急鑽徹雲煙，二六緊巧妙兩全，高場中扶輥能眠。非是過口身不到，三斗聲名顯。論出遠更休選，折抹待占。事畫團欒莫施展，占鎮中原。

［三煞］四周濃緑圍屏甸，一簇深紅罩短垣，習行打遠樂霞川。據那義讓廉和，有仁德高低無怨，要知左右識體面。擔捧籠叫須奴趁圈，盡日連年。

［二］輕輪月杖驚花片，慢輥星丸蕩柳線，一行步從緊相連。諸傳戲都難，唯摇丸元無酌獻，自古與流傳。想常勝尋思意非淺，但犯着死處休言。

［一］舊作杖結束得都虬健，絨約手紮拴的彩色鮮。錦衣拋勝各争先，得勝的欣然，畫方基荷茵庭院。安員王將袖梢先捲，覷上下，觀高低，望遠近，料得周正無偏。

〔尾〕唱道引臂員扇，棒過處飛星如箭。茂林中法頭不善。指覷窩落在花柳場邊，不弔上也無一步遠。

〔五〕**蹴踘**

宋話本錢塘夢：有三十六條花柳巷，七十二座管弦樓。更有一答閑田地，不是栽花蹴氣毬。

李頎詩話四二六蹴踘：顏師古解霍去病穿城蹋鞠云：「以皮爲之，實以毛，蹴蹋爲戲也。」顏時鞠乃如此。至後唐已不同。歸氏子弟嘲皮日休曰：「八片尖斜砌作毬，火灰搙了水中揉。一包閒氣如常在，惹踢招拳卒未休。」

陳元靚事林廣記蹴踘圖

司馬光温公續詩話九：丁相謂善爲詩，在珠崖猶有詩近百篇，號知命集，其警句有「草解忘憂憂底事，花能含笑笑何人」。少時好蹴踘，長韻其二聯云：「鷹鶻騰雙眼，龍蛇繞四肢。躡來行數步，蹺後立多時。」

李錞詩話一六機辨：蘇州李璋舉進士有聲，才氣過絶於人。放誕浮薄，竟止於小官。王荆公嘗拜之。爲舉子日，因與人踢毬，誤墜良家婦頭上，碎其冠梳，其家訟於官，因至庭下。太守曰：「若真舉子乎？吾將試之。」璋乞賦題。太守曰：「可賦汝踢毬誤辟良家婦冠梳事。」璋應聲曰：「偶與朋遊，閑築氣毬。起自卑人之足，忽昇娘子之頭。方一丈八尺之時「毬別無故事，其高止於一丈八尺」，不妨好看；吃八棒十三之後，着甚來由！」太守大笑，遣之。

陳元靚新編纂圖增類群書類要事林廣記戊集卷之二文藝類圓社摸場：四海齊雲社，當場蹴氣毬。作家偏著所，圓社最風流。况是青春年少，同輩朋儔。向柳巷花街玩賞，在紅塵紫陌追遊。脱履挦來憑眼活，認真爲有準；扠兒扶住惟口嗚，識踢乃無憂。右搭右花跟，似烏龍兒擺尾；左側左虚扢，似丹鳳子摇頭。下住處全在低美，打着人惟仗推收。使力藏力，以柔取柔。集閑中名爲一絶，决勝負分作三籌。（俺也）絲鞋羅袴，短帽輕裘。襟沾香汗濕，襪污軟塵浮。佩劍仙人時側目，攛梭玉女巧凝眸。粉鉗兒前後仰身，身移不浪；金剪刀往來移步，步過頻偷。况乎奢華治世，豪富皇州。春風喧鼓吹，化日沸歌謳。歡笑對吴姬越女，繁華勝桑瓦潘樓。湖山風物，花月春秋。四聖觀柳邊行樂，三天竺松下優游。

樂事賞心，難并四美；勝友良朋，無非五侯。心向閑中著，人於倬裏求。凡來踢圓者，必不是方頭。

齊雲社規：

以鼻爲界分左右，是在左使左，在右使右。側邊依拐，在肩使肩，在膝使膝，是搭使搭，當賺即賺，並要步活眼親，兩手如提重物，方爲圓社。

不許入步拐，不許退步搭，不許入步肩，不許退步背，不許入步躡，不許入步膝，要四厢不背，用遠近著人，狂風起不踢，酒後不可踢。

纔下場，他人打論來，復接住氣毬，爲同踢人曰：斷帶挾。與在場人一揖，還賺絲與下手。先小踢，次官場，次高而不，或打二，或落花流水，或打花心，或皮破，或白打放踢並不許小踢。踢罷與衆云：重承帶挾。各一揖。並要依此規矩，故云「天下圓」。

下脚文：幾回運動戲，要歡生昂頭，取巧額尖入，鬢更朝天直，下便宜鞋又脱靴，並八字頻蹺搕膝，氣要崧勻使，偷頭十字拐，纏脚面，鳳番身，肩孤微穩，番成轉頭燕歸窠，白捺纔停。變化背妝花肐膝，最好是搕羅兒巧，無過是鮑老，價肩猶勝花脚根，争似剪刀股，豈如雙繡帶，於中風範，須臾繞項，粉鉗兒喝采，工來撚指番成，急料拐，鎖腰拐，行家拍踢累，孛圖浪子難施。論來得高，使花肩和肩偷比肩；論來得低，使虚蹬躡蹬；論來得淺，使虓搭麼搭招頭搭；論來得深，使正騎背騎斜飛騎；論踢時，四厢不背；論打後，遠近着人。膝高三丈二，賺打十三間，脚頭教萬踢，解數百千般。

肩、背、拍、拽、捺、控、膝、拐、搭、膁總訣：肩如手中持重物，用背慢下快回頭。拐要控膝蹲腰取，搭用伸腰不起頭。控時須用雙睛顧，捺用肩尖微拍高。拽時且用身先倒，右膝左手略微高。胸拍使了低頭覷，何必頻頻問緑楊。

周密齊東野語卷二十隱語：蹴踘云：「瞻之在前，忽焉在後。欒然後笑，人不厭其笑。」

江少虞宋朝事實類苑卷第五十二書畫伎藝蹴踘：蹴踘以皮爲之，中實以物，蹴蹋爲戲樂也，亦謂爲毬焉。今所作牛彘胞，納氣而張之，則喜跳躍，然或俚俗數少年簇圍而蹴之，終無墮地，以失蹴爲恥，久不墮爲樂，亦謂爲築毬鞠也。蹴，陳力之事，故習蹴鞠，乃習射之道。後變鞠爲木角者，見其圓轉自若，似辯其間不無法度形勢，故有著蹴鞠二十五篇書也，枚皋著賦詠焉。又霍去病穿域蹋音踏鞠，穿地作鞠室也。士之言，謂之論，今有步打、徒打，不徒則馬打，大有規制禮格，用意奇巧，取其精練者爲上。今聖精敏此藝，置供御打毬供奉，亦猶唐有後園小打毬官也，然時習之，不爲常好也矣。

劉攽中山詩話二五：鞠，皮爲之，實以毛，蹙蹋而戲。見霍去病傳注：「穿城蹋鞠。」晚唐已不同矣。歸氏子弟嘲皮日休云：「八片尖皮砌作毬，火中燀了水中揉。一包閒氣如常在，惹踢招拳卒未休。」今柳三復能之，述曰：「背裝花屈膝，屈，口勿反。白打大廉斯。進前行兩步，蹺後立多時。」柳欲見晉公無由，會公蹴毬後園，偶迸出，柳挾取之，因懷所業，戴毬以見公。出書再拜者三，每拜，毬起復於背脊幞頭間，公乃笑而奇之，遂延於門下。然弟子拜師，常禮也，獨毬多賤人能之，每見勞於富貴子弟，莫不拜謝而去，此師拜弟子也。術不可不慎，此亦可喻大云。

黄朝英靖康緗素雜記卷九格五：今人又以蹙鞠爲擊鞠，蓋蹴、擊一也。沈存中乃以擊鞠爲擊木球子，故謂與蹴鞠異，反以爲傳寫之誤，非也。故唐書所載，但云擊毬，不謂之鞠，其義甚明。

沈括夢溪筆談卷二十五雜誌二：潘閬，字逍遥，咸平間有詩名，與錢易、許洞爲友，狂放不羈。嘗爲詩曰：「散拽禪師來蹴踘，亂拖遊女上鞦韆。」此其自序之實也。

施耐庵羅貫中水滸傳第二回王教頭私走延安府 九紋龍大鬧史家村：高俅看時，見端王頭戴軟紗唐巾，身穿紫繡龍袍，腰繫文武雙穗絛，把繡龍袍前襟拽紮起，揣在絛兒邊，足穿一雙嵌金錢飛鳳靴。三五個小黄門，相伴看蹴氣毬。高俅不敢過去衝撞，立在從人背後伺候。也是高俅合當發迹，時運到來，那個氣毬騰地起來，端王接個不着，向人叢裏直滾到高俅身邊。那高俅見氣毬來，也是一時的膽量，使上鴛鴦拐，踢還端王。

那端王且不理玉玩器下落，却先問高俅道：「你原來會踢氣毬。你唤做甚麽？」高俅叉手跪復道：「小的叫做高俅。胡踢得幾脚。」端王道：「好！你便下場來踢一回耍。」高俅拜道：「小的是何等樣人，敢與恩王下脚。」端王道：「這是齊雲社，名爲天下圓，但踢何傷。」高俅再拜道：「怎敢。」三四五次告辭。端王定要他踢，高俅只得叩頭謝罪，解膝下場。才踢幾脚，端王喝采。高俅只得把平生本事都使出來，奉承端王。那身分模樣，這氣毬一似鰾膠粘在身上的。

九山書會張協狀元第二齣：（生白）［望江南］多忔戲，本事實風騷。使拍超烘非樂事，築毬打彈謾徒勞，設意品笙簫。

第二十八齣：（浄）把三文來，我要趕脚頭。（末）蹋得好氣毬。

第四十八齣：（丑）那一年蹋氣毬，尊官記得？（浄）相公蹋得流星隨步轉，明月逐人來。記得耆卿蹋個左簾，相公蹋個右簾。耆卿蹋個左拐。（丑）當職蹋個右拐。

范公偁過庭録：王齋叟彦齡，霖弟也。有絶才，九流無所不能。宣和間，上愛琵琶，博選工妙處樂府，彦齡往視工者彈撥，因默問一二，工失措，再拜就學焉。能袒裼舞長曲，左右周旋如神，覩者失色。又以蹴踘馳天下。

四水潛夫武林舊事卷第四：築毬三十二人：左軍一十六人：毬頭張俊　蹺毬王憐　正挾朱選　頭挾施澤　左竿綱丁詮　右竿綱張林　散立胡椿等　右軍一十六人：毬頭李正　蹺毬朱珍　正挾朱選　副挾張寧　左竿綱徐賓　右竿綱王用　散立陳俊等。卷第六諸色伎藝人：蹴毬：黄如意　范老兒　小孫　張明　蔡潤。

西湖老人繁勝録：寬闊處蹋毬，放胡哮，鬥鵪鶉。

吴自牧夢粱録卷三宰執親王南班百官入内上壽賜宴：第六盞再坐，斟御酒，笙起慢曲子。宰臣酒，龍笛起慢曲子。百官酒，舞三臺，蹴毬人争勝負。且謂：「樂送流星度彩門，東西勝負各分番。勝賜銀

湖南省博物館藏宋蹴踘紋銅鏡摹圖

碗並彩緞，負出麻鞭又抹鎗。」下酒，供假鼋魚、蜜浮酥捺花。卷十九社會：更有蹴踘、打毬、射水弩社，則非仕宦者爲之，蓋一等富室郎君，風流子弟，與閒人所習也。

周彦質宮詞：名園蹴踘稱春遊，近密宣呈技最優。當殿不教身背向，側中飛出足跟毬。

〔文案〕湖南省博物館所藏宋蹴踘紋銅鏡，使蹴踘景象畢現：一戴幞頭，着長服，服飾式樣與湖南岳陽宋墓出土男子陶俑相似，蹲步，稍向前傾，認真作防禦姿勢。一高髻笄髮，髮式服裝與宋蕉蔭擊毬圖中伏案婦女相似，動態，作踢毬狀。小毬介於起落之間，富有活動感。毬上隱約可見桔瓣狀縫合痕。右側有一手執一鈴狀物青年，凝神探視雙方。左側是一腰束百折裙女郎，認真注意着毬賽情況。據周世榮足毬紋銅鏡和宋代的足毬游戲研究：銅鏡圖中側旁青年手執一物，類似摇鈴，又似籌碼，説明蹴踘輸贏用籌碼來算。

〔六〕**踏索**

劉筠大酺賦：望仙盤於雲際，視高絙於坦塗。俊軼鷹隼，巧過猿狙。炫多能於懸絶，校微命於錙銖。左回右轉，即亟只且！嘈囋沸漬，鼓噪歔欷。實倒投而將墜，旋斂態而自如。亦有侲僮赤子，提攜叫呼。脱去繈褓，負集危軀。效山夔之躑躅，恃一足而有餘。欻對舞於索山，跳丸劍而争趨。偃仰拜起，如禮之拘，雜以拔距投石，沖狹戲車。虵予交擊，猿騎分軀。韓嫣之金丸疊中，孟光之石臼凌虚。習五案者，於斯盡矣；透三峽者，何以加諸？

司馬光走索：伎兒欲誇衆，喜占衢路交。繫組不厭長，縛竿不厭高。空中紛往來，巧捷輕如猱。却行欠膚寸，倒結連秋毫。參差有萬一，齏粉安可逃。錢刀不盈掬，身世輕鴻毛。徒資旁觀好，曹偶相稱褒。豈知從事者，處之危且勞。

王銍默記卷下：晏元獻罷相守潁州。一日，有歧路人獻雜手藝者，作踏索之伎。已而擲索向空，索植立，遂緣索而上，快若風雨。

〔七〕**上竿**

晏殊詠上竿伎：百尺竿頭裊裊身，足騰跟掛駭傍人。漢陰有叟君知否？抱甕區區亦未貧。

無名氏鬼董卷一：章仇兼瓊鎮蜀日，佛寺大會百戲，在庭有十歲童兒，舞於竿杪。

葉夢得避暑録話卷下：仁廟初即位，秋宴，百戲有緣撞竿者，忽墜地，碎其首死。上惻然憐之，命以金帛厚賜其家，且詔自是撞竿減去三之一。晏元獻作詩紀之曰：「君王特軫推溝念，詔截危竿橫賜錢。」余往在從班侍燕時，見百戲撞竿才二丈餘，與

宋代敦煌壁畫頂竿圖（摹本）

外間絶不同。一老中貴人爲余言，後閲元獻詩果見之，廟號稱「仁」，信哉。

宋祁都街見椽橦伎感而成詠二闋：回望場中百尺竿，趫材飛捷過跳丸。垂堂亦有千金子，不敢中衢徙倚看。　孑孑危撞突倒投，負材驕壓漢場優。如何日到危身也，只丐旁人一笑休。

無名氏浣溪沙題贈飛竿簇：誰識飛竿巧藝全。兒童群戲豔陽天。十分險處都安然。　海燕舞空縈弱絮，嶺猿連臂下層巔。算來真個肉飛仙。

〔文案〕卷七駕幸臨水殿觀争標錫宴、駕登寶津樓諸軍呈百戲、卷八六月六日崔府君生日二十四日神保觀神生日、卷九宰執親王宗室百官入内上壽亦有「上竿」。

〔八〕**趙野人倒喫冷淘**

梅堯臣依韻和不疑寄杜挺之以病雨止冷淘會：邵杜二良守，相逢欲霑醉。促膝一開顔，衮衮言有味。或歎季路宜，或語伯夷是。各懷忠義心，要終豈同異。我實疏賤軀，政治未使試。預兹高古談，懦志生勇氣。明當饌湯餅，疾雨晦天地。一日不見君，何止如三歲。口腹尚乖期，榮華可推類。嗟嗟勿復問，安恬固無媿。

蘇軾二月十九日攜白酒鱸魚過詹使君食槐葉冷淘：枇杷已熟粲金珠，桑落初嘗灩玉蛆。暫借垂蓮十分盞，一澆空腹五車書。青浮卵碗槐芽餅，紅點冰盤藿葉魚。醉飽高眠真事業，此生有味在三餘。

李之儀問傅子淵求冷淘醋：君不見東林木魚催萬指，巾鉢紛紛似流水。銀絲百遍連夜具，大解行齏如酒醴。又不見親賢宅中午睡足，花簇春羔衒紅緑。一窩隨首髮猶粗，妖冶均調笑相續。他日何人參智海，研乳磨薑搗椒蕤。便覺廬山落眼中，誰爲窮邊輒相會。往還斷絶惟緘默，塹遠葷膻味薝蔔。親賢勝事不可尋，且向個中求一則。

吴坰五總志：司馬温公昔在西都，每復被獨樂園，動輒經月，諸老時過之。間亦投壺，負者必爲冷淘，然亦未嘗置庖，特呼於市耳。

趙令畤侯鯖録卷八：黄魯直云：爛蒸同州羊羔，沃以杏酪，食之以匕不以筯，抹南京麪，作槐葉冷淘，糝以襄邑熟猪肉，炊共城香稻，用吴人鱠松江之鱸。既飽，以康山谷簾泉，烹曾坑鬬品。少焉，卧北窗下，使人誦東坡赤壁前後賦，亦足少快。

高似孫緯略卷十一潑生麪：太平記曰：「大夫蚤來，已食一碗潑生麪矣。」太平記，唐人所作，竇平曰：「潑生麪，疑自今之略生麪也，如冷淘。」

吕本中紫微詩話二九：東萊公嘗與群從出城，至村寺中，寺僧設冷淘，止具酢，無它物。令衆對「入寺冷淘惟有酢」，叔巽應聲對云：「出門蒸餅便無鹽。」衆服其敏。

陳元靚重編群書類要事林廣記卷之五殺蔌搜奇翠縷冷淘：槐蕊採新嫩者，研取自然汁，依常法搜麪，倍加揉搦，然後薄捏縷切，以急火瀹湯煮之。候熟，投冷水搋過，隨意合汁澆供，味既甘美，色亦鮮翠。又且食之益人，此即坡仙法也。凡治麪須硬作熟搜，瀹湯久煮。

無名氏居家必用事類全集庚集肉下酒水晶冷淘膾：豶猪夾脊皮三斤浄，及膘刷浄。入鍋，添水，令高於皮三指。急火煮滚，却以慢火養。伺耗大半，即以杓撇清汁澆大漆單盤内，如作煎餅，乘熱摇蕩，令遍滿盤底。候凝，揭下，切如冷淘。簇生菜、韭、筍、蘿葡等絲，五辣醋澆之。

濕麵食品翠縷麵：採槐葉嫩者，研自然汁，依常法搜和。擀切極細，滚湯下。候熟，過水供。汁葷素任意。加蘑菇尤妙。味甘色翠。

王銍默記：歐陽公爲西京留守推官，富鄭公猶爲舉子。每與公往來，是時胥夫人乳媪年老不睡，善爲冷淘，鄭公喜嗜之，每晨起戒中廚具冷淘，則鄭公必來。

倪瓚雲林堂飲食制度集冷淘麵法：生薑去皮，擂自然汁，花椒末用醋調，醬濾清，作汁。不入別汁水。以凍鱖魚、鱸魚、江魚皆可。旋挑入減汁内。蝦肉亦可，蝦不須凍。汁内細切胡荽或香菜或韭芽生者。搜冷淘麵在内。用冷肉汁入少鹽和劑。凍鱖魚、江魚等用魚去骨、皮，批片排盆中，或小定盤中，用魚汁及江魚膠熬汁，調和清汁澆凍。

沈濤交翠軒筆記卷四：猗覺寮雜記：子美槐葉冷淘云：「君王納凉晚，此味亦時須。」事見太官令夏供槐葉冷淘，出唐六典。案今本六典載太官供膳夏月加冷淘粉粥，新仲所引，恐誤。蓋冷淘無物不可爲之，特子美用槐葉耳。宋王禹偁有甘菊冷淘詩，見小畜集。

潘榮陛帝京歲時紀勝五月夏至：夏至大祀方澤，乃國之大典。京師於是日家家俱食冷淘麵，即俗説「過水麵」是也。乃都門之美品。向曾詢及各省遊歷友人，咸以京師之冷淘麵爽口適宜，天下無比。

傅起鳳傅騰龍中國雜技史第六章都會雜技的繁榮：東京夢華録元宵條羅列衆藝人作藝時，提到過「趙野人倒吃冷淘」的節目，冷淘即是凉粉，倒吃是向後彎腰成反弓狀銜起凉粉。這個節目一直保留到近代，雜技舞臺上的倒喝水和當代轉碟中的垂腰采蓮，就是由這個節目演變而來。「懸倒進餐」也是由此而生，它是在地上立起一隻短竿，約五尺高，竿頂有一隻五寸大小圓盤，表演者將頭部倒立在竿頂，手足懸空，單憑脖頸的調整來保持人體平衡（俗稱頭鼎子或小頂），然後伸開雙手從助演手中接過食物咽下，以此來表現在倒立狀態下保持平衡的本領。

孔憲易夢華劄記試説冷淘：孟元老用這個「倒」字可能有兩種意義。一、熱天的食物在數九寒天來吃，這是季節的倒換。二、趙野人或者有可能用「拿大頂」（倒立）的姿勢來倒食細如髮絲的冷淘，其困難的幅度更大。爲此，它纔成爲一代的絶藝。

「冷淘」這一食品，是用細麵、新麵與槐葉水（或槐芽水）、甘菊水或其他水和成。和成之後，切成餅狀、條狀、絲狀投入鍋内，煮熟之後，再「投入寒泉盆」汀過之後，撈出潑上醬、醋、鹽、蒜、瓜、筍……諸調和，就可以食用了。我們還必須明白這是夏季「去火清熱」的素食。

記得筆者幼小時（民初），每逢夏至前後，家中用新大麥麵，或緑豆麵，摻上水打成麵漿，熬成後，用圓眼蒸籠罩於木桶上，桶中爲新打來的井水，將熱麵糊一杓一杓的漏下，之後，撈出盛在碗中，加上調和，然後食用，該食品像蝌蚪一樣，吃到口中冷於冰雪，開封人叫「吃蛇蚪」，恐怕這就是東京冷淘之遺吧！

〔文案〕中華鄧注本冷淘即今之凉粉一説，與冷淘凉麵相去不遠，並非錯斷，水晶冷淘膾亦可佐證。趙野人倒吃冷淘，雖爲伎藝，亦可證食冷淘不拘時節，非獨夏日。製冷淘「無物不可爲之」，各類形狀均具，爲流行大衆之濕麵食品。李之儀詩言冷淘醋，又爲調味食品。

〔九〕**張九哥**

李濂汴京知異記卷一：張九哥，不知何許人。慶曆間在京師，晝則行乞於市，得錢有餘，則復與人。夜宿空閒屋宇，或醉卧糞壤中，雖盛冬單衣，流汗浹面，人皆信其有道者。一日，有親王登樓，見群兒輩隨九哥行於道，王召之至，問曰：「汝有道乎？」曰：「有。」曰：「有何技藝？」曰：「惟學得快活術。」王笑曰：「與之巵酒。」

〔一〇〕**吐五色水**

成尋參天台五臺山記第一（延久四年四月）：會樂衆多不可思議。或作種種形象，以水令舞，令打鼓，令出水，二人如呪師廻轉，二人從口吐水高四五尺，二人從肘出水高五尺。

〔一一〕**泥丸子**

洪邁夷堅乙志卷第十五上猶道人：鄉人董璞，宣和四年爲南安軍上猶丞。有道人從嶺外來，長六尺餘，云將自此朝南嶽，且言有戲術。董爲置酒召客，而使至前陳其伎。獨攜無底竹畚一枚，泥滿其中，庭下觀者數百，道人令自取泥如豆納口内，人人詢之，欲得作何物，或果實，或殽饌，或飴蜜，不以時節土地所應有，皆以其意言。道人仰空吸氣，呵入人口中，各隨所須而變。戒令勿嚼勿咽，可再易他物，於是方爲肉者能成果，爲果者能成肉，千變萬化，無有窮極，而一丸泥自若也。

洪邁夷堅支庚卷第八景靈宮道士：紹興中，臨安有老道人，年八十餘歲，言舊爲京城景靈宮道士。嘗以冬日在三省門外空地聚衆，用濕紙裹黄泥，向日少時即乾，已成堅瓦。因白衆曰：「小術呈獻諸君子爲戲，却覓幾文錢沽酒。」乃隨地方所畫金木水火土五字，各撚一丸泥，包以濕紙，置其上，就日色曬之，告觀者請勿遮陽光。少頃去紙，東方者色青如靛，南者則赤如丹，西則白如珠，北則黑如墨，中央如黄蠟然。往來人以千百計，相顧歎異，各與之錢，而無取其泥者。天正寒，其人髪黄面黧，只着單衣，必有道者也。

傅起鳳傅騰龍中國雜技史第六章都會雜技的繁榮：中國著名的典型手彩幻術「仙人栽豆」就産生於宋代，那時稱之爲「泥丸」。東京夢華録曾記載了正月十五元宵時節，北宋開封府著名藝人小健兒專演「吐五色水」和「旋燒泥丸子」，西湖老人繁勝録中也提到「撮弄泥丸」的節目。其基本表演形式是：桌上反扣着兩隻小瓷碗和五個紅豆或泥丸，在藝人巧妙的翻碗和扣碗之間，紅豆隨心所欲地變來或遁走；高明的藝人招數極多，從「一粒下種」、「雙風貫耳」、「三星歸洞」直至五粒、十粒的「珠還合浦」，到變來滿碗紅豆的「秋收萬顆子」，千變萬化，全憑十指和手掌肌肉的控制，演者往往要下幾年功夫才能掌握它的全部技巧，有的藝人以畢生精力研習，表演此類節目。如武林舊事中列舉的王小仙、施半仙、章小仙、袁承局等，都是表演此術的高手。這個節目不僅體現出中國幻術手法技巧之精妙，也反映出創作節目的深度和設計程度的巧妙。它是根據道家無中生有，一生二，二生三，三生萬物的哲理創作的，表演層次豐富，使人百猜不解，百看不厭。

〔三〕**嵇琴**

沈括補筆談卷一：熙寧中，宮宴教坊伶人徐衍奏嵇琴，方進酒而一絃絶，衍更不易琴，只用一絃終其曲。自此始爲「一絃嵇琴格」。

四水潛夫武林舊事卷第一聖節天基聖節排當樂次正月五日：初坐樂奏夷則宫，觱篥起上林春引子，王榮顯。第三盞，唱延壽長歌曲子，李文慶。嵇琴起花梢月慢，李松。再坐第一盞，觱篥起慶芳春慢，楊茂。第二盞，箏起月中仙慢，侯端。嵇琴起壽爐香慢，李松。第

祗應人：嵇琴色：李松　侯端　孫民顯。

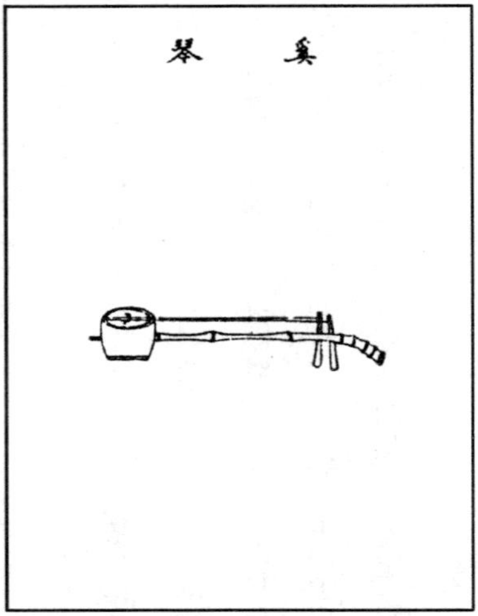


宋禮書奚琴圖

〔文案〕嵇琴亦稱奚琴，爲隋唐間北方奚族使用而得名。陳暘樂書一百二十八卷胡部八音載：「奚琴本胡樂也，出于絃鼗而形亦類焉，奚部所好之樂也。蓋其制兩絃，間以竹片軋之，至今民間用焉。」中國音樂詞典云：奚琴頗與後世胡琴相近，或可云爲胡琴前身也。

〔三〕**簫管**

傅芸子正倉院考古記四三倉之概觀：「雕石尺八」，形如今之單管簫而五孔，長日本尺一尺一寸九分。按「尺八」一物，乃唐呂才所創，今中國久已不傳，而日本則爲通行樂器之一種。日本學者頗有以此物原非中國固有之樂器者，「尺八」一稱乃漢語中之外來語，即如田邊尚雄氏則謂此物始自埃及之縱笛（Sebi），近年佐伯好郎氏則以「尺八」乃羅馬時代之脛骨笛（Tibia），經小亞細亞、西域傳至中國，在江南以酷似脛骨形之竹材製作而成者。一爲埃及之Sebi，一爲拉丁語之Tibia，均近漢音之「尺八」，頗可注意。院藏此物，管細而長，不似今日本所用「尺八」之粗重，蓋猶具唐代之原型。

〔文案〕「尺八」即宋之簫管，亦稱「竪笛」、「中管」。陳暘樂書一百二十八卷胡部八音記：「簫管之制六孔，旁一孔，加竹膜焉。足黄鍾一均聲。或謂之尺八管，或謂之竪篴，或謂之中管。」日本奈良正倉院所藏唐之「尺八」，即簫管之初型。今福建南曲中洞簫，亦稱尺八，與一般常用簫近似，然管身略短而粗，爲宋簫管其遺制矣。

〔一四〕**燒煉藥方**

〔文案〕燒煉爲煉丹術之異類，與煉丹不同，爲藝術，爲表演。然宋之燒煉尚未多見，僅如邢居實拊掌録所言「黄棠酷嗜燒煉」語，亦不見如何燒煉之描述。藥方則更難尋。南唐尉遲偓中朝故事卷下一則似可與「燒煉藥方」互證：咸通初，有布衣爨，忘記其名，到京輦云：黔巫間來王公之第，以羊挺炭三十斤，自出小鋸並小刀斧剪截其炭，疊成二樓，數刻乃成，散藥末於上，下用火燒之，藥引火勢，斯須即通徹二樓，光明赫然，望其簷宇窗户雕楹刻桷並闌檻，罔不周備。又有飛橋連接二樓，有人物男女若來往其上。移時後，炭漸飛揚成灰，方無所覩。懿皇聞之，召入宫禁。久而不知所之。

〔一五〕**劇術**

耐得翁都城紀勝瓦舍衆伎：小則劇術：射穿弩子、打彈、攢壺瓶即古之投壺、手影戲、弄頭錢、變線兒、寫沙書、改字。

〔一六〕**雜扮**

四水潛夫武林舊事卷第六諸色伎藝人雜扮：鐵刷湯　江魚頭　兔兒頭　菖蒲頭　眼裹喬　胡蜀葵　迎春蠒　單郎婦　笑靨兒　科頭粉　韻梅頭　小菖蒲　金魚兒　銀魚兒　胡小俏　周喬　鄭小俏　魚得水旦　王道泰　王壽香旦　厲太　顧小喬　陳橘皮　小橘皮　菜市喬　自來俏旦

〔文案〕此與卷五京瓦伎藝「雜班」相同。

〔一七〕**孟宣築毬**

耐得翁都城紀勝瓦舍衆伎：教坊大使，在京師時，有孟角毬，曾撰雜劇本子。

〔一八〕**尹常賣**

張知甫張氏可書：夢說又言：當時搢紳之士，競於取媚權豪。易古器，鬻圖畫，得一真玩，減價求售，争妍乞憐。服儒者衣冠，爲侯門常賣。

龔明之中吴紀聞卷第六朱氏盛衰：朱沖微時，以常賣爲業，後其家稍温，易爲藥肆，生理日益進。

周密志雅堂雜鈔卷上：嘉興華亭市中有小常賣鋪，適有一物如桶而無底，非木非竹，非鐵非石，既不知其名，亦不知何用。如此者凡數年，過者無一睨之。一日，忽有海船老商見之，駭愕，有喜色，撫弄不已。扣其所值，其人亦黠駔，意謂老商必有所用，漫索其價三百緍。商喜，償以三之二，遂取錢付之。

趙彦衛雲麓漫鈔卷七：朱勔之父朱沖者，吴中常賣人。方言以微細物博易於鄉市中自唱曰常賣。

徐夢莘三朝北盟會編卷二百八炎興下帙一百八起紹興十一年十二月二十九日癸巳盡十二年八月：良史，字少董，蔡州人，略知書傳，喜字學，粗得晉人筆法。少遊京師，以買賣古器書畫之屬，出入貴人之門，當時謂之畢償賣。

宋話本鬧樊樓多情周勝僊：原來開封府有一個常賣董貴，當日綰着一個籃兒，出城門外去，只見一個婆子在門前叫常賣，把着一件物事遞與董貴。是甚的？是一朵珠子結成的梔子花。那一夜朱真歸家，失下這朵珠花。婆子私下撿得在手，不理會得直幾錢，要賣一兩貫錢作私房。董貴道：「要幾錢？」婆子道：「胡亂。」董貴道：「還你兩貫。」婆子道：「好。」董貴還了錢，徑將來使臣房裏，見了觀察説道恁地。

惠洪冷齋夜話卷二古樂府前輩多用其句：予嘗館州南客邸，見所謂嘗賣者，破篋中有詩編寫本，字多漫滅，皆晉簡文帝時名公卿，而詩語工甚。

劉昌詩蘆浦筆記卷六六合大同印：嘉泰壬戌，予道經姑蘇，於常賣得故紙一幅。

〔一九〕**蟲蟻**

朱彧萍洲可談卷二：余在廣州，購得白鸚鵡，譯者盛稱其能言。試聽之，能蕃語耳，嘲哳正似鳥聲，可惜枉費教習，一笑而還之。

何薳春渚紀聞卷第三雜記孫道人屍解：孫道人不知何許人，寄居嚴州天慶觀，爲人和易，初不挾術及言人禍福。但袖中嘗畜十數白鼠子，每與人共飲，酒酣出鼠爲戲，人欲捕取，即走投袖中，了無見也。

孔平仲談苑卷二：人畜鷺鷥，雖馴熟，然至飲秋水，則飛去，京師夏間競養銅嘴。

周密齊東野語十五卷曲壯閔本末：魏公嘗按視端軍，端執撾以軍禮見，閱無一人。公異之，謂欲點視，端以所部五軍籍進。公命點其一部，於廷間開籠縱一鴿以往，而所點之軍隨至，張爲愕然。既而欲盡觀，於是悉縱五鴿，則五軍頃刻而集。

文瑩玉壺清話卷第六：一巨商姓段者，蓄一鸚鵡甚慧，能誦隴客詩及李白宮詞、心經。每客至，則呼茶，問客人安否寒暄。主人惜之，加意籠豢。一旦段生以事繫獄，半年方得釋，到家，就籠與語曰：「鸚哥，我自獄中半年不能出，日夕惟只憶汝，汝還安否？家人餵飲，無失時否？」鸚哥語曰：「汝在禁數月不堪，不異鸚哥籠閉歲久。」其商大感泣，遂許之曰：「吾當親送汝歸。」乃特具車馬攜至秦隴，揭籠泣放，祝之曰：「汝却還舊巢，好自隨意。」其鸚哥整羽徘徊，似不忍去。後聞常止巢於官道隴樹之末，凡吴商驅車入秦者，鳴於巢外問曰：「客還見我段二郎安否？」悲鳴祝曰：「若見時，爲道鸚哥甚憶二郎。」余得其事於高虞晉叔，事在熙寧六、七年間。

趙令畤侯鯖録卷二：蔡持正謫新州，侍兒從焉，名琵琶，嘗養一鸚鵡，甚慧，丞相呼琵琶，即扣一響板，鸚鵡傳呼之。琵琶逝後，誤扣響板，鸚鵡猶傳言，丞相大慟，感疾不起。嘗爲詩云：「鸚鵡言猶在，琵琶事已非。傷心瘴江水，同渡不同歸。」

沈括夢溪筆談卷十人事二：林逋隱居杭州孤山，常畜兩鶴，縱之則飛入雲霄，盤旋久之，復入籠中。逋常泛小艇，遊西湖諸寺，有客至逋所居，則一童子出應門，延客坐，爲開籠縱鶴，良久，逋必棹小船而歸，蓋嘗以鶴飛爲驗也。

惠洪冷齋夜話卷之二昭州崇寧寺觀音竹永州澹山狐：過永州澹山巖，巖有馴狐，凡貴客至則鳴。

志完將至，而狐輒鳴。寺僧出迎，志完怪之，僧以狐鳴爲對。志完作詩曰：「我入幽巖亦偶然，初無消息與人傳。馴狐戲學仙伽客，一夜飛鳴報老禪。」

惠洪冷齋夜話卷之八道士畜三物：萬安軍南並海石崖中，有道士，年八九十歲，自言本交趾人，渡海，船壞於此崖，因庵焉。養一雞，大如倒掛，日置枕中，啼即夢覺。又畜王孫，小於蝦蟆，風度清癯，以線繫几案間，道士喚，則跳躑登几唇危坐，分殘顆而食之。又有龜，狀如錢，置合中，時揭其蓋，使出戲衣袖間。

邵伯温邵氏聞見録卷第十七：瀘南之長寧軍有畜秦吉了者，亦能人言。有夷酋欲以錢伍拾萬買之，其人告以：「若貧將賣爾。」秦吉了曰：「我漢禽，不願入夷中。」遂勁而死。

王明清玉照新志卷五：嘉祐末，有人攜一巨魚入京師，而能人言，號曰「海哥」，衒耀於市井間。豪右左戚争先快覩，亦嘗召至禁中。由是纏頭賞賚，所獲盈積。常自聲一辭云：「海哥風措，被漁人下網打住。將在帝城中，每日教言語。甚時節，放我歸去？龍王傳語，這裏思量你，千回萬度。螃蟹最恓惶，鮎魚尤憂慮。」

宋祁宋景文集卷四八舞熊説：晉有蘭子者，獲二孺熊於太行山，而飲食之，能得其欲。教爲蹲舞之技，以丐市中。先開迴場，震之嚴鼓，市人項背山立。俄以巨梃鞭熊，應手皆舞。蹮跜騰蹋，悉中音節。伎殫曲闋，蘭子放梃四顧，躊躇滿志，人争投錢與之。既而自負其能，數與優角。時真聖幸汾陰，祠后土，曼延奇怪，並參侑樂。蘭子以熊見行在，上奇馴服，賜以繆器束帛遣之。自是蘭子挈賜物媠鬻郡縣，頤指裼袒，擾熊益甚，遠近聞者亦争玩之，於是除地會要，趣節亟引，心冀技之速售也。每舞一終，輒裒金數千。是日，曲數千終，售金數萬。蘭子被酒沾醉，益有驕色。會日暮，二熊不時得豢，瞪目跛扈，不復肯舞。蘭子鞭之彌急，市人有竊笑者。蘭子恥熊之反己，因假利兵欲刺之，二熊驚躩，批蘭子而殺之，復旁傷數人，突出譙門。大譙卒並力殺之於道周。噫！獸與人，嗜欲不相遠，畜之以理，猶可屈伏，而蘭子見利忘義，求之不已，力窮變生，反受其咎，宜哉。昔東野馭馬，顔闔曰：「稷之馬必敗，馬力殫矣，而猶求焉。」寧斯人之徒歟。

許政揚文存宋元小説戲曲語釋三蟲蟻：今開封地區方言，謂禽鳥爲「蟲蟻」。此詞亦見於宋元戲曲、話本中。

「蟲蟻」一詞，近時注家大抵即釋作「飛禽」。間嘗探討：古今方言，變異者多。以飛禽爲「蟲蟻」，亦不必蟲蟻即飛禽。以此，我貿然提出過如下的意見：古人所謂「蟲蟻」，應該是動物的一種泛稱。蟲，按其通常意義，是指昆蟲。蟻子蚍蜉乃昆蟲之尤小者。故「蟲蟻」一詞，當然也應包括一般蟲豸在内。

但「蟲」之一稱，其實也還不限於昆蟲和鳥雀，即獸類，古人又何嘗不目爲「蟲」？試舉其例。淮南子：「狡蟲死，顓民生。」注云：「蟲，獸也。」沈括夢溪筆談卷三：「莊子云：『程生馬。』嘗觀文子注：

『秦人謂豹曰程。』予至延州，至今謂虎豹爲『程』，蓋言『蟲』也。方言如此，抑亦舊俗也。」按：「青寧生程，程生馬。」見莊子至樂篇。王氏集解：「成云：程，赤蟲名。」故謂虎豹爲「程」，實即目之爲「蟲」。「程」、「蟲」，一聲之轉，沈氏所釋至確。

難道水族也算作「蟲」麽？曰：然。對於古人，舉凡魚、蝦、蚌、蛤、蛤蟆、黿鼉，皆莫非「蟲」。孫綽遊天台山賦：「靈虬吐注，陰蟲承瀉。」注：「陰蟲，蝦蟆也。」洪駒父詩「人言懷土蟲，棄我俄復在」。注「蟲」曰：「蝦蟆也。」此謂蝦蟆爲「蟲」。江休復嘉祐雜志：范希文戍邊，行水邊，甚樂之。從者前云：「此水不好，裏面有蟲[聲如陳，秦聲]。」謂之「蟲」，乃是魚也。

所有一切古昔目爲「蟲」的，不論飛禽走獸，昆蟲鱗介，無不可稱「蟲蟻」，具如上述。「蟲」字古義，本可作爲動物的總稱。大戴禮卷十三：「有羽之蟲三百六十，而鳳凰爲之長；有毛之蟲三百六十，而麒麟爲之長；有甲之蟲三百六十，而神龜爲之長；有鱗之蟲三百六十，而蛟龍爲之長；倮之蟲三百六十，而聖人爲之長。」月令疏：「鱗、羽、蠃、毛、介，謂之五蟲。」故「蟲蟻」以稱一切動物，實在是有遠古遺意的。

〔二〇〕**鼓笛**

吴曾能改齋漫録卷一事始禁蕃曲氈笠：崇寧、大觀以來，内外街市鼓、笛、拍板，名曰「打斷」。至政和初，有旨立賞錢五百千；若用鼓板改作北曲子，並著北服之類。並禁止支賞。其後民間不廢鼓板之戲，第改名「太平鼓」。

吴自牧夢粱録卷二十妓樂：街市有樂人三五爲隊，擎一二女童舞旋，唱小詞，專沿街趕趁。元夕放燈，三春圓館賞玩，及游湖看潮之時，或於酒樓，或花衢柳巷妓館家祗應，但犒錢亦不多，謂之「荒鼓板」。若論動清音，比馬後樂加方響、笙與龍笛，用小提鼓，其聲音亦清細輕雅，殊可人聽。

四水潛夫武林舊事卷第四乾淳教坊樂部：鼓板：衙前一火：鼓兒尹師聰　拍張順　笛楊勝、張師孟　和顧二火：笛張成老僧　閻俊望伯　張喜　鼓兒張昇　笛王和小四　鼓兒孫成換僧　拍張榮狗兒

卷第六諸色伎藝人：鼓板：段防禦　張眼光　張開　張驢兒謂之「三張」　陳宜娘笛　陳喜生拍　周雙頂　潘小雙　莫及笛　陳喜拍　來七笛　董大有　金四札子皮　朱關生

邵伯温邵氏聞見録卷第三：伯温侍長老言曰：「本朝唯真宗咸平、景德間爲盛，時北虜通和，兵革不用，家給人足。以洛中

元至治三國志平話刻本關公單刀會中鼓笛圖

言之，民以車載酒食聲樂，遊於通衢，謂之棚車鼓笛。」

〔二〕**猴呈百戲**

上官融友會談叢卷上：京師貨藥者，多假弄獅子、猢猻爲戲，聚集市人。供奉者形質么麽，頤頰尖薄，克肖猢猻，復委質於戲場焉。韋繩貫頸，跳躑不已。

景焕野人閒話靈砂餌胡孫：優旃楊幹度者，善弄胡孫，於闤闠中嘗飼養胡孫十餘頭，會人言語，亦可取笑於一時。一日，内廏胡孫維絶，走上殿閣，蜀主令人射之不中。三日，内豎奏幹度善弄胡孫，試令捉之，遂詔幹度，謝恩訖，胡孫十餘頭，亦朝殿上拜，叉手作行立，内廏胡孫亦在舍上窺之。幹度高聲唱言：「奉敕，把下舍上胡孫來。」手下胡孫一時上舍，齊手把捉内廏胡孫立在殿前。蜀主大悦，賜幹度優緋衫、錢帛，收係教坊。有内臣因問胡孫何以教之會人言語？對曰：「胡孫乃獸，實不會人言語。幹度嘗餌之靈砂，變其獸心，然後可教之。」内臣深訝所説，其事有好事者知之，多以靈砂飼胡孫、鸚鵡、犬、鼠等，以教之。

〔三〕**魚跳刀門**

〔文案〕於字觀之，約利器尖刃竪起之門，魚躍而過。然如何跳？余遍查宋代典籍而未得其解。偶閱明陳繼儒珍珠船，見卷四教舞鼈者載之：「燒地置鼈其上，忽抵掌使其跳梁，既慣習，雖冷地，聞拊掌亦跳梁。教龜、鶴舞，亦用此術。」倘以此條映照「魚跳刀門」，亦覺可通。

〔一三〕**使唤蜂蝶**

委心子新編分門古今類事第五卷異兆門下燕王遇張：張九哥，不知何地人，慶曆間遊京師，人皆言有道者。燕王嘗以酒與之，一日詣門見王，取匹帛重疊剪爲蜂蝶，隨剪飛去，或集王衣，或聚美人釵髻，王甚悦。少選九哥曰：「恐失王帛。」乃呼之，一一皆來，復爲羅一端。

〔一四〕**追呼螻蟻**

金盈之新編醉翁談録卷之五瑣闥異聞雕木爲技劇術：志和遂於懷中出一桐木合，方數寸，中有物名蠅虎子，不啻一二百焉。其形皆赤雲，丹砂啗之，乃令爲五隊，令舞梁州。上令召樂工，舉其曲，而虎子盤迴宛轉，無不中節。每遇致詞處，則隱隱如蠅聲，及曲終，累累而退，若有尊卑等級。

朱翔清埋憂集卷四：又一截竹爲二管，畜蟻兩種，一紅一白，將戲，則取紅白小紙旗兩面，東西插几上。取管去其塞，分置兩邊，各向管口彈指數下，蟻隨出，其行自成行列，分趨止於旗下，排列如陣。其人復出一小黄旗，作指揮狀，群蟻即紛紛齊進，兩陣既接，舉足相撲，兩兩互角，盤旋進退，悉中節度。久之，即有一群返走，擾亂若奔潰者，其一群争進，其行如飛，居然戰勝追奔也。其人復舉黄旗麾之，其勝者即返，以次入管。其一群亦絡繹奔至，争相入，無復成列者焉。夫蛙之爲物，微而且蠢，而蟻則尤微乎微者也，而皆可以擾而教之，奈何靦然爲人，而有如窮奇、檮杌之不可教訓耶。

按東京夢華録京瓦雜戲，有劉百禽弄蛇〔文案〕蛇應爲蟲。蟻，元宵大内雜戲，又有李卧〔文案〕卧應爲外。

寧猴呈百戲，魚跳禹門，使喚蜂蝶蛇蟻等劇，蓋凡物有知即可教。如蠅虎舞涼州之類，其師傳匪自今始也。

成善卿天橋史話第四章奇特的馴蛙馴蟻藝人：從十九世紀初至三十年代中期，先後出現在天橋的馴蟻藝人不過兩三位。所馴之兩種螞蟻，皆爲「工蟻」（無翅，生殖器官不發達，野生時只擔任築巢、採集食物、撫養幼蟲等工作），呈紅褐或黑色，分貯於兩個小瓦罐兒裏。同時啓蓋兒，兩罐兒中螞蟻紛紛爬出，混雜一起，主人喃喃自語一番，忽喊一聲「排隊」，同時喂一小撮兒米粒兒，兩群螞蟻立刻截然分成兩隊，毫厘不爽，觀者無不以爲奇妙。

〔文案〕螻蟻爲微小生物之泛稱，若周密齊東野語卷十四姚幹父雜文喻白蟻文：螻蟻至微，微而有知。又螻蟻即螞蟻也，若元李治敬齋古今黈卷二經類三十四條：蟻爲螻蟻。追呼螻蟻，無非驅使螻蟻作表演者。然余未從宋籍見此類記述，清人指螞蟻交鬥，可視爲「追呼螻蟻」之復現。

〔二五〕**賣卦**

宋話本三現身包龍圖斷案：今日且説個賣卦先生，姓李名傑，是東京開封府人。去兖州府奉符縣前，開個卜肆，用金紙糊着一把太阿寶劍，底下一個招兒，寫道：「斬天下無學同聲。」這個先生，果是陰陽有準。

精通周易，善辨六壬。瞻乾象遍識天文，觀地理明知風水。五星深曉，決吉凶禍福如神；三命秘談，斷成敗興衰似見。

衆人道：「若信卜，賣了屋；賣卦口，没量斗。」衆人和燒孫押司去了。轉來埋怨那先生道：「李先生，你觸了這個有名的押司，想也在此賣卦不成了。從來貧好斷，賤好斷，只有壽數難斷。你又不是閻王的老子，判官的哥哥，那裏便斷生斷死，刻時刻日，這般有準？説話也該放寬緩些。」先生道：「若要奉承人，卦就不準了；若説實話，又惹人怪。此處不留人，自有留人處！」歎口氣，收了卦鋪，搬在别處去了。

宋話本福禄壽三星度世：「你道我如何有這卦盤？我幼年曾在爹行學三件事：第一，寫字讀書；第二，書符咒水；第三，算命起課。我今日却用着這卦盤。可同顧一郎出去尋個浮鋪，算命起課，盡可度日。」本道謝道：「全仗我妻賢達。」當下把些錢，同顧一郎去南瓦子内，尋得卦鋪，買些紙墨筆硯，掛了牌兒，揀個吉日，去開卦肆，取名爲「白衣女士」。

宋話本魏徵夢斬涇河龍：張捎與李定道：「長安西門裏，有個卦鋪，唤神言山人。我每日與那先生鯉魚一尾，他便指教下網方位，依隨着百下百着。」李定曰：「我來日也問先生則個。」

入城中，見一道布額，寫道：「神相袁守成於斯講命。」老龍見之，就對先生坐了。乃作百端磨問，難道先生，問：「何日下雨？」先生曰：「來日辰時布雲，午時昇雷，未時下雨，申時雨足。」老龍問：「下多少？」先生曰：「來日不下雨，銼了時，甘罰五十兩銀。」

〔二六〕**沙書地謎**

洪邁夷堅三志壬卷第三沈承務紫姑：紫姑仙之名，古所未有，至唐乃稍見之。近世但以箕插筆，使兩人扶之，或書字於沙中，不過如是。

［文案］宋時「沙書地謎」罕見，清同治光緒年間北京天橋却有其蹤，表演者爲相聲藝人「窮不怕」。據成善卿天橋史話述：「窮不怕」於露天設場，以白沙撒成字形，有單字、對聯、詩詞。邊撒邊唱，沙字間架勻稱漂亮，神韻與字帖無異，沙書之字小則三四寸，大則二三尺，「窮不怕」拆其筆劃，釋其音義，由此而引出古人軼事。若「窮不怕」沙書東晉前秦女子蘇蕙所創璿璣圖雜體回文詩，引經據典，滔滔不絶，隨手用沙，依璿璣圖各種順序，寫出回言、五言或七言詩，發人興味，寓教於樂，可謂沙書一絶。與「窮不怕」同時者尚有「沙字顔」，善用白沙書清康熙御製嬗遞、返復、拗口令類樣式聯語，寓莊於諧，亦爲沙書地謎另一絶響。

〔二七〕**燈山**

四水潛夫武林舊事卷第二元夕：禁中嘗令作琉璃燈山，其高五丈，人物皆用機關活動，結大彩樓貯之。又於殿堂梁棟窗户間爲湧壁，作諸色故事，龍鳳噀水，蜿蜒如生，遂爲諸燈之冠。前後設玉栅簾，寶光花影，不可正視。仙韶内人，疊奏新曲，聲聞人間。殿上鋪連五色琉璃閣，皆毬文戲龍百花。小窗間垂小水晶簾，流蘇寶帶，交映璀璨。中設御座，恍然如在廣寒清虚府中也。

〔二八〕**宣和與民同樂**

蔡絛鐵圍山叢談卷一：大觀元年，宋喬年尹開封，迺於綵山中間高揭大牓，金字書曰：「大觀與民同樂。」萬壽綵山自是爲故事，隨年號而揭之，蓋自宋尹始。

〔二九〕**綵山**

梁克家淳熙三山志卷第四十土俗類上元綵山：州向譙門，設立巍峨，突兀中架棚臺，集俳優娼妓，大合樂其上。

〔三〇〕**文殊、普賢，跨獅子、白象**

藴聞大慧普覺禪師住徑山能仁禪院語録卷第三：新鞔法鼓，歲旦上堂，新歲擊新鼓，普施新法雨，萬物盡從新。一一就規矩，普賢大士欣歡，乘時打開門户，放出白象王。

成尋參天台五臺山記第四（延久四年十月）：中尊釋迦等身像，燒香了。西樓上有文殊寶殿，師子眷屬皆具；東樓上有普賢像，白象眷屬皆具足。

成尋參天台五臺山記第八（延久五年五月）：立王將軍安石大碑，新堂之内有等身釋迦，文殊立像右雲上，師子背上有蓮華，普賢左雲上象立，背有經筥。

〔三一〕**轆轤**

朝鮮崔世珍老乞大集覽上轆轤：亦作樚櫨，井上機轉汲水器。其制於井上植兩長柱，並穿其頭爲孔，用短木横納於兩長柱之孔，以長繩懸一箍桶於横木，腹上之釘施橛三四枝於横木兩頭，如船上碇猫之車，汲水則下其桶於井中，汲畢轉其横木，則繩自纏繞於横木之腹，桶亦隨之而上，人取其桶，傾水於石槽及大桶之中，以飲驢馬，以受其直。箍音孤，以篾束物，皆曰箍，如本國以竹爲帶而束桶也。

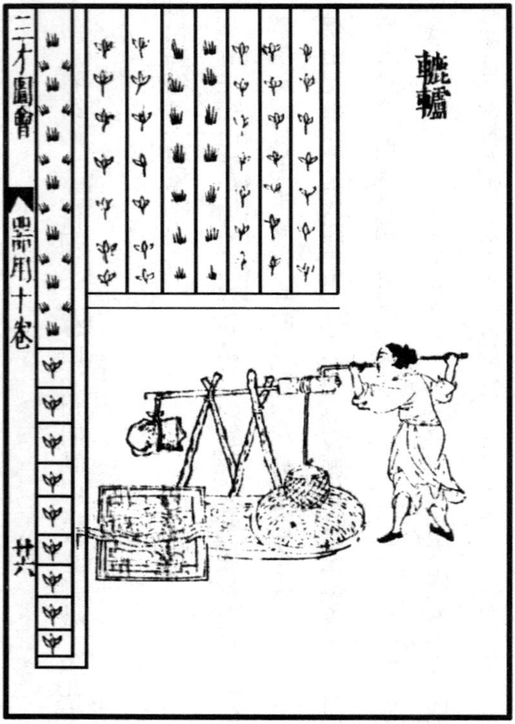


三才圖會轆轤圖

〔三〕瀑布狀

張淏雲谷雜記補編卷一：山陰置木櫃，絶頂開深池，車駕臨幸，則驅水工登其頂，開閘注水而爲瀑布，曰「紫石壁」，又名「瀑布嶙」。

〔文案〕宋之「人工瀑」之形象，可見李嵩水殿納涼圖。

〔三〕**雙龍飛走**

無名氏宣和遺事前集：自冬至日，下手架造鼇山，高一十六丈，闊三百六十五步。中間有兩條鼇柱，長二十四丈。兩下用金龍纏柱，每一個龍口裏點一盞燈，謂之「雙龍銜照」。

〔四〕**宣德門樓**

龔鼎臣東原録：藝祖時，新丹鳳門，梁周翰獻丹鳳門賦。帝問左右：「何也？」對曰：「周翰儒臣，在文字職。國家有所興建，即爲頌。」帝曰：「人家蓋一個門樓，措大家又獻言語。」即擲於地。即今宣德門也。

謝伋四六談塵：王初寮作宣德門成賞功制云：「閣道穹隆，兩觀搴翔於霄漢；闕庭神麗，十扉闔闢於陰陽。」時謂工則工矣，但唤下句不來。

陸游家世舊聞下先君言蔡京建天子五門：先君言：宣德門本汴州鼓角門，至梁建都，謂之建國門。歷五代，制度極庳陋，至祖宗時，始增大之，然亦不過三門而已。蔡京本無學術，輒曰：「天子五門，今三門，非古也。」天子五門，謂臯、庫、雉、應、路，蓋以重數，非横列五門。京徐亦知其誤，而役已大興，未知所出。其客或謂之曰：「李華賦云：『復道雙回，鳳門五開。』是唐亦爲五門。」京大喜，因得以藉口，窮極土木之工，改門名曰太極樓。或謂太極非美名，乃復曰宣德門，而改宣德郎爲宣教郎。門成，王履道草詔，曰：「閣道穹窿，兩觀騫翔於霄漢；闕庭神麗，十扉開闢於陰陽。」十扉，謂五門也。昔三門，惟乘輿自中門出入，若賜臣下旌節，則亦啓中門而出，蓋異禮也。至是，中門之左右二門，亦常扃鐍。賜文臣旌節，則啓左而出；賜武臣旌節，則啓右而出。門雖極精麗，然氣象乃更不及昔之宏壯也。

〔三五〕**御座**　無名氏宣和遺事前集：宫人珠籠巾，玉束帶，秉扇、拂、壺、巾、劍、鉞，持香毬，擁御座以次立，亦無敢離先行失次者。

林子中野史：福寧殿御座下地微陷，治之復然，掘之深丈餘，得一石，石上有八字不可辨，御書院祇應有曉仙家篆者，令密解之，云：「歲在申酉，汴都不守。」神宗以丁未即位，在位再涉申酉年無他，不知其何祥也。

〔三六〕**燈毬**　吴自牧夢粱録卷一元宵：諸酒庫亦點燈毬。喧天鼓吹，設法大賞，妓女群坐喧嘩，勾引風流子弟買笑追歡。諸營班院於法不得與夜遊，各以竹竿出燈毬於半空，遠覩若飛星。

崇岳、了悟密庵和尚語録：上元上堂。今朝上元節，是處掛燈毬，一燈燃百千燈，

南宋燈戲圖

燈燈相續，重重無盡，如寶絲綱。

## 十四日車駕幸五嶽觀

正月十四日〔一〕，車駕幸五嶽觀〔二〕迎祥池，有對御，謂賜羣臣宴也。至晚還内。圍子親從官，皆頂毬頭大帽，簪花，紅錦團答戲獅子衫，金鍍天王腰帶，數重骨朵〔三〕。天武官皆頂雙卷脚幞頭，紫上大搭天鵝結帶、寬衫。殿前班頂兩脚屈曲向後花裝幞頭，着緋青紫三色撚金線結帶，望仙花袍，跨弓劍乘馬，一紥鞍轡，纓紼前導。御龍直一脚指天，一脚圈曲幞頭，着紅方勝錦襖子，看帶、束帶，執御從物：如金交椅〔四〕、唾盂〔五〕、水罐、菓壘、掌扇、纓紼之類。御椅子皆黄羅珠蹙，背座則親從官執之。諸班直皆幞頭、錦襖、束帶，每常駕出，有紅紗帖金燭籠二百對，元宵加以琉璃玉柱掌扇燈。快行家各執紅紗珠絡燈籠。駕將至，則圍子數重外，有一人捧月樣兀子，錦覆於馬上。天武官十餘人，簇擁扶策，喝曰：「看駕頭。」次有吏部小使臣百餘㊀，皆公裳，執珠絡毬杖，乘馬聽唤。近侍餘官皆服紫緋緑公服，三衙太尉知閤御帶〔六〕羅列前導。兩邊皆内等子，選諸軍膂力者，着錦襖頂帽，握拳顧望，有高聲者，捶之流血。教坊、鈞容直樂部前引，駕後諸班直馬隊作樂，駕後圍子外，左則宰執侍從〔七〕，右則親王、宗室、南班官。駕近則列横門，十餘人擊鞭，駕後有曲柄小紅繡傘，亦殿侍執之於馬上。駕入燈山，御輦院人員輦前喝「隨竿媚來」〔八〕，御輦團轉一遭，倒行觀燈山，謂之「鵓鴿旋」〔九〕，又謂之「踏五花兒」〔一〇〕，則輦官有喝賜矣。駕登宣德樓，遊人奔赴露臺〔一一〕下。

［校］

㊀「小使臣百餘」，陳元靚歲時廣記卷十觀燈山後有「人」字。

［注］

〔一〕**正月十四日**

歐陽修辨韓蟲兒事：嘉祐八年上元，京師張燈如常歲。歲常以十四日，上晨出，遊幸諸宫寺，賜從臣飲酒，留連至暮而歸。遂御宣德門，與從臣看燈，酒五行而罷。是歲自正初，上覺體中不佳。十四日，遂不晨出。至晚，略幸慈孝、相國兩寺。御端門，賜從臣酒，三行止。

阮閲詩話總龜卷之十七紀實門上七七三：仁宗正月十四日御樓，遣中使傳宣從官曰：「朕非好遊觀，蓋與民同樂。」翌日，蔡君謨獻詩云：「高列千峰寶炬森，端門方喜翠華臨。宸遊不爲三元夕，樂事還同萬衆心。天上清光留此夜，人間和氣閣春陰。要知盡慶華封祝，四十餘年惠愛深。」

無名氏宣和遺事前集：宣和六年正月十四日夜，去大内門直上一條紅綿繩上，飛下一個仙鶴兒來。口内銜一道詔書。有一員中使接得展開，奉聖旨：「宣萬姓。」有那快行家手中把着金字牌喝道：「宣萬姓！」少刻，京師民有似雲浪，盡頭上戴着玉梅、雪柳、鬧蛾兒，直到鼇山下看燈。

### 〔二〕五嶽觀

劉攽同韓持國遊五嶽觀時原甫暨諸公先在因寄江鄰幾梅聖俞：簡服車馬輕，出郭塵埃遠。況兹偶同好，慵惰重推挽。壽宫如屯雲，重門謹關鍵。五城十二樓，瑶池芙蓉苑。境深日遲永，天近春纖婉。異花秀燁燁，弱柳垂宛宛。初從鈞天遊，列帝皆龍袞。俗骨已屢驚，凌虚翻自忖。却逢桃源客，笑語何繾綣。尚留樵叟棋，競勸胡麻飯。金醴泛餘杯，芝英餌豐本。平生此遊勝，余恨相知晚。重來恐已迷，盡興仍忘返。群公謫神仙，吏隱

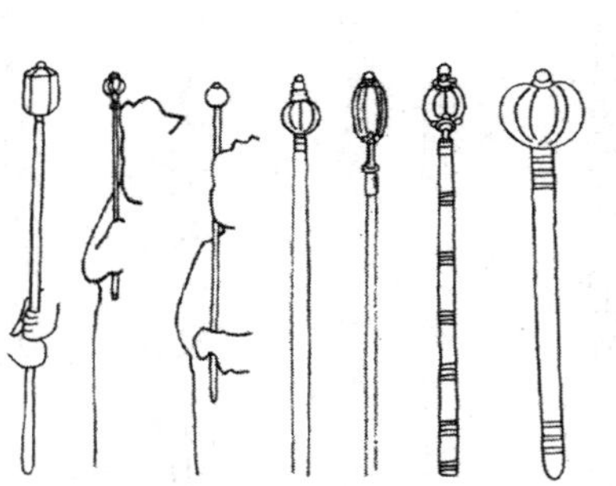

1　2　3　4　5　6　7

1. 白沙宋墓第一號墓前室南壁壁畫中的骨朵
2. 河南安陽王用墓壁畫中的骨朵
3. 日本大阪山中商會所藏宋墓壁畫中的骨朵
4. 内蒙古林東遼慶陵東陵壁畫中的骨朵
5. 宋人却坐圖中的骨朵
6. 武經總要器圖中的蒜頭骨朵
7. 燕北録骨朵附圖

亦肥遁。尚平夙昔志，讀易明益損。寧知五嶽期，不待越崖巘。何當謝羈束，相與同息偃。

〔三〕**數重骨朵**

丁度集韻卷之二平聲二肶：胍肶，大腹兒，一曰椎之大者，故俗謂仗頭大爲胍肶。關中訛爲胍檛。

吴處厚青箱雜記卷七：昔徐温子知訓在廣陵，作紅漆柄骨朵，選牙隊百餘人，執以前導，謂之朱蒜。

施耐庵羅貫中水滸傳第十三回急先鋒東郭争功 青面獸北京鬥武：兩個領了言語，向這演武廳後去了槍尖，都用氈片包了，縛成骨朵。

周祈名義考卷十二物部骨朵（朵本作⿱竹朵，音髽）：演繁露云：宋景文謂俗以撾爲骨朵，古無稽。據字書：檛，竹瓜反，通作簻，徒果反。轉爲骨朵，亦非説文檛棰也。本作⿱竹朵，是⿱竹朵與檛簻一也。曰骨朵者，始製以木，從木曰檛；以竹，從竹曰簻、曰⿱竹朵；後以骨飾之，曰骨⿱竹朵。猶骰子，以竹，從竹曰簺；以牙，曰牙簺；以車渠，曰車渠。簺今又範銅爲之，宿衛人所執者是也。⿱竹朵，又待可切。後人去竹，直曰骨朵，遂難曉也。今人稱花含胎者曰骨朵，上尃下枝與檛類也。（檛簻俱音髽，簺音色，尃音敷。）

夏仁虎舊京瑣記卷二語言：謂物之圓頭者曰「骨朵」，其字應作「胍肶」。宋景文筆記云：「關中人以腹大爲胍肶。胍音孤，肶音都，俗因謂杖頭大者爲胍肶，後僞爲骨朵。」宋時御殿儀仗列之，今京師猶有此稱。

〔文案〕骨朵亦名古朵，其頂端爲圓形，杖頭成瓜形，亦唤作金瓜，爲儀衛之器也，以示莊重威嚴。白沙宋墓南壁壁畫亦有雙手持骨朵侍者，可知骨朵已爲一般貴族用矣。

〔四〕**交椅**

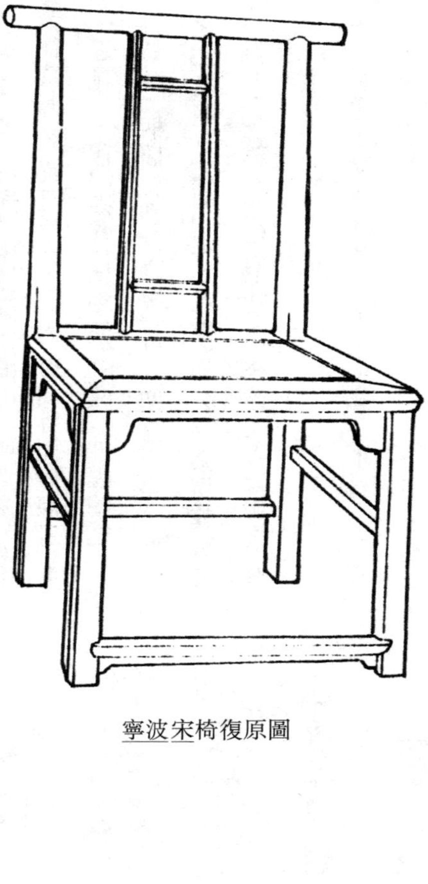

寧波宋椅復原圖

岳珂桯史卷第七優伶詼語：秦檜以紹興十五年四月丙子朔，賜第望僊橋。丁丑，賜銀絹萬疋兩，錢千萬，綵千縑，有詔就第賜燕，假以教坊優伶，宰執咸與。中席，優長誦致語，退，有參軍者前，褒檜功德。一伶以荷葉交倚從之，恢語雜至，賓歡既洽，參軍方拱揖謝，將就倚，忽墮其幞頭，乃總髮爲髻，如行伍之巾，後有大巾鐶，爲雙疊勝。伶指而問曰：「此何環？」曰：「二勝環。」遽以朴擊其首曰：「爾但坐太師交倚，請取銀絹例物，此鐶掉腦後可也。」

王明清揮麈録第三録卷之三靠背交椅自梁仲謨始：紹興初，梁仲謨汝嘉尹臨安。五鼓，往待漏院，從官皆在焉。有據胡牀而假寐者，旁觀笑之。又一人云：「近見一交椅，樣甚佳，頗便於此。」仲謨請之，其説云：「用木爲荷葉，且以一柄插於靠背之後，可以仰首而寢。」仲謨云：「當試爲諸公製之。」又明日入朝，則凡在坐客，各一張易其舊者矣。其上所合施之物，悉備焉。莫不歎伏而謝之。今達宦者皆用之，蓋始於此。

陳增弼太師椅考：從出土文物和傳世繪畫上看，宋代交椅有四種類型。

㈠直形搭腦、横向靠背式：宋人張擇端清明上河圖畫卷末尾，醫生兼藥鋪主人的趙太丞家，櫃檯前有一把交椅就是直形搭腦、横向靠背式，圖形很清晰、完整，而且形象比較準確。

豎向靠背交椅

豎向靠背交椅

中有直形搭腦

㈡直形搭腦、竪向靠背式：宋人蕭照中興禎應圖第五段、第六段中都有一把這種式樣的交椅，圖形也十分清楚。這種打槽裝板的竪向靠背，做法當比横向靠背要進步一些，使用起來也比較舒適。這種做法，經元代而沿用於明、清。

㈢圓形搭腦、竪向靠背式：圓形搭腦又稱「栲栳圈」，是我國古代木工匠師的一大創造。宋人蕉蔭擊毬圖上主婦使用的交椅就屬於這一類。圓形的椅圈，繩編的軟坐屜，可開可合的折疊結構，都畫得很清楚。

㈣圓形搭腦、竪向靠背、附加荷葉形托首的交椅：宋代人稱這種形式爲「太師樣」，這就是本文所要討論的太師椅的早期式樣。從發展看，這種功能完備、構造複雜的太師椅是四種交椅中較晚的一種。它出現於南宋，曾經作爲一種家具新式樣流行一時，宋人筆記中多有記録。

安有荷葉托首的宋代太師椅的形象，在宋人春遊晚歸圖中描繪得很清晰。春遊晚歸圖畫的是宋代一個高級官宦春遊騎馬而歸，馬前馬後有十數侍從簇擁，馬後一個侍從肩扛的正是一件這樣的太師椅。其特徵：一是具有圓形的椅圈；二是有一木質荷葉形托首借一長柄插於靠背之後，可供仰首寢息；三是具有可以開合的折疊結構。這三點正是宋代太師椅的特徵。

〔五〕**唾盂**

〔文案〕文物一九八八年十一月號浙江省文物考古研究所杭州北大橋宋墓謂：杭州市一九八二年

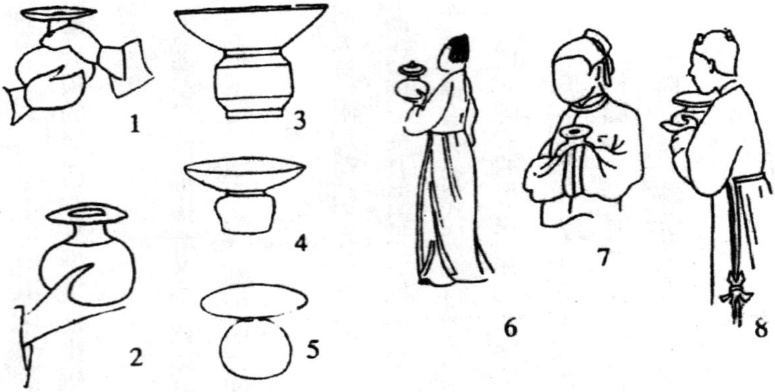


1. 白沙宋墓第一號墓前室西壁壁畫中男人所捧的唾壺

2. 唐人紈扇仕女圖中的唾壺

3. 遼寧義縣清河門第一號遼墓所出白瓷唾壺

4. 朝鮮高麗時代(北宋——元)青瓷唾壺

5. 日本治安元年(北宋天禧五年)施入奈良正倉院的紺琉璃唾壺

6. 新刊全相秦併六國平話始皇令王翦伐趙圖中捧唾壺的侍童

7. 山西大同卧虎溝第二號元墓壁畫中捧唾壺的男人

8. 山西芮城永樂宮元至正十八年純陽帝君神遊顯化之圖壁畫中捧唾壺的侍女

七月北郊北大橋聯片供熱工程發現墓葬，有一帶托座漆唾盂，保存尚好。唾盂及盞托相同，胎骨亦以屈木製成，圈足、頸部較寬而薄，盤口和托座的盤沿則較窄而厚，每層一般寬零點三、厚零點二厘米。内外塗零點零五厘米厚漆灰，在器物轉角處可厚達零點三厘米。内外髹黑漆，色澤光潔。唾盂底部有朱書文字一行，筆迹潦草難以辨認；托座托圈内亦有朱書文字一行，内容爲「丁卯温州□□成十二□上牢」。唾盂口徑二十一點二、底徑七點六厘米，高十二厘米。托座口徑十點九、盤徑十八點二、底徑八點八、高六點二厘米。白沙宋墓之唾壺則與之相似，或一物二名也。

〔六〕御帶

〔文案〕京都譯注本注「御帶」雖明，然不如龔延明宋代官制辭典詳盡：「『御帶』係宋初置，咸平元年四月十六日改名爲『帶御器械』，或可稱『屬鞬之職』。其品位選三班使臣以上武藝精强親信，或爲内侍擔任，屬心腹之寄。官品視本官階。叙位在起居舍人、侍御史之下。職掌在京帶御器械有宿衛職責，不統兵。爲外任軍中差遣所帶『職名』。景祐二年，定員六人，紹興二十九年四月十六日增置四員。」

〔七〕侍從

吕希哲吕氏雜記卷下：范、富、韓三公，自爲侍從時，天下皆稱爲公。

程大昌雍録卷八職官侍從一：漢世之謂侍從者，以其職掌近君也。行幸則隨從，在宮則陪侍，故總撮凡最，而以侍從名之也。武帝之詔嚴助曰：「君厭直承明之廬，勞侍從之事。」助時爲中大夫，是之謂中朝臣，中朝臣者，唐以來名内諸司也，謂其職任得在内朝，故皆冠以中字也。郭舍人怨東方朔曰：「朔詆天子從官。」武帝謂竇太主曰：「但恐羣臣從官，多爲主費。」司馬遷曰：「文史星曆，近乎卜祝之間，固主上之所戲弄也。」此在漢世，雖皆以侍從名之。特以常在左右，如前所云耳，皆非今世之謂侍從者也。今世侍從，漢之九卿也，張安世持槖簪筆，事孝武皇帝十數年者，此即今世侍從之事也。蓋安世嘗爲光禄勳，後又有大司馬、車騎將軍也。若摘漢語以稱今世侍從，則筆槖正其事矣。今時侍從，又名兩制，兩制者，分掌内外兩制也。内制爲翰林學士，外制爲中書舍人，在元祐未置權侍郎以前，自中書舍人已上方爲侍從也。故率内外制而名其官，所以别乎漢世之侍從而未爲九卿者也。

〔八〕**隨竿媚來**

〔文案〕親近皇帝御輦院官喝「隨竿媚來」，則如「山呼」類慣用之樣式。竿爲執竹竿調度演出者，其用詳見卷九宰執親王宗室百官入内上壽「參軍色執竹竿」。伎藝表演者隨竹竿子指揮獻藝謂之「媚來」，或即如蔣捷齊天樂所云：「道隨竿媚」。

〔九〕**鵓鴿旋**

孔平仲談苑卷三：永叔云：開封爲皇帝所擾。送一卒云：「爲鵓鴿飛而不下。」

葉紹翁四朝聞見録丙集鵓鴿詩：東南之俗，以養鵓鴿爲樂，羣數十百，望之如錦。灰褐色爲下，純黑者爲貴。内侍畜之尤甚。粟之既，則寓金鈴於尾，飛而颺空，風力振鈴，鏗如雲間之珮，或起從鳳山。

施耐庵羅貫中水滸傳第七十四回燕青智撲擎天柱 李逵壽張喬坐衙：燕青搶將入去，用右手扭住任原，探左手插入任原交襠，用肩胛頂住他胸脯，把任原直托將起來，頭重脚輕，借力便旋，五旋旋到獻臺邊，叫一聲：「下去！」把任原頭在下，脚在上，直攛下獻臺來。這一撲，名唤做「鵓鴿旋」。

〔一〇〕**踏五花兒**

周密癸辛雜識後集舞譜：予嘗得故都德壽宫舞蹈二大帙，其中皆新製曲。多妃嬪閣分所進者，所謂譜者，其間有所謂：五花兒

踢　搕　刺　攧　繫　搠　捽

〔一一〕**露臺**

周煇清波雜志卷第四汴都舊事：祖母太夫人，慈聖之後，暇日與子孫譚京都舊事：政、宣間，以戚里數，值誕皇子，入内稱賀。盛飾群立於露臺，人各許攜一從婢。

王明清揮麈録第三録卷之二趙叔近守秀州：先是，王淵在京爲小官，時狎露臺娼周者，稔甚，亂後爲叔近所得，攜歸家。

〔文案〕程大昌雍録卷第九露臺謂露臺起於漢，文帝爲祭祀用，若長安志言：露臺神廟在萬年縣東北四里。「露臺舞娼」則始於宋張唐英蜀檮杌，入宋露臺漸多，本書卷六元宵記「露臺所」，爲臨時搭建

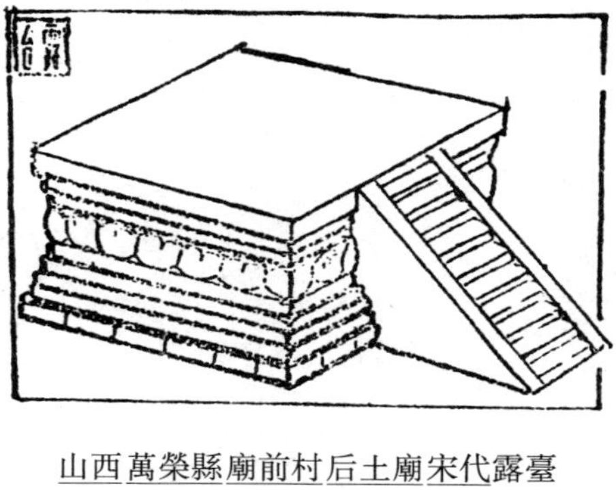

山西萬榮縣廟前村后土廟宋代露臺

遮風蔽日會演之場所。亦有永久酬神獻藝之「露臺」，如夢粱録卷二十角觝：護國寺南高峰之「露臺争交」。此二類露臺出演均於聖節、御宴、時序、廟會等，故群妓畢集。上舉二條可窺露臺側影。

## 十五日駕詣上清宫

十五日，詣㊀上清宫。亦有對御〔一〕，至晚回内。

### 〔校〕

㊀陳元靚歲時廣記卷十觀燈山於「詣」前有「駕」字。

### 〔注〕

〔一〕**對御**

蔡絛鐵圍山叢談卷第一：上元節遊春，或金明池瓊花，從臣皆扈蹕而隨車駕，有小燕謂之對御。凡對御則用滴粉縷金花，極其珍蘁矣。

陳希夷對御歌：臣愛睡，臣愛睡。不卧氈，不蓋被。片石枕頭，蓑衣鋪地。震雷掣電鬼神驚，臣當真時正鼾睡。閒思張良，悶想范蠡。説甚孟德，休言劉備。三四君子，只是争此閒氣。争如臣向青山頂頭，白雲堆裏，展開眉頭，解放肚皮，且一覺睡。管甚玉兔東生，紅輪西墜。

# 十六日

十六日〔一〕，車駕不出，自進早膳訖，登門，樂作卷簾，御座臨軒宣萬姓。先到門下者，猶得瞻見天表，小帽紅袍獨卓子。左右近侍，簾外傘扇執事之人，須臾下簾則樂作，縱萬姓遊賞。兩朵樓相對：左樓相對鄆王〔二〕，以次綵棚幕次；右樓相對蔡太師，以次執政戚里幕次。時復自樓上有金鳳飛下諸幕次，宣賜不輟〔三〕。諸幕次中家妓〔四〕，競奏新聲，與山棚露臺上下，樂聲鼎沸。西朵樓下，開封尹〔五〕彈壓，幕次羅列，罪人滿前，時復決遣，以警愚民。樓上時傳口勑，特令放罪。於是華燈寶炬，月色花光，霏霧融融，動燭遠近。至三鼓，樓上以小紅紗燈毬，緣索而至半空，都人皆知車駕還内矣。須臾聞樓外擊鞭之聲，則山樓上下燈燭數十萬盞，一時滅矣。於是貴家車馬，自内前鱗切，悉南去遊相國寺，寺之大殿前設樂棚，諸軍作樂，兩廊有詩牌〔六〕燈云：「天碧銀河欲下來，月華如水照樓臺〔一〕。」並「火樹銀花合，星橋鐵鎖開」之詩，其燈以木牌爲之，雕鏤成字，以紗絹冪之，於内密燃其燈，相次排定，亦可愛賞。資聖閣〔七〕前安頓佛牙，設以水燈〔八〕，皆係宰執戚里貴近占設看位〔九〕。最要鬧九子母殿及東西塔院，惠林、智海、寶梵，競陳燈燭〔一〇〕，光彩争華，直至達旦。其餘宫觀寺院，皆放萬姓燒香。如開寶、景德、大佛寺等處，皆有樂棚，作樂燃燈。惟禁宫觀寺院，不設燈燭矣。次則葆真宫，有玉柱玉簾窗隔燈，諸坊巷、馬行、諸香藥鋪席、茶坊、酒肆燈燭，各出新奇。就中蓮華王家香鋪燈火出羣，而又命僧道場打花鈸、弄椎鼓，遊人無不駐足。諸門皆有官中樂棚。萬街千巷，盡皆繁盛浩鬧。每一坊巷口，無樂棚去處，多設小影戲棚子，以防本坊遊人小兒相失〔一一〕，以引聚之。殿前班在禁中右掖門裏，則相對右掖門設一樂棚，放本班家口登皇城觀看。官中㈡有宣賜茶酒、粧粉錢之類。諸營班院，於法不得夜遊，各以竹竿出燈毬於半空，遠近高低，若飛星然。阡陌縱横，城闉不禁。别有深坊小巷，繡額珠簾，巧製新粧，競誇華麗，春情蕩颺，酒興融怡，雅會幽歡，寸陰可惜，景色浩鬧，不覺更闌。寶騎駸駸，香輪轆轆，五陵年少，滿路行歌，萬户千門，笙簧未徹㈢。市人賣玉梅、夜蛾〔一二〕、蜂兒、雪柳、菩提葉、科頭圓子〔一三〕、拍頭焦䭔㈣。唯焦䭔以竹架子出青傘上，裝綴梅紅縷金小燈籠子，架子前後亦設燈籠，敲鼓應拍，團團轉走，謂之「打旋羅」，街巷處處有之。至十九日收燈，五夜城闉不禁，嘗有旨展日。宣和年間，自十二月於酸棗門二名景龍門上，如宣德門，元夜〔一四〕點照，門下亦置露臺，南至寶籙宫，兩邊關撲買賣，晨暉門外設看位一所㈤，前以荆棘圍繞，周回約五七十步，都下賣鵪鶉骨飿兒〔一五〕、圓子䭔〔一六〕、拍白腸、水晶鱠、科頭細粉〔一七〕、旋炒栗子、銀杏、鹽豉湯〔一八〕、雞段、金橘、橄欖、龍眼、荔枝諸般市合，團團密擺，準備御前索唤。以至尊有時在看位内，門司、御藥、知省、太尉，悉在簾前，用三五人弟子祗應。粆盆照耀，有同白日。仕女觀者，中貴邀住，勸酒一金盃〔一九〕令退。直至上元，謂之「預賞」〔二〇〕。惟周待詔〔二一〕瓠羹貢餘者，一百二十文足一箇，其精細果別如市店十文者。

［校］

㈠「月華如水照樓臺」，陳元靚歲時廣記卷十寺院燈爲「月華如水浸樓臺」。

㈡「官中」，陳元靚歲時廣記卷十瞻御表爲「宮中」。

㈢陳元靚歲時廣記卷十瞻御表於「笙簧未徹」之後補「自古太平之盛，未有斯也」。

㈣京都譯注本亦注意歲時雜記所謂「柏頭焦䭔」，然「柏頭」於「䭔」不合，拍則爲充滿之意，如魏了翁滿江紅李提刑生日云：「水拍池塘鴻雁聚，露濃庭畹芝蘭馥。」應仍以元本「拍」爲確。

㈤「晨暉門外設看位一所」，陳元靚歲時廣記卷十備御唤作「晨暉門外設主上看位一所」。

## ［注］

〔一〕**十六日**

章淵稿簡贅筆耗磨日：正月十六日，古謂之「耗磨日」。張説耗日飲詩云：「耗磨傳茲日，縱横道未宜。但令不忌醉，翻是藥無爲。」又云：「上月今朝減，流傳耗磨辰。還將不事事，同醉俗中人。」趙冬必飲酒，如今之「社日」，此日但謂之「耗日」。官司不開倉庫而已。

〔二〕**鄆王**

鄧椿畫繼卷二侯王貴戚：鄆王，徽宗皇帝第三子也。禀資秀拔，爲學精到。政和八年，射策於庭，名標第一，多士推服。性極嗜畫，頗多儲積，凡得珍圖，即日上進，而御府所賜，亦不爲少，復皆絶品，故王府畫目，至數千計。又復時作小筆花鳥便面，克肖聖藝，乃知父堯子舜，趣尚一同也。

〔三〕**宣賜不輟**

無名氏宣和遺事前集：這四個得了聖旨，交撒下金錢銀錢，與萬姓搶金錢。那教坊大使袁陶曾作一詞，名做撒金錢：「頻瞻禮，喜昇平，又逢元宵佳致。鼇山高聳翠，對端門珠璣交製。似嫦娥降仙宮，乍臨凡世。恩露匀施，憑御闌、聖顔垂視。撒金錢，亂抛墜，萬姓推搶没理會。告官裏，這失儀，且與免罪。」是夜撒金錢後，萬姓各各遍遊市井，可謂是：燈火熒煌天不夜，笙歌嘈雜地長春。

## 〔四〕家妓

陳鵠耆舊續聞卷一：太傅公嘗守會稽，上元夕放燈特盛，士女駢闐，有一士人，從貴宦幕外過，見其女樂甚，都注目久之，觀者狎至，觸墜其幕，貴宦者執其士，以聞於府。

郭祥正鄭州太守王龍圖贊之出家妓彈琵琶即席有贈：偶騎匹馬遊仙關，瑶池夜宴歡未闌。邀予末坐聞清彈，琵琶十槽聲正繁。初疑饑鸞啄玉應天響，忽似霹靂數聲春氣還。曲遍將終檀板急，舞袖裂霞隨拍入。踏蹝瓊筵鸞步嬌，汗透香綃露桃濕。解縧罷舞整花鈿，宛轉仙容雁行立。主人使令持酒巵，香隨羅襪成塵飛。銅龍無聲夜無極，煌煌燭焰回朝暉。桃源花落長潔浄，人着秦衣樽俎罄。豈如此會絶風流，主人殷勤賓客敬。我作短歌公聽取，人世百年能幾許。樂極哀來古所悲，不如立功當此時。

劉斧青瑣高議後集卷之四龔球記（龔球奪金疾病死）：時元夜燈火，車騎騰沸，球閑隨一青氈車走。車中有一女人，自車後下，手把青囊，其去甚速，球逐之暗所。女人告曰：「我李太保家青衣也，售身之年，已過其期，彼不捨吾，又加苦焉。今夕吾伺其便走耳。若能容吾於室，願爲侍妾。」球喜，許之。與婦人攜手，婦人以青囊付球，即與同行。球心思計以欺之，球乃妄指一巷：「此乃市者，其中吾所居也，汝且從巷口，吾先報家人，然後呼汝入家。」女人不知其詐。

江少虞宋朝事實類苑卷第七十四詐妄謬誤劉承勳：承勳專掌宮事，盜用之無算，家畜妓樂數十百人，朱門甲第，窮極富貴。嘗指妓樂中一青衣云：「此女妓教其優劇，止學師巫持刀勑水一藝，凡費二千緡，他可知也。」

〔五〕**開封尹**

洪邁夷堅乙志卷第九李孝壽：政和二年，李孝壽爲開封尹，以嚴猛居官，輦轂之下，無敢議其政者。

江鄰幾醴泉筆記下：開封府尹大廳，自周起侍郎奏真宗云：「陛下昔居此，臣不敢坐。」自爾遂空不復居。

范鎮東齋記事卷三：仁宗初，薛簡肅知開封府。上新即大位，莊獻臨朝，一切以嚴治，人謂之「薛出油」。

鄭克折獄龜鑑卷六呂公綽疑仇：呂公綽侍讀知開封府。有營婦，夫戍未還。夜盜入舍，斷腕而去。主名不立，都人喧言駭異。公綽謂：「非其夫仇，不宜快意戕害至此。」亟遣馳詰其夫，果獲同營韓元者，具奸狀，伏誅。見王珪丞相所撰墓誌。

田況儒林公議卷下：范仲淹以天章閣待制權尹京府，自以言事被用，以諫諍爲己責。呂夷簡作相，氣勢重炎，無敢忤者，仲淹屢犯其鋒。

章如愚群書考索後集卷第十三官制門京尹：宋朝牧尹不常置，太宗、真宗皆嘗尹京，後親王無繼者，權知府一人，以待制以上充掌尹正，畿甸之事、中都之獄訟皆受而聽焉。小事則專決，大事則禀奏，若承旨已斷者，刑部、御史臺無輒糾察。典司轂下，建隆以來爲要劇之任。崇寧三年，蔡京乞罷權知府，置牧、尹各一員，專總府事，牧以皇子領，尹以文臣充。尹以親王爲之，號「判南衙」。凡命知府必帶權字，以翰林爲之，翰林學士及雜學士，若待制則權發遣而已，所選皆人望，蓋四方取則之地也。

韓淲澗泉日記卷中：王欽臣仲至，洙之子，賜進士第。錢穆甫薦於哲宗，以爲學士。上曰：「章惇不喜。」乃以仲至爲開封尹。

張鎡仕學規範卷七行己：包孝肅在言路，極言時事，復爲京尹，令行禁止，至今天下皆呼「包待制」。

文瑩玉壺清話卷第四：真宗爲開封尹，呼通衢中鐵盤市卜一瞽者，令張耆、夏守贇、楊崇勳左右數輩，揣聽聲骨，因以爲娛，或中或否。

吕本中紫微詩話：范正平子夷，丞相忠宣公長子，少有高節，專務静退。紹聖中，欽聖向后爲其家作功德寺，爲屋數百間。百姓訴其地民間地也，朝廷下其事開封府，府尹王震、户部尚書蔡京皆定以爲官地。民訴不已，再委開封尉核實。時子夷適爲開封尉，驗治實民間地。

司馬光温公瑣語：章惇者，郇公之疏族，舉進士，在京師，館於郇公之第。報族父之妻，爲人所掩，逾垣而出，誤踐街中一嫗，爲嫗所訟。時包希仁知開封府，不復深探其獄，贖銅而已。

康譽之昨夢録李倫：開封尹李倫，號「李鐵面」。命官有犯法當追究者，巧結形勢，竟不肯出。李憒之，以術羅致之，至，又不遜。李大怒，真決之。

梅堯臣碧雲騢：參知政事張觀，嘗知開封府。府有犯夜巡者，捕致之，觀據案訊之曰：「有證見乎？」巡者曰：「若有證見，亦是犯夜。」左右無不大笑，於是京師知其謬。時赴上纔五日，朝廷知之，亟罷觀。

王子容滿庭芳壽京尹：臺袞籌邊，京師蒙福，兩淮談笑塵清。正銗筩無訟，桴鼓亦稀鳴。閱武分弓角射，催春事、親勸農耕。何須待，尋花問柳，小隊出郊坰。功名。今已就，九重近天，好去辭榮。算人間極貴，何似長生。剌占梅山日月，觀二妙，玉紋抨。休辭醉，洛陽花信，香到露華亭。

傅自得驀山溪早春壽京尹：洪鈞轉處，都在薰陶内。瑞世得奇才，贊化工，協調和氣。雄詞健筆，談笑斡千鈞，餘閑手，尹王畿，治行稱尤異。雍容儒雅，早合登高位。天路踏驊騮，看峨冠，羽儀班綴。東風駘蕩，王斝酒鱗紅，春不老，壽難窮，莫惜今朝醉。

富大用古今事文類聚遺集卷十三諸提舉部遺三世尹京：梁子美權開封府尹，入謝，言曾祖顥、祖適皆常領府事，今臣復攝尹，懼弗克荷。徽宗曰：「卿三世尹京，縉紳盛事也。」四朝國史

蘇頌蘇魏公文集附録一魏公譚訓卷第五前言、政事：祖父尹開封，頗嚴鞭撲。以爲京師浩穰，須彈壓，當以柱後惠文治之，非亳、潁卧治之比。方試進士，有博於肆樓者，巡捕擒以來。祖父問：「擲彩何爲？」曰：「選官爾。」「何許？」曰：「房中。」祖父曰：「舉人房中賭彩選，市巡何預？」痛杖之。内外

歡愜。

祖父嘗説：張去華侍郎及第，文章學問爲一時之賢，而孝養之行遠追古人。獨不達政事，自翰苑尹開封，事多留滯倒錯，遂罷。嘗有一人犯夜，邏者執之以來。公問：「何爲夜行？」對以母病求醫。問頗有見證否？人皆笑之。

無名氏如夢録官署紀第五：東有包孝肅公祠，祠内有宋開封府題名碑，起建隆元年（督）〔昝〕居潤，訖崇寧四年李孝壽，共一百八十三名。又有開封尹題名碑并記，起崇寧四年李孝壽，訖上官悟，共四十八名，末附金韓仲適一名。碑在今府署東南隅包公祠内。

〔六〕詩牌

樓鑰詩話一〇九：余頃歲遊雲巖，有詩牌掛壁上，拂塵讀之，云：「朝見雲從巖上飛，暮見雲歸巖下宿。朝朝暮暮雲來去，屋老僧移幾翻覆。夕陽流水空亂山，巖前芳草年年緑。」愛其清甚，視其名，則僧舉也。

〔七〕資聖閣

張師正括異志卷五韓宗緒：韓宗緒，龍圖贄之子，以父任補將作監主簿。皇祐秋，鎮廳預薦，偶於相國寺資聖閣前，見其家舊使老僕。

錢世昭錢氏私志：蔡魯公帥成都，一日，於藥市中遇一婦人，多髮如畫者，毛女語蔡云：「三十年後相見。」言訖，不知所在。蔡後以太師魯國公致仕，居京師。一日，在相國寺資聖閣下納凉，一村人自外入，直至蔡前云：「毛女有書。」

〔八〕**水燈**

白居易白孔六帖卷四歲除：點水盆燈金門歲節曰：洛陽人家除夜則鋼刀刻門，埋小兒硯，點水盆燈。

潘永因宋稗類鈔十六豪曠：建炎四年正月十五日，上在章安鎮，忽有二航爲風所飄，直犯御舟。問之，乃販柑客也。上聞，盡令買之，分散禁衛，令食瓢取皮爲碗。是日元夕放燈，乃命貯油於柑皮，置燈其中，隨潮放之。時風息波平，如數萬點紅星浮漾海面。居人皆登金鼇峰望之。

〔九〕**看位**

吴自牧夢粱録卷四觀潮：臨安風俗，四時奢侈，賞玩殆無虚日。西有湖光可愛，東有江潮堪觀，皆絶景也。每歲八月内，潮怒勝於常時，都人自十一日起，便有觀者，至十六、十八日傾城而出，車馬紛紛，十八日最爲繁盛，二十日則稍稀矣。十八日蓋因帥座出郊，教習節制水軍，自廟子頭直至六和塔，家家樓屋，盡爲貴戚内侍等雇賃作看位觀潮。

〔一〇〕**惠林、智海、寶梵，競陳燈燭**

妙源虚堂和尚語録卷第九：元宵上堂，朝家元日郊禮，天地開泰，聖天子感而放燈一月，以享上帝。輦轂之下，青紅碧緑，巷陌如畫。禪門中，亦有五燈，有傳燈、廣燈、普燈、續燈、聯燈，燈燈相續，循環無盡。

## 〔二〕小兒相失

袁采世範卷下：富人有愛其小兒者，以金銀珠寶之屬飾其身。小人有貪者，於僻静處壞其性命而取其物。雖聞於官而寘於法，何益。市邑小兒，非有壯夫攜負，不可令遊街坊，慮有誘略之人也。

岳珂桯史卷第一南陔脱帽：神宗朝，王襄敏韶在京師，會元夕張燈，金吾弛夜，家人皆步出將帷觀焉。幼子寀第十三，方能言，珠帽襐服，馮肩以從。至宣德門，上方御樓，鄰雲綵鼇，簫吹雷動，士女仰視，喧擁闐咽，轉眄已失所在，騶馭皆恇擾不知所爲。家人不復至帷次，狼狽歸，未敢白請捕。襄敏訝其反之亟，問知其爲南陔也，曰：「他子當遂防，若吾十三，必能自歸。」怡然不復求。咸叵測。居旬日，內出犢車至第，有中大人下宣旨，抱南陔以出諸車，家人驚喜，迎拜天語。既定，問南陔以所之。乃知是夕也，姦人利其服裝，自襄敏第中已竊迹其後。既負而趨，南陔覺負己者之異也，亟納珠帽於懷。適內家車數乘將入東華，南陔過之，攀幰呼焉。中大人悦其韶秀，抱寘之膝。翌早，擁至上閤，以爲宜男之祥。上問以誰氏，竦然對曰：「兒乃韶之幼子也。」具道所以，上顧以占對不凡，且歎其早慧，曰：「是有子矣。」令暫留，欽聖鞠視，密詔開封捕賊以聞，既獲，盡戮之。乃命載以歸，且以具獄示襄敏，賜壓驚金犀錢果，直鉅萬。

## 〔三〕夜蛾

王庭珪夜蛾兒：碧眼銀鬚粉撲衣，又隨雪柳趁燈輝。怕寒還戀南華夢，凝佇釵頭未肯飛。

陳元靚歲時廣記卷十一上元中紙飛蛾：歲時雜記：都人上元以白紙爲飛蛾，長竹梗標之，命從卒插頭上，晝日視之殊非佳物，至夜，稠人列火炬中，紙輕竹弱，紛紛若飛焉。又作宜男蟬，狀如紙蛾，而稍加文飾。又有菩提葉蜂兒之類。

〔文案〕夜蛾之别樣式則有「鬧蛾」。以剪好蛾形綾綺，簪戴於髪髻或冠子上。若康與之瑞鶴僊上元應制：「鬧蛾兒滿路，成團打塊，簇著冠兒斗轉。」

〔三〕**圓子**

史浩人月圓詠圓子：驕雲不向天邊聚，密雪自飛空。佳人纖手，霎時造化，珠走盤中。六街燈市，争圓鬥小，玉碗頻供。香浮蘭麝，寒消齒頰，粉臉生紅。

史浩粉蝶兒詠圓子：玉屑輕盈，鮫綃霎時鋪遍。看仙娥、騁些神變。咄嗟間，如撒下、真珠一串。火方然、湯初滾、盡浮鍋面。歌樓酒壚，今宵任伊索唤。那佳人，怎生得見。更添糖，拚折本、供他幾碗。浪兒門，得我這些方便。

王千秋鷓鴣天：翠杓銀鍋饗夜遊。萬燈初上月當樓。溶溶琥珀流匙滑，璨璨蠙珠着面浮。香入手，暖生甌。依然京國舊風流。翠娥且放杯行緩，甘味雖濃欲少留。

汪曰楨湖雅卷八圓子：按俗以粉圓無餡者曰圓子，有湯圓，一名順風圓，爲元旦節物，又名燈圓，爲元宵節物。又有繭圓，爲蠶時祀神及臘月祀竈之用。雙林費圓著名，別有丸糖爲餡，用水雲溼，外以米粉裹滿，形如「順風圓」，亦呼湯圓。又東鄉元旦有「接天圓子」，大而有餡，此則有餡而呼爲圓子者也。

〔一四〕元夜

彭乘續墨客揮犀卷六上元夜張燕：狄青爲樞密副使，宣撫廣西。時儂智高守崑崙關。青至賓州，值上元節，令大張燈燭，首夜燕將佐，次夜燕從軍官，三夜饗軍校。首夜樂飲徹曉，次夜二鼓時，青稱疾，暫起如内。久之，使人諭孫元規令暫主席行酒，少服藥乃出，數使人勸勞座客，至曉，各未敢退。忽有馳報者云：是夜五鼓，青已奪崑崙矣。

洪邁夷堅支庚卷第八王上舍：建康王樞密德言綸云：鄉人王上舍，以政和六年元夕，與友同出府治觀燈。三友登山棚玩優戲，王獨在棚下，不肯前。邀之弗聽，蓋意有所屬。見一姬緩步，一女僕隨之，衣不華，妝不豔，而淡靚可喜。顧王微羞，整飾冠，若欲偷避。王逼而窺之，始撤幕首中，回面而笑。王將與之語，爲友所牽，莫能遂。於是偕入委巷，行人絶希，姬復在焉，而友無所覩。王託如厠，抽身相躡，情思飛揚，因就與姬語。姬曰：「我知君雅意，但以寡居一第，無男無女，只小妾同居。蕭索之情，不言可知。君果有心，異日願垂顧。」王曰：「吾方寸已亂，何暇遷延！」攜手將與綢繆，回顧巷陌，燈燭車馬，略無可駐之地。念市橋下甃石處差可偷期，乃野合而别。

朱弁續骫骳説元宵詞：都下元宵觀遊之盛，前人或於歌詞中道之，而故族大家宗藩戚里，宴賞往來，車馬駢闐五晝夜不止，每出必窮日盡夜漏乃始還家，往往不及小憩，雖含酲溢疲思亦不暇寐，皆相呼理殘粧，而速客者已在門矣。

〔一五〕**鵪鶉骨饳兒**

宋話本簡帖和尚：只見一個男女托個盤兒，口中叫：「賣鵪鶉餶饳兒。」官人把手打招，叫：「買餶饳兒。」僧兒見叫，托盤兒入茶坊内，放在桌上，將條篾篁穿那餶饳兒，捏些鹽，放在官人面前道：「官人吃餶饳兒。」

〔一六〕**圓子䭔**

李昉太平廣記卷第二百三十四食尚食令：馮給事入中書祗候宰相，見一老官人衣緋，在中書門立，候通報。時夏譙公爲相，留坐論事多時，及出，日勢已晚，其官人猶尚在。乃遣人問是何官。官人近前相見曰：「某新除尚食局令，有事相見相公。」因令省官通之，官人入，給事偶未去。官人見宰相了，出謝云：「若非給事恩遇，某無因得見相公。某是尚食局造䭔子手，不知給事宅在何處？」曰：「在親仁坊。」曰：「欲説薄藝。但不知給事何日在宅？」曰：「來日當奉候。」「然欲相訪，要何物？」曰：「要大臺盤一隻，木楔子三五十枚，及油鐺炭火，好麻油一二斗，南棗爛麵少許。」給事素精於飲饌，歸宅便令排比，仍垂簾，家口同觀之。至日初出，果秉簡而入，坐飲茶一甌，便起出廳，脱衫靴帶，小帽子，青半肩，三幅袴，花襜襪肚，錦臂鞲。遂四面看臺盤，有不平處，以一楔填之，後其平正，然後取油鐺爛麵等調停，襪肚中取出銀盒一枚，銀篦子、銀笊籬各一，候油煎熟，於盒中取䭔子⿰𧾷兼，以手於爛麵中團之，五指間各有麵透出，以篦子刮却，便置䭔子於鐺中，候熟，以笊籬漉出，以新汲水中良久，却投油鐺中，三五沸取出，拋臺盤上，旋轉不定，以太圓故也。其味脆美，不可名狀。出盧氏雜説

〔一七〕**科頭細粉**

李光庭鄉言解頤卷四物部上食物十事蝌蚪子：麥、莜二屑各半，和麵，用木牀鐵漏按入沸湯中，熟而取出，拌鹵食之，較之活絡、瓢兒漏，柔軟細膩。蝌蚪子者，象形也。此山右人食法，又曰格豆子，則音之譌也。　豈無懞懂人，莜麥不能辨。和屑作羹湯，食之亦稱善。稱善問嘉名，告從古書選。唐風昔儉勤，迄今尚流衍。詩篇蟋蟀吟，食單蝌蚪撰。乃知精約廚，所費不在腆。尋文指畫膚，思味口嘗臠。夜入黑甜鄉，將無夢呑篆。

〔文案〕科頭即爲蝌蚪。見王千秋浣溪沙科斗詞。山西太原農村至今尚遺「科斗細粉」製法：在一似「擦子」之抿牀上，擦出條狀之「蝌蚪」，其長約三公分，沸水煮熟，光滑柔軟，猶如細粉。今河南地區則稱粉條爲細粉。

〔一八〕**鹽豉湯**

陳元靚歲時廣記卷第十一賣節食：鹽豉捻頭雜肉煮湯，謂之鹽豉湯。

〔一九〕**勸酒一金盃**

無名氏宣和遺事前集：至十五夜，去内門直下賜酒，兩壁有八廂，有二十四個内等子守着，喝道：「一人只得飲一盃酒。」有光禄司人把着金巵勸酒，真個是：金杯内酒凝琥珀，玉觥裏香勝龍涎。一似蟠桃宴罷流瓊液，敕賜流霞賞萬民。

那看燈底百姓，休問富貴貧賤老少尊卑，盡到端門下賜御酒一盃。有教坊大使曹元寵口號一詞，唤做脱銀袍：濟楚風光，昇平時世，端門支散，碗遂逐旋温來，吃得過、那堪更使金器？分明是，與窮漢、消災滅罪。又没支分，猶然遞滯，打篤磨槎來根底。换頭巾，便上弄交番厮替。告官裏，馳逗高陽餓鬼。

是夜，鼇山脚下人叢鬧裏，忽見一個婦人吃了御賜酒，將金盃藏在懷袖裏，吃光禄司人喝住：「這金盞是御前寶玩，休得偷去！」當下被内前等子拿住這婦人，到端門下。有閤門舍人具將偷金盞的事，奏知徽宗皇帝。聖旨問取因依。婦人奏道：「賤妾與夫婿同到鼇山下看燈，人鬧裏與夫相失。蒙皇帝賜酒，妾面帶酒容，又不與夫同歸，爲恐公婆怪責，欲假皇帝金盃歸家與公婆爲照。臣妾有一詞上奏天顔。」這詞名鷓鴣天：月滿蓬壺燦爛燈，與郎攜手至端門。貪觀鶴降笙簫舉，不覺鴛鴦失却羣。天漸曉，感皇恩，傳宣賜罷臉生春。歸家切恐公婆責，乞賜金盃作照憑。

徽宗覽畢，就賜金盞與之。當有教坊大使曹元寵奏道：「適來婦人之詞，恐是伊夫宿構此詞，來騙陛下金盞。只當押婦人當面命題，令他撰詞。做得之時，賜與金盞；做不得之時，明正典刑。」帝准奏，再令婦人做一詞。婦人請命題。準聖旨，令將金盞爲題，念奴嬌爲調。女子領了聖旨，口占一詞道：桂魄澄輝，禁城内、萬盞華燈羅列。無限佳人穿繡徑，幾多嬌豔奇絶。鳳燭交光，銀燈相射，奏簫韶初歇。鳴鞘響處，萬民瞻仰宫闕。妾自閨門給假，與夫攜手，共賞元宵節。誤到玉皇金殿砌，賜酒金盃滿設。量窄從來，紅凝粉面，尊見無憑説。假王金盞，免公婆責罰臣妾。

徽宗見了此詞，大悦，不許後人攀例，賜盞與之。

万俟詠鳳皇枝令：婦女遊者，珠簾下邀往，飲以金甌酒。有婦人飲酒畢，輒懷金甌。左右呼之，婦人曰：妾之夫性嚴，今帶酒容，何以自明。懷此金甌爲證耳。隔簾聞，笑聲曰：「與之。」其詞曰：人間天上。端樓龍鳳燈先賞。傾城粉黛月明中，春思蕩。醉金甌仙釀。一從鸞輅北向。舊時寶座應蛛網。遊人此際客江鄉，空悵望。夢連昌清唱。

〔二〇〕**預賞**

凌準餘艎日疏預借元宵：宣和五年，令都城自臘月初一日放鼇山燈，至次年正月十五日夜，謂之「預賞元宵」。

〔二一〕**待詔**

宋話本碾玉觀音：去府庫裏尋出一塊透明的羊脂玉來，即時叫將門下碾玉待詔道：「這塊玉堪做甚麽？」内中一個道：「好做一副勸盃。」

數中一個後生，年紀二十五歲，姓崔名寧，趨事郡王數年，是昇州建康府人，當時叉手向前，對着郡王道：「告恩王：這塊玉上尖下圓，甚是不好，只好碾一個南海觀音。」郡王道：「好！正合我意！」就叫崔寧下手，不過兩個月，碾成了這個玉觀音。不則一日，到了潭州，却是走得遠了。就潭州市裏，討間房屋，出面招牌，寫着「行在崔待詔碾玉生活」。崔寧便對秀秀道：「這裏離行在有二千餘里了，料得無事。你我安心，好做長久夫妻。」潭州也有幾個寄居官員，見崔寧是行在待詔，日逐也有生活得做。

四水潛夫武林舊事卷第六諸色伎藝人棋待詔：鄭日新越童　吴俊臣安吉吴　施茂施猢猻　朱鎮　童先　杜黄象　徐彬象　林茂象　禮重象　尚端象　沈姑姑象，女流　金四官人象　上官大夫象　王安哥象　李黑子象

［文案］：宋有翰林待詔，爲詔制抄寫官。後民間遂稱各種技術官及工匠爲待詔。

## 收燈都人出城探㈠春

收燈畢，都人争先出城探春〔一〕，州南則玉津園外學，方池亭榭。玉仙觀〔二〕轉龍灣西去，一丈佛〔三〕園子、王太尉園，奉聖寺〔四〕前孟景初園，四里橋望牛岡〔五〕，劍客廟〔六〕。自轉龍灣東去，陳州門外，園館尤多㈡。州東宋門外，快活林〔七〕、勃臍陂〔八〕、獨樂岡、硯臺〔九〕、蜘蛛樓、麥家園、虹橋、王家園、曹、宋門之間東御苑，乾明、崇夏尼寺。州北李駙馬

園〔一〇〕，州西新鄭門大路，直過金明池西道者院〔一一〕，院前皆妓館。以西宴賓樓，有亭榭，曲折池塘，鞦韆〔一二〕、畫舫〔一三〕，酒客稅小舟，帳設遊賞〔一四〕。相對祥祺觀，直至板橋〔一五〕，有集賢樓、蓮花樓，乃之官河東〔一六〕、陝西五路〔一七〕之別館，尋常餞送置酒於此。過板橋有下松園、王太宰園〔一八〕、杏花岡〔一九〕。金明池角，南去㊂水虎翼巷，水磨下蔡太師園〔二〇〕。南洗馬橋西巷內，華嚴尼寺、王小姑酒店。北金水河兩浙尼寺、巴婁寺、養種園〔二一〕，四時花木，繁盛可觀。南去藥梁園、童太師園。南去鐵佛寺、鴻福寺〔二二〕、東西柏榆村。州北模天坡〔二三〕、角橋，至倉王廟，十八壽聖尼寺〔二四〕、孟四翁酒店。州西北元有庶人園〔二五〕，有創臺、流盃亭榭數處，放人春賞。大抵都城左近〔二六〕，皆是園圃〔二七〕，百里之內，並無閴㊃地。次第春容滿野，暖律暄晴。萬花争出粉墻，細柳斜籠綺陌。香輪暖㊄輾，芳草如茵，駿騎驕嘶，杏花如繡，鶯啼芳樹，燕舞晴空。紅粧按樂於寶榭層樓，白面行歌近畫橋流水，舉目則鞦韆巧笑，觸處則蹴踘踈狂。尋芳選勝，花絮時墜金樽；折翠簪紅，蜂蝶暗隨歸騎。於是相繼清明節矣。

［校］

㊀「探」，原作「採」，中華鄧注本案應作「探」，確，下句可糾其誤。宋小說亦可一證。

㈡百歲寓翁楓窗小牘卷下，於「園館尤多」後補「著稱者：奉靈園、靈嬉園」。

㈢劉益安對新版東京夢華録注本質疑按：金明池在新鄭門大路街北，瓊林苑在南，苑池隔街相對。此處謂「過金明池西」之池角，當是金明池的西南角，同時也是瓊林苑的西北角。如果從這裏南去，就走到了瓊林苑的西側。金明池本爲訓練水軍而鑿，軍營就在池側，並以此作巷名，事理昭然，記載確鑿。如以金明池西南角作爲起點，只有北去纔能進入水虎翼巷。此條「南去」顯爲「北去」之誤。此雖一字之差，但若據以繪製北宋開封城市示意圖，則將謬以千里。

㈣中華鄧注本謂「閴」應作「閒」。易疏謂「閴」爲「闃」之俗字，作「空」解。亦確。

㈤「暖」應作「緩」。

## 〔注〕

〔一〕**探春**

孔平仲談苑卷四：都人士女，正月十五後，乘馬跨馬，郊野中爲探春之宴。

宋話本洛陽三怪記：盡日尋春不見春，杖梨槊破嶺頭雲。歸來點檢梅梢看，春在枝頭已十分。這四句探春詩是張元所作。東坡先生有一道探春詞，名柳梢青，却又好。詞曰：昨日出東城，試探春。墻頭紅杏暗如傾。檻内群芳芽未吐，草已回春。綺陌斂香塵，點雲靄前村。東君著意不辭辛。料想風光到處，吹綻梅英。

這一年四季，無過是春天，最好景致：日謂之「麗日」，風謂之「和風」，吹柳眼，綻花心，拂香塵。天色暖謂之「暄」，天色冷謂之「料峭」；騎的馬謂之「寶馬」，坐的轎謂之「香車」，行的路謂之「香徑」，地下飛起土來，謂之「香塵」。應乾草正發葉，花生芽蕊，謂之「春信」。春忒煞好。有首詞曰：韶光淡蕩，淑景融和。小桃深妝臉妖嬈，嫩柳裊宮腰細膩。百轉黄鸝，驚回午夢；數聲紫燕，説盡春愁。日舒遲暖澡鵝黄，水渺茫勑香鴨緑。隔水不知誰院落，鞦韆高掛緑楊陰。

春景果然是好。到春來，則那府州、縣道、村鄉、鎮市，都有遊玩去處。

〔二〕玉仙觀

［文案］玉仙觀在宋城東南陳州門。仁宗時陳道士修葺一新，内有「萬年松花石」三塊，「龍牙石」二段，據復齋漫録云：花木亭臺，四時游客不絶。

〔三〕一丈佛

陸游老學庵筆記卷九：東坡在黄州時，作西捷詩曰：「漢家將軍一丈佛，詔賜天閑八尺龍。露布朝馳玉關塞，捷烽夜到甘泉宫。似聞指麾築上郡，已覺談笑無西戎。放臣不見天顔喜，但覺草木皆春容。」「一丈佛」者，王中正也。

〔四〕奉聖寺

〔文案〕據東京風土著作：奉聖寺傳爲孔聖人廟，因在土岡上，故得名「奉聖寺」。今名「豐收岡」。

〔五〕**望牛岡**

李濂汴京遺迹志卷九岡望牛岡：在城西南十里許，汴京城形勢如卧牛狀，登是岡以望之，則居然可見，故名。

〔六〕**劍客廟**

〔文案〕據東京風土著作：劍客廟爲戰國大梁屠宰業者朱亥祠廟墓園，其墓在都城南，過「四里橋」之道，左旁爲祠宇，亦呼爲「屠兒墓園」。

〔七〕**快活林**

施耐庵羅貫中水滸傳第二十九回施恩重霸孟州道武松醉打蔣門神：「小弟此間東門外有一座市井，地名唤做快活林。但是山東、河北客商們，都來那裏做買賣，有百十處大客店，三二十處賭坊、兑坊。往常時，小弟一者倚仗隨身本事，二者捉着營裏有八九十個棄命囚徒，去那裏開着一個酒肉店，都分與衆店家和賭坊、兑坊裏。但有過路妓女之人，到那裏來時，先要來參見小弟，然後許他去趁食。那許多去處每朝每日都有閑錢，月終也有三二百兩銀子尋覓。如此賺錢。」

〔文案〕水滸傳快活林在孟州（河南孟縣），非汴京快活林，然「快活」本宋時口語，故以此命名。

〔八〕**勃臍陂**

陸佃爾雅新義卷第十釋地：陂者曰阪。

毛晃、毛居正增修互注禮部韻略卷二十下平聲八戈：陂爾雅陂者阪，又陂陀陵遲不平貌，又支置二韻。增入。

〔文案〕在宋門外，因水中多生葧薺而得名，亦呼葧薺陂。

〔九〕**硯臺**

〔文案〕據孫注本：硯臺爲戰國張儀、漢張耳墓。南爲張耳墓，形似硯，遺址在今開封東南前臺村附近，俗稱前臺；張儀墓在安樂鄉，亦形似硯，謂之北硯臺，遺址在今開封東北硯臺村内，俗稱後臺。

〔一〇〕**李駙馬園**

劉攽遊李氏園池二首：從人問喬木，繫馬得名園。柳帶晴先緑，禽聲暖更喧。臨池照清水，拂石置芳樽。不畏歸侵夜，嚴城未掩門。

樹密渾成塢，花深更有蹊。來遊春尚淺，重到客應迷。已近無人境，深憐快馬蹄。風光不負約，樽酒會長攜。

孔武仲遊城北李氏園池：池塘春色舊，波水已極目。鳧雁稍下來，垂楊舞新緑。登臨不憚遠，枉徑入重復。已見數種花，參差隔修竹。非特野興長，彩翠動華屋。沁園天下名，魯館當年築。百年猶盛麗，風景冠輦轂。當時手種植，仰視皆喬木。主人況仁賢，客至初不速。躋攀脚力盡，更酌以醽淥。左右列圖書，南北置肴蔌。夕陽整歸驂，尚謂夜可卜。明日憶勝遊，長歌寄金谷。

晁沖之和人遊李文和園：北李園池推甲第，西岡人物要諸生。乘鸞此地回緱嶺，走馬何人出大明。六月火雲無復暑，百年水木有餘清。敢陪賓客追前輩，知子能詩近得聲。

李復李氏園：城近斜臨南郭路，地寬分得奉誠園。垂竿引水穿回徑，種竹成陰補壞垣。曉露不收荷已敗，新霜將落柿初繁。天晴野曠秋風厲，借榻虛堂負午暄。

李復過李氏園：伊川北首始知春，問路停驂僕候門。垂柳萬鬟梅一笑，蒼松四出石雙蹲。高人舊隱家風遠，祥兆開先國邑尊。自注：地名大宋川。昔歲往來曾駐蹕，從臣遺刻在雲根。

朱彧萍洲可談卷二：元祐間，有擕海魚至京師者，謂之「海哥」。都人競觀，其人以檻寘魚，得金錢則呼魚，應聲而出，日獲無算。貴人傳召不少暇。一日，至州北李駙馬園，放入池中，呼之不復出，設網罟百計，竟失之。李園池沼雄勝，或云三殿幸其第愛賞，以爲披香、太液所不及。

**〔一二〕道者院**

〔文案〕道者院爲普安禪院俗稱。本爲五代寺院，宋太祖爲報答該寺僧贈食物、銀錢之恩，命在其地建寺，賜名「普安」。亦元德皇后殯宮舊地也。

**〔一三〕鞦韆**

吴幵詩話一一〇緑楊樓外出鞦韆：晁無咎評樂章：歐陽永叔浣溪紗云：「堤上遊人逐畫船，拍堤春水四垂天，緑楊樓外出鞦韆。」要皆絶妙，然只出一「出」字，自是後人道不到處。予按唐王摩詰寒食城東即事詩云：「蹴踘屢過飛鳥上，鞦韆競出緑楊裏。」歐公用「出」字蓋本此。

嚴有翼詩話六九鞦韆作千秋：荆楚歲時記：「春節懸長繩於高木，士女袨服坐立其上，推引之，名鞦韆。楚俗謂之拖鈎，涅槃經謂之胸索。」古今藝術圖曰：「鞦韆，北方山戎之戲，以習輕趫者。」或云：「齊威公北伐山戎，此戲始傳中國。」然考之字書，則曰：「鞦韆，繩戲也。」今其字從革，實未嘗用革。按王延壽作千秋賦，正言此戲，則古人謂之千秋。或謂出自漢宮祝壽詞也。後人妄易其字爲鞦韆，而語復顛倒耳。山谷詩「未到清明先禁火，還依桑下繫千秋」，又云：「穿花蹴蹈千秋索，挑菜嬉遊二月晴。」皆用千秋字，蓋得其實也。

〔三〕**畫舫**

吴自牧夢粱録卷十二湖船：杭州左江右湖，最爲奇特，湖中大小船隻，不下數百舫。有一千料者，約長二十餘丈，可容百人。五百料者，約長十餘丈，亦可容三五十人。亦有二三百料者，亦長數丈，可容三二十人。皆精巧創造，雕欄畫栱，行如平地。

宋話本李元吴江救龍蛇：李元見朱秀才堅意叩請，乃隨秀才出垂虹亭，至長橋盡處。柳陰之中，泊一畫舫，上有數人，容貌魁梧，衣裝鮮麗。邀元下船，見船内五彩裝畫，裀褥鋪設，皆極富貴。元早驚異。朱秀才交開船者蕩槳，舟去如飛，兩邊攪起浪花，如雪飛舞。

胡宗伋詩説雋永二〇夏均父詩：夏均父嘗言詩之比類，直要相停。常與客泛舟，載肥妓而飲濁酒。其詩曰：「蟻浮金碗濁，妓壓畫船低。」

〔一四〕**遊賞**

俞文豹清夜録：温公一日過獨樂岡，見創一厠屋，問守園者何從得錢？對曰：「積遊賞者所得。」公曰：「何不留以自用？」對曰：「只相公不要錢。」

宋話本錢舍人題詩燕子樓：盼盼既死，不二十年間，而建封子孫，亦散蕩消索。盼盼所屬燕子樓遂爲官司所占。其地近郡圃，因其形勢改作花園，爲郡將遊賞之地。

〔一五〕**板橋**

〔文案〕據漁洋詩話卷上謂：汴梁西三十里有板橋，是白樂天題詩處。位於東京鄭門外，自唐即爲汴州驛站。秦蜀驛程後記有録。

〔一六〕**河東**

〔文案〕學人姜漢椿考河東路爲北宋至道二年所設十五路之一，治并州。轄境於今山西蘆芽山、管涔山和内長城以南，龍門山、稷王山、中條山東北，陝西吴堡、佳縣以北地區。

〔一七〕**陝西五路**

〔文案〕京都譯注本據張家駒宋代分路考、日比野丈夫元豐九域志纂修考注：陝西五路爲鄜延、環慶、涇原、秦鳳、熙河經略安撫使五路。南京大學李昌憲教授考證與之稍異：爲鄜延、環慶、涇原、秦鳳，加永興軍路，爲五路。熙寧開邊，又增熙河路，秦鳳爲近裏，一般稱陝西五路，當指除永興軍路以外五路。有文獻稱五路爲鄜延、環慶、涇原、秦鳳路與河東路，亦不錯。

〔一八〕**王太宰園**

〔文案〕三朝北盟會編卷三一，王黼「賜第城西竹竿巷」，即王太宰園。

〔一九〕**杏花岡**

〔文案〕據李濂汴京遺迹志：杏花岡在城西南十五里，一名青龍岡。

〔二〇〕**蔡太師園**

龐元英談藪：京城士人出遊迫暮，過人家缺墻，似可越，被酒試逾以入，則一大園，花木繁茂，徑路交互，不覺深入。天漸暝，望紅籠燭而來，驚惶尋歸路，迷不能識，亟入道左小亭氈下，有一穴，驚奔而去，士人就隱焉。已而燭漸近，乃婦人十餘，靚妝麗服，俄趨亭上，競舉氈，見生驚曰：「又不是那一個。」又一婦熟視曰：「也得，也得。」執其手以行，生不敢問，引入洞房曲室，群飲交戲，五鼓乃散。士人憊倦不能行，婦貯以巨篋舁而縋之墻外。天將曉，懼爲人所見，强起扶將而歸，他日蹟其所遇，乃蔡太師花園也。

〔二一〕**養種園**

周應合景定建康志卷一：養種園一所，在城東一里餘，中爲正堂北向，正堂東南爲杏堂，東北爲百花堂，東爲砌臺，西爲梅堂，西北爲竹間亭，乾道三年建。並係匙鑰司，兼掌啓閉。景定三年留守臣姚希得奉。

景定五年，留守馬光祖任内，重修養種園。行宫養種園在東門外一里而近，舊以内臣掌宫務，園廢不治。景定甲子冬，始詔留守司兼任其事，節冗約浮，抉奸剔蠹，居亡何，課八倍昔，乃斥其羡，經營此園，薙草鋤荆，宣湮達壅，規模固在也。爰即舊宇撤而新之，矢棘翬飛，丹雘炫耀，凡爲堂四，爲亭三，爲臺一，門閭神宇暨守視庖湢之所莫不備具，繚以修垣四百七十餘丈，僅再朞鉅竹如雲，梅杏松桂脱斧斤而就培植，清陰周匝，始有禁御氣象。董是役者江東安撫司參議官潘大臨，凡糜錢一萬一千三百貫有奇，米一百八十八石有奇。正堂名熙春，計一十一間，梅堂名玉雪，計八間，四面堂名面面雲山，計二十八間，杏堂名清華，計九間，牡丹亭名懷洛，計九間，百花亭名芳潤，計八間。

**〔三二〕鴻福寺**

〔文案〕鴻福寺爲宋仁宗生母李宸妃葬所。内有佛經、寺鐘，奉安宋真宗御容。據李濂汴京遺迹志載：鴻福寺有二，一在城西金水河北；一在城東北沙窩岡，宋崇寧元年建。

**〔三三〕模天坡**

〔文案〕李綱戰勝圍汴金兵處，今開封東北焦街村，尚遺殘丘。又據京都譯注本：「模」同「摩」。

**〔三四〕十八壽聖尼寺**

〔文案〕據李濂汴京遺迹志：十八壽聖尼寺在封丘門外之東，因有白塔，亦稱白塔寺。位金水河側，始建未詳，金季兵毁。據載：初僧尼受戒同臺，太祖惡之，開寶五年二月詔曰：僧尼無間，實紊教法，尼有合度者只許於本寺起臺受戒。自此分設尼姑受戒臺。

〔二五〕庶人園

〔文案〕王荆文公詩卷二三記宜春苑詩李壁注：「宜春苑本秦悼王園，俗但稱庶人園，荒廢殆不復治。所謂庶人者，秦悼王也。」庶人指太祖弟秦王廷美，因謀反，廢爲庶人，卒謚悼。

〔二六〕左近

〔文案〕京都譯注本謂「左近」爲近處、附近之意也，爲宋之俗語。

〔二七〕園圃

宋話本宿香亭張浩遇鶯鶯：浩性喜厚自奉養，所居連簷重閣，洞户相通，華麗雄壯，與王侯之家相等，浩猶以爲隘窄，又於所居之北，創置一園。中有：

風亭月榭，杏塢桃溪。雲樓上倚晴空，水閣下臨清泚。横塘曲岸，露偃月虹橋；朱檻雕欄，疊生雲怪石。爛漫奇花豔蕊，深沉竹洞花房。飛異域佳禽，植上林珍果。緑荷密鎖尋芳路，翠柳低籠鬥草場。

浩暇日，多與親朋宴息其間。西都風俗，每至春時，園圃無大小，皆修蒔花木，灑掃亭軒，縱遊人玩賞，以此遞相誇逞，士庶爲常。

吕祖謙卧遊録：道京師而東，水浮濁流，陸走黄塵，陂田蒼莽，行者勌厭，凡八百里始得靈壁張氏之園，於汴之陽。其外，修竹森然以高，喬木蓊然以深。其中，因汴之餘浸，以爲陂池，取山之怪石，以爲巖阜。蒲葦蓮芡，有江湖之思；椅桐檜柏，有山林之氣；奇花美草，有京洛之態；華堂厦屋，有吴蜀之巧。其深可以隱其富，可以養果蔬，可以飽鄰里，魚鼈筍茹，可以餽四方之賓客。張氏自其伯父殿中君，始家靈壁而爲此園，日增治之，於今五十餘年矣。其木皆十圍，岸谷隱然，凡園之百物，無一不可人意者。

朱弁風月堂詩話卷之下：賈伋爲予言：文潞公出鎮長安日，吾祖文元公知許昌，遊公曲水園。留詩云：「夭桃穠李豔芳辰，丞相園林瀷水濱。虎符麟符抛不得，却將佳景付遊人。」公得詩甚喜，乃作書並封園券與文元，曰：「可便作園中主人也。」伋字仲思，文元五世孫也。

沈遘依韻和韓子華遊趙氏園亭：春色先從禁苑來，侯家次第競池臺。清明已近鞦韆動，上巳相尋曲水開。繡幕風微花自舞，金爐日永麝銷灰。病夫歡意那能强，漫作山公倒載回。

蘇轍次韻毛君遊陳氏園：增築園亭草木新，損花風雨怨頻頻。篔簹似欲迎初暑，芍藥猶堪送晚春。薄暮出城仍有伴，攜壺藉草更無巡。歸軒有喜知誰見，道上縱横滿醉人。

李復和遊趙韓王園：剥剥啄啄初叩扃，主人立門雙眼青。籃輿遽下屏徒御，脱帽解帶風泠泠。倦思經時一日縱，乍離涸轍遊滄溟。靚深曲折任吾向，度橋繞徑足不停。芍藥晚花猶泫露，櫻桃滿樹垂繁星。萬竹森嚴擁幢蓋，蒼松夭矯呼風霆。空歎春時不得到，枯香落蒂今飄零。徙倚歷覽意稍滿，自具野飯追渌醽。却呼主人坐對酌，脯醢間錯魚蝦腥。共歡羈纒鮮休暇，一餉聊爾消沉冥。病餘量隘不禁醉，騎馬歸舍猶未醒。能衣拂榻欲假寐，傳呼有客來造庭。

李光成氏園八月晦，遊城西成氏園，呈李子從并幕中諸彥：泰和坊外成家園，花木幽茂泉涓涓。竹籬茅舍稱野逸，平坡細徑遥相連。青松翠竹晚色浄，紅蕉素槿秋争鮮。幽禽頡頏樹蒙密，古木夭矯藤交纏。嗟予與子成二老，登山臨水追少年。幕中群彥盡豪俊，小兒亦許依紅蓮。焚香隱几如逃禪，一枰勝負聊欣然。誰云嶺南瘴癘地，城西一壑吾欲專。

［文案］本條以園名者即有十四處之多，以池、苑、觀、岡、橋、樓、臺、陂、林、寺、廟冠名者，則亦爲園圃。如周維權中國古典園林史謂宋城寺觀園林是也。除本書卷二朱雀門外街巷、卷七駕幸瓊林苑、卷八四月八日所舉園圃外，散見於楓窗小牘、玉海、東都事畧諸書者則更多，據劉益安北宋開封園苑考察計有：奉靈園、靈禧園、芳林園、同樂園、馬季良園、迎春苑、宜春苑、凝碧池、園池、百花臺、迎秋臺、吹臺、瑞聖園、含芳園、景華苑、后苑、萬歲山艮嶽、金鳳園、奉真園、潛龍園、擷芳園、擷景園、會聖園、集慶園、西御苑、南園、西林園、北園、北李園、開封尹北園、晉王北園、范公園、景仁東園、國夫人園、外苑、慈孝寺園、景德寺園、宴賓樓園、興國寺園、太一宮園、集禧園、畫橋小園圃、封邱門外園、秘書省園、羣牧司園、開封府后園、趙普園、丁謂園、晏殊園、吕文穆園、晉王花園、李謙園、王黼園、李文和園、百歲老人園、禮賢宅園、資福寺園、延福宮，等等。證之以百歲寓翁楓窗小牘所言東京園圃「不以名著約百十」，可知本條所言不虛。

# 幽蘭居士東京夢華録卷之七

## 清明節

清明節，尋常京師以冬至後一百五日爲大寒食。前一日謂之「炊熟」，用麵造棗錮、飛燕，柳條〔一〕串之，插於門楣，謂之「子推燕」，子女及笄者〔二〕，多以是日上頭。寒食第三節㊀，即清明日矣㊁。凡新墳皆用此日拜掃〔三〕。都城人出郊㊂。禁中前半月〔四〕，發宮人〔五〕、車馬朝陵，宗室、南班、近親，亦分遣詣諸陵墳享祀，從人皆紫衫，白絹三角子、青行纏〔六〕，皆係官給。亦禁中出車馬，詣奉先寺〔七〕、道者院，祀諸宮人墳，莫非金裝紺幰〔八〕，錦額珠簾，繡扇雙遮，紗籠前導。士庶闐塞諸門，紙馬鋪〔九〕皆於當街，用紙衮疊成樓閣之狀〔一〇〕。四野如市，往往就芳樹之下，或園囿之間，羅列盃盤，互相勸酬。都城之歌兒舞女，遍滿園亭，抵暮而歸。各攜棗錮、炊餅〔一一〕、黄胖、掉刀、名花、異果、山亭〔一二〕、戲具、鴨卵〔一三〕、雞雛，謂之「門外土儀〔一四〕」。轎子〔一五〕，即以楊柳、雜花裝簇〔一六〕頂上，四垂遮映。自此三日，皆出城上墳，但一百五日最盛。節日，坊市賣稠餳、麥餻〔一七〕、乳酪、乳餅〔一八〕之類。緩入都門，斜陽御柳，醉歸院落，明月梨花，諸軍禁衛，各成隊伍，跨馬〔一九〕作樂四出，謂之「搾脚」〔二〇〕。其旗旄鮮明，軍容雄壯，人馬精鋭，又别爲一景也。

［校］

㊀「寒食第三節」，陳元靚歲時廣記卷十七「節」作「日」。

㊁「即清明日矣」，陳元靚歲時廣記卷十七無「日」字。

㊂「都城人出郊」，陳元靚歲時廣記卷十七作「都人傾城出郊」。

［注］

〔一〕**柳條**

范成大吴郡志卷三十土物下：柳，以垂者爲貴。吴下士大夫家，有得鳳州種者，其半拂地，復堆如尺。

吕原明歲時雜記插柳：江淮間，寒食日家家折柳插門。

蘇軾格物粗談卷上天時：清明柳條上醬醋潮溢。

王銍補侍兒小名録：柳條，女奴也。成都米市橋，僞蜀時有柳條家酒肆，蓋當時皆以當壚者爲名。

〔二〕子女及笄者

司馬光司馬氏書儀卷二冠儀笄：女子許嫁，笄。年十五，雖未許嫁亦笄。主婦女賓執其禮，主婦，謂笄者之祖母、母，及諸母、嫂。凡婦女之爲家長者，皆可也。女賓，亦擇親戚之賢而有禮者。贊，亦賓自擇婦女爲之。行之於中堂，執事者亦用家之婦女婢妾，戒賓宿賓之辭，改「吾子」爲「某親或邑封」。婦人於婦黨之尊長當稱兒，卑幼當稱姑姊之類。於夫黨之尊長當稱新婦，卑幼當稱老婦。陳服止用背子，無篦幧頭，有諸首飾。謂釵梳之類。席一，背設於椸，櫛總首飾，置卓子上。冠笄盛以盤，蒙以帕。笄，如今朵子之類，所以綴冠者。執事者一人執之。陪位者及擯，亦止於婦女内擇之。擯立於中門内，將笄者雙紒襦。襦，今之褑子。主婦迎賓於中門内，布席於房外，南面。如庶子之冠席。賓祝而加冠及笄，贊者爲之施首飾，賓揖。笄者適房，改服背子。既笄，所拜見者，惟父及諸母諸姑兄姊而已。笄祝，用冠者始加巾祝字辭，云「髦士攸宜」一句。餘皆如男子冠禮。

朱熹家禮冠禮：女子許嫁，笄。年十五，雖救濟行嫁，亦笄。

宋話本花燈轎蓮女成佛記：這蓮女漸漸生長得堪描堪畫。從來道「女大十八變」，這女娘子方年一十七歲，十八大有顔色，張待詔點一鋪茶請街坊吃，與女兒上頭。上頭之後，越覺生得好。怎見得：精神瀟灑，容顔方二八之期；體態妖嬈，嬌豔有十分之美。鳳鞋穩步，行苔徑，襯雙足金蓮；玉腕輕擡，分花陰，露十枝春筍。勝如仙子下凡間，不若嫦娥離月殿。

魏了翁儀禮要義卷六士昏禮三女子許嫁未許嫁皆有笄及醴醮異：女雖未許嫁，年二十而笄，禮之。

婦人執其禮。鄭注云：言婦人執其禮，明非許嫁之笄，彼以非許嫁笄輕，故無主婦女賓，使婦人而已。明許嫁笄，當使主婦對女賓執其禮，其禮如冠男也。

陳祥道禮書卷五婦人笄：曲禮曰：女子許嫁，笄而字。以許嫁爲成人。檀弓：南宫縚之妻之姑之喪，夫子誨之髽，蓋榛以爲笄，長尺。内則：婦事舅姑，櫛縱笄總。男女未冠笄者，櫛纚拂髦。女子十有五而笄，二十而嫁。其未許嫁，二十則笄。

鄭居中政和五禮新儀冠禮卷十冠儀：唐開元禮義鑑云：禮云：雖未許嫁，年二十而笄，其儀如冠男子，但用酒醮之爲異耳。禮云：女子着笄，明有繫屬，故笄，在許嫁二十而笄者，禮云：女子許嫁爲成人，故着笄焉，明在繫屬於外也。若未許嫁，年二十而笄，以其成人，非謂繫嫁也，故記云，對女賓得婦人執其禮，是二十未許嫁有笄之義也。

陶宗儀南村輟耕録卷十四上頭入月：今世女子之笄曰上頭，而倡家處女初得薦寢於人亦曰上頭。

〔三〕**拜掃**

佚名東南紀聞卷三：柳耆卿風流俊邁，聞於一時。既死，葬棗陽縣之花山，遠近之人每遇清明日，多載酒肴，飲於耆卿墓側，謂之「吊柳會」。

宋話本合同文字記：一日，正值清明節日，張學究夫妻兩口兒，打點祭物，同安住去墳上祭掃。到墳前將祭物供養，張學究與婆婆道：「我有話和你説。想安住今已長成人了。今年是大通之年，我有心待交他將著劉二兩口兒骨殖還鄉，認他伯父，你意下如何？」婆婆道：「丈夫，你説得是。這的是陰騭勾當。」夫妻商議已定，教安住：「拜了祖墳，孩兒然後去兀那墳前，也拜幾拜。」

〔四〕**前半月**

陳元靚歲時廣記末卷總載用前半月：瑣碎録：京師貴家，用事多在上旬，門户吉慶、和合興旺，逐月初五日，月生魄，幹事隨天地之氣，請賓客和合，多在月半之前，若月望後，氣候漸弱，全不中用，朝廷拜相，亦用上旬。

〔五〕**宫人**

夏竦放宫人賦以宫闕幽閒，曉然情愜爲韻：隋失民望，唐開帝功。降鳳詔於丹陛，出娥眉於六宫。夜雨未迴，儼鬟雲於簾户；秋風漸老，失釵燕於房櫳。當其鳳曆頻移，重門久閉。蟻聚螓首，帷連彩袂。步金蓮而共歎無偶，對鴛瓦而徒傷失儷。花冠不整，籠蕙發以全疏；柳帶低垂，映蜂腰而更細。太宗於是矜絶態，軫深情。舊苑而何傷幽閉，新恩而盡放輕盈。莫不喜極如夢，心摇若驚。踟躕而玉趾無力，盼眄而横波漸傾。鸞鑒重開，已有歸鴻之勢；鳳笙將罷，皆爲别鶴之聲。於時銀箭初殘，瓊宫乍曉。星眸争别於天仗，蓮臉競辭於庭沼。行分而掖路深沉，步緩而迴廊繚繞。嫦娥偷藥，幾年而不出蟾宫；遼鶴辭家，一旦而却歸華表。苟非帝德從儉，皇情燭幽，又焉得離永巷，别長秋？指燕趙之歸路，望荆吴之故州。算回程而靨帶新喜，思往事而眉含舊愁。羅衣而颭灩，輕雲競歸巫峽；寶髻而居盤，嬌鳳争下秦樓。

山西晉祠宋宮女塑像圖

或繡輦香車，蘭舟桂楫。指故里以思動，涉長途而意愜。飛騰自適，既疑齊女之蟬；夢幻堪驚，且悟莊周之蝶。已而別館淒爾，離宮寂然。動蘭燭於殘照，藹薰籠於夕煙。蕭條而竹换筠粉，零落而苔侵翠鈿。天上和風，送神仙之二八；人間麗日，迎桃李之三千。美夫人昏主入宮，出明君之闕。千門而綺焕裳錦，九禁而雲銷鬟髮。故宜其貝齒朱唇，歌太平之日月。

洪邁夷堅甲志卷第十二宣和宫人：宣和中，有宫人得病，譫語，持刃縱横，不可制。詔寶籙宫法師治之，不效。盡訪京城道術者，皆莫能搭手，於是閉之空室，不給食，如是數年。

〔六〕行纏

宋話本碾玉觀音：正行間，只見一個漢子，頭上帶個竹絲笠兒，穿着一領白緞子兩上領布衫，青白行纏紥着褲子口，着一雙多耳麻鞋。

宋話本宣和遺事前集：二人聞言，急點手下巡兵二百餘人，人人勇健，個個威風，腿繫着粗布行纏，身穿着鴉青衲襖，輕弓短箭。

〔文案〕用布從膝下纏至踝部，謂之「行纏」，俗稱裹腿、綁腿帶。若水

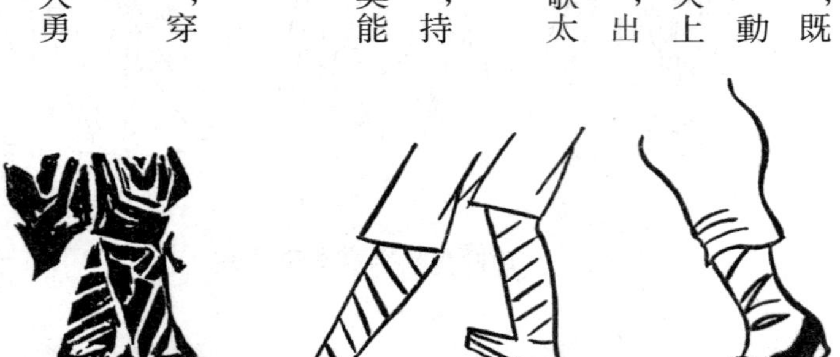

1 2 3

周錫保中國古代服飾史宋畫、磚、雕臨摹之三“行纏”圖

滸傳第六十一回盧俊義則是「青白行纏抓住襪口」。以便於遠行攀高，若析津志云：婦人束足穿麻鞋，「仍繫行纏，欲便於登山故也」。

〔七〕**奉先寺**

王鞏聞見近録：仁宗初撤簾聽政，一日遽出，詣奉先寺。發李太后棺視之，其顏如生。上慟，而後改卜，由是群疑悉亡。

張文潛題奉先寺詩：荒涼城南奉先寺，後宮美人官葬此。角樓相望高起墳，草間柏下多石人。秩卑焚骨不作塚，青石浮屠當丘隴。家家墳上作享亭，朱門相向無人聲。樹頭土梟作人語，月黑風悲鬼搖樹。宮中養女作子孫，年年犢車來作主。廢後陵園官道側，家破無人掃陵域。官家歲結半千錢，街頭買餅作寒食。

馬純陶朱新録：内宫人有物故者，皆殯奉先寺，四時遣中使致祭，歲久，立塚纍纍相望。

〔八〕**紺幰**

高承事物紀原卷三旗旐采章部第十三幰弩音顯：古今注云：漢京兆河南尹、執金吾、司隸校尉，皆使馬前導引傳呼，使行者止，坐者起，四人持角弓箭走及乘高窺瞰者皆射之。魏設而不用。今鹵簿又以幰弩而不以弓，亦弛而不用，行則居前，由魏始也。幰者，車上張繒也。

柳永木蘭花慢其二：拆桐花爛漫，乍疏雨、洗清明。正豔杏燒林，緗桃繡野，芳景如屏。傾城。盡尋勝去，驟雕鞍、紺幰出郊坰。

〔九〕**紙馬鋪**

趙翼陔餘叢考卷三十紙馬：天香樓偶得云：俗於紙上畫神像，塗以彩色，祭賽既畢則焚化，謂之「甲馬」。以此紙爲神所憑依，似乎馬也。然蚓庵瑣語云：世俗祭祀，必焚紙錢甲馬，有穹窿山施煉師名亮生攝召温師下降，臨去索馬，連燒數紙不退。師云：「獻馬已多。」帥判云：「馬足有疾，不足乘騎。」因取未化者視之。模板折壞，馬足斷而不連，乃以筆續之，帥遂退。然則昔時畫神像於紙，皆有馬以爲乘騎之用，故曰紙馬也。

〔文案〕清明上河圖於郊外進市區之地，有一臨街鋪門前竪牌上書「王前紙馬」四字，又據京都譯注本所揭國家圖書館藏南宋刊本文選五臣注刊記「杭州猫兒橋河東開牋紙馬鋪鍾家印行」，均證紙馬鋪爲宋城常見。

〔一〇〕**用紙衮疊成樓閣之狀**

王安石紙暖閣：聯屏蓋障一尋方，南設鈎簾北置牀。側座對敷紅絮暖，仰窗分啓碧紗涼。氈廬易以梅烝壞，錦幄終於草野妨。楚穀越藤真自稱，每糊因得減書囊。

劉跂和長曆賦紙閣用王介甫韻：頂還平直得中方，肯作僧庵半夜牀。脱帽不憂風栗烈，熾爐仍助日蒼涼。賞音正自鳴琴便，宴坐何辭問疾妨。我有陟釐三百幅，禦冬直欲倒歸囊。

〔文案〕宋史學家頗難解紙於宋之應用之廣，余亦常疑慮，宋紙何以可爲紙被、紙甲耶？轉求於中國科學技術研究，豁然開朗。陳維稷主編中國紡織科學技術史（古代部分）第三編手工機器紡織發展時期第七章豐富多彩的織品第九節絲絮片稱：絲絮片是用絲纖維不經紡織加工而製成的薄片。清代段玉裁在注説文時指出：「按造紙昉於漂絮，其初絲絮爲主，以箈薦而成之。」就是説造紙是開始於漂絮，在絲織業中繅絲下脚、繭衣、薄皮、雙宫繭的亂絲等煮後漂洗，然後進行打擊，置於竹簾上曬乾。這樣在竹簾上殘留絲絮渣片，就是漂絮時的副産品，類似後世的絲棉紙，但又非真紙，且平滑如砥。這類絲絮片其實自古即有之，到了漢代才正式命名爲紙，可以説絲絮片是紙的前身。唐代絮片已開始應用於服飾，據太平廣記載：唐大曆（公元七六六—七七九年）年間，長安城裏有個禪師「常衣紙衣」。一九七三年，新疆吐魯番阿斯塔那出土了唐代紙冠。唐代還用絮片做成箭不能穿透的鎧甲。唐宣宗大中時（公元八四七—八五九年），河中（今山西永濟）節度使徐商，裝紙爲鎧，勁矢不能洞。到了宋代，有用絮片做成「紙被」、「紙帳」、「紙鎧」、「紙甲」等，以挺括、結實、價廉而見長。據此可知，所謂「用紙衾疊」紙製品非紙製而成。王安石紙暖閣詩中「紅絮暖」亦已説明紙乃絮也。

〔二〕炊餅

朱子二程遺書卷十九楊遵道録：嘗觀仁宗時宫嬪，謂正月爲始月，蒸餅爲炊餅。

曹勛北狩見聞録：金騎約攔百姓不得看，惟賣食物。數近前，臣以銀二兩博换飲食，賣人知是徽廟，即盡以炊餅、藕菜之類上進，反銀而去。

〔一二〕**山亭**

宋話本萬秀娘仇報山亭兒：一個公公，七十餘歲，養得一個兒子，小名叫做合哥。大伯道：「合哥，你只管躲懶，没個長進，今日也好去上行些個『山亭兒』來賣。」合哥挑着兩個土袋，搋着二三百錢，來焦吉莊裏，問焦吉上行些個「山亭兒」，撿幾個物事。喚做：

山亭兒，庵兒，寶塔兒，石橋兒，屏風兒，人物兒。

買了幾件了。合哥道：「更把幾件好樣式底『山亭兒』賣與我。」

羅貫中馮夢龍平妖傳第七回楊巡檢迎經逢聖姑　慈長老汲水得異蛋：兩下裏正在你推我辭，忽有個慣賣山亭兒的壽哥，挑着擔子，打從門前經過。側首門房裏，跑個四五歲的小厮出來，扯住張公叫道：「老爹爹，我要個山亭兒玩耍。」張公見這婆子不肯收受，便喚住壽哥擔子，在石獅子頭上取下這文錢來買了一個山亭兒，把與小厮道：「好好玩耍，不要弄壞了，再不買與你。」那小厮笑哈哈的跑向門房裏去。壽哥挑着擔也自去了。

〔一三〕**鴨卵**

〔文案〕余疑「鴨卵」之「鴨」誤，應作「畫卵」。闕名玉燭寶典曾云：「寒食，城市多鬥雞卵之戲，出古之豪家，食稱畫卵。今代猶染藍茜，加雕鏤，遞相餉遺。」「畫卵」爲饋贈工藝佳品矣。

〔一四〕**土儀**

葉紹翁四朝聞見録戊集黄胖詩：韓以春日宴族人於西湖，用土爲偶，名曰「黄胖」。以線繫其首，累至數十人。遊人以爲土宜。

四水潛夫武林舊事卷第三西湖遊幸都人遊賞：時承平日久，樂與民同，凡遊觀買賣，皆無所禁。畫楫輕舫，旁午如織。至於果蔬、羹酒、關撲、宜男、戲具、鬧竿、花籃、畫扇、彩旗、糖魚、粉餌、時花、泥嬰等，謂之「湖中土宜」。

范正敏遁齋閑覽風志土宜：陝西鳳州妓女雖不盡妖麗，然手皆纖白，州境内所栽柳，翠色尤可愛，與他處不同。又公庫多美醖，故世言鳳州有三出，謂手、柳、酒也。宣城士人李愈云：「吾鄉有四出。」問何物？答曰：「漆、栗、筆、墨。」

〔文案〕龍潛庵宋元語言詞典釋「土儀」爲以土産作饋送之禮。其實「土儀」與「土宜」相同，若吴自牧夢粱録卷五明禋年預教習車象有云：「市井撲賣土木粉捏妝綵小象兒，並紙畫者，外郡人市去，爲土宜遺送。」此「土宜」亦作「土儀」解。又若上引武林舊事「湖中土宜」稱謂，則與此「門外土儀」相照，爲同義也。

〔一五〕**轎子**

成尋參天台五臺山記第一（延久四年四月）：大師出大門送之，諸僧列送，取手乘轎子後還了。中時還着宿所，使者與錢百文，轎子擔二人各五十文。

（延久四年五月）：十一日，庚寅。天晴。示家主張九郎，雇夫九人、轎子擔二人，與三貫三百文錢了。十一人人別三百文。至國清寺三日功食，又與二百廿文。家主志百文。房賃五十文。轎子功七十文。賴緣供奉私以六百七十文錢雇二人，乘轎，餘人徒行。過卅五里，至新昌縣，以錢九十八文與夫十三人酒料了。過十五里，至王婆亭陳公店宿。七時行法，於轎誦加經六卷，與家主坊功五十文錢了。

宋話本朱元吴江救朱蛇：沙草灘頭，擺列紫衫銀帶約二十餘人，兩乘紫藤兜轎。李元問曰：「此公吏何府第之使民？」朱秀才曰：「此家尊之所使也。請上轎，咫尺便是。」李元驚感之甚，不得已上轎，左右呵喝入松林。

林洪山家清事山轎：夏禹山行乘轎，漢南粵王輿橋過嶺，顔師古北人，固不知南人乘轎渡嶺。而洪景盧亦謂山行之車，車只宜平地，孰若今轎爲便，橋即轎固無疑矣。若山轎，則無如今廬山建昌，高下輪轉之制，或施以青罩，用肩板棕繩低輿之，猶今貴介郊行者，良便遊賞。有如謝屐上山則去前齒，下山則去後齒，非不爲雅，孰若今釘履爲便云。

宋話本錯認屍：喬俊也行了五七日，早到北新關，歇舡上岸，叫一乘轎子擡了春香，自隨着，徑入武林門裏，末到自家門首，下了轎，打發了轎子去了。

釋曉瑩羅湖野録卷三：比者山僧至深村狹路，一婆子亦乘轎來，不免各下轎而過。

〔文案〕「轎子」與卷四皇后出乘輿之「輿」，卷五娶婦之「檐子」，其稱雖别，實爲一物。轎子亦可謂橋，亦可謂輦，亦可謂茵，亦可謂輜，亦可謂舁車，亦可謂檐輿、板輿，亦可謂竹輿、肩輿、腰輿，亦可謂兜子……轎子至宋漸爲以上各稱統一之俗名，首開其稱者見王銍默記卷上：「藝祖初自陳橋推戴入城，周恭帝即衣白襴，乘轎子，出居天清寺。」此即「輿」與「轎」之稍異處，「輿」多用於貴族，而「轎」已爲平民大衆代步工具也，清明上河圖所繪二人肩擡而行之轎子亦可印證。

〔一六〕**雜花裝簇**

彭乘續墨客揮犀卷七接百花：百花皆可接，有人能於茄根上接牡丹，則夏花而色紫；接桃枝於梅上，則色類桃而冬花；又於李上接梅，則香似梅而春花；投蓮的於靛甕中，經年植之則花碧，用梔子水漬之則花黄。元祐中，畿縣民家池中生碧蓮數朵，蓋用此術。

范仲淹和葛閎寺丞接花歌：江城有卒老且貧，憔悴抱關良苦辛。衆中忽聞語聲好，知是北來京洛人。我試問云何至是，欲語汍瀾墮雙淚。斯須收淚始能言，生自東都富貴地。家有城南錦繡園，少年止以花爲事。黄金用盡無他能，却作瓊林苑中吏。年年中使先春來，曉宣口敕修花臺。奇花異卉百餘品，求新换舊争栽培。猶恐君王厭顔色，群芳只似尋常開。幸有神仙接花術，更向都城求絶匹。梁王苑裏索妍姿，石氏園中搜淑質。金刀玉尺裁量妙，香膏膩壤彌縫密。迴得東皇造化工，五色敷華異平日。一朝寵愛歸牡丹，千花相笑妖饒難。竊藥常娥新换骨，嬋娟不似人間看。太平天子春遊好，金明柳色籠黄道。道南樓殿五雲高，鈞天捧上蓬萊島。四邊桃李不勝春，何況花王對玉宸。國色精明動韶景，天香旖旎飄芳塵。特奏霓裳羽衣曲，千官獻壽羅星辰。兑悦臨軒逾數刻，花吏此時方得色。白銀紅錦滿牙牀，拜賜仗前生羽翼。惟觀風景不憂身，一心歲歲供春職。中途得罪情多故，刻木在前何敢訴。竄來江外知幾年，骨肉無音雁空度。北人情況異南人，蕭灑溪山苦無趣。子規啼處血爲花，黄梅熟時雨如霧。多愁多恨信傷人，今年不及去年身。目昏耳重精力減，復有鄉心難具陳。我聞此語聊悒悒，近曾侍從班中立。朝違日下暮天涯，不學爾曹向隅泣。人生榮辱如浮雲，悠悠天地胡能執。賈誼文才動漢家，當時不免來長沙。幽求功業開元盛，亦作流人過梅嶺。我無一事逮古人，謫官却得神仙境。自可優優樂名教，曾不恓恓弔形影。接花之技爾則奇，江鄉卑濕何能施。吾皇又詔還淳樸，組繡文章皆棄遺。上林將議賜民畋，似昔繁華徒爾爲。西都尚有名園處，我欲抽身希白傅。一日天恩放爾歸，相逐栽花洛陽去。

陳思海棠譜：海棠雖盛稱於蜀，而蜀人不甚重。今京師江淮尤競植之，每一本價不下數十金，勝地名園，目爲佳致。而出江南者，復稱之曰南海棠，大抵相類，而花差小，色尤深耳。棠性多類梨，核生者長遲，逮十數年，方有花。都下接花工，多以嫩枝附梨而贅之，則易茂矣。

林洪山家清事插花法：插梅，每且當刺以湯，插芙蓉當以沸湯，閉以葉少頃，插蓮當先花而後水，插梔子當削枝而搥破，插牡丹、芍藥及蜀葵、萱草之類，皆當燒枝，則盡開。能依此法，則造化之不及者全矣。

劉敞新種雜花樹：天地大逆旅，浮生遠行客。大無萬里異，遠不百年役。乘流惟其遇，得性從所適。何必恩舊鄉，而復名一宅。此邦非吾土，此廬非我迹。彼我苟已齊，賓主不足擇。種樹宿所好，及閑易爲力。芳草十餘品，往往手自植。春風二月交，重疊庭下碧。欣欣生意好，一一見顔色。對之默終日，淡若無情極。四時背人馳，壯士每歎息。憂來忽無方，外物不可釋。中和一相伐，頭髮先爲白。豈乎爾能亡，於我獨有德。

劉攽退朝觀御溝上雜花贈陸四：溝水去無窮，宫花映日紅。惜陰猶宿露，照影獨衰翁。燕語晴明外，風香錦繡中。爲非温室問，心賞幸君同。

〔文案〕雜花之盛，源於嫁接之術。歐陽修洛陽牡丹花記：姚黄一頭，直錢五千。花卉嫁接，新品疊現。洛陽桃、李、梅、杏、蓮、菊已逾數十，牡丹、芍藥多至百餘。據周肇基中國植物生理學史研究：宋際花木嫁接組合，已有正反嫁接及嫁接成功之例，果實呈相異性狀。以至繁花如海，燦漫似錦。

〔一七〕**麥餻**

高承事物紀原卷九農業陶魚部第四十五麥餻：鄴中記云：「并州之俗，冬至一百五日，爲介子推冷食，作乾粥食之，故謂之寒食。」乾粥，即今日之麥糕是也。世俗每至清明，以麥成秫，以杏酪煮爲薑粥，俟其凝冷，裁作薄葉，沃以餳若蜜而食之，謂之麥糕，此即其起也。玉燭寶典曰：「今人研杏仁爲酪，以煮麥粥，以餳沃之。」即此也。

〔一八〕乳餅

忽思慧飲膳正要卷第一聚珍異饌：牛奶子燒餅　白麵五斤　牛奶子二斤　酥油一斤　茴香一兩，微炒

右件，用鹽、碱少許，同和麵作燒餅。

鄺璠便民圖纂第十五製造類上造乳餅：取牛乳一斗，絹濾入鍋，煎三五沸。先將好醋，以水解淡，俟乳沸點入，則漸結成。漉出，用絹布之類包盛，以石壓之。

收藏乳餅：取乳餅安鹽甕底，則不壞。用時取出，蒸軟則如新。

杭世駿訂訛類編續補卷下服食訛乳餅：今齋食者以佛經許食乳石，故啖乳餅、石首魚。不知石乃藥石之石，或云石耳。乳乃乳田所種，非吴中牛酪所成。嘉定間，黄子中在廣中，見韶陽屬邑民争乳田，問之，曰村民掘地爲窖，以粳米粉徧鋪之，雜草罨其上，用糞壤擁之，候雨過氣出發之。米粉皆化成白蛹，蠐螬狀，取蛹擣汁，和粳米粉蒸成乳餅，味甚甘美。佛經所食，此乳也。

〔文案〕乳餅即乳腐之别名，已爲學界認同。然忽思慧所述之牛奶燒餅，似亦可備乳餅之一説。

〔一九〕跨馬

陳昉穎川語小卷下：有馬者借人乘之，孟之反策其馬，皆謂車也。古者乘車不跨馬，服牛乘馬，引重致遠是也。跨馬乃北俗。後人便之，遂備鞴鐙之用，朝士大夫皆跨馬矣。

〔二〇〕摔脚

〔文案〕摔爲疾行之意。元曾瑞醉花陰懷離套曲："颼、颼、颼，摔風過長亭，出、出、出，方行過短站。"元無名氏銷魔鏡第四折："好探子也，兩足輕挪似摔風，一聲報探語如鐘。"脚則爲傳遞、運輸之人或牲口。段成式酉陽雜俎怪術："元和末，鹽城脚力張儼，送牒入京。"宋話本拗相公："相公陸行，必用脚力，還是拿鈞帖到縣驛取討，還是自家用錢雇賃？"又若司馬光涑水記聞卷十二："臣尋急令保德、火山、苛嵐軍人户各備脚乘於府州，請搬上件隨軍。"合而釋之，"摔脚"爲騎快馬疾行俗語也。

## 三月一日開金明池瓊林苑

三月一日〔一〕，州西順天門外，開金明池、瓊林苑，每日教習車駕上池〔二〕儀範。雖禁從士庶許縱賞，御史臺有榜不得彈劾。池在順天門外街北，周圍約九里三十步〔三〕，池西㊀直徑七里許。入池門内南岸西去百餘步，有面北臨水殿，車駕臨幸觀争標，錫宴〔四〕於此。往日旋以綵幄，政和間用土木工〔五〕造成矣。又西去數百步乃仙橋〔六〕，南北約數百步，橋面三虹，朱漆闌楯，下排雁柱，中央隆起，謂之"駱駝虹"，若飛虹之狀。橋盡處，五殿正在池之中心，四岸石甃向背㊁，大殿中坐，各設御幄，朱漆明金龍牀，河間雲水戲龍屏風〔七〕，不禁遊人。殿上下回廊，皆關撲錢物〔八〕、飲食、伎藝人作場〔九〕，勾肆羅列左右。橋上兩邊，用瓦盆内擲頭錢〔一〇〕，關撲錢物、衣服、動使，遊人還往，荷蓋相望。橋之南立欞星門〔一一〕，門裏對立綵樓。每争標作樂，列妓女於其上。門相對街南有磚石甃砌高臺〔一二〕，上有樓觀，廣百丈許，曰寶津樓。前至池門，闊百餘丈，下闞仙橋、水殿〔一三〕，車駕臨幸觀騎射、百戲於此。池之東岸，臨水近墻皆垂楊，兩邊皆綵棚幕次，臨水假賃〔一四〕，觀看争標。街東皆酒食店舍，博易場户，藝人勾肆質庫〔一五〕，不以幾日解下〔一六〕，只至閉池，便典没出賣。北去直至池後門，乃汴河西水門也。其池之西岸，亦無屋宇，但垂楊蘸水，煙草鋪堤，遊人稀少，多垂釣之士〔一七〕，必於池苑所買牌子，方許捕魚。遊人得魚，倍其價買之。臨水斫膾，以薦芳樽，乃一時佳味也。習水教罷，繫小龍船於此，池岸正北對五殿起大屋，盛大龍船，謂之「奥屋」〔一八〕，車駕臨幸，往往取二十日。諸禁衛班直，簪花，披錦繡，撚金線衫袍，金帶勒帛〔一九〕之類，結束競呈鮮新。出内府金鎗，寶裝弓劍，龍鳳繡旗，紅纓錦轡，萬騎争馳，鐸聲震地。

［校］

〔一〕京都譯注本謂「池西」七里許與物理不合，其據歲時雜記所言「池面直徑七里」，據此可定「池西」

爲「池面」之誤。

㊁京都譯注本謂「背」應爲「北」。

## 【注】

〔一〕三月一日

周煇清波別志卷中：自元宵後，都人即辦上池、遨遊之盛，唯恐負於春色。當二月末，宜秋門下揭黄榜云：「三月一日，三省同奉聖旨開金明池，許士庶遊行，御史臺不得彈奏。」

陳元靚歲時廣記卷十八上巳上游金明：歲時雜記：京師有金明池，自三月一日開，人間多不知。故月初遊人甚少，御史臺預出榜申明：祖宗故事，許士庶遊金明一月。其在京官司，不妨公事，任便宴遊。閣門御史不得彈劾。

〔二〕上池

王珪宫詞：三月金明柳絮飛，岸花堤草上春時。樓船百戲催宣賜，御輦今年不上池。

〔文案〕據阮璞張擇端清明上河圖二三考據性問題所言：金明池以其地在皇州，爲宸遊及教習水

張擇端金明池奪標圖

戰之處，因得名爲「上池」。汴河非但漕運繁劇，居穿城四河之首，爲公私之所仰給；更兼其貫通内城州橋處，其上即爲御街，正對大内宣德門，街中心爲御道，又夾以御溝。準以「上池」得名之例，則當日俗稱汴河爲「上河」，自屬於理宜然。而況金明池北界本與汴河相接，池北後門即汴河之西水門，當日都人牽連而並呼之曰「上」，又據李燾續資治通鑑長編卷三〇二：調防河兵到汴河上，「上」爲動詞解，與「上」同意也。

〔三〕**九里三十步**

謝察微算經：里三百六十三步，計一百八十丈，約人行一千步，方五尺也。

〔四〕**錫宴**

文瑩玉壺清話卷五：趙參政易言，汾人。太宗廷試，愛其詞氣明俊，擢寘甲科。未幾拜中丞。上幸金明池，舊例臺臣無從遊之制，太宗喜之，特召預宴，自公始也。

王士禛分甘餘話上：今新進士賜讌，謂之瓊林讌。瓊林，宋京城四御苑之一。石林燕語瓊林苑、金明池，每二月命士庶縱觀，謂之開池，歲賜二府從官讌於此，進士聞讌亦在焉。自明代相沿至今，猶唐之題名雁塔也。

〔五〕**政和間用土木工**

洪邁容齋三筆卷第十三政和宮室：自漢以來，宮室土木之盛，如漢武之甘泉建章，陳後主之臨春結綺，隋煬帝之洛陽江都，唐明皇之華清連昌，已載史策。國朝祥符中，奸臣導諛，爲玉清、昭應、會靈、祥源諸宫，議者固以崇侈勞費爲戒，然未有若政和蔡京所爲也。京既固位竊國政，招大璫童貫、楊戩、賈詳、藍從熙、何訢五人，分任其事。於是始作延福宫，有穆清、成平、會寧、睿謨、凝和、昆玉、群玉七殿，東邊有蕙馥、極瓊、蟠桃、春錦、疊瓊、芬芳、麗玉、寒香、拂雲、偃蓋、翠葆、鉛英、雲錦、蘭薰、摘金十五閣；西邊有繁英、雪香、披芳、鉛華、瓊華、文綺、絳萼、穠華、緑綺、瑶碧、清音、秋香、叢玉、扶玉、絳雲，亦十五閣。又疊石爲山，建明春閣，其高一十丈，宴春閣廣十二丈，鑿圓池爲海，横四百尺，縱二百六十七尺，鶴莊、鹿寨、孔翠諸栅，蹄尾以數千計。五人者，各自爲制度，不相沿襲，争以華靡相誇勝，故名延福五位。其後復營萬歲山、艮岳山，周十餘里，最高一峰九十尺，亭堂樓館，不可殫記。

〔六〕仙橋

洪邁夷堅丁志卷第五西池遊：宣和中，京師西池春遊，内酒庫吏周欽倚仙橋欄檻，投餅餌以飼魚，魚去來游泳，觀者雜遝，良久皆散。

〔文案〕陳元靚歲時廣記卷第二十六乞巧棚謂：仙橋於其中爲牛女仙。於此知仙橋爲牛郎織女相會而設之橋，遂爲橋之一樣式。

〔七〕河間雲水戲龍屏風

郭若虛圖畫見聞志卷四紀藝下：任從一，京師人。仁宗朝爲翰林待詔。工畫龍水、海魚，爲時推賞。舊有金明池水心殿御座屏扆，畫出水金龍，勢力遒怪。

無名氏宣和畫譜卷九龍魚門：僧傳古，四明人。天資穎悟，畫龍獨進乎妙，建隆間名重一時。垂老筆力益壯，簡易高古，非世俗之畫所能到也。然龍非世目所及，若易爲工者，而有三停九似，蜿蜒升降之狀，至於湖海風濤之勢，故得名於此者，罕有其人。傳古獨專是習，宜爲名流也。皇建院有所畫屏風，當時號爲絶筆。今御府所藏三十有一：

衮霧戲波龍圖二　穿石戲浪龍圖二　吟霧戲水龍圖二　踴霧出波龍圖二　吟霧躍波龍圖一　爬山躍霧龍圖二　踴霧戲水龍圖一　穿石出波龍圖二　穿山弄濤龍圖二　穿水戲珠龍圖一　戲雲雙龍圖一　戲水龍圖四　出洞龍圖一　翫珠龍圖二　出水龍圖一　祥龍圖一　吟龍圖一　戲龍圖一　戲水龍圖一　坐龍圖一

〔八〕**關撲錢物**

魯應龍閑窗括異志：又有張湘亦以乙卯魁亞薦，揭曉兩夕前夢人持巨盤撲賣，湘一撲五錢，皆黑，一錢旋轉不已，竟作字。一人曰：「幾乎渾純。」及榜，乃爲小薦第一。

宋話本史弘肇龍虎君臣會：這郭大郎因在東京不如意，曾撲了潘八娘子釵子。潘八娘子看見他異相，認做兄弟，不教解去官司，倒養在家中。

在客店前閑坐。只見一個撲魚的在門前叫撲魚，郭大郎遂叫住撲，只一撲，撲過了魚。撲魚的告那貴人道：「昨夜迫劃得幾文錢，買這魚來撲，指望贏幾個錢去養老娘。今日出來，不曾撲得一文，被官人一撲撲過了，如今没這錢歸去養老娘。」官人可以借這魚去，前面撲贏得幾個錢時，便把來還官人。」貴人見他説得孝順，便借與他魚去撲。分付他道：「如有人撲過，却來説與我知。」撲魚的借得那魚去撲，行到酒店門前，只見一個人叫：「撲魚的在那裏？」因是這個人在酒店裏叫撲魚，有分郭大郎拳手相交，就酒店門前變做一個小小戰場。這叫撲魚的是甚麽人？從前積惡欺天，今日上蒼報應。酒店裏叫住撲魚的，是西京河南府部署李霸遇，在酒店裏吃酒，見撲魚的，遂叫入酒店裏去撲，撲不過，輸了幾文錢，徑硬拿了魚。撲魚的不敢和他争，走回來，説向郭大郎道：「前面酒店裏，被人拿了魚，却贏得他幾文錢，男女納錢還官人。」貴人聽得説，道：「是甚麽人？好不諳事！既撲不過，如何拿了魚？魚是我的，我自去問他討。」

元好問續夷堅志卷四盜謝王君和：馮翊士人王獻可，字君和。元豐中，試京師，待榜次，一日晨起，市人攜新魚至，擲骰錢賭之。君和祝骰錢以卜前程，一擲得魚，市人拊膺曰：「我家數口，絶食已二日，就一熟分人賒此魚，望獲數錢，以爲舉家之食，子乃一擲勝之，我家食禄盡矣。」君和惻然哀之，不取魚，又以數錢遺之，市人謝而去。

吴自牧夢粱録卷十三夜市：大街關撲，如糖蜜糕、灌藕、時新果子、像生花果、魚鮮、猪羊蹄肉，及細畫絹扇、細色紙扇、漏塵扇柄、異色影花扇、銷金裙、段背心、段小兒、銷金帽兒、逍遥巾、四時玩具、沙戲兒。春冬撲賣玉栅小毬燈、奇巧玉栅屏風、捧燈毬、快行胡女兒沙戲、走馬燈、鬧蛾兒、玉梅花、元子槌拍、金橘數珠、糖水、魚龍船兒、梭毬、香鼓兒等物。夏秋多撲青紗、黄草帳子、挑金紗、異巧香袋兒、木犀香數珠、梧桐數珠、藏香、細扇、茉莉盛盆兒、帶朵茉莉花朵、挑紗荷花、滿池嬌、背心兒、細巧籠杖、促織籠兒、金桃、陳公梨、炒栗子、諸般果子及四時景物，預行撲賣，以爲賞心樂事之需耳。

西湖老人繁勝録：中瓦南北茶坊内掛諸般琉璃子燈、諸般巧作燈、福州燈、平江玉棚燈、珠子燈、羅帛萬眼燈，沙河塘裏最勝。街市撲賣，尤多紙燈，不計數目。清河坊至衆安橋，沙戲燈、馬騎燈、火鐵燈、進餛架兒燈、象生魚燈、一把蓬燈、海鮮燈、人物滿堂紅燈，燈火盈市，撲賣到元宵。

周密癸辛雜識續集上純色骰錢：聞理宗朝春時，内苑效市井關撲之戲，皆小璫互爲之。至御前，則於第二、三撲内供純鏝骰錢，以供一笑。

〔九〕**作場**

古杭才人宦門子弟錯立身第四齣：（白）老身幼習伶倫，生居散樂。曲按宮商知格調，詞通大道入禪機。老身趙茜梅，如今年紀老大，只靠一女王金榜，作場爲活。本是東平府人氏，如今將孩兒到河南府作場多日。今早掛了招子，不免叫出孩兒來，商量明日雜劇。孩兒過來。

［紫蘇丸］奴家年少正青春，占州城煞有聲名。把梨園格範盡番騰，當場敷演人欽敬。

（白）娘萬福！（虔）孩兒，叫你去來，别無甚事，只爲衣飯，明日做甚雜劇？（旦）奴家今日身已不快，懶去勾闌裏去。（虔）你爹爹去收拾去了。（旦）我身已不快，去不得。［虔唱］［桂枝香］孩兒聽啓，疾忙收拾。侵早已掛了招子，你却百般推抵。又不知你每生着何意？生着何意？教娘嘔氣。靠着你，這的是求衣飯，不成誤了看的。

〔一〇〕**頭錢**

［文案］周亮工書影第五卷謂：什一徵勝者，曰打頭。其説來自國史補，此與京都譯注本云「頭錢」之稱起於唐相合。陸游老學庵筆記卷十則謂：「頭錢」，猶言「一錢」也。故都俗語云「千錢精神頭錢賣」，亦此意。「頭錢」即關撲定勝負一擲之錢也，若燕青博魚二折所云：「將頭錢來，我和你博這尾魚咱。」「頭錢」染色以與他錢區分，若李斗揚州畫舫録卷十六蜀岡録引油葫蘆曲云：「則這新染來的頭錢不甚昏。」

〔一一〕**欞星門**

施耐庵羅貫中水滸傳第四十二回還道村受三卷天書 宋公明遇九天玄女：看前面時，一座青石橋，兩邊都是朱欄杆。岸上栽種奇花異草，蒼松茂竹，翠柳夭桃；橋下翻銀滚雪般的水，流從石洞裏去。過的橋基看時，兩行奇樹，中間一座大朱紅欞星門。

胡承譜隻麈譚卷上欞星門：學宫紅門，世傳爲「欞星門」，未知所出。張列夫曰：「舊留京國子監聖殿紅門，每扇最上雕空窗欞九條，下勻列圓點三層，每層其數九，遠望若攢星，欞星名義或取此亦未確。」據毛萇詩序，絲衣繹賓尸也。高子曰：靈星之詩也。杜佑通典注：靈星龍左角北爲天田。甘氏星簿録：右角南爲天門，則靈星之象爲天門，因謂之「欞星門」，古靈與欞通，以欞名門，故加木也。馬貴與通考：宋紹興中，郊祀前一日，皇帝入齋宮乘黄，令進玉輅於太廟欞星門外，欞星門始見此。聖殿之有欞星門，蓋尊聖門如天門也。

〔二〕砌高臺

阮閲詩話卷之十五留題門上六九〇：砌臺即今撥擦臺也。王侯家作以爲臨觀之戲。唐張素詩云：「寫望臨香閣，登高下砌臺。林間踏青去，席上意錢來。」即知唐來有之。太祖朝大王都尉家，其子承裕幼時，其父戲補「砌臺使」。

〔三〕水殿

虞裕談撰：宋召宣用臣，卓有幹才。元豐間，掖廷水殿落成，嘉致既備，偶失種蓮。宋即購於都城，得器缸所植者百餘本，連缸沉水底，再夕視之，則蓮已開盈沼矣。其幹辦可謂精敏。

王明清玉照新志卷第二：宣和末，禁中訛言祟出，深邃之所，有水殿一，遊幸之所不到。一日，忽報池面蓮花盛開，非常年比。祐陵攜嬪御閹宦凡數十人往觀之。

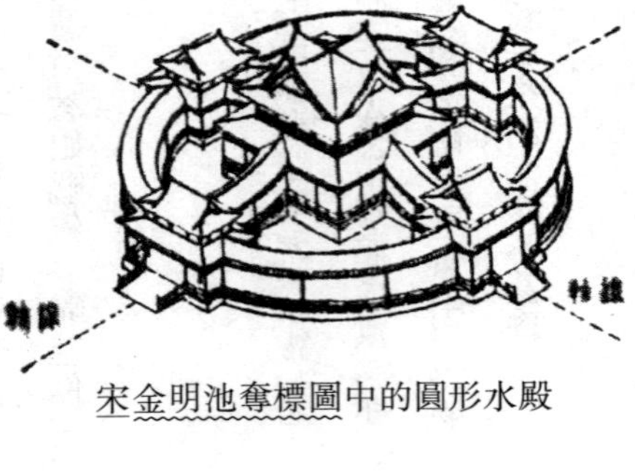

宋金明池奪標圖中的圓形水殿

〔一四〕**臨水假賃**

四水潛夫武林舊事卷第三觀潮：江干上下十餘里間，珠翠羅綺溢目，車馬塞途，飲食百物皆倍穹常時，而僦賃看幕，雖席地不容閒也。

宋話本樂小舍拚生覓偶：豪家貴戚，沿江搭縛彩幕，綿亙三十餘里，照江如鋪錦相似。樂和到「團圍頭」尋了一轉，不見順娘，復身又尋轉來。那時人山人海，圍護着席棚彩幕。樂和身材即溜，在人叢中挨擠進去，一步一看，行走多時，看見一個婦人，走進一個席棚裏面去了。樂和認得這婦人，是喜家的奶娘，緊步隨後，果然喜將仕一家男女，都成團聚塊的坐下飲酒玩賞。那潮頭比往年更大，直打到岸上高處，掀翻錦幕，沖倒席棚，衆人發聲喊，都退後走。

〔文案〕錢塘江席棚幕次乃臨安市民觀潮臨水所假賃，源於金明池彩棚觀水戲。張擇端金明池爭標圖繪池之東岸彩幕席棚，遊人密集，臨水假賃盛況空前。

〔一五〕**質庫**

吴曾能改齋漫録卷二事始以物質錢爲解庫：江北人謂以物質錢爲質庫，江南人謂爲質庫，然自南朝已如此。按，齊陽玠談藪云「有甄彬者，有行業，以一束苧，就荆州長沙寺庫質錢。後贖苧，於苧束中，得金五兩」云云。

無名氏鬼董卷第四：都民質庫樊生，與其徒李遊湖上某寺閣，得女子履，絶弓小，中有片紙曰：「妾擇對者也，有姻議者可訪王老娘問之。」樊生少年，心方蕩，得之若狂。

宋話本鄭節使立功神臂弓：話説東京汴梁城開封，有個萬萬貫的財主員外，姓張，排行第一，雙名俊卿。這個員外，冬眠紅錦帳，夏卧碧紗廚，兩行珠翠引，一對美人扶。家中有赤金白銀，斑點玳瑁，鶻輪珍珠，犀牛頭上角，大象口中牙。門首一壁開個金銀鋪，一壁開所質庫。

〔一六〕**解下**

〔文案〕孫注本謂「解下」係典當專用語，意爲接受典當物品時間僅數天矣。

〔一七〕**垂釣之士**

宋話本計押番金鰻産禍：話説大宋徽宗朝有個官人，姓計名安，在北司官廳下做個押番。止只夫妻兩口兒，偶一日，下番在家，天色却熱，無可消遣，却安排了釣竿，迤邐取路來到金明池上釣魚。釣了一日，不曾發市。

〔一八〕**奥屋**

李如圭儀禮釋宫：室中西南隅謂之奥。邢昺曰：室户不當中而近來西南隅最爲深隱，故謂之「奥」，而祭祀及尊者常處焉。

沈括夢溪筆談補筆談卷二權智：國初，兩浙獻龍船，長二十餘丈，上爲宫室層樓，設御榻以備遊幸。歲久，腹敗欲修治，而水中不可施工。熙寧中，宦官黄懷信獻計於金明池北鑿大澳，可容龍船，其下置柱，以大木梁其上，乃決水入澳，引船當梁上，即車出澳中水，船乃笐於空中，完補訖，復以水浮船，撤去梁柱，以大屋蒙之，遂爲藏船之室，永無暴露之患。

［附録］沈括記録是目前所能查到有關在船塢中修船的較早史料，儘管宋以前有許多造船史料，然未發現船塢史料。遍查宋代其他典籍，亦未發現較這條關於在船塢中修船更詳之記載。李燾續資治通鑑長編卷二四八神宗熙寧六年稍提及爲：「入内西頭供奉官黄懷仁（文案：「仁」應爲「信」）昨修金明池御座龍船，乞賜度僧牒酬賞，詔三司賜錢十萬。」這僅反映黄懷信是在發明疏通黄河「浚川杷」同一年裏，監修大龍船並受到賜錢十萬之厚賞，並被記入北宋編年史册，使人窺見到朝廷對這次修大龍船之重視。至於「奥屋」爲何等規模，大龍船入「奥」後怎樣隔斷「奥」外之水等等，無處可尋。筆者就此作一簡略考索。

首要弄清「奥」（即船塢）之位置、形狀，以及大小。從宋人張擇端描繪金明池争標圖看：在金明池北岸堤正中部位，有一帶屋頂大厦式之「澳屋」。（此大「奥屋」兩側各有一小厦式之「奥屋」，這與史載相悖。可能爲疏水之溝門。筆者以爲主要還應以修大龍船大「奥屋」爲基準。）其支柱、框架突現於岸堤，後半部未畫出，但可以想見整個船塢呈「」形之狀。這就是蔡絛鐵圍山叢談卷四所説：「池北創大屋深溝以貯龍舟，俗號『龍澳』者。」

「澳」究竟有多大？據清光緒丹徒縣志記：宋代在該處建造水澳長二百丈，水面寬狹不等，廣至五十餘丈，狹亦不下十餘丈，深約一丈五尺。這樣的「澳」雖爲蓄水澳，但可以作爲釐定金明池北「澳」的一個重要參數。再看看金明池的周長面積，池内經常演習「水戰」，「船舫迴旋」（百歲寓翁楓窗小牘卷下），「陣形星羅，萬棹如風而倏去」（楊侃皇畿賦）。據此，可略知金明池北「奥屋」之規模。

沈括所説黄懷信監修的大龍船長二十多丈。孟元老説的大龍船則是哲宗朝木工楊某監造（蔡絛鐵圍山叢談卷四爲「楊談」；陸游老學庵筆記卷六爲「楊琪」）。其華大勝於以前黄懷信監修的龍船。以宋代一丈約合今三點零柒米之制計算，黄懷信監修之大龍船長六十多米，楊某監造的大龍船長達百米，寬十餘米，可謂龐然大物。它們都是由虎頭船等小船以繩牽引出，入於「奥屋」的。以它們之長、寬、高、深之度，便可推算出「澳屋」之長、寬、高、深之大略。

關於「奥屋」立體面貌，我們只能從金明池争標圖見一側影，找不到直接史料印證。旁證資料有北宋天聖初年在真州（今揚州市南）建通江澳閘，胡宿寫下了一篇膾炙人口的真州水閘記，其記述「澳閘」的結構是：「礱美石以甃其下，築疆堤以禦其沖，横木周旋，雙柱特起。深如睡驪之濱，壯若登龍之津。」（胡宿文恭集卷三十五）真州「澳閘」建造在黄懷信監修大龍船之先，這對他建設船塢恐不會無有啓發。以宋代建築技術成就而言，皇帝之船塢更加完美並超過真州「澳閘」水平是没有問題的。

如何將「澳」中之水車乾，以在「澳屋」中修理龍船這一問題，一九七九年，上海交通大學與上海市造船工業局合著之造船史話認爲：大龍船引入金明池北一大坑後，「再用土墻將坑與金明池隔開，抽掉坑中的水，船就被架了起來，修補非常方便。修繕完工後，將土墻挖去，龍舟又浮了起來。以後，就將木梁木墩拆除」。（造船史話，第一二八頁。）

此解釋與史實不合，因爲沈括没有用土墻將坑與金明池相隔之記録。當然，我們不能因爲沈括没有述及，就認爲不能用土墻相隔來解決船塢的問題。問題是若用土墻相隔，如何挖掉土墻以進水？船在水中浮起，在水中又怎樣能將承架龐大龍船的大木梁、大木墩拆除？如果不將大木梁、大木墩拆除，大龍船怎麽能再次進入這船塢？要知道，大龍船出船塢俯瞰「争標」，一般當日便返回船塢。

對此，筆者從當時機械起重情况出發，認爲關鍵在於「澳屋」有個「門」（或者稱之爲「閘」），這樣較與能隔水、引水的事理相符。依據有二：

一是北宋雍熙元年（公元九八四年）「（喬）維嶽乃命創二斗門於西河（今淮安至淮陰間人工運河）第三堰，二門相逾五十步，覆以厦屋，設懸門蓄水，俟故沙湖平，乃泄之。建横橋，於岸築土石層以固基趾。自是，盡革其弊，而運舟往來無滯矣」。（李燾續資治通鑑長編卷二十五太宗雍熙元年）「覆以厦屋，設懸門蓄水」，這與金明池北的「龍澳」成型情况非常接近。按喬維嶽設「懸門」的時間計算，它在修龍船之先，足資後來「龍澳」之借鑒。

二是在黄懷信監修大龍船的熙寧六年，汴河就有「水閘」「啓閉有時」之記録。（王應麟玉海卷二十二）史實證明，設立較大之「懸門」裝置完全可能，如汴京出入船隻之最大城門之一之東水門，每夜晚似閘垂下水面的「鐵裹窗户」。這種整體升降的「懸門」，又唤作「兼板」、「插板」。它「與城門爲重門。其制用榆槐木，廣狹準城門，漫以生牛皮，裹以鐵葉，兩旁施鐵環，貫鐵索。凡大城門去門閫五尺，立兩頰木，木開池槽，亦用鐵葉裹之。若寇至，即以絞車自城樓上抽所貫鐵索，下插於槽中」。（曾公亮武經總要前集卷一二）看來，啓閉「懸門」之工具應爲安裝有摇柄和軸的起重裝置——絞車，即如曾公亮云：「絞車，合大木爲牀，前建二叉手柱。上爲絞車，下施四單輪，皆極壯大，力可挽二千斤。」（同上）用牲畜或多人，同時用多部絞車之力是能絞起能容納大龍船那樣寬大的「龍澳」之門的。

而張擇端所繪金明池争標圖中「龍澳」上之所以僅有「廈屋」，而無類似從城墻上往下放的「懸門」物象，可能是黄懷信採用了浚通黄河時的「滑車絞之」的方式。即「以巨木長八尺，齒長二尺，列於木下如把狀，以石壓之；兩旁繫大繩，兩端碇大船，相距八十步，各用滑車絞之，去來撓蕩泥沙，已又移船而浚」。（宋史卷九十二河渠二）黄懷信發明的這種利用滑車來絞重物，使之自如地撓蕩泥沙之法是很奏效的。它似與已故機械史專家劉仙洲發見總結的「復式滑車法」相一致。（劉仙洲中國在簡單機械方面的發明，見中國機械工程發明史第二章。）

聯繫考證，其法可以作這樣表述：在杆上所裝的同一個軸上，裝上直徑大小不同的兩個滑車，使原動力一邊（人搬絞車的一邊）轉動較大的滑車，再由同軸上的一個較小的滑車轉動以牽動升降重物的繩索，這樣就可以用較小的力量吊動較大的重物，使「懸門」容易被升降起來，並移動他處。宋人所作捕魚圖再現了這種操作方式的情景。它或許對我們正確認識金明池「澳屋」的設施如何能有所幫助。

〔一九〕**勒帛**

陸游老學庵筆記卷二：予童子時，見前輩猶繫頭巾帶於前，作胡桃結。背子背及腋下皆垂帶。長老言，背子率以紫勒帛繫之，散腰則謂之不敬。至蔡太師爲相，始去勒帛。

〔文案〕據周錫保中國古代服飾史研究：勒帛爲帛、絹做成之帶子，有紅、紫二色。用於約束繡袍肚與背子。亦作未着冠服家常裝繫束外用帶。如江少虞宋朝事實類苑卷四十二記石曼卿見一豪富，其人即「頭巾繫勒帛，都不具衣冠」。

## 駕幸臨水殿觀争標錫宴

駕先幸池之臨水殿，錫燕群臣。殿前出水棚〔一〕，排立儀衛，近殿水中横列四綵舟，上有諸軍百戲〔二〕，如大旗獅豹，棹刀㊀蠻牌，神鬼雜劇之類。又列兩船皆樂部，又有一小船，上結小綵樓，下有三小門，如傀儡棚〔三〕，正對水中樂船〔四〕，上參軍色進致語，樂作，綵棚中門開，出小木偶人〔五〕，小船子上，有一白衣人垂釣，後有小童舉棹划船，遼繞數回，作語樂作，釣出活小魚一枚〔六〕，又作樂，小船入棚。繼有木偶築毬、舞旋之類，亦各念致語唱和樂作而已，謂之「水傀儡」〔七〕。又有兩畫船，上立鞦韆，船尾百戲人上竿，左右軍院虞候〔八〕監教，鼓笛相和。又一人上蹴鞦韆，將平架，筋斗擲身入水，謂之「水鞦韆」〔九〕，水戲〔一〇〕呈畢，百戲樂船並各鳴鑼鼓，動樂舞旗，與水傀儡船分兩壁退去。有小龍船二十隻，上有緋衣軍士各五十餘人，各設旗鼓銅鑼。船頭有一軍校，舞旗招引，乃虎翼指揮兵級也。又有虎頭船〔一一〕十隻，上有一錦衣人，執小旗立船頭上，餘皆着青短衣、長頂頭巾，齊舞棹，乃百姓卸在行人〔一二〕也。又有飛魚船二隻，彩畫間金，最爲精巧，上有雜綵戲衫五十餘人，間列雜色小旗緋傘，左右招舞，鳴小鑼鼓鐃鐸之類。又有鰍魚船二隻，止容一人撑划，乃獨木爲之也。皆進花石〔一三〕朱緬所進。諸小船競詣「奥屋」，牽拽大龍船出詣水殿，其小龍船争先團轉翔舞，迎導於前。其虎頭船以繩牽引龍舟。大龍船〔一四〕約長三四十丈，闊三四丈，頭尾鱗鬣，皆雕鏤金飾，楻版皆退光，兩邊列十閤子，充閤分歇泊。中設御座。龍水屏風。楻板到底深數尺，底上密排銕鑄大銀樣如卓面大者，壓重庶不欹側也。上有層樓臺觀檻曲，安設御座，龍頭上人舞旗，左右水棚排列六槳，宛若飛騰。至水殿艤之一邊。水殿前至仙橋，預以紅旗插於水中，標識地分遠近。所謂小龍船，列於水殿前，東西相向，虎頭、飛魚等船，布在其後，如兩陣之勢。須臾，水殿前水棚上一軍校，以紅旗招之，龍船各鳴鑼鼓出陣，划棹旋轉，共爲圓陣，謂之「旋羅」。水殿前又以旗招之，其船分而爲二，各圓陣，謂之「海眼」〔一五〕。又以旗招之，兩隊船相交互，謂之「交頭」。又以旗招之，則諸船皆列五殿之東面，對水殿排成行列，則有小舟一軍校，執一竿，上掛以錦綵銀盌之類，謂之「標竿」，插在近殿水中。又見旗招之，則兩行舟鳴鼓並進，捷者得標，則山呼拜舞。並虎頭船之類，各三次「争標」而止。其小船復引大龍船入「奥屋」内矣。

［校］

㊀中華鄧注本謂「棹」應作「掉」。三才圖會器用卷六可證：「掉刀，刃首上闊長柄施鐏。」

［注］

〔一〕水棚

［文案］「水棚」疑爲水面上搭設之棚或水畔所設之棚。然「水棚」所設爲何？殊不得解。清宋起鳳稗説卷四，專記明宮瑣事，其籍田述明帝行籍田禮，於先農壇搭蓋「棚廠」，其棚廣闊逾里，可容數千人。户、工二部責京兆，訓練教坊優人扮雷、電、風、雨、雲、龍、土、穀諸神，匿於棚之虚處，下施異香諸煙藥巨鼓火線。待帝入棚，「京兆生報雨作，於是虚處煙霧四塞，鼓聲彭彭震，起火線勃發，先掣數丈，霹靂之聲交加。上藏水櫝，倒傾如沫，凡棚内逾里無不沾潤」。此可謂「水棚」也。移此注於宋之「水棚」，未必相

同，然却相似。「水棚」或供祭禮或爲娱樂，或二者兼而有之。

〔二〕諸軍百戲

陳暘樂書卷一百八十五俗部：女樂上　女樂中　女樂下　菩薩蠻　感化　抛毬　剪牡丹　拂霓裳　採蓮　鳳迎　獻花　采雲僊　打毬　宫伶　擊鞠　偶人戲

卷一百八十六俗部：散樂上　散樂下　百戲上　百戲下　劍戲　燕戲　地川戲　龜嶽戲　扛鼎戲　捲衣戲　白雪戲　山車戲　巨象戲　吞刀戲　吐火戲　殺馬戲　剥驢戲　種瓜戲　拔井戲　莓苔戲　角觝戲　蚩尤戲　魚龍戲　漫衍戲　排闥戲　角力戲　瞋面戲　代面戲　沖狹戲　透劍門戲　蹴鞠戲　蹴毬戲　踏毬戲　絙戲　劇戲　五鳳戲

卷一百八十七俗部：俳倡上　俳倡下　爛漫樂　猨騎戲　鳳凰戲　參軍戲　假婦戲　蘇葩戲　橦末伎　舞盤伎　長蹻伎　跳鈴伎　擲倒伎　跳劍伎　吞劍伎　舞輪伎　透峽伎　高絙伎　獼猴幢伎　緣竿伎　椀珠伎　丹珠伎　都盧伎　車輪折脰伎　辟邪伎　青紫鹿伎　白虎伎　擲蹻伎　擲倒案伎　透須彌伎　透黄山伎　透三峽伎　受猾伎　麒麟伎　長虵伎　鳳書伎　簷橦胡伎　藏挾伎　雜旋伎　弄槍伎　蹴瓶伎　擎戴伎　拗腰伎　飛彈伎

紹隆等圓悟佛果禪師語録卷第十七拈古中舉：玄沙和尚到莆田縣，衆以百戲迎之。次日玄沙遂問小塘長老：「昨日許多喧鬧，向什麽處去？」小塘提起袈裟角示之。

蘇轍龍川别志卷下：李允則守雄州，以知術顯，世多能道之者。予從事北都，父老謂予曰：「允則自雄入奏過魏，魏守，寇萊公也，謂允則曰：「聞君在雄，筵會特盛，能爲老夫作小會否？」允則曰：「方入奏，不敢留，還日當奉教。」及還，萊公宴之，幄帟、器皿、飲食、妓樂，百物華侈，意將壓之。既罷，謂允則曰：「君許我作會，來日可乎？」允則唯唯。公顧謂左右：「妓樂如今日，毋設百戲，幄帟、牀榻留以假之。」允則曰：「妓樂、百戲皆如今日，其他隨行，略可具也。」明日，視其幄帟皆蜀錦繡，牀榻皆吴、越漆作，百物稱是，公已愕然矣。及百戲入，允則曰：「恐外尚有雜伎。」使召之，則京師精伎，至者百數十人。公視之大驚，使人伺之，則牀榻脱卸，氈裹馳載，雜伎變服爲商賈以入。明日薦之於朝，極稱其才。」

確庵耐庵靖康稗史之一宣和乙巳奉使金國行程録：次日，詣虜庭赴花宴，並如儀。酒三行則樂作，鳴鉦擊鼓，百戲出場，有大旗、獅豹、刀牌、砑鼓、踏索、上竿、鬥跳、弄丸、撾簸旗、築毬、角觝、鬥雞、雜劇等，服色鮮明，頗類中朝。

**〔三〕傀儡棚**

戴侗六書故卷八人一：傀儡古壞切，周禮：凡日月食，四鎮五嶽崩，大傀異烖，去樂。舊音怪，劉氏九靡切。康成曰：猶怪也。説文曰：偉也。或作壞。按瑰偉之瑰當作瑰，又苦賄切，今爲木偶戲者謂之傀儡。

才良法演禪師語録卷上：上堂云：「山僧昨日入城，見一棚傀儡，不免近前看，或見端嚴奇特，或見醜陋不堪，動轉行坐，青黄赤白，一一見了。仔細看時，元來青布幔裏有人，山僧忍俊不禁。」乃問長史高

三才圖會傀儡圖

姓，他道：「老和尚看便休，問什麽姓。」

重顯頌古、克勤評唱佛果圜悟禪師碧巖録卷第四：濟云：「但看棚頭弄傀儡，抽牽全藉裏頭人。」

吴潛秋夜雨依韻戲賦傀儡：腰棚傀儡曾懸索。粗瞞憑一層幕。施呈精妙處，解幻出、蛟龍頭角。誰知鮑老從旁笑，更郭郎、摇手消薄。歧路難準托。田稻熟、只宜村落。

劉仁父踏莎行贈傀儡人劉師父：不假牽絲，何勞刻木。天然容貌施妝束。把頭全仗姓劉人，就中學寫秦城築。　伎倆優長，恢諧軟熟。當場喝采醒羣目。贈行無以表殷勤，特將謝意標芳軸。

吴幵優古堂詩話八傀儡：唐梁鍠詠木老人詩：「刻木牽絲作老翁，雞皮鶴髮與真同。須臾弄罷寂無事，却似人生一夢中。」開元傳信記稱：「明皇還蜀，嘗以爲誦，而非明皇作也。觀山谷詩：世間盡被鬼神誤，看取人間傀儡棚。煩惱自無安脚處，從他鼓笛弄浮生。」蓋用鍠意也。

〔四〕**樂船**

錢功澹山雜識龐安時：龐安時，蘄州蘄水人也。隱於醫，四方之請者日滿其門，安時亦饒治田産，不汲汲於利，故其聲益高。余見其還自金陵，過池陽，先君命余往謁之，隨行四五大官舟，行李之盛侔部使者，一舟所載聲樂也，一舟錙重也，一舟廚傳也，一舟諸色技藝人，無不有也。

〔五〕**小木偶人**

張耒張太史明道雜志：有奉議郎丁綖者，某同年進士也。嘗言其祖好道，多延方士，嘗任荆南監兵。有一道人禮之頗厚。丁罷官，道人相送。臨行出一小木偶人，如手指大。謂丁曰：「或酒盡時，以此投瓶中。」丁離荆南數程，野次逢故舊。相與飲酒，俄而壺竭，丁試取木偶投瓶中，以紙蓋瓶口。頃之，聞木人觸瓶，紙有聲，亟開視之，芳酎溢瓶矣。不知後如何。

黄庭堅涪翁雜説：傀儡戲，木偶人也。或曰當書魁礨，蓋象古之魁磊之士，仿佛其言行也。

〔六〕**釣出活小魚一枚**

干寶搜神記：左慈，字元放，廬江人也。少有神通，嘗在曹公座，公笑顧衆賓曰：「今日高會，珍羞略備，所少者吴松江鱸魚爲膾。」放云此易得耳。因求銅盤貯水，以竹竿餌釣於盤中。須臾引一鱸魚出，公大拊掌，會者皆驚。公曰：「一魚不同座席，得兩爲佳。」放乃復餌釣之，須臾引出，皆三尺餘，生鮮可愛。

章叔虎搜神秘覽卷上劉晞：一日在進奏院前見一道人，以鈎釣盆中一木魚，每下鈎不移時，而木魚已復在鈎矣。引之以示人，因此以貨藥。

〔文案〕「釣魚」起於漢，盛於宋，爲魔術表演，至今仍見。

〔七〕**水傀儡**

劉若愚酌中志卷之十六内府衙門職掌：又木傀儡戲，其制用輕木雕成海外四夷蠻王及仙聖、將軍、士卒之像，男女不一，約高二尺餘，止有臀以上，無腿足，五色油漆彩畫如生。每人之下，平底安一榫卯，用三寸長竹板承之。用長丈餘、闊數尺、深二尺餘方木池一個，錫鑲不漏，添水七分滿，下用凳支起，又用紗圍屏隔之，經手動機之人，皆在圍屏之内，自屏下遊移動轉。水内用活魚、蝦、蟹、螺、蛙、鰍、鱔、萍、藻之類浮水上。聖駕升殿，座向南，則鐘鼓司官在圍屏之南，將節次人物各以竹片托浮水上，遊鬥頑耍，鼓樂喧哄。另有一人執鑼在旁宣白題目，贊傀儡登答，道揚喝采。或英國公三敗黎王故事，或孔明七擒七縱，或三寶太監下西洋，八仙過海，孫行者大鬧龍宮之類，惟暑天白晝作之，如耍把戲耳。

李斗揚州畫舫録卷十三橋西録：後爲韓奕别墅，繼又改名名園，築小山亭。聯云：「茂竹臨幽溆，李益晴雲出翠微。權德輿」閒時開設酒肆，常演窟傀子，高二尺，有臀無足，底平，下安卯栒，用竹板承之。設方木池，貯水令滿，取魚蝦萍藻實其中，隔以紗障，運機之人在障内遊移轉動。金鼇退食筆記載水嬉，此其類也。

高士奇金鼇退食筆記卷下玉熙宮：「水嬉」之制，用輕木雕成海外諸國及先賢文武男女之像，約高二尺，彩畫如生，有臀無足而底平，下安卯榫，用竹板承之。設方木池，貯水令滿，取魚蝦萍藻實其中，隔以紗障，運機之人，皆在障内遊移轉動。一人鳴金宣白題目，代爲問答。惟暑天白晝作之，以銷長夏。明愍帝每宴玉熙宮，作過錦、水嬉之戲。一日，宴次報至，汴梁失守，親藩被害。遂大慟而罷，自是不復幸玉熙宮矣。吴偉業琵琶行有云：「先皇駕幸玉熙宮，鳳紙僉名唤樂工。苑内水嬉金傀儡，殿頭過錦玉玲瓏。一日中原盛豹虎，暖閣才人罷歌舞。插柳停搊素手箏，燒燈罷擊花奴鼓。」蓋指此也。迨入我朝，遂廢不治。

梁章鉅稱謂録卷三十捏脚摳提線摳：西河詞話：宮戲本水傀儡，其制用偶人立板上，浮大池面，用屏障其下，而以機運之。

［文案］宋「水傀儡」如何表演鮮有記述。幸賴明清「水傀儡」，可見其詳。今越南河內中央木偶劇

團亦爲宋「水傀儡」之遺。據路透社記者報道：越南「水傀儡」誕生於一一二一年，時值宋宣和三年，起因亦是國王在河内湖上泛舟，農民表演水上木偶戲，爲之祝壽。樣式與本書所記相仿：一小丑木偶在一小池放煙花，表演滑稽，亦有英雄傳奇故事穿插其間，人物皆着龍袍鳳冠，中國風貌，竭盡古樸。表演者立於齊腰深水，一塊背景擋住身體，表演者用隱没於水面之下杖杆操縱木偶。使人不由憶起金明池中錢塘江上「水傀儡」。

〔八〕**虞候**

洪邁夷堅乙志卷第十四劉蓑衣：何子應麒爲江東提刑，隆興二年十月，行部至建康，入茅山，謁張達道先生。聞劉蓑衣者亦隱山中，常時不與士大夫接，望導從且至，則急上山椒避之。子應盡屏吏卒，但以虞候一人自隨，杖策訪焉。

施耐庵羅貫中水滸傳第七回花和尚倒拔垂楊柳　豹子頭誤入白虎堂：富安道：「門下知心腹的陸虞候陸謙，他和林沖最好。明日衙内躲在陸虞候樓上深閣，擺下些酒食，却叫陸謙去請林沖出來吃酒。」

宋話本碾玉觀音：當時郡王在轎裏看見，叫幫窗虞候道：「我從前要尋這個人，今日却在這裏！只在你身上，明日要這個人入府中來！」當時虞候聲諾，來尋這個看郡王的人，是甚色目人？

程穆衡水滸傳注略：虞候，都虞候，唐時軍中隊長之名，見於史者多矣，未聞以爲衙役也，宋直以呼吏人而已矣。

〔文案〕京都譯注本謂「院虞候」，余疑「院」爲「都」誤。因宋有都虞候、將虞候而無院虞候。都虞候爲軍職名，爲軍一級編制單位副長官。將虞候亦爲軍職名，爲禁軍騎軍都一級員僚。兩候均爲禁衛之職，後多指官僚雇用隨從人員也。

〔九〕**水鞦韆**

王珪宮詞：內人稀見水鞦韆，爭擘珠簾帳殿前。第一錦標誰奪得，右軍輸却小龍船。

〔一〇〕**水戲**

四水潛夫武林舊事卷第七：太上、太后並乘步輦，官裏乘馬，遍遊園中，再至瑤津西軒入御筵。至第三盞，都管使臣劉景長供進新製泛蘭舟曲破，吴興祐舞，各賜銀絹。上新捧玉酒船上壽酒，酒滿玉船，船中人物，多能舉動如活，太上喜見顏色。

官家進水晶提壺邊繫兒，可盛白酒二斗，白玉雙蓮杯盤，碾玉香脱兒一套，六個大金盆，一面盛七寶水戲，並宣押趙喜等教舞水族。

宋話本樂小舍拼生覓偶：市井弄水者，共有數百人，蹈浪爭雄，出没

元王振鵬水鞦韆圖

遊戲。有蹈滚木、水傀儡諸般伎藝。

周密志雅堂雜鈔卷上：余兒時，遊中都市井間，有呈水嬉戲者。一大木斛滿貯水，以小銅鑼爲節，凡龜鱉鰗鯽各以名呼之，即浮於水面，擲以小面具，如齋郎、耍和尚之類，即戴之而舞。舞竟則沉去，又别呼其一以呈技。是雖教習使然，然龜魚非禽獸比，不可以威警動，殊爲難能，其後絶響，無繼之者。

〔一〕**虎頭船**

李燾續資治通鑑長編卷二百英宗治平元年：令西京左藏庫副使、緣界河巡檢都監趙用再任。從高陽關及河北緣邊安撫司之請也。用才武果敢而熟邊事，敵人以鹽船犯邊禁者，用割腸而沉之。敵人畏用，以其出常乘虎頭船，謂之「趙虎頭」。

〔二〕**百姓卸在行人**

〔文案〕余以「在行」爲「行在」之誤，遂以趨朝事類諸書注之，然細思則覺未通，如孫注本所釋：「在行」乃爲善於、專業之俗語，「卸在行人」乃爲脱離原專業之人。金盈之新編醉翁談録卷之三京城風俗記云：相傳里諺云：「三月十八，村裏老婆風發。」蓋是日村姑老幼皆入城。争標已爲百姓參與之盛會，其中不乏流入民間伎藝表演者，此爲「百姓卸在行人」也。

〔三〕**花石**

黄休復益州名畫録卷中黄居寀：居寀字辭玉，筌之少子也。畫性最高，風姿俊爽，前輩畫太湖石，皆以淺深墨淡嵌空而已。居寀以筆端揍擦，文理縱横，夾雜砂石，稜角峭硬，如虬虎將踴，厥狀非一也。其有畫松竹花雀，變態舊規，皆如湖石之類。

鄧椿畫繼卷六山水林石：高洵，京師人。工山水，師高克明，尤長於湖石。

朱弁風月堂詩話：政和以後，花石綱浸盛，晁伯宇有詩云：「森森月裏栽丹桂，歷歷天邊種白榆。雖未乘槎上霄漢，令須沉綱取珊瑚。」人多傳誦。

張淏艮嶽記：徽宗登極之初，皇嗣未廣，有方士言：「京城東北隅，地協堪輿，但形勢稍下，儻少增高之，則皇嗣繁衍矣。」上遂命土培其岡阜，使稍加於舊矣，而果有多男之應。自後海内乂安，朝廷無事。上頗留意苑囿，政和間，遂即其地，大興工役築山，號「壽山艮嶽」，命宦者梁師成專董其事。時有朱勔者，取浙中珍異花木竹石以進，號曰「花石綱」，專置應奉局於平江，所費動以億萬計，調民搜巖剔藪，幽隱不置，一花一木，曾經黄封，護視稍不謹，則加之以罪，斫山輦石，雖江湖不測之淵，力不可致者，百計以出之至，名曰「神運」。舟楫相繼，日夜不絶，廣濟四指揮，盡以充挽士猶不給。時東南監司郡守，二廣市舶，率有應奉，又有不待旨，但進物至都，計會宦者以獻者，大率靈壁太湖諸石，二浙奇竹異花，登萊文石，湖湘文竹，四川佳果異木之屬，皆越海度江，鑿城郭而至。後上亦知其擾，稍加禁戢，獨許朱勔及蔡攸入貢，竭府庫之積聚，萃天下之伎藝，凡六載而始成，亦呼爲「萬歲山」。奇花美術，珍禽異獸，莫不畢集，飛樓傑觀，雄偉瓌麗，極於此矣。

釋祖秀華陽宫記：又爲勝遊六七，曰躍龍澗、漾春陂、桃花閘、雁池、迷真洞，其餘勝迹，不可殫紀。工已落成，上名之曰華陽宫。然華陽大抵衆山環列於其中，得平蕪數十頃，以治園囿，以辟宫門，於西入徑，廣於馳道，左右大石皆林立，僅百餘株，以神運昭功，敷慶萬壽峰，而名之獨神運峰。廣百圍，高六仞，錫爵盤固侯居道之中，束石爲亭以庇之，高五十尺，御製記文親書，建三丈碑，附於石之東南陬。其餘石，或若群臣入侍帷幄，正容凜若不可犯，或戰慄若敬天威，或奮然而趨，又若傴僂趨進，其怪狀餘態，娱人者多矣。

龔明之中吴紀聞卷第六朱氏盛衰：其子勔，因賂中貴人以花石得幸，時時進奉不絶，謂之「花綱」。凡林園亭館，以至墳墓間所有一花一木奇怪者，悉用黄紙封識，不問其家，徑取之。有在仕途者，稍拂其意，則以違上命文致其罪。浙人畏之如虎。「花綱」經從之地，巡尉護送，遇橋梁則撤以過舟，雖以數千緡爲之者，亦毁之不恤。初，江淮發運司於真、揚、楚、泗有轉般倉，綱運兵各據地分，不相交越。勔既進花石，遂撥新裝運船，充御前綱以載之，而以餘舊者載糧運，直達京師。

鄧肅花石詩：蔽江載石巧玲瓏，雨過嶙峋萬玉峰。舳尾相銜貢天子，坐移蓬島到深宫。　浮花浪蕊自朱白，月窟鬼方更奇絶。繽紛萬里來如雲，上林玉砌酣春色。

鄭景望蒙齋筆談卷下：余紹聖間，春試下第，歸道靈壁縣，世以爲出奇石，余時病卧舟中，行槖蕭然，聞茶肆多有求售，公私未乏，貴人亦不甚重，亟得其一，長四尺許，價當八百，取之以歸，探所有，僅得七百錢，假之同舍而足，不覺病頓愈，夜抱之以眠。

張知甫可書：徽宗幸迎祥寺，見欄檻間醜石，顧問内侍楊戩曰：「何處得之？」戩云：「價錢三百萬，是戩買來。」

杜綰雲林石譜卷上平江府太湖石：産洞庭水中，石性堅而潤，有嵌空穿眼宛轉嶮怪勢一種，色白一種，色青而黑一種，微黑青其質，文理縱横，籠絡起隱於石面，遍多坳坎，蓋因風浪中沖激而成，謂之「彈子窩」。扣之微有聲，采人攜鎚鑿入深水中，頗艱辛。度奇巧取鑿，貫以巨索，浮大舟，設木架，絞而出之。其間稍有巉巖特勢，則就加鐫礲取巧，復沉水中，經久爲風水沖刷，石理如生。此石巖最高有三五丈，低不逾十數尺，間有尺餘，惟宜植立軒檻，裝治假山，或羅列園林廣榭中，頗多偉觀，鮮有小巧，可置几案間者。

趙希鵠洞天清録怪石辨太湖石：出平江太湖，土人取大材或高一二丈者，先雕刻置急水中舂撞之，久如天成，或用煙薫，或染之，色亦能黑，微有聲，宜做假山用。

劉攽作假山：幽意難具陳，静境可因就。遠求澗側石，置彼窗中岫。前爲嵩華高，側構衡霍秀。巉崿倏天成，風煙若神授。他時看圖畫，應接頗意究。氣色形似間，人人輕宇宙。嘗聞山林士，既往又不復。此語我知之，衡茅非所陋。

陳輔之詩話好石：張祜性酷好太湖石，三吴太守，多遺以贈之。故陸魯望以詩哭之曰：「一林石筍散豪家。」

宇文懋昭大金國志卷之十九章宗皇帝上：會是冬賞菊於東明園，主登其閣，見屏間畫宣和艮嶽，問内侍余琬曰：「此底甚處？」琬曰：「趙家宣和帝運東南花石築艮嶽，致亡國敗家，先帝命圖之以爲戒。」

厲鶚東城雜記卷下玉玲瓏閣：玉玲瓏，宋宣和花綱石也。上有字紀歲月，蒼潤山嵌空，叩之聲如雜佩。

錢大昕十駕齋養新録卷七花石綱：程俱吴江回申講求遺利狀云：頃年以來，綱運自浙而西以過縣境者，有曰明金生活，有曰佛道帳殿，有曰花石者，挽舟之卒，所支口券米無慮若干千石，計工無慮若千萬夫，家糧借請之數不與焉。俱此狀在徽宗即位之初，其時即有花石綱運，是花石綱不始于朱勔也。

〔文案〕花石仍有其遺，據徐國樞燕都續詠艮嶽石：北海内之艮嶽石，乃宋徽宗河南宫中所建也。二〇〇二年三期收藏杜恩龍花石綱遺石今安在又謂：現蘇州留園瑞雲峰、冠雲峰，濟南趵突泉公園龜石，上海豫園玉玲瓏，開封洛陽賓館「宣和六十五石」，開封大相國寺大殿前「艮嶽遺石」，蘇州五峰園五塊太湖石，南京瞻園仙人峰、倚雲峰、友松峰，南京玄武湖「童子拜觀音」太湖石，揚州瘦西湖公園花石，均爲花石綱遺石。

〔一四〕**大龍船**

蔡絛鐵圍山叢談卷第四：金明池，始太宗以存武備，且爲國朝一盛觀也。其龍舟甚大，上級一殿曰時乘。既歲久，紹聖末詔名匠楊談者新作焉。久之落成，華大於舊矣。獨鐵費十八萬斤，他物略稱是。蓋樓閣殿既高巨，艦得重物乃始可運。

〔一五〕**海眼**

陸游老學庵筆記卷五：成都石筍，其狀與筍不類，乃累疊數石成之，所謂海眼，亦非妄。

周密癸辛雜識後集舞譜：予嘗得故都德壽宮舞蹈二大帙，其中皆新製曲。多妃嬪閣分所進者，所謂譜者，其間有所謂：打鴛鴦場，分頸，回頭，海眼，收尾，豁頭，舒手，布過。

〔文案〕按江湖通用切口日用常語所釋：大曰海，多亦曰海。「眼」爲人眼之圓狀，又爲「演」之音轉。「海眼」者，既大又多之演也。

宋李嵩天中戲水圖中大龍船

## 駕幸瓊林苑

駕方幸瓊林苑，在順天門大街面北，與金明池相對。大門牙道皆古松怪柏。兩傍有石榴園、櫻桃〔一〕園之類，各有亭榭〔二〕，多是酒家所占〔三〕。苑之東南隅，政和間，創築華觜〔四〕岡，高數十丈，上有横觀層樓，金碧相射，下有錦石纏道，寶砌池塘，柳鎖虹橋，花縈鳳舸，其花皆素馨〔五〕、末莉、山丹〔六〕、瑞香〔七〕、含笑〔八〕、射香等，閩、廣、二浙所進南花〔九〕，有月池、梅亭、牡丹㊀之類，諸亭〔一〇〕不可悉數。

［校］

㊀劉益安對新版東京夢華録注本質疑一文以爲，「有月池、梅亭、牡丹」之後應闕一「亭」字，確。

［注］

〔一〕**櫻桃**

張淏雲谷雜記補編卷一櫻桃：櫻桃，亦云鶯桃。吕不韋春秋：羞以故言含桃。櫻桃二字，頗爲雅馴，而前輩罕曾引用。

唐慎微重修政和經史證類備用本草卷二十三果部中品櫻桃：櫻桃，味甘，主調中，益脾氣，令人好顏色，美志。圖經曰：櫻桃舊不著所出，州土今處處有之，而洛中南部者最勝，其實熟時深紅色者，謂之朱櫻。正黄明者，謂之蠟櫻。極大者，有若彈丸，核細而肉厚尤難得也，食之調中益氣，美顏色，雖多

重修政和經史證類備用本草櫻桃圖

無損，但發虛熱耳。惟有闇風人不可噉，噉之立發。其葉可擣傳蛇毒，亦絞汁服。東行根亦殺寸白、蛔蟲。其木多陰，最先百果而熟，故古多貴之。謹按書傳引吴普本草曰：櫻桃一名朱茱，一名麥甘酣。今本草無此名，乃知有脱漏多矣。又爾雅云：楔，吉黠切荆桃。郭璞云：今之櫻桃。而孟詵以爲櫻非桃類，未知何據？食療云：温，多食有所損，令人好顔色，美志。此名櫻桃，俗名李桃，亦名柰桃者是也。甚補中益氣，主水穀痢止泄精，東引根治蛔蟲。

陸佃埤雅卷十四釋木櫻桃：櫻桃爲木多陰，其果先熟，一名荆桃，一名含桃。許慎曰：鶯之所含食，故曰含桃也。謂之鶯桃，則亦以鶯之所含食，故謂之鶯桃也。月令仲夏之月，天子羞以含桃，言薦新也。其顆大者，或如彈丸，小者如珠璣。南人語其小者，謂之櫻珠。字説云：櫻主實么稺，柔澤如嬰者。栲主材成就，堅久如考者。

〔二〕**榭**

陸佃爾雅新義卷第六釋訓：有木者謂之榭。此有植木爾，然猶如此。所謂林下一宿知是矣。

陸佃爾雅新義卷第七釋訓：無室曰榭。廟有代焉，榭有謝而已。

任廣書敘指南卷第九樓臺池園亭榭觀閣：臺榭曰層臺累榭。楚辭宋玉

〔三〕**酒家所占**

宋話本金明池吴清逢愛愛：次日，放心不下，換了一身整齊衣服，又約了二趙，在金明池上尋昨日小娘子蹤蹟。趙二哥道：「街北第五家，小小一個酒肆倒也精雅。内中有個量酒的女兒，大有姿色，年紀也只好二八，只是不常出來。」小員外欣然道：「煩相引一看。」三人移步街北，果見一個小酒店，外邊花竹扶疏，裏面杯盤羅列。

〔四〕**觜**

丁度集韻卷之一平聲一支第一：觜星名，一曰鴟，舊頭上角觜也。

〔五〕**素馨**

趙與泌黄岩孫仙溪志卷一花：素馨嶺表録異云：耶悉茗花始自番船載至，香聞百步。廣中種之，名曰素馨，轉而入閩。蔡端明詩云：「素馨出南海，萬里來商船。」

陳大震大德南海志卷第七物産花素馨花：南方草木狀云：一名耶悉茗，有胡人自西國移植於南

海。又龜山志謂：昔劉王有侍女名素馨，其塚生此花，因名。今城西九里地名花田，彌望皆種此花。其香他處莫及。古龍涎香餅及串珠之類，治以此花，則韻味逾遠，販女或以蕉絲爲穗鬻於市。

謝維新古今合璧事類備要別集卷三十六花卉門素馨花：格物叢話素馨舊名耶悉茗，與茉莉花皆胡人從西國移入南海，自此中國所在而有其花。細四瓣，有黄色、白色者，藤身枝裊，娜葉小殊，甚無刻缺，而香不及於茉莉。

范成大桂海虞衡志志花：素馨花，比番禺所出爲少，當由風土差寒故也。

〔六〕山丹

陳耆卿嘉定赤城志卷三十六風土門花之屬：山丹一歲著一花。

吴其濬植物名實圖考卷三蔬類山丹：山丹，葉狹而長，枝莖微柔，花紅四垂，根如百合而小，少瓣，洛陽花木記有紅百合，即此。或曰渥丹花，殷紅有焰。陳傅良詩：「山丹吹出青藜火。」摹其四照也。朱子詩：「昔遊嶺海間，幾見蠻卉折。素英溥夕露，朱花爛晴日。歸來今幾年，晤對祇寒碧。因君賦山丹，悦復見顔色。」嶺南花多朱殷，他處如此炫晃者蓋少，前賢掉詠無妄語如此。群芳譜：根大者供食，味與百合無異。

〔七〕瑞香

侯延慶退齋雅聞録瑞香花：瑞香花種出江州廬山，今長沙競成俗，一株有至百千花者。最忌麝，或佩麝觸之，花輒萎死，惟頻瀹茶，灌其根不爲蟲所蝕。

陳耆卿嘉定赤城志卷之三十六風土門花之屬：瑞香張祠部以瑞爲睡，故其詩有「曾向廬山睡裏聞」之句，而蘇文忠詠此花詞乃云：領巾飄下瑞香。風俗但稱瑞香。

趙與泌黄岩孫仙溪志卷一花：瑞香冬月開，有簇頭者，有纏枝者，紫色者香濃。

謝維新古今合璧事類備要别集卷三十一花卉門瑞香花：格物總論瑞香花樹，高者三四尺許，枝幹婆娑，葉厚深緑，色數種，有楊梅葉者，有枇杷葉者，有柯葉者，有毬子者，有欒枝者，花紫色如丁香，惟欒枝者香烈，枇杷葉者能結子，性喜温潤。本朝始著名，它有黄、白二色，特野瑞香無取也。

**〔八〕含笑**

史能之咸淳毗陵志卷第十三土産花之屬：含笑有紫、白二色。丁晉公詩云：「花名含笑笑何人。」

陳大震大德南海志卷第七物産花：含笑花，其色微紫，香亦旖旎，蒲澗山多有之。東坡詩云：「如今獨有花含笑，笑道秦皇欲學仙。」

**〔九〕閩、廣、二浙所進南花**

梁克家淳熙三山志卷四十一土俗類物産花：末麗此花獨閩中有之，夏開白色，玅麗而香，方言謂之末利，佛經曰末麗，花香。又有紅末麗，藤生亦香。素馨蔓生白色，露裛愈香，蔡公襄詩：「素馨出南海，萬里來商舶。團圓末麗叢，繫香暑中折。」牡丹州舊無之，慶曆間，羅源林迥隱居南華洞，有出山遇慈恩長老獻牡丹詩云：「春晚花王在處稀，山中還信正方菲。」蓋有之矣。熙寧間，程大卿師孟詠福州詩云：芍藥牡丹難種處，謂城中也。今古田、長溪、羅源、連江多有之。芍藥所産與牡丹同。紫玫瑰亦名徘徊花，郡人翁承贊詩：「三株紅芍藥，一架紫玫瑰。」四時山丹花紅色。葩英叢起，如絳羅囊，林迥詩：「葉剪青油藥渥丹，春風隨衆出闌干。碧桃黄菊凋殘後，誰伴長松到歲寒。」長春花亦四時有之，林迥詩：洞門深不放春歸，客到尋芳莫問時。遲日暖風花草麗，照人紅豔一枝枝。真珠有單葉亦有百葉，許公將詩：蔌蔌圓英滴粉粧，肯隨桃杏媚韶光。金刀不到春風外，草密林深只自香。酴醾花自而香，春時極盛，葉公夢得詩：「東風吹麝入鉛華，未肯隨春到謝家。夜半粉香和露泣，定應和月怨梨花。」又有檀心而紫者尤香。梅花又有紅梅、臘梅、百葉梅。瑞香紫色芬香，舊記無，近州多有之。千葉石榴花紅豔，不結實。薔薇枝幹有刺。花紅紫色，盛開如錦，亦有黄薔薇，如棠棣金色，有淡黄薔薇，鵝黄色。越橘花如瑞香，葉幹如黄楊，實如朱櫻。金林檎花繁生如郁李，花狀差大，實如來禽而差小。十丈紅花如御帶而差大，一名棠棣。衮繡毬色白，圓如毬。海棠色紅，以木瓜頭接之則色白。鬥雪紅閩中近有之，花如玫瑰而香色次之，然四時常芳，不隨群草凋茂，亦名勝春。闍提南海種，商人傳之，花皙白而香，勝於素馨，蓋巖桂之流品也，仙書曰闍提花香。玉簪實素而香，形如玉簪，亦名白鶴。金沙玫瑰之流也，香不及之。剪金紅圓，無香，葉分數歧，如剪刀之狀。度年紅幹高而花難凋，自冬來涉春不少。含笑白花，有二種，小者香猶酷烈，開盡則香微，故以含笑名。百合莖特生而直上，亦名倒仙，花白，一種班紅，謂之川百合。凌霄藤蔓，附大木而生，其花黄赤，夏盛。紫荆木似林檎花，深紫可愛。罌粟花有紅白二種，九月布子，春深乃生實，如小罌，子如細粟。葵有數種，蜀葵出戎、蜀，爾雅所謂菺莪葵花，白者主痎瘧，黄者葉尖狹，夏開花，淺黄色，主瘡癧，小花者名錦葵，俗呼爲胡臙脂。菊紫莖而香，葉厚嫩可食者，花微小味甘爲真菊，又或莖青、根細、花白、蕊黄，其葉似同蒿，花蕊並黄者，俗傳爲廣菊，狀似嬰兒者，俗呼爲孩兒菊。遯齋閑覽：南方花發較北地常先一月，獨菊花開最遲，菊性宜冷也。惟一種深黄色，名爲滴滴金，六月開。玉蝴蝶色白如瓊花，中叢蕊傍有八蝶遶之，謂之聚八仙，垂枝條而雙對者謂玉蝴蝶。朱槿一名佛桑，一名佛日，色深紅，葉如桑，高者丈餘，一種色白，一種色紫，淡黄者俗謂之金木蘭，純白而英間無紫點者，名爲舜英。**雞冠**秋生，紫色，如繡畫雞冠之狀。**山茶**花深紅色，冬盛開。**御仙**似罌粟而小。**金鳳**狀如飛鳳，有紅、白、紫、粉紅數種。**金錢**深紅色，葉長細。**拒霜**一名木芙蓉，秋開，色淡紅，一種百葉，朝開純白，午後則漸紅如醉，謂之醉芙蓉。**巖桂**其葉兩兩相向，粟結其間，及開，清馥斷續，香氣而遠聞，俗呼爲九里香。木紋如犀，可以爲器，亦號木犀，數種，有四時開者，紫者、䞓紅者、深紅者曰丹桂，凡色勝則香薄。**鷹爪**藤生，夏開，末鋭似鷹爪，薄暮方開，香如爛瓜。**鳳尾**有兩種，大者花白蕊黄，穗生長僅尺，若鳳尾然，一種差小，花疎而香勝，亦名七里香，可以祛蠹。**玉屑**藤生，花白色，如碎玉之狀。**玉籠松**藤生，花微紅而圓，一種醉楊妃，花相類，葉尖。**寶相**藤生，花類長春。

〔一〇〕**諸亭**

宋話本風月瑞仙亭：園中有花亭一所，名曰「瑞仙」，四面芳菲，錦繡爛熳，真可遊覽休息，京洛名園，皆不能過此。所以遊宦公子，江湖士夫，無不相訪。

〔文案〕宋話本所言花亭多以名花名之，若梅亭、牡丹亭者。亦別用它名名之者，若「瑞仙亭」，亦屬花亭之類也。

## 駕幸寶津樓宴殿

寶津樓〔一〕之南有宴殿，駕臨幸，嬪御車馬在此。尋常亦禁人出入，有官監之。殿之西有射殿，殿之南有橫街，牙道柳徑，乃都人擊毬之所〔二〕。西去苑西門、水虎翼巷，橫道之南，有古桐牙道，兩傍亦有小園圃臺榭。南過畫橋，水心有大撮焦亭子〔三〕，方池〔四〕柳步圍繞，謂之「蝦蟆亭」〔五〕，亦是酒家占。尋常駕未幸，習旱教〔六〕於苑大門。御馬〔七〕立於門上。門之兩壁〔八〕，皆高設綵棚，許士庶觀賞，呈引百戲。御馬上池，則張黃蓋，擊鞭如儀。每遇大龍船出，及御馬上池，則遊人增倍矣。

## [注]

**〔一〕寶津樓**

王應麟玉海卷一六四宮室樓熙寧寶津樓：熙寧三年四月三日，幸金明池，觀水嬉，移幸瓊林苑，登寶津樓，宴從臣，教坊作樂。

周城宋東京考卷之十一樓：寶津樓在新鄭門外金明池内。車駕登幸，則諸軍呈演百戲於樓下。

**〔二〕牙道柳徑，乃都人擊毬之所**

〔文案〕寧志齋老人所作丸經，有因地章：「地形有平者，有凸者，有凹者，有峻者，有仰者，有阻者，有妨者，有迎者，有裏者，有外者。」足見宋擊毬場所樣式頗多，「牙道」可爲擊毬之所一種。又審時章作有時：「天朗氣清，惠風和暢，飲飽之餘，心無所礙，取擇良友三三五五，於園林清勝之外，依法捶擊，風雨陰晦，大寒大暑不與也。」元張可久觀九副使小打〔中吕・金字經〕：「静院春三月，錦衣來衆官。試我花張董四擄。搬，柳邊田地寬。湖山畔，翠窩藏玉丸。步款莎煙細，袖慳猿臂扇。一點神光落九天。穿，萬絲楊柳煙。人争羡，福星臨慶元。」此小令可證擊毬「柳徑」之氛圍。

**〔三〕水心有大撮焦亭子**

錢功澹山雜識蠅子水心亭：張文潛喜飲酒，能及斗餘。每過先君，未嘗不醉。吾家酒器惟銀葵花最大，幾容一升。一日，先君以盤盞飲之。潛意不快，謂先君曰：「願借水心亭飲之。」先君即命換盞，且問文潛所以名。文潛曰：「飲必有餘瀝，蠅子正飛在殘蕊上，豈非人之水心亭乎？」坐客皆大笑。

〔文案〕京都譯注本據樓鑰北行日録，元雜劇争報恩、蝴蝶夢中「撮椒井亭」、「撮角亭子」，稱椒、角之俗音與「焦」同，甚確。日龍谷大學木田知生則據「撮」所含堆起、堆上之意（東洋史研究第四十三卷第一號），釋「撮」應爲每一個角部都向上高翹。

**〔四〕方池**

成尋參天台五臺山記第七（延久五年三月）：池方二町，池樣方也。龍頭船等有數十，水鳥、鳧雁，有數，池邊有大鶴六、白鵠三，隨人語答之，其形如大鳥，一切皆白。人與食，以足取之食之。鵝三四處有其數，異類不記盡。

〔五〕**蝦蟆亭**

莊綽雞肋編卷上：又有京師開書鋪人陳詢，字嘉言，皆以貌像呼爲「蝦蟆」。而瓊林苑西南一亭，地界近水，俗號「蝦蟆亭」。天清寺前多積潦，亦名「蝦蟆窩」。都中輕薄子戲詠蝦蟆詩曰：「佳名標上苑，窩窟近天清。道士行爲氣，梢公打作更。嘉言呼舍弟，東美是家兄。莫向南方去，將君煮作羹。」

〔六〕**旱教**

葉夢得石林燕語卷一：金明，水戰不復習，而諸軍猶爲鬼神戲，謂之「旱教」。

〔七〕**御馬**

周煇詩話七：碧雲騢者，廊馬也，莊憲太后臨朝初，以賜荆公，王惡其旋毛。太后知之，曰：「旋毛能害人耶？吾不信！」留以備上閑，爲御馬第一。

成尋參天台五臺山記第六（延久五年一月）：次御馬十疋置鞍牽來，皆以錦覆鞍，鐙不具體，鞦以黄金、白銀、琉璃作之，宛如錦覆帶。

〔八〕**兩壁**

宋話本萬秀娘仇報山亭兒：這個員外，排行第三，人叫做萬三官司人。在襄陽府市心裏住，一壁開着個茶鋪，一壁開着茶坊。

佚名五代周史平話卷下：張無徽排陣在巴公原投東一壁，楊衮契丹兵馬排陣於巴公原投西壁，衆軍行伍，極是嚴整。

## 駕登寶津樓諸軍呈百戲

駕登寶津樓，諸軍百戲呈於樓下。先列鼓子十數輩，一人摇雙鼓子〔一〕，近前進致語，多唱「青春三月驀山溪〔二〕」也。唱訖，鼓笛舉，一紅巾者弄大旗，次獅豹入場，坐作進退，奮迅舉止畢。次一紅巾者手執兩白旗子，跳躍旋風而舞，謂之「撲旗子」〔三〕。及上竿、打筋斗〔四〕之類訖，樂部舉動琴家弄令〔五〕，有花粧輕健軍士〔六〕百餘，前列旗幟，各執雉尾、蠻牌、木刀，初成行列拜舞，互變開門奪橋等陣，然後列成偃月陣〔七〕，樂部復動蠻牌令，數内兩人，出陣對舞，如擊刺之狀，一人作奮擊之勢，一人作僵仆出場，凡五七對。或以鎗對牌、劍對牌之類，忽作一聲如霹靂，謂之「爆仗」，則蠻牌者引退。煙火〔八〕大起，有假面披髮，口吐狼牙煙火，如鬼神狀者上場。着青帖金花短後之衣，帖金皂袴，跣足，攜大銅鑼隨身，步舞而進退，謂之「抱鑼」〔九〕。繞場數遭，或就地放煙火之類。又一聲爆仗，樂部動拜新月慢曲，有面塗青碌〔一〕，戴面具金睛，飾以豹皮錦繡看帶之類，謂之「硬鬼」〔一〇〕。或執刀斧，或執杵棒之類，作脚步蘸立，爲驅捉視聽之狀。又爆仗一聲，有假面長髯展裹緑袍韡簡如鍾馗像者〔一一〕，傍一人以小鑼相招和舞步，謂之「舞判」〔一二〕。繼有二三瘦瘠，以粉塗身，金睛白面，如髑髏狀，繫錦繡圍肚看帶，手執軟杖，各作魁㊁諧，趨蹌〔一三〕舉止若排戲，謂之「啞雜劇」〔一四〕。又爆仗響，有煙火就湧出，人面不相覩，煙中有七人，皆披髮文身〔一五〕，着青紗短後之衣〔一六〕，錦繡圍肚看帶〔一七〕，內一人金花小帽，執白旗，餘皆頭巾，執真刀，互相格鬭擊刺，作破面剖心之勢，謂之「七聖刀」〔一八〕。忽有爆仗響，又復煙火出，散處以青幕圍繞，列數十輩，皆假面異服，如祠廟中神鬼塑像，謂之「歇帳」〔一九〕。又爆仗響卷退。次有一擊小銅鑼，引百餘人，或巾裹，或雙髻，各着雜色半臂〔二〇〕，圍肚看帶，以黄白粉塗其面，謂之「抹蹌」〔二一〕。各執木棹刀一口，成行列，擊鑼者指呼各拜舞起居畢，喝喊變陣子〔二二〕數次，成「一字陣」〔二三〕，兩兩出陣格鬭，作奪刀擊刺之態百端訖，一人棄刀在地，就地擲身，背着地有聲，謂之「扳落」〔二四〕。如是數十對訖。復有一裝田舍兒者入場，念誦言語訖，有一裝村婦者入場，與村夫相值，各持棒杖〔二五〕，互相擊觸，如相毆態。其村夫者以杖背村婦出場畢。後部樂作，諸軍繳隊雜劇一段，繼而露臺弟子雜劇一段，是時弟子蕭住兒、丁都賽〔二六〕、薛子大、薛子小、楊總惜、崔上壽之輩，後來者不足數。合曲舞旋訖，諸班直常入祇候子弟所呈馬騎，先一人空手出馬，謂之「引馬」。次一人磨旗〔二七〕出馬，謂之「開道旗」。次有馬上抱紅繡之毬，繫以紅綿索擲下於地上，數騎追逐射之〔二八〕，左曰「仰手射」，右曰襬」，謂之「拖繡毬」〔二九〕。又以柳枝插於地，數騎以剗子箭，或弓或弩射之，謂之「柳枝」。又有以十餘小旗，遍裝輪上而背之出馬，謂之「旋風旗」。又有執旗挺立鞍上，謂之「立馬」。或以身下馬，以手攀鞍而復上，謂之「騗馬」。或用手握定鐙袴，以身從後鞦來往，謂之「跳馬」。忽以身離鞍，屈右脚掛馬鬉，左脚在鐙，左手把鬉，謂之「獻鞍」，又曰「棄鬉」。背坐或以兩手握鐙袴，以肩着鞍橋，雙脚直上，謂之「倒立」。忽擲脚着地，倒拖順馬而走，復跳上馬，謂之「拖馬」。或留左脚着鐙，右脚出鐙，離鞍横身，在鞍一邊，右手捉鞍，左手把鬉存身，直一脚順馬而走，謂之「飛仙膊馬」。又存身拳曲在鞍一邊，謂之「鐙裏藏身」〔三〇〕。或右臂挾鞍，足着地順馬而走，謂之「趕馬」。或出一鐙，墜身着鞦，以手向下綽地，謂之「綽塵」。或放令馬先走，以身追及握馬尾而上，謂之「豹子馬」〔三一〕。或横身鞍上，或輪弄利刃，或重物、大刀、雙刀百端訖。有黄衣老兵〔三二〕，謂之「黄院子」，數輩執小銹龍旗前導，宫監馬騎百餘，謂之「妙法院女童〔三三〕」。皆妙齡翹楚，結束如男子，短頂頭巾〔三四〕，各着雜色錦綉，撚金絲番段窄袍，紅緑吊敦束帶，莫非玉羈金勒，寶鐙花韉，艷色耀日，香風襲人，馳驟至樓前，團轉數遭，輕簾鼓聲，馬上亦有呈驍藝者〔三五〕。中貴人許畋押隊招呼成列，鼓聲一齊擲身下馬，一手執弓箭，攬韁子就地，如男子儀〔三六〕。拜舞山呼訖，復聽鼓聲，騗馬而上。大抵禁庭如男子裝者，便隨男子禮起居。復馳驟團旋，分合陣子訖，分兩陣，兩兩出陣，左右使馬，直背射弓，使番鎗或草棒交馬野戰，呈驍騎訖，引退。又作樂，先設綵結小毬門於殿前，有花裝男子〔三七〕百餘人，皆裹角子向後拳曲花幞頭，半着紅半着青錦襖子，義襴束帶絲鞋，各跨雕鞍花韉驢子〔三八〕，分爲兩隊，各有朋頭一名，各執彩畫毬杖，謂之「小打」〔三九〕。一朋頭用杖擊弄毬子，如綴毬子方墜地，兩朋争占，供與朋頭，左朋擊毬子過門〔四〇〕入孟〔四一〕爲勝，右朋向前争占，不令入孟，互相追逐，得籌謝恩而退。續有黃院子引出宮監百餘，亦如小打者，但加之珠翠裝飾，玉帶紅靴，各跨小馬，謂之「大打」。人人乘騎精熟，馳驟如神，雅態輕盈，妍姿綽約，人間但見其圖畫矣。呈訖。

［校］

㈠中華鄧注本謂「碌」應作「緑」，錯。青碌或可稱之爲碌青，據陳彭年鉅宋廣韻入聲卷第五乏第三十四謂：碌，多石貌。可知青碌爲一混合顔料，然衆多專家襲鄧注爲「緑」，誤也。

㈡中華鄧注本疑「魁」當作「詼」，誤。王明清揮麈後録謂樂官孟子書「爲平昔僥濫渠魁」，而作

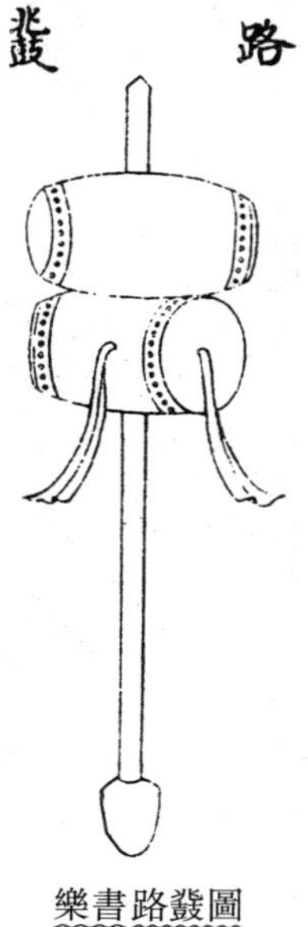


樂書路鼗圖

「魁諧」當爲效仿伎藝者首領之諧。

## 【注】

〔一〕**雙鼓子**

陳暘樂書卷一百二十七樂圖論胡部八音鞉牢上：牢，龜兹部樂也。形如路鞉，而一柄疊二枚焉。古人嘗謂左手播鞉牢，右手擊雞婁鼓是也。

〔文案〕京都譯注本以「鞉牢下」出注，然未如「鞉牢上」圖示貼切，況「播」與「搖」同，余以爲「鞉牢上」（而非「鞉牢下」）與「搖雙鼓子」較合。

〔二〕**驀山溪**

〔文案〕「驀山溪」爲常見宋詞牌名，爲歐陽修、黄庭堅、賀鑄諸大家常作，京都譯注本考其别名爲「上陽春」，「青春三月」乃爲其歌唱第一句也。

〔三〕**撲旗子**

古杭才人宦門子弟錯立身第五齣：［六幺序］一意隨它去，情願爲路歧。管甚麽抹土搽灰，折莫擂鼓吹笛，點拗收拾。更温習幾本雜劇，問甚麽孤扮末諸般會，更那堪會跳索撲旗。

〔文案〕顧起元客座贅語卷九記金陵公侯縉紳凡有讌會，若大席則用教坊院本，中間亦錯以「百丈旗」，即撲旗子。「撲旗子」已成戲劇出演之程式。

〔四〕**打筋斗**

于慎行穀山筆麈卷十四雜考：翻金斗，字義起於趙簡子之殺中山王，後之工人以頭委地而翻身跳過，謂之金斗，想其形類爲名耳。

〔五〕**琴家弄令**

〔文案〕陶宗儀南村輟耕録卷二十五院本名目賭撲名記「琴家弄」一名，可知其流源於宋之關撲買賣時，奏樂以招徠顧客。若夢粱録卷十三夜市所述婆婆點茶，亦敲響盞，掇頭兒拍板。而所謂「令」者乃爲短小之曲也，弄則爲彈奏也。

〔六〕**輕健軍士**

江少虞宋朝事實類苑卷第一祖宗聖訓：左右内侍數十人，皆善武藝，伉健，人敵數夫，騎上下山如飛，其慰撫養育，無所不至，然未嘗假其威權。

嘗因御五鳳樓，有風禽罥東南角樓鴟尾上，上顧左右曰：「有能取之否？」一内侍，失其姓名，攝衣攀屋桷以登緣，歷危險，取之以獻，觀者膽落，蓋試其矯捷也。

卷第二祖宗聖訓：太宗將討太原，選軍中驍勇趫捷者數百人，教以舞劍，皆能擲劍高丈餘，袒裼跳躍，以身左右承之，妙絶無比，見者莫不震懼。會北戎使至，宴便殿，因令劍舞者數百人，科頭露股，揮劍而入，跳擲承接，霜鋒雪刃，飛舞滿空，戎使懼形於色，淮海國王錢俶等驚懼不敢仰視，俶言於上曰：「此尚書所謂『如熊如羆，如虎如貔』者也。」上甚悦，及親征，每巡城督戰，必令前導逞技，賊乘城望之，破膽。

〔七〕偃月陣

〔文案〕偃月，顧名思義乃爲横卧半弦月形也。偃月陣係象形而得名，自唐即爲著名戰陣，新唐書突厥傳上記偃月陣「三軍萬夫，環旋翔佯」，可知其雄壯。許洞虎鈐經卷八偃月營可參。分外、中、内，士卒被甲冑，張弓矢，佩刀劍，持矛盾，左右上下而守之。續資治通鑑宋高宗紹興三十二年亦證：右翼軍繼步軍北引而東，作偃月陣，步軍居中，騎軍據其兩端，使賊不見首尾。偃月陣之威於此可見。

〔八〕煙火

洪邁夷堅志補卷第二十神霄宫醮：林靈素於神霄宫夜醮，垂簾殿上，設神霄王青華帝君及九華安妃韓君丈人位，至三鼓，命幕士撤燭立簾外，初聞風雷繞，若有巡索，繼見火光中數輪離地丈許翔走，空中仙靈跨躡龍，環珮之聲鏗然可聽，俄聞雲間傳呼内侍姓名者，全類至尊玉音，擲下所書符篆，墨色猶濕，已而寂然如初，如復張燭，先列酒滿大銀盃，至是罄無餘瀝，果盤殻核滿地，是時都人相傳靈素神異，雖至尊亦敬歎，不知所以然。葛楚輔丞相云：「紹興末年，湖州旌林曹巡檢，京師人，故録名宿衛，能談宣和舊事，嘗言鄭太師家命道士章醮，别有道人來，哂其無術，請鄭掃潔廷宇，先期齋戒，盛具陳列，明日

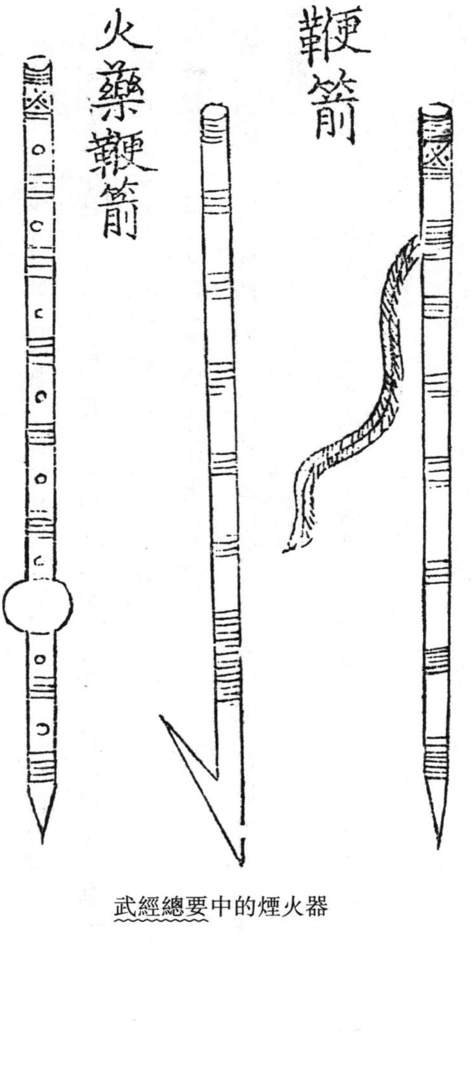

武經總要中的煙火器

初夜，家人肅立廷下，内外警亥不聞，忽仙樂玲玲，從空而來，乘彩雲下至祀所，伶官執笙簫合樂於前，女童七八人，履虛而行，歌舞自若，而神仙衆逍遥於後。頃之，雲煙蔽覆，對面不相見，一大聲如浄鞭鳴蹕，隨即寂然，道人不復見，供器皆用金銀，並無一存。鄭氏知墮術士計中，又畏禁中傳説，謂其夜祭神，不敢誦言，蓋此夕爲奸詐者，盡散樂也。煙雲五色者，以焰硝硫黄所爲，如戲場弄獅象口中所吐氣，女童皆踏索踢弄小倡，行繫索於屋角獸頭上，踐之以行，故望見者以爲履空。其他神仙，悉老伶爲之，巡檢亦個中人也。然則神霄之事，疑若此云。」

宋話本志誠張主管：每年到元宵夜，歇浪線鋪，添許多煙火。

黎靖德朱子語類輯略卷八：如裝鬼戲，放煙火相似，只遮人眼。

王明清揮塵後録卷二徽宗御製艮嶽記命李質曹組爲古賦并百詠詩及詔王安中賦詩：及陳清夜之醮，奏梵唄之音，而煙雲起於巖竇，火炬焕於半空。

詹無咎鵲橋仙題煙火簇：龜兒吐火，鶴兒銜火，藥線上、輪兒走火，十勝一門七星毬，一架上、有許多包裹。梨花數朵，杏花數朵，又開放、牡丹數朵，便當場好手路歧人，也須教，點頭咽唾。

耐得翁都城紀勝瓦舍衆伎：燒煙火、放爆仗、火戲兒、水戲兒、聖花、撮約、藏壓、藥法傀儡。

西湖老人繁勝録：多有後生於霍山之側，放五色煙火、放爆竹。

吴自牧夢粱録卷六十二月：又有市爆杖、成架煙火之類。

除夜：是夜，禁中爆竹嵩呼，聞於街巷。□□□□□□煙火屏風諸般事件爆竹，及送在□□□□□爆竹聲震如雷。

四水潛夫武林舊事卷第二元正：午後，修内司排辦晚筵於慶瑞殿，用煙火，進市食，賞燈，並如元夕。

元夕：宮漏既深，始宣放煙火百餘架，於是樂聲四起，燭影縱横，而駕始還矣。

邸第好事者，如清河張府、蔣御藥家閒設雅戲煙火，花邊水際，燈燭燦然，遊人士女縱觀，則迎門酌酒而去。

舞隊：大小全棚傀儡、火藥。

卷第三西湖遊幸都人遊賞：至於吹彈、舞拍、雜劇、雜扮、撮弄、勝花、泥丸、鼓板、投壺、花彈、蹴踘、分茶、弄水、踏混木、撥盆、雜藝、散耍、謳唱、息器、教水簇飛禽、水傀儡、鬻水道術、煙火、起輪、走線、流星、水爆、風箏，不可指數，總謂之「趕趁人」。

橋上少年郎，競縱紙鳶，以相勾引，相牽剪截，以線絶者爲負，此雖小技，亦有專門。爆仗起輪走線之戲，多設於此，至花影暗而月華生始漸散去。

歲除：至於爆仗，有爲果子人物等類不一。而殿司所進屏風，外畫鍾馗捕鬼之類。而内藏藥線，一爇連百餘不絶。

觀潮：每歲京尹出浙江亭教閲水軍，艨艟數百，分列兩岸，既而盡奔騰分合五陣之勢，並有乘騎弄旗標槍舞刀於水面者，如履平地。倏爾黄煙四起，人物略不相覩，水爆轟震，聲如崩山。煙消波静，則一舸無迹，僅有敵船爲火所焚，隨波而逝。

卷第六小經紀他處所無者：藥線　賣煙火

諸色伎藝人煙火：陳太保　夏島子。

周密齊東野語卷十一御宴煙火：穆陵初年，嘗於上元日清燕殿排當，恭請恭聖太后。既而燒煙火於庭，有所謂地老鼠者，徑至大母聖座下，大母爲之驚惶，拂衣徑起，意頗疑怒，爲之罷宴。

宋話本樂小舍拚生覓偶：都統司領着水軍，乘戰艦，於水面往來，施放五色煙火炮。

〔九〕**抱鑼**

〔文案〕一九七三年河南洛寧縣小界鄉上村兩座磚墓出土三組宋、金人物磚雕。其一磚雕：二人作相同裝束，皆着短衣、長褲，各自抱持一面大鑼，左手持錘敲擊，二人相向而舞。兩人腦後有長物垂出。據廖奔宋元戲曲文物與民俗疑兩人腦後所垂長物爲「披髮」，爲裝鬼之形也。而京都譯注本蹈沿王國維古劇脚色考説：抱鑼乃鮑老之訛轉，實爲誤。山西新絳縣南范莊金墓出土社火磚雕，亦有兒童抱鑼而舞者，武林舊事卷二舞隊記大小全棚傀儡中亦有「抱鑼裝鬼」，亦可證「抱鑼」雖與歌舞滑稽之鮑老同類，却獨抱鑼而舞，别出一枝。

〔一〇〕**硬鬼**

〔文案〕河南洛寧縣小界鄉上村出土宋、金人物磚雕，左雕有一人與抱鑼者裝束相似，腦後亦披物，雙手握一似刀（或似棒槌），此與下文相合，據廖奔宋元戲曲文物與民俗考證，爲與手持刀斧杵棒裝鬼表演同類者。

## 〔二〕鍾馗像者

沈括補筆談卷三雜誌：禁中有吴道子畫鍾馗，其卷首有唐人題記曰：明皇開元講武驪山，歲翠華還宫。上不懌，因痁作，將逾月，巫醫殫伎，不能致良。忽一夕，夢二鬼，一大一小。其小者衣絳犢鼻，屨一足，跣一足。懸一屨，搢一大筠紙扇，竊太真紫香囊及上玉笛，繞殿而奔。其大者戴帽，衣藍裳，袒一臂，鞹雙足。乃捉其小者，刳其目，然後擘而啖之。上問大者曰：「爾何人也？」奏云：「臣鍾馗氏，乃武舉不捷之進士也。誓與陛下除天下之妖孽。」夢覺，痁若頓瘳，而體益壯。乃詔畫工吴道子，告以之夢，曰：「試爲朕如夢圖之。」道子奉旨，恍若有覩，立筆圖訖以進，上瞠視久之，撫几曰：「是卿與朕同夢耳，何肖若此哉！」道子進曰：「陛下憂勞宵旰，以衡石妨膳，而痁得犯之。果有蠲邪之物，以衛聖德。」因舞蹈，上千萬歲壽。上大悦，勞之百金，批曰：「靈祇應夢，厥疾全瘳，烈士除妖，實須稱獎。因圖異狀，頒顯有司。歲暮驅除，可宜徧識，以祛邪魅，兼静妖氛。仍告天下，悉令知委。」

無名氏宣和畫譜卷四楊棐：楊棐，京師人也。客遊江浙，後居淮楚，善畫釋典，學吴生能作大像，嘗於泗濱普照佛刹爲二神，率逾三丈，質幹偉然，凛凛可畏。又作鍾馗亦工。按鍾馗近時畫者雖多，考其初，或云明皇病瘧，夢鍾馗舞於前，以遺瘧癘，其後傳寫形似於世，世始有鍾馗，然臨時更革，態度大同而小異，唯丹青家緣飾之如何耳。又説嘗得六朝古碣於墟墓間，上有「鍾馗」字，似非始於開元也，卒無考據。今御府所藏二：立像觀音一　鍾馗氏圖一。

〔二〕**舞判**

無名氏硃砂擔滴水浮漚記第三折：（正末扮太尉引判官、小鬼上）（正末云）吾神乃東嶽太尉，掌管善惡生死文簿，到森羅殿上對案，走一遭去來。（唱）［正宫，端正好］我將這帶鞓來攙，我把這唐巾按，舞蹁躚，兩袖風翻。我只見霜林颯颯秋天晚，覺一陣冷氣侵霄漢。

〔文案〕據徐扶明元代雜劇藝術研究：硃砂擔中太尉與判官、小鬼，作一整套動作，若攙鞓、按巾、舞袖、摩弄、拂綽，身段複雜，舞蹈性强。從中可見「舞判」之形象。

〔三〕**趨蹌**

〔文案〕「趨蹌」起於詩經猗嗟，爲步趨中節之意，又稱「趨翔」，見墨子非儒下、吕氏春秋士容、王充論衡，作疾行解。「趨蹌」又作「趨搶」、「趨鎗」，若宦門子弟錯立身第十二齣云「趨搶嘴臉天生會」，張協狀元第二齣有「趨鎗出没人皆喜」語。宋之趨鎗已衍化爲副浄、浄角滑稽表演之稱。

〔四〕**啞雜劇**

〔文案〕胡忌宋金雜劇考第一章名稱引宋史王繼先傳所謂：「令妓女舞而不歌，謂之啞樂。」即無説唱，其行動若排戲者，唤作「啞雜劇」。

〔五〕**文身**

宋話本萬秀娘仇報山亭兒：看這個人，兜腮卷口，面上刺着六個大字。這漢不知怎地，人都叫他做

「大字焦吉」。

大官人乘着酒興，就身上指出一件物事來道：「是。我是襄陽府上一個好漢，不認得時，我説與你道，教你頂門上走了三魂，脚板下蕩散七魄！」掀起兩隻腿上間朱刺着的文字，道：「這個便是我姓名，我便唤做十條龍苗忠，我却説與你。」

宋話本鄭節使立功神臂弓：鄭信脱膊下來，衆人看了喝采。先自人材出衆，那堪滿體雕青：左臂上三仙仗劍，右臂五鬼擒龍；胸前一搭御屏風，脊背上巴山龍出水。夏扯驢也脱膊下來，衆人打一看時，那厮身上刺着的是木拐梯子，黄胖兒忍字。當下兩個在花園中厮打，賭個輸赢。

范成大桂海虞衡志志蠻：蠻皆椎髻跣足，插銀銅錫釵，婦人加銅環，耳墜垂肩，女及笄即黥頰爲細花紋，謂之「繡面」。女即黥，集親客相慶賀。

周去非嶺外代答卷十蠻俗門繡面：海南黎女以繡面爲飾，蓋黎女多美，昔嘗爲外人所竊。黎女有節者，涅面以礪俗，至今慕而效之。其繡面也，猶中州之笄也。女年及笄，置酒會親舊女伴，自施針筆，爲極細花卉飛蛾之形，絢之以偏地淡粟紋。有晳白而繡文翠青，花紋曉了，工緻極佳者。唯其婢使不繡。邕州溪峒使女，懼其逃亡，則黥其面，與黎女異矣。

洪邁夷堅丁志卷三謝花六：吉州太和民謝六以盜成家，舉體雕青，故人目爲花六，自稱曰「青師子」。

洪邁夷堅支景卷第四王雙旗：忠翊郎王超者，太原人。壯勇有力，善騎射，面刺雙旗，因以得名。

洪邁夷堅甲志卷第十七永康倡女：永康軍有倡女謁靈顯王廟，見門外馬卒頎然而長，容狀偉碩，兩股文繡飛動，諦觀慕之，眷戀不能去。

洪邁夷堅支癸卷第八閤山排軍：饒民朱三者，市井惡少輩也，能庖治素臟，亦僅自給。臂股胸背皆刺文繡，每歲郡人迎諸神，必攘袂於七聖祆隊中爲上首。

張齊賢洛陽搢紳舊聞記卷三田太尉候神仙夜降：有揀停軍人張花項，衣道士服，俗以其項多雕篆，故目之爲「花項」。

無名氏宣和遺事前集：當時李邦彦以次相阿附，每燕飲，則自爲倡優之事，雜以市井詼諧，以爲笑樂。人呼李邦彦做浪子宰相。一日侍宴，先將生綃畫成龍文貼體，將呈伎藝，則裸其衣，宣示文身，時出狎語。

高承事物紀原卷八歲時風俗部文身：今世俗皆文身，作魚龍飛仙鬼神等像，或爲花卉文字。

宋話本宋四公大鬧禁魂張：只見一個漢，渾身赤膊，一身錦片也似文字，下面熟白絹裩拽紥着，手把着個笊籬，覷着張員外家裏，唱個大喏了教化。

李燾續資治通鑑長編卷三十三太宗淳化三年：乙卯，馬步軍都頭、保州刺史呼延贊出爲冀州兵馬總管。贊，太原人，鷙悍輕率，自言受國恩，誓不與契丹同生，文其體爲「赤心殺契丹」字，至於妻子、僕使、同爨皆然。

吴自牧夢粱録卷三士人赴殿唱名：士人入東華門，各行搜檢身内有無繡體私文，方行放入。

佚名五代漢史平話卷上：劉知遠出去將錢雇倩針筆文身，左手刺個仙女，右手刺一條搶寶青龍，背脊上刺一笑天夜叉，歸家去激惱義父。

佚名五代周史平話卷上：呈奉刺史臺判，准擬照斷，免配外州，將頰上刺個雀兒，教記取所犯事頭也。司吏讀示案卷，杖直等人將郭威依條斷決。決訖，唤針筆匠就面頰左邊刺個雀兒。刺訖，當廳疏放。郭威被刺污了臉兒，思量白浄面皮今被刺得青了，只得索性做個粗漢，學取使槍使棒，彎弓走馬。

王明清揮麈後録卷二徽宗御製艮嶽記命李質曹組爲古賦并百詠詩及詔王安中賦詩：時寵臣皆内侍梁師成所引，遂得愛幸。質少不檢，文其身，賜號「錦體謫仙」。

胡仔苕溪漁隱叢話後集劉夢得：蓋斷髮文身之俗，習水而好戰，古有其風。

施耐庵羅貫中水滸傳第二回王教頭私走延安府 九紋龍大鬧史家村：老漢的兒子從小不務農業，只愛刺槍使棒，母親説他不得，嘔氣死了。老漢只得隨他性子，不知使了多少錢財，投師父教他。又請高手匠人，與他刺了這身花繡，肩臂胸膛總有九條龍，滿縣人口順，都叫他做「九紋龍史進」。

第四十四回錦豹子小徑逢戴宗 病關索長街遇石秀：那人生得好表人物，露出藍靛般一身花繡，兩眉入鬢，鳳眼朝天，淡黄面皮，細細有幾根髭髯。

水滸葉子史進文身圖

第六十一回吳用智賺玉麒麟 張順夜鬧金沙渡：這人是北京土居人氏，自小父母雙亡，盧員外家中養的他大。爲見他一身雪練也似白肉，盧俊義叫一個高手匠人與他刺了這一身遍體花繡，却似玉亭柱上鋪着軟翠。若賽錦體，由你是誰，都輸與他。

無名氏湖海新聞夷堅續志後集卷二怪異門鬼助伐木：木匠李監，嘗爲人入山造木料架屋。一日午，見一人身長而貌醜，遍體雕青，突如其前。李方伐木，彼亦用斤，問其姓名，則自稱曰「花博士」。

尤玘萬柳溪邊舊話十二卷：兵部侍郎五湖公諱棐初生時，全體刺百花鳥雀，十歲時隱隱尚存。

王觀國學林卷三文身斷髮：泰伯、虞仲知古公之欲立季歷以傳昌也，乃奔荆蠻，文身斷髮，蓋自同於蠻夷之習，以示無爭立之心，乃得以全其生也。使二人不奔荆蠻，則見忌於父子兄弟之間，其能全其生乎？唐太宗初爲秦王時，功既高矣，建成、元吉不知機，卒以取斃，古今一理也。若謂常在水中，故斷其髮，文其身，以象龍子，而不見傷害，則其説疎矣。前漢地理志曰：「粵地，牽牛、婺女之分野也。其君禹後，帝少康之子云，封於會稽，文身斷髮，以避蛟龍之害。」蓋文身斷髮者，粵俗之所好也，非避蛟龍之害也，班固誤訓其文，故應劭注史記有象龍子之語耳。

### 〔一六〕短後之衣

張讀宣室志卷之五：生以馬繫門外，將入屋中，忽然心動，即匿身東廡下。聞廟西空舍中窣窣然，生疑其爲鬼，因引弓震弦以伺之。俄見一丈夫，身長，衣短後皂衣，負囊仗劍，自空舍中出。

沈括補筆談卷一故事：唐以來士人文章好用古人，而不考其意。凡説武人，多云「衣短後衣」。不知短後衣作何形制。短後衣出莊子説劍篇。蓋古之士人，衣皆曳後，故時有衣短後之衣者。近世士庶人，衣皆短後，豈復更有短後之衣。

周錫保中國古代服飾史第七章隋唐服飾：唐短後衣均與武士或甲衣相連在一起，不像戰甲戰襖，又不像戰袍，是一種介乎甲與衣之間的一種形制。在大量出土的唐武士俑中，有一種既無甲片的短衣，但又不像是棉甲。這樣的服式或即唐時的短後衣。宋人謂狗之秃尾爲厥尾，衣之短後亦曰厥。如果以此相參照，則厥後之衣類乎甲之厥後也可説得通，因甲大多爲缺後短後的形式。

〔一七〕圍肚看帶

陳元靚新編群書類要事林廣記卷第九庚集綺語門服飾：圍肚直繫。

朱彧萍洲可談卷三：沈起待制諸子，有見荆公者，頗喜之，許以薦擢。一日，沈盛飾出遊，過相府，公聞其在門，呼入與共匕箸。先令褫帶，沈辭，不得已，公以手褰沈所衣真珠繡直繫，連稱「好，好」。

〔文案〕圍肚即直繫，以長幅布帛作之，男女通用。看帶則爲織帶，上織有花紋裝飾者，即後世鸞帶也。其裝飾性較明顯。

〔一八〕七聖刀

洪邁夷堅丁志卷第三韶州東驛：王行中與兄克中自撫州金溪攜僕卒十餘人往廣州省其父，過韶州東境，將入驛，驛卒曰：「此有所謂七聖者，多爲往來之害，不若詣旅邸安静無事。」行中以謂卒憚於供承，故妄言恐我，且吾一行不爲少，正有物怪，豈不能禦，竟宿焉。衆僕處外，三僕在堂。夜且半，内外諸門忽同時洞開，燈燭陳列。行中又疑爲盗，仗劍膝上，須其入而殺之。克中但蒙被坐，誦㰖嚴咒。良久，聞堂上兵刃戛擊，其呼噪應和之聲全與世間惡少年所習技等。行中窺於門，見七男子，被髮袒裼，各持兩刀，跳擲作戲，始大懼，徑登牀，伏於兄後。衆鬼入室，盡挈箱篋出，並帳亦掣去，取行庖食物啖嚼。又竊窺之，已斷三僕首，並手足肝肺分掛四壁，益駭怖，不敢復開目，漸亦昏睡。

西湖老人繁勝録：十三軍大教場、教奕軍教場、後軍教場、南倉内前、杈子裏貢院前、佑聖觀前寬闊所在，撲賞並路歧人在内作場，行七聖法，切人頭下，賣符，少間依元接上。

四水潛夫武林舊事卷六諸色伎藝人：七聖法：杜七聖。

羅貫中三遂平妖傳第十一回彈子和尚攝善王錢　杜七聖法術剁孩兒：元來這個人在京有名，叫做杜七聖。那杜七聖拱着手道：「我是東京人氏，這裏是諸路軍州官員客旅往來去處，有認得杜七聖的，有不認得杜七聖的，不識也聞名。年年上朝東嶽，與人賭賽，只是奮頭籌。有人問道：杜七聖！你會甚本事？我道：兩輪日月，一合乾坤。天之上，地之下，除了我師父，不曾撞見個對手與我鬥這家法術！」回頭叫聲：「壽壽我兒，你出來！」看那小廝脱剥了上截衣服，玉碾也似白肉。那夥人喝聲采道：「好個孩兒！」杜七聖道：「我在東京上上下下，有幾個一年也有曾見的，也有不曾見的。我這家法術，是祖師留下，焰火熾油，熱鍋煆碗，喚做續頭法。把我孩兒卧在凳上，用刀割下頭來，把這布袱來蓋了，依先接上這孩兒的頭。衆位看官在此，先交我賣了這一伯道符，然後施逞自家法術。我這符只要賣五個銅錢一道！」打起鑼兒來，那看的人時刻間挨擠不開，約有二三佰人。

**〔一九〕歇帳**

〔文案〕周貽白中國戲曲發展史綱要釋「歇帳」爲青幕，可做連續表演間歇中轉之處。「其所謂『歇』，或亦劇終之謂。」余憶及日本歌舞伎忠臣藏，啓幕之時，所有人物均如木偶低首閉目，待「木偶」靈魂附體，個個順次昂頭變爲活人。此戲一開場，演員又似木偶垂頭沉默，宛如雕塑。此景與「歇帳」樣式相仿，「歇帳」意味一表演單元結束，一劇重始。聯繫十一幕連臺本戲忠臣藏，每幕可獨立，歇後復始，從而變換演出手法，似脱胎於「歇帳」也。

〔二〇〕**半臂**

馬縞中華古今注卷中半臂：尚書右僕射馬周上疏云：士庶服章有所未通者，臣請中單上加半臂，以爲得禮。其武官等諸服長衫，亦請之判餘，以别文武。詔從之。

佚名東南紀聞卷三：今之衣半臂者，或者謂非古之禮服也。魏明帝嘗着帽被縹綾半袖，楊阜問曰：「此於禮何法服也？」帝默然不答，自是不法服不見阜。光武紀：更始諸將服婦人衣，諸於繡䮠，字書無䮠字，續漢書作裾，並甚勿切。三輔吏士莫不笑之。或有畏而走者。注前書音義云：諸於，大掖衣也，如婦人之袿衣。揚雄方言：襜褕，其短者，自關而西謂裗裾。郭璞注云：「俗名裗掖。」據此則諸於上加繡裾，如今之半臂也。

劉孝孫事原半臂：實録曰隋大業中，内官多服半除，即今之長袖也。唐高祖減其袖，謂之半臂。

周祈名義考卷十一物部半臂背子：古者有半臂背子。事物紀原：隋大業中，内官多服半臂，除即長袖也。又曰秦二世詔衫子上朝服加背子，其制袖短於衫，身與衫齊而大袖。按方言，襜褕，其短者，自關之西謂之裗裾，郭璞云：俗名裾掖。一曰襤褸，即是諸於上加繡裾，如今半臂。漢書音義云：諸於，大掖衣也，此可見大掖衣外加半臂，在手臂之間，如今搭護相似，脱去半臂即大掖衣，故曰除即長袖也。又衫子外加背子，在脊背之間，如今披風相似，所謂其制袖短於衫，身與衫齊而大袖也。

**〔三〕抹蹌**

〔文案〕張協狀元第一齣「水調歌頭」「何吝搽灰抹土」，第二齣「燭影摇紅」「一個若抹土搽灰」。宦門子弟錯立身第五齣「六幺序」「管甚麼抹土搽灰」，第十二齣「調笑令」「偏宜抹土搽灰」。錢南揚釋灰指白色，滿臉白粉，稱搽；更加幾條黑線，稱抹；蹌則爲動舞貌。書益稷孔傳、陸德明釋文、揚雄法言問明均以鳥獸蹌蹌釋之。若陳彭年鉅宋廣韻卷第二陽第十所釋：蹌，説文曰動也。詩曰巧趨蹌兮。驗之三朝北盟會編炎興下帙三十五記邵青破周虎於蕪湖，青令其部附墨而行，遇戰，又用墨「搶於眼下，如伶人雜劇之戲者」。此所謂「搶」乃於眼部塗抹，使其表情飛揚。若廖奔宋元戲曲文物與民俗所言：温縣墓左第四人副浄色面部可見：一條墨蹟直貫右眼眉上下，右頰處一團墨迹，眼圈亦以墨染黑。滎陽石刻右側浄扮女子，亦刻兩線直貫雙眼上下，此類形象或可使墨點破其面，或可使其凶煞可笑。如夢粱録卷三宰執親王南班百官入内上壽賜宴，記蹴毬人争勝負，「勝賜銀碗並綵緞，負擊麻鞭又抹蹌」。總之，「蹌」爲動也，以塗抹求其貌呈騰舞之象也。

〔二〕變陣子

王應麟玉海卷一百四十三兵制陣法咸平崇政殿教三陣：咸平六年十一月己亥，御崇政殿，閲捧日軍，教三陣，一曰「連珠必勝」，二曰「應機摧敵」，三曰「應捷五虎節」，以金鼓戎容甚整，事訖。復命强弓勁弩及門槊，以角勝技，其趫勇者，第遷之，仍賜緡錢卮酒。

沈作賓施宿嘉泰會稽志卷第一教場：所謂陣法者，其别有六。一曰方陣，四鼓舉白旗則爲之。二曰圜陣，五鼓舉黄旗則爲之。三曰曲陣，一鼓舉黑旗則爲之。四曰直陣，三鼓舉青旗則爲之。五曰鋭陣，一鼓舉赤旗則爲之。六曰五陣，互變視大將黄旗周麾則爲之。此教閲之大略也。

施耐庵羅貫中水滸傳第八十七回宋公明大戰幽州 呼延灼力擒番將：兀顔小將軍再入陣中，下馬，上將臺，將號旗招展，左右盤旋，變成個陣勢，四邊都無門路，内藏八八六十四隊兵馬。朱武再上雲梯看了，對吴用説道：「此乃是武侯八陣圖，藏了首尾，人皆不曉。」便着人請宋公明到陣中，上將臺看這陣法：「休欺負他遼兵，這等陣圖皆得傳授。此四陣皆從一派傳流下來，並無走移。先是太乙三才，生出河洛四象，四象生出迴圈八卦，八卦生出八八六十四卦，已變爲八陣圖。此是迴圈無比，絶高的陣法。」

〔三〕一字陣

〔文案〕徐扶明元代雜劇藝術謂柳毅傳書錢塘君與涇河小龍作戰，亦有「水卒一字兒擺開者」。後世京劇蘆花蕩，張飛云：「將陣勢與我一字兒擺開。」此時，兵士（龍套）中單數往左翻，雙數往右翻，在後歸成「後正一字」形，顯示力量，準備交戰。明傳奇雙珠記第三十三齣剿虜同功：軍士們傳令下去，把人馬紮住，一字兒擺定，勿得擅動，待他來時，然後交鋒。「一字陣」確爲準備交戰所列陣式。

〔二四〕扳落

〔文案〕元氣英布四折：正末扮探子執旗「打搶背」上，即急急忙忙趕來報告戰情，收脚不住，猛跌一跤，跳身而起，以背着地。類如後世戲劇武功斛斗之類，爲急遽跌撲之動作。

〔二五〕棒杖

蘇軾問答録的對：坡見戲場有以棒呈戲者云：棒長八尺，隨身四尺，離身四尺。

楊萬里誠齋詩話四一：東坡嘗宴客，俳優者作伎萬方，坡終不笑。一優突出，用棒痛打作伎者曰：「内翰不笑，汝猶稱良優乎？」

沈作喆寓簡：僞齊劉豫既僭位，大宴群臣，教坊進雜劇。有處士問星翁曰：「自古帝王之興，必有受命之符。今新主有天下，抑有嘉祥美瑞，以應之乎？」星翁曰：「固有之，新主即位之前一日，有一星聚東井，真所謂符命也。」處士以杖擊之曰：「五星非一也，乃云聚耳；一星又何聚焉？」

〔文案〕據沈括夢溪筆談卷二故事可知，杖乃行刑之具。棒則亦爲刑罰之具，如宋金雜劇雕磚砌末之棒槌也。合而言之，棒杖爲戲劇表演中擊打以逗笑之具也，其狀如眼藥酸圖諢角所持者。

## 〔二六〕丁都賽

丁都賽雕磚摹圖

劉念茲宋雜劇丁都賽雕磚考：一、丁都賽雕磚，長二十八厘米、寬八厘米、厚三厘米，四周邊緣尚存斧鑿刀削痕迹，磚面上繡裹結，斑剥古樸，色呈青灰，磚質堅實，係一種特爲燒製以供雕刻的土磚，燒成磚形之後，經表面磨光，才由雕工精雕細琢而成。此磚傳世多年，但從磚質形狀、刻工式樣來看，顯無僞托之可能，確爲宋代文物。磚上平面浮雕人物全身圖像，右上角浮雕正楷書寫「丁都賽」三字，作長方印章式樣。人像體態綽約多姿，服飾衣褶清晰，面部細線勾勒，眼眉點染傳神，顯係出自名師畫樣精雕巧刻而成，從繪畫與雕刻的藝術水平來説，亦堪稱精品。

二、丁都賽是北宋末年的雜劇藝術活動的後起之秀，比薛子大、薛子小和楊總惜的年齡要小的青年演員。丁都賽的藝術活動最盛之時，當在政和至宣和之間。

三、宋雜劇藝人丁都賽頭戴渾裹，上插花枝的打扮，乃有其民族習俗相沿的根據。遼史記載契丹民族之習俗，與此相類似。此其一義也。其二，宋時又有帽上簪花的禮儀。

丁都賽雕磚上關於丁都賽穿着的服飾，是内着抹領，外罩緊袖窄衫，開叉及腰，繫帶，緊褲及襪，足穿靴子。這種奇特的裝扮，乃是宋代雜劇藝人所穿的一種「時裝」。

從服裝樣式上來看，丁都賽是穿着當時流行的婦女時裝，上身漢式，下身契丹式的「鈞墩服」，腰繫巾帕，背插團扇，似有耳環，當是個雜劇女演員的裝束。

四、丁都賽雕磚的存在，説明了宋雜劇具備了中國戲曲藝術的基本特徵，即藝術形象的定型化。並爲後世戲曲藝術表演動作的程式化和化裝藝術的臉譜化打下了基礎。

〔二七〕**磨旗**

〔文案〕顧學頡、王學奇元曲釋詞釋磨旗謂揮動旗幟，爲表某種號令，如趙與褎辛巳泣蘄録「稱有急脚於東門磨旗爲號」是也。又如水滸傳第十二回「將臺上把一面引軍紅旗磨動」。磨旗或作麾旗，若前引會稽志注「變陣子」所謂：「視大將黄旗周麾旗則爲之。」

〔二八〕**數騎追逐射之**

吴師道吴禮部集卷五李龍眠飛騎習射圖：龍眠手帖云：「元豐初，點簡南宫，試卷畢，乃預集英殿門，應奉殿試，因得至衛士班，見飛騎習射抱毬楊枝戲，時乘輿將幸寶津。今追圖大概云。」東都全盛稱元豐，天子慷慨思奇功。搜兵閲馬振百度，坐欲折垂笞羌戎。羽林衛士天下選，内廄汗血皆飛龍。射毬穿柳雖戲劇，移置行陣寧非雄。從臣絶藝龍眠翁，曾侯唤仗明光宫。斫鬃飛碮親眼見，十年落筆逾精工。

柳貫柳待制文集卷三題趙敬叔所藏龍眠飛騎習射圖：元豐盛際臻重熙，駕幸寶津方戎期。材官騎射選精鋭，人偉馬駿由天姿。雕弓引發赤羽箭，絳綃繫在青楊枝。班中歡言斫鬃射，好手莫是六州兒。拖裘飛碮最鮮中，十中三四才稱奇。人如明星馬如電，日色眩轉交龍旗。

吴萊淵潁集卷二題李伯時寶津騎士校馬射圖：東都天子幸寶津，左右實騎多近臣。少年據鞍即齊足，青柳絳綃不遺鏃。

王琚射經馬射總法：勢如追風，目如流電，滿開弓，緊放箭，目勿瞬視，身物踞坐，不失其馳，舍矢如破。

〔三九〕**拖繡毬**

宋濂宋文憲公全集卷二十二題李伯時飛騎習射圖：濂屢見李伯時飛騎習射圖，其描寫位置如一，所畫錦袍乘馬者四人，前一人楗而馳，反首左顧，右手拽繡毬於馬後，箭中毬上。次一人彎弧斫鬃，作放箭勢，手猶高舉未下。樓大防詩所謂「前騎長纓拖繡毬，後騎射中如星流」者是也。次一人左執耳，右持三矢，其馬如飛，似欲追射毬者。最後植青楊枝於平沙，繫以絳綃，一人躍馬向前，斜睨而射之，章良能詩所謂「紅綃低繫柳枝碧，滿滿關弓斫鬃射」是也。蓋伯時應奉廷試時所見衛士班中飛騎習射、拖毬楊枝之戲，故追圖若此。

樓鑰攻媿集卷一題龍眠畫騎射抱毬戲：緑楊幾枝插平沙，柔梢嫋嫋隨風斜。紅綃去地不及尺，錦袍壯士斫鬃射。横磨箭鋒滿分靶，一箭正截紅綃下。前騎長纓抱繡毬，後騎射中如星流。繡毬飛碾最難射，十中三四稱爲優。元豐策士集英殿，金門應奉人方倦。日長因過衛士班，飛騎如雲人馬健。駕幸寶津知有日，窮景馳驅欣縱觀。

楊萬里誠齋集卷三十題汪季路所藏李伯時飛騎斫鬃射楊枝及繡毬圖：虎失馳射殿西偏，一箭穿毬不再彎。飛騎新圖天上本，龍眠偷得到人間。

〔三〇〕**鐙裏藏身**

施耐庵羅貫中水滸傳第十三回急先鋒東郭争功 青面獸北京鬥武：楊志聽得背後弓弦響，霍地一閃，去鐙裏藏身，那枝箭早射個空。周謹見一箭射不着，却早慌了。再去壺中急取第二枝箭來，搭上弓弦，覷的楊志較親，望後心再射一箭。楊志聽得第二枝箭來，却不去鐙裏藏身。

施耐庵羅貫中水滸傳第六十四回呼延灼夜月賺吴勝 宋公明雪天擒索超：花榮見一箭不中，再取第二枝箭，看的較近，望宣贊胸膛上射來，宣贊鐙裏藏身，又躲過了。

〔三一〕**豹子馬**

〔文案〕宋史太祖一記太祖追惡馬而騰上，一無所傷。類同於「豹子馬」，又據雜技史料：二十世紀五十年代山東聊城雜技會演時，山東一老藝人曾表演「豹子馬」：乃縱快馬於前疾馳，馬之鬃毛、尾巴迎風展平，老騎者則健步飛奔，追上快馬，用手握住馬尾飛身而上，動作勇猛敏捷，不亞於徒手縛豹也。

〔二〕**老兵**

邢居實拊掌録：東坡在玉堂，一日，讀杜牧之阿房宫賦，凡數遍，每讀徹一遍，即再三咨嗟歎息，至夜分猶不寐。有二老兵皆陝人，給事左右，坐久，甚苦之。一人長歎，操西音曰：「知他有甚好處，夜久寒甚不肯睡，連作冤苦聲。」某一曰：「也有兩句好。」西人皆作吼音其人大怒曰：「你又理會得甚底？」對曰：「我愛他道：『天下人不敢言而敢怒。』」叔黨卧而聞之，明日以告。東坡大笑曰：「這漢子也有鑒識。」

孫宗鑑東皋雜録：貢父爲中書舍人，一日朝會，幙次與三衙相鄰時，諸帥兩人出軍伍，有一水晶茶盂，傳翫良久。一帥曰：「不知何物所成？瑩潔如此。」貢父隔幙謂之：「諸公豈不識此？乃多年老兵耳。」

〔三〕**女童**

周煇清波雜志卷八宣和騎射：政和五年四月，燕輔臣於宣和殿。先御崇政殿，閲子弟五百餘人馳射，挽强精鋭，畢事賜坐，出宫人列於殿下，鳴鼓擊柝，躍馬飛射，剪柳枝，射繡毬，擊丸，據鞍開神臂弓，妙絶無倫。衛士皆有愧色。上曰：「雖非婦事，然女子能之，則天下豈無可教！」臣京等進曰：「士能挽强，女能騎射。安不忘危，天下幸甚！」見從遊宣和殿記。

## 〔三四〕頭巾

孔平仲談苑卷之一：太祖朝都知押班，皆以供奉官爲之，内中祇應，裹頭巾衣褐衫而已。

米芾畫史唐畫五代、國朝附：唐人軟裹，蓋禮樂闕則士習賤服，以不違俗爲美。余初惑之，當俟君子留意。耆舊言，士子國初皆頂鹿皮冠，弁遺制也，更無頭巾，掠子必帶篦，所以裹帽則必用篦子約髮，客至即言容梳裹，乃專皮冠，梳髮角，加後以入幞頭巾子中，篦約髮乃出，客去復如是。其後方有絲絹作掠子，掠起髮頂帽，出入不敢使尊者見。既歸，於門皆取下掠子，篦約髮後訖乃敢入，恐尊者令免帽，見之爲大不謹也。又其後方見用紫羅爲無頂頭巾，謂之額子，猶不敢習庶人頭巾，其後舉人始以紫紗羅爲長頂頭巾，垂至背，以別庶人黔首。今則士人皆戴庶人花頂頭巾，稍作幅巾、逍遥巾，額子則爲不敬。

## 〔三五〕馬上亦有呈驍藝者

彭時彭文憲公筆記卷上：五月五日，賜文武官走驃騎於後苑，其制一人騎馬執旗引於前，二人馳馬繼出，呈藝於馬上，或上或下，或左或右，騰躑蹻捷，人馬相得。如此者數百騎，後乃爲胡服臂鷹走犬圍獵狀，終場，俗名曰「走解」於介切而不知所自始，豈金元遺俗歟。

俞樾茶香室續鈔卷二十一走解：按今於馬上鬻技者，有跑馬賣解之名，猶其遺俗也。

沈濤瑟榭叢談卷下：馬上賣解之徒，明時謂之走解，見彭時筆記。朝野僉載即有所謂一手捉鞍橋，雙足直上捺蜻蜓者。彭以爲金元遺俗，非是。西河詩話載，淮妓賣解，有舜子投井、秦王立碑、道旁拾芥、鐙裏藏身諸名。

〔文案〕明清馬技，頗具宋風，皇帝校閱，女輩走解，均爲寶津樓馬騎之流變。若劉侗、于奕正帝京景物略卷之五高粱橋記之最詳：「馬之解，人馬並而馳，方馳，忽躍而上，立焉，倒卓焉，鬣懸，躍而左右焉，擲鞭忽下，拾而登焉，鐙而腹藏焉，鞦而尾贅焉，觀者岌岌，愁將落而踐也。」以此觀前述立馬、跳馬、獻鞍、拖馬、飛仙膊馬、趕馬等，皆可印證。

〔三六〕**如男子儀**

王楙野客叢書卷第二十三古者拜禮：古者男女皆跪，男跪尚左手，女跪尚右手，以此爲别。

周煇清波雜志卷第二婦女夾拜：男子施敬於婦女，男一拜，婦答兩拜，名曰「夾拜」，古禮也，今則不然。古之男女皆跪，詩曰：「長跪問故夫。」或問婦跪如何，嘗聞海上之國，僧尼婦人皆作男子拜，拜尚不以爲異，則跪宜有之。

趙與旹賓退録卷八：禮：婦人與丈夫爲禮則俠拜。俠者，夾。謂男子一拜，婦人兩拜，夾男子拜。

宋代瓷枕上的馬戲圖案

今婦人之拜不跪，則異於古所謂俠拜。江浙衣冠之家，尚通行之，閭巷則否。江鄰幾嘉祐雜志載司馬温公之語，乃謂陝府村野婦人皆夾拜，城郭則不然。南北之俗不同如此。

羅大經詩話一五六：朱文公云：「古者男子拜，兩膝齊屈，如今之道拜。」杜子春注周禮奇拜，以爲先屈一膝，如今之雅拜，即今拜也。古者婦女以肅拜爲正，謂兩膝齊跪。手至地而頭不下也，拜手亦然。南北朝有樂府詩説婦人曰：「伸腰再拜跪，問客今安否。」伸腰亦是頭不下也。周宣帝令命婦相見，皆跪如男子之儀。不知婦人膝不跪地，而變爲而今之拜者，起於何時。程泰之以爲始於武后，不知是否。余觀王建宮詞云：「射生宮女盡紅粧，請得新弓各自張。臨上馬時齊賜酒，男兒跪拜謝君王。」則唐時婦女拜不跪可證矣。

〔三七〕**花裝男子**

徽宗宣和御製宮詞卷第三：女兒粧束效男兒，峭窄羅衫稱玉肌。盡是真珠勻絡縫，唐巾簇帶萬花枝。

〔三八〕**各跨雕鞍花䩯驢子**

李攸宋朝事實儀注三：又有步擊及跨驢騾擊者，時令供奉分朋戲於御前以爲樂，後以打毬驢騾務名不經，改爲擊鞠院，軍中之戲也。

脱脱宋史卷二百五十二列傳第十一郭從義：從義善擊毬，嘗侍太祖於便殿，命擊之。從義易衣跨驢，馳驟殿庭，周施擊拂，曲盡其妙。既罷，上賜坐，謂之曰：「卿技固精矣，然非將相所爲。」從義大慚。

司馬光温公續詩話一三：韓退處士，絳州人，放誕不拘，浪迹秦晉間，以詩自名。嘗跨一白驢，自有詩云：「山人跨雪精，上便不論程。嗅地打不動，笑天休始行。」爲人所稱。

宋話本夔關姚卞弔諸葛：李承局道：「此間若從水路搭川船上去，路途急切難得到，不若買匹驢兒，拴束一副鞍轡。」姚秀才攏鞍上驢背，李承局挑着行李，往劍閣路上來。姚秀才一程程青山聳翠，緑水拖藍，又值暮春，夾路野花，穿林啼鳥，天氣不暖不寒，甚是清人詩興。正是：路上有花並有酒，一程分作兩程行。行了數日，前至一關，關前一個臺鎮，姚秀才下驢背，與李承局道：「連日行路驅馳，不如早歇，來朝登程。」李承局挑着行李入店，尋問乾淨房歇定。安排晚飯，塞驢牽入後槽，小二哥就備草料，不在話下。

吕希哲詩話一七：魏野之門人潘閬欲往京師，其師止之，不聽。既至，而後悔之。作詩曰：「不信先生語，剛來帝里遊。清宵無好夢，白日有閒愁。」真宗聞之不悦。他日自華山東來，倒騎驢以行，曰：「我愛看華山，其實不喜去京也。」故當時有「潘閬倒騎驢」之語。

程頤家世舊事：族父文簡公應舉來京師，館於廳旁書室，唯乘一驢，更無餘資，至則賣驢得錢數千，伯祖殿直輕財好義，待族人甚厚，日責文簡公具酒肴，欲觀其器度，文簡公訴曰：「驢兒已吃至尾矣。」

鄭景壁蒙齋筆談：楊朴、魏野皆咸平、景德間隱士，朴居鄭州，野居陜，皆號能詩，朴性癖，常騎驢往來鄭圃。

宋祁僦驢賦并序：予見京都俚人，多僦驢自給。驢之爲物，體幺而足駛。雖窮閻隘路，無不容焉。當其捷徑疾驅，雖堅車良馬或不能逮。斯亦物之一能，顧致遠必敗耳。聊爲賦云：

伊驢之爲畜兮，本野人之所服。乏魁然之遠志，常蹍卑以蹈局。皂靡靳於層庌，秣不煩乎豐粟。匪任重以取材，姑邀時而競逐。其資易給，其習易宜。鞲小取適，纓華弗施。彼僦者之希直，投人乏以獻奇。候其蒭飲之節，刦以鞭箠之威。捨大道之平蕩，抵邪徑之窮巇。紛如鳥散，馳若風馳。顧蕞軀之云陋，謂高足之莫追。歷委巷而矜伎，免宵人以奮姿。苟跬步之速至，趣要津以爲期。昧縣力之將竭，不數年而後衰。睨華驥與大車，皆鏘鑾而肅軫。挾善馭以爲範，按中逵而徐進。伊良士之攬轡，實志遐而遺近。彼汲汲於所求，謂不悟而效敏。忘百里之必蹶，尚長鳴以取售。昔漢靈之作駕，貽史氏之深譏。由稟生之幺麼，非駿靮之常儀。況夫錐刀課得，晷刻争機。諒隘途之坎窞，方見閔於顛隮。

〔三九〕**小打**

〔文案〕宋元間於地步行擊毬者，稱之爲「小打」，張可久觀九副使小打可證。

〔四〇〕**擊毬子過門**

曹勛北狩見聞録：徽廟看打毬，自二太子以下皆入毬場。徽廟與肅皇后在廳上看打毬罷，行酒。少頃，侍中劉彦宗具傳太子之意，跪奏云：「聞上皇聖賢甚高，欲覓一打毬詩。」其請頗恭。徽廟云：

「自破城以來，無復好懷。」遂作一詩，寫付彦宗曰：「錦袍駿馬曉棚分，一點星馳百騎奔。奪得頭籌須正過，無令綽撥入邪門。」綽撥邪門皆打毬家語。

〔四二〕入孟

吴處厚青箱雜記卷三：韓魏公應舉時，夢打毬一棒孟入，時魏公年僅弱冠，一上登科，則一棒孟入之應也。

朱勝非秀水閒居録：元祐末，哲宗方擇后。京師里巷作打毬戲，以一擊入窠者爲勝，謂之「孟入」。於是孟女在應選。至紹聖間，禁掖造纈，有匠姓孟，獻樣，兩大蝴蝶相對，掩以纈帶，曰「孟家蟬」。民間競服之。未幾后廢。議者以爲蟬者禪也，出家之兆也。建炎三年后復垂簾。孟入者，兩復入也。蟬者禪也，兩御簾帷之應也。

張唐英蜀檮杌卷三：蜀人擊拂，以初入爲孟入。又王氏宫殿皆題匠人孟德名姓。及知祥至，人以爲先兆。時魏王尚駐於府舍，知祥乃館於徐延璚之第，延璚即衍之舅，衍嘗幸其第，悦其華麗，於壁上書「孟」字以戲之，蓋蜀中以「孟」爲不佳故也。

秦再思洛中記異録孟入：同光乙酉歲王師平蜀，莊宗詔太原節度使孟知祥入川鎮成都。先是蜀人打毬，或一棒便入湖子者爲猛入，音訛爲孟入，得蔭一籌。其後孟盡得兩蜀之地，乃僭大號。洎子昶降，乃知蔭一籌者果一子也。

〔文案〕孔憲易東京夢華録譯注糾誤指出一九八三年版京都譯注本「入孟」之「孟」所釋有誤，然一九九九年第三版京都譯注本仍持舊注。余同孔解，故特再注以證。

## 駕幸射殿射弓

駕詣射殿射弓〔一〕，垛子前列招箭班〔二〕二十餘人，皆長脚幞頭，紫繡抹額〔三〕，紫寬衫，黄義襴〔四〕，雁翅排立，御箭〔五〕去則齊聲招舞，合而復開，箭中的矣。又一人口銜一銀盌，兩肩兩手共五隻，箭來皆能承之。射畢，駕歸宴殿。

〔注〕

〔一〕射弓

江少虞宋朝事實類苑卷第二祖宗聖訓：「至道初，

事林廣記射弓圖

李繼遷遣其大校張浦入貢。上御便殿，召衛士數百輩，習射御前，所挽弓皆一石五斗以上。先是，賜繼遷一弓，皆一石六斗，繼遷但以朝廷威示戎虜，謂非人力所能挽，至是，衛士皆引滿平射，有餘力。

沈括夢溪筆談卷十九器用：熙寧中，李定獻偏架弩似弓，而施幹鐙，以鐙距地而張之，射三百步，能洞重紮，謂之「神臂弓」，最爲利器。

强至韓忠獻公遺事：太原士風習射，故民間有弓箭社，某在太原時不禁亦不驅，故人情自得，亦可寓武備於其間。後宋相繼政，頗著心處之，下令籍爲部伍，仍須用角弓，太原人素貧，只用木弓，自此有賣牛置弓者，人始騷然矣，此蓋出於有勝心也。

洪邁容齋三筆卷十六神臂弓：神臂弓出於弩遺法，古未有也。熙寧元年，民李弘治獻之入内，副都知張若水方受旨料簡弓弩取以進，其法以檿大爲身，檀爲弰，鐵爲蹬子槍頭，銅爲馬面牙發，麻繩紮絲爲弦，弓之身三尺有二寸，弦長二尺有五寸，箭木羽長數寸，射二百四十餘步，入榆木半笴。神宗閲試，甚善之，於是行用，而他弓矢弗能及。紹興五年，韓世忠又侈其制，更名「克敵弓」，以與金虜戰，大獲勝捷，十二年詞科試日，主司出克敵弓銘爲題云。

宋話本鄭節使立功神臂弓：鄭信走到轅門投軍，獻上神臂弓。种相公大喜，分付工人如法製造數千張，遂補鄭信爲帳前管軍指揮。後來收番累立戰功，都虧羈「神臂弓」之力。

馬永卿嬾真子卷三：藝祖既平江南，詔以兵器盡納揚州，不得支動，號曰「禁庫」。方臘作亂，童貫出征，許於涿州選練兵仗。既開禁庫，兩方將士，望見所貯弓挺直，大喜曰：「此良弓也。」因出試之，宛然如新。是日，弓數千張立盡。噫，自開寶之乙亥至宣和之辛丑，一百四十七年，而膠漆不脱，可謂異矣。女直犯闕，東南起勤王之師，僕時爲江都丞，帥臣翁彦國令揚州作院造神臂弓，限一月成，皆不可用。當時識者以爲國初之弓，限一年成。而今成於旬日之間，宜乎美惡之相絶也。僕考考工記，然後知弓非一年不可用也。弓人爲弓，取六材必以其時，凡爲弓，冬折簳，春液角，夏治筋，秋合三材，寒奠體，冰折灂，春被弦，則一年之事。鄭氏注云：期年乃可用。且三代之時，百工傳氏，孫襲祖業，子受父訓，故其利害如此詳盡。我藝祖奮起於五代之後，而製作之妙，遠合三代，不亦聖謨之宏遠乎。

徐夢莘三朝北盟會編卷第四政宣上帙四起宣和元年三月十八日甲子，盡宣和三年正月：翌早，阿骨打設一虎皮，坐雪上，授僕弓矢各一，其弓以皮爲弦，指一雪磧，使某射之，再中其端，阿骨打笑曰：「射得煞好，南朝射者盡若是乎？」僕答以措大弓箭軟弱不堪，如在京，則有子弟所，長入祗。

**〔三〕招箭班**

劉攽彭城集殿前東西班弓箭手劉密可三班借職制：敕某以挽强射逐，勇力出衆，試之集教，亦能無過。宜可（原缺）使以責來效。

［文案］據宋史兵志一、續資治通鑑長編卷一一九：招箭班爲殿前諸班之一，隸殿前司。北宋景祐三年八月十三日隸屬東西班，爲皇宫之近衛。

〔三〕抹額

［文案］抹額，乃將顔色各異布帛，剪成條狀繫於額間，以作標誌。若俞琰席上腐談所言：「以綃縛其頭，即今之抹額也。」宋話本中常見，西山一窟鬼神將「黄羅抹額，錦帶纏腰」，西湖三塔記神將「紅抹額肖金蚩虎」是也。紫繡抹額乃使紅紫等色紗絹裹於額頭者。

〔四〕黄義襴

王得臣麈史卷上禮儀：衣冠之制，上下混一。嘗聞杜歧公欲令人吏、技術等官少爲差別；後韓康公又議改制，如人吏公袍俾加襈，俗所謂「黄義襴」者是也，幞頭合戴牛耳者。

〔五〕御箭

曹組點絳唇詠御射：秋勁風高，暗知鬥力添弓面。靶分筠幹，月到天心滿。　白羽流星，飛上黄金碗。胡沙雁，雲邊驚散，壓盡天山箭。

四水潛夫武林舊事卷第二燕射：上服頭巾窄衣，束帶絲鞵，臨軒。内侍御帶進弓箭，看箭人喝「看御箭」。教坊樂作，射垛。前排立招箭班應喏。皇帝第一箭射中，皇太子已下各再拜稱賀，進御酒，並宣勸訖。皇太子及臣僚射弓，第四箭射中。上再射第五箭，又中的，傳旨不賀。舍人先引皇太子當殿賜窄衣，金束帶；次引射中，臣僚受賜如前。

# 池苑内縱人關撲遊戲

池苑内，除酒家、藝人占外，多以綵幕繳絡，鋪設珍玉、奇玩、匹帛、動使、茶酒器物關撲。有以一笏撲三十笏者。以至車馬、地宅、歌姬、舞女，皆約以價而撲之。出九和合〔一〕，有名者任大頭、快活三〔二〕之類，餘亦不數。池苑所進奉魚、藕、果實，宣賜有差。後苑作進小龍船〔三〕，雕牙縷翠，極盡精巧。隨駕藝人，池上作場者，宣政間〔四〕，張藝多、渾身眼、宋壽香、尹士安小樂器，李外寧水傀儡，其餘莫知其數。池上飲食：水飯、凉水菉豆、螺螄〔五〕、肉饒梅花酒〔六〕、查片、杏片、梅子、香藥、脆梅〔七〕、旋切魚膾〔八〕、青魚〔九〕、鹽鴨卵〔一〇〕、雜和辣菜〔一一〕之類。池上水教罷，貴家以雙纜黑漆平船，紫帷帳，設列家樂〔一二〕遊池。宣政間，亦有假賃大小船子，許士庶遊賞，其價有差。

〔注〕

〔一〕**出九和合**

唐律疏議雜律十四博戲賭財物：「停止主人」，謂停止博戲賭物者主人，「及出玖」之人，亦舉玖爲例，不限取利多少。若和合人令戲者，不得財，杖一百。

〔文案〕京都譯注本據能改齋漫録卷七、唐律疏議卷二六、重詳定刑統卷二六謂「出九和合」爲提供賭具，聚衆賭博，係關撲術語。姜注本亦作同注。

〔二〕**快活三**

張知甫可書：鄧知剛任待制，守軍器監，形貌魁偉，每以横金銜衆，未嘗衣衫。京師諺曰：「不着凉衫，好個金棱快活三。」蓋一時目肥人爲快活三也。

羅大經詩話五五：魏鶴山天寳遺事詩云：「紅錦繃盛河北賊，紫金盞酌壽王妃。弄成晚歲郎當曲，正是三郎快活時。」俗所謂「快活三郎」者，即明皇也。

四水潛夫武林舊事卷第二舞隊：大小全棚傀儡：快活三郎，快活三娘。

王明清投轄録劉快活：劉快活者，名信，本兵也。滕章敏知池州，因捕逃卒，得於九華山。自言有公據放停，章敏取視之，乃周顯德間所給，章敏驚異之，已而叩之，果有道者，虚堂以舍焉。時章敏坐妖言被譴，不敢久留。又以屬之曾文肅，文肅館於家者凡十餘年，每酣飲，必大呼連唱「快活」二字，故人以此目焉。

王揆六快活詩：湖外風物奇，長沙信難續。衡峰排古青，湘水湛寒緑。舟楫通大江，車輪會平陸。昔賢官是邦，仁澤流豐沃。今賢官是邦，刳唊人脂肉。懷昔甘棠化，傷今猛虎毒。然此一邦内，所樂人才六。漕與二憲僚，守連兩通屬。高堂日成會，深夜繼以燭。幃幕皆綺紈，器皿盡金玉。歌喉若珠累，舞腰如素束。千態與萬狀，六官歡不足。因成快活詩，薦之堯舜目。

陶穀清異録卷下酒漿快活湯：當塗一種酒麴，皆發散藥，見風即消，既不久醉，又無腹滯之患，人號曰「快活湯」。士大夫呼「君子觴」。

宋話本單符郎全州佳偶：司户心中已知其爲春娘了，且不説破，只安慰道：「汝今日鮮衣美食，花朝月夕，勾你受用。官府都另眼看覷，誰人輕賤你？況宗族遠離，夫家存亡未卜，隨級快活，亦足了一生矣。何乃自生悲泣耶？」

徐夢莘三朝北盟會編卷第三十一靖康中帙六起靖康元年正月二十四日庚寅，盡其日：先是黼既相，再賜大第於城西，開便門與師成宅對街以相來往。及燕山告功，黼益得意，乃妄托事，言家之屏風生玉芝，上爲臨幸，觀黼之堂閤，張設寶玩石山，侔擬宫禁，喟然歎曰：「此不快活邪！」

無名氏道山清話：紹聖改元九月，禁中爲宣仁作小祥道場。宣隆報長老升座，上設御幄於旁，以聽其僧祝曰：「伏願皇帝陛下，愛國如身，視民如子，每念太皇之保佑，常如先帝之憂勤，庶尹百僚謹守漢家之法度，四方萬民永爲趙氏之封疆。」既而有僧問話云：「太皇今居何處？」答云：「身居佛法龍天上，心在兒孫社稷中。」當時傳播，人莫不稱歎。於戲，太皇之聖，中外稱爲女堯舜，方其垂簾，每有號令，天下人謂之「快活條貫」。

無名氏劉豫事迹：金國行臺尚書省，散出文榜：買賣不許關閉。以鐵騎數千圍宫門，仍遣小番揚言：「齊王虐民，故廢之。自今不僉汝爲軍，不取五釐免行錢，爲汝敲殺貌事人，教你百姓快活，你舊主人少帝官家在此。」民心於是稍安。

宋人編撰五代漢史平話卷上：天福六年，晉王怕安重榮跋扈，宣授劉知遠爲北京留守。那時知遠的孩兒承義，年至十二歲，因出外走馬，被軍卒戲笑曰：「竇贊跨馬趯毬快活，怎知恁的娘娘在那孟石村，日夕在河頭擔水，多少苦辛麽？」

吕本中東萊吕紫微師友雜志：田元邈當辭必辭，當去必去，未嘗遲疑。趙才仲以爲元邈去就之際，最快活人。

福申俚俗集卷四十七俗言考不快活快活：五代史，桑維翰曰：「居宰相，如着新鞋襪，外面好看，其中不快活。」又，劉昫、李愚罷百官相賀曰：「自此我曹快活。」北齊書，和士開勸武成帝曰：「一日快活勝千年。」則快活二字，六朝已有之矣。

翟顥通俗編卷七：五代史劉昫傳：「諸吏聞昫罷相，皆歡呼曰：自此我曹快活矣。」翰林志梅詢見老卒卧日，歎曰「暢哉」。徐問：「識字乎？」曰：「不識。」梅曰：「更快活也。」白居易詩：「快活不知如我者，人間能有幾多人。」杜荀鶴詩：「田翁真快活，姻嫁不離村。」則快活二字，唐人已經入詩。

〔三〕**小龍船**

金盈之新編醉翁談録卷之三京城風俗三月：上巳，上開金明池、金水河、瓊林苑。三事見教坊記詳載。

是日開金明池，細民作小兒戲弄之具，而衒賣者甚衆，而龍船爲最多，大率仿御座龍船，及競渡龍虎頭船，其巨細工拙不一制也。

〔文案〕卷七三月一日開金明池瓊林苑、駕幸臨水殿觀争標錫宴亦有小龍船，爲争標遊戲者，而非此玩具小龍船者。

〔四〕宣政間

馬純陶朱新録：内侍吴子雲言：宣政間，禁中有木犀一株，雕欄漆檻，封殖甚謹。有中官典領之，每有花落，輒收取之進呈，雖一枝一葉，莫有敢攀折者。

沈作喆寓簡卷七：幼時故老爲予言，汴京宣政間極隆盛時，公卿輿服華焕，騎從傳呼，甚寵觀聽，莫不歆豔也。有富人居通衢，第宅園池，花竹幽深。其人不願爲官，後房聲色侈麗，自奉養至厚。

胡仔苕溪漁隱叢話後集卷第三十六本朝雜記下：苕溪漁隱曰：「宣政間，京師置四輔郡，拱州東輔也。先君時爲宗學官，從兄孝著遊學拱輔，因有書來，先君寄之以詩曰：『東輔書初至，西宫夜正寒。感時嗟阻闊，喜汝報平安。學耨知兼力，辭淳發巨瀾。三冬文史足，軒翥未應難。』」

陳巖肖庚溪詩話卷下：宣政間，修西京洛陽大内，掘地得一碑，隸書小詞一闋，名後庭宴，其詞曰：「千里故鄉，十年華屋，亂魂飛過屏山簇。眼重眉褪不勝春，菱花知我銷香玉。　雙雙燕子歸來，應解笑人幽獨。斷歌零舞，遺恨清江曲。萬樹緑低迷，一庭紅撲簌。」余見此碑墨本於李丙仲南家，仲南云得之張魏公侄椿處也。

康與之昨夢録：宣政間，楊可誠、可弼、可輔兄弟讀書精通易數，明風角、雲祲、鳥占、孤虚之術，於兵書尤邃。三人皆名將也。

張浚中興備覽第一議宣政人才：臣嘗謂宣政之間，内外用事之臣，固有得罪干天下者，或專事應奉，或興造土木，或留意花石，或搜求翫好，此類甚多，天下之人憤怨久矣。今若復用之於内，彼雖循理自成，天下猶疑之，疑之則謗生，謗生則禍起，曷若禄之於外，以養身乎。惟陛下圖之。其在當時而能奉法守公者，此固宇崇而激勵之也。

潘永因宋稗類鈔卷之八搜遺：宣政間，凡危亡亂守，皆禁不得用。

〔文案〕京都譯注本亦注「宣政間」，謂政和與宣和省略並稱時，有年序逆數之稱式，亦有前數順稱之式，若朱子語類所稱「政宣」，此兩種稱法於南宋文獻並用並見。又，政和（一一一一—一一一八）、重和（一一一八—一一一九）、宣和（一一一九—一一二五）爲宋徽宗在位最後十餘年，南宋人回憶北宋最後繁華，往往以近溯遠，多稱爲宣政，而稱政宣者爲少。

〔五〕**螺螄**

洪邁夷堅支丁卷第三虞一殺螺：奉化海上漁人虞一，以取研螺爲生。每得時，率用生絲線作圈套其上，候吐肉出，則盡力繫縛之，急一拔，了無餘蘊。張四海螄：臨安薦橋門外太平橋北細民張四者，世以鬻海螄爲業。每浙東舟到，必買而置於家，計逐日所售，入鹽烹炒。杭人嗜食之。積戕物命百千萬億矣。

仁勇等楊歧方會和尚語録勘辨：師在慈明會裏，一日提螺螄一籃繞院云賣螺螄，令衆下語，皆不契。有一老宿揭簾見，以目顧視師，放身便卧，師放籃子便行。

羅濬寶慶四明志卷四郡志四：螺多種。掩白而香者曰香螺，有刺曰刺螺，味辛曰辣螺，有曰拳螺、劍螺，又有丁螺、班螺，又有生深海中可爲酒杯者曰鸚鵡螺。郭璞江賦曰：鸚螺蜁蝸。注云：異物志曰：鸚鵡螺狀如覆杯，頭如鳥頭，向其腹視如鸚鵡，故以名也。舊説曰旋螺、小螺也，一種曰海螄。

談鑰嘉泰吳興志八食用故事螺：今添本草一有田螺，生水面及湖濱，大如桃李，今有之。又有細者曰螺螄，田時皆有之。又有白而圓者，名海螺，黑而鋭者名海螄，種於田澤，春月取賣。

梁同書直語補證螺螄羹飯：猥鄙之食也。俗以人瑣屑覓取財物，曰「尋螺螄羹飯吃」。按癸辛雜識：番陽馬相國廷鸞家素貧，少年應南宮試，止草履襆被。一日道間餒甚，就村居買螺螄羹，泡蒲囊中冷飯食之，即此四字所本。

〔文案〕今螺螄以魚肉泥爲基托，用猪肉絲手工纏繞如螺紋，以香菇作螺蓋，形神兼備，經油滑炒而成。

**〔六〕肉饒梅花酒**

吳自牧夢粱録卷十六茶肆：暑天添雪泡梅花酒，或縮脾飲暑藥之恤。向紹興年間，賣梅花酒之肆，以鼓樂吹梅花引曲破賣之，用銀盂杓盞子，亦如酒肆論一角二角。

〔文案〕梅花酒爲暑日清凉飲料之一種，詳見四水潛夫武林舊事卷第六凉水。肉饒則商家爲多賣肉而白送梅花酒。

〔七〕**脆梅**

韓奕易牙遺意卷下果實類糖脆梅：官成梅一斤。此梅肉多核小圓者佳。飛鹽一兩，白礬半兩，量水調匀，下缸，浸梅子没至背，五六日後梅黄，量數漉出，以水淋鹽礬去氣味盡。每個切去核，再下白水浸一宿，令味淡。若嘗得味酸，再换水浸至淡。滚湯焯過，瀝乾。滚糖漿，候温，浸一宿漉出。再將糖漿滚熱，焯過，瀝乾，待梅並糖漿温並浸梅在糖漿内。如漿濃，則可久留，温則梅不皺。煮須如此，再漉再浸，三五次則佳矣。

〔文案〕范成大梅譜記消梅「其實圓小松脆」，即脆梅也。若川沙廳志，述青草園雪梅因其脆，至地則粉碎矣。唐段公路北户録卷三記紅梅，取棹汁漬之甚甘脆，亦脆梅爲飲饌佳品久長之例也。

〔八〕**旋切魚膾**

談鑰嘉泰吴興志卷十八食用故事鱠：吴興記云：唐昭德操刀運砧，翼從風隨，紅綜素縷，紛紛霏霏。好事者嘲之曰：「鱠若值吴，縷細花鋪；若非遇吴，費醋及葫。」江東呼蒜曰葫，蘇東坡曰：吴興庖人斫松江鱸鱠，亦足以一笑。鄉土以鱠爲盛饌，每遇上客，新姻慶賀，燕集必設此，盤飣羅列，更無别味，鱠匠十數爲曹，淩晨立魚肆，視所買多寡而往裁紅縷白，鋪成花草鸞鳳或詩句詞章，殊得其妙，造虀亦甚得法，所謂「金虀玉鱠」。又有「骨淡羹」，每斫鱠悉以骨熬羹，味極淡薄，自有真味。食鱠已，各一杯。本草謂：凡物腦能消肉，正以食之，必多用此羹也。長興所造尤薄，僅如蟬翼，他處所不及。

〔九〕青魚

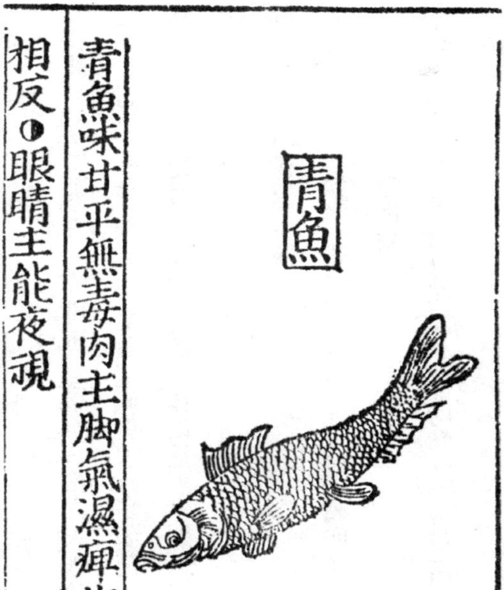


重修政和經史證類備用本草青魚圖

盧多遜、李昉開寶本草蟲魚部卷十六青魚：味甘平，無毒。肉，主脚氣濕痹，作鮓，與服石人相反。

眼睛，主能夜視。頭中枕，蒸取乾，代琥珀用之，磨服，主心腹痛。膽，主目暗，滴汁目中，並塗惡瘡。生於江湖之間。

葉紹翁四朝聞見録乙集秦夫人淮青魚：憲聖召檜夫人入禁中賜宴，進淮青魚。憲聖顧問夫人：「曾食此否？」夫人對以：「食此已久。又魚視此更大且多，容臣妾翌日供進。」夫人歸，亟以語檜，檜恚之曰：「夫人不曉事。」翌日，遂易糟鯶魚大者數十枚以進。憲聖笑曰：「我便道是無許多青魚，夫人誤耳。」

〔一〇〕**鹽鴨卵**

顔湣楚俗書證誤訛習諸字：鹽今塩。

趙希鵠調燮類編卷二葷饌：雞鴨卵不可多食，俗謂鵝卵能補，大不然，宜少食。

鴨卵不可合蒜及李子、鼈肉食。

鴨蛋以硇砂畫花及寫字候乾，以頭髮灰汁澆之，則黄直透内。做灰鹽鴨子，月半日做，則黄居中，不然則偏，一云日中做。

沈括夢溪筆談卷二十一異事：予昔年在海州，曾夜煮鹽鴨卵，其間一卵爛然通明，如玉熒熒然，屋中盡明。置之器中，十餘日，臭腐幾盡，愈明不已。

陶宗儀南村輟耕録卷七鹹杬子：今人以米湯和入鹽草灰以團鴨卵，謂曰「鹹杬子」。按齊民要術，用杬木皮淹漬，故名之。若作圓字寫，則誤矣。

〔二〕辣菜

丁宜曾農圃便覽九月辣菜：用芥根切細條，曬乾。用滚水一淘即取出，酌量加鹽略揉，再加椒茴末、熟青豆、芝麻，少入香油拌匀，貯罐内。又將蘿蔔切細條，少鹽揉汁澆入，即以蘿蔔絲填罐口，蓋以蘿蔔片，碗封口，三日可用。或切粗條煮熟，閉之罐中，上蓋蘿蔔片，三日後可用。蘸以醋油。

〔三〕家樂

丁特起靖康紀聞：二十五日，大雪，氣候風寒仿佛類城陷時，金人索内夫人、優倡及童貫、蔡京、梁師成、王用家聲樂，雖已出宫，已從良者，亦要之。

## 駕回儀衛

駕回則御裹小帽，簪花〔一〕乘馬，前後從駕臣寮，百司儀衛，悉賜花。大觀初㊀，乘驄馬至太和宫前，忽宣㊁小烏，其馬至御前，拒而不進，左右㊂曰：「此願封官。」勑賜龍驤將軍㊃〔二〕，然後㊄就轡。蓋小烏平日御愛之馬也。莫非錦繡盈都，花光滿目，御香拂路，廣樂喧空，寶騎交馳，綵棚夾路，綺羅珠翠，户户神仙，畫閣紅樓，家家洞府，遊人士庶，車馬萬數。妓女舊日多乘驢〔三〕，宣政間惟乘馬，披凉衫，將蓋頭背繫冠子上。少年狎客，往往隨後，亦跨馬，輕衫小帽，有三五文身惡少年〔四〕控馬，謂之「花褪馬」〔五〕。用短縕促馬頭，刺地而行，謂之「鞅韁」。呵喝馳驟，競逞駿逸。遊人往往以竹竿挑掛終日關撲所得之物而歸。仍有貴家士女，小轎插花〔六〕，不垂簾幙。自三月一日，至四月八日閉池，雖風雨亦有遊人，略無虛日矣。

是月季春〔七〕，萬花爛漫，牡丹、芍藥〔八〕、棣棠〔九〕、木香〔一〇〕，種種上市。賣花者〔一一〕以馬頭竹籃鋪排，歌叫之聲〔一二〕，清奇可聽，晴簾静院，曉幙高樓，宿酒未醒，好夢初覺，聞之莫不新愁易感，幽恨懸生，最一時之佳況。諸軍出郊〔一三〕，合教陣隊。

〔校〕

㊀百歲寓翁楓窗小牘卷上「大觀初」後有「徽廟嘗」三字。

㊁百歲寓翁楓窗小牘卷上「忽宣」後有「平日所愛」四字。

㊂百歲寓翁楓窗小牘卷上「左右」後有「鞭之，益鳴跳，不如調訓時，圉人進」十三字。

㊃百歲寓翁楓窗小牘卷上「勑賜龍驤將軍」前有「上曰：猴子且官供奉，況使小烏白身邪」十五字。

㊄百歲寓翁楓窗小牘卷上「然後」後有「帖然」二字。

## 〔注〕

〔一〕簪花

馬永卿元城語録解卷中：一日，上於别殿賞牡丹，妃嬪畢集，貴妃最後至，乃以前日珍珠爲首飾，以誇同輩，欲至上前，上望見，以袖掩面曰：「滿頭白紛紛的，都没些忌諱。」貴妃慚赧起，易之，乃大悦，使人各簪牡丹一枝，自是禁中更不戴珍珠。價大減。

王鞏聞見近録：太祖一日幸後苑，觀牡丹，召宫嬪，將置酒，得幸者以疾辭，再召，復不至。上乃親折一枝過其舍，而簪於髻上。上還輒取花擲於地上，顧之曰：「我艱勤得天下，乃欲以一婦人敗之耶？」即引佩刀，截其腕而去。

吴曾能改齋漫録卷十三記事御親賜帶花：真宗東封，命樞密使陳公堯叟爲東京留守，馬公知節爲大内都巡檢使。駕未行，宣入後苑亭中賜宴，出宫人爲侍。真宗與二公，皆戴牡丹而行。續有旨，令陳盡去所戴者。召近御座，真宗親取頭上一朶爲陳簪之，陳跪受，拜舞謝。宴罷，二公出。風吹陳花一葉墮地，陳急呼從者拾來，此乃官家所賜，不可棄。置懷袖中。馬乃戲陳云：「今日之宴，本爲大内都巡檢使。」陳云：「若爲大内都巡檢使，則上何不親爲太尉戴花也？」二公各大笑。寇萊公爲參政，侍宴，上賜異花。上曰：「寇準年少，正是戴花吃酒時。」衆皆榮之。

周城宋東京考卷之七官治：盛事美談：後曲宴宜春殿，出牡丹百餘盤，千葉者十餘朵，所賜止親王宰臣。真宗顧文元及文僖，各賜一朵。又嘗侍宴，賜禁中名花。故事，惟親王宰臣，即中使爲插花，餘皆自戴。上忽顧公，令内侍爲戴花。觀者榮之。

〔二〕**勑賜龍驤將軍**

張知甫可書：宣和天駟中有一馬名烏護蘭，艱於銜勒，徽宗每乘以幸金明池，賜名「龍驤將軍」。

〔三〕**妓女舊日多乘驢**

江鄰幾醴泉筆録上：又説婦人不服寬袴與襜，製旋裙必前後開胯，以便乘驢，其風始於都下妓女。

〔四〕**惡少年**

吴淑江淮異人録洪州書生：成幼文爲洪州録事參軍，所居臨通衢而有牕。一日坐牕下，時雨霽泥濘而微有路，見一小兒賣鞋，狀甚貧窶。有一惡少年與兒相遇，絓鞋墜泥中，小兒哭求其價。少年叱之不與，兒曰：「吾家旦未有食，待賣鞋營食，而悉爲所污。」有書生過，憫之，爲償其值。少年怒曰：「兒就我求錢，汝何預焉？」因辱駡之。生甚有愠色。

鄭克折獄龜鑑卷七迹盜桑懌得衣：桑懌崇班，嘗居汝、潁間。諸縣多盜，自請補耆長，往來察奸匪，因召里中惡少年戒之曰：「盜不可爲，吾不汝容也。」有頃，里老父子死未斂，盜夜脱其衣去，父不敢告官。懌疑少年王生者爲之，夜入其室，得其衣，而王生未之知也。明日，見而問之曰：「爾許我不爲盜，今盜里老父子屍，非爾耶？」少年色動，即推仆地，縛之，詰共盜者姓名，盡送縣，皆按以法。

王楙燕翼詒謀録卷二：世有惡少無賴之人，肆兇不逞，小則賭博，大則屠牛馬，銷銅錢，公行不忌。其輸錢無以償，則爲穿窬，若黨類頗多，則爲劫盜縱火，行奸殺人，不防其微，必爲大患。淳化二年閏二月己丑，詔：「相聚蒲博，開櫃坊屠牛馬驢狗以食，私銷銅錢爲器用，並令開封府嚴戒坊市捕之，犯者定行處斬，引匿不以聞與同罪。」所以塞禍亂之源，驅斯民納之善也。其後刑名寖輕，而法不足以懲奸，犯之者衆。

李燾續資治通鑑長編卷十二太祖開寶四年：開封府捕獲京城諸坊無賴惡少，及亡命軍人爲盜並嘗停止三百六十七人。詔以其尤惡二十一人棄市，餘決杖配流。

洪邁夷堅丁志卷第十秦楚材：秦楚材梓，政和間自建康貢入京師，宿汴河上客邸。既寢，聞外人喧呼甚厲，盡鎖諸房，起穴壁窺之。壯夫十數輩皆錦衣花帽，拜跪於神像前，稱秦姓名，投盃珓以請。前設大鑊，煎膏油正沸。秦悸慄不知所爲，屢告其僕李福，欲爲自盡計。夜將四鼓，壯夫者連禱不獲，遂覆油於地而去。明旦，主人啓門謝秦曰：「秀才前程未可量，不然吾輩當悉坐獄。」乃爲言：「京畿惡少子數十成群，或三年或五年輒捕人漬諸油中，烹以祭鬼。」

洪邁夷堅志再補對簿哦詩：張任國，福州人，自太學謁告，館於無錫馮氏家。時省試下第，道出平江，入市樓買酒，就呼一妓佐樽。偶與惡少年數人鄰席，顧一秀才獨坐，奪妓同飲。張有膂力，不勝憤，起毆之，爲厢卒録送府，詣曹供對。

洪邁夷堅志補卷第十四郭倫觀燈：京師人郭倫，元夕攜家觀燈，歸差晚，過委巷，值惡少年十輩，行歌而前，聯袂喧笑，睢盱窺伺，將遮侮之。

洪邁夷堅支癸卷第九吴六競渡：慶元三年四月，鄱陽小民循故例競渡於鄱江，率皆亡賴惡子。又無衣裝結束，唯袒裼布褌。終日鳴金，喧噪不止。又有持酒賞犒，或以六七撥棹者，往往酣醉，才東西值遇，各叫呼相高。稍近，則抛石互擊。甚者至射弩放彈，雖遭傷疾，亦不告官。

洪邁夷堅甲志卷第十六二兔索命：予婦叔張宗正，家方城之麥陂，性好弋獵。其父祖塋側，長林巨麓，禽獸成聚，日與其徒從事，罘網彌山，號曰「漫天網」。一網所獲，亡慮數百計，不暇拾取。唯惡少年數輩，馳逐其上壓死之，各分挈以去，雖風雪不止也。

〔五〕**花腿馬**

莊綽雞肋編卷下：車駕渡江，韓、劉諸軍皆征戍在外，獨張俊一軍常從行在。擇卒之少壯長大者，自臀而下文刺至足，謂之「花腿」。京師舊日浮浪輩以此爲誇，今既效之，又不使之逃於他軍，用爲驗也。然既苦楚，又有費用，人皆怨之。加之營第宅房廊，作酒肆名太平樓，搬運花石，皆役軍兵。衆卒謡曰：「張家寨裹没來由，使他花腿擡石頭。二聖猶自救不得，行在蓋起太平樓。」

〔文案〕京都譯注本謂「裉」爲「腿」之誤字，確。

〔六〕**小轎插花**

宋話本花燈轎蓮女成佛記：這張待詔有一般做花的相識，都來與女兒添房，大家做些異樣羅帛花朵，插在轎上左右前後：「也見得我花裏行肆！」不在話下。至當日，李押録使人將轎子來，衆相識把異樣花朵，插得轎子滿紅。——因此，至今留傳「花燈轎兒」。今人家做親皆因此起。

〔七〕**季春**

張虙月令解卷三季春之月：季春者，斗建辰之辰也。漢志云：振美於辰則辰振也。夏正爲三月。

四水潛夫武林舊事卷第十張約齋賞心樂事：三月季春：生朝家宴　曲水修禊　花院觀月季　花院觀桃柳　寒食祭先掃松　清明踏青郊行　蒼寒堂西賞緋碧桃　滿霜亭北觀棣棠　碧宇觀筍　鬥春堂賞牡丹芍藥　芳草亭觀草　宜雨亭賞千葉海棠　花苑蹴鞦韆　宜雨亭北觀黄薔薇　花院賞紫牡丹　豔香館觀林檎花　現樂堂觀大花　花院嘗煮酒　瀛巒勝處賞山茶　經寮鬥新茶　群仙繪幅樓下賞芍藥

〔八〕**芍藥**

夏竦奉直園雙頭芍藥：奉帝名園麗，翻階淑豔鮮。一叢芳蔼綻，四朵絳跗聯。朱李應雙結，蘭紅忽並燃。異瓜緗蒂合，嘉木翠枝駢。映葉交霞袂，迎風疊綺錢。流祥在圖素，千載冠嘉蓮。

宇文懋昭大金國志卷之一太祖武元皇帝上：是年，生紅芍藥花，北方以爲瑞。女真多白芍藥花，皆野生，絶無紅者。好事之家采其芽爲菜，以面煎之，凡待賓、齋素則用之。其味脆美，可以久留。金人珍甚，不肯妄設，遇大賓至，縷切數絲寘楪中，以爲異品。

曹勳花心動芍藥：密幄陰陰，正嘉花嘉木，盡成新翠。蕙圃過雨，牡丹初歇，怎見淺深相倚。好稱花王侍。秀層臺、重樓明麗。九重曉，狂香浩態，暖風輕細。堪想詩人贈意。嘉芳豔卿雲，嫩苞金蕊。要看秀色，收拾韶華，自做殿春天氣。與持青梅酒，趁凝竚、晚妝相對。且頻醉，芳菲向闌可惜。

重修政和經史證類備用本草澤州芍藥圖

王觀揚州芍藥譜：雜花根窠多不能致遠，惟芍藥及時取根，盡取本土，貯以竹席之器，雖數千里之遠，一人可負數百本而不勞。至於他州，則壅以沙糞。雖不及維揚之盛，而顔色亦非他州所有者比也。亦有逾年即變而不成者，此亦係夫土地之宜不宜，而人力之至不至也。花品舊傳龍興寺山子、羅漢、觀音、彌陀之四院，冠於此州。其後民間稍稍厚賂以丐其本，壅培治事，遂過於龍興之四院。今則有朱氏之園最爲冠絶，南北二圃所種，幾於五六萬株，意其自古種花之盛，未之有也。朱氏當其花之盛開，飾亭宇以待來遊者，逾月不絶，而朱氏未嘗厭也。揚之人與西洛不異，無貴賤皆喜戴花，故開明橋之間，方春之月，拂旦有花市焉。州宅舊有芍藥廳，在都廳之後，聚一州絶品於其中，不下龍興、朱氏之盛。往歲州將召移，新守未至，監護不密，悉爲人盜去，易以凡品，自是芍藥廳徒有其名爾。今芍藥有三十四品，舊譜只取三十一種，如緋單葉、白單葉、紅單葉不入名品之内，其花皆六出，維揚之人甚賤之。余自熙寧八年季冬守官江都，所見與夫所聞，莫不詳熟。又得八品焉，非平日三十一品之比，皆世之所難得，今悉列于左，舊譜三十一品，分上中下七等，此前人所定，今更不易。

莊綽雞肋編卷下：宗人趙舜輔希元，自負詩文，每以東坡爲標準，居處齋室皆取其言以爲名。嘗種芍藥於亭下，以蘇詩有「亭下殿餘春」之句，遂榜曰殿春亭，作横牌書之。

洪邁夷堅三志己卷第八胡園荔枝殼：吳人胡百能，爲李平叔言，其族居姑蘇有名園，當春時，縱人遊賞。至三月將暮，芍藥盛開，天氣清和，士女群集。

黄朝英靖康緗素雜記卷六芍藥：先儒説詩溱洧，刺亂也。其詩卒章言「贈之以芍藥」，以爲男淫女，蓋芍藥破血，令人無子。「贈之以芍藥」者，所以爲男淫女也。又東門之枌，疾亂也。其詩卒章言「貽我握椒」，以爲女淫男，蓋椒氣下達，用以養陽，「貽我握椒」者，所以爲女淫男也。其説雖近於鄙俚，然頗得詩人之深意，故志之。

蘇軾格物粗談卷上種植：牡丹、芍藥、梔子，並刮去皮，火燒，以鹽擦，插花瓶中加水養之。

沈作喆寓簡卷第十：予官維揚，春暮縱觀芍藥，真一時勝賞，蕃釐祠殿之側有老圃，業花數世矣。一日，以花來獻，予售以斗酒，因問之曰：「人知賞花耳，吾欲知芍藥之根所以赤白，有異種耶？」曰：「非也。花過之後，每旦遲明而起，斸土取根，洗濯而後暴之，時也。遇天晴，日色猛烈，抵暮中邊皆燥斷，而視之雪如也。儻偶陰雲，表裏滋潤，信宿然後幹，色正赤，無疑矣。蓋得至陽之氣，則色白而善補，醫家用之以生血而止痛，其受陽氣不全者，則色赤而善瀉，功用不侔，自然之理也。醫家未有能知此者。」又云：「洗花如洗竹，非用水也，芟取病根，螻螘蚯蚓薦食之餘耳。」其言甚有理。又云：「吾自高曾世傳種花，但栽培及時，無他奇巧，蓋以不傷其性，自得天真，故根撥耐久。近世厭常而返古，專尚奇麗，吾爲衣食所迫，不能免俗。乃用工力智巧，翦剔移徙，雜以肥沃藥物注灌，花始變而趣時態，十有七八異於常品矣。然不能久遠，經數歲輒瘦悴，縱未朽腐而花盡力矣。蓋先世之所能者，天也；吾之所能者，人也。人竟能勝天者耶？故吾視花有慚色也。」此言又似知道者。

〔九〕棣棠

范成大菊譜棣棠第十：棣棠出西京，開以九月末。深黄雙紋多葉，自中至外，長短相次，如千葉棣棠狀。凡黄菊類多小花。如都勝御愛，雖稍大，而色皆淺黄。其最大者，若大金鈴菊，則又單葉淺薄，無甚佳處。唯此花深黄多葉，大於諸菊，而又枝葉甚青，一枝聚生至十餘朵，花葉相映，顔色鮮好，甚可愛也。

〔一〇〕木香

黄裳宴瓊林木香：紅紫趁春闌，獨萬簇瓊英，尤未開罷。問誰共、緑幄宴群真，皓雪肌膚相亞。華堂路，小橋邊，向晴陰一架。爲香清、把作寒梅看，喜風來偏惹。莫笑因緣，見景跨春空，榮稱亭榭。助巧笑、曉妝如畫，有花鈿堪借。新醅泛、寒冰幾點，拚今日、醉尤飛斝。翠羅幃中，臣蟾光碎，何須待還舍。

朱弁曲洧舊聞卷三：木香有二種，俗説檀心香者號酴醾。不知何所據也？京師初無此花，始禁中有數架，花時，民間或得之相贈遺，號「禁花」，今則盛矣。

朱暉絶倒録養脾丸：李生者，居餘杭門外，善貨殖，日賣養脾丸於市。嘗揭巨榜於前曰：「不使丁香、木香合，則天誅地滅。」家畜二婢，以事炮製。李一夜飲醉而溺死於河，其家勿知也，但怪連日勿歸，遣親信四方尋求，略無蹤迹。洎官驗視，或有報其家者，亟前詣之，已腐敗，僅能辨認，欲求免洗滌，已不及矣。遂槁葬於叢塚間，立木牌於壙云：「發藥李郎中之墓。」或有題於牌後曰：「賣藥李郎中，昂藏辨不窮。一朝天賜報，溺死運河東。」未幾，家計蕭然，其妻遣去二婢，尋去所居，攜二子以事人。或有問於妻曰：「爾夫修合不苟，天當佑之，何反報之酷耶？」他日後夫醉之以酒，叩之，妻云：「問所遣去二婢，先夫專委之修合，一名木香，一名丁香，其實不用二藥也，故受斯報云。」

蘇頌本草圖經草部上品之上卷第四木香：木香，生永昌山谷，今惟廣州舶上有來者，他無所出。陶隱居云：即青木香也。根窠大類茄子，葉似羊蹄而長大，花如菊，實草黑。亦有葉如山芋，而開紫花者。不拘時月，采根芽爲藥。以其形如枯骨者良。江淮間亦有此種，名土青木香，不堪入藥用。僞蜀王昶苑中亦嘗種之，云苗高三四尺，葉長八九寸，皺軟而有毛，開黄花，恐亦是土木香種也。

陳敬陳氏香譜卷一香品木香：本草云：一名密香，從外國舶上來，葉似薯蕷而根大，花紫色，功效極多，味辛温，無毒，主辟瘟疫，療氣劣氣不足，消毒殺蟲毒。今以如雞骨堅實，齧之粘牙者爲上。又有馬兜鈴根，名曰「青木香」，非此之謂也。或云有二種，亦恐非耳，一謂之雲南根。

〔二二〕**賣花者**

蔣捷昭君怨賣花人：擔子挑春雖小。白白紅紅都好。賣過巷東家，巷西家。簾外一聲聲叫。簾裏鴉鬟入報。問道買梅花，買桃花。

宋話本花燈轎蓮女成佛記：這女娘子的父親，姓張字之善，母王氏。夫妻二人，無一男半女。原是襄陽人氏，家傳做花爲生，流寓在湖南潭州，開個花鋪。

街坊有個人家，姓李，在潭州府裏做提控，人都稱他做押録。却有個兒子，且是聰明俊俏，人都叫他做李小官人。見這蓮女在門前賣花，每日看在眼裏，心雖動，只没理會處。年方一十八歲，未曾婚娶，每日只在蓮女門前走來走去。有時與他買花，買花不論價，一買一成。

〔二〕**歌叫之聲**

燕南芝庵唱論：大凡聲音，各應於律吕，分於六宫十一調，共計十七宫調。仙吕調唱，清新綿邈。南吕宫唱，感歎傷悲。中吕宫唱，高下閃賺。黄鍾宫唱，富貴纏綿。正宫唱，惆悵雄壯。道宫唱，飄逸清幽。大石唱，風流醖籍。小石唱，旖旎嫵媚。高平唱，條物滉漾。般涉唱，拾掇坑塹。歇指唱，急併虚歇。商角唱，悲傷宛轉。雙調唱，健捷激裊。商調唱，悽愴怨慕。角調唱，嗚咽悠揚。宫調唱，典雅沈重。越調唱，陶寫冷笑。

魏良輔曲律一：曲須要唱出各樣曲名理趣，宋元人自有體式。如：玉芙蓉、玉交枝、玉山供、不是路，要馳驟。針線箱、黄鶯兒、江頭金桂，要規矩。二郎神、集賢賓、月雲高、金奴嬌序、刷子序，要抑揚。撲燈蛾、紅繡鞋、麻婆子，雖疾而無腔，然而板眼自在，妙在下得勻淨。

〔三〕**出郊**

鄭樵爾雅注卷中釋地第九五方：邑外謂之郊，郊外謂之牧，牧外謂之野，野外謂之林，林外謂之坰。

〔文案〕出郊於東京已成迎迓遊覽之勝事。若梅堯臣和司馬學士上辛祀事出郊寄馮學士、柳永木蘭花慢其二「驟雕鞍紺幰出郊坰」，等等。

# 幽蘭居士東京夢華録卷之八

## 四月八日

四月八日〔一〕，佛生日〔二〕。十大禪院㈠〔三〕，各有浴佛齋會，煎香藥糖水相遺，名曰「浴佛水」。迤邐時光晝永，氣序清和。榴花院落，時聞求友之鶯；細柳亭軒，乍見引雛之燕。在京七十二户諸正店，初賣煮酒，市井一新。唯州南清風樓，最宜夏飲，初嘗青杏，乍薦櫻桃，時得佳賓，觥酧交作。是月茄瓠初出上市，東華門争先供進，一對可直三五十千者。時菓則御桃〔四〕、李子、金杏〔五〕、林檎之類。

［校］

㈠「十大禪院」前，陳元靚歲時廣記卷二十設齋會有「京師」二字。

## 〔注〕

〔一〕**四月八日**

史浩南浦四月八日：天氣正清和，慶西乾、釋迦如來出世。毓質向金盆，祥雲布、層霄九龍噴水。東傳震旦，正令此日人人記。露盤百卉擁金容，香湯争來拂洗。誰知這個因緣，化衆生令求，塵埃脱離。一點本昭昭，當須向、兹時便知瞥地。何須費手，自然作個惺惺底。若猶未晤，且管令師僧，八丈十二。

梁克家淳熙三山志卷第四十土俗類四月八：慶佛生日。是日，州民所在與僧寺共爲慶讚道場。蔡密學襄爲州日，有四月八日西湖觀民放生詩，此風蓋久矣。元豐五年住東禪僧沖真始合爲慶讚大會，於城東報國寺齋僧尼等，至一萬餘人，探鬮分施衣巾扇藥之屬。

崇岳、了悟密庵和尚語録：四月八日上堂，今朝乃是黄面老子，朌誕令辰，諸方濃煎香湯，謂之浴佛。徑山有條攀條大家淈循佛佛，或時出或時没，從來不守舊窠窟，既不守舊窠窟，且作麽生浴？下座佛殿裏燒香。

〔二〕**佛生日**

陳元靚歲時廣記卷二十佛日：國朝孤山沙門釋智圓注四十二章經云：隨翻經學士費長房，以瑞應及普曜本行等經，校讎魯史，定知佛以姬周第十六主莊王十年，即春秋魯莊公七年四月八日生也。按龍宮海藏諸經，及景德傳燈録、吴虎臣、佛運統紀皆言：我佛世尊，以周昭王二十四年四月八日降生，未知孰是。然姬周之曆，以十一月爲正，言四月八日者，即今之二月八日也。故荆楚歲時記云二月八日釋氏下生，良有自也。近代以今之四月八日爲佛之生日者，始徇俗云耳。

宋話本白娘子永鎮雷峰塔：不覺光陰似箭，又是四月初八日，釋迦佛生辰。只見街市上人擡着柏亭浴佛，家家佈施。許宣對王主人道：「此間與杭州一般。」只見鄰舍邊一個小的，叫做鐵頭，道：「小乙官人，今日承天寺裏做佛會，你去看一看。」

〔三〕十大禪院

成尋參天台五臺山記第四（延久四年十月）：漸漸向東行，經數里，次到福聖禪院，先入奥，著僧室，傍造巖掘，諸僧人坐吃茶，次入食坐。侍中、三藏、成尋三人同坐食當寺主人私房了，饗膳盡善窮美，皇帝敕賜齋也。去座時，侍中問飽否，少僧答飽滿，侍中感。次大佛殿禮丈六金銅釋迦像，形貌優美也。脇仕二菩薩、十大弟子、四天王，皆以甚妙也，太宗文皇帝建立也。内天井皆寶殿也，莊嚴不可記盡。次禮東堂泗州大師像，中坐四面有一切經，莊嚴不可思議。次南禮彌勒堂丈六像，次西方禮經藏，中心寶殿有銀泥一切經，先見成實論，寶殿轉輪合見之。四面廚子上有四重小閣，四面壁邊有墨字一切經二部，上皆造四重寶。一間有三小閣，不可記盡。次禮盧舍那堂，四面有三千金銀佛像，長一尺，座光皆金銀也。太宗文皇帝建立。次羅漢殿，中有一間小殿，内納舍利，本造三百一十尺塔納舍利，爲天火被燒，今造寢殿宿置也。前有等身釋迦、東彌勒、西泗州大師立像，着衫裙袈裟，後人所供養也。西别坐羅漢，十六羅漢、五百羅漢三尺像也。次登閣上五丈許，見西京，内懸大絹天蓋幡，無佛像，七間五重大閣也，次出院，向開寶寺。

蘇頌蘇魏公文集附録一魏公譚訓卷第十雜事：祖父初拜尚書左丞，請於朝，以潤之因勝院爲墳寺，且乞以「因勝報親禪院」爲額。既得請，仍以舊住持人道澄主之。適黄山谷見訪，延之書院，語論甚款。仍俾作請疏，黄坐上立成，曰：「因勝得名舊矣，報親自天錫之。山月林扉，或改衆人之觀；粥魚齋鼓，豈異向時之聲。舊住長老澄公，透黄龍之三關，用林濟之一喝。獨以道爲伴侣，不隨世而陳新。瓶水爐香，終借松楸之潤；曉猿夜鶴，將從杖屨之遊。」今集中無此文，故見於是。

［文案］周寶珠宋代東京研究第十六章宗教信仰，據宋會要道釋計，冠以院者甚多：妙覺院、英惠院、南法齊院、龍華院、香積院、智度院、萬壽院、禪慧院、永寧院、廣濟院、浄福院、壽寧院、普濟院、東普濟院、惠聖院、惠濟院、積慶院、延禪院、靈芝院、惠安院、興教院、崇福院、受釐院、仁和院、崇因院、廣惠院、妙法院、惠民院、開聖院、浄慧院、旌孝院、崇國院、報國院、承天院。直呼禪院者有：寶相禪院、洪福禪院、奉先資福禪院、多慶禪院、崇真資聖禪院、永安禪院、普浄禪院、護國禪院。所謂十大禪院，應指汴京十大寺院，並非僅指名爲禪院者。按汴京大寺内往往有諸多禪院，如相國寺至熙寧間合併

時尚有八禪院。僅宋會要輯稿道釋一載汴京禪院就有數十所，因知此處所指，蓋汴京最著名之寺院。據高承事物紀原卷七，周顯德五年賜京城四大寺額，此即入宋後之天德、顯静（一名顯浄）、顯寧、顯聖寺。而同書所載汴京尚有相國寺、景德寺、太平興國寺、慈孝寺、開寶寺、崇夏寺等寺，與宋會要輯稿道釋一之二五所載相參，此處之十大禪院，應不出以上範圍。因宋人對此鮮有記載，不知以上所考確否。

〔四〕**御桃**

袁文甕牖閑評卷七：今之小金桃，名曰御桃。漢獻帝自洛還許，許州有小李，色黄，大如櫻桃，帝愛而植之，亦曰御桃。

〔五〕**金杏**

段成式酉陽雜俎木篇：濟南郡之東南有分流山，山上多杏，大如梨，黄如桔，土人謂之漢帝杏，亦曰金杏。

## 端午

端午節物㊀〔一〕：百索、艾花、銀樣鼓兒、花花巧畫扇、香糖果子〔二〕、糭子、白團、紫蘇、菖蒲〔三〕、木瓜，並皆茸切，以香藥相和，用梅紅匣子盛裹㈡。自五月一日及端午前一日㈢，賣桃、柳、葵花〔四〕、蒲葉、佛道艾〔五〕。次日，家家鋪陳於門首，與糉子、五色水團〔六〕、茶酒供養，又釘艾人於門上，士庶遞相宴賞。

［校］

㈠「端午節物」，陳元靚歲時廣記卷二十一備節物作「都人争造」。

㈡「盛裹」後，陳元靚歲時廣記卷二十一備節物有「謂之端午節物」六字。

㈢「前一日」後，陳元靚歲時廣記卷二十買桃艾有「城内外争買」五字。

［注］

〔一〕**節物**

龐元英文昌雜録卷第三：唐歲時節物，元日則有屠蘇酒、五辛盤、咬牙餳，人日則有煎餅，上元則有絲籠，二月二日則有迎富貴果子，三月三日則有鏤人，寒食則有假花雞毬、鏤雞子、子推蒸餅、餳粥，四月八日則有餻糜，五月五日則有百索、糉子，夏至則有結杏子，七月七日則有金針織女臺、乞巧果子，八月一日則有點炙杖子，九月九日則有茱萸、菊花酒餻，臘日則有口脂、面藥、澡豆，立春則有綵勝、雞燕、生菜。今歳時遺問略同，但餻糜、結杏子、點炙杖子今不行爾。

陳騤南宋館閣録卷六故實節物：本省元宵，每位蓮花燈五盞，毬燈三盞；重午，洪州扇二，草出扇二；歳除，桃符、門神各二副。

王君玉國老談苑卷第二：趙世長以宗正卿北使，時九月，既宴薦瓜。主客舉，謂世長曰：「此方氣候誠早，彼想未也。」世長對曰：「本朝來歳季夏，此味方盛。」故知其節物晩也。

無名氏豹隱紀談：吴門風俗，多重至節，謂曰「肥冬瘦年」，互送節物。寓官顔侍郎度有詩云：「至節家家講物儀，迎來送去費心機。脚錢□□渾閒事，元物登時却再歸。」

〔二〕**香糖果子**

〔文案〕香糖果子各時均有，然此處所指香糖果子則爲端午所專有之果子。陳元靚歳時廣記卷第二十一乾草頭可證：歳時雜記：都人以菖蒲、生薑、杏、梅、李、紫蘇皆切如絲，入鹽螺乾，謂之「百草頭」。或以糖蜜漬之，納梅皮中以爲釀梅，皆端午果子也。

〔三〕**菖蒲**

陳元靚歳時廣記卷二十一端五上菖華酒：歳時雜記：端五，以菖蒲或縷或屑泛酒。又坡詞注云：近世五月五日，以菖蒲漬酒而飲。左傳云：享有菖歜。注云：菖蒲也。古詞云：「旋酌菖蒲酒，靈氣滿芳樽。」章簡公端五帖子云：「菖華泛酒堯樽緑，菰葉縈繞楚椶香。」王沂公端五帖子云：「願上菖花酒，年年聖子心。」菖華，菖蒲别名也。

蘇軾格物粗談卷上花草：菖蒲喜水。

梁克家淳熙三山志第四十土俗類端午：飲昌蒲。李彤四序摠要云：五日婦禮上續壽菖蒲酒，以本草云：菖蒲可以延年。今州人是日飲之，名曰「飲續」。

黄庭堅宜州乙酉家乘：十日己酉，雨，不甚寒，得元明丙午柳城書，報周通叟作象州教授，要來蘇州爲鄒至虚乞正書兩紙。唐次公自柳州來，送菖蒲酒四器，是日午後雨止。

二十八日丙申，晴，發永州書。思立寨孫彦昇子漸崇，送石菖蒲一桶，小菜桶四枚。

許國楨御藥院方卷第十一治婦人諸疾門洗浴菖蒲湯：散風截癇　菖蒲三兩一寸九節者　防風　荆芥穗各二兩　石膏　梅根各一兩　右件擣羅爲粗末，每用五匙，頭水三碗，煎三五沸，適寒温浴兒，先洗頭面，次浴身體爲佳。

〔四〕**葵花**

蘇頌本草圖經菜部卷第十七冬葵子：花有五色，白者主痎瘧及邪熱，陰乾，末服之。午日取花，挼手亦去瘧。黄者主瘡癰，乾末水調塗之，立愈。小花者名錦葵，功用更强。黄葵子主淋澀，又令婦人易産。又有終葵，大莖小葉，紫黄色，吴人呼爲繁露，即下品落葵。爾雅所謂終葵，繁露者是也。一名承露，俗呼曰胡燕脂，子可作婦人塗面及作口脂。

〔五〕**佛道艾**

梁克家淳熙三山志第四十土俗類端午：插艾：五月天未明，採艾插户上，以禳毒氣。亦有結艾爲人者，與荆楚同。鄉村或採練木葉插之，父老相傳，可以禁蚊。

陳元靚歲時廣記卷二十一端五上插艾花：歲時雜記：端五，京都士女簪戴，皆剪繒楮之類爲艾，或以真艾其上，裝以蜈蚣、蚰蜒、蛇蠍、草蟲之類，乃天師形象。並造石榴萱草，躑躅假花，或以香藥爲花。古詞云：「御符争帶，斜插交枝艾。」

〔文案〕據學人姜漢椿曰：佛道艾即伏道艾，宋時以爲艾中之佳品，因産於湯陰伏道，故稱。

〔六〕**水團**

陳達叟本心齋疏食譜水團：秫粉包糖，香湯浴之。團團秫粉，點點蔗霜。浴以沉水，清甘且香。

祝穆詩話六〇：端午作水團，又名白團，或雜五色人獸花果之狀。其精者名滴粉團，或加麝香，又有乾團，不入水者。張文潛端午詞云：「水團冰浸砂糖裹，透明角黍松兒和。」

成尋參天台五臺山記第二（延久四年七月）：卅日丙午。天晴，文晧庫主齋，有水團、炙夫二種，果子多多也。

〔文案〕水團亦爲白團。

# 六月六日崔府君生日二十四日神保觀神生日

六月六日〔一〕，州北崔府君生日。多有獻送，無盛如此㊀。二十四日，州西灌口二郎生日，最爲繁盛。廟在萬勝門外一里許，勑賜神保觀〔二〕。二十三日，御前獻送後苑作與書藝局等處製造戲翫，如毬杖、彈弓〔三〕、弋射之具，鞍轡、銜勒、樊籠之類，悉皆精巧。作樂迎引至廟，於殿前露臺上設樂棚，教坊、鈞容直作樂，更互雜劇舞旋。太官局供食，連夜二十四盞，各有節次。至二十四日，夜五更争燒頭爐香，有在廟止宿，夜半起以争先者。天曉，諸司及諸行百姓獻送甚多。其社火呈於露臺之上，所獻之物，動以萬數。自早呈拽百戲，如上竿、趯弄、跳索、相撲、鼓板、小唱、鬭雞〔四〕、説諢話、雜扮、商謎、合笙、喬筋骨、喬相撲〔五〕、浪子〔六〕雜劇、叫果子、學像生〔七〕、倬刀㊁、裝鬼、砑鼓〔八〕、牌棒、道術〔九〕之類，色色有之，至暮呈拽不盡。殿前兩幡竿〔一〇〕，高數十丈，左則京城所，右則修内司，搭材分占，上竿呈藝解，或竿尖立横木，列於其上，裝神鬼，吐煙火，甚危險駭人，至夕而罷。

［校］

㊀「多有獻送，無盛如此」，陳元靚歲時廣記卷二十四獻香椿所述則爲「崔府君廟在京城北十五里，世傳府君以六月六日生，傾城具香椿往獻之。本廟在磁州，是日尤盛，事具碑記」。

㊁中華鄧注本謂「倬刀」應爲「掉刀」，余已引證之，或爲「棹刀」未嘗不可。

［注］

〔一〕**六月六日**

陳元靚歲時廣記卷二十四朝節宜禳會：道藏經：六月六日，爲清暑之日。崇寧真君降誕之辰，正一朝修圖日。六月六日，真武靈應真君下降日，護國顯應公誕生之日，大宜禳禬。

宋真宗六月六日賜休假詔大中祥符二年六月己丑：去歲將封岱嶽，薦降元符。當展禮之有期，荷儲祥於是日。況薰風溥暢，朱夏清和，宜推休朝之恩，用慶厖鴻之貺。在京百司及諸路，並賜休假一日，自今六月六日准此。

〔二〕**神保觀**

宋話本勘皮靴單證二郎神：明早又起身，到二郎神廟中，却惹出一段蹊蹺作怪的事來。正是：情知語是鈎和線，從前釣出是非來。

話休煩絮。當下一行人到得廟中，廟官接見，宣疏拈香禮畢。却好太尉夫人走過一壁廂，韓夫人向前，輕輕將指頭挑起銷金黄羅帳幔來定睛一看，不看時萬事全休，看了時，吃那一驚不小！但見：

頭裹金花幞頭，身穿赭衣繡袍，腰繫藍田玉帶，足登飛鳳烏靴。雖然土木形骸，却也丰神俊雅，明眸皓齒。但少一口氣兒，説出話來。

當下韓夫人一見，目眩心摇，不覺口裏悠悠揚揚，漏出一句俏話低聲的話來：「若是氏兒前程遠大，只願將來嫁得一個丈夫，恰似尊神模樣一般，也足稱生平之願。」

〔三〕彈弓

宋話本小天灣天狐詒書：王臣道：「這孽畜作怪！不知看的是什麽書？且教他吃我一彈。」按住絲繮，綽起那水磨角靶彈弓，揮手向袋中，摸出彈子放上，覷得較親，弓開如滿月，彈去似飛星，叫聲：「著！」那二狐正在得意之時，不知林外有人窺看，聽得弓弦響，方才擡頭觀看，那彈早已飛到，不偏不斜，正中執書這狐左目。

黄休復茅亭客話卷九彈鴛鴦：章子朋者，善書勒大字，妙放小弩彈丸，發無不中。

宋話本勘皮靴單證二郎神：只聽得萬花深處，一聲響亮，見一尊神道，立在夫人面前。但見：

龍眉鳳目，皓齒鮮唇，飄飄有出塵之貌。若非閬苑瀛洲客，便是餐霞吸露人。

仔細看時，正比廟中所塑二郎神模樣，不差分毫來去。手執一張彈弓，又象張仙送子一般。

看看至晚，二郎神却早來了。但是他來時，那彈弓緊緊不離左右。

法官披衣仗劍，昂然而入，直至韓夫人房前，大踏步進去，大喝一聲：「你是何妖邪！却敢淫污天眷！不要走，吃吾一劍！」二郎神不慌不忙，便道：「不得無禮！」但見：

左手如托泰山，右手如抱嬰孩，弓開如滿月，彈發似流星。

當下一彈弓，中王法官額角上，流出鮮血來，霍地望後便倒，寶劍丢在一邊。

〔四〕**鬬雞**

高承事物紀原卷九博弈嬉戲部鬬雞：列子有紀渻子爲周宣王養鬬雞之事。左傳述季郈之雞鬬，季氏芥其羽，郈氏爲之金距，推此則兹戲之始，當出於周也。

周去非嶺外代答卷九禽獸門鬬雞：芥肩金距之技，見於傳而未之覩也。余還自西廣，道番禺乃得見之，番禺人酷好鬬雞，諸番人尤甚。雞之産番禺者特鷙勁善鬬，其人飼養亦甚有法，鬬打之際各有術數，注以黄金，觀如堵墻也。凡雞，毛欲疎而短，頭欲緊而小，足欲直而大，身欲竦而長，目欲深而皮厚，徐步眈視，毅不妄動，望之如木雞，如此者每鬬必勝。人之養雞也，結草爲墩，使立其上，則足嘗定而不傾；置米高於其頭，使聳膺高啄，則頭常竪而嘴利；割截冠緌，使敵雞無所施其嘴；剪刷尾羽，使臨鬬易以盤旋。常以翎毛攪入雞喉，以去其涎，而掬米飼之。或以水噀兩腋。調飼一一有法。至其鬬也，必

三才圖會鬭雞圖

令死鬭，勝負一分，死生即異。蓋鬭負則喪氣，終身不復能鬭，即爲鼎實矣。然常勝之雞，亦必早衰，以其每鬭屢瀕死也。鬭雞之法，約爲三間。始鬭少頃，此雞失利，其主抱雞少休，去涎飲水以養其氣，是爲一間。再鬭而彼雞失利，彼主亦抱雞少休，如前養氣而復鬭，又爲一間。最後一間，兩主皆不得與，二雞之勝負生死決矣。雞始鬭，奮擊用距，少倦則盤旋相啄，一啄得所，嘴牢不捨，副之以距，能多如是者，必勝。其主喜見於色。蕃人之鬭雞，乃又甚焉，所謂芥肩金距真用之。其芥肩也，末芥子摻於雞之肩腋，兩雞半鬭而倦，盤旋伺便，互刺頭腋下，翻身相啄，以有芥子能眯敵雞之目，故用以取勝。其金距也，薄刃如爪，鑿柄於雞距，奮擊之始，一揮距或至斷頭。蓋金距取勝於其始，芥肩取勝於其終。季孫於此，能無怒耶？小人好勝，爲此凶毒，使微物不得生，自三代已然。

宋白宮詞：花萼樓高望柳堤，春橋横水短虹猊。王陵遊俠翩翩過，半脱朱袍鬭錦雞。

宋庠鬭雞：對壘毰毸地，雙驚滅玉塵。長鳴非後郭，利嘴欲專秦。鵾領聊延敵，鷹揚願殺身。君恩定多少，引距即隨人。

梅堯臣晚泊觀鬭雞：舟子抱雞來，雄雄跱高岸。側行初取勢，俯啄示無憚。先鳴氣益振，奮擊心非愞。勇頸毛逆張，怒目眥裂盱。血流何所争，死鬭欲充玩。應當激猛毅，豈獨專晨旦。勝酒人自私，粒食誰爾唤。緬懷彼興魏，傍睨當衰漢。徒然驅國衆，曾靡救時難。群雄自苦戰，九錫邀平亂。寶玉歸大奸，干戈託奇算。從來小資大，聊用一長歎。

黄庭堅養鬭雞：峥嶸已介季氏甲，更以黄金飾兩戈。雖有英心甘鬭死，其如紀省木雞何。

洪邁夷堅支癸卷第一穆次裴鬭雞：穆度，字次裴，青州人。政和四年，爲潁州沈邱主簿，赴同官宴集。及雞膗至，不下筯。揖之再三，但拱手而已。問其故，曰：「度平生好鬭雞，一雞既勝矣，復使再與他雞鬭而敗，度甚怒，盡拔其腹背毛羽。雞哀鳴宛轉，一夕死。未幾，夢爲一皂衣追去。行無人之境，遇冠金冠七道人，皂衣黑帶，拱立於側，執禮絶恭。度意其神也，趨揖致禱。其一人曰：『汝生於酉，雞爲相屬，何得殘暴如是？今訴於陰司，決不可免。』度懼甚，乞放還人世，當設醮六十分位以謝過。仍資薦雞託生，道人敕二吏釋之，遂寤。因循憚費，經歲未償。復夢二童來攝，迫趣急行。到官府，七金冠者列位，責亦如前所言。度俯伏請命，乞至本家，增脩百二十分。蒙見許，且戒以宣科之際，勿燒降真香，蓋吾輩私營救汝耳。俄頃得回。度不寐待旦，亟延道流，誠慤還賽。自是之後，不復敢食雞，舉家亦因斷此味，今十餘年矣。」諸客爲之悚然。穆作異夢記，具述所覩。七道人者，實北斗七星靈化。穆氏素所嚴事，故委曲救護至此。

楊彦齡楊公筆録：世人以鬬雞爲雄。

無名氏宣和畫譜卷十五花鳥一五代梅行思：梅行思，不知何許人也。能畫人物、牛馬，最工於雞，以此知名，世號曰「梅家雞」。爲鬬雞尤精，其赴敵之狀，昂然而來，竦然而待，磔毛怒癭，莫不如生，至於飲啄閒暇，雌雄相將，衆雛散漫，呼食助叫，態度有餘，曲盡赤幘之玅，宜其得譽焉。雞者，庖廚之物，初不足貴，昔人謂畫犬馬爲難工，以其日夕近人，唯雞亦如此。故作鬬雞，不無意也。行思，唐末人，接五代，家居江南，爲南唐李氏翰林待詔，品目甚高，今御府所藏四十有一：牡丹雞圖一　蜀葵子母雞圖三　萱草雞圖二　雞圖十三　引雛雞圖五　子母雞圖三　野雞圖一　籠雞圖六　負雛雞圖一　鬬雞圖六

陳元靚重編羣書類要事林廣記卷之七獸醫集驗鬬雞病方：鬬雞，以雄黄末搜飯飼之，可去其胃蟲，

此藥性熱，又可使健善鬬，常以狸脂塗其爪、體，能使它雞畏。

〔文案〕據開封鬬雞研究者高秀峰文：開封鬬雞，承襲宋之古俗，仍以一百市兩（十六兩舊制）爲準。鬬雞須竪胸拔脯、羽毛緊湊、身架俐落。體重分大、中、小，大者八斤，中者七斤，小者六斤。毛色則以青、紅、紫、皂爲上品。頭小皮緊，面近無毛爲好，以利打鬬。嘴以短粗略彎曲，尖而鋭利爲佳。眼宜色澤分明，有神，眼窩窪陷。冠宜小而平。腿宜匀稱、健壯、敏快、有力。爪指宜長，趾間宜寬大，站跳穩健，呈十字形。骨骼宜胸骨、頭骨開闊厚實。以上足以反觀宋時鬬雞之情形。

〔五〕**喬相撲**

傅起鳳、傅騰龍中國雜技史第六章都會雜技的繁榮三技藝的提高和新節目的湧現：宋以後，雜技和相撲雖分道揚鑣，但某些動作和套子仍保留在雜技舞臺上，如滑稽節目中的「搶椅子」、「打死人」等，都用了許多摔跤的技巧。而「喬相撲」則是用巧妙的喬裝形式，把「相撲」這個古老的遊藝項目十分幽默風趣地保留在雜技舞臺上，其法是用稻草、棉花紮成兩個偶人上身，加以彩繪衣着，儼然是兩個扭抱在一起相撲的鬬

相扑图

山西晉城宋墓墓頂相撲圖

士。演員一人彎腰四肢着地，背負着這對偶人，在偶人衣袍的掩蓋下，喬裝成一對鬭士，互扭、互抱，展示了摔跤場上的種種解數，在經過種種激烈拼搏的場面後，演員起身亮相，觀者爲之捧腹。這個節目一直流傳下來，在清代稱爲「假人摔跤」或「韃子摔跤」，俗稱「跤人子」。這個節目的誕生和演變，説明宋代力技之盛，且與雜技關係密切。因爲，若不深知摔跤就裏，便創作不出如此逼真的假人摔跤形象；而從巧妙操縱假人的設計來看，它與杖頭傀儡、肉傀儡，也有一脈相承的關係。

四水潛夫武林舊事卷第六諸色伎藝人喬相撲：元魚頭　一條白　夜明珠　鶴兒頭　鬭門喬　鴛鴦頭　白玉貴　一條黑　何白魚

〔六〕**浪子**

楊彦齡楊公筆録：方言曰塚，謂之垠，音浪，俗謂林野爲浪，當用此字。

脱脱宋史卷三百五十二列傳第一百一十一李邦彦：邦彦俊爽，美風姿，爲文敏而工。然生長閭閻，習猥鄙事，應對便捷，善謳謔，能蹴鞠，每綴街市俚語爲詞曲，人争傳之，自號「李浪子」。

吴淑謔名録：浪子宰相李邦彦也。

施耐庵羅貫中水滸傳第六十一回吴用智賺玉麒麟　張順夜鬧金沙渡：那人更兼吹的、彈的、唱的、舞的，拆白道字，頂真續麻，無有不能，無有不會。亦是説的諸路鄉談，省的諸行百藝的市語。更且一身本事，無人比的。拿着一張川弩，只用三枝短箭，郊外落生，並不放空，箭到物落，晚間入城，少殺也有百十個蟲蟻。若賽錦標社，那裏利物管取都是他的。亦且此人百伶百俐，道頭知尾。本身姓燕，排行第一，官名單諱個青字。北京城裏人口順，都叫他做浪子燕青。

九山書會張協狀元第四十八齣：（浄）耆卿也吟得詩，做得詞，超得烘兒，品得樂器，射得弩，踢得氣毬。（末）那些個浪子班頭。

古杭書會小孫屠第二齣：〔錦衣香〕見浪子，閑遊戲。並豔質，閑遊戲。

**〔七〕學像生**

耐得翁都城紀勝社會：小女童像生叫聲社。

西湖老人繁勝録：國忌日分，有無樂社會。初八日、十二日、十三日。恃田樂、喬謝神、喬做親、喬迎酒、喬教學、喬捉蛇、喬焦䭔、喬賣藥、喬像生、喬教象、習待詔、青果社、喬宅眷、穿心國進奉、波斯國進奉。

〔文案〕像生則如真無異，夢粱録卷十九四司六局筵會假賃載果子局、蜜煎局、菜蔬局製作之「像生花果」、「蜜煎像生果窠兒」、「糟藏像生件段」，均爲此意，學則爲摹擬意。若元雜劇風雨像生貨郎旦李彦和「謝那老的教我唱貨郎兒度日，把我鄉談都改了」，即「學像生」之典型也。

**〔八〕砑鼓**

洪邁夷堅丁志卷第八胡道士：胡五者，宜黄細民，每鄉社聚戲作砑鼓時則爲道士，故目爲胡道士。

彭乘續墨客揮犀卷七：王子醇初平熙河，邊陲寧静，講武之暇，因教軍士爲傀儡訝鼓戲，數年間，遂盛行於世。

## 〔九〕道術

章叔虎搜神秘覽卷上道術：許懋侍禁，素好黄白術，凡以此而欲見者，未嘗不接之。一日，有道人造謁，懋甚顧遇，終不言姓字，與之飲至晚，懋問曰：「子有何術耶？願一見教。」道人遂於懷中出一子，懸於壁間，唯畫一藥爐童子執一扇而立，道人爲懋曰：「有水銀略求少許，作一戲術。」懋因與之。道人遂傾於所畫藥爐中，及出一墨藥糝之，則鏜然有聲，須臾，顧執扇者曰「向西立」，即西嚮；「向東立」，即東嚮。又云：「下來，下來。」俄然，執扇者已離簇子，立於道人之傍，戒之曰：「吾爲少藥，慎不可以驚動，汝頻扇之可矣。」復上簇子，跪於爐前，紙扇頻動，而爐中之火連焰相燭，懋驚異之曰：「先生一何神耶？今日得遇於先生，願無惜以相傳。」道人笑而言曰：「夫黄白之術，促天地陰陽之數，非積功累行不可苟求，設或得之，其速汝禍，非吾敢傳。後五十年當相尋於茅山之下，子得之矣。」道人又呼執扇者曰：「住扇。」取爐中之藥，已成丹矣，有五色光異，道人曰：「此丹點化無窮，服之則羽化。」遂自吞之，收簇於懷中，翩然而去。又一相識云：向在嘉州王秀才者，亦好此術。忽有一人欲假館，王遂留之，亦恐其有異也。薄具殽酒以延之，其人曰：「王秀才，聞説好道術，還曾見否？」遂取膠泥，裁成鋌銀，以緋紙襯於庭中，用小盆合之，須臾，火焰四出，酒又數行，火氣漸息，以沃之，曰：「速成速起。」而視之已成白金矣。王遂懇求其法。其人曰：「至道不難，有分者得之。吾雖欲强與人，亦不可得。子須脩心，常積陰行，不求而至。」堅不傳，翌日乃去。又有一道人，在越州邸中，身衣蕪葉，日於酒肆中貸酒，及月餘，日市酒人督所逋金。道人曰：「來日可矣。」遂歸邸中，扃户，人有乘間而窺者，見取出水銀置一銚中，糁少青白藥，以火煅之，少頃，傾注。翌日於市中質錢數十千，市人疑而試之，舉手糜碎。道人曰：「尚少一火。」遂再挈歸，至晚復來煅煉，愈光潤矣。以錢酬市酒人，所遇貧者輒施之，及一二十千。乃售小舟，泛江而去。

［文案］道人有術，屢見不鮮。然就其「道術」而言，則主要爲黄白之術，以上三事可見黄白之術即煉丹術也。然宋之道術已向其不爲錢財亦不爲服食而演進，專心追求於「道」之奥妙，是爲道術也。

［一〇］**幡竿**

宋話本勘皮靴單證二郎神：韓夫人點頭應允。侍兒們即取香案過來。只是不能起身，就在枕上，以手加額，禱告道：「氏兒韓氏，早年入宫，未蒙聖眷，惹下業緣病症，寄居楊府。若得神靈庇護，保佑氏兒身體康健，情願繡下長幡二首，外加禮物，親詣朝廷頂禮酬謝。」當下太尉夫人，也拈香在手，替韓夫人禱告一回，作别不提。

可霎作怪，自從許下願心，韓夫人漸漸平安無事。將息至一月之後，端然好了。太尉夫人不勝之喜，又設酒起病。太尉夫人對韓夫人説道：「果然是神道有靈，勝如服藥萬倍。却是不可昧心，負了所許之物。」韓夫人道：「氏兒怎敢負心！目下繡了長幡，還要屈夫人同去了還願心，未知夫人意下如何？」太尉夫人答道：「當得奉陪。」當日席散，韓夫人取出若干物事，製辦賽神禮物，繡下四首長幡。自古道好：火到猪頭爛，錢到公事辦。

憑你世間稀奇作怪的東西，有了錢，那一件做不出來。不消幾日，繡就長幡，用根竹竿叉起，果然是光彩奪目。

佚名元代畫塑記雜器用：皇慶元年十二月十六日，敕崇祥使野納，普慶寺依大崇恩□元寺例，鑄掛幡銅竿，下令省部鑄造幡竿二，各帶日月環鳥花等於其末，長一百尺、上圍一尺一寸、下圍三尺三寸。用物：赤金二百三十七兩，水銀八十二斤，鍮石二萬五千六百七十二斤，赤銅七十八斤，墜銅十六斤，定鐵一百斤，白鐵一百六十斤，黃蠟八十斤，瀝青四百八斤，蛤粉四百斤，礬一百二十斤，鐵線十斤，柴三千，木炭八萬七千三百斤，水和炭二萬八千六百三十五斤，簡鐵八千六百九十五斤，石材五十八。　二年十一月十二日留守伯帖木兒等奏：萬壽山幡竿，二十餘年皆已打腐，宜依皇城五門幡竿制，以銅鑄之，制可。鑄造銅幡竿一，長一百尺、大頭徑九寸、小頭徑五寸。帶鐵索。用物：赤銅一萬九千斤，生鐵八百四十斤，白鐵二千五百斤，磁銅四千六百二十五斤，東簡鐵七千三百四十斤，赤金二十三兩九分，白銀七兩，水銀八兩三錢，鹽五十斤，白礬二十五斤，油五十斤，麪一百斤，燋五千斤，條甎三千，水和炭二萬二千二十斤，白木炭八萬六千一百三十五斤，夾椿石二，各長一丈四尺、闊二尺、厚一尺五寸，拽鐵索石十，各長八尺、厚二尺、闊二尺，石礎一，長三尺八寸、闊三尺、厚一尺二寸，漫石二十，各長三尺、厚五寸。

## 是月巷陌雜賣

是月時物，巷陌路口，橋門市井，皆賣大小米水飯〔一〕、炙肉、乾脯、萵苣筍、芥辣瓜兒〔二〕、義塘甜瓜〔三〕、衛州白桃、南京金桃〔四〕、水鵝梨、金杏、小瑶李子〔五〕、紅菱沙角兒〔六〕、藥木瓜、水木瓜、冰雪凉水、荔枝膏，皆用青布繖〔七〕，當街列牀〔八〕、凳〔九〕堆垜。冰雪惟舊宋門外兩家最盛〔一〇〕，悉用銀器。沙糖菉豆、水晶皂兒、黄冷團子、雞頭穰冰雪、細料餶飿兒、麻飲雞皮、細索凉粉、素簽成串〔一一〕、熟林檎、脂麻團子、江豆碢兒、羊肉小饅頭、龜兒沙餡〔一二〕之類。都人最重二伏㊀〔一三〕，蓋六月中别無時節〔一四〕，往往風亭水榭，峻宇高樓，雪檻冰盤〔一五〕，浮瓜沉李〔一六〕，流盃曲沼，苞鮓新荷，遠邇笙歌，通夕而罷。

〔校〕

㊀「二伏」，陳元靚歲時廣記卷二十五浮瓜李作「三伏」。

## 〔注〕

〔一〕**大小米水飯**

范致明岳陽風土記：湖湘間，賓客燕集，供魚清羹，則衆皆退，如中州之水飯也。

曹組點絳唇水飯：霜落吴江，萬畦香稻來場圃。夜村舂黍，草屋寒燈雨。玉粒長腰，沉水温温注。相留住。共抄雲子，更聽歌聲度。

黄休復茅亭客話卷五李老：袁氏，不記名，人皆目爲袁野人，嘗居廣都縣莊。時盛暑，有一老人衣白，詣袁莊，求見袁，及席，謂袁曰：「某李氏，家於此縣之南，特來有託於君子，願君憫宥，當有厚酬。」袁亦不甚諾之，但寬勉而已，且留水飯、鹹豉而退。復三日，因暴雨溪漲，莊民舉網，獲一鯉魚，可三尺許，鱗鬣如金，撥剌不已。袁呼童就機割之，腹有飯及鹹豉少許。袁因悟李老者，魚也。

梁同書直語補證清水白米飯：今語吃了清水白米飯，在江邊救人。全語雖無所出，然五燈會元：開寶年間玄沙師備禪師云：「浙中清水白米，從汝吃，佛法未會在。」乃知四字正杭語也。

〔文案〕水飯爲水澆之飯，或可稱之爲泡飯、白飯，而非粥也，粥爲專門之名，武林舊事卷六粥條可證。水飯起源較早，賈思勰齊民要術專作飧飯一篇，飧飯即水澆飯也，可擇二則以窺其做法：「投飡時，先調漿令甜酢適口。下熱飯於漿中，尖出便止。宜少時住，勿使撓攪，待其自解散，然後撈盛，飧便滑美。若下飯即撓，令飯澀。」「投飯調漿，一如上法。粒似青玉，滑而且美。又甚堅實，竟日不饑。弱炊作酪粥者，美於粳米。」此爲北魏黄河流域水飯製作之況，當可比照於東京水飯。明清則仍見其蹤，明西周生醒世姻緣傳二十三回進呈楊宫保尚書食物亦有「一大罐緑豆小米水飯」。清薛寶辰素食説略卷四飯：「都人以水煮米至熟，漉置竹篩中，覆以濕布，名曰澄飯，殊不如法。」此亦可爲東京水飯之遺。

〔二〕**芥辣瓜兒**

〔文案〕芥辣爲芥菜、陳芥或淹或調而成之調味品，詳注見卷二。「芥辣瓜兒」，乃用「芥辣」拌和釀作，非一種瓜兒也。

〔三〕**義塘甜瓜**

張邦基墨莊漫録卷之二：襄邑義塘村，出一種瓜，大者如拳。破之，色如黛，味甘如蜜，餘瓜莫及。頃歲貢之。

宋話本張古老種瓜娶文女：衆人坐定，只見大伯子去到籬園根中，去那雪裏面，用手取出一個甜瓜來。看這瓜時，真個是：

緑葉和根嫩，黄花向頂開。香從辛裏得，甜向苦中來。

那甜瓜藤蔓枝葉都在上面。衆人心中道：「莫是大伯子收下的？」看那瓜顔色又新鮮。大伯取一把刀兒，削了瓜皮，打開瓜頂，一陣異氣噴人。

寇宗奭本草衍義甜瓜：暑月服之，永不中暑氣，多食未有不下利者，貧下多食，至深秋作痢爲難治，爲其消損陽氣故也，亦可以如白冬瓜煎漬收。

凌萬頃邊實淳祐玉峰志卷之下食物：楊莊瓜出縣西三里外，有仙人以瓜遺，村民種之，花尖俱小，而味極甘。

〔四〕**金桃**

黄休復茅亭客話卷八滕處士：有金桃，深黄，剖之至核，紅翠如金，味美，爲桃之最也。

文同金桃：雨染煙蒸萬實垂，丹硃爲骨菊爲衣。客疑麗水新淘得，人向瑶池舊帶歸。只恐壓枝星欲落，最憐和葉露初晞。銀瓜玉李君休並，此品仙家亦自稀。

〔文案〕葉庭珪海録碎事卷二十二下記：唐貞觀間，康國獻來一種黄桃，大如鵝卵，因其色如金，呼爲金桃。驗之清廣群芳譜果譜一所言金桃「色黄如金」，方知金桃爲舶來之品。

〔五〕**小瑶李子**

丁用晦芝田録：魏武帝遷獻帝於許昌，有小李色黄，大如含桃。帝嘗食，至今號爲「小御李」。

楊億楊文公談苑一卷小窯李：許州小窯出好李，太常少卿劉蒙正有園在焉，多植之。每遺貴要，竊得嘗之，絶大而味佳，所未曾知也。

〔六〕**紅菱沙角兒**

施宿嘉泰會稽志卷十七草部：菱一名芰，屈到嗜芰即此是也，亦名薢茩，説文云：楚謂之芰，秦謂之薢茩，越人謂小者爲刺菱，大者爲腰菱。今俗但言菱芰，諸草木書亦不分別。惟武陵記云：四角、三角曰芰，兩角曰菱，其花紫色，晝合宵放，隨月轉移，猶葵之隨日也。越中所産，近羅文菱最大，即所謂腰菱也。

吴仁傑離騷草木疏卷第一芰：製芰荷以爲衣，王逸注：芰，菱也。秦人曰薢茩。仁傑按：爾雅：菱，一名蕨攈。字林：楚人名菱曰芰，可食。國語屈到所嗜，俗云菱角是也。本草有芰實。蜀本圖經云：「生水中，葉浮水上，其花黄白色。」嘉祐圖經云：「花落而實生，漸向水中，乃熟。一種四角，一種兩角，兩角中又有嫩皮而紫色者，謂之浮菱。」王安貧武陵記：「兩角曰菱，三角四角曰芰，通謂之水栗。」杜牧之晚晴賦云：「復引舟於深灣，忽八九之紅芰，姹然如婦，斂然如女。」今菱花色黄白而葉緑，故反離騷云：「衿芰茄之緑衣。」又三都賦云：「緑芰泛濤而浸淫。」牧之所云，似誤以芰爲芙蓉華也。周官：「聚斂疏材。」鄭康成云：「疏材，百草根實可食者。」賈公彦曰：「百草或取根，謂若菱芡之屬，取實，謂若榛栗之屬。」按芡實可食，根亦可作蔬茹，吴中謂之雞頭菜。至菱，則可食者實耳，非根也。

談鑰嘉泰吴興志卷十八食用故事菱：本草謂之菱，一名芰，即屈到所嗜者。陶隱居云：廬江間取火燔，以爲米充糧。蜀本經云：實有二種，一四角，一兩角，今鄉土種此成蕩不止二種，兩角者有果菱，差小有湖趺菱，色紅。又有青菱，色青角而曲利，四角者有野菱，最小者極鈷鈷，有太州菱，實豐而美，土人所重。近又有無角者，謂之餛飩菱，以其形似也。秋晩采實，竹箔曝乾，去殼爲米亦爲果，有收至十數斛者，地名有菱湖。皎然詩曰：「路入菱湖深。」

范成大吳郡志卷三十土物下：芰，即菱也，今人但言菱。諸家草木書亦不分別，唯武陵記云：四角、三角曰芰，兩角曰菱。今蘇州折腰菱多兩角。折腰菱，唐甚貴之。今名腰菱，有野菱、家菱二種。近世復出餛飩菱，最甘香。腰菱廢矣。

〔文案〕據孫注本：紅菱沙角兒可稱之爲紅緑嫩菱角。菱角煮過，礬湯焯之，紅緑如生。初生菱嫩名爲「沙角兒」。比照上引數則，聊備一説。

〔七〕**青布繖**

葉紹翁四朝聞見録甲集太學諸生寘綾紙：鄭昭先爲臺臣，倏當言事月，謂之月課。昭先純謹人也，不敢妄有指議，奏疏請京輦下勿用青蓋，惟大臣用以引車，旨從之。太學諸生以爲既不許用青蓋，則用皂絹爲短簷繖，如都下賣冰水擔上所用，人已共嗤笑。

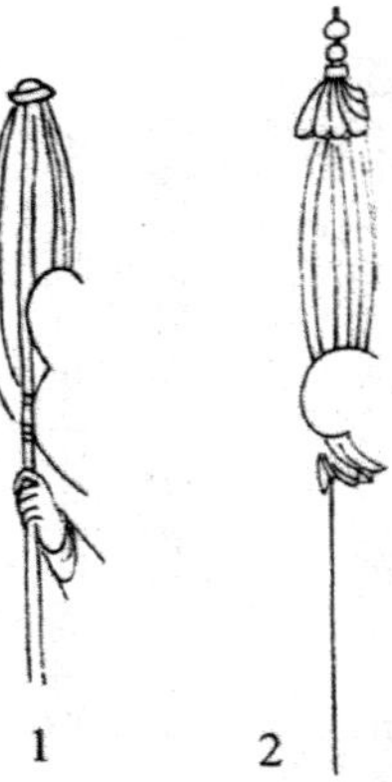

1. 白沙宋墓第二號墓甬道西壁壁畫中的傘蓋
2. 傳唐胡環繪卓歇圖中的傘蓋

〔八〕**牀**

陸游老學庵筆記卷五：承平時，鄜州田氏作泥孩兒名天下，態度無窮，雖京師工效之，莫能及。一對至直十縑，一牀至三十千，一牀者或五或七也。

宋話本西山一窟鬼：婆子道：「這個『不是冤家不聚會』。好教官人得知，却有一頭好親在這裏：一千貫錢房卧，帶一個從嫁，又好人材，却有一牀樂器都會。」小娘子道：「我只要嫁個讀書官人。」更兼又没有爹娘，只有一個從嫁，名唤錦兒。因他一牀樂器都會，一府裏人都叫做李樂娘。

文震亨長物志卷六交牀：即古胡牀之式，兩都有嵌銀銀鉸釘圓木者，攜以山遊，或舟中用之最便，金漆、摺疊者俗不堪用。牀：以宋元斷紋小漆牀爲第一。次則内府所製獨眠床，又次則小木出高手匠作者，亦自可用。永嘉、粵東有摺疊者，舟中攜置亦便，若竹牀及飄簷、拔步、彩漆、卍字、回紋等式，俱俗。近有以柏木琢細如竹者，甚精，宜閨閣及小齋中。

〔文案〕一牀泛指一定數目配套之器物，以載物之用具爲最。隋唐以來宫廷民間廣泛使用之交牀，資治通鑑胡三省注謂「斂之可挾，放之可坐」，類似今之「馬紮兒」。此處所言「牀」即爲交牀也，此牀置

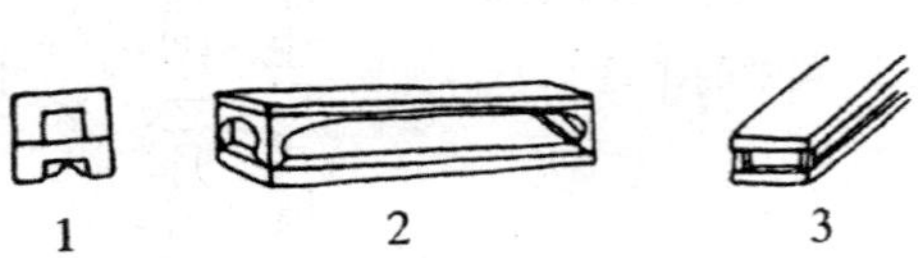


1. 白沙宋墓第一號墓前室西壁壁畫中磚砌脚牀子側面
2. 傳五代顧閎中繪韓熙載夜宴圖中的脚牀子
3. 傳宋李公麟繪高會習琴圖中的脚牀子

物，最便。

〔九〕凳

〔文案〕凳面爲平面，下有腿足，供人坐息，亦可擺放物品。安小麗椅凳類家具曾謂：南方嫁女常用春凳，一般將陪嫁衣物箱奩放春凳凳面之上，再擡進新房。清明上河圖茶肆正店内外比比皆是之長、方之凳，側脚、收分、馬蹄之樣式均有，類如宋畫小庭嬰戲圖中方凳：凳面不用鑲板，而用席心，四足削出馬蹄。

〔一〇〕冰雪惟舊宋門外兩家最盛

白錫鬻冰詠：赫日生炎暉，鬻冰方及時。邀利有得色，冰消俄若遺。兩失俱無猜，雖悔安可追。仁惠當務遠，勿使失其宜。劉攽戲作賣雪人歌：北風沍寒紅日短，火爐燃薪不知暖。南山闌干雪塞滿，連玉疊瓊何足算。時移事異不可言，眼看星火垂南天。道傍暍死常比肩，市兒相與贏金錢。徹功有時難久全，物生豈有金石堅。煎湯沸騰在眼前，可得意氣長矜權。

〔一一〕素簽成串

〔文案〕「簽」，卷二已注。「素簽成串」顯然非羹，乃與元油煎羊腸曰「鼓兒簽字」相近，爲一段一段穿之於纖條成串，可謂若「豆黄簽」之類素食之過油食品，若夢粱録卷十六分茶酒店「葷素簽」、「抹肉筍簽」。

〔二〕**䭔兒沙餡**

［文案］䭔兒爲宋城流行市食點心。若夢粱録卷十六葷素從食店：壽帶䭔仙桃、子母䭔。居家必用事類全集庚集羊肚餡：壽帶䭔熟餡，壽筵供。䭔蓮饅頭同上。所謂沙餡者，乃豆沙餡、澄沙糖餡也，若菜餡、七寶餡、酸餡、辣餡、打拌餡、猪肉餡、熟細餡，皆可稱之。

〔三〕**二伏**

［文案］如校記所言，此處「二伏」當作「三伏」。

王旦謝三伏早出表二：温風扇候，伏火御時。使自上方，思覃近列。荷眷憐之甚厚，揣綿薄以非宜。中謝。共惟皇帝陛下，聖德無名，神功不伐。每自勤於政治，猶知下之勤勞；憫徂暑之藴隆，俾未旰而夙退。雖天地生成之惠，不過於兹；顧草茅微賤之資，未知爲報。

四水潛夫武林舊事卷第七：因閒説宣和間，公公每遇三伏，多在碧玉堂及風泉館、方荷莊等處納凉，此處凉甚，每次侍宴，雖極暑中，亦著納襖兒也。

〔四〕**時節**

項安世項氏家説卷八節序説：俗言端午爲屈原，七夕爲女、牛，皆附會之説也。大率人情每兩月必一聚會，而月必用陽，日必重之，此古人因人情而立教，示尊陽也。是故正月則用一日，三月則用重三，五月則用重五，七月則用重七，九月則用重九，皆取陽月陽日，獨十一月用冬至，蓋陽生之日亦重陽也，書之正月上日，與月正元日，皆正月一日之名也，詩之溱洧秉蘭，論語之暮春浴沂，皆重三祓禊之俗也，然則序之立古矣。

〔一五〕**雪檻冰盤**

〔文案〕據鄧雲鄉增補燕京鄉土記：近代北京夏日，賣冰鎮食品小攤，先是將果子乾之類，冷開水浸開，再加藕片，堆在一五彩大瓷盤中，上置一晶亮大冰，此之爲「冰盤」。盤中碎冰圍之瓜果，圍則檻也，稱之爲「雪檻」。

〔一六〕**浮瓜沉李**

無名氏五色綫浮瓜沉李：魏文帝與吳質書曰：浮甘瓜於清泉，沉朱李於寒水。李安度荔子詩云：浮瓜沉李謾垂名。

宋話本崔衙内白鷂招妖：時光似箭，日月如梭，撚指間過了三個月，當時是夏間天氣：

夏，夏！雨餘，亭厦，紈扇輕，薫風乍。散髮披襟，彈棋打馬。古鼎焚龍涎，照壁名人畫。當頭竹徑風生，兩行青松暗瓦。最好沉李與浮瓜，對青樽旋開新鮓。

# 七夕

七月〔一〕七夕，潘樓街㊀東宋門外瓦子、州西梁門外瓦子、北門外、南朱雀門外街及馬行街内，皆賣磨喝樂〔二〕，乃小塑土偶〔三〕耳。悉以雕木彩裝欄座，或用紅紗碧籠㊁，或飾以金珠牙翠，有一對直數千者㊂。禁中及貴家與士庶爲時物追陪。又以黄蠟㊃〔四〕鑄爲㊄鳬雁、鴛鴦、鸂鶒〔五〕、龜魚㊅之類，彩畫金縷，謂之「水上浮」〔六〕。又以小板上傅土旋種粟令生苗，置小茅屋花木，作田舍家小人物，皆村落之態，謂之「穀板」〔七〕。又以瓜雕刻成花様，謂之「花瓜」〔八〕。又以油麵糖蜜造爲笑靨兒，謂之「果食」，花様奇巧百端，如捺香方勝〔九〕之類。若買一斤，數内有一對被介冑者如門神〔一〇〕之像，蓋自來風流㊆，不知其從，謂之「果食將軍」〔一一〕。又以菉豆、小豆、小麥於磁器内，以水浸之，生芽數寸，以紅藍彩縷束之，謂之「種生」〔一二〕。皆於街心綵幙帳設〔一三〕，出絡貨賣。七夕前三五日，車馬盈市，羅綺滿街，旋折未開荷花〔一四〕，都人善假做雙頭蓮〔一五〕，取翫一時，提攜而歸，路人往往嗟愛。又小兒須買新荷葉執之〔一六〕，蓋效顰磨喝樂。兒童輩特地新粧，競誇鮮麗。至初六日七日晚，貴家多結綵樓於庭，謂之「乞巧樓」〔一七〕。鋪陳磨喝樂、花瓜、酒炙、筆硯、針線，或兒童裁詩〔一八〕，女郎呈巧，焚香列拜，謂之乞巧。婦女望月穿針〔一九〕，或以小蜘蛛安合子內，次日看之，若網圓正，謂之「得巧」。里巷與妓館，往往列之門首，爭以侈靡相尚。磨喝樂本佛經摩睺羅，今通俗而書之。

［校］

㊀陳元靚歲時廣記卷二十六磨喝樂於「潘樓街」前有「京師」二字。

㊁「紅紗碧籠」，陳元靚歲時廣記卷二十六磨喝樂作「碧紗籠」。

㊂「數千者」後，陳元靚歲時廣記卷二十六磨喝樂有「本佛經云摩睺羅，俗訛呼爲磨喝樂。南人目爲巧兒」二十字。

㊃「黄蠣」，陳元靚歲時廣記卷二十六水上浮作「黄蠟」。

㊄陳元靚歲時廣記卷二十六水上浮於「鑄爲」後有「牛女人物及」五字。

㊅陳元靚歲時廣記卷二十六水上浮「龜魚」互乙，補「蓮荷」二字。

㊆「風流」，謝維新古今合璧事類備要前集卷十七節序門七夕京師舊俗作「風俗」。

［注］

〔一〕**七月**

歐陽修漁家傲：七月新秋風露早，渚蓮尚拆庭梧老。是處瓜華時節好。金尊倒，人間彩樓争新巧。萬葉敲聲凉乍到，百蟲啼晚煙如掃。箭漏初長天杳杳。人語悄，那堪夜雨催清曉。

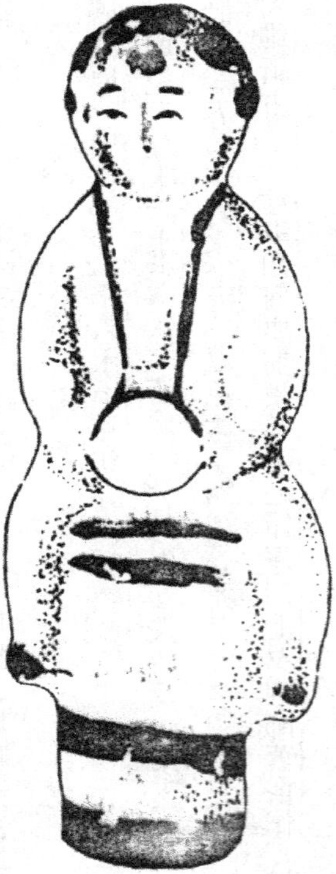

宋代白胎彩繪童子玩具像

〔二〕磨喝樂

宋話本碾玉觀音：去府庫裏尋出一塊透明的羊脂美玉來，即時叫將門下碾玉待詔道：「這塊玉堪做甚麽？」内中一個道：「好做一副勸杯。」郡王道：「可惜，恁般一塊玉，如何將來只做得一副勸杯！」又一個道：「這塊玉上尖下圓，好做一個摩侯羅兒。」郡王道：「摩侯羅兒只是七月七日乞巧使得，尋常間又無用處。」

厲鶚南宋雜事詩卷五：此日輕儇嗟士風，譃談盆盎浴堂中。摩侯羅樣黜雕戲，燈禁自應先蠟紅。

三朝政要：賈相患舉人猥衆，御史請置士籍，復試之日，露索懷挾。辛未榜李舫孫者，少時戲雕摩㬋羅於股間，搜者視之，駭曰：「此文身者。」事聞被黜。

孟漢卿張孔目智勘魔合羅第二折：（高山云）你休打孩兒，我與他一個魔合羅兒。你牢牢收着，不要壞了，底下有我的名字，道是高山塑。第四折：［醉春風］不强似你教幼女演裁縫，勸佳人學繡刺。要分别那不明白的重刑名，魔合羅全在你。你若出脱了這婦銜冤，我教人將你享祭，煞强如小兒博戲。［滚繡毬］我與你曲灣灣畫翠眉，寬綽綽穿絳衣，明晃晃鳳冠霞帔，妝嚴的你這樣何爲？你若是到七月七，那其間乞巧的，將你做一家兒燕喜，你可便顯神通百事依隨。比及你露十指玉筍穿針線，你怎不起一點朱唇説是非，教萬代人知？

［文案］京都譯注本釋磨喝樂源於梵語 mahoraga，爲人身蛇頭蟒神，而在中國則變爲眉清目秀之男兒，日本奈良興福寺金堂所藏乾漆摩睺羅則如是。現發見磨喝樂實物以男性居多，河南禹縣扒村窯址出土宋白釉加彩男童子手持荷葉，騎坐鼓形繡墩上，上身着背心，敞懷坦腹，腰間紮帶，帶垂至兩腿間，其高二十一厘米，紅黑彩釉勾畫眉目、頭鬟、服飾。據王連海中國民間玩具簡史考證，此男童像爲最接近磨喝樂之作。磨喝樂亦有女性之形象，前舉孟漢卿魔合羅雜劇正末所唱即是，所謂「有一對直數千者」亦指一男一女兩性也。然夢粱録謂臨安兒童手執荷葉，效摩睺羅之狀，此東都流傳至當時，「不知出何文記也」。中華鄧注本則以阿彌陀經疏羅睺羅注摩睺羅，對音訛傳，未嘗不可。又若大方廣佛華嚴經

卷一所述十位摩睺羅迦王，傅芸子宋元時代的磨喝樂之一考察之釋解較確：自華嚴經所説諸「摩睺羅迦王」看來，則「摩睺羅」含義極廣，爲數無量，内中清浄威音的和衆妙莊嚴音的兩個當表「音樂之神」，所以現在日本所傳胎藏曼荼羅圖中有執笛擊鼓作樂的「摩睺羅迦」像。武林舊事也有「手中所執戲具皆七寶爲之」的話，雖未説明何物，或許就含有樂器在内，而宮中廣陳「摩睺羅」，或者就是依華嚴經所説的「其數無量」所以廣爲陳設罷？至於一般人的陳供「摩睺羅」，也許因其含義無量，慧力無邊，所以民間都膜拜它？

〔三〕**小塑土偶**

陸游渭南文集卷二九：莫言無妙麗，土稚動金門。蓋鄜州善作土偶兒，精巧雖都下莫及，宮禁及貴戚家争以高價取之。

無名氏湖海新聞夷堅續志後集卷二怪異門泥孩兒怪：臨安風俗，嬉遊湖上者，相尚多買平江泥孩兒，仍與鄰家，謂之土宜像。院西有一民家女，因得壓被孩兒，歸置於牀屏彩橋之上，玩

宋代兒童嬉戲泥塑

弄愛惜無厭。

祝穆宋本方輿勝覽卷之二平江府：土人工於泥塑，所造摩睺羅尤爲精巧。

王安中七夕日送泥兒與彭少逸代簡：此兒眉宇大儇好，中但泥沙相合和。造化作人日無數，憑君熟看幾爭多。

［文案］二十世紀八十年代，宋之「小塑土偶」於江蘇鎮江出土。據劉興鎮江市區出土的宋代蘇州陶捏像介紹：出土塑像，高約十餘厘米，此與陸游老學庵筆記所述鄜州泥孩兒「小者二三寸」相合。其爲泥搏埴捏成，經過燒製，不施釉，間或有加之彩繪點畫者，其形可分神像、人物類。其中五個小兒角抵泥塑最爲傳神，一兒倒地，右臂支撐地上，神閒氣定，一兒匍匐地下，右臂環曲，左臂撐前，矯首昂視，三兒旁觀，表情各異。五位少兒，大襟長褲，嬉戲如生，泥土本色，當爲宋之「小塑土偶」玩具代表作也。

〔四〕**黄蠟**

蘇頌本草圖經蟲魚部上卷第十四蜜：蠟，蜜脾底也，初時香嫩，重煮治，乃成藥家應用。白蠟，更須煎煉，水中烊十數過即白。古人荒歲多食蠟，以度饑。欲啖當合大棗咀嚼，即易爛也。

〔五〕**鸂鶒**

陳耆卿赤城志卷三十六風土門魚之屬：鸂鶒臨海志云毛五色，善勑水取魚。

陸法言、陳彭年覆宋本重修廣韻上平聲卷第一十二：鸂鸂鶒，水鳥。

楊伯嵒六帖補卷十五服用器皿枕席簟褥衾：鸂鶒巵李存勗，克用長子，年十一，從克用破王行瑜，遣獻捷於京師，昭宗異其狀貌，賜以鸂鶒巵翡翠盤，而撫其背曰：「兒有奇表，後當富貴。」唐本紀。

史能之咸淳毗陵志卷第十三土產禽之屬：鸂鶒尾五色，如船柂，小於鳧，能食短狐。杜臺卿賦云「鸂鶒尋邪而逐害」是也。

朱敦儒雙鸂鶒：拂破秋江煙碧。一對雙飛鸂鶒。應是遠來無力。捎下相偎沙磧。　小艇誰吹橫笛。驚起不知消息。悔不當時描得。如今何處尋覓。

文震亨長物志卷四禽魚鸂鶒：鸂鶒能敕水，故水族不能害，蓄之者宜於廣池巨浸，十數爲群，翠毛朱喙，燦然水中。他如鳥喙白鴨，亦可蓄一二，以代鵝群，曲欄垂柳之下，游泳可翫。

〔六〕**水上浮**

〔文案〕京都譯注本據唐歲時紀事述：七夕以蠟作嬰兒浮在水上遊戲，含有婦人宜子之祥意。即唐薛能「芙蓉殿上中元日，水拍銀盤弄化生」。所謂「化生」者，即瑜珈論「無而化有」之說，婦女於七夕借浮於水中蠟制嬰兒祈求生育是也。

〔七〕**縠板**

〔文案〕此謂農圃藝術之品也。舊時燕都，其制亦是：一木板鋪棉撒麥，麥茁碧芽，新緑可愛。阡陌之畝，置耕農於其間。呼爲「縠板」，則以縠寓豐收之意。

〔八〕**花瓜**

嵇含南方草木狀卷下：枸緣子，形如瓜，皮似橙而金色。胡人重之，極芬香，肉甚厚，白如蘆菔。女工競雕鏤花鳥，漬以蜂蜜，點燕檀，巧麗妙絶，無以爲比。

劉恂嶺表録異卷中：枸櫞子，形如瓜，皮似橙而金色，故人重之，愛其香氣。京輦豪貴家飣盤筵，憐其遠方異果，肉甚厚，白如蘿蔔。南中女工競取其肉雕鏤花鳥，浸之蜂蜜，點以臙脂，擅其妙巧，亦不讓湘中人鏤木瓜也。

林洪山家清供卷上香圓杯：謝益齋奕禮不嗜酒，常有「不飲但能着醉」之句。一日，書餘琴罷，命左右剖香圓作二杯，刻以花，温上所賜酒以勸客，清芬藹然，使人覺金尊玉斝皆埃溘之矣。

香圓，似瓜而黄，閩南一果耳。而得備京華鼎貴之清供，可謂得矣。

1. 白沙宋墓第一號墓甬道頂疊勝彩畫
2. 營造法式中的羅紋疊勝

〔九〕**捺香方勝**

〔文案〕京都譯注本謂「方勝」爲菱形交互組合連接模樣，確。然對「捺香」不明。孫注本釋之詳：捺，爲下按、扣壓。香爲調味香料。捺香即模具扣成方勝∞形狀之食品。

〔一〇〕**門神**

蘇軾調謔編争閒氣：東坡示參寥云：「桃符仰祖艾人而駡曰：『汝何等草芥，輒居我上？』艾人俯而應曰：『汝已半截入土，猶争高下乎？』桃符怒，往復紛紛不已。門神解之曰：『吾輩不肖，傍人門户，何暇争閒氣耶？』請妙總大士看此一轉語。」

百歲寓翁楓窗小牘卷下：靖康已前，汴中家户門神多番様，戴虎頭盔。而王公之門，至以渾金飾之，識者謂虎頭男子，是虜字金飾，更是金人在門也。不三數年，而家户被虜，王公被其酷尤甚。

四水潛夫武林舊事卷第三歲晚節物：都下自十月以來，朝天門内外競售錦裝、新曆、諸般大小門神、桃符、鍾馗、狻猊、虎頭，乃金彩縷花、春帖旛勝之類，爲市甚盛。

西湖老人繁勝録：寬闊處踢毬，放胡哮，半鶻鶉，賣等身門神、金漆桃符板、鍾馗、財門。

吴自牧夢粱録卷六十二月：歲旦在邇，席鋪百貨，畫門神桃符，迎春牌兒，紙馬鋪印鍾馗、財馬、回頭馬等，饋與主顧。

〔文案〕宋之門神尚有圖象存世，如南宋畫家李嵩歲朝吉慶圖。其圖爲春節官宦之家共飲屠蘇酒，賓主拜賀，門樓貼武門神像，院内屋門貼文官神像，爲宋代門神傳神之代表。

〔一一〕**果食將軍**

陳元靚歲時廣記卷二十六爲果食：歲時雜記：京師人以糖麵爲果食，如僧食。但至七夕，有爲人物之形者，以相餉遺。

〔二〕**種生**

林洪山家清供卷下鵝黄豆生：温陵人，前中元數日，以水浸黑豆，曝之。及芽，以糠粃寘盆中。鋪沙植豆，用板壓，及長，則覆以桶，曉則曬之。欲其齊而不爲風日損也。中元，則陳於祖宗之前。越三日出之，洗焯，以油、鹽、苦酒、香料可爲茹。卷以麻餅，尤佳。色淺黄，名「鵝黄豆生」。僕遊江淮二十秋，每因以起松楸之念，將賦歸，以償此一大願也。

〔文案〕中華鄧注本、京都譯注本，均以陳元靚歲時廣記二十六注此條，余以爲加注山家清供更爲確切。

〔三〕**綵幙帳設**

張仲文白獺髓：寧廟朝，高文虎知貢舉日，以「天子大采朝目」爲賦題試貢士，而舉人困阨於此，學舍皆歎怨。後文虎因作西湖放生池碑，誤引故事，及上殿墮笏失儀，兩學齋舍裒金作綵帳，贈教禽獸伎人趙十一郎，寓意以譏之。

〔四〕**荷花**

施宿嘉泰會稽志卷十七草部：荷，總名也。華葉等名具衆義，故以不知爲問，謂之荷也。昔人正名百物，有是哉。故曰萬物有成理而不説，郭璞以爲芙蕖一名芙蓉，按説文：未發爲菡萏，已發爲芙蓉。

芙蓉，華之號也，蓋亦通曰芙蕖，毛詩傳云：荷，芙蕖也。其華菡萏，説文以爲其華曰芙蓉，其秀曰菡萏，其實曰蓮，蓮之茂者曰華，今其的中有青爲薏，皆倒生兩芽，一成芰荷，一蔤荷也，又生一芽爲華。蔤荷，帖水生蔤者也。芰荷無蔤，卷荷也，與華偶生，出乎水上，亭亭如纖，是亦謂之伎荷。薏音意，伎，立也。山陰荷最盛，其别曰大紅荷、小紅荷、緋荷、白蓮、青蓮、黄蓮、千葉紅蓮、千葉白蓮，大紅荷多藕，小紅荷多實，白蓮藕最甘脆多液，千葉蓮皆不實，但以爲翫耳。出偏門至三山，多白蓮，出三江門至梅山，多紅蓮。夏夜香風率一二十里不絶，非塵境也，而遊者多以晝，故不盡知。

〔一五〕**雙頭蓮**

談鑰嘉泰吴興志卷二十物産蓮藕：爾雅：荷，芙蕖，其實蓮，其根藕。今鄉土多水泊，遶郭三二十里多種之。夏月彌望如錦繡。芙蕖有紅、白二種，紅者蓮腴而甜，藕硬而淡，白者蓮嫩而淡，藕瑩而甜，故鄉人以紅荷蓮、白荷藕爲貴。秋晚實黑取紅，謂之「石蓮子」。又嫩莖初出曰藕條，爲蔬甚美。又有千葉蓮，花極可愛而無實。梁陳故事云：章氏宅邊水中出重臺千葉蓮花，蘇夫人感而有孕，生宣皇后。又有章蒲多生重臺蓮花。識者云主生美人，自後果生章后，因名。今有此種，蓮蓬内生實處皆出花瓣爲重臺。又間生雙頭蓮。舊編載郡學内齋館後池有紅蕖，賈安宅預貢時，池生雙頭蓮，明年廷試中第一。其後莆陽黄公度來遊學，寓池上，又生雙蓮，次年公度亦爲狀元。

〔一六〕**小兒須買新荷葉執之**

四水潛夫武林舊事卷第三乞巧：小兒女多衣荷葉半臂，手持荷葉，效顰摩睺羅。大抵皆中原舊俗也。

張廣文玉器史話第六章生活氣息的滲入—玉雕的世俗化及玉雕童子：四川廣漢宋代窖藏玉器中有兩件玉雕執荷童子。一件高四厘米，寬三點二厘米，雕成站立雙童子，一大荷葉似傘，在二人頭頂之上，左側童子右手扶衣領，左手捫腹，窄袖，穿大馬甲，褲腿飾「*」形紋；右側童子頭向内轉，似與另一人低語，左手執荷葉柄，肥褲腿，飾「◈」形方格錦紋。另一件高五厘米，寬四點五厘米，雕一盆荷花，荷葉下一童子跪蹲，雙手前伸，似捉甲蟲。

持荷童子題材的流行，同敦煌壁畫所載佛教鹿母蓮花生子的故事有關。雜寶藏經記載：很久以前，在波羅奈國有一座大山，名叫仙山，梵志居住在山上，他經常往山石上大小便。有一隻雌鹿舐食了他的便溺而懷胎，生下一女，梵志將女孩養大成人，梵豫國王知道後，娶了這個女子，立爲第一夫人。後來，這個女子懷了孩子，月份滿時生下了千葉蓮花，大夫人蒙住了她的眼，不讓她看，把蓮花放在籃子裏，扔到河裏任其漂流。這時烏耆延王正帶領徒弟衆人在下游活動，看見籃子後便撈上來，打開一看，千葉蓮花的每一片葉子上都有一個小兒。他把小兒養育起來，這些小兒長大後都成了大力士。

蓮花生子的故事傳到中國不晚于唐代，這一故事對宋代社會生活可能有影響。玉雕持荷童子也是宋代社會生活的反映。

〔一七〕**乞巧樓**　陳元靚歲時廣記卷二十六七夕製綵舫：提要録：世俗七夕，取五綵結爲小樓、小舫，以乞巧。東坡七夕詞云：「人生何處不兒嬉，乞與朱樓綵舫。」山谷詞云：「朱樓綵舫，浮瓜沉李，報答風光有慶。」

〔一八〕**兒童裁詩**　王應麟三字經：瑩八歲，能詠詩；泌七歲，能賦棊。彼穎悟，人稱奇。爾幼學，當效之。司馬光居家雜儀：十歲男子出就外傳，居宿於外，讀詩、禮、傳，爲之講解，使知仁義禮智信。阮閱詩話總龜第二卷幼敏門七二：楊文公，年十一歲，建州送入闕下，章聖親試一賦二詩，頃刻而成。令送中書再試。參政李至狀：「臣等言，押送建州十一歲習進士楊億到中書，其人來自江湖，對天陛殊無震惕，蓋聖祚承平，神童間出。臣等令賦喜朝京闕詩五言六韻，頃刻則成。」詩曰：「七閩波渺漠，雙闕勢岧嶢。曉登雲外嶺，夜渡夜中潮。」斷句：「願秉清忠節，終身立聖朝。」李頎詩話七〇楊文公登樓詩：楊文公數歲不能言，一日家人抱登樓，忽觸其首，便能語。家人曰：「既能言，可爲詩乎？」曰：「可。」遂吟登樓詩云：「危樓高百尺，手可摘星辰。不敢高聲語，恐驚天上人。」七一神童林杰詩：林杰，字智用，五歲與父同遊王仙君壇。父曰：「能詩乎？」杰曰：「羽客已登雲路去，丹砂草本盡雕殘。不知千歲歸何日？空使時人掃舊壇。」又謁唐中丞七夕詩曰：「七夕今朝看碧霄，牽牛織女渡河橋。家家乞巧望秋月，穿盡紅絲幾萬條。」唐公曰：「真神童也。」

七三王元之五歲作詩：王元之内翰，五歲已能詩。因太守賞白蓮，卒言元之能，與語於太守。因召而吟一絶云：「昨夜三更後，姮娥墮玉簪。馮夷不敢受，捧出碧波心。」又云：「佳人方素面，對鏡理新粧。」守曰：「天授也。」

七四丘璿十歲作詩：丘璿十歲謁陳州太守曰：「前日寺中聞射，因成詩云：『殿宇時聞燕雀喧，虚庭盡日少人行。孤吟獨坐情何限，時喜風傳中鵠聲。』」守喜，令對「弱柳絲絲搓緑線」，曰「春雲片片揭新綿」。

七五蔣堂六歲作詩：蔣堂侍郎方六歲，父令作梔子花詩，曰：「庭前梔子樹，四畔有椏杈。未結黄金子，先開白玉花。」

〔一九〕**穿針**

宋話本裴秀娘夜遊西湖記：時值七月七夕，太尉與夫人、小姐在後花園中穿針乞巧。

朱勝非紺珠集卷一九孔針：七夕，宮人向月，以九孔針穿五色線。

# 中元節

七月十五日，中元節〔一〕。先數日市井賣冥器〔二〕：靴鞋、幞頭、帽子、金犀假帶、五綵衣服〔三〕，以紙糊架子盤遊出賣。潘樓并州東西瓦子，亦如七夕。要鬧處亦賣果食、種生、花果之類，及印賣尊勝〔四〕、目連經㊀。又以竹竿斫成三脚，高三五尺，上織燈窩之狀，謂之「盂蘭盆」。掛搭衣服、冥錢，在上焚之㊁。構肆樂人自過七夕，便般目連救母雜劇〔五〕，直至十五日止，觀者增倍。中元前一日，即賣練㊂葉〔六〕，享祀時鋪襯卓面。又賣麻穀〔七〕窠兒，亦是繫在桌子〔八〕脚上，乃告祖先秋成之意。又賣雞冠花，謂之「洗手花」。十五日供養祖先素食〔九〕，纔明即賣穄米飯㊃〔一〇〕，巡門叫賣，亦告成意也。又賣轉明菜花、花油餅、餕豏、沙豏之類。城外有新墳㊄者，即往拜掃。禁中亦出車馬詣道者院謁墳。本院官給祠部十道〔一一〕，設大會，焚錢山，祭軍陣亡歿，設孤魂之道場〔一二〕。

［校］

㊀「尊勝目連經」，陳元靚歲時廣記卷第三十獻先祖作「尊勝經」。

㊁陳元靚歲時廣記卷第三十獻先祖互乙「衣服、冥錢」,「焚之」後爲「以獻先祖」四字。

㊂「練」,陳元靚歲時廣記卷第三十告秋成作「楝」。

㊃陳元靚歲時廣記卷第三十拜新墳於「穄米飯」後有「穄米乃黄穄米也,或謂之黄鳥兒飯,以供佛祭親」十九字。

㊄陳元靚歲時廣記卷第三十拜新墳於「城外有新墳」前補「京師」。「新墳」,京都譯注本據群書通要甲集卷七、書言故事大全卷一〇引本條均作「祖墳」。

## 〔注〕

〔一〕**中元節**

陳元靚歲時廣記卷二十九中元作大獻:道經:七月十五日,中元日。地官校閲,搜選人間,分别善惡,諸天聖衆,普詣宫中,簡定劫數人鬼,簿録餓鬼囚徒,一時俱集,以其日作元都大齋獻。於玉京山采諸花果異物、幡幢寶蓋、精膳飲食,獻諸聖衆。道士於其日夜講誦老子經。十方大聖,高詠靈篇,囚徒餓鬼,一切飽滿,免於衆苦,悉還人中。若非如斯,難可拔贖。

〔二〕**冥器**

司馬光司馬氏書儀卷七喪儀三明器、下帳、苞筲、祠版:明器,刻木爲車馬僕從侍女,各執奉養之物，象平生而小，多少之數依官品。既夕禮，有明器、用器、燕器。孔子曰：之死而致死之，不仁而不可爲也。之死而致生之，不智而不可爲也。注：之，往也。死之、生之，謂無知與有知也。又曰：是故竹不成用，瓦不成沫，木不成斲。注：成，善也。沫，靧也。又曰：其曰明器，神明之也。又曰：塗車芻靈，自古有之。喪葬令：五品六品，明器許用三十事，非升朝官者，許用十五事，並用器碗楪瓶盂之類通數之。沫音末，靧音悔。

〔三〕**五綵衣服**

王楙燕翼詒謀録卷五：仁宗時，有染工自南方來，以山樊葉燒灰，染紫以爲黝，獻之宦者洎諸王，無不愛之，乃用爲朝袍。乍見者皆駭觀，士大夫雖慕之，不敢爲也。而婦女有以爲衫褑者，言者亟論之，以爲奇衺之服，寖不可長。至和七年十月己丑，詔嚴爲之禁，犯者罪之。中興以後，駐蹕南方，貴賤皆衣黝紫，反以赤紫爲御愛紫，亦無敢以爲衫袍者，獨婦人以爲衫褑爾。

周密癸辛雜識別集上胡服間色：茶褐、黑緑諸品間色，本皆胡服，自開燕山始有至東都者。

蘇耆閒談録：許王尹京日，因假奏太宗，求繒帛千匹，以爲服翫之資。

〔四〕**尊勝**

〔文案〕京都譯注本謂「尊勝」全名爲「佛頂尊勝陀羅尼經」。

〔五〕**目連救母雜劇**

大目乾連冥間救母變文：夫爲七月十五者，天堂啓户，地獄門開，三塗業消，十善增長。爲衆僧咨下，此日會福，之（諸）神八部龍天，盡來教福。承供養者，現世福資，爲亡者轉生於勝處。於是盂蘭百味，飾貢於三尊。仰大衆之恩光，救倒懸之窘急。昔佛在世時，弟子厥號目連，在俗未出家時，名曰羅卜，深信三寶，敬重大乘。於一時間欲往他國興易。遂即支分財寶，令母在後設齋供養諸佛法僧及諸乞來者。及其羅卜去後，母生慳悋之心，所囑咐資財，並私隱匿。兒子不經旬月，事了還家。母語子言，依汝付囑營齋作福。因兹欺誑凡聖，命終遂墮阿鼻地獄中，受諸劇苦。羅卜三周禮畢，遂即投佛出家，承宿習因聞法證得阿羅漢果。即以道眼訪覓慈親，六道生死，都不見母。目連從定起含悲，諮白世尊：「慈母何方受於快樂？」爾時世尊報目連曰：「汝母已落阿鼻，見受諸苦。汝雖位登聖果，知欲何爲。若非十方僧衆解下脱之日，已（以）衆力乃可救之。」故佛慈悲，開此方便，用建盂蘭盆者，即是其事也。

陳元靚歲時廣記卷二十中元行禪定：盂蘭盆經：目連見亡母在餓鬼中，以缽盛飯，往餉其母，食未入化成火炭，遂不得食。目連大叫，馳還白佛，佛言：「汝母罪重，非汝一人奈何。當須十方衆僧威神之力，至七月十五日，當爲七代父母。見在父母阨難中者，具百味五果以著盆中供養。十方大德佛勑衆僧，皆爲施主咒。願脱一切餓鬼之苦。」目連白佛：「凡弟子孝順者，亦應奉盂蘭盆可否？」佛言：「大善。」故後代人因此廣爲華飾，以至刻木割竹，飴蠟剪綵縷繒，模花果之形，極工巧之妙。竇氏音訓云：天竺所謂盂蘭盆者，乃解倒懸之器。言目連救母饑阨，如解倒懸，故謂之盂蘭盆。今人遂飾食味於盆中，亦誤矣。

〔文案〕宋之目連救母至今尚存。據劉禎中國民間目連文化敘：由蘇尚志口述，楊健民、韓德英記録之河南南樂縣民間演出本目連救母即是。劇情略謂：劉氏吃齋行善，其弟劉長基吃喝嫖賭不務正業。劉長基借錢爲姐所拒，懷恨在心。當劉氏探弟時，劉長基茶裏下酒，飯裏放肉，破姐齋戒，並寫告姐陰狀。閻王將劉氏拿到陰間審問，方知冤枉，捉劉長基對證。劉長基掙脱逃走，鬼卒復將其拉入地府，施以酷刑。劉氏子目連，被南海大士超渡上山，教習兵法武藝，並賜陰陽扇、九連環兩件寶物，下山救母。目連用九連環打開豐都城，救出母親。南海封劉氏下轉皇姑，目連下轉黄巢再世，以收放出鬼魂。其劇三場，即五鬼拿劉氏、捉拿劉長基和目連僧救母，其劇産於河南，却未專宣佛法，純在悦情娱樂，雜耍武藝，打諢插科，陰曹鬼神，務爲滑稽，與宋之雜劇之源淵風格相近。

〔六〕**練葉**

蘇頌本草圖經木部下品卷第十二楝實：楝實，即金鈴子也。生荆山山谷，今處處有之，以蜀川者爲佳。木高丈餘，葉密如槐而長；三、四月開花，紅紫色，芬香滿庭間；實如彈丸，生青熟黄，十二月採實；其根採無時。此種有雌雄：雄者根赤，無子，有大毒；雌者根白，有子，微毒。當用雌者。俗間謂之「苦楝子」。

陳元靚歲時廣記卷第二十六鋪楝葉：歲時雜記：京師人祭牛女時，其案上先鋪楝葉，乃設果饌等物。街市唱賣鋪陳楝葉。楝音練，苦楝葉也。

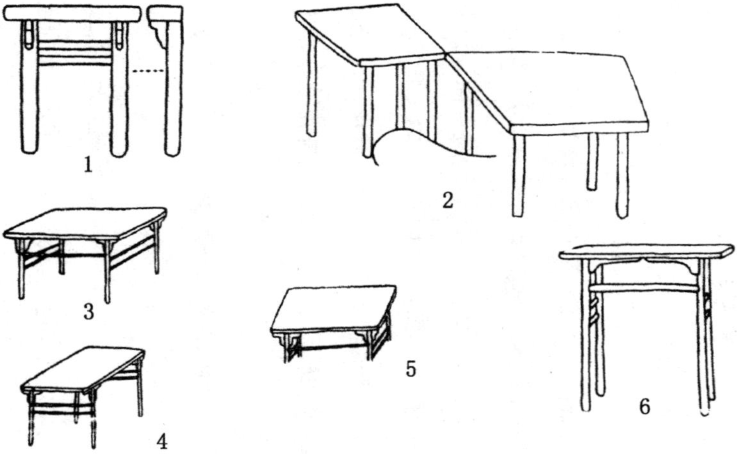


1. 白沙宋墓第一號墓前室西壁壁畫中磚砌桌及其側面

2. 甘肅敦煌莫高窟 85 窟（晚唐）壁畫中的木桌

3. 4. 傳五代顧閎中繪韓熙載夜宴圖中的木桌

5. 宋人消夏圖中的木桌

6. 河北鉅鹿所出北宋木桌

〔七〕**麻穀**

于敏中日下舊聞考卷一百四十八風俗：七月十五日，燕城鄉民，蓟黍苗、麻粟苗連根及土縛竪門之左右，别束三叢立之門外，供以麵果，呼爲祭麻穀。

〔八〕**桌子**

〔文案〕宿白白沙宋墓三十七頁六幅木桌圖可參。

〔九〕**素食**

顔師古匡謬正俗卷三：素食，喪服傳記云：既虞，飯疏食，水飲；既練，食菜果，飯素食。鄭康成注云：素，猶故也，謂復平生時食也。按素食謂但食菜果糗餌之屬，無酒肉也。禮家變節，漸爲降殺。始喪，三日不食，卒哭之内，朝夕各一溢米爲粥而已。既虞，疏食水飲，疏食謂粗疏之飯，單率之菜，食不復粥，又非止一溢也。既練，遍食菜果酸鹹，但無酒肉之屬。既除喪，始食乾肉飲酒，然後乃復平生時食耳。此是禮經明文，安得始練便復平生故食乎？又班書霍光傳載光奏昌邑王過失云：典喪服斬衰，無悲哀之心，廢禮誼，居道上，不素食。王莽傳云：每有水旱，莽輒素食。左右以白，太后遣使詔莽曰：聞公菜食，憂民深矣，今秋幸熟，公勤於職，幸以時食肉。據此益知素食是無肉之食，非平生食也。今俗謂喪門齋食爲素食，蓋古之遺語焉。

司馬光司馬氏書儀卷六喪儀二飲食：凡初喪，諸子三日不食。期、九月之喪，三不食。五月、三月之喪，再不食，或一不食，親戚鄰里必爲糜粥以飲食之，尊長勉之强之，亦可少食，足以充虚續氣而已。既斂，諸子食粥，妻妾及期九月之喪，疏食水飲，不食菜果。五月三月之喪，既葬，食肉飲酒，不與人樂之。父母之喪，既虞卒哭，疏食水飲，不食菜果。小祥，食菜果，大祥，食肉飲酒。期九月之喪，既葬，食肉飲酒，不與人樂之。若有疾，雖父母之喪，食肉飲酒，疾止復初。五十不極毁瘠，六十不毁瘠，七十唯衰麻在身，飲酒食肉，處於内。喪服傳：斬衰，歠粥，朝一溢米，夕一溢米，既虞，疏食水飲，既練，始食菜果，飯素食。注：二十兩曰溢，爲米一升二十四分升之一。疏，猶粗也。素，猶故也，謂復平生時食也。凡居父母之喪者，大祥之前，皆未可食肉飲酒。若有疾，暫須食飲，疾止，亦當復初。必若素食不能下咽，久而羸憊，恐成疾者，可以肉汁及脯醢，或肉少許，助其滋味，不可恣食珍羞盛饌，及與人宴樂，是則雖被衰麻，其實不行喪也。唯五十以上，氣血既衰，必資酒肉扶養者，則不必然耳。則居喪聽樂及嫁娶者，國有正法，此不復論。

羅濬寶慶四明志卷第九敘人中孝行：張超，昌國縣狀元橋東人家，鬻素食爲業。

梁克家淳熙三山志卷第四十土俗類葷食：以歲首率食素一日。紹興辛亥程待制邁，以寇盜未平，牓諭郡民，先是日禁屠。

**〔一〇〕穄米飯**

寇宗奭本草衍義卷之二十穄米：今謂之穄米，先諸米熟，又其香可愛，故取以供祭祀。然發故疾，只堪爲飰，不黏着，其味淡。

丁度附釋文互注禮部韻略卷四去聲十三祭：穄糜也。釋云：吕氏春秋：飯之美者有山陽之穄。又云似黍而不黏。陸法言、陳彭年覆宋本重修廣韻上平聲卷第四十三：穄黍穄。呂氏春秋曰：飯之美者有山陽之穄。説文曰：穄，糜也。糜音糜。

〔二〕祠部十道

〔文案〕京都譯注本亦謂「十道」爲十位僧侶之度牒。度牒者，乃由祠部司發行之國家公認僧侶資格憑證。若水滸傳第三十一回：孫二娘將她「放翻」的頭陀衣物贈與武松化裝爲僧侶，其中「一本度牒做護身符」，「就與他縫個錦袋盛了，教武松掛在貼肉胸前」。足見度牒之貴重。

〔三〕道場

蘇頌蘇魏公文集卷二十七内制青詞中太一宫真室殿開啓祈雨道場青詞：維元祐五年歲次庚午，二月丙申朔，二日丁酉，嗣天子臣名謹遣入内侍省東頭供奉官、勾當龍圖天章寶文閣臣王綬，請道士三七人，於中太一宫真室殿開啓祈雨道場。謹上啓元始天尊、太上道君、太一老君、混元上德皇帝：伏以春爲陽中，萬物待資生之澤；雨沸時若，庶民懷焦亢之憂。敢致潔於清場，用祈靈於真室。伏冀穹旻降鑒，甘澍普霑。獲五稼之豐登，俾群生之茂遂。仰緊神貺，克底時康。

俞文豹吹劍録外集：温公曰：「世俗信浮屠，以初死七日至七七日、百日、小祥、大祥，必作道場功德。則滅罪生天，否則入地獄，受到銼燒舂磨之苦。夫死則形朽腐而神飄散，雖銼燒舂磨，又安得知。」

李舟曰：「天堂無則已，有則賢人生；地獄無則已，有則小人入。今以父母死而禱佛，是以其親爲小人、爲罪人也。」伊川曰：「吾家治喪，不用浮屠，蓋道場羅鈸，胡人樂也。天竺人見僧必飯之，因作此樂。今用之喪家，可乎？」

文豹謂外方道場，惟啓散時用鐃鈸，終夕諷唄講説，猶有懇切懺悔之意。今京城用瑜珈法事，惟只從事鼓鈸，震動驚撼。生人尚爲頭痛腦裂，況亡靈乎？至其誦念，則時復數語，仍以梵語演爲歌調，如降黄龍等曲，至出殯之夕，則美少年長指爪之僧，出弄花鈸花鼓鎚，專爲悦婦人、掠財物之計。見者常恨不能揮碎其首，此東山所以決意不用。而室人交謫，群議沸騰。雖屹立不動，而負謗不少。余嘗舉示諸明達，是者十八九。

無名氏靖康朝野僉言：王宗沇自軍前傳詔云：元帥留上打毬，未得晴，俟打毬畢即還内，士庶聞之，各請僧道作道場祈晴。

成尋參天台五臺山記第七（延久五年三月）：八日辛亥，天晴，後苑瑶津亭奉聖旨於今月初五日開啓謝雨粉壇道場七晝夜，逐日依法四時禮佛行道，所集勝因並用答謝龍天。三月五日道場所，日僧録文鑒大師以黄紙大文字書押門西外面也。祭文二通寫之：

維熙寧六年，歲次癸丑，三月甲辰朔，二日乙巳，皇帝遣入内内侍省内東頭供奉官、勾當御藥院兼後苑陳承禮等，請僧三七人於後苑瑶津亭開啓祈道場，伏以夏春之交，百物茂長，雨暘或失，歲望以慤。欽惟覺慈，等觀群品，尚冀充澤，徧此十方。謹言。

維熙寧六年，歲次癸丑，三月甲辰朔，五日戊申，皇帝遣入内内侍省東頭供奉官、勾當御藥院兼後苑陳承禮等，請僧二十五人於後苑瑶津亭，開啓謝雨粉壇道場七晝夜。伏以甘澤不時，大田將槁，側躬思咎，精意乞靈，冀成歲功，以慰民望，沛然嘉應，曾不崇朝，被除清壇，祗謝神貺，尚繄垂祐，終獲有秋。謹言。

## 立秋

立秋日，滿街賣楸葉〔一〕，婦女兒童輩，皆剪成花樣戴之㊀。是月，瓜果梨棗方盛，京師棗有數品〔二〕：靈棗、牙棗、青州棗〔三〕、亳州棗。雞頭上市，則梁門裏李和家〔四〕最盛。中貴戚里，取索供賣。内中泛索，金合絡繹。士庶買之，一裹十文，用小新荷葉包，糝以麝香，紅小索兒繫之。賣者雖多，不及李和一色揀銀皮子嫩者貨之。

［校］

㊀陳元靚歲時廣記卷二十五戴楸葉於本句下有「形制不一」四字。

［注］

〔一〕楸葉

李時珍本草綱目木部第三十五卷楸拾遺：［釋名］［時珍曰］楸葉大而早脱，故謂之楸；檟葉小而早秀，故謂之檟，唐時立秋日，京師賣楸葉，婦女、兒童剪花戴之，取秋意也。爾雅云：葉小而皵，檟。葉大而皵，楸。皵音鵲，皮粗也。

崔寔四民月令戴楸葉：京師立秋，滿街賣楸葉，婦女兒童皆剪成花樣戴之，形制不一。

〔文案〕崔寔記與本條開首相差甚微，疑孟元老因襲崔寔之記也。

〔二〕棗有數品

羅願爾雅翼卷十釋木二棗：棗者，東木。棗，朿相重。棘，朿相連。東方朔以來爲從來者，蓋戲辭也。大而鋭上曰壺，細腰曰邊，白熟曰樈，樹小實酢曰樲，實小而員紫黑色曰遵，大如雞卵曰洗，苦味曰蹶泄，不着子曰晳，味短苦曰還味。棗有十一名，郭氏得九焉。後世有紫棗、元棗、西王母棗、東海蒸棗、洛陽夏白，與夫雞心、牛頭、羊矢、獼猴、細腰，其名不可勝載。古者八月剥棗，大戴禮曰：剥者，取也。其修治則曰新之，曰疐之，以爲饋食之籩，又以爲婦贄，其事父母舅姑者，棗栗飴蜜以甘之，凶歲亦仰焉。

陳耆卿嘉定赤城志卷三十六果之屬：棗有馬頭棗、鍾棗、鹽官棗數種，又一種名棘子，實小而圓。

吴淑棗賦：或生於石虎園中，或植於景陽山側。羊角、崎廉，細腰、櫅白。或陰鄭街，或饒冀州。名擅雞心，用比狐裘。夏令鑽之而取火，春祀筰之而用油。亦有韓茂國，盛高唐。美陶碩之守節，善程莫之居喪。植玉門於上苑，茂岐峯於北荒。杜畿之直可尚，孫程之謀亦臧。復有無實之稱，太白之名。或啖馬而爲脯，或斫樹而同盟。

〔三〕青州棗

〔文案〕柳貫打棗譜有青州棗，即指素産好棗而著稱之山東益都。

〔四〕李和家

〔文案〕中華鄧注本、京都譯注本均引陸游老學庵筆記李和炒栗，以證李和爲專業炒栗者。趙翼陔餘叢考則謂：北京炒栗最佳，四方皆不及。蓋因金破汴，李和流轉於燕，仍以炒栗世其業耳。此識雖確，然未知栗如何炒，如何美味。郝懿行曬書堂筆録卷四可釋：炒鍋前，一人向火，一人坐高凳，操長柄鐵勺頻攪之令匀遍，和以濡糖、粗沙炒。栗殊小而殻薄，中實充滿，炒用糖膏則殻極柔脆，手微剥之，殻肉分而皮膜不黏。炒栗魅力經久不衰，於此可見矣。

## 秋社

八月秋社，各以社糕、社酒〔一〕相賫送。貴戚宫院以猪、羊肉、腰子、奶房、肚肺、鴨餅〔二〕、瓜薑之屬，切作棊子片樣，滋味調和，鋪於飯上，謂之「社飯」〔三〕，請客供養〔四〕。人家婦女皆歸外家，晚歸即外公、姨、舅，皆以新葫蘆兒〔五〕、棗兒爲遺，俗云「宜良外甥」㊀〔六〕。市學先生〔七〕預斂諸生錢作社會〔八〕，以致雇倩、祗應、白席、歌唱之人。歸時各攜花籃、果實、食物、社糕而散。春社、重午〔九〕、重九，亦是如此。

［校］

㊀「宜良外甥」，陳元靚歲時廣記卷十四宜外甥作「是日歸寧宜外甥」。

［注］

〔一〕**社酒**

陳元靚歲時廣記卷第十四噴社酒：本草云社酒噴屋四壁去蚊蟲，納小兒口中令連語，此祭記餘酒者也。

〔二〕**鴨餅**

賈思勰齊民要術卷九餅法第八十二雞鴨子餅：破寫甌中，少與鹽，鍋鐺中膏油煎之，令成團餅，厚二分，全奠一。

童岳薦調鼎集卷四羽族部野鴨春餅：生鴨餅切絲，拌黄芽葱絲，拌作料悶好，捲春餅油煎。又，切丁，拌切碎豌豆頭、醬油、酒燒，捲春餅油炸。

〔三〕**社飯**

陳元靚歲時廣記卷第十四賜社飯：歲時雜記：社日有漫潑飯，加之雞餅、青蒿、芫荽、韭以蔽之，亦嘗出自中禁，以賜近輔。

〔四〕**供養**

宋話本菩薩蠻：郡王道：「先前他許供養你一家，有甚表記爲證？」新荷告：「恩王，錢原許妾供養，妾亦怕他翻悔，已拿了他上直朱紅牌一面爲信。」

施耐庵羅貫中水滸傳第一回張天師祈禳瘟疫洪太尉誤走妖魔：當下上至住持真人，下及道童侍從，前迎後引，接至三清上，請詔書，居中供養着。

大唐三藏取經詩話上過獅子林及樹人國第五：早起，七人的行十里，猴行者啓：「我師前去即是獅子林。」說由未了，便到獅子林。只見麒麟迅速，獅子峥嶸，擺尾摇頭，出林迎接，口銜香花，皆來供養。

〔文案〕法華經法師品曰：「華香、瓔珞、末香、塗香、燒香、繒蓋、幢幡、衣服、殽饌，作諸伎樂，人中上供而供養之。」據此可知以飲食實物供佛僧爲「財供養」，以講經說法稱「法供養」。

〔五〕**新葫蘆兒**

〔文案〕褚人獲堅瓠集癸集卷之二大葫蘆種曾記：宋相國寺有人懸一大葫蘆賣其種，一粒數百錢，而人競買，至春種秋結仍是瓠爾。可見葫蘆有子甚貴，似女腹中有胎兒也。以新葫蘆兒爲佩飾，爲饋遺，寓意藤蔓綿延，結子繁盛，祈求歸娘家出嫁女添新兒。

〔六〕**宜良外甥**

金盈之新編醉翁談録卷之三京城風俗記二月：社日，是日有三宜三不宜。人家男女並用早起，舊俗相傳苟爲晏起，則社翁、社婆遺糞其面上，其後面黄者則是其驗，一不宜也。女子忌食齏，則嫁時拜公姑腰響，二不宜也。學生皆給假，幼女輟工夫，若是日不休息令人懞董，三不宜也。小學生以葱繫竹竿上，就窗内鑽出窗外，謂之「開聰明」，一宜也。不論男女，以綵線繫蒜懸於心胸之間，令人能計算，二宜也。父母取已嫁女歸家，名曰「歸寧」，舊俗相傳是日歸寧，則多外甥，三宜也。

〔七〕**市學先生**

宋話本西山一窟鬼：却説紹興十年間，有個秀才是福州威武軍人，姓吴名洪。離了鄉里，來行在臨安府求取功名，指望：一舉首登龍虎榜，十年身到鳳凰池。

争知道時運未至，一舉不中。吴秀才悶悶不已，又没什麽盤纏，也自羞歸故里，且只得胡亂在今時州橋下開一個小小學堂度日，等待後三年春榜動，選場開，再去求取功名。逐月却與幾個小男女打交。

捻指開學堂後也有一年之上，也罷過，那街上人家，都把孩兒自來與他教訓，頗自有些趲足。

〔八〕社會

朱彧萍洲可談卷一：太學生每路有茶會，輪日於講堂集茶，無不畢至者，因以詢問鄉里消息。

王君玉國老談苑卷第一：李遵勗、楊億、劉筠，常聚高僧論宗性，遵勗命畫工各繪其像成圖，目曰「禪會」。

魏泰東軒筆録卷之四：京師百司庫務，每年春秋賽神，各以本司餘物貿易，以具酒饌，至時，吏史列坐，合樂終日。慶曆中，蘇舜欽提舉進奏院，至秋賽，承例貨拆封紙以充。舜欽欲因其舉樂，而召館閣同舍，遂自以十金助席，預會之客，亦醵金有差。酒酣，令去優伶，却吏史，而更召兩軍女伎。

脱脱宋史卷三百三十三列傳第九十二榮諲：太康民事浮屠法，相聚祈禳，號「白衣會」，縣捕數十人送府。

李昌齡樂善録卷上：王景亮與鄰里仕族浮薄子數人，結爲一社，純事嘲誚。士大夫無問賢否，一經諸人之目，無有不被不雅之名者。嘗號其里爲「猪嘴關」。

宋話本鄭節使立功神臂弓：只聽得街上鑼響，一個小節級同個茶酒保，把着團書來請張員外團社。原來大張員外在日，起這個社會，朋友十人，近來死了一兩人，不成社會。如今這幾位小員外，學前輩做作，約十個朋友起社。却是二月半，便來團社。員外道：「我去不得，要與爹爹還願時，又不見了香羅木，如何去是了？」那人道：「若少了員外一個，便折散了社會。」

又過幾時，但見時光如箭，日月如梭，不覺又是二月半間，那衆員外便商量來請張員外同去出郊。一則團社，二則賞春。

宋話本楊温攔路虎傳：員外道：「你會使棒，你且共我使一合棒，試探你手段則個。你贏得我，便舉保你入社，與你使棒。」

衆弟子正奔來要打那楊温，却見數中楊員外道：「不可打他，這四山五嶽人看見，不好看！只道我這裏欺他，後番難賽這社。」

謝伋四六談麈：趙祖潁奇與伋同在太學，中秋趣人作會。啓云：庾亮樓邊，漸覩掛簷之月；揚雄宅畔，幾無載酒之人。方孤坐以無聊，欲就眠而未可。伏惟某人，輕財有朱家之度量，好客繼鄭莊之風流。酒滿尊中，屢極詼諧之飲；錢流地上，曾無鄙吝之心。東閣之宴欲開，南樓之興不淺。雖一石滅燭，在淳于髠豈敢望；而五斗解酲，如劉伯倫不無覬也。願挈青州之從事，亟濡東海之波臣。心若搖旌，側聽黄金之諾；言猶在耳，盍追長夜之歡。過此以還，未知所措。

呂祖謙詩律武庫卷四慶壽門一一六同甲會：文潞公保洛日，年七十八，同時有中散大夫程珦、朝議大夫司馬旦、司封郎中致仕席汝言，皆年七十八，嘗爲同甲會，各賦詩一首。潞公詩曰：「四人三百十二歲，況是同生甲午年。招得梁園爲賦客，合成商嶺採芝仙。清談亹亹風盈席，素髮飄飄雪滿肩。此會從來誠未有，洛中應作畫圖傳。」

葉夢得石林燕語卷五：京師百司胥吏，每至秋，必醵錢爲賽神會，往往因醵飲終日。

魏泰臨漢隱居詩話六一：蘇子美監進奏紙，因秋賽會同舍，各醵金以飲。時洪州人李定欲預此會，禱堯臣以干，舜欽不從。

吴可藏海詩話九三：元祐間，榮天和先生客金陵，僦居清化市，爲學館，質庫王四十郎、酒肆王念四郎、貨角梳陳二叔皆在席下，餘人不復能記。諸公多爲平仄之學，似乎北方詩社。王念四郎名莊，字子温，嘗有送客一絶云：「楊花捧亂繞煙村，感觸離人更斷魂。江上歸來無好思，滿庭風雨易黄昏。」王四十郎名松，字不凋。僕寓京師，從事禁中，不凋寄示長篇，僅能記一聯，云：「舊菊籬邊又開了，故人天際未歸來。」陳二叔忘其名，金陵人，號爲陳角梳，有石榴詩云：「金刀劈破紫穰瓢，撒下丹砂數百粒。」諸公篇章富有，皆曾編集。僕以攜家南奔避寇，往返萬餘里，所藏書畫厄於兵火。今屈指當時詩社集六十餘載，諸公佳句，可惜不傳。今僅能記其一二，以遺寧川好事者，欲爲詩社，可以效此，不亦善乎？

司馬光洛中耆英會會約：序齒不序官，爲具務簡素，朝夕食各不過五味，菜果脯醢之類各不過三十器。酒巡無筭，渾淺自斟，主人不勸，客亦不辭。逐巡無下酒時，作菜羹不禁。召客共用一簡，客注可否於字下，不别作簡，或因事分簡者，聽。會日早赴，不待促。違約者每事罰一巨觥。

〔文案〕社，爲土地神崇拜而設祭祀；會則爲聚合之意，聚集之地亦可稱之爲會。社、會可歸於一，所謂春祈秋報，迎神賽會。宋之社會，與先秦以來不同，多蜂起之行業，民間自發組織，志趣相投即可結社成會，日益超越春秋「社會」而不拘一格，賦以新意，甚而有「重囚枷鎖社」、善女人之「鬥寶會」。前舉數例略見一斑。

〔九〕重午

宋話本菩薩蠻：却説可常在草舍中，將息好了。又是五月五日到，可常取紙墨筆來，寫下一首辭世頌：生時重午，爲僧重午，得罪重午，死時重午。爲前生欠他債負，若不當時承認，又恐他人受苦。今日事已分明，不若抽身回去。

五月五日午時書，赤口白舌盡消除。

五月五日天中節，赤口白舌盡消滅。

朱輔溪蠻叢笑：蠻鄉最重重午，不論生熟界出觀競渡，三日而歸。既望復出，謂之「大十五」。

## 中秋

中秋節前，諸店皆賣新酒〔一〕，重新結絡門面綵樓，花頭畫竿，醉仙錦旆，市人争飲，至午未間，家家無酒，拽下望子〔二〕。是時螯〔三〕蟹新出，石榴、榲勃、梨、棗、栗、孛萄、弄色〔四〕

棖橘，皆新上市。中秋夜，貴家㊀結飾臺榭，民間争占酒樓翫月〔五〕。絲篁鼎沸，近内庭居民，夜深遥聞笙竽之聲，宛若雲外。閭里兒童，連宵嬉戲，夜市駢闐，至於通曉。

## [校]

㊀陳元靚歲時廣記卷第三十一於「貴家」前有「市肆」二字。

## [注]

〔一〕**新酒**

龐元英文昌雜録卷第一：九月一日，法酒庫内酒坊詣内東門進新酒，遂以頒近臣有差。前數日，膳部、光禄寺皆嘗酒，舉舊例也。

陳元靚新編群書類要事林廣記卷第九綺語門玉帛飲食：新酒醱醅　新蒭

〔二〕**望子**

江少虞宋朝事實類苑卷第三十八詩歌賦詠酒簾：王逵以祠部員外郎知福州，尚氣自矜。福唐有當壚老媪，常釀美酒，士人多飲其家，有舉子謂曰：「吾能與媪致十數千，媪信乎？」媪曰：「儻能之，敢不奉教。」因俾媪市布爲一酒簾，題其上曰：「下臨廣陌三條闊，斜倚危樓百尺高。」又曰：「太守若出，呵道者必令媪卸酒簾，但佯若不聞。倏太守行馬至簾下，即出卸之，如見責稽緩，即推以事故，謝罪而已。必問酒簾上詩句何人題寫，但云：『某嘗聞飲酒者好誦此二句，言是酒望子詩。』」媪遂託善書者題於酒旗上，自此酒售數倍。王果大喜，呼媪至府，與錢五千，酒一斛，曰：「賜汝作酒本。」詩乃王詠酒旗詩也，平生最爲得意者。

洪邁容齋續筆卷第十六酒肆旗望：今都城與郡縣酒務，及凡鬻酒之肆，皆揭大簾於外，以青白布數幅爲之，微者隨其高卑大小，村店或掛瓶瓢，標帚杆。

侯君素旌異記：崔公度，字伯陽，自少施食，常以尊勝黃幡，遍插食上，率食半爲節，雖寒暑不廢。爲館職日，飲於親故家，中夕方歸，道沿蔡河，馬觸酒家簾，驚而逸，崔墜地。

〔三〕**螯**

羅浚寶慶四明志卷四郡志四：車螯歐陽公詩曰：「璀璨殼如玉，斑斕點生花。」美此物也。一名昌娥，一名魁蛤，奉化鮚崎間有之。

〔四〕**弄色**

〔文案〕據孫注本：宋人可爲果子做色：其一爲用銅緑色水浸泡染色，以長時間保持色澤鮮艷。其二於果子將熟之際，剪紙粘上，夜露烘之，漸變紅色，其紋如生。

〔五〕**翫月**

陳元靚歲時廣記卷第三十一中秋上：方是閒居士中秋翫月記云：中秋翫月，古今所同者也。雖古今所同，然故實所始，騷人雅士不多見於載籍，後世未嘗無遺恨焉。惟唐四門助教歐陽公，貞元十二年與邵楚萇、林蘊、陳詡客長安邸中修厥翫事，賦詩敘景，曲盡其妙。且謂月之爲翫，冬則繁霜太寒，夏則蒸雲蔽月，雲蔽月，霜侵人，蔽與侵俱害乎翫。秋之於時，後夏先冬，八月於秋，季始孟終，十五於夜，又月之中。稽諸天道，則寒暑均，取於月數，則蟾兔圓。埃壒不流，太空悠悠，芳菲徘徊，摶華上浮，昇東林，入西樓，肌骨與之疎涼，神魂與之清冷，斯古人所以爲翫也夫。

## 重陽

九月重陽，都下賞菊有數種〔一〕：其黄白色蕊若蓮房曰「萬齡菊」，粉紅色曰「桃花菊」，白而檀心曰「木香菊」，黄色而圓者曰「金鈴菊」，純白而大者曰「喜容㊀菊」，無處無之。酒家皆以菊花縛成洞户。都人㊁多出郊外登高，如倉王廟、四里橋、愁臺、梁王城、硯臺、毛駝岡〔二〕、獨樂岡等處宴聚。前一、二日㊂，各以粉麪蒸餻〔三〕遺送，上插剪綵小旗，摻飣果實，如石榴子、栗子黄、銀杏、松子肉之類。又以粉作獅子〔四〕蠻王之狀，置於糕上，謂之「獅蠻」〔五〕。諸禪寺㊃各有齋會，惟開寶寺、仁王寺㊄有獅子會。諸僧皆坐獅子㊅上〔六〕，作法事講説〔七〕，遊人最盛。下旬㊆即賣冥衣、靴鞋、席帽〔八〕、衣段，以十月朔日燒獻故也。

［校］

㊀陳元靚歲時廣記卷第三十四賞菊花「容」作「睿」。
㊁陳元靚歲時廣記卷第三十五出郊外於「都人」前有「重陽日」三字。
㊂陳元靚歲時廣記卷第三十四獅蠻糕於「前一、二日」前有「都人重九」四字。
㊃陳元靚歲時廣記卷第三十六作齋會「諸禪寺」後有「九日」二字。
㊄陳元靚歲時廣記卷第三十六作齋會「寺」作「院」。
㊅京都譯注本於「獅子」後補「座」字。
㊆陳元靚歲時廣記卷第三十七朝陵寢於「下旬」前有「城市内外已於」六字。

［注］

〔一〕**賞菊有數種**

史正志史氏菊譜：余在三水植大白菊百餘株，次年盡變爲黄花。今以色之黄白及雜色品類可見於吴門者，二十有七種，大小顔色殊異而不同。

范成大范村菊譜：又其花時，秋暑始退，歲事既登，天氣高明，人情舒閒。騷人飲流，亦以菊爲時花，移檻列斛，輦致觴詠間，謂之重九節物。此雖非深知菊者，要亦不可謂不愛菊也。愛者既多，種者日廣。吴下老圃伺春苗尺許時，掇去其顛，數日則歧出兩枝，又掇之，每掇益歧，至秋則一榦所出，數百千朵，婆娑團欒，如車蓋熏籠矣。人力勤，土又膏沃，花亦爲之屢變。頃見東陽人家菊圖，多至七十種，淳熙丙午范村所植，所得三十六種，悉爲譜之。明年將益訪求它品爲後譜云。

劉蒙劉氏菊譜譜敘：洛陽風俗，大抵好花，菊品之數，比他州爲盛。劉元孫伯紹者，隱居伊水之瀍，萃諸菊而植之，朝夕嘯詠乎其側，蓋有意譜之而未暇也。崇寧甲申九月，余得爲龍門之遊，得至君居，坐于舒嘯堂上，顧翫而樂之，於是相與訂論，訪其居之未嘗有，因次第焉。夫牡丹、荔枝、香筍、茶、竹、硯、墨之類有名數者，前人皆譜録，今菊品之盛，至於三十餘種，可以類聚而記之。故隨其名品，論敘於左，以列諸譜之次。

史鑄百菊集譜序：萬卉蕃廡於大地，惟菊傑立於風霜中，敷華吐芬，出乎其類，所以人皆貴之。至於名公佳士作爲譜者，凡數家，可謂討論多矣。鑄晚年亦愛此成癖，且欲多識其名目，未免周詢博采。有如元豐中鄞江周公師厚記洛陽之菊二十有六品，即洛陽花木記；崇寧中彭城劉公蒙所譜號地之菊三十有五品；淳熙乙未省郎史公正志所譜吴門之菊有二十品；淳熙丙午大參范公成大所譜石湖之菊三十有六品；近而嘉定癸酉吴中沈公競摭取諸州之菊及上至於禁苑所有者總九十餘品以著於篇菊名篇第四，亦一譜也。

於是就吾鄉遍涉秋園，搜拾所有，悉市種而植之，俟其花盛開，乃備述諸形色而紀之。有疑而未辨，則問於好事而質之。夫如是，則古稱九華者，於斯復見矣。且至於四十品，若濫號假名者，不與其數，是爲越譜。至此一記五譜，班班品列，名曰百菊集譜。今去其重復，凡有百六十三名。

卷首諸菊品目：

九華菊（名見陶淵明集，今以此品居首者，尊古也） 佛頂菊（亦名佛頭菊、黄佛頂、大佛頂、小佛頂、樓子佛頂、夏月佛頂） 御愛黄 御袍黄（深色、淺色） 御衣黄 勝金黄（大金黄、小金黄） 側金盞 金絲菊 金錢菊（大金錢、小金錢、千葉小金錢、單葉小金錢、賽金錢） 金鈴菊（亦名塔子菊、大金鈴、小金鈴、夏金鈴、秋金鈴） 金萬鈴（夏萬鈴、秋萬鈴） 金塾菊 金盞銀臺（亦名水仙菊） 金盞金臺 金杯玉盞 金井銀欄 金井玉欄 滴滴金（夏菊也） 滿堂金 銷金菊 銷金北紫 銷銀黄菊 玉盤盂 玉鈴菊 玉甌菊 玉盆菊 銀盤菊 輪盤菊 銀臺菊 銀盆菊 珠子菊 水晶菊 玉毬菊 繡毬菊 珠子黄 錦菊 繡菊 疊金黄（亦名明州黄） 疊羅黄 白疊羅 垂絲菊（黄色） 垂絲粉紅 鋪茸菊 蹙線菊 荔枝菊（白荔枝） 銀杏菊 橙黄菊 柑子菊 枇杷菊 密友菊 酴醾菊（黄色、白色） 木香菊（黄色、白色） 丁香菊 桃花菊 牡丹菊 素馨菊（黄色、白色） 棣棠菊 茉莉菊 薔薇菊 蓮花菊（附荷菊） 芙蓉菊 雞冠菊 蠟梅菊 松菊 柿葉菊 柳條菊 楂子菊 茱萸菊

艾菊　龍腦菊　新羅菊（黄色、白色）　鄧州黄　鄧州白　明州黄　泰州黄　淮南菊　襄陽紅　大笑菊（大笑亦一花名）　笑靨菊（黄色、白色）　喜容菊（黄色、白色）　添色喜容（喜容千葉）　都勝菊　纏枝菊（黄色、白色）　徘徊菊　甘菊　野菊（黄色、白色）　藤菊（亦名一丈黄）　寒菊（黄色、白色）　春菊　五月菊　九日菊　十月白　十樣菊　黄二色　紅二色　樓子菊　鞍子菊　腦子菊　麝香菊（白麝香）　燕脂菊　粉團菊　凌風菊　朝天菊　月下白　楊妃菊（粉紅色）　楊妃裙（黄色）　太真黄　孩兒菊（黄色、白色、粉紅色）　波斯菊　鴛鴦菊　鷺鷥菊　鵓兒菊　鵝毛菊　蜂兒菊　蜂鈴菊　碧蟬菊　合蟬菊　五色菊　紫菊　順聖淺紫　石菊（其色有三，故附於此）　丹菊（九月開）　紅菊（五月開，附乾紅菊）　碧菊　青心菊　單心菊　黄簇菊　鐵脚黄鈴菊　黑葉兒菊　鈸兒菊　釵頭菊

張淏寶慶會稽續志卷第四花：菊前志云：昌安門内朱氏莊，有佳菊數十種。今上原所藝名品亦多，剡中高氏雪館種菊一二百本，最奇者紫菊、丹菊。

陳耆卿嘉定赤城志卷三十六風土門花之屬：菊有四十餘種，今可記者曰黄曰白曰紫曰御袍、金銀、荔枝之類，則取其色；曰甘，則取其味；曰毬子曰玉繡毬曰金盞銀臺，則取其形之類；曰酴醾曰桃花曰茉莉，則取其花之同至是；而獨頭開者曰佛羅菊，狀似孩兒者曰孩兒菊，高與籬落等者曰東籬菊，自海外得種者曰過海菊，餘不可勝載云。

〔二〕毛駝岡

江休復牟駝岡閲馬：牧馬散近坰，閲視乘高秋。駝岡似沙苑，堆阜帶川洲。坡陀故梁城，縈薄西南

陬。連棚映林樾，星羅倚層丘。回風吹陣雲，奔騰欻來遊。野性脱羈馬，飲齕遂所求。腹幹頗肥張，鬱怒何彪休。群毆驟麇鹿，逸勢凌蛟虬。軍戎選輕捷，和鑾御調柔。毛物有千名，衆美歸驊騮。

宇文懋昭大金國志卷之四太宗文烈皇帝二：癸酉，斡離不圍宋京師。先是，藥師嘗打毬於牟駝岡，知天駟監有馬二萬匹，芻豆山積，至是斡離不使奄而取之。

李濂汴京遺迹志卷九岡牟駝岡：在城西北十五里，宋天駟監牧養御馬駝騾之所。靖康時，金將斡離不統鐵騎南馳，攻圍汴京，屯兵於此。後黄河沖激，坍塌平夷矣。

〔三〕**粉麵蒸餻**

陳元靚歲時廣記卷三十四重九棗栗糕：皇朝歲時雜記：二社重陽尚食糕，而重陽爲盛大，率以棗爲之，或加以栗，亦有用肉者，有麵餻、黄米餻，或爲花餻。

百事餻：歲時雜記：重九日天欲明時，以片餻搭小兒頭上，乳保祝禱云：百事皆高。

萬象餻：皇朝歲時雜記：國家大禮，常以九月宗祀明堂，故公廚重九作餻，多以小泥象糁列餻上，名曰「萬象餻」。

餌餹餻：玉燭寶典：九日食餌者，其時黍稌並收，以黏米加味，觸類嘗新，遂成積習。周官籩人職曰：羞籩之實，糗餌粉餈。注云：糗餌者，秬米屑蒸之，加以棗豆之味，即今餌餹也。方言謂之餻，或謂之餈。

食鹿餻：歲時雜記：民間九日作餻，每餻上置小鹿子數枚，號曰「食禄餻」。林洪山家清供卷下蓬餻：采白蓬嫩者，熟煮，細搗，和米粉加以糖，蒸熟，以香爲度。世之貴介，但知鹿茸、鍾乳爲重，而不知食此大有補益。詎不以山食而鄙之哉！

〔四〕**獅子**

蘇軾艾子雜説鎮宅獅子：艾子使於秦，還，語宣王：「秦昭王有吞噬之心，且其狀貌又正虎形也。」宣王曰：「何質之？」曰：「眉上有肉角聳起，目光爛然，鼻直口哆，豐頤壯臆，每臨朝，以兩手按膝，望之宛然鎮宅獅子也。」

阮閲詩話卷之十三警句門中六〇三：楊文公在館閣，占城進獅子，例進詩。文公云：「渡海鯨波息，登山豹霧消。」

〔五〕**獅蠻**

〔文案〕水滸傳第三十四回、第五十四回、第六十三回、第六十七回、第八十三回、第八十四回、第八十八回，均有「獅蠻帶」之記，惟未述此武將之腰帶爲何等形象。其實頗易知，金盈之新編醉翁談録卷四釋獅蠻：「爲文殊菩薩騎獅子像，蠻人牽之。」一九八七年南京太平門外板倉村一座明墓出土方形帶板飾人物牽獅之圖案可證。陳元靚歲時廣記卷第三十五則如是記：「又埴泥爲文殊菩薩騎獅子像，蠻人牽之，以置餻上。」此形象甚確也。朴通事諺解卷上亦可作旁證，用煎熬之糖傾入木印内，即所謂象生物之形，「象作像，木印以木刻成物形，爲模範者也」。以粉作獅蠻亦如置於餻上獅子蠻王之狀。又如同卷所稱「獅仙糖」，即以糖印做騎獅仙人之形也。方齡貴元明戲曲中的蒙古語一百零八獅蠻闥獅蠻則考據：獅蠻二字，基源於傳入蒙古之波斯語，爲dānishmandī 之對音，本義爲伊斯蘭教教士，然往往被誤指一般回回人。獅蠻帶説不定與回回人裝束有關。孫機中國古代帶具則駁斥其説「實誤」。然出土獅蠻帶上人物「或跣足魋髻，或戴虛頂尖帽，多袒露一肩，似表明他們來自遠方」。以此推之，獅蠻爲異域傳來未嘗不可也。

〔六〕**獅子上**

〔文案〕京都譯注本據法華經考「獅子上」應爲「獅子座上」。驗之佛典，甚確。大智度論卷七云：「佛爲人中獅子，佛所坐處，若牀若地，皆名獅子座。」又若南朝梁簡文帝大法頌序：「於是乃披如來之衣，登獅子之座。」座者，高僧説法之座席也。維摩詰經香積佛國品記維摩詰大士曾化出「九萬獅子床」，供諸菩薩趺坐。

宋蘇漢臣繪百子嬉春圖中獅子舞

〔七〕**講説**

大唐三藏取經詩話卷上：羅漢問曰：「今日謝師入宫。師善講經否？」玄奘曰：「是經講得，無經不講。」羅漢曰：「會講法華經？」玄奘：「此是小事。」當時五百尊者、大梵王，一千餘人，咸集聽經。玄奘一氣講説，如瓶注水，大開玄妙。衆皆稱讚不可思議。

程頤家世舊事：伯叔殿直，喜施而與人周，一日苦寒，有儒生造門，即持綿褌與之。其人大驚曰：「何以知我無褌也？」蓋於遊從間常察其不足也。晚年家資懸罄而爲義不衰。有儒生以講説醵錢，時家無所有，伯祖母有珠子裝抹胸，賣得十三千盡以與之。

宋話本花燈轎蓮女成佛記：原來蓮女在學堂裏聽得法鼓，却是能仁寺長老講經説法，一逕走入寺中，一看，果然長老昇座説法。蓮女分開人衆，直到法座下，高聲問曰：「龍女八歲獻寶珠，得成佛道。奴今七歲，無寶珠，得成佛否？」蓮女道罷，長老不答，乃手劃一個圓象，言曰：「你還見麽？」蓮女見了，正欲再問，只見張待詔：「你女兒又去能仁寺問長老。」連忙趕去，抱了便走回家，道：「你如今風了，被人笑恥。」

無名氏道山清話：京師慈雲有曇雲講師者，有道行，每爲人誦梵網經及講説因緣，都人甚信重之，病家往往延致。

張齊賢洛陽搢紳舊聞記卷一少師佯狂：時僧雲辨，能俗講，有文章，敏於應對。若祀祝之辭，隨其名位高下對之，立就千言，皆如宿構，少師尤重之。雲辨於長壽寺五月講，少師詣講院，與雲辨對坐。

王洙王氏談録醫：公言：昔東都有一醫者，姓劉，其術甚異，通黄帝八十一難經，病注者失其旨，乃自爲解，獻於闕下，仍爲人講説。

佚名宣和書譜卷第六杜衍詩：道士陳景元，字太虚，師號真靖，自稱碧虚子，建昌南城縣人。師高郵道士韓知止，已而别其師遊天台山，遇鴻蒙先生張無夢，授秘術。自幼喜讀書，至老不倦，凡道書皆親手自校寫，積日窮年，爲之痀僂。每著書，十襲藏之，有佳客至，必發函具鉛槧出客前，以求點定，其樂善不已復如此。然不乏交，未嘗與俗子將迎，惟相善法雲寺釋法秀，人比之廬山陸修静交惠遠也。初遊京師，居醴泉觀，衆請開講。

〔八〕席帽

魏泰東軒筆録卷之十三：王朴爲學士，居近浚儀橋，常便服，頂蓆帽，步行沿河，以訪親故。

葉夢得石林燕語卷三：今席帽、裁帽分爲兩等，中丞至御史，與六曹郎中，則於席帽前加全幅皁紗，僅圍其半爲裁帽，非臺官及自郎中而上，與員外而下，則無有爲席帽，不知何義，而「裁」與「席」之名，亦不可曉。

吴處厚青箱雜記卷二：巽字仲權，邵武人，以蜃樓、土鼓、周處斬蛟三賦馳名，累舉不第，爲鄉人所侮曰：「李秀才應舉，空去空回，知席帽甚時得離身？」巽亦不較。至是乃遺鄉人詩曰：「當年蹤跡困泥塵，不意乘時亦化鱗。爲報鄉閭親戚道，如今席帽已離身。」蓋國初猶襲唐風，士子皆曳袍重戴，出則以席帽自隨。

高承事物紀原卷三旗旐采章部第十三蓆帽：實録曰：本羌人首服，以羊毛爲之，謂之氈帽，即今氈笠也。秦漢競服之，後故以蓆爲骨而鞔之，謂之蓆帽。女人戴者，四緣垂下網子以之蔽，今世俗或然。吴處厚青箱雜記曰：王衍在蜀，好私行，恐人識之，令民戴大帽，則世俗之戴蓆帽，始於王衍也。

［文案］京都譯注本謂唐帷帽即席帽，革製，緣紗巾自肩垂下而蔽面，亦有藤、藁編織此類帽。周錫保中國古代服飾史則謂席帽亦有氈爲之者，其例如：元和間裴晉公早朝遇刺，刀刃及帽檐而脱禍未害，則因席帽爲有簷之帽。又因裴晉公所戴厚氈帽，可脱其險。至宋，席帽即大帽，或稱大裁帽。以黑縠爲之，以隔風塵。若宋畫中一般市民村夫所戴者，帽前加一幅黑紗圍之或僅圍其半，似帷帽之式而稍異。席帽多爲未有功名之士所戴，若王繼如説「席帽」言：席帽爲未中舉士人身份標示，俟取功名後即改着官品冠服。

# 幽蘭居士東京夢華録卷之九

## 十月一日

十月一日，宰臣已下受衣着錦襖，三日，今五日。士庶皆出城饗墳〔一〕。禁中車馬出道者院及西京朝陵。宗室車馬，亦如寒食節。有司進煖爐炭〔二〕。民間皆置酒作煖爐會也。

## 〔注〕

〔一〕**出城饗墳**

孫思邈千金月令拜墳：十月朔，都城士庶皆出城饗墳，禁中車馬朝陵，如寒食節。

錢希白洞微志：汴都之南百餘里，有周令公墓，墓前一石人，能爲怪，人或過之，多稱魯校書，或云石押衙。

王陶談淵：翰林院侍講學士杜鎬，博學有識，都城外有墳莊。一日若有甘露降布林木，子侄輩驚喜，白於鎬，鎬味之慘然不懌，子侄啓請，鎬曰：「此非甘露，乃雀餳，大非佳兆，吾門其衰矣。」踰年，鎬薨，有八喪。

〔二〕煖爐炭
周煇清波雜志卷第六煖爐炭：宣和間，宗室圍爐次索炭，既至，訶斥左右云：「炭色紅，今黑，非是！」蓋常供熟火也。
陳敬陳氏香譜卷一修製諸香煆炭：凡合香，用炭不拘黑白。重煆作火，罨於密器冷定，一則去炭中雜穢之氣。爇香宜慢火，如火緊則焦氣。

## 天寧節

初十日，天寧節〔一〕。前一月，教坊集諸妓閲樂。初八日，樞密院率修武郎〔二〕以上；初十日，尚書省宰執率宣教郎〔三〕以上，並詣相國寺罷散祝聖齋筵〔四〕。次赴尚書省都廳〔五〕賜宴。

【注】

〔一〕天寧節
陸佃天寧節口號亳州：九天宫闕五雲新，共向中間望紫宸。几杖一千年父老，衣冠三萬里君臣。瀨鄉老子如今檜，蒙縣莊生上古椿。就祝聖君千萬歲，過於天上壽星辰。

楊時天寧節：祥開若木射瑶光，淑氣先春景自長。玉陛風間飛綵綬，獸爐煙暖襲珠囊。自注：千秋節，賜綵綬珠囊，民間以此相饋遺。雲門羽鶴儀仙仗，天上蟠桃薦壽觴。已見晶輝環帝座，定應長照鼎宫傍。自注：鼎宫傍一星，人主壽星也。

〔二〕**修武郎**

闕名趨朝事類官品令大使臣二階：修武郎　訓武郎

龔延明宋代官制辭典第十一編階官類：修武郎，武階名。屬大使臣二階列。北宋政和二年九月二十五日，由内殿崇班改。紹興釐定入品武階五十二階之第四十四階，位於訓武郎下。正八品。

〔三〕**宣教郎**

闕名趨朝事類官品令京官五階：承務郎　承奉郎　承事郎　宣議郎　宣教郎

林駉古今源流至論前集卷六階官沿革圖：宣德郎著作佐郎，大理寺丞，今爲宣教郎。

王栐燕翼詒謀録：今之宣教郎，即昔之宣德郎。政和四年九月，詔宣德郎與宣德門名相犯，可改爲宣教郎。見任人不别給告，但改稱呼。

〔四〕**齋筵**

周煇北轅録：旋供晚食果飣，如南方齋筵先設茶筵，一般若七夕乞巧，其瓦壟、桂皮、雞腸、銀鋌、金剛鐲、西施舌、取其形似，蜜和麵油煎之，虜甚珍此。茶食，謂茶未行酒先設，此品進茶一盞，又謂之茶筵。次供饅頭、血羹、畢羅、肚羹、盪羊餅子、解粥、肉虀羹、索麵、骨頭盤子，自後大同小異。

〔五〕都廳

趙與旹賓退録卷一：祖宗時，諸郡皆有都廳。至宣和三年，懷安軍奏：「今尚書省公相廳改作都廳，内外都廳，並行禁止。欲將本軍都廳，以僉廳爲名。」從之，且命諸路依此。此僉廳得名之始也。然今帥府有僉廳，又有都廳，莫知所始矣。

## 宰執親王宗室百官入内上壽

十二日，宰執、親王、宗室、百官，入内上壽〔一〕大起居。搢笏舞蹈。樂未作，集英殿山樓上教坊樂人，効百禽鳴〔二〕，内外肅然，止聞半空和鳴，若鸞鳳翔集。百官以下謝坐訖，宰執、禁從、親王、宗室、觀察使已上，並大遼、高麗、夏國使副，坐於殿上。諸卿少百官，諸國中節使人坐兩廊。軍校以下排在山樓之後，皆以紅面青嫩黑漆矮偏釘㊀，每分列環餅〔三〕、油餅、棗塔爲看盤〔四〕，次列果子。惟大遼加之猪羊雞鵝兔連骨熟肉〔五〕爲看盤，皆以小繩束之。又生葱、韭、蒜、醋〔六〕各一楪，三五人共列漿水〔七〕一桶，立杓數枚。教坊色長二人，在殿上欄干邊，皆諢裹寬紫袍金帶義襴，看盞，斟御酒。看盞者舉其袖，唱引曰「綏御酒」〔八〕，聲絶，拂雙袖於欄干而止。宰臣酒，則曰綏酒如前，教坊樂部，列於山樓下綵棚中，皆裹長脚幞頭，隨逐部服紫緋緑三色寬衫黄義襴，鍍金凹面腰帶，前列柏㊁板，十串一行，次一色畫面琵琶五十面，次列箜篌兩座，箜篌高三尺許，形如半邊木梳，黑漆鏤花金裝畫。下有臺座，張二十五絃，一人跪而交手擘之。以次高架大鼓二面，綵畫花地金龍，擊鼓人背結寬袖，別套黄窄袖，垂結帶，金裹鼓棒，兩手高舉互擊，宛若流星。後有羯鼓〔九〕兩座，如尋常番鼓子，置之小卓子上，兩手皆執杖擊之，杖鼓應焉。次列鐵石方響，明金彩畫架子，雙垂流蘇〔一〇〕。次列簫、笙、塤、篪、觱篥、龍笛之類。兩旁對列杖鼓二百面，皆長脚幞頭，紫繡抹額，背繫紫寬衫、黄窄袖、結帶、黄義襴。諸雜劇色皆諢裹〔一一〕，各服本色紫緋緑寬衫義襴鍍金帶。自殿陛對立，直至樂棚。每遇舞者入場，則排立者叉手，舉左右肩，動足應拍，一齊群舞，謂之「挼曲子」〔一二〕。挼字仍回反。

第一盞御酒〔一三〕，歌板色一名，唱中腔〔一四〕一遍訖，先笙與簫、笛〔一五〕各一管和，又一遍，衆樂齊舉，獨聞歌者〔一六〕之聲。宰臣酒，樂部起傾盃〔一七〕。百官酒，三臺舞旋，多是雷中慶〔一八〕。其餘樂人舞者諢裹寬衫，唯中慶有官，故展裹舞曲破攧〔一九〕前一遍。舞者入場，至歇拍〔二〇〕，續一人入場，對舞數拍。前舞者退，獨後舞者終其曲，謂之舞末。

第二盞御酒，歌板色唱如前。宰臣酒，慢曲子。百官酒，三臺舞如前。

第三盞，左右軍〔二一〕百戲入場，一時呈拽。所謂左右軍，乃京師坊市兩廂〔二二〕也，非諸軍之軍。百戲乃上竿、跳索、倒立折腰弄盌注〔二三〕、踢瓶〔二四〕、筋斗、擎戴〔二五〕之類，即不用獅豹大旗神鬼也。藝人或男或女，皆紅巾綵服。殿前自有石鐫柱窠，百戲入場，旋立其戲竿〔二六〕。凡御宴至第三盞，方有下酒肉、鹹豉〔二七〕、爆肉〔二八〕、雙下駝峰角子〔二九〕。

第四盞，如上儀，舞畢，發譚㊂子，參軍色執竹竿〔三〇〕、拂子，念致語口號，諸雜劇色打和，再作語，勾合大曲舞。下酒榼〔三一〕，炙子骨頭〔三二〕、索粉〔三三〕、白肉、胡餅。

第五盞御酒，獨彈琵琶。宰臣㊃酒，獨打方響。凡獨奏樂，並樂人謝恩訖，上殿奏之。百官酒，樂部起三臺舞如前畢。參軍色執竹竿子作語，勾小兒隊舞。小兒各選年十二三者二百餘人，列四行，每行隊頭一名，四人簇擁，並小隱士帽，着緋緑紫青生色花衫，上領四契義襴，束帶，各執花枝排定。先有四人裹卷脚幞頭紫衫〔三四〕者，擎一彩殿子内金貼字牌，擂鼓而進，謂之「隊名」，牌上有一聯，謂如「九韶翔綵鳳，八佾舞青鸞」之句。樂部舉樂，小兒舞步進前，直叩殿陛。參軍色作語問，小兒班首近前進口號〔三五〕，雜劇人皆打和畢，樂作群舞合唱，且舞且唱，又唱破子〔三六〕畢，小兒班首入進致語，勾雜劇〔三七〕入場，一場兩段，是時教坊雜劇色：鼈膨、劉喬、侯伯朝、孟景初、王彥喜而下，皆使副也。内殿雜戲〔三八〕，爲有使人預宴，不敢深作諧謔〔三九〕，惟用羣隊裝其似像市語〔四〇〕，謂之「拽串」〔四一〕。雜戲畢，參軍色作語，放小兒隊。又群舞應天長曲子出場，下酒：群仙炙、天花餅、太平畢羅〔四二〕、乾飯〔四三〕、縷肉羹、蓮花肉餅〔四四〕。駕興歇座。百官退出殿門、幕次。須臾追班，起居再坐。

第六盞御酒，笙起慢曲子，宰臣酒，慢曲子，百官酒，三臺舞。左右軍築毬，殿前旋立毬門，約高三丈許，雜綵結絡〔四五〕，留門一尺許。左軍毬頭蘇述，長脚幞頭紅錦襖，餘皆卷脚幞頭，亦紅錦襖十餘人。右軍毬頭孟宣，並十餘人，皆青錦衣，樂部哨笛杖鼓斷送。左軍先以毬團轉衆小築數遭〔四六〕，有一對次毬頭小築數下，待其端正，即供毬與毬頭，打大膁〔四七〕過毬門。右軍承得毬，復團轉衆小築數遭，次毬頭亦依前供毬與毬頭，以大膁打過，或有即便復過者勝。勝者賜以銀盌錦綵，拜舞謝恩，以賜錦共披而拜也。不勝者毬頭喫鞭，仍加抹槍〔四八〕。下酒：假黿魚、密浮酥捺花〔四九〕。

第七盞御酒，慢曲子，宰臣酒，皆慢曲子，百官酒，三臺舞訖，參軍色作語，勾女童隊入場。女童皆選兩軍妙齡容艶過人者，四百餘人，或戴花冠，或仙人髻，鵶霞之服，或卷曲花脚幞頭，四契紅黄生色銷金錦繡之衣，結束不常，莫不一時新粧，曲盡其妙。杖子頭四人，皆裹曲脚向後指天幞頭簪花，紅黄寬袖衫義襴，執銀裹頭杖子，皆都城角者〔五〇〕。當時乃陳奴哥、俎姐哥、李伴奴、雙奴〔五一〕，餘不足數。亦每名四人簇擁，多作仙童丫髻仙裳，執花舞步，進前成列。或舞採蓮〔五二〕，則殿前皆列蓮花〔五三〕。檻曲亦進隊名，參軍色作語問隊，杖子頭者進口號，且舞且唱。樂部斷送採蓮訖，曲終復羣舞，唱中腔畢。女童進致語，勾雜戲入場〔五四〕，亦一場兩段訖，參軍色作語。放女童隊，又群唱曲子，舞步出場。比之小兒，節次增多矣。下酒：排炊羊、胡餅、炙金腸。

第八盞御酒，歌板色一名唱踏歌〔五五〕。宰臣酒，慢曲子，百官酒，三臺舞，合曲破舞旋。下酒：假沙魚、獨下饅頭、肚羹。

第九盞御酒，慢曲子，宰臣酒，慢曲子，百官酒，三臺舞。曲如前。左右軍相撲。下酒：水飯、簇飣下飯〔五六〕。駕興。

御筵酒盞，皆屈卮如菜盌樣，而有手把子。殿上純金，廊下純銀〔五七〕。食器：金銀鍍㊄漆盌楪也。宴退，臣僚皆簪花歸私第，呵引從人皆簪花並破官錢。諸女童隊出右掖門，少年豪俊爭以寶貝供送，飲食酒果迎接〔五八〕，各乘駿騎而歸。或花冠，或作男子結束，自御街馳驟，競逞華麗，觀者如堵，省宴亦如此。

［校］

㊀中華鄧注本疑「釘」誤，京都譯注本則以夢粱録卷三宰執親王南班百官入内上壽賜宴同文「黑漆

矮偏凳坐物」訂「釘」之誤，不無道理。長物志卷六凳曾記「黑漆者亦可用」，考宋漆器以黑色者居多，宋有五開光黑漆木製坐墩，如蘇漢臣秋庭嬰戲圖所見。中華鄧注本疑誤，非無端也。

㊁「柏」，應爲「拍」。據中國音樂詞典謂：自唐以來，拍板由九塊或六塊長方形木板構成，伎藝人以雙手合擊板塊以發聲。現通常用三塊長方形木板，前兩板以細弦捆縛，後爲單塊木板。前後用布帶連結。演奏時，左手持後板，使其下端凸起部分撞擊手前兩板背面以奏樂。

㊂中華鄧注本謂「譚」應從夢粱録作「譚」。王瑛重印本鄧注東京夢華録獻疑則按：「譚子」與「譚子」同義，僅方言之不同而已，今蜀語猶然。

㊃底本「臣」或「官」不清，上海古籍出版社標校本補爲「臣」。

㊄京都譯注本謂「鋑」應作「稜」。

［注］

㈠上壽

王明清揮麈前録卷一：太祖二月二十六日生，爲長春節。太宗十月七日生，爲乾明節，後改爲壽寧節。真宗十二月二日生，爲承天節。仁宗四月十四日生，爲乾元節。英宗正月三日生，爲壽聖節。神宗四月十日生，爲同天節。哲宗十二月七日生，避僖祖忌辰，以次日爲興龍節。徽宗十月十日生，爲天寧節。欽宗四月十三日生，爲乾龍節。

洪邁容齋四六叢談五方老人祝聖壽：聖節所用祝頌樂語，外方州縣各當筵致語一篇。又有王母像者，若教坊，惟祝聖而已，歐陽公集乃載五方老人祝壽文五首，其東方曰：但某太山老叟，東海真仙，溜穿石而增究始終，松避雨而備知歲月。羲氏定三百六日，嘗守寅兵之官；夷吾紀七十二君，盡覩登封之事。遇安期而遺棗，笑方朔之偷桃。風入律而爽自巖前，斗指春而光臨洞口。昔漢武帝嘗懷三島之勝遊，有羨門生欲謁巨公於紹代。今則紫庭降聖，華渚開祥。遠離朝日之方，來展望雲之懇。千八百國，咸歸至治之風；億萬斯年，共禱無疆之壽。其頌只四句，西中南北方皆然。集中不云何處所作，今無復用之。

**〔二〕効百禽鳴**

惠康野叟識餘卷三：舌人，東京賦：重舌。注：舌人也，即今譯諸夷語者，其名甚佳。今人能爲百鳥語者，其音酷相類，亦可謂百舌人也。

宋祁益部方物略記：右百舌鳥，出中蜀山谷間，毛綵翠碧，蜀人多畜之，一云翠碧鳥，善效他禽語，凡數十種。非東方所謂反舌無聲者，往往亦矜鬥，至死不解，然捕者告罕，故惜之，不使極其擊云。

嚴有翼詩話二七反舌：月令：「仲夏之月，反舌無聲。」蔡君謨以反舌爲蝦蟆，段柯古已譏其非矣。殊不知反舌，百舌鳥也，能反易其聲，以傚百鳥之鳴，故謂之反舌。張籍集中有徐州試反舌無聲詩，破題云「夏木多好鳥，偏知反舌名」，則其爲百舌明甚。許慎注淮南子云：「五月陽氣盛於上，微陰起於下，百舌無陰，故無聲也。」朝野僉載云：「百舌春囀夏止，唯食蚯蚓。正月後，凍開蚓出而來。十月後，蚓藏而往。」蓋物之相感也。古今詞章中，多取此以況人之巧言者。故老杜詩云：「過時如發口，君側有讒人。」

優師出土宋副浄、副末學禽鳴像

岳珂桯史卷第九萬歲山瑞禽：艮嶽初建，諸巨璫争出新意事土木。既宏麗矣，獨念四方所貢珍禽之在圃者，不能盡馴。有市人薛翁，素以豢擾爲優場戲，請於童貫，願役其間，許之。乃日集輿衛，鳴蹕張黄屋以遊，至則以巨柈貯肉炙粱米，翁傚禽鳴，以致其類，既乃飽飫翔泳，聽其去來。月餘而囿者四集，不假鳴而致，益狎玩，立鞭扇間，不復畏。遂自命局曰「來儀」，所招四方籠畜者，置官司以總之。一日，徽祖幸是山，聞清道聲，望而群翔者數萬焉。翁輒先以牙牌奏道左，曰：「萬歲山瑞禽迎駕。」上顧罔測，大喜，命以官，賚予加厚。

［文案］倣百禽鳴當脱胎於唐變文百鳥名。然宋百禽鳴史料少見，明清百禽鳴材料則多矣，其源蓋出於宋。若顧禄清嘉録卷一之百鳥之聲「隔壁戲」，李斗揚州畫舫録卷十一虹橋録之揚州專學鳥叫之象聲行當，蔣士銓京師樂府詞所贊喉中能作百鳥聲之畫眉楊。昭槤嘯亭雜録卷八畫眉楊又述：至於午夜寒雞，孤牀蟋蟀，無不酷似。一日作黄鳥聲，如睍睆於緑樹濃陰中，韓孝廉崧觸其思鄉之感，因之落涕，亦可知其技。許起珊瑚舌雕談初筆卷二小畫眉記畫眉楊之徒，其作鸜鵒呼茶聲，宛如嬌女窺窗，年少聞之，莫不心宕神移，魂飛魄越，又作鸞鳳音，翱翔天際，戛戛和鳴，令人心氣和平，至於半夜寒雞，荒郊喔喔，恍覺旅征早起，無限淒凉，如孤牀蟋蟀，籬落秋蟲，懶婦驚心，愁人助歎。一日忽作子規聲，幽怨難名，回腸欲裂，在座無不俱觸鄉思，因之墮淚，不能終聽，亦可知其伎之神。以此文與記畫眉楊文對照，兩文如出一轍。清之文壇，輾轉抄襲，屢見不鮮，此誠非怪事。然記載相繼不絶，爲一學鳥叫師徒作

録，足證「百禽鳴」影響之巨，伎藝之絶，傳承之遠。

〔三〕**環餅**

賈思勰齊民要術卷九餅法第八十二：細環餅、截餅：環餅一名寒具，截餅一名蠍子。皆須以蜜調水溲麵。若無蜜，煮棗取汁。牛羊脂膏亦得；用牛羊乳亦好——令餅美脆。

莊綽雞肋編卷上：食物中有「饊子」，又名「環餅」，或曰即古之「寒具」也。京師凡賣熟食者，必爲詭異標表語言，然後所售益廣。嘗有貨環餅者，不言何物，但長歎曰：「虧便虧我也！」謂價廉不稱耳。

吴坰五總志：干寶司徒儀曰：祭用粰䴵，晉制呼爲環餅，又曰寒具，今曰饊子。

朱翌猗覺寮雜記卷上：杜云：粔籹作人情。楚詞：粔籹蜜餌。郭璞新語：粔籹，膏環也。通俗文：寒具謂之餲，音葛。則粔籹寒具，今之環餅也。東坡云：上有桓元寒具油。則寒具爲環餅無疑。

〔四〕**看盤**

錢易南部新書壬：御廚進饌，凡器用有少府監進者，九飣食。以牙盤九枚，裝食味其間，置上前，亦謂之「看食」。

程大昌演繁露卷二牙盤：唐少府監御饌器用九飣食，以牙盤九枚，裝食味於上，置上前，亦謂之看食。據此即是以牙飾盤矣。問之今世上食，止是髹盤，亦不飾牙。

文彦博牙盤食奏皇祐元年：近臣覩上言以太廟時享牙盤食品，宜盡精美，一如常膳器皿之物，亦取常所進御，於理爲便。臣切以清廟昭德，著於前訓，牙盤上食，本非舊儀。始因唐天寶五載，實明皇之季年，緣秦漢陵寢之制，有朔望上食之儀，遂詔太廟時享兼供牙盤常食，於牲牢籩俎之間，雜燕私膳羞之品，率情變禮，褻昧瀆神。而當時禮官，不能執守典法，遂即因循行之。貞元以來，達禮之士，頻議寢罷，然亦憚於改革。伏自國朝以來，奉宗廟之重，修祭祀之禮，率遵典故，備極精虔。牙盤上食，亦循唐制。行之已久，罷之固難。臣近以差攝祠官，祭享太廟，於點膳之日，親閱牙盤食器，並皆精潔，塗金銀鑲，朱裹漆器，列於簠簋之次，實得奢儉之中。至於食味品數，皆有舊規，謂宜謹守故常，不可增改。但中敕所司，每遇上食，務盡精潔，其食器稍有損故，隨即申請飾換，一切如故儀，更不擅議增改。取進止。

陸鳳藻小知録卷十飲食：牙盤　看卓　［看食、飣坐、香藥卓］通雅：牙盤，看食盤也，一曰看食。

**〔五〕猪羊雞鵝兔連骨熟肉**

劉恂嶺表録異卷中：交趾之人重不乃羹，羹以羊、鹿、雞、猪肉和骨同一釜煮之，令極肥濃，漉去肉，進葱、薑，調以五味，貯以盆器，置之盤中。

〔文案〕遼人所食，以肉爲主。葉隆禮契丹國志卷二十三漁獵時候所記遼主殺鵝擊兔以食。不獨如此，款待漢使亦如是，若路振乘軺録所記「熊肪羊豚雉兔之肉爲濡肉，牛鹿雁鶩熊貉之肉爲臘肉，割之令方正，雜置大盤中」。而漢啖遼使則必是猪羊雞鵝兔連骨肉等，不過爲享廚爨以屏毛血之「熟肉」耳。然則「連骨」則需「開割」。若葉子奇草木子卷之三下雜制篇所謂：「北人茶飯重開割，其所佩小篦刀，用鑌鐵定鐵造之，價貴於金，實爲犀利，王公貴人皆佩之。」

〔六〕**醋**

張鎡仕學規範卷九行己：貴姓子弟於飲食玩好之物之類，直是一生將身伏事不懈，如管城之陳醋瓶，洛中之史畫匣是也。

九山書會張協狀元第二十一齣：［鬥黑麻］帝德廣過堯，喜會太平。我是清朝第一大臣。淨所爲，直是英俊。論梗直，最怕人。好底酸醋，吃得五瓶。

吕居仁官箴：王沂公常説：「吃得三斗釅醋，方做得宰相。」蓋言忍受得來。

〔七〕**漿水**

無名氏居家必用事類全集己集漿水類桂漿法：夏月飲之，解渴清痰。勿與酒同飲。官桂（三兩，爲末。）赤茯苓（去皮，爲末。）細曲末（半斤。）大麥蘖（半兩，爲末。）杏仁（百粒，浸，去皮、尖，研細。）生蜜（三斤。）右用熟水一斗，冷定，調匀，入磁罐内攪三五百轉，用油紙封口，覆以數重，入窨五日方熟。或臘紙密封，沉井底七日，綿濾去滓，水浸，飲之。荔枝漿：桂（三兩。）丁香（二分。）烏梅（半斤，煎汁。）縮砂仁（三兩，銼碎，煎汁一升。）生薑汁（半盞。）右件澄清，相和。入糖二斤半，銀石器熬。候稠濃，濾過用之。木瓜漿：木瓜一個，切下蓋，去穰。盛蜜，却蓋了，用簽簽之。於甑上蒸軟。去蜜不用，及削去。中别入熟蜜半盞，入生薑汁同研如泥。以熱水三大碗拌匀，濾滓，盛瓶内。井底沉之。漿水法：熟炊粟飯，乘熱傾在冷水中。以缸浸五七日，酸便好吃。如夏月，逐日看，纔酸便用。如過酸，即不中使。齏水法：菘菜浄洗，略湯中焯過。入極清麵湯内，以小缸盛。看菜與麵湯多少相稱。菜不必多。候五七日，酸可吃。如有齏脚一小碗，只一日可用。冬日略近火，尤易熟。諸菜皆可。

［文案］梅原郁譯注夢粱録卷三釋「漿水」謂「不詳」。上舉漿水數則可釋。又陳元靚事林廣記卷一卧漿法、淘米、煎漿記製漿過程甚詳，可參。

**〔八〕綏御酒**

葉夢得石林燕語卷五：公燕合樂，每酒行一終，伶人必唱「嗺酒」然後樂作，此唐人送酒之辭。本作「碎」音，今多爲平聲，文士亦或用之。王仁裕詩「淑景易從風雨去，芳樽須用管弦嗺」。方以智通雅卷之二十八禮儀：嗺酒，一作膗酒，即催酒也。元有喝盞之儀。李涪刊誤言：膗酒三十拍，促曲名三臺。膗合作啐，蓋送酒也。資暇集言與涪同。程大昌言内燕抗聲索樂，但云膗音催酒。字書：膗，屈破也。當是啐酒之轉。名賢詩話：王仁裕詩「芳尊每命管弦嗺」。又趙勰交趾事蹟言「嗺酒逐歌」。可知嗺酒乃唐人熟語，宋相沿不改也。

［文案］中華鄧注本謂「膗」至宋又訛作「綏」。劉永濟宋代歌舞劇曲録要則謂：今考集韻，綏又作啛，促飲也。促飲亦即侑酒。京都譯注本亦持同見，以敦煌寫本字寶「捘」與「嗺」相同而推論：唐以來

宴會飲酒之時則已如此矣。即劉永濟所言：「嗺」者，公宴時演奏大曲中間所加儀節也。

〔九〕**羯鼓**

南卓羯鼓録：羯鼓出外夷，以戎羯之鼓，故曰羯鼓。其音主太簇一均，龜兹部、高昌部、疏勒部、天竺部皆用之，次在都曇鼓、答臘鼓之下，雞婁鼓之上。鞚如漆桶，下有小牙牀承之。擊用兩杖，其聲焦殺鳴烈，尤宜促曲急破，作戰杖連碎之聲。又宜高樓晚景，明月清風，破空透遠，特異衆樂。杖用黄檀、狗骨、花楸等木，須至乾緊絶濕氣，而復柔膩。乾取發越響亮，膩取戰裹健舉。棬用剛鐵，鐵當精鍊，棬當至匀。若不剛，即應條高下，摺捩不停；不匀，即鼓面緩急，若琴徽之敉病矣。

〔一〇〕**流蘇**

〔文案〕中華鄧注本以龐元英文昌雜録中五綵毛雜而垂之爲流蘇。余以爲尚未透徹，張師正倦遊雜録罨畫流蘇錫銷曾言其於東京州西所見流蘇，乃四角繫有盤線繪繡之毬，五色，昔謂之同心而下垂者。流蘇帳者，古人繫流蘇於帳之四隅以爲飾耳。以此合文昌雜録所記則爲周全，驗之白沙宋墓第一號墓過道兩壁壁畫流蘇則更一目瞭然。

〔一一〕**諢裹**

〔文案〕京都譯注本謂「諢裹」專指雜劇女優之特別扮裝。此釋似襲都城紀勝瓦舍衆伎之言：雜劇部又戴諢裹，其餘只是帽子幞頭。以此釋「諢裹」尚嫌不足，廖奔宋元戲曲文物與民俗則釋之較詳：所

1

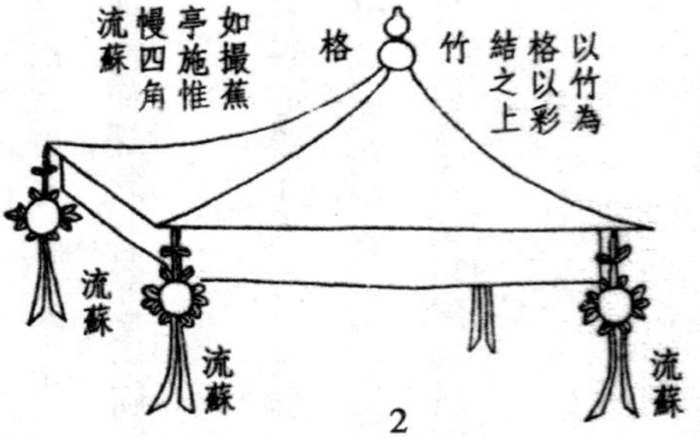


2

1. 白沙宋墓第一號墓過道兩壁壁畫中的流蘇

2. 纂圖增新群書類要事林廣記中的帷幔四角的流蘇

謂「諢裹」，則是不按普通裹式，而獨出心裁，隨意加工，將頭巾裹成各類滑稽樣式，以逗樂取笑。如丁都賽雕磚形象將頭巾偏向右側裹托，露出一角；眼藥酸圖中「諢」角頭巾朝天裹縛，上紮以麻繩，即皆爲諢裹。另一幅宋雜劇絹畫中左側一人，與正常裹式相反，將幞頭大帶反紮於腦前，又不整齊打結，而草草繫之了事。另如温縣墓副淨色亦裹成偏墜式，榮陽石棺、温縣館藏Ⅱ組雕磚、運城元墓壁畫副淨色裹成獨角斜挑式，稷山馬村二號墓左一人、侯馬戲俑右一人、潘德沖石棺左一人裹成圓形偏髻式，偃師左第二人頭巾向後裹、上紮花果成爲腦後開花式等等。又據繁勝録記京都四百十四行亦有專門「做諢裹」一行，可見「諢裹」已爲大衆愛好。

〔二〕**挼曲子**

〔文案〕孫注本謂擊節打拍，配合曲子由慢到快之演奏速度。

〔三〕**第一盞御酒**

楊億正冬御殿上壽樂章八首賜群臣第一盞酒宫懸奏正安之曲：思皇多士，靖恭著位。鳴玉飛纓，鏘鏘濟濟。宴有折俎，以示慈惠。罔敢不祗，福禄來曁。

〔四〕**中腔**

〔文案〕沈括夢溪筆談卷五謂「中腔」爲宋大曲之一種，或如京都譯注本所謂編爲大曲交響樂章之一種。

〔五〕**笛**

葉夢得避暑録話卷上：政和間，郎官有朱維者，亦善音律，而尤工吹笛，號教坊亦推之。流傳入禁中。蔡魯公嘗同執政奏事，及燕樂將退。上皇曰：「亦聞朱維吹笛乎？」皆曰：「不聞。」乃喻旨召維試之。使教坊善工，在傍按其聲。魯公與執政會尚書省大廳，遣人呼維，甚急。維不知所以，即至，命坐於執政之末，尤皇恐，不敢就位。乃喻上語，維再三辭。鄭樞密達夫在坐，正色曰：「公不吹，當違制。」維不得已，以朝服勉爲一曲，教坊樂工皆稱善，遂除維爲典樂。

〔一六〕**歌者**

宋祁宋景文雜説：歌者不曼其聲，則少和。

王灼碧雞漫志卷第一：今人獨重女音，不復問能否，而士大夫所作歌詞，亦尚婉媚，古意盡矣。政和間，李方叔在陽翟，有攜善謳老翁過之者，方叔戲作品令云：「唱歌須是玉人，檀口皓齒冰膚。意傳心事，語嬌聲顫，字如貫珠。老翁雖是解歌，無奈雪鬢霜鬚。大家且道，是伊模樣，怎如念奴？」方叔固是沉於習俗，而語嬌聲顫，那得字如貫珠？不思甚矣！

晏殊山亭柳贈歌者：家住西秦。賭博藝隨身。花柳上、鬥尖新。偶學念奴聲調，有時高遏行雲。蜀錦纏頭無數，不負辛勤。　數年來往咸京道，殘杯冷炙謾消魂。衷腸事、託何人。若有知音見採，不辭徧唱陽春。一曲當筵落淚，重掩羅巾。

吴幵詩話一二一蒨桃贈歌者詩：翰府名談載寇萊公妾蒨桃贈歌者詩云：「一曲清歌一束綾，美人猶似意嫌輕。不知織女寒窗下，幾度抛梭織得成。」予嘗記南唐李詢贈織錦詩云：「札札機聲曉復晡，眼穿力盡意何如。美人一曲成千賜，心裏猶嫌花樣疏。」蒨桃詩意本此而不及也。

蔡絛詩話一〇五：王晉卿詵都尉既喪蜀國，貶均州，姬侍盡逐。有歌者號囀春鶯，色藝兩絶。平居屬念，不知流落何許。後二年，内徙汝陰，道過許昌，市旁小樓，聞泣聲甚怨，晉卿聞之，問，乃囀春鶯也。恨不可復得，因賦一聯：「佳人已屬沙吒利，義士今無古押衙。」晉卿每話此事。客有足其章者，晉卿覽之，尤愴然。其詞云：「幾年流落在天涯，萬里歸來兩鬢華。翠袖香殘空挹淚，青樓雲渺定誰家？佳人已屬沙吒利，義士今無古押衙。回首音塵兩沉絶，春鶯休囀沁園花。」

吴曾詩話七二九：善歌者當使聲中無字，字中有聲。凡曲，止是一聲清濁高下，如縈縷耳。字有喉脣齒牙舌不同，當使字字舉末皆輕圓，悉融入聲中，令轉換處無磊隗，此謂「聲中無字」。禮曰：「夫歌者，上如抗，下如墜，止如槁木。倨中矩，句中鉅，累累如貫珠。」今謂之「善過度」。如宫聲字而曲合用商聲，則能轉宫爲商歌之，此「字中有聲」也。善歌者謂「内裹聲」。不善歌者聲無抑揚，謂之「念曲」，聲無含韞，謂之「叫曲」。

**〔一七〕傾盃**

段安節樂府雜録新傾盃樂：案通典一百四十六，貞觀末，有裴婢婦作傾盃樂。明皇雜録，玄宗時馬舞曲名傾盃樂。故此宣宗所製，别名新傾盃樂也。舊脱新字。依御覽補。宣宗喜吹蘆管，案御覽喜作善。自製此曲，内有數拍不均，上初捻管，案舊脱「内有」七字，依御覽補。令俳兒辛骨𩨘拍不中，上瞋目瞠視之，案舊脱「之」字，依御覽補。骨𩨘憂懼，一夕而殞。案夕字舊訛日。依御覽改。

**〔一八〕雷中慶**

蔡絛鐵圍山叢談卷第六：太上皇在位，時屬昇平。手藝人之有稱者，棋則劉仲甫，號「國手第一」；相繼有晉士明，又逸群。琴則僧梵如者，海大師之上足也，然有左手無右手；梵如之亞僧則全根，本領雅不及梵如，但下指能作金石聲。教坊琵琶則有劉繼安。舞有雷中慶，世皆呼之爲「雷大使」。笛有孟水清。此數人者，視前代之伎，一皆過之。

〔一九〕**攧**

王灼碧雞漫志卷三：凡大曲有散序、靸、排遍、攧、正攧、入破、虛催、實催、衮遍、歇指、殺衮一本實催下云滚拍、遍歇、殺滚。始成一曲，此謂大遍。

劉永濟宋代歌舞劇曲録要總論七攧攧遍正攧：攧者，排遍之末一遍名，此遍之拍前後十八拍又四花拍，如今之贈板。因此遍畢即入破，故於相近一遍，增多拍數，使其音節漸繁，方不見其變太突。然則攧亦形容拍多音繁，聲調攧動的意思。

〔二〇〕**歇拍**

劉永濟宋代歌舞劇曲録要總論十一歇拍：按歇拍在煞衮之前，曲調至此將歇，故曰歇拍，望文可知。

〔二一〕**左右軍**

王鞏聞見近録：李和文都尉好士，一日召從官，呼左右軍官妓，置會夜舞，臺官論之。

〔二二〕兩廂

任廣書敘指南卷第九樂工倡伎：藝人分廂曰東西朋。郝處俊。

黄震黄氏日抄卷四十讀本朝諸儒理學書八東萊先生文集雜説：左右廂起於唐，本李靖兵法，自府兵變爲彍騎，謂之「禁兵」。諸道變爲長鎮，謂之「鎮兵」。昭宗之亡，禁旅盡矣。朱全忠以鎮兵得國，京師始分四廂，諸軍分兩廂，自周世宗於方鎮寄招禁軍，由是州郡始有禁軍。太祖專治禁軍，而廂浸廢爲卒矣。

〔二三〕倒立折腰弄盌注

〔文案〕陳暘樂書：拗腰技爲翻折其身，手足偕至於地，以口銜器而復立也。明三才圖會弄甌圖可參：翻折其身，手足着地，以口弄盌注，類似今之軟功。亦與前注「趙野人倒吃冷淘」相同。

〔二四〕踢瓶

陳暘樂書卷一百八十七雜樂蹴瓶伎：蹴瓶之伎，蓋蹴其瓶，使上於鐵鋒、杖端或水精丸與瓶相值，迴旋而不失也。

〔二五〕擎戴

陳暘樂書卷一百八十七雜樂擎戴伎：擎戴之伎，蓋兩伎以首相抵戴而行也。

〔二六〕戲竿

三才圖會弄甌圖

［文案］戲竿亦可稱爲木竿或木戲，李復和人觀木戲可證：「百尺高竿巧捷身，竿頭立定鬥尖新。更呈失脚翻身樣，平地旁觀亦損神。」

［三七］**鹹豉**

無名氏居家必用事類全集庚集素食鹹豉：熟麵筋、絲碎、筍片、木耳、薑片或加蘑菇、桑莪、蕈，下油鍋炒半熟，傾入擂爛醬、椒、沙糖、少許粉牽，熓熟，候汁乾供。

〔二八〕**爆肉**

宋詡竹嶼山房雜部卷三養生部三獸屬製：油爆猪：取熟肉細切膾，投熱油中爆香，以少醬油、酒澆，加花椒、葱，宜和生竹筍絲、茭白絲同爆之。

油爆鵝：一用熟肉切臠，以鹽、酒煩揉，加花椒、葱，投少香油中，爆乾香。一煩揉，以赤砂糖、鹽、花椒，投油中爆之。

油爆雞：一用熟肉，細切爲膾，同醬瓜、薑絲、栗、茭白、竹筍絲，熱油中爆之，加花椒、葱起。一用生肉，細切爲膾，鹽、酒、醋浥少時，作沸湯焯，同前料入油炒。

高濂遵生八箋卷十一飲饌服食箋上炒腰子：將猪腰子切開，剔去白膜觔絲，背面刀界花兒，落滚水微焯，漉起，入油鍋一炒，加小料葱花、芫荽、蒜片、椒、薑、醬汁、酒、醋，一烹即起。

〔二九〕**駞峰角子**

無名氏居家必用事類全集庚集從食品駞峰角兒：麵二斤半，入溶化酥十兩，或猪、羊油各半代之，冷水和鹽少許，搜成劑。用骨魯槌擀作皮，包炒熟餡子，捏成角兒，入爐爊熟供。素餡亦可。

〔三〇〕**參軍色執竹竿**

柳子光樂學軌範卷八唐樂呈才儀物圖說竹竿子：柄以竹爲之，朱漆。以片藤纏結下端，蠟染，鐵粧。凡儀物柄同雕木頭冒於上端。又用細竹絲一百個，插於木頭上，並朱漆，以紅絲束之。每竹端一寸許，裹以金箔紙，貫水晶珠。

〔文案〕據徐筱汀釋末與浄、孫楷第也是園古今雜劇考、周貽白中國戲曲發展史綱要諸家考析：「參軍色」源於唐參軍戲，亦在戲劇演出之列，然充作贊導語者居多，頗類雜劇中之「引戲」。若岡田玉山唐土名勝圖繪卷三所繪「丹陛大樂戲竹」：二人執之立於丹陛上，合則作樂，離則止樂。據此可知，「參軍色」爲指揮音樂作止之職，引領演員上場，説明節目，兼作「致語」。因參軍色常執竹竿子上場，竹竿子便爲參軍色代稱，成爲樂次出場、入場指揮棒。多人隊舞，竹竿子可左右其進退步法。參軍色既長其曹偶，伎藝必更突出，故凡念致語、口號、主問答諸事皆屬之。手持竹竿子參軍色，實是以雜劇色中主要脚色身份而兼司各務。

〔三二〕**下酒榼**

〔文案〕丁度集韻卷十釋「榼」爲酒器，證之周密癸辛雜識續集回回沙磧，可知「榼」亦作壺，貯水器。然「下酒」則與「榼」不合，「下酒」爲佐酒菜肴，難以「榼」盛。「榼」若借爲「磕」，可通，「榼」轉爲象聲詞，大聲之意也。所謂「榼榼啐啐，若從天下，若從地出」。「榼」合以「下酒」，作佐酒之大聲助興解。

〔三三〕**臽子骨頭**

〔文案〕臽，燒煮、燒烤之意也，無名氏居家必用事類全集庚集肉下飯品骨炙或可參證：帶皮羊脅，每枝截兩段。用腦砂末一稔，沸湯浸，放温，蘸炙，急翻勿令熟。再蘸再炙，如此三次。好酒略浸，上鏇一翻，便可食。凡猪羊脊膂，獐兔精肉，用羊脂包炙之。

〔三三〕**索粉**

〔文案〕參本書卷二「飲食果子」節下「索粉玉棊子」條注。

〔三四〕**紫衫**

李攸宋朝事實卷十六兵刑：仁宗天聖七年十月，詔諸軍班典賣官所給軍號法物，以違制論，自餘以不應爲從重科之。先是，樞密院言：御馬直于榮鬻自製紫衫，而開封府以軍號法物定罪，請下法官議，而審刑院言捧日、天武、拱聖、驍騎、寧朔、龍猛、神勇、飛猛、宣武、虎翼、衛聖服緋袖衫，渤海、神衛、捧節、牀子弩雄武、飛山服紫袖衫，吐渾員寮、直龍衛、雲騎、武騎、龍衛帶甲剩員紫紽衫，又皆有緋小綾卓畫帶甲背子一，以上爲軍號，殿前諸班直、馬軍諸班、殿前左右班、内殿直散員散指揮、金槍東西班、鈞容直，皆服錦襖背子，給塗金銀束帶，銀鞌勒，謂之「儀注」。御龍直服錦襖背子、皂羅直珠頭巾、塗金銀帶，以上爲法物，犯者亦以軍號論。今于榮鬻自製紫衫，難從軍號、法物定罪也，故降是詔。

袁文甕牖閑評卷六：今之紫衫，下吏之服也。自南渡以前，士大夫燕服止是冠帶，惟下吏便於趨走，則服紫衫。

〔三五〕**進口號**

王珪集英殿乾元節大燕教坊樂語口號：清蹕傳音紫集來，逡巡萬玉擁鈞臺。南山鎮地符辰算，北斗傾霞入宴杯。鎬飲篇中魚演漾，虞韶聲裏鳳徘徊。年年赤帝乘離月，長見雲龍帳殿開。

蘇軾坤成節集英殿宴教坊詞致語口號元祐二年七月十五日：三朝遺老九門前，又見承平大有年。文母憂勤初化俗，曾孫仁孝已通天。史書元祐三千牘，樂奏坤成第一篇。欲採蟠桃歸獻壽，蓬萊清淺半桑田。

〔文案〕卷六元旦朝會、卷十郊畢駕回亦有「口號」。

〔三六〕**破子**

王讜唐語林卷五補遺：天寶中，樂章多以邊地爲名，若涼州、甘州、伊州之類是焉。其曲啓蒙繁聲爲破。

〔三七〕**小兒班首入進致語，勾雜劇**

蘇軾文集卷四十五貼子詞樂語集英殿秋宴教坊詞小兒致語：臣聞天行有信，正得秋而萬寶成；君德無私，日將旦而群陰伏。清風應律，廣樂在庭。占歲事於金穰，望天顔之玉粹。沐浴膏澤，詠歌升平，恭惟皇帝陛下，天縱聰明，日躋聖知。無一物之失所，得萬國之驩心。雖擊壤之民，因何知於帝力；而後天之祝，亦各抒於下情。臣等幸以齠齔之年，得居仁壽之域。詠舞雩於沂水，久樂聖時；唱銅鞮於漢濱，空慙郢曲。願陳舞綴，少奉宸歡。未敢自專，伏候進止。

勾雜劇：朱絃玉琯，屢進清音；華翟文竿，少停逸綴。宜進詼諧之技，少資色笑之歡。上悦天顔，雜劇來歟。

蘇頌蘇魏公文集卷二十八内制教坊作語勾雜劇：鈞天廣樂，方終萬舞之儀；齊庭滑稽，尚聘六章之辨。瞻綵眉之兑説，當玉殿之風清。少停促節之繁，式佇觀優之樂。徐賡雅韻，雜劇來歟。

楊億勾雜劇：清歌激越，方遏於行雲；妙舞婆娑，乍迴於飛雪。祝聖之心既切，觀盛之事難忘。上悦天顔，雜劇來耶。

## 〔三八〕内殿雜戲

蘇頌蘇魏公文集附録一魏公譚訓卷第十雜事：祖父嘗云：俳優非滑稽捷給，善中事情，亦能諷諫，有足取者。仁宗作賞花釣魚宴，賜詩，執政諸公洎禁從館閣皆屬和，而徘徊二字無它義，諸公進和篇皆押徘徊。在坐教坊雜戲爲數人尋訪税第，至一宅，入觀之。至前堂之後，問所以，曰：「徘徊也。」又至後堂東西序，亦問之，皆曰：「徘徊也。」一人笑曰：「可則可矣，徘徊太多爾。」

〔文案〕朱權太和正音譜謂：「雜劇者，雜戲也。」故胡忌宋金雜劇考亦謂：「雜戲」即雜劇同實異名者。上例可證朱、胡之解之確，「雜戲」亦包括滑稽戲。

## 〔三九〕諧謔

賈似道悦生隨抄：石中立，性疏曠，少威儀，好諧謔，雖時而戲人，人不以爲怒，知其無心爲輕重。

及忝大政，或諫止之，中立曰：「詔書云：余如故，安可改。」人傳以爲笑。

龔明之中吴紀聞卷第六諧謔：雞冠花未放，狗尾葉先生。嘲葉廣文。三間草屋田中舍，兩面皮纏馬轡丞。田、馬自相謔。冬瓜少貌猶施粉，甘蔗無才也著緋。猜謎。婦人富英，對丁中散。數行文字，那箇漢書；一簇人煙，誰家莊子。筵上枇杷，宛類無聲之樂；草頭蚱蜢，猶如不繫之舟。醉公子酉生年九十，柳青娘卯生年十八。鏡上敁錢，銅聲相應。馬前斷事，鞍上治民。鉏麑觸槐，死作木邊之鬼；豫讓吞炭，終爲山下之灰。滕達真與鄭毅夫對。

蘇軾問答録與佛印嘲戲：佛印未爲僧日，乃儒家流。群書無不遍讀，滑稽應對，當時無出其右者。與東坡厚善，會飲必相諧謔。

劉攽中山詩話二七：王丞相嗜諧謔。一日，論沙門道，因曰：「投老欲依僧。」客遽對曰：「急則抱佛脚。」王曰：「『投老欲依僧』，是古詩一句。」客亦曰：「『急則抱佛脚』，是俗諺全語。上去投，下去脚，豈不的對也？」王大笑。

葉夢得巖下放言卷上：蘇子瞻好謔，一日與客集，有論林和靖詩偶儷精切，如用古人，不獨取以相對，雖有姓名之字，亦欲相對。如「伶倫近日無侯白，奴僕當年有衛青」之類。子瞻曰：「吾近得一對，但未有用處。」或問之，曰：「韓玉汝正可對李金吾。」問者皆大笑。

楊萬里誠齋詩話：東坡談笑善謔。過潤州，太守高會以饗之，飲散，諸妓歌魯直茶詞云：「惟有一盃春草，解留連佳客。」坡正色曰：「却留我吃草。」諸妓立東坡後，憑東坡胡牀者，大笑絶倒，胡牀遂折，東坡墮地。賓客一笑而散。見蜀人李珪說。

孫宗鑑西畬瑣録：東坡喜嘲謔，以吕微仲豐碩，每戲之曰：「公真有大臣體，此坤六二，所謂直方大也。」

佚名剡玉小説金彦游春遇會娘：金彦與何俞出城西遊春，見一庭院華麗，乃王太尉錦莊。貰酒坐閣子上，彦取二弦軋之，俞取簫管合奏。忽見亭上有一女子出曰：「妾亦好此樂。」令僕子取蜜煎勸酒。俞問姓氏，答曰：「姓李，名會娘。」二人次日復往，其女又出，二人請同坐飲酒，笑語諧謔。

范正敏遁齋閑覽諧噱上官弼下官口：陳亞性滑稽，知潤州，幕中有上官弼，亞所親信，任滿將去，亞曰：「何以見教？」弼曰：「郎中才行無玷，但調謔過差。」亞笑曰：「君乃上官弼也，如下官口何。」弼笑而去。

邢居實拊掌録：有一故相遠派，在姑蘇嬉遊，書其壁曰：「大丞相再從侄某嘗遊。」有士人李璋，素好訕謔，題其旁曰：「混元皇帝三十七孫李璋繼至。」

范鎮東齋記事卷三：石資政中立，好談諧，樂易人也。楊文公一日置酒，作絶句招之，末云：「好把長鞭便一揮。」石立其仆，即和云：「尋常不召猶相造，況是今朝得指揮。」其談諧敏捷，類皆如此。又嘗於文公家會葬，坐客乃執政、貴遊子弟，皆服白襴衫，或羅或絹有差等。中立坐而大慟，人問其故，曰：「憶吾父。」又問之，曰：「父在時，當得羅襴衫也。」蓋見執政子弟服羅，而石止服絹。坐中皆大笑。石之父熙載，嘗爲樞密副使。

羅大經鶴林玉露卷之六丙編尤楊雅謔：尤梁溪延之，博洽工文，與楊誠齋爲金石交。淳熙中，誠齋爲秘書監，延之爲太常卿，又同爲青宮寮寀，無日不相從。二公皆善謔，延之嘗曰：「有一經句，請秘監對。」曰：『楊氏爲我。』」誠齋應曰：「尤物移人。」衆皆歎其敏確。誠齋戲呼延之爲「蝤蛑」，延之戲呼誠齋爲「羊」。一日，食羊白腸。延之曰：「秘監錦心繡腸，亦爲人所食乎？」誠齋笑吟曰：「有腸可食何須恨，猶勝無腸可食人。」蓋蝤蛑無腸也。一坐大笑。厥後閒居，書問往來，延之則曰：「羔兒無恙？」誠齋則曰：「彭越安佳？」誠齋寄詩曰：「文戈却日玉無價，寶氣蟠胸金欲流。」亦以蝤蛑戲之也。延之先卒，誠齋祭文云：「齊歌楚些，萬象爲挫。環偉詭譎，我倡公和。放浪諧謔，尚友方朔。巧發捷出，公嘲我酢。」

劉郛諧謔詩：坐上若有一點紅，斗筲之器飲千鍾。坐上若無油木梳，烹龍庖鳳都成虚。

李獻民雲齋廣録卷五麗情新説上西蜀異遇：生大賞其才，因戲謂媛曰：「還可對屬否？」媛曰：「請。」於時欄有芍藥，方葩而未坼，然蝴蝶團飛，已集其上矣。生乃曰：「芍藥欄邊春蝶亂。」媛應聲曰：「海棠梢外曉鶯啼。」少選，生復曰：「垂楊夾道裊青絲。」媛復應聲曰：「嫩竹出欄抽碧玉。」生愈服其敏捷而律切也。於是謳吟諧謔，終日而罷。

無名氏湖海新聞夷堅續志後集卷二文華門東坡判語：蘇東坡通判錢塘日，嘗權領郡事。新太守將至，營妓陳狀，以年老乞出籍從良，公即判云：「五日京兆，判狀不難；九尾野狐，從良任便。」又有周生，色藝爲一郡之最，聞之亦陳狀，欲效例脱籍。公惜其去，判云：「慕周南之化，此意誠可嘉；空冀北之群，所請宜不允。」其敏捷善謔如此。

〔四〇〕**市語**

惠康野叟識餘卷一：今都城麵店下蘿蔔爲葖子，雖曰市井語，然亦有謂。按爾雅曰：葖，蘆菔也。郭璞以葩爲菔，俗呼雹葖，蓋其性能消食解麵毒。

李頎詩話四二一蘇梅詩嘲宋中道：宋中道有俊才，而身短小，人多戲之。蘇子美與中道年相懸，然甚愛其才調，道亦傾心作詩論交。子美長大魁偉，與中道並立，下視曰「交不著」，此京師市井語也。

張世南遊宦紀聞卷二：井邑間市語，謂犀下品爲「鬼犀」，乃死犀角。其紋、色絶不堪也。

聶奉先續本事詩市語：今時市語答人真實事，則稱見來，此語蓋已久矣。坡贈黄山人詩云：「面頰照人元自白，眉毛覆眼見來烏。」以此。

宋話本楊思温燕山逢故人：一時，只見三兒下樓，以指往下唇，思温曉得京師人市語，恁地乃了事也。

朱彧萍洲可談卷一：都下市井輩，謂不循理者爲「乖角」，又謂作事無據者爲「没雕當」。入聲，喪儀間摺蘐。以一竿揭之，名「乖角」，衛士順天幞頭有一脚下垂者，其儕呼爲「雕當」。不知名義所起，記之以俟識者。

魏泰東軒筆録卷之九：楊安國，膠東經生也，累官至天章閣侍講，其爲人訐激矯僞，言行鄙樸，動有可笑，每進講，則雜以俚下鄽市之語。

劉攽中山詩話四五：今人呼秃尾狗爲厥尾，衣之短後者亦曰厥，故歐公記陶尚書詩語末厥兵，則此兵正謂末賊爾。世語虛僞爲「何樓」，蓋國初京師有何家樓，其下賣物皆行濫者，非沽濫稱也。世語優人爲「何市樂」，説者謂南都石駙馬家樂甚盛，詆誚南市中樂人，非也。蓋唐元和時燕吴行役記，其中已有「河市」字，大抵不隸名軍籍而在河市者，散樂名也。世謂事之陳久爲「瓚」，蓋五代時有馬瓚，爲府幕，其人魯戇，有所聞見，他人已厭熟，而乃甫爲新奇道之，故今多稱「瓚」爲厭熟。

周紫芝竹坡詩話：東坡在黄州時，嘗赴何秀才會，食油果甚酥。因問主人此名爲何，主人對以無名。東坡又問爲甚酥，坐客皆曰：「是可以爲名矣。」又潘長官以東坡不能飲，每爲設醴，坡笑曰：「此必錯着水也。」他日忽思油果，作小詩求之云：「野飲花前百事無，腰間惟繫一葫蘆。已傾潘子錯着水，更覓君家爲甚酥。」李端叔嘗爲余言，東坡云：「街談市語，皆可入詩，但要人熔化耳。」此詩雖一時戲言，觀此亦可以知其鎔化之功也。

宋話本張古老種瓜娶文女：公公道：「好甘草！性平無毒，能隨諸藥之性，解金石草木之毒，市語叫做『國老』，要買幾文？」

周密志雅堂雜鈔卷上醫藥：俞老醫云，醫家怕四子：瘖子虐、頓子嗽、擷子痢、市子疥，或作世子，此皆醫行市語也。

陳元靚新編纂圖增類羣書類要事林廣記戊集卷之七文藝類圓社市語紫蘇丸：相逢閒暇時，有閒底打喚，瞞兒呵唱囉，聲嗽道膁厮，俺嗏歡喜。

才下脚，須和美，試問伊家，有甚夾氣？又管甚官場側背，算人間落花流水。

縷縷金：把金銀錠打旋起，花星臨照我，怎軃避近日閒遊戲，因到花市簾下，瞥見一個表兒圓，咱每便着意。

宋話本萬秀娘仇報山亭兒：當日茶市罷，萬員外在布簾底下，張見陶鐵僧這厮，攣四十五見錢在手裏。萬員外道：「且看如何？」元來茶博士市語，喚做「走州府」，且如道市語説「今日走到餘杭縣」，這錢一日只稍得四十五錢，餘杭是四十五里；若説一聲「走到平江府」，早一日稍三百六十足；若還信脚走到「西川成都府」，一日卻是多少里田地！

田汝成西湖遊覽志餘卷二十五委巷叢談：杭人有以二字反切一字以成聲者，如以秀爲鯽溜，以團爲突欒，以精爲鯽令，以俏爲鯽跳，以孔爲窟隆，以盤爲勃蘭，以鐸爲突落，以窠爲窟陀，以圈爲窟欒，以蒲爲鶻盧。有以雙聲而包一字，易爲隱語以欺人者，如以好爲現薩，以醜爲懷五，以馬爲雜嗽，以笑爲喜黎，以肉爲直線，以魚爲河戲，以茶爲汕老，以酒爲海老，以没有爲埋夢，以莫言爲稀調。又有諱本語而巧爲俏語者，如垢人嘲我曰淄牙，有謀未成曰掃興，冷淡曰秋意，無言默坐曰出神，言涉敗興曰殺風景，言胡説曰扯淡，或轉曰牽冷，則出自宋時梨園市語之遺，未之改也。

〔文案〕市語乃市井之民口頭語，亦作同行業語解。佚名墨娥小録卷之十四市語聲嗽中原市語則可視爲宋以東京地區爲中心市語之總匯，可參。

**〔四二〕拽串**

胡忌宋金雜劇考第四章内容與體制四分類研究諸雜院爨：「拽串」的「串」和「爨」同音，而且如後所釋，「惟用群隊，裝其似象」面貌的確和「爨」的演出相似。也就是説，在「不敢深作諧謔」的情況下，就來「拽串」；「拽串」上加「市語」，足見它也是流行於民間的表演方式，非「爨」而何？

黄天驥「爨弄」辨析：在宋代，市井口語把伎藝聯合演出，也稱爲「串」。所謂「拽串」，是指演員們化了裝以群隊的樣式演出，就像把整串人拉出來一樣。而群體化裝諢鬧的表演，不就是爨弄麽？串與爨，其音相近，市井口語，選擇易於書寫的串字，不是也很容易理解麽？清代崔灝在通俗篇爨戲指出：「今學搬演者，流俗謂之串戲，當是爨字。」顯然，他也注意到串與爨的一致性。

串在一塊，聯手表演，就是讓不同的伎藝環繞着某一情節或某一旨趣結合起來。宋代蘇漢臣繪有

宋蘇漢臣五瑞圖

五瑞圖……圖中五人，居中的嘴臉滑稽，當是副浄。他舉雙手蹺一足作舞態，臉朝圖右，作諢鬧狀。在他左邊的一人，戴官帽，拿笏，當是裝孤。此人目視副浄，回身作躲避狀，似不欲與之糾纏。右上角一人，腰掛葫蘆，背插小幡，舉手追打副浄，此人當是副末。以上三人，彼追此逐，簡直像螳螂捕蟬黄雀在後的態勢。圖左一人，俊俏無鬚，分明是末泥色，他躬身向前，眼看副浄，又一手攔住副末對副浄的追打，似乎是在勸架。左上角有一人，雙手拿着鈴鐺跳舞，面有得色，注視着前四人，似在旁邊看熱鬧。此人當爲引戲。

請注意，圖中人物，神情動作，是相關互應的。我認爲，這一幅五瑞圖可貴之處，是它生動地表明五個演員的舉動，環繞着一個中心事件；表明五花爨弄乃是不同行當的演員串合起來，共同完成、表現一個題旨。

〔文案〕胡忌、黄天驥「拽串」之研究，可綜括爲：拽串有五人所領衆多舞伎樂工，其表演手段爲歌爲舞爲百戲爲諢鬧，其表演内容或朝貢或祝壽乃至完整故事，引戲、副浄不同之行當，貫串一起，聯合主演，正與本條所述龐彭、劉喬、侯伯朝、孟景初、王彦喜五人引領群隊表演各色伎藝相合。

〔四二〕畢羅

李濟翁資暇集卷下畢羅：畢羅者，番中畢氏、羅氏好食此味，今字從食，非也。

段成式酉陽雜俎前集卷之七酒食：今衣冠家名食，有蕭家餛飩，漉去湯肥，可以瀹茗。庾家粽子，白瑩如玉。韓約能作櫻桃饆饠，其色不變。

續集卷之一支諾皋上：明經因訪鄰房鄉曲五六人，或言得者。明經遂邀入長興里饆饠店常所過處。店外有犬競，驚曰：「差矣。」遽呼鄰房數人語其夢。忽見長興店子入門曰：「郎君與客食饆饠計二斤，何不計值而去也？」明經大駭，褫衣質之，且隨驗所夢，相其榻器，皆如夢中。乃謂店主曰：「我與客俱夢中至是，客豈食乎？」店主驚曰：「初怪客前饆饠悉完，疑其嫌置蒜也。」

孫光憲北夢瑣言卷三：唐劉僕射崇龜，以清儉自居，甚招物論。嘗召同列餐苦蕒饆饠。

楊慎升庵外集飲食掌故畢羅：朱文公刈麥詩：「霞觴幸自誇真一，垂鉢何須問畢羅。」集韻：「畢羅，修食也。」按小說唐宰相有櫻筍廚食之精者，有櫻桃畢羅。今北人呼爲波波，南人訛爲磨磨。

吴曉鈴釋畢饠：原來「畢饠」是伊斯蘭教的主食，即將稻米拌以酥油，和以牛羊肉或魚蝦、乾鮮水果如葡萄乾、菠蘿、芒果之類，調以丁香、肉桂、胡椒、咖喱和小茴香等香料，蒸熟後食用。在近東、東南亞、南亞諸國和我國新疆、青海、寧夏的民族多用右手拇指、食指和中指撚而食之。

「畢饠」一詞原自伊朗語，作 Piau'，或作 Pi·law。土爾其語作 Polak。印度語作 Polab，或作 Palab。土爾其語的 -k 和印度語的 -b（-v 讀重唇，故音變爲 -b），都屬詞尾，習慣上並不讀出。我國維吾爾族語作 P'olo，哈薩克族語作 P'alu，柯爾克孜族語作 P'olu。「畢饠」其詞見於南梁顧野王玉篇可證；但是大盛於時則在唐代，有似今天人們對漢堡包和意大利煎餅趨之若騖。

〔文案〕畢羅於唐種類繁多，若水果之櫻桃畢羅，菌之天花畢羅，海鮮之蟹畢羅，蔬菜之苦蕒畢羅等，且有專賣畢羅店，可謂盛矣。近人吴曉鈴釋畢羅主畢羅爲抓飯，非穿鑿附會之談，亦可成立。然鮮能見畢羅爲飯之記録。若太平廣記引唐盧氏雜説云：「翰林學士每遇賜食，有物若畢羅，形粗大，滋味香美，呼爲『諸王修事』。」其「若畢羅，形粗大」顯非飯，而當爲麵食也。又若唐劉恂嶺表録異卷下云：「赤蟹，母殼内黄赤膏，如雞鴨子黄，肉白如豕膏，實其殼中。淋以五味，蒙以細麵，爲蟹畢羅，珍美可尚。」此蟹畢羅則以細麵包裹而成之餡心麵點。如此則知唐宋麵食畢羅勝於米食畢羅多多。宋之畢羅較之唐之畢羅亦有變化，太平聖惠方卷九十六食治療方有「治脾胃久冷氣痢，劣廋甚者」之「豬肝饆饠方」，有「治下焦虚損羸廋，腰胯疼重，或多小便」之「羊腎饆饠方」，有「治脾胃氣弱，不能食飲，四肢羸廋」之「羊肝饆饠方」。此三例，可知藥物饆饠於宋甚盛。又可知宋饆饠已成規制：濕麵做皮，包裹各種餡料，經烤或煨熟之扁圓或圓形麵點。而「太平畢羅」則純爲祝壽皇上而精心製作之麵食，取其吉祥意，而非唐時之各色餡畢羅也。

〔四三〕**乾飯**

趙溍養疴漫筆：王黼宅與一寺爲鄰，有一僧每日於黼宅旁溝中漉取流出雪色飯，洗浄曬乾，數年積成一囤。靖康城破，黼宅骨肉絶食，此僧即用所積乾飯，復用水浸蒸熟送入黼宅，老幼賴之無餒。

蘇頌蘇魏公文集附録一魏公譚訓卷第八恬淡器玩飲：祖父喜食禄粟，以爲有五穀真味，卜葬曾祖母，日走山間，或時羹臛未具，先啖乾飯。曰所謂「稼穡作甘」也。

### 〔四四〕蓮花肉餅

陶穀清異録卷下饌羞門：郭進家能作蓮花餅餡。有十五隔者，每隔有一折枝蓮花，作十五色。自云：「周世宗有故宮婢流落，因受雇於家。婢言宮中人，號『蕊押班』。」

### 〔四五〕雜綵結絡

汪雲程蹴鞠圖譜毬門物色：職事旗　毬門彩　紅緑絹　插戴花　插戴旗　紅纓　銅鈴　銀盤　銀盞　香案　果盒　利物　排旗　引旗　幌索　網上傘

### 〔四六〕小築數遭

吳聿觀林詩話：丁晉公築毬詩，世稱曲盡形容之妙。如半山觀棊詩云：「旁觀各技癢，竊議兒女囁。諱輸寧斷頭，悔悟乃摶頰。」亦曲寫人情之妙也。

陳元靚新編纂圖增類羣書類要事林廣記戊集卷之二文藝類毬門社規：初起頭，用脚頭踢起，與驍色挾色至毬頭，右手立傾下毬頭膝上，用膝累起，一築過，不過，撞在網子擷下來，着網人踢住，與驍色，驍色復挾住，仍前去頓在毬頭膝上，築過，左右軍同。或賽三籌，或賽五籌，先拈卷子分前後，築過數多者贏。正副七人直候那一邊，築過，從毬門裏過來，看落何處，踢住，却踢與挾副，挾副踢與正副，正副踢與驍色，驍色挾住過毬頭，來與毬頭，如正副踢住，却踢與驍色，驍色挾住去毬頭令築，與驍色踢住，便與

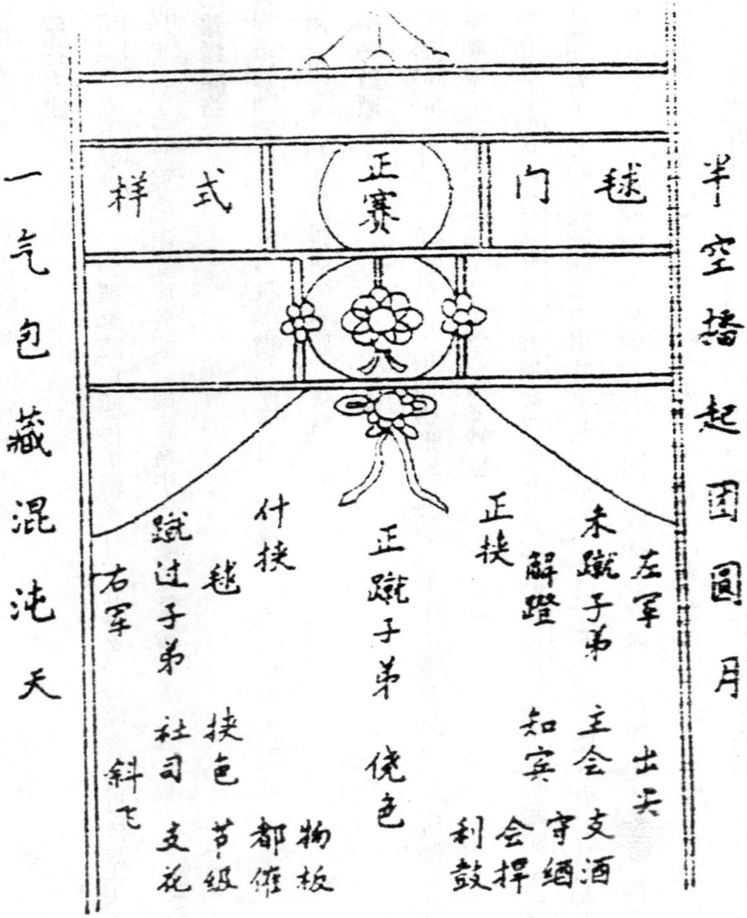
半空播起团圆月
一气包藏混沌天
毬门
正赛
式样
左军
出尖
未蹴子弟
主会
支酒
解蹬
知宾
正挟
会捍
利鼓
正蹴子弟
什挟
物板
都催
毬
挟色
节级
蹴过子弟
社司
支花
右军
斜飞

蹴鞠圖譜中毬門式圖

毬頭築過。

〔四七〕**大膁**

無名氏蹴鞠譜官場七踢膁：須要肩尖對脚尖，要宜身倒腿微偏。直腰挺身脚跟出，方可平撞使放膁。諸踢法膁：左右兩膁。脚脛骨裏膁、上打與下首，須直着踢出踢法。騎馬膁。毬落右拐，却轉使膁，從頭過出與下首，須喝過。左右攝拍膁。左右分膁，左右魆膁，入步膁。

〔四八〕**抹槍**

〔文案〕「槍」意如卷七所案「蹌」。

〔四九〕**密浮酥捺花**

〔文案〕龐元英文昌雜録卷三作「蜜浮斯柰花」，陸游老學庵筆記卷一記集英殿宴金使，第七盞爲「柰花、索粉」。京都譯注本據此糾「捺」爲「柰」，確。查蘇頌本草圖經果部卷十六：柰乃林檎，多爲泡蜜煎一類，若張俊進奉御筵之紫蘇柰香、甘蔗柰香。

〔五〇〕**角者**

俞成螢雪叢説四：徽宗政和中，建設畫學，用太學法補試四方畫工。以古人詩句命題，不知掄選幾許人也。嘗試「竹鎖橋邊賣酒家」，人皆可以形容，無不向「酒家」上着工夫，惟一善畫，但於橋頭竹外掛一酒簾，書「酒」字而已，便見得酒家在竹内也。又，試「踏花歸去馬蹄香」，不可得而形容，何以見得親切。有一名畫，克盡其妙，但掃數蝴蝶飛逐馬後而已，便表得「馬蹄香」出也，果皆中魁選。夫以畫學之取人，取其意思超拔者爲上，亦尤科舉之取士，取其文才角出者爲優，二者之試雖下筆有所不同，而於得失之際，只較智與不智而已。

趙彦衛雲麓漫鈔卷第七：建炎中興，張、韓、劉、岳爲將，人自爲法，當時有「張家軍」、「韓家軍」之語。四帥之中，韓、岳兵尤精，常時於軍中角其勇健者令爲之籍。每頭、押隊闕，於所籍中又角其勇力出衆者爲之；將、副有闕，則於諸隊旗頭、押隊内取之。别置親隨軍，謂之「背嵬」，悉於四等人内角其優者補之。

無名氏宣和遺事前集：周秀聞言，上覆官人：「問這佳人，説着後話長。這個佳人，名冠天下，乃是東京角妓，姓李，小名師師。」

〔文案〕中華鄧注本所疑，余已於卷五釋之，角者乃爲出類拔萃者。上注可證。羅燁醉翁談録壬集卷二亦可爲之説明：王上舍謂崔上舍爲「望人」，謂張賽賽「角妓」，「以望人而遇角妓，可謂一時之佳遇」。于此可知「角」之含義也。

〔五二〕**李伴奴、雙奴**

錢大昕十駕齋養新録卷第十九婦人稱奴：婦人自稱奴，蓋始於宋時。嘗見猗覺寮雜記云：「男曰奴，女曰婢，故耕當問奴，織當問婢。」今則奴爲婦人之美稱。貴近之家，其女其婦，則又自稱曰奴。是宋時婦女，以奴爲美稱。宋季二王航海，楊太后垂廉，對群臣猶稱奴，此其證矣。予按六朝人多自稱儂，蘇東坡詩：「它年一舸鴟夷去，應記儂家舊姓西。」儂家，猶奴家也。奴即儂之轉聲，唐詩紀事載昭宗菩薩蠻詞：「何處是英雄？迎奴歸故宮。」則天子亦以此自稱矣。或云：「安得有英雄？迎歸大内中。」蓋後人嫌其俚，改之。

宋話本金明池吴清逢愛愛：只見那婦人道：「官人認得？奴家即去歲金明池上人也。官人今日到奴家相望，爹媽詐言我死，虚堆個土墳，待瞞過官人們。奴家思想前生有緣，幸得相遇，如今搬在城裏一個曲巷小樓，且是瀟洒。尚不棄嫌，屈尊一顧。」

夢見那花枝般多情的女兒，妖妖嬈嬈，走近前來，深深道個萬福道：「小員外休得悵恨奴家，奴自身亡之後，感太元夫人空中經過，憐奴無罪早夭，授以太陰煉形之術，以此元形不損，且得遊行世上。感員外隔年垂念，因而冒恥相從。亦是前緣宿分，合有一百二十日夫妻。今已完滿，奴自當去。前夜特來奉別，不意員外起其惡意，將劍砍奴，今日受一夜牢獄之苦，以此相報。阿壽小厮，自在東門外古墓之中，只教官府復驗屍首，便得脱罪。奴又與上元夫人求得玉雪丹二粒，員外試服一粒，管取百病消除，元神復舊；又一粒員外謹藏之，他日成就員外一段佳姻，以報一百二十日夫妻之恩。」説罷，出藥二粒，如雞豆般，其色正紅，分明是兩粒火珠，那女兒將一粒納於小員外袖内，一粒納於口中，叫聲：「奴去也，還鄉之日，千萬到奴家荒墳一顧，也表員外不忘故舊之情。」

宋話本白娘子永鎮雷峰塔：「奴家是白三班白殿直之妹，嫁了張官人，不幸亡過了，見葬在這雷嶺。爲因清明節近，今日帶了丫鬟，往墳上祭掃了方回。不想值雨，若不是搭得官人便船，實是狼狽。」又閒講了一回，迤邐船摇近岸。只見那婦人道：「奴家一時心忙，不曾帶得盤纏在身邊，萬望官人處借些船錢還了，並不有負。」

王直方詩話一九四蘇黄詠竹夫人詩：東坡寄柳子玉云：「聞道牀頭惟竹几，夫人應不解卿卿。」又送竹几與謝秀才云：「留我同行木上座，贈君無語竹夫人。」蓋俗謂竹几爲竹夫人也。山谷云：「竹夫人乃凉寐竹器，憩臂休膝，非夫人之職，而冬夏青青，竹之所長，故爲名曰竹奴，嘗作詩曰：『穠李四弦風拂席，昭華三弄月侵牀。我無紅袖堪妖夜，正要青奴一味凉。』」李穠、昭華，貴人家兩女奴也。

羅點聞見録：有一士夫年老，納二寵，託其友命名，友以忠奴、孝奴名之。其人曰：「忠孝誠美名，然以命婢不稱。」友曰：「有出處，孝當竭力，忠則盡命。」

〔五二〕**舞採蓮**

陳暘樂書卷一百八十五樂圖論俗部採蓮：採蓮之舞，衣紅繪短袖，暈羣雲鬟髻，乘綵船，持花，唐和凝採蓮曲曰「波上人如潘玉兒，掌中花似趙飛燕」是也。今教坊雙調有焉。

〔文案〕史浩鄮峰真隱漫録所述「採蓮舞」，與唐大曲相比，較接近純音樂舞蹈表演，爲宋「隊舞」樣式。據王克芬中國舞蹈發展史研究：採蓮舞表演自始至終穿插三首曲子：採蓮曲破、漁家傲、畫春堂，舞蹈爲五人群舞、雙人舞、獨舞，隊形及地位調度有横排、直行、五方、交换舞位等。舞蹈、朗誦、對答、齊唱、獨唱、器樂演奏交替進行。無任何情節或特定人物，舞者所扮仙女，僅於唱詞中説明。然尚未失却王國維所言「姿制俯仰，變態百出」之精彩。

〔五三〕**蓮花**

宋話本五戒禪師私紅蓮記：至次日，正是六月盡，門外撇骨池内，紅白蓮花盛開。明悟長老令行者採一朵白蓮花，將自己房中，取一枝瓶插了，交道人被杯清茶在房中，交行者去請五戒禪師：「我與他賞蓮花，吟詩談話則個。」不多時，行者請到五戒禪師。兩個長老坐下。明悟道：「師兄，我今日見蓮花盛開，對此美景，折一朵在瓶中，特請吾兄吟詩清話。」五戒道：「多蒙清愛。」行者捧茶至。茶罷，明悟禪師道：「行者，取文房四寶來。」行者取至面前。五戒道：「將何物爲題？」明悟道：「便將蓮花爲題。」長老捻起筆來，便寫四句詩道：

一枝菡萏瓣兒張，相伴蜀葵花正芳。紅榴似火復如錦，不如翠蓋芰荷香。

長老詩罷，明悟道：「師兄有詩，小僧豈得無言語乎？」落筆便寫四句詩曰：

春來桃杏柳舒張，千花萬蕊鬥芬芳。夏賞芰荷真可愛，紅蓮争似白蓮香。

明悟長老依韻詩罷，阿阿大笑。

〔五四〕**女童進致語，勾雜戲入場**

蘇軾文集卷四十五貼子詞樂語集英殿秋宴教坊詞女童致語：妾聞鈞天廣樂，空傳帝所之游；閶闔清風，理絶庶人之共。夫何仙聖，靡隔塵凡。仰瞻八采之威，共慶千齡之運。恭惟皇帝陛下，乾健而粹，離明而文。規摹六聖之心，人將自化；儀刑文母之德，天且不違。樂茲大有之年，申以宗慈之會。虞韶既畢，夏籥將興。妾等分綴以須，審音而作。願俟工歌之闋，少同率舞之歡。未敢自專，伏取進止。

勾雜劇：絃匏疊奏，幹羽畢陳。洽聞舜樂之和，稍進齊諧之技。金絲徐韻，雜劇來歟？

〔五五〕**唱踏歌**

李昉太平廣記卷第二十二神仙二十二藍采和：藍采和，不知何許人也。常衣破藍衫，六銙黑木腰帶，闊三寸餘。一脚着靴，一脚跣行。夏則衫内加絮，冬則卧於雪中，氣出如蒸，每行歌於城市乞索。持大拍板，長三尺餘，常醉踏歌，老少皆隨看之，機捷諧謔，人問，應聲答之，笑皆絶倒。似狂非狂，行則振靴唱踏歌：「踏歌藍采和，世界能幾何。紅顔一春樹，流年一擲梭。古人混混去不返，今人紛紛來更多。朝騎鸞鳳到碧落，暮見蒼田生白波。長景明暉在空際，金銀宫闕高嵯峨。」歌詞極多，率皆仙意。

闕名輦下歲時記出宫女歌舞：先天初，上御安福門觀燈，太常作歌樂，出宫女歌舞，朝士能文者爲踏歌，聲調入雲。

朱輔溪蠻叢笑：習俗死亡，群聚歌舞，舞輒聯手踴地爲節，喪家椎牛多釀以待，名「踏歌」。

陳葆光詩話三六文妻彩鸞：仙傳拾遺：文蕭寓洪州許真君宅，遊帷觀，八月十五上昇之辰，士女雲集，連袂踏歌，謂之「酬願」。

朱敦儒踏歌：宴闋。散津亭、鼓吹扁舟發。離魂黯、隱隱陽關徹。更風愁雨細添淒切。恨結。歎良朋、雅會輕離訣。一年價、把酒風花月。便山遥水遠分吴越。書倩雁，夢借蝶。重相見，且把歸期説。只愁到他日，彼此萍蹤别。總難如前會時節。

辛棄疾踏歌：攧厥。看精神、壓一龐兒劣。更言語、一似春鶯滑。一團兒美滿香和雪。去也。把春衫换卻同心結。向人道、不怕輕離别。問昨宵，因甚歌聲咽。秋被夢，春閨月。舊家事，却對何人説。告第一莫趁蜂和蝶。有春歸花落時節。

## 〔五六〕下飯

范公偁過庭録：王子野待制家，舊養學老子曰水先生，頗能前知禍福，甚敬信之。子野正食，羅列珍品甚盛。水生適至，子野指謂公曰：「試觀之，何物可下飯乎？」生遍視良久，曰：「此皆未可，唯饑可下飯爾。」

施耐庵羅貫中水滸傳第三回史大郎夜走華陰縣 魯提轄拳打鎮關西：又問道：「官人。吃甚下飯？」魯達道：「問甚麽！但有只顧賣來，一發算錢還你。這廝只顧來聒噪！」酒保下去隨即盪酒上來，但是下口肉食，只顧將來擺一桌子。

吴自牧夢粱録卷十六麪食店：又有下飯，則有焅雞、生熟燒、對燒、燒肉、煎小雞、煎鵝事件、煎襯肝腸、肉煎魚、煠梅魚、魠鰤雜熓、豉汁雞、焅雞、大爊鱝魚等下飯。又下飯，如五味爊麩、糟醬、燒麩、假炙鴨、乾簽雜鳩、假羊事件、假驢事件、假煎白腸、葱焅油煠、骨頭米脯、大片羊、紅爊大件肉、煎假烏魚等下飯。

無名氏居家必用事類全集庚集肉下飯品：千里肉　乾鹹豉　法煮羊肉　法煮羊肺　牛肉瓜齏　骨炙　紅爊臘　川炒雞　爊鵝鴨　鶴　雀　兔　魚　醬　一了百當　馬駒兒　盤兔　罯兔　粉骨魚　酥骨魚

蘇頌蘇魏公文集附録一魏公譚訓卷第十雜事：曾祖居與相對，兖國太夫人治家，乃排五六十位，但具匕箸，置白餅縷肉飯。下飯，瓜薑鹹鹹豉爾。人人至者，自食飽足。

**〔五七〕殿上純金，廊下純銀**

宋敏求春明退朝録卷下：忠懿錢尚父，自國初至歸朝，其貢奉之物，著録行於時，今大宴所施塗金銀花鳳狻猊、壓舞茵蠻人及銀裝龍鳳鼓，皆其所進也。凡獻銀、絹、綾、錦、乳香、金器、玳瑁、寶器、通天帶之外，其銀香、龍香、象、獅子、鶴、鹿、孔雀，每隻皆千餘兩，又有香囊、酒甕諸什器，莫能悉數。

龐元英文昌雜録卷第三：二十二日，遷寓治尚書都省入新省，就令廳賜省官已下御筵。至都省守當官已上，六曹書令史已上，分坐兩廊。遣入内供奉官劉瑗排辨，及勾當翰林御廚儀鸞内臣分總諸司，差教坊第四部一百五十人。酒九行，果肴皆非常比。再坐，賜花。内出金器，遣御樂院近侍各傳宣勸酒，至暮方罷。

〔五八〕**酒果迎接**

孔齊至正直記卷四宋迎酒盃：故宋過府官及朝貴，例蒙賜酒，却於官庫支給，以鼓吹迎歸，謂之「迎酒盃」。盃是夾盞，蓋内金外銀，或内銀外金者。予在四明問史善可，説乃母項氏聞諸其長上先輩言。因袁伯長學士與子敬存家書中有謂迎酒盞者，故及此。

## 立冬

是月立冬，前五日，西御園進冬菜〔一〕。京師地寒，冬月無蔬菜〔二〕，上至宫禁，下及民間，一時收藏〔三〕，以充一冬食用。於是車載馬駞，充塞道路。時物：薑豉、䴸子、紅絲、末臟，鵝梨、榲桲、蛤蜊、螃蟹。

### 〔注〕

〔一〕**冬菜**

梅堯臣寒菜：畦蔬收莫晚，圃吏已能供。根脆土將凍，葉萎霜漸濃。不應虚匕箸，還得間庖饔。旨蓄詩人詠，從來用禦冬。

〔二〕**蔬菜**

郭若虚圖畫見聞志卷四紀藝下花鳥門侯文慶：侯文慶，京師人，今爲翰林待詔。工畫草蟲及寫蔬菜，體尚精謹，殊乏生氣。

郭若虚圖畫見聞志卷四紀藝下花鳥門葛守昌：葛守昌，京師人，今爲圖畫院祇候。工畫花竹翎毛，兼長草蟲蔬菜。

沈括夢溪筆談卷二十神奇：菜品中蕪菁、菘、芥之類，遇旱其標多結成花，如蓮花，或作龍蛇之形。此常性，無足怪者。熙寧中，李賓客及之知潤州，園中菜花悉成荷花，仍各有一佛坐於花中，形如雕刻，莫知其數。曝乾之，其相依然。或云：「李君之家奉佛甚篤，因有此異。」

高懌群居解頤嶺南風俗：嶺南地暖，草菜經冬不衰。故蔬圃之中，栽種茄子者，宿根二三年者，漸長枝幹，乃成大樹，每夏秋熟時，梯樹摘之，三年後，樹老子稀，即伐去，别栽嫩者。

宋話本張孝基陳留認舅：看那園時，甚是廣闊，周圍編竹爲籬。張太公也是做家之人，並不種甚花木，單種的是蔬菜。灌園的非止一人。

周必大二老堂雜記卷四：車駕行在臨安，土人諺云：「東門菜，西門水，南門柴，北門米。」蓋東門絶無居民，彌望皆菜園。

莊綽雞肋編卷上：潁昌府城東北門内多蔬圃，俗呼「香菜門」。

洪邁夷堅支甲卷五灌園吴六：臨川市民王明，居廛間貿易，資蓄微豐，置城西空地爲菜圃，雇健僕吴六種植培灌，又以其餘者俾鬻之。

陶穀清異録卷上蔬菜門玉乳蘿蔔：王薁善營度，子孫不許仕宦。每年止種火田玉乳蘿蔔、壺城馬面菘，可致千緡。

〔三〕**收藏**

蘇軾格物粗談卷上果品：十二月，洗潔净瓶或小缸盛臘水，遇時果出，用銅青末與果同入臘水内收貯。顏色不變如鮮，凡青梅、枇杷、林檎、小棗、葡萄、蓬蓬、菱角、甜瓜、緑橙、橄欖、荸薺等果，皆可收藏。

浦江吴氏中饋録製蔬蒜瓜：秋間小黄瓜一斤，石灰、白礬湯焯過，控乾。鹽半兩，醃一宿。又鹽半兩，剥大蒜瓣三兩擣爲泥，與瓜拌匀，傾入醃下水中，熬好酒、醋浸着，凉處頓放。冬瓜、茄子同法。

糟茄子法：五茄六糟鹽十七，更加河水甜如蜜。茄子五斤，糟六斤，鹽十七兩，河水兩三碗，拌糟，其茄味自甜。此藏茄法也，非暴用者。

乾閉甕菜：菜十斤，炒鹽四十兩，用缸醃菜。一皮菜，一皮鹽，醃三日，取起。菜入盆内，揉一次，將另過一缸，鹽鹵收起聽用。又過三日，又將菜取起，又揉一次，將菜另過一缸，留鹽汁聽用。如此九遍完，入甕内。一層菜上，灑花椒、小茴香一層，又裝菜如此。緊緊實實裝好，將前留起菜鹵，每壇澆三碗，泥起，過年可吃。

趙希鵠調燮類編卷三蔬供：芥菜子，隔年收者則辣。小滿前收鹽芥菜可交新。

收冬瓜忌苕帚風。

茄子以爐灰藏之，可至四、五月。

豆豉内用甜瓜頭，生者曬乾方可入，不然則爛，曬以爐灰摻之，不引蠅子。

染房瀝過淡灰曬乾，用以包藏生黄瓜、茄子，至冬月可食。

筍切片條，淡曬收貯。用時米泔水浸，色白如銀。鹽湯焯，即醃筍矣。

蘇轍藏菜：爨清葵芥充朝膳，歲晚風霜斷菜根。百日園枯未易過，一家口衆復何言。多排甕盎先憂盡，旋設盤盂未覺煩。早晚春風到南圃，侵凌雪色有新萱。

梅堯臣和吴沖卿藏菜：霜前收美菜，欲以禦冬時。備乏且增品，挑新那復思。菖俎嗜西伯，菫食語宣尼。未免效流俗，競將罌盆爲。

# 幽蘭居士東京夢華録卷之十

## 冬至

十一月冬至。京師最重此節。雖至貧者，一年之間，積累假借，至此日更易新衣，備辦飲食，享祀先祖〔一〕，官放關撲，慶賀往來，一如年節。

## 〔注〕

〔一〕**享祀先祖**

崔寔四民月令薦黍糕：冬至之日薦黍糕，先薦玄冥以及祖稱，其進酒肴及謁賀君師耆老，如正日。徐度却掃編卷中：近世士大夫家祭祀，多苟且不經。惟杜正獻公家，用其遠祖叔廉書儀，四時之享，以分至日，不設倚卓，唯用平面席褥，不焚紙幣，以子弟執事，不雜以婢僕，先事致齋之類，頗爲近古。又韓忠獻公，嘗集唐御史鄭正則等七家祭儀，參酌而用之，名曰韓氏參用古今家祭式。其法與杜氏大略相似。而参以時宜，如分至之外，元日、端午、重九、七月十五日之祭，皆不廢。以爲雖出於世俗，然孝子之心不忍違衆而忘親也。其説多近人情，最爲可行。

趙鼎家訓筆録：第五項，歲時享祀，主家者率諸位子弟協力排辦，務要如禮。以其享祀酒食，合族破盤。

## 大禮預教車象

遇大禮〔一〕年，預於兩月前教車象自宣德門〔二〕至南薰門外，往來一遭。車五乘以代五輅輕重。每車上置旗二口，鼓一面，駕以四馬。挾車衛士，皆紫衫帽子。車前數人擊鞭。象七頭〔三〕。前列朱旗數十面，銅鑼鼙鼓十數面。先擊鑼二下，鼓急應三下。執旗人紫衫帽子。每一象則一人〔四〕，裹交脚幞頭、紫衫，人跨其頸，手執短柄銅钁尖其刃，象有不馴擊之。象至宣德樓前，團轉行步數遭成列，使之面北而拜，亦能唱喏〔五〕。諸戚里、宗室、貴族之家，勾呼就私第觀看，贈之銀綵無虚日，御街遊人嬉集，觀者如織。賣撲土木粉捏小象兒並紙畫〔六〕，看人攜歸，以爲獻遺。

［注］

〔一〕**大禮**

趙昇朝野類要卷一典禮郊祀大禮：京城之外大祭祀，皆謂之郊祀。如三歲南郊圜丘時，北郊祀后土皇地祇明堂中，謂之明堂大禮。

宋敏求春明退朝録卷上：每大禮，兩府加恩，功臣、階勳、食邑、實封，内得三種；學士至待制、大兩省，得階勳而下二種；大卿監至少卿監一種，得加食邑；郎中而下至朝、京官一種，階勳而已。

〔二〕**宣德門**

成尋參天台五臺山記第四（延久四年十月）：過數里，見皇城南門宣德之門，七間門樓門也，左右有二樓，各重重五尺許，高頗下，内面左右樓廊造列，外面有左右會，如日本朱雀門，是南面東第一門也。

〔三〕**象七頭**

成尋參天台五臺山記第三（延久四年十月）：七日辛巳，天晴，卯一點出船，巳時至宋州府，有大橋，河邊有寧陵縣驛，即拽過一里停船，乘崇班轎過一町半到象廐。一屋有三頭象，一屋有四頭象。先見三頭象，有飼象人教象，有外國僧等來見，可拜。第一象屈後二足，垂頭拜踞，次教可稱諾由，即出氣出聲。象高一丈二尺許，長一丈六尺許，鼻長六尺許，牙長七尺，曲向上，以鼻捲取蒭食之。象師與錢五十文了。望第二象所，象師又乞錢，五文與了。拜諾同前，高一丈，長一丈三尺，有牙。次至第三象所，高長同第一象，拜諾同前，與錢同前。三象皆男象也。至四頭屋，第一象高長同前，第一象拜諾、與錢同前。女象也。有左牙，一尺五寸許，右無牙。第二象無女象牙，拜諾、與錢如前。第三象牧象也，高一丈三尺，長一丈七尺許，屈四足拜諾，聲極高，人人大驚，三聲出之，與錢同前。第四象牧象也，與錢五文，後象師從牙登頂上，舉牙令登人，是希有事也。高一丈四尺許，長一丈八尺許，屈後二足，拜諾同前。皆黑象也。後二足付繩繫之，處處積置蒭如山，每日食一頭十五斤，禾蒭長七八尺許。象元廣南大王爲戰於城所養也，破廣南之後於此養之云云。象無毛，膚色如日本黑牛，毛落時色鈍色也。陰藏付□並形如馬，牝象乳如猪。今日過卌八里，酉二刻至府中宿，七時行法了。

〔四〕每一象則一人

〔文案〕楊億楊文公談苑記：「景德中，交州黎桓獻馴象四，皆能拜舞山呼中節，養於玉津園。每陳鹵簿，必加蓮盆巖飾，令崑崙奴乘以前導。」可見：一象有一馴者，崑崙奴也。崑崙奴「目深體黑」，爲馬來一帶即東南亞及印度洋若干島嶼居民。宋時，三佛齊等國常進貢崑崙奴。慧琳一切經音義曾釋崑崙奴「能馴服猛獸犀象等」，驗之史實，確是。崑崙奴主

重修政和經史證類備用本草象圖

要功用之一即馴象與大朝會，兼爲人獻技，至明、清亦然。故崑崙奴亦謂象奴也。

〔五〕**唱喏**

宋話本西湖三塔記：風過處，一員神將，怎麽打扮？面色深如重棗，眼中光射流星。皂羅袍打嵌團花，紅抹額肖金蚩虎。手持七寶鑲裝劍，腰繫藍天碧玉帶。神將唱喏：「告我師父，有何法旨？」真人道：「與吾湖中捉那三個怪物來！」神將唱喏。

宋話本西山一窟鬼：吴教授當日一日教不得學，把那小男女早放了，都唱了喏先歸去。却待出來，只見一個人看着吴教授唱個喏。教授還禮不迭。

宋話本崔衙内白鷂招妖：只見走一個酒保出來唱喏。看那人時，生得：身長八尺，豹頭燕頷，環眼骨髭，有如一個距水斷橋張翼德，原水鎮上王彦章。衙内看了酒保，早吃一驚道：「怎麽有這般生得惡相貌的人？」酒保唱了喏，站在一邊。

宋話本鄭節使立功神臂弓：只見黄巾力士走至面前，暴雷也似聲個喏：「告我師，炳靈公相見。」嚇得員外神魂蕩漾，口中不語。

宋話本皂角林大王假形：時光似箭，不覺三年。新官上任，趙知縣帶了人從歸東京。在路行了幾日，離那廣州新會縣有二千餘里，來到座館驛，唤做峰頭驛。知縣入那館驛安歇，僕從唱了下宿喏。

宋話本鬧樊樓多情周勝僊：女孩兒迤逦走到樊樓酒店，見酒博士在門前招呼。女孩兒深深地道個萬福。酒博士還了喏道：「小娘子没甚事？」

宋話本汪信之一死救全家：即唤緝捕使臣王立到來。王立朝上唱個喏，立於傍邊。李公指着道：「此人膽力頗壯，將軍同他去時，緩急有用。」原來郭擇與汪革素有交情，此行輕身而往，本要勸諭汪革，周全其事，不期太守差王立同去：「他倚着上官差遣，便要誇才賣智，七嘴八張，連我也不好做事了。」欲待推辭不要他去，又怕太守疑心。只得領喏，怏怏而别。

施耐庵羅貫中水滸傳第十二回梁山泊林沖落草 汴京城楊志賣刀：梁中書道：「叫東京對撥來的軍健楊志。」楊志轉過廳前，唱個大喏。

第二十四回王婆貪賄説風情 鄆哥不忿鬧茶肆：那人笑道：「倒是小人不是，衝撞娘子，休怪。」那婦人答道：「官人不要見責。」那人又笑着，大大地唱個肥喏道：「小人不敢。」

第二十九回施恩重霸孟州道 武松醉打蔣門神：老管營道：「義士且請坐。」武松道：「小人是個囚徒，如何敢對相公坐地。」老管營道：「義士休如此説。愚男萬幸，得遇足下，何故謙讓？」武松聽罷，唱個無禮喏，相對便坐了。

［文案］周祈名義考據左傳云：貴者將出，唱使避已，故曰喝喏。此爲簡釋。孫楷第唱喏考則綜合求證，釋唱喏有三義：一説喏即諾字；二説唱喏時確係出聲；三説唐宋人習慣喏必有揖，揖則兼喏，合

喏與揖二者乃完成唱喏之儀。孫説周詳。然檢宋話本小説，又知其遺不少，漫拾數條，附識於後，以補其缺。余以爲唱喏於宋，最爲普遍，若朱子語類卷一百二十云：「只如今人低躬唱喏，自然習慣。」宋唱喏亦最爲講究，不同場合、身份亦有不同之喏，若大喏、肥喏、無禮喏等。余以爲孫先生説「二説唱喏時確係出聲」，未免武斷。陸游老學庵筆記卷二曾云：「淳熙末還朝，則迎駕起居，閤門亦喝唱喏，然未嘗出聲也。」陳士元俚言解卷一釋唱喏「不作聲也」。具體而言，大禮預教車象所言「面北而拜」而未作聲，亦爲馴象唱喏一種樣式。

## 〔六〕粉捏小象兒並紙畫

〔文案〕粉捏者，亦稱捏粉，或如顧禄桐橋倚櫂録所言：俗呼「捏相」，其法創於唐時楊惠之。爲麵塑之別稱，泥塑之支流。原料爲精細麵粉、江米粉、蜂蜜等，若卷八七夕謂「以油麵糖蜜造爲笑靨兒，謂之『果食』，花樣奇巧百端」，卷九重陽「又以粉作獅子蠻王之狀」是也。陳元靚歲時廣記云，東京人七夕以粉捏人物之形者，以相餉遺。大禮車象則必以粉捏而相贈爲快事也。現存北宋汴京宣德樓前演象圖可證。所畫爲七頭白象，披錦掛飾，甲馬鮮明，樓閣高聳。可見大禮車象之隆重。東京畫家作此類畫以饗友好者，在情理之中。若鄧椿畫繼所述劉宗道每畫「照盆嬰兒圖」，「必畫數百本，然後出貨，即日流布，實恐他人傳模之先」。此亦所謂「小象兒紙畫」。

## 車駕宿大慶殿

冬至前三日，駕宿大慶殿。殿庭廣闊，可容數萬人。盡列法駕儀仗於庭，不能周徧。有兩樓對峙，謂之「鐘〔一〕鼓樓」〔一〕。上有大史局生，測驗刻漏。每時刻作雞唱〔二〕，鳴鼓一下，則一服緑者，執牙牌而奏之，每刻曰「某時幾棒鼓」，一時則曰「某時正」。宰執百官，皆服法服，其頭冠各有品從。宰執親王加貂蟬籠巾〔三〕九梁，從官七梁，餘六梁至二梁有差。臺諫增廌角〔四〕也。所謂「梁」者，謂冠前額梁上排金銅葉也。皆絳袍皂緣，方心曲領〔五〕，中單環珮〔六〕，雲頭履鞋。隨官品執笏。餘執事人，皆介幘緋袍，亦有等差。惟閤門御史臺，加方心曲領爾。入殿祗應人給黄方號，餘黄長號、緋方長號，各有所至去處。儀仗車輅，謂信幡、龍旗、相風烏〔二〕、指南車〔七〕、木輅、象輅、革輅、金輅、玉輅之類〔八〕。自有三禮圖可見，更不縷縷。排列殿門内外，及御街遠近，禁衛全裝，鐵騎數萬，圍繞大内。是夜内殿儀衛之外，又有裹錦緣小帽，錦絡縫寬衫兵士，各執銀裹頭黑漆杖子，謂之「喝探兵士」。十餘人作一隊，聚首而立，凡數十隊。各一名喝曰：「是與不是？」衆曰：「是。」又曰：「是甚人？」衆曰：「殿前都指揮使高俅〔九〕。」更互喝叫不停，或如雞叫。又置警場〔一〇〕於宣德門外，謂之「武嚴兵士」。畫鼓二百面，角稱之。其角皆以綵帛如小旗脚裝結其上。兵士皆小帽，黄繡抹額，黄繡寬衫，青窄襯衫。日晡時，三更時，各奏嚴也。每奏先鳴角，角罷，一軍校執一長軟藤條，上繫朱拂子，擂鼓者覩拂子〔二〕，隨其高低，以鼓聲應其高下也。

［校］

㈠「鐘」原作「鍾」，據津逮、學津本改。

㈡中華鄧注本案：「鳥」應作「烏」，確。清明上河圖虹橋兩端高竿之烏，即爲此相風烏也。

［注］

〔一〕**鐘鼓樓**

宋敏求春明退朝録卷上：京師街衢置鼓於小樓之上，以警昏曉。太宗時命張公洎製坊名，列牌於樓上。按唐馬周始建議置鼕鼕鼓，惟兩京有之，後北都亦有鼕鼕鼓，是則京都之制也。二紀以來，不聞街鼓之聲，金吾之職廢矣。

孔平仲談苑卷之四：齊李崇爲兗州刺史，州劫盜，崇乃村置一樓，樓懸一鼓，盜發之處，槌鼓亂擊，諸村始聞者撾鼓一通，次聞者復過以爲節，俄頃之間，聲布百里，伏其險要，無不擒獲，諸村置鼓樓，自此始也。

〔二〕雞唱

蘇軾仇池筆記卷下雞唱：光、黄人二、三月群聚謳歌，不中音律，宛轉如雞鳴耳。與宫人唱漏微相似，但極鄙野。漢官儀：宫中不畜雞，汝南出長鳴雞，衛士候於朱雀門外，專傳雞唱。又應劭曰：「今雞鳴歌。」晉太康地道記曰：「後漢衛士習此曲，於闕下歌之，今雞唱是也。」顔師古不考古本，妄破此説。今余所聞，豈雞唱之遺音乎？今土人謂之山歌云。

〔三〕貂蟬籠巾

崔豹古今注卷上輿服第一：貂蟬，胡服也。貂者，取其有文采而不炳煥，外柔易而内剛勁也。蟬，取其清虚識變也。在位者有文而不自耀，有武而不示人，清虚自牧，識時而動也。

陳師道後山詩話八二：周盤龍以武功爲散騎常侍，齊武帝戲之曰：「貂蟬何如兜鍪？」對曰：「貂蟬生於兜鍪。」外大父潁公罷相建節，出帥太原，其詩曰：「兜鍪却自貂蟬出，敢用前言戲武夫！」李待制師中以相業自任，嘗帥秦，以事去，其詩曰：「兜鍪不勝任，猶可冠貂蟬。」

〔文案〕據服飾史研究，「貂蟬冠」又叫做「籠巾」。用藤絲織成，外塗以漆，其形正方，左右有用細藤絲編成，薄如蟬翼般的二薄片，飾以銀，前有銀花，上綴以黄金附蟬，渡江後改爲玳瑁附蟬，左右各爲三小蟬，並有玉鼻在左旁插以貂尾，所以叫做貂蟬籠巾。官職最高的如三公、親王等，於侍祠及大朝會時加於進賢冠上佩戴，爲第一等的冠飾。

貂蟬籠巾圖像

〔四〕鷹角

〔文案〕鷹角又唤獬鷹角，相傳爲判斷疑難神獸之角，決訟者不直，皆解之，故宋執法官以鷹角爲裝飾。

〔五〕**方心曲領**

〔文案〕據沈從文中國古代服飾研究，方心曲領施之於頸領間，用以防止衣領隆起，有壓貼之用。

宋女孝經圖方心曲領像

〔六〕**中單環珮**

〔文案〕據中國服裝史諸書，中單襯於外衣內，亦名禪衣。其衣領露於外。環珮，錦綬、銀環、玉珮之類飾物。

〔七〕**指南車**

鄭樵通志略器服略第二指南車：黄帝與蚩尤戰於涿鹿之野，蚩尤作大霧，將士皆迷四方，黄帝於是作指南車以示方向，故後常建焉。出崔豹古今注。周致太平，越裳氏重譯來獻，使者迷其歸路，周公爲司南之制，使載之南，周年至國，故常爲先導。示服遠人，而正四方。漢初置俞兒，騎馬爲先驅之乘。左思曰：俞兒騁路，指南司方。後廢其騎，而存其車。後漢張衡始復創造，漢末喪亂，其器不存。魏明帝青龍中，令博士馬鈞紹作焉。車上有木仙人，舉手常指南，車箱回轉，所指微差。晉亂復亡，東晉義熙十三年，劉裕平長安，始得此車，復修之，一名司南車。駕駟，其下制如樓，三級四角，金龍銜羽葆，刻木爲仙人，衣羽衣，立車上，車雖回運，而手常指南，大駕出行，爲先啓之乘。此車戎狄所制，機數不精，回曲頻驟，狄須人力正之。范陽人祖沖之有巧思，常謂宜更造。宋順帝昇明中，齊高帝爲相，命沖之造焉。車成，使撫軍將軍丹陽尹王僧虔等試之，其制甚精。百屈千迴，未嘗移變。齊因宋制，而加飾焉。梁復名司南車。大駕出，爲先啓之乘，後魏太武帝使工人郭善明造之，彌年不就。扶風人馬嶽又造，垂成，善明鴆殺之。唐修之，備於大駕，行則先導。

燕肅上指南車制度奏天聖五年十一月六日：唐元和中，典作官金公立以其車及記里鼓上之，憲宗閱於麟德殿，以備法駕。歷五代至國朝，不聞得其制者，今創意成之。其法：用獨轅車，車箱外籠上有重構，立木仙人於上，引臂南指。用大小輪九，合齒一百二十。足輪二，高六尺，圍一丈八尺。附足立子輪二，徑二尺四寸，圍七尺二寸，出齒各二十四，齒間相去三寸。轅端橫木下立小輪二，其徑三寸，鐵軸貫之。左小平輪一，其徑一尺二寸，出齒十二；右小平輪一，其徑一尺二寸，出齒十二。中心大平輪一，其徑四尺八寸，圍一丈四尺四寸，出齒四十八，齒間相去三寸。中立貫心軸一，高八尺，徑三寸。上刻木爲仙人，其車行，木人指南。若折而東，推轅右旋，附右足子輪順轉十二齒，擊右小平輪一匝，觸中心大平輪左旋四分之一，轉十二齒，車東行，木人交而南指。若折而西，推轅左旋，附左足子輪隨輪順轉十二齒，擊左小平輪一匝，觸中心大平輪右輪四分之一，轉十二齒，車正西行，木人交而南指。若欲北行，或東，或西，轉亦如之。

〔八〕**玉輅之類**

陳祥道禮書卷一百三十五車制：五路：玉路、鄭氏曰玉路、金路、象路，以玉、金、象飾諸末，革路鞔之，以革而漆之，無他飾，木路不鞔，以革漆之而已。金路、象路、革路、木路。路，大也。玉路、金路、象路，以金、玉、象飾之也。革路，鞔而漆之。木路，漆之而不鞔。則有飾者，皆鞔而漆，鞔而漆者無飾也。玉路，鍚樊纓，十有再就。金路，鉤樊纓九就。象路，朱樊纓七就。革路，龍勒條纓五就。木路，前樊鵠纓者。鍚在顱，鉤在頷，朱者勒之色，龍者勒之飾。

王行五路先後之儀：綴路、金路也，孔安國曰：大路玉，綴路金，先路象，次路革木也。大路、玉路。次路、木路。次路、革路。先路。象路。

〔九〕**高俅**

王明清揮麈後録卷之七高俅本東坡小史：高俅者，本東坡先生小史，筆劄頗工。東坡自翰苑出帥中山，留以予曾文肅，文肅以史令已多，辭之。東坡以屬王晉卿。元符末，晉卿爲樞密都承旨時，祐陵爲端王，在潛邸日，已自好文，故與晉卿善。在殿廬待班，邂逅。王云：「今日偶忘記帶篦刀子來，欲假以掠鬢，可乎？」晉卿從腰間取之。王云：「此様甚新可愛。」晉卿言：「近創造二副，一猶未用，少刻當以

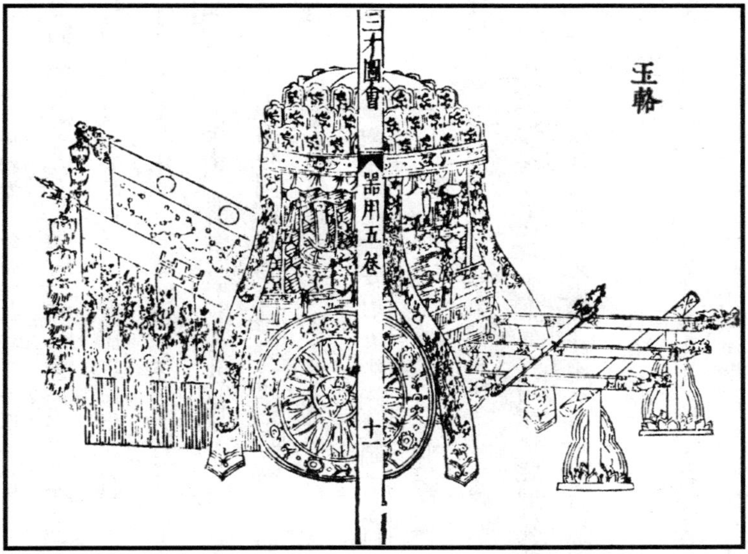


三才圖會玉輅圖

馳内。」至晚，遣俅賫往。值王在園中蹴鞠，俅候報之際，睥睨不已。王呼來前，詢曰：「汝亦解此技邪？」俅曰：「能之。」漫令對蹴，遂愜王之意，大喜，呼隸輩云：「可往傳語都尉，既謝篦刀之貺，並所送人皆輟留矣。」由是日見親信。踰月，王登寶位。上優寵之，眷渥甚厚，不次遷拜。其儕類援以祈恩，上云：「汝曹争如彼好脚迹邪？」數年間建節，循至使相，遍歷三衙者二十年，領殿前司職事，自俅始也。父敦復，復爲節度使；兄伸，自言業進士，直赴殿試，後登八坐。子姪皆爲郎，潛延閣，恩倖無比，極其富貴。然不忘蘇氏，每其子弟入都，則給養問卹甚勤。靖康初，祐陵南下，俅從駕至臨淮，以疾爲解，辭歸京師。當時侍行如童貫、梁師成輩皆坐誅，而俅獨死於牖下。胡元功云。

施耐庵羅貫中水滸傳第二回王教頭私走延安府 九紋龍大鬧史家村：且説東京開封府汴梁宣武軍，一個浮浪破落户子弟，姓高，排行第二，自小不成家業，只好刺槍使棒，最是踢得好脚氣毬。京師人口順，不叫高二，却都叫他做高毬。後來發迹，便將氣毬那字去了毛傍，添作立人，便改作姓高名俅。

且説端王自從索得高俅做伴之後，就留在宫中宿食。高俅自此遭際端王，每日跟着，寸步不離。却在宫中未及兩個月，哲宗皇帝晏駕，無有太子。文武百官商議，册立端王爲天子，立帝號曰徽宗，便是玉清教微妙道君皇帝。登基之後，一向無事。忽一日，與高俅道：「朕欲要擡舉你，但有邊功，方可升遷。先教樞密院與你入名，只是做隨駕遷轉的人。」後來没半年之間，直擡舉高俅做到殿帥府太尉職事。

佚名宋大詔令集卷第一百二軍職八高俅拜太尉制政和七年正月十日：門下：朕祗遹先猷，肇新武選，眷乃主兵之任，允爲極品之官。肆圖其人，允慎茲位。惟時宿將，嘉成績之居多；揚於大廷，涣褒章而首及。殿前都指揮使、奉國軍節度使、渤海郡開國公、食邑二千户、食實封九佰户高俅，材周以敏，志大而剛。果斷沉雄，夙著爪牙之效；忠勤毖慎，肆推心膂之良。嘗事潛藩，永肩誠節，頃臨邊寄，屢奏戰多。暨密侍於殿巖，實入提於禁旅。寬而有制，肅以無譁。載念勳庸，申加位序。惟亞居近輔，時爲掌武之臣；而列衛周廬，亦曰總戎之寄。名與實稱，非賢莫居，命以時敷，稽衆惟允。不改旌麾之舊，有嚴號令之新。於戲，四方無虞，蓋倚干戈之衛；萬邦爲憲，尚資帷幄之籌。益既乃心，勿忘朕訓。可。

佚名宋朝南渡十將傳卷一劉錡傳：先是高俅嘗爲端王邸官屬，上即位，欲顯擢之。舊法，非有邊功，不得爲三衙。時仲武爲邊帥，上以俅屬之，俅竟以邊功至殿帥。

〔一〇〕**警場**

趙昇朝野類要卷一典禮警場：大禮等辦嚴也，皆用上軍及街仗司爲之。

歐陽修等太常因革禮卷二十一總例二十一警場：通禮。鼓吹令有奉嚴之制。國朝會要：凡大禮，車駕齋宿所止，夜設警場，每奏先作金鉦四次，大角四次，金鉦二十四次，大角鼓百二十次，横吹等作一曲，如是者三疊，謂之一奏，少止，五分其夜而奏之，凡乘輿至帷宫，祀前一日御繒闕門觀嚴警，亦勞賜焉。若巡幸，則夜奏於行宫前，人數減於大禮，用八百八十八人。鹵簿記云：大禮用一千二百七十五人。

禮閣新編：建隆四年十一月，南郊鹵簿使張昭信，準舊儀，鑾駕將出宮入廟，越南郊，齋宿之辰，皆有夜警晨嚴之制。唐憲宗親郊，時禮儀使高郢奏：「據鼓吹局申，齋宿夜奏嚴，是夜警恐與搥鼓版奏三嚴事不同，況其時不作樂縣，不鳴鼓吹，務要清淨。其鼓吹局所申，致齋夜奏四嚴請不行者，當使詳酌典禮。奏嚴之設，本緣警備，事理與作樂全殊。況齋宿之夜，千乘萬騎，宿於儀仗之中，苟無鼓漏之徼巡，何警衆多之耳目？其官廟門南郊夜警晨嚴之制，望依舊禮施行。」詔可。

〔二〕**拂子**

惠泉集黄龍慧南禪師語録：上堂云：法身無相，應物現形。般若無知，隨緣即照。遂竪起拂子。拂子竪起，謂之法身，豈不是應物現形。拂子横來，謂之般若，豈不是隨緣即照。乃呵呵大笑。

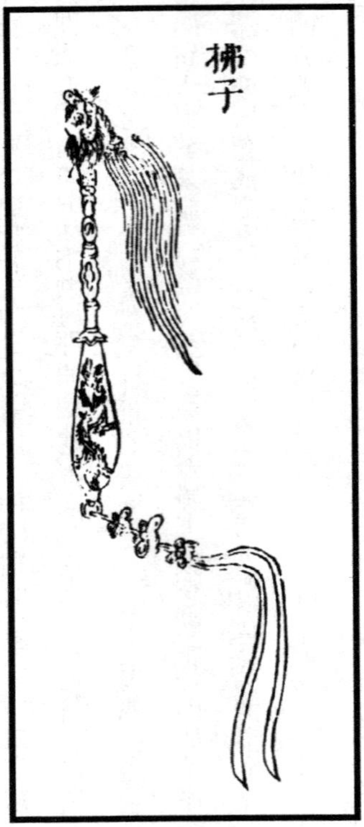


三才圖會拂子圖

上堂：舉雲門大師云，平地上死人無數。過得荆棘林者是好手。乃拈起拂子云：大衆，若唤作拂子，正是平地上死人。若不唤作拂子，未透得荆棘林在，擊禪牀，下座。

蘊聞大慧普覺禪師住徑山能仁禪院語録卷第一：上堂舉教云：應如是知，如是見，如是信解不生法相。師舉起拂子云：「這個是徑山拂子，唤甚麽作法相？法相既不可得，又知個甚麽？見個甚麽？信個甚麽？解個甚麽？」復舉起云：「這個是法相，却唤甚麽作拂子？拂子既不可得，如是知，如是見，如是信解。又有甚麽過？正當恁麽時轉身一句作麽生道，千重百匝無回互，大家静處薩婆訶。」

［文案］三才圖會謂拂子爲麈尾之類。宋時宫中導從有執紅絲拂子者，然未言其制。三才圖會則記紅絲拂子甚詳：上以素氂牛尾籠之，銜以金龍首，以木爲柄，畫以金龍紋，柄末垂紫絲結帉鍇。配圖可證。

## 駕行儀衛

次日五更，攝大宗伯執牌奏中嚴外辦〔一〕，鐵騎前導番衮〔二〕。自三更時，相續而行，象七頭，各以文錦被其身，金蓮花座安其背，金轡籠絡其腦，錦衣人跨其頸。次第高旗大扇，畫戟長矛，五色介胄〔三〕跨馬之士，或小帽錦繡抹額者，或黑漆圓頂幞頭者，或以皮如兜鍪〔四〕者，或漆皮如戽斗〔五〕而籠巾者，或衣紅黄罨畫錦繡之服者，或衣純青純皂以至鞋袴皆青黑者，或裹交脚幞頭者，或以錦爲繩如蛇而繞繫其身者，或數十人唱引持大旗而過者，或執大斧者，胯劍者，執鋭牌者，持鐙棒者，或持竿上懸豹尾者〔六〕，或持短杵者。其矛戟皆綴五色結帶銅鐸，其旗扇皆畫以龍或虎或雲彩或山河。又有旗高五丈，謂之「次黄龍」。駕詣太廟、青城，並先到立齋宫前，叉竿舍索旗坐約百餘人，或有交脚幞頭，胯劍足靴，如四直使者〔七〕，千百數，不可名狀。餘諸司祗應人，皆錦襖。諸班直、親從親事官，皆帽子結帶紅錦，或紅羅上紫團答〔八〕戲獅子，短後打甲背子，執御從物。御龍直皆真珠結絡短頂頭巾，紫上雜色小花繡衫，金束帶，看帶絲鞋〔九〕，天武官皆頂朱漆金裝笠子〔一〇〕、紅上團花〔一一〕背子，三衙並帶御器械官，皆小帽背子，或紫繡戰袍，跨馬前導。千乘萬騎，出宣德門，由景靈宫、太廟〔一二〕。

【注】

〔一〕**中嚴外辦**

龐元英文昌雜録卷第五：六月，吏部侍郎蘇頌以憂去官，以知桂州熊本爲吏部侍郎，以庫部員外郎王子韶爲考功員外郎，以路昌衡爲右司員外郎，以左司員外郎范純粹爲河東轉運使，以工部郎中范子奇爲左司郎中。禮部上言：「郊廟親祠儀注：祭日，皇帝並服靴袍至大次。於禮意未協。謹按禮記郊特牲曰：『祭之日，王皮弁以聽祭報。』報，謂小宗伯告時告備，若今請中嚴、奏外辦也。」

〔二〕番袞

曾敏行獨醒雜志卷第五：先君嘗言，宣和間客京師，時街巷鄙人多歌蕃曲，名曰異國朝、四國朝、六國朝、蠻牌序、蓬蓬花等，其言至俚，一時士大夫亦皆歌之。又相國寺貨雜物處，凡物稍異者皆以「番」名之。有兩刀相併而鞘，曰「番刀」，有笛皆尋常差長大，曰「番笛」，及市井間多以絹畫番國士馬以博塞。先君以爲不至京師才三四年，而氣習一旦頓覺改變。

〔文案〕京都譯注本譯「番袞」爲軍行之順序，與鄧之誠引夢粱録之護衛鐵騎導行作解略同。二解均未曉「番袞」之本意。獨醒雜志可證：「番」爲洶涌而來之胡族風習，「袞」則如宋史樂志一三二「凡有催袞也，皆胡曲耳」。又如胡適請教王國維所謂「鄙意亦曾疑此字是滚字之省」，與王國維疑「袞字無意義，或即滚字之省耳」不謀而合。宋大曲常用之「袞遍」亦如是。綜合諸説，「番袞」一語爲胡曲，亦爲胡風東來之貌，像一遍又一遍翻滚而前之態勢。若本卷駕宿太廟奉神主出室：「甲馬、儀仗、車輅，番袞出南薰門。」「番袞」爲宣和市間之俗語。

〔三〕五色介冑

〔文案〕據孫注本：五色介冑爲儀衛兵士服裝，以黄粗布爲面，布爲裏，繪以五彩甲葉紋，胸前繪人面二目，由後背至前胸用編帶纏繞。

〔四〕兜鍪

吴棫韻補卷第一九魚：鍪兜鍪，胄也。急就章：弓弩箭矢鎧兜鍪，鐵椎檛杖棁柲殳。

楊伯嵒臆乘科頭：俗謂不冠謂科頭。此二字出史記張儀傳，注云：謂不着兜鍪入敵。

〔五〕戽斗

陳彭年廣韻卷三上聲十姥：戽，戽斗，舟中渫水器。又音户。

王禎東魯王氏農書農器圖譜集之十三灌溉門戽斗：戽，候古切挹水器也。唐韻云：「戽，抒上與切也。」抒水器挹也。凡水岸稍下，不容置車，當旱之際，乃用戽斗。控以雙綆，兩手掣之，抒水上岸，以溉田稼。其斗或柳筲，或木罌，從所便也。

〔六〕豹尾者

崔豹古今注卷上輿服第一：豹尾車，周制也。所以象君子豹變，尾言謙也。古軍正建之，今唯乘輿得建之。

程大昌雍録卷八職官侍從二：服虔曰：「屬車八十一乘，作三行。尚書、御史乘之，最後一乘垂豹尾，已前皆爲省中。」虔之此言，即蔡邕所載漢制也。扈從在豹尾以前者，得與今侍從比而他官非也。唐世鹵簿正用漢制，其行列先後品列，在儀衛志甚詳。

施耐庵羅貫中水滸傳第三十五回石將軍村店寄書　小李廣梁山射雁：只見那兩個壯士門到間深裏，這兩枝戟上，一枝是金錢豹子尾，一枝是金錢五色旛，却攪做一團，上面絨縧結住了，那裏分拆得開。花榮在馬上看見了，便把馬帶住，左手去飛魚袋内取弓，右手向走獸壺中拔箭，搭上箭，拽滿弓，覷着豹尾絨縧較親處，颼的一箭，恰好正把絨縧射斷。

〔七〕**四直使者**

〔文案〕似指御龍直、御龍骨朵子直、御龍弓箭直、御龍弩直「四直」指揮官。

〔八〕**上紫團答**

〔文案〕京都譯注本疑「上紫」應爲「紫上」。若與下文「紫上雜色小花繡衫」合觀，其説可通。「紫上」即紫地，「團答」即「團搭」，若政和五禮新儀卷一四所述天武軍都使所着襖子「緋羅夾繡小團搭花」是也。

〔九〕**絲鞋**

馬縞中華古今注卷中靸鞋：蓋古之履也。秦始皇常靸望仙鞋，衣蕠雲短褐，以對隱逸，求神仙。至梁天監年中，武帝解脱靸鞋，以絲爲之，今天子所履也。

麻鞋：起自伊尹，以草爲之。草屩，周文王以麻爲之，名曰麻鞋。至秦以絲爲之，今宮人侍從著之，庶人不可。至東晉，又加其好，公主及宮貴，皆絲爲之。凡娶婦之家，先下絲麻鞋一緉，取其和鞋之義。

吴文英瑞鶴仙贈絲鞋莊生：藕心抽瑩繭，引翠針行處，冰花成片。金門從回輦。兩玉凫飛上，繡絨塵軟。絲絇侍宴。曳天香、春風宛轉。傍星辰、直上無聲，緩躡素雲歸晚。奇踐。平康得意，醉踏香泥，潤紅沾綫。良工詫見。吴蠶唾，海沉楦。任真珠裝綴，春申客屨，今日風流霧散。待宣供、禹步宸遊，退朝燕殿。

陸游老學庵筆記卷二：禁中舊有絲鞋局，專挑供御絲鞋，不知其數。

〔一〇〕**笠子**

王禎東魯王氏農書農器圖譜集之七蓑笠門笠：戴具也。古以臺皮爲笠，詩所謂「臺笠緇撮」。今之爲笠，編竹爲殼，裹以籜箬，或大或小，皆頂隆而口圓，可芘雨蔽日，以爲蓑之配也。

農書笠圖

〔一一〕**紅上團花**

「文案」「紅上」與「紫上」略同。「團花」於陳世崇隨隱漫録卷三多見：「大團花」、「小團花」羅袍。宋話本則觸目皆是，若西湖三塔記神將「皂羅袍打嵌團花」，洛陽三怪記神將「袖繡團花」，西山一窟鬼神將「皂羅袍袖繡團花」，以此可證儀衛服飾多用「團花」。

〔一二〕**太廟**

無名氏親享太廟一首導引：躬朝太室，列聖大功宣。彩杖耀甘泉。秘文升輅空歌發，一路覆祥煙。

珠旒薦獻極精虔。列侍儼貂蟬。穰穰降福均寰宇，垂拱萬斯年。

馬端臨文獻通考卷九十八宗廟八車駕詣太廟：前享一日，皇帝於景靈宫朝獻畢，即還大次。禮部郎中奏解嚴訖，皇帝入齋殿，文武侍祠行事，執事助祭之官、非從駕者。宗室先詣太廟祠所。其日，禮直官、宣贊舍人，引禮部侍郎詣大次前，奏請中嚴。少頃，又奏外辦。皇帝服履袍，自齋殿詣大次，出行門，禁衛諸班親從等諸司祗應人員以下迎駕，奏聖躬萬福。次知客省事以下、樞密都承旨以下、知内侍省以下、帶御器械官應奉祗應通侍大夫以下、武功大夫以下及幹辦庫務文臣一班迎駕，奏聖躬萬福。俟皇帝即御座，從駕宰執使相一班、次管軍臣寮，並奏聖躬萬福。皇帝乘輿出景靈宫欞星門，將至太廟。御史臺、太常寺、閤門分引文武侍祠行事執事助祭之官、宗室於太廟欞星門外立横班再拜，奏迎訖退。皇帝乘輿入欞星門，至大次，降輿以入，簾降，侍衛如常儀。宣贊舍人承旨敕群臣及還次。

## 駕宿太廟奉神主出室

駕乘玉輅，冠服如圖畫間星官〔一〕之服，頭冠皆北珠〔二〕裝結，頂通天冠〔三〕，又謂之「卷雲冠」，服絳袍，執元圭〔四〕，其玉輅頂皆縷金大蓮葉攢簇，四柱欄檻鏤玉盤花龍鳳，駕以四馬，後出旗㊀常輅上御座，惟近侍二人，一從官傍立，謂之「執綏」，以備顧問〔五〕。挾輅衛士皆裹黑漆團頂無脚幞頭，着黄生色寬衫，青窄襯衫，青袴，繫以錦繩。輅後四人，擎行馬，前有朝服二人，執笏面輅倒行。是夜，宿太廟，喝探〔六〕警嚴如宿殿儀。至三更車駕行事。執事皆宗室。宫架樂作，主上在殿上東南隅西面立，有一朱漆金字牌曰「皇帝位」。然後奉神主出室，亦奏中嚴外辦，逐室行禮畢。甲馬〔七〕、儀仗、車輅，番衮出南薰門。

## [校]

㊀中華鄧注本謂「旗」應作「旂」。京都譯注本考「旗常」爲日月之旗，天子專用。

## [注]

〔一〕**圖畫間星官**

佚名宋大詔令集卷第一百三十六典禮二十一天神下圖寫九星二十八宿朝元冠服頒行天下詔宣和元年五月二十七日：朕丕承寶緒，撫育黎元，遵道庇民，咸躋壽域。其於嚴恭肖像，罔有弗虔。比覽宫觀祠宇，九星二十八宿真形，有服牛乘馬、操戈執戟者，有戎衣端坐、露頂跣足者，或裸袒其體，或甕缶以居，率皆誕怪萬狀，黷侮靡常。欲祈降格上真，丕冒景貺，莫可得也。朕以謂高辰列曜，參拱玉帝，以輔元化，莫非冠服端肅，儼然之相，隱顯雖殊，天人不遠。正如世諦君臣之理，曾何若是，萬幾暇日，稽考瓊文玉笈，究其杳然，果得其詳。躬御丹青，圖寫九星二十八宿朝元冠服圖，頒行天下，昭示多方，庶使群動傾瞻，咸趨妙道，穰穰之福，以逮邦家，豈不偉歟。

〔二〕**北珠**

徐夢莘三朝北盟會編卷三政宣上帙三起重和二年正月十日丁巳，盡其日：北珠美者，大如彈子，小者若梧子，皆出遼東海汊中，每八月望，月色如畫，則珠必大熟，乃以十月方採取珠蚌。而北方沍寒，九、十月則堅冰厚已盈尺矣，鑿冰没水而捕之，人以爲病焉。又有天鵝能食蚌，則珠藏其嗉，又有俊鶻號「海東青」者，能擊天鵝，人既以俊鶻而得天鵝，則於其嗉得珠焉。

蔡絛鐵圍山叢談卷六：北珠在宣和間，圍寸者價至三二百萬。

曹昭格古要論卷中北珠：出北海，亦論大小分兩定價，看身分圓轉，身青色，披肩結頂者價高，如骨色粉白油黄渾色者價低。

〔三〕**通天冠**

聶崇義三禮圖集注卷三通天冠：後漢志云：

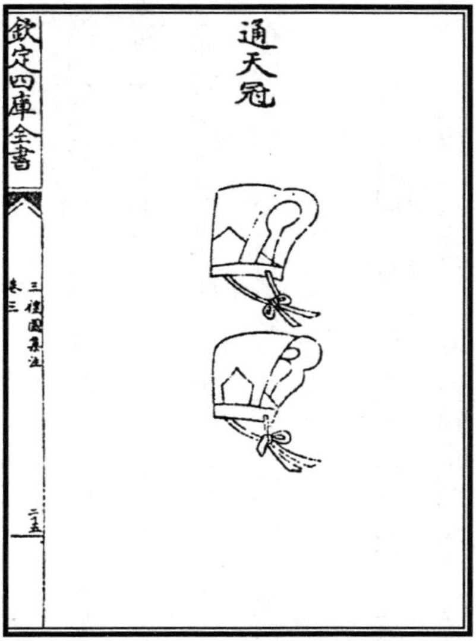


三禮圖集注通天冠圖

通天冠高九寸，正竪，頂少斜，却乃直下爲鐵卷，梁前有山，有展筩。

〔四〕**元圭**

蔡絛鐵圍山叢談卷第一：元圭者，古鎮圭也。濕潤異常，又其色内赤外黑，非世所有，固無足疑。圭上鋭而下方，然其末平直，非若後世禮圖爲圭之太鋭也。兩旁刻出十二山，正若古山尊制度，亦非若先儒所繪鎮圭，迺於圭上刻山者也。凡製作精妙，又非若秦漢器玉所能及。上則皆雲雷之文，下平無文，而中一竅，大足容指。其長尺有二寸，正合周尺，彷同晉尺。蓋晉得舜廟玉尺，是以知同古尺也。有制古元圭議行於世，誠不誣已。

佚名大金集禮卷二十九輿服上冠服：大定十一年，太常寺檢討周禮考工記：大圭長三尺，杼上終葵首，天子服之。説者曰王所搢大圭也，或謂之珽。自西魏、隋、唐以來，大圭長尺二寸，與鎮圭同，鎮圭以鎮天下，蓋以四鎮山爲瑑飾，舊有鎮圭，已依得古制，外有大圭，依周禮制度，杼上終葵首，杼殺也，終葵椎也。今御府有白圭，是白玉素圓，圭無上殺及首，如椎様。按隋書志：天子笏曰珽，長尺二寸，以珽玉爲之。唐志亦云：天子之珽相承，舊制以白玉爲之，長尺二寸。熙豐奏議云：西魏以來，所製玉笏，皆長尺二寸，方而不折，雖非先王之法，蓋以後世難得，隨宜爲之也。今御府所藏白玉圭，首如笏様，蓋宋日所製大圭也。將來行禮擬就用。

〔五〕**以備顧問**

葉寘坦齋筆衡王過對孝宗：孝宗初臨御，萬機之餘，留心經術，無所不涉，百寮奏對，時有顧問，多致失措。有王過者蜀人，著雋聲，猶在選調，宰相薦之上殿，孝宗驟問之曰：「李融字若川，謂何？」過即對曰：「天地之氣融而爲川，結而爲山。李融之字若川，如元結之字次山也。」上大喜，遂詔改舍人，官除密院編修。

程俱麟臺故事卷五恩榮：故事，進士唱名日，館職皆侍立殿上，所以備顧問也。

孔平仲談苑卷之四：太祖以神武定天下，儒學之士未甚進用，及卜郊乘大輅，翰林學士盧多遜執綏備顧問，占對詳敏。他日，上曰：「作宰相當用儒者。」盧果大用。

丁謂丁晉公談録：盧相多遜在朝行時，將歷代帝王年曆，功臣事迹，天下州郡圖志，理體事務，沿革典故，括成一百二十絶詩，以備應對。由是，太祖、太宗每所顧問，無不知者，以至踐清途、登鈞席，皆此力耳。

〔六〕**喝探**

陸友仁硯北雜志卷下：故宋官人出入，其前兵士呵喝車

1

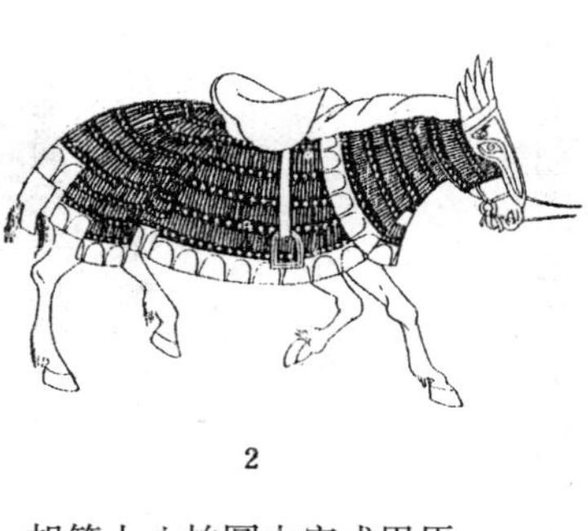

2

宋免胄圖中甲馬、騎士　　胡笳十八拍圖中宋式甲馬

馬者，蓋在京時乘坐車故也。渡江後，用肩輿，此聲尚存，何耶？

〔七〕甲馬

陸友仁硯北雜志卷上：「宋乾德二年南郊，陶穀爲禮儀使，法物制度，多穀所定。時范質爲大禮使，以鹵簿清游，隊有甲騎，具裝莫知其制度，以問於穀。穀曰：『正明丁丑歲，河南尹張全義，獻人甲三百副，馬具裝二百副，穀嘗見而記之：其人甲以布爲裏，黄絁表之，青緣，畫爲甲文，紅錦緣青絁，爲下裳，絳韋爲絡，金銅鈌，長短至膝，前膺爲人面，二目，背連膺，纏以紅錦。騰馬虵具裝蓋尋常馬甲，但加珂拂於前膺及後鞦爾。裝入悉以焚毁。』質即令有司如其説，造以給用。又乘輿大輦，久亡其制，穀立意造之，至今用焉。」

郭若虚圖畫見聞志卷二紀藝上：「房從真，成都人。工畫人物蕃馬，事王蜀先主爲翰林待詔，嘗於蜀宫板障上畫諸葛武侯引兵渡瀘水，人馬執戴，生動如神。蜀主每行至彼，駐而不進，怡然歎曰：『壯哉甲馬！』」

## 駕詣青城齋宫

駕御玉輅，詣青城齋宫。所謂「青城」，舊來止以青布幕爲之，畫砌甃之文，旋結城闕殿宇。宣政間，悉用土木蓋造矣。鐵騎圍齋宮外，諸軍有紫巾緋衣素隊〔一〕約千餘，羅布郊野。每隊軍樂一火〔二〕。行宮巡檢〔三〕部領甲馬，來往巡邏，至夜嚴警，喝探如前。

## 〔注〕

**〔一〕素隊**

〔文案〕京都譯注本謂「素隊」未見於文獻。姜注本引續資治通鑑宋高宗紹興二十三年柳佾「率兵以素隊往捕」，知「素隊」即衛隊也。

**〔二〕一火**

惠康野叟識餘卷三社夥：今人看街坊雜劇場，曰社夥，蓋南宋遺風也。宋之百戲皆以社名，如雜劇曰緋緑社，蹴毬曰齊雲社，唱賺曰遏雲社，行院曰翠錦社，撮弄曰雲機社。詳見武林舊事。夥者，方言，凡物盛而多也。或作社火，言如火然，一烘即過也。宋之鼓板曰：衙門一火和顧二火，又逐賊被傷全火。見宋乾德詔中。

錢大昕恒言録卷二常語類一火：南史孝義傳：十人同火。通典：凡立軍五人爲列，列有頭，二列爲火，立火子，有死於行陣者，同火收其屍。舊唐書僖宗紀：若諸軍全捕得一火草賊，數至三百人以上者超授將軍。木蘭詩：出門語火伴，火伴皆驚惶。

〔三〕巡檢

羅濬寶慶四明志卷二十昌國縣志全官僚：三姑都巡檢治在三姑山，縣西北八百里。岱山巡檢治岱山縣北海中二百五十里，熙寧以前，昌國監有巡檢兼監鹽，既置縣，則移巡檢於岱山駐紮，仍兼岱山鹽場，主管煙火公事，巡捉私茶鹽香等，後別置監鹽巡檢，止守本職。

潘自牧記纂淵海卷三十五職官部巡檢：本朝巡檢司，有沿邊溪洞都巡檢，或蕃漢都巡檢，或數州數縣管界，或一州一縣巡檢。掌訓練甲兵、巡邏州邑、擒捕盜賊事。又有刀魚船戰棹巡檢，江湖淮海置捉賊巡檢，及巡馬遞鋪，巡河巡捉私茶鹽等，各視其名分，以修舉職業，皆掌巡邏議察之事。四朝志。郭進爲西山巡檢，有誣告其陰通劉繼元有異者，太祖怒，命付其人於進，進曰：「爾能爲我取繼元一城一寨，不止贖爾死罪，請貴爾一官。」歲餘，其人誘其一城來降，進請賞以官，太祖曰：「賞不可濫得也。」進曰：「使臣失信，則不能用人矣。」遂賞以一官。分記。景德三年，封事者言諸處巡檢，務在武勇强明，乞不以閩楚、江浙、川陝人爲之，上曰：「人之勇怯，豈拘南北？若此區別，非任人之道。」職略。當道之衝，俾邏四封之警。胡文恭行鄭從政制。居警邏之司。高尊望制。材著幹勤，職司警邏。能發摘於陰伏，多剪除於寇攘。林友制。

朱彧萍洲可談卷二廣州市舶司泊貨抽解官市法：廣州自小海至溽州七百里，溽州有望舶巡檢司，謂之一望，稍北又有第二、第三望，過溽州則滄溟矣。商船去時，至溽州少需以訣，然後解去，謂之「放洋」。還至溽州，則相慶賀，寨兵有酒肉之饋，並防護赴廣州。既至，泊船市舶亭下，五洲巡檢司差兵監視，謂之「編欄」。

朱彧萍洲可談卷三富弼致政出郊：富鄭公致政歸西都，嘗著布直裰，跨驢出郊，逢水南巡檢，蓋中官也。威儀呵引甚盛，前卒呵「騎者下」，公舉鞭促驢，卒聲愈厲，又唱言：「不肯下驢，則請官位。」公舉鞭稱名曰：「弼。」卒不曉所謂，白其將曰：「前有一人，騎驢衝節，請官位不得，口稱『弼』。」將方悟曰：「乃相公也！」下馬執鋭，伏謁道左，其候贊曰：「水南巡檢唱喏！」公舉鞭去。

施耐庵羅貫中水滸傳第十九回林沖水寨大併火　晁蓋梁山小奪泊：府尹道：「既是如此説時，再差一員了得事的捕盜巡檢，點與五百官兵人馬，和你一處去緝捕。」何觀察領了臺旨，再回機密房來，唤集這衆多做公的，整選了五百餘人，各各自去準備什物器械。次日，那捕盜巡檢領了濟州府帖文，與同何觀察兩個點起五百軍兵，同衆多做公的一齊奔石碣村來。

盧憲嘉定鎮江志卷十兵防都巡檢營廨：長編：大觀元年十二月，御筆：江浙之民輕揚易揺，盜竊間作，日久兵弱勢單，一有警急，無以制禦，阻淮帶江，不可不防。相度於杭越之錢塘、西興，楊潤之瓜洲、西津，淮口之盱眙、臨淮，各置都巡檢一員，兵給二百人，刀魚船五隻，各於江淮岸側置營廨屯守，分部地界，凡沿淮巡檢，隸之以時，巡察奸盜。

# 駕詣郊壇行禮

三更，駕詣郊〔一〕壇行禮，有三重壝墻〔二〕。駕出青城，南行曲尺西去約一里許，乃壇也。入外壝東門，至第二壝裏面南設一大幕次，謂之「大次」，更换祭服，平天冠二十四旒〔三〕，青衮龍服，中單朱舄，純玉珮。二中貴扶侍，行至壇前。壇下〔四〕又有一小幕殿，謂之「小次」〔五〕，内有御座。壇〔六〕高三層七十二級。壇面方圓三丈許，有四踏道。正南曰午階，東曰卯階，西曰酉階，北曰子階。壇上設二黄褥位北面，南曰「昊天上帝」，東南面曰「太祖皇帝」。惟兩矮案上設禮料。有登歌道士十餘人，列鍾磬二架，餘歌色及琴瑟之類，三五執事人而已。壇前設宫架樂，前列編鍾玉磬。其架有如常樂方響，增其高大。編鍾形稍褊，上下兩層掛之，架兩角綴以流蘇。玉磬狀如曲尺，繫其曲尖處，亦架之，上下兩層掛之。次列數架，大鼓或三或五，用木穿貫，立於架座上。又有大鍾，曰景鍾，曰節鼓。有琴而長者，如箏而大者，截竹如簫管，兩頭存節而横吹〔七〕者，有土燒成如圓彈而開竅者〔八〕，如笙而大者，如簫而增其管者。有歌者，其聲清亮，非鄭衛之比〔九〕。宫架前立兩竿㈠〔一〇〕，樂工皆裹介幘如籠巾，緋寬衫勒帛。二舞者〔一一〕，頂紫色冠，上有一横板，皂服，朱裙履，樂作，初則文舞，皆手執一紫囊，盛一笛管結帶。武舞，一手執短矟，一手執小牌，比文舞加數人，擊銅鐃響環，又擊如銅竈突者。又兩人共擕一銅甕就地擊者，舞者如擊刺，如乘雲，如分手，皆舞容矣。樂作，先擊柷〔一二〕，以木爲之，如方壺〔一三〕畫山水之狀，每奏樂，擊之内外共九下，樂止則擊敔〔一四〕，如伏虎，脊上如鋸齒，一曲終以破竹刮之。禮直官奏請駕登壇，前導官皆躬身側㊁引至壇止，惟大禮使登之，先正北一位拜跪酒，殿中監東向一拜進爵盞，再拜，興，復詣正東一位，纔登壇而宮架聲止，則壇上樂作。降壇則宮架樂復作，武舞上復歸「小次」，亞獻終獻上亦如前儀。當時燕、越王爲亞、終獻也。第二次登壇，樂作如初，跪酒畢，中書舍人讀册，左右兩人舉册而跪讀。降壇復歸「小次」，亞終獻如前，再登壇進玉爵盞，皇帝飲福〔一五〕矣，亞終獻畢降壇，駕「小次」前立，則壇上禮料幣帛玉册〔一六〕，由西階而下。南壝門外，去壇百餘步，有燎爐〔一七〕高丈許，諸物上臺，一人點唱，入爐焚之。壇三層回㊂踏道之間有十二龕，祭十二宮神。内壝外祭百星。執事與陪祠官皆面北立班。宮架樂罷，鼓吹未作，外内數十萬衆肅然〔一八〕，惟聞輕風環珮之聲。一贊者喝曰：「贊一拜！」皆拜，禮畢〔一九〕。

［校］

㊀津逮、學津、中華鄧注本皆案「竽」應作「竿」，均誤。

㈡中華鄧注本疑「側」爲「倒」，疑據不足。

㈢中華鄧注本疑「回」作「四」，據前「四踏道」，確。

## 〔注〕

〔一〕**詣郊**

王明清揮麈後録卷一徽宗初郊事迹：建中靖國，徽宗初郊，亦見曾文肅奏事録，言之甚詳。在於當日，爲一時之慶事。十一月戊寅凌晨，導駕官立班大慶殿前，導步輦至宣德門外，升玉輅，登馬導至景靈宮，行禮畢，赴太廟。平旦雪意甚暴，既入太廟，即大雪。出巡仗至朱雀門，其勢未已，衛士皆沾濕。上顧語云：「雪甚好，但不及時。」及赴太廟，雪益甚，二鼓未已。上遣御藥黄經臣至二相所，傳宣問：「雪不止，來日若大風雪，何以出郊？」布云：「今二十一日。郊禮尚在後日，無不晴之理。」經臣云：「只恐風雪難行。」布云：「雪雖大，有司掃除道路，必無妨阻。但稍衝冒，無如之何。兼雪勢暴，必不久。況乘輿順動，理無不晴。若更大雪，亦須出郊。必不可升壇，則須於端誠殿望祭。此不易之理。已降御劄頒告天下，何可中輟？」經臣亦稱善，乃云：「左相韓忠彦欲於大慶殿望祭。」布云：「必不可。但以此回奏。」經臣退，遂約執政會左相齋室，仍草一劄子以往。左相猶有大慶之儀。左轄陸佃云：「右相之言不可易。兼恐無不晴之理。若還就大慶，是日却晴霽，奈何？」布遂手寫劄子，與二府簽書訖進入，議遂定。上聞之，甚喜。有識者亦云：「臨大事當如此。」中夜，雪果止。五更，上朝享九室，布以禮儀使贊引就罍洗之際，已見月色。上喜云：「月色皎然。」布不敢對。再詣罍洗，上云：「已見月色。」布云：「無不晴之理。」上奠瓚至神宗室，流涕被面。至再入室酌酒，又泣不已。左右皆爲之感泣。是日，聞上却常膳，蔬食以禱。己卯黎明，自太廟齋殿步出廟門，昇玉輅，然景色已開霽，時見日色。巳午間至青城，晚遂晴，見日。五使巡仗至玉津園，夕陽滿野，人情莫不欣悦。庚辰四鼓，赴郊壇幕次，少頃，乘輿至「大次」，布跪奏於簾前，請皇帝行禮，景靈、太廟皆然。遂導至「小次」前升壇奠幣，再詣罍洗，又升壇酌獻。天色晴明，星斗燦然，無復纖雲。上屢顧云：「星斗燦然。」至「小次」前，又宣諭布云：「聖心誠敬，天意感格，固須如此。」又升壇飲福。行過半，蔣之奇屢仆於地。既而當中，妨上行，布以手約之，遂挽布衣不肯捨而力引之。行數級，復僵仆。上問爲誰？布云：「蔣之奇。」上令禮生掖之登壇，坐於樂架下。至上行禮畢，還至其所，尚未能起。上令人扶掖，出就外舍，先還府，又令遣醫者往視之。及亞獻昇，有司請就「小次」，而終不許。東向端立。至望燎，布跪奏禮畢，導還「大次」。故事，禮儀使立於簾外，俟禮部奏解嚴乃退。上諭都知閻守懃、閻安中，令照管布出壝門，恐馬隊至難出，恩非常也，衆皆歎息，以爲眷厚。五鼓，二府稱賀於端誠殿。黎明，昇輦還内。先是，禮畢，又遣中使傳宣布以車駕還内，一行儀衛，並令攢行，不得壅閼。布遂關鹵簿司及告報三帥，令依聖旨。及登輦，一行儀仗，無復阻滯。比未及巳時，已至端門。左相乃大禮使，傳宣乃以屬布，衆皆怪之。少選，登樓肆赦。

〔二〕**三重壝墻**

孫奭乞南郊壇設三壝奏天聖六年二月：皇地祇等一十八壇，皆有壝及營塹林木，唯南郊壇獨無。樵童牧叟，馬牛風逸，徑至壇所。欲乞依禮設爲三壝。如以皇帝親郊，壝門不便，可就外壝權築小墻，四面各置欞星小門，遇皇帝親郊，則撤之。以青蠅柱表識其處，禮畢如舊。

〔三〕**平天冠二十四旒**

歐陽修等太常因革禮卷二十三總例二十三天子之制：國朝會要：衮冕，廣尺二寸，長二尺四寸，前後十二旒。二纊，並貫真珠。又有翠旒十二，碧鳳銜之，在珠旒外，冕版以龍鱗錦表，上綴玉爲七星，旁施琥珀瓶、犀瓶，各二十四，周綴金絲網。鈿以真珠雜寶玉，加紫雲白鶴錦裏。四柱飾以七寶，紅綾裏，金飾玉簪導，紅絲絛組帶，亦謂之「平天冠」。

徐復祚花當閣叢談卷一冕旒：古冕十有二旒，旒十二玉，前後各用玉百四十四，宋時冕中貴人呼爲平天冠，共用北珠一百四十五顆，麻珠四千五百九十顆，調珠八千六百四顆，則冕可謂至重。

〔四〕**壇下**

范鎮東齋記事卷一：故事，郊廟讀祝册官，至御名，必起。上至郊宫更衣詣壇下，百官皆迴班迎向。英宗皇帝初告廟，詔讀册官無起，及詣壇下，詔百官勿迴班，所以見事宗廟之精意也。

## 〔五〕小次

陳祥道禮書卷四十三大次、小次：幕人，凡朝覲、會同、軍旅、田役、祭祀，共其帷幕幄帟。掌次，掌王次之法，以待張事。王大旅上帝，則張氈案，設皇邸。朝日、祀五帝則張大次、小次，設重帟重案，合諸侯亦如之。師田，則張幕，設重帟重案。諸侯朝覲會同，則張大次、小次，師田則張幕設案。孤卿有邦事則張幕設案。蓋案所據之案，邸所宿之邸。大次初往則止之，大幄也，小次待事與退俟之，小幄也。朝日、祀五帝，合諸侯張大次、小次，而不設氈案、皇邸，師田，張幕而不設大幄小幄者，次氈與皇羽者皇德之象，德不稱此，不足以格上帝也。大幄小幄者，蔽飾之具，師田而張之，非所以與衆皆作也。

〔文案〕此條亦注上「大次」。

## 〔六〕壇

楊伯嵒九經補韻周禮：壇讀爲墠。夏官上大司馬：暴内陵外則壇之。禮記：壇音善。曲禮下：爲壇位。

陳祥道禮書卷六十八壇、墠：祭法言：王立七廟一壇一墠，去祧爲壇，去壇爲墠，壇墠有禱焉祭之，無禱乃止，去墠曰鬼。諸侯五廟一壇一墠，去祖爲壇，去壇爲墠，壇墠有禱焉祭之，無禱乃止，去壇爲鬼。大夫三廟二壇，顯考祖考無廟，有禱焉，爲壇祭之，去壇爲鬼。適士二廟一壇，顯考無廟有禱焉，爲壇祭之，去壇爲鬼。官師一廟，王考無廟而祭之，去王考爲鬼。鄭氏曰：天子諸侯爲壇墠祈禱，謂後遷在祧者也，既事則反其主於祧。鬼亦在祧，顧遠之於無事，祫乃祭之爾。唯天子諸侯有主禘祫，大夫有祖考

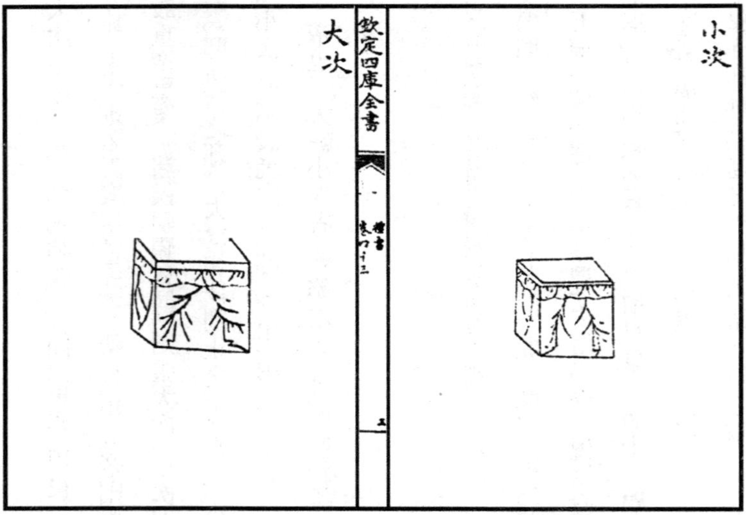


禮書小次圖、大次圖

者，亦鬼其百世，不禘祫無主爾。凡鬼者薦而不祭，國語曰壇場之所。

〔七〕**横吹**

陳暘樂書卷一百三十樂圖論胡部八音竹之屬大横吹：古者更鹵簿作鼓吹之樂，在魏晉則輕，在江左則重，至隋始分爲四等：一鼓，二鐃，三大横吹，四小横吹。唐又别爲五部：一鼓吹，二羽葆，三鐃吹，四大横吹，五小横吹。大駕則晨嚴夜警，施之鹵簿，爲前後部，皇后、皇太子以下咸有等差。迨於聖朝，揔號鼓吹云。

〔八〕**有土燒成如圓彈而開竅者**

毛晃、毛居正增修互注禮部韻略卷一上平聲二十二元：塤樂器。漢律曆志：土曰塤。應劭曰：世本暴辛公作塤，燒土爲之，其形鋭上而平底，六孔，俗作塤，亦作壎。

〔九〕**非鄭衛之比**

王鞏聞見近録：仁宗皇帝朝，有獻新樂者。其音近鄭衛，衆謂非古，遂寢。熙寧中劉幾等頗採用之。教坊樂工某乙，詣幾上書，以爲不可。幾以書聞，付大理問狀，工曰：「國朝所用王朴樂爲近古。今幾所奏，純清而不濁，鄭衛音也。又兩宮聲，大宮微而次宮高，是有兩君之象。天無二日，國無二主，樂之所諱。」時以爲狂，編管畿縣。末幾，哲宗出閣，遂即帝位。

〔一〇〕**兩竽**

毛晃、毛居正增修互注禮部韻略卷一上平聲十虞：竽管三十六簧。

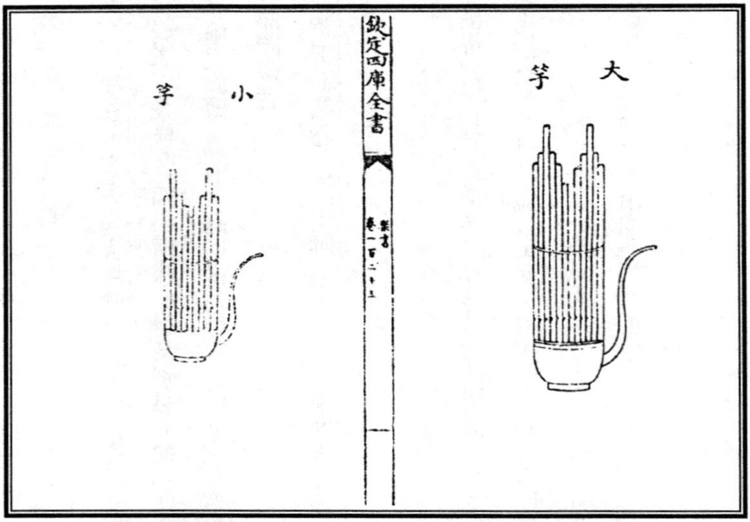


樂書大竽圖、小竽圖

陳暘樂書卷一百二十三樂圖論雅部大竽、小竽：昔女媧氏，使隨裁匏竹以爲竽，其形參差，以象鳥翼。火類也，火數二，其成數則七焉。冬至吹黄鍾之律而間音以竽，冬則水王而竽以之則水器也，水數一，其成數則六焉。因六而六之，則三十六者，竽之簧數也；因七而六之，則四十二寸者，竽之長數也。月令仲夏調笙竽，淮南子謂孟夏吹笙竽，蓋不知此。周官笙師掌教吹竽笙，則竽亦笙類也。以笙師教之，雖異器同音，皆立春之氣也。樂記曰：聖人作爲鞉鼓椌楬塤篪，然後爲之鍾磬竽瑟以和之。是樂之倡始者，在鞉鼓椌楬壎篪，其所謂鍾磬竽瑟者，特具其和終者而已。韓非子曰：竽者，五聲之長，竽先則鍾瑟皆隨，竽倡則諸樂皆和，豈聖人製作之意哉。説文曰：竽管三十六簧，象笙以竽，宫管在中故也。後世所存多二十三管，具二均聲焉。聖朝宋祁曾於樂府得古竽，有管而無簧，列管參差，及曲頸皆爲鳳飾。樂工皆以爲無用之器，惟葉防欲更造使具清、正、倍三均之聲，是不知去二變四清，以合乎聲律之正也。通禮義纂曰：漢武帝丘仲作竽笙三十管，豈以丘仲作尺四寸之笛，遂誤以爲竽耶？竽聲重濁，與巢相和，堂下之樂也。樂法圖曰：吹竽有以知法度，竽音調則度數得矣。

〔二〕**二舞者**

章如愚群書考索卷五十一樂門樂舞類：宋朝文武二舞。建隆元年有司上言，請改一代樂名享太廟，四室酌獻迎俎迎神樂章，詔竇儼撰進，四月儼上新定二舞十二樂曲，名並樂章。文舞爲文德之舞，武舞爲武德之舞，至乾德四年，和峴取尚書天下大定之義，改武舞爲天下大定之舞。淳化二年，和懞上言：「兄峴，乾德中約唐志故事，請改殿庭二舞之名，舞有六變之象，每變各有樂章歌詠太祖功業，今覩來歲正會之儀，登歌五瑞之曲，已從改制，則文武二舞亦當有樂名。案周易有化成天下之辭，漢書有威加海内之歌，望改舊玄德昇聞之舞，爲化成天下之舞，天下大定爲威加海内之舞，一變象登臺講武，二變象漳泉奉土，三變象杭越來朝，四變象克殄并汾，五變象肅清銀夏，六變象兵還振旅，每變，樂章各一首。」詔可。

吕祖謙詩話輯録卷一二四：萬舞，二舞之總名也。干舞者，武舞之别名也。籥舞者，文舞之别名也。文舞又謂之羽舞，鄭康成據公羊傳以萬舞爲干舞，蓋公羊釋經之誤也。春秋書萬入去籥，言文、武二舞俱入。以仲遂之喪，於二舞之中去其有聲者，故去籥焉文舞舞羽吹籥。公羊乃以萬舞爲武舞，與籥舞對言之，失經意矣。若萬舞止爲武舞，則此詩與商頌何爲獨言萬舞而不及文舞耶？左氏載考仲子之宫，將萬焉。婦人之廟亦不應獨用武舞也。然則萬舞爲二舞之總名明矣。

〔三〕**柷**

陳暘樂書卷一百二十四樂圖論雅部柷控擊：柷之爲器，方二尺四寸，深一尺八寸，中有椎柄，連底挏之，令左右擊也。陰始於二、四，終於八、十，陰數四、八，而以陽一主之，所樂則於衆樂先之而已，非能成之也，有兄之道焉。此柷所以居宫縣之東，象春物之成始也。

聖朝太樂柷，爲方色，以圖瑞物，東龍西虎南鳳北龜，而底爲神螭。

王逵蠡海集事義類：或問樂器以柷敔爲起止，以金石爲始終，何也？曰柷之形仰而空，以象東震之義，震爲雷，主聲物皆出於震，故所以起樂也。敔之形爲虎而伏，陽氣至秋而衰謝，雷聲至秋而收斂，虎爲西方金獸也，其背鉏鋙二十七，以當三九陽數，故刷之所以止樂。二器皆用木，木陽物，陽物爲聲也。金石爲始終者，八音之中，金石乃自然之聲，不假人爲。

〔二三〕方壺

聶崇義三禮圖集注卷十二方壺：舊圖云，方壺受一斛，腹圓，足口皆方。案燕禮云：司官尊於東楹之西，西方壺左玄酒，東上注雲尊方壺爲卿大夫士也。臣道直方，故設此尊，舊圖與下圓壺皆畫雲氣。

陳騤南宋館閣録卷二省舍：又西有亭一間，曰方壺。牌，范端臣書。中設金漆畫屏，兩傍有檻。度橋過含章亭。

〔二四〕敔

司馬光類篇卷九：敔偶舉切，說文：禁也。一曰樂器椌楬也，形如木虎。

丁度附釋文互注禮部韻略卷三上聲八語獨用：敔樂器。釋云：椌楬也，形如伏獸，背上有二十七刻，所以樂止。

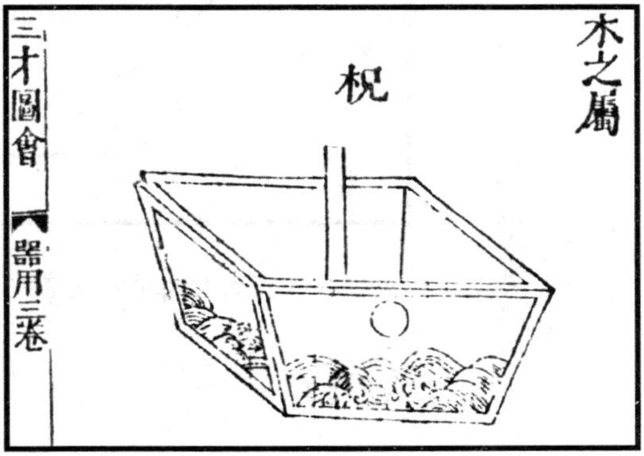

三才圖會柷圖

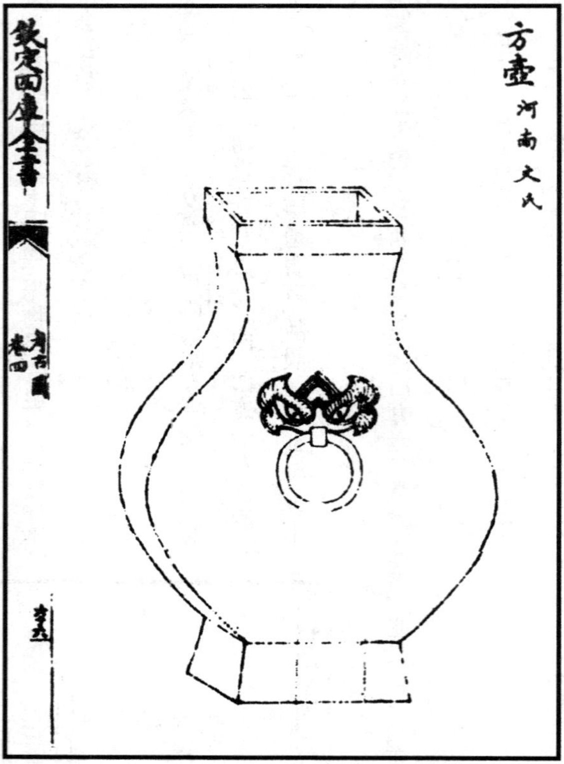


吕大臨趙九成考古圖方壺圖

〔一五〕飲福

高承事物紀原卷二禮祭郊祀部第九飲福：宋朝會要曰：乾德元年十二月，以南郊禮畢，大宴於廣德殿。自後凡大禮畢，皆設宴如此，例曰飲福宴。蓋自此其始也。

〔一六〕**玉册**

百歲寓翁楓窗小牘卷下：余嘗見太子玉册，用珉玉簡六十枚，前後四枚刻龍填金，貫以金絲，籍以錦褥，盛以漆匣，裝以金華，飾以螭首，今請用珉簡七十五枚。

趙昇朝野類要卷一典禮册寶：奉上尊號册寶，亦有奉上册寶使。用太常儀仗鼓吹也。凡玉册則金寶，所謂册者，條玉爲之。紅線相聯，可以捲舒，字皆金填之。或謂玉以砆石代之。所謂寶者，印章也。並文思院供造。

敔

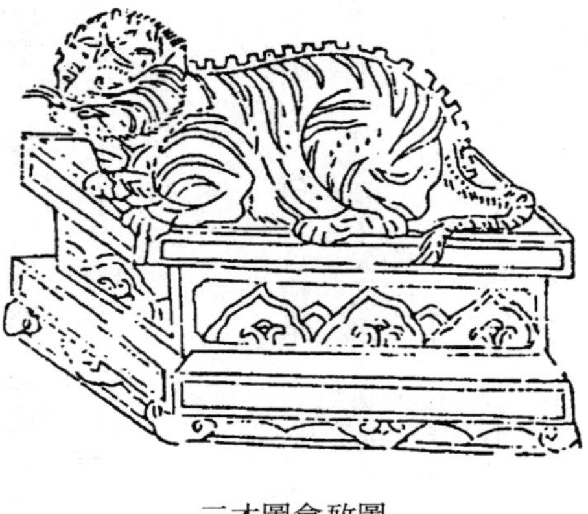

三才圖會敔圖

〔一七〕**燎爐**

程大昌演繁露卷之二燎爐：談苑載鐐爐曰：鐐者，白金也。意謂以白金飾爐也，是固有本矣。然恐語訛耳。爾雅云：燒，燎；煁，烓也。烘謂燒燎也；煁，今之三隅竈也。然則烓者無釜之竈，其上燃火，謂之烘。本爲此竈，止以燃火照物，若今之生麻秈音身盆也，然則鐐爐亦不爲鐐，當爲燎爐耳。

宋祁宋景文筆記上釋俗：予昔領門下省，會天子排正仗吏供洞案者，設於前殿兩螭首間，案上設燎香爐。

蘇轍龍川別志卷下：予後從事齊州，允則之孫昭敘爲兵馬都監，試問其遺事，昭敘曰：「雄州諜者常告，虜中要官閒遣人至京師造茶籠燎爐。允則亦使倍與直作之，纖巧無毫髮之異，且先期至，則攜至推場，使茶酒卒多口誇説其巧，令蕃商遍觀之。如是者三四日，知蕃官所作已過，乃收之不復出。虜中相傳，謂允則賂之，恐有姦變，蕃官無以自明，乃被殺。」

歐陽修等太常因革禮卷十六總例十六燎爐：通禮。時享太廟，禘祫太廟，時享别廟，祼訖，祝史各奉毛血及膟膋之豆，立於東門外，齋郎奉爐炭蕭稷黍，各立於膟膋之後，登歌止，祝史奉毛血膟膋，以次入自正門，升自太階，諸太祝各迎毛血膟膋於階上，俱入奠於神座前，祝史退立於樽所。齋郎奉爐炭，皆置於室户外之左，其蕭稷黍，各置於爐炭下，降自阼以出，諸太祝俱取毛血膟膋，出户，燔於爐炭，還樽所。至司徒奉饌訖，復位，諸太祝各取蕭黍稷，擩於脂，燔於爐炭，還樽所。慶曆祀儀，諸廟時享禘祫，惟宗正以蕭蒿置於爐炭而已。若祼饌訖，齋郎奉爐炭，諸太祝置稷黍等事，皆廢不行。

〔二八〕肅然

李廌師友談記：元祐七年，上祀南郊，公以兵部尚書爲鹵簿使。上因太廟宿齋行禮畢，將至青城，儀衛甚肅。五使乘車至景靈宫東櫺軽門外，忽有赭傘覆犢車並青蓋犢車百許兩，衝突而來。東坡呼御營巡檢使立於車前，曰：「西來誰何？敢爾亂行。」曰：「皇后並某國太夫人、國婆婆，乃上之乳母。國大長公主也。」東坡曰：「可以狀來。」比至青城，諭儀仗使、御史中丞李端伯之純曰：「中丞職當肅政，不可不聞。」李以中宫不敢言。坡曰：「某自奏之。」即於青城上疏皇帝曰：「臣備員五使，竊見二聖寅畏祇慎，昭事天地，敬奉宗祧。而内中犢車，衝突鹵簿，公然亂行，恐累二聖所以明祀之意，謹彈劾以聞。」上欣然開納。舊例，明日法駕回，中宫當迎於朱雀門下。是時因疏，明日中宫亦不復出。

〔一九〕禮畢　楊億奉和御制南郊禮畢五言六韻詩：燔柴就陽位，煙燎達高穹。掃地銒甄潔，嚴更鼓角雄。天心侔兑悦，皇澤比春融。帝享惟馨德，民蘇解愠風。周郊四祭重，漢畤五祠同。靈貺昭玄感，神光望拜中。

# 郊畢駕回

駕自「小次」，祭服還「大次」〔一〕。惟近侍椽燭二百餘條，列成圍子，至「大次」更服衮冕，登大安輦，輦如玉輅而大，無輪，四垂大帶。輦官服色，亦如挾路者。纔升輦，教坊在外壝東西㊀排列，鈞容直先奏樂，一甲士舞一曲破訖，教坊進口號，樂作，諸軍隊伍〔二〕鼓吹〔三〕皆動，聲震天地。回青城，天色未曉，百官常服入賀。賜茶酒畢，而法駕儀仗、鐵騎鼓吹入南薰門。御路數十里之間，起居幕次，貴家看棚，華綵鱗砌，略無空閑去處。

［校］

㊀「西」，國家圖書館藏袁克文（寒雲）藏元刊東京夢華録爲「門」，可糾日本静嘉堂文庫本之誤。

## 〔注〕

〔一〕**駕自「小次」，祭服還「大次」**

黄庭堅涪翁雜説：凡言設「大次」、「小次」者皆幄也，「大次」在壇之外，「小次」去壇遠矣。

〔二〕**諸軍隊伍**

姚寬西溪叢語卷下：大禮畢，賞給諸軍次第。第一曰殿前左右班御龍直、骨朵直、内殿直、散員、散指揮、散都頭、散祇候、金槍班、銀槍班，東第一至第五。西第一至第二，茶酒新舊班、招箭班、弓箭直、弩直、散直、鈞容直、習馭直、隨龍忠佐。第二曰捧日二十指揮，左第一軍至第三軍，右第一軍至第三軍。天武二十指揮，同上。拱聖十四指揮，神勇十四指揮，勝捷十指揮，驍騎十四指揮，左右各一至第七。驍勝六指揮，左右各一至第三。宣武十五指揮，殿虎六十指揮，左右各三軍，軍各十指揮。水軍指揮，宣朔第一龍猛六指揮，廣勇二十一指揮，驍騎第七第八管節度使。第三曰龍衛二十指揮，左右各二軍，軍各五營。神衛二十指揮，同上。雲騎七指揮，步虎六十指揮，左右各三軍，軍各十指揮。步虎水軍飛山甲指揮第一第二，牀子弩指揮第一第二。自捧日已後，計三百二十六指揮。馬世父云：其先公在户部日，嘗檢宣和間舊例。所聞如此。

〔三〕**鼓吹**

趙昇朝野類要卷一典禮鼓吹：禮寺之太常樂也。

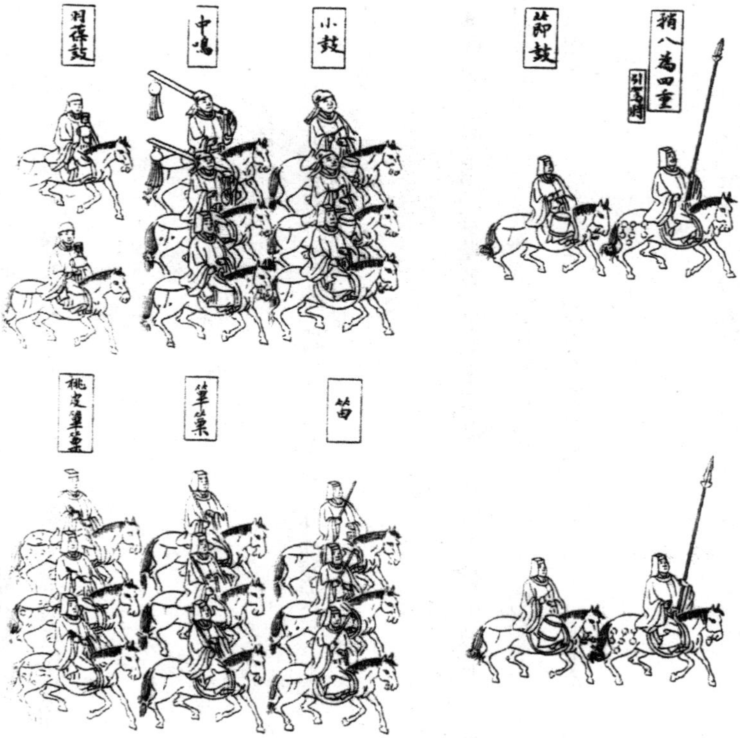


宋大駕鹵簿圖中鼓吹

李攸宋朝事實卷十一儀注一：前一日，上服衮冕，備大駕鹵簿，宿齋於青城。上御青城，門觀奏嚴，夜設警場，用鼓吹一千二百七十五人，奏嚴用金鉦大角大鼓，樂用大小横吹觱篥笳笛角手，歌六州、十二時，每更三奏之。

導引二首

和調玉燭，睿化著鴻明。緹管一陽生。郊禋盛禮燔柴畢，旋軫鳳凰城。森羅儀衛振華纓。載路溢歡聲。皇圖大業超前古，垂象泰階平。

歲時豐衍，九上樂昇平。當環海澄清。道高堯舜垂衣治，日月並文明。嘉禾甘露登歌薦，雲物焕祥經。兢兢夕惕持謙德，未許禪雲亭。

六州

嚴夜警，銅史漏遲遲。清禁肅，森陛戟，羽衛嚴皇闈。角聲厲，鉦鼓攸宜。金管成雅奏，逐次逶迤。薦蒼璧，郊祀神祇，屬景運純熙。京坻豐衍，群材樂育，諸侯述職，盛德服蠻夷。和聲。殊祥萃，九苞丹鳳來儀。爲膏露降，和氣洽，三秀焕靈芝。鴻猷播，史册相輝。張四維，卜世永固丕基。敷玄化，蕩蕩無爲。合堯舜文思。混併環宇，休牛歸馬，咸偃革蹈，詠慶昌期。

十二時

承寶運，馴致隆平。鴻慶被環瀛。時清俗阜，治定功成。遐爾詠由庚。嚴郊祀，文物聲明。天正星，拱奉嚴蹕，布羽儀簪纓。宸心虔潔，明德播惟馨。動蒼冥。神降享精誠。和聲。燔柴半，萬乘移天仗，肅鑾輅旋衡。千官雲擁，群后輸誠，玉帛旅明庭。韶濩薦，金奏諧聲，集體亨。皇澤浹黎庶，普率洽恩榮。仰欽元后，睿聖貫三靈。萬邦寧，景貺愈駢臻。

徐松輯（陳智超整理本）宋會要輯稿補編八七〇頁：徽宗政和七年，議禮局奏曰：「古者王師克捷，必奏凱，所以耀武事，旌勳伐。昔黄帝涿鹿有功，命岐伯作凱樂，以勸士諷敵，故其曲有靈夔競、雕鶚争、石墜崖、壯士怒之名。周官王師大獻，則令奏凱樂，樂師凡軍大獻，則教凱歌。漢有朱鷺等十八曲，魏晉而下莫不沿尚，皆謂鐃歌鼓吹曲。各異其名，以紀功烈。今所設鼓吹，唯備警衛已，未有鐃歌之曲，非所以彰休德而揚偉績也。乞詔儒臣討論撰述，因事命名，審協聲律，播之鼓吹，俾工師習之，凡王師大獻，則令鼓吹具奏，以聳群聽。」從之。十二日詔六州改名崇明祀，十二時改名稱吉禮，導引改名熙事備成。六引内者備而不作，大禮車駕宿齋所止，夜設警場，用一千二百七十五人，奏言用金鉦大角大鼓，樂用大小横吹篳篥簫笳笛，歌六州、十二時，每更三奏之。

李頎詩話三二一沈存中鼓吹凱旋曲：鼓吹部中有拱辰管，即古人之叉手管也。太宗賜今名。邊軍捷迴，則連隊抗聲凱旋，乃古之遺音。其詞往往皆市井鄙俚語。沈存中在鄜延時製十數曲，令士卒歌之，云：「先取西山十二州，別分子將到衙頭。始看秦塞低如馬，漸見黄河直北流。」「天威卷地過黄河，萬里羌人盡漢歌。草堰横山倒流水，從教西去作恩波。」「馬尾胡琴隨漢車，曲聲猶自怨單于。彤弓莫射雲中雁，歸雁如今不寄書。」「旗隊渾如錦繡堆，銀裝背傀打毬回。先教浄掃安西路，待向河源飲馬來。」「靈武西凉不用圍，番家總待納王師。城中半是山西種，猶有當時乾吃兒。」

王應麟小學紺珠卷第九制度類鼓吹五部：鼓吹　羽葆　鐃吹　大横吹　小横吹總七十五曲　唐儀衛志

## 下赦

車駕登宣德樓，樓前立大旗數口，内一口大者，與宣德樓齊，謂之「蓋天旗」。旗立御路中心不動。次一口稍小，隨駕立，謂之「次黄龍」。青城、太廟，隨逐立之，俗亦呼爲「蓋天旗」。亦設宫架，樂作〔一〕，須臾擊柝之聲，旋立雞竿〔二〕，約高十數丈，竿尖有一大木盤，上有金雞，口銜紅幡子〔三〕，書「皇帝萬歲」字。盤底有綵索四條垂下，有四紅巾㊀者争先緣索而上，捷得金雞紅幡，則山呼謝恩訖。樓上以紅綿㊁索通門下一綵樓，上有金鳳啣赦而下〔四〕，至綵樓上，而通事舍人得赦〔五〕宣讀。開封府、大理寺排列罪人在樓前，罪人皆緋縫黄布衫，獄吏皆簪花鮮潔，聞鼓聲，踈枷放去，各山呼謝恩訖，樓下鈞容直樂作，雜劇舞旋，御龍直裝神鬼，斫真刀倬刀，樓上百官賜茶酒，諸班直呈拽馬隊，六軍歸營，至日晡時，禮畢。

［校］

㈠「中」，中華鄧注本謂應作「巾」，確。

㈡京都譯注本案「綿」應作「錦」，確。

［注］

〔一〕樂作

江鄰幾醴泉筆録上：肆赦宣德門，登降用樂，懸又排仗，盡如外朝之儀。

〔二〕雞竿

蘇鶚蘇氏演義卷下：天子赦天下，必竪以雞，以其有五德。風雨如晦，雞鳴不已，取其告令之象。金者，雞之飾也。又以雞屬西，主金之位。曆象云：雞星動即有赦。

嚴有翼詩話四五金雞宣赦：李華含元殿賦云：「揭金雞於太清，炫晨陽於正色。」李庾西都賦云：「建金雞於仗内，聳修竿而揭起。」王建宫詞云：「樓前立仗看宣赦，萬歲聲長再拜齊。日照紫盤高百尺，飛仙争上取金雞。」李太白詩云：「金雞忽放赦，大辟得寬赊。」又云：「我愁遠謫夜郎去，何日金雞放赦回。」肆赦樹金雞，不知起於何代。唐百官志云：「赦日立金雞於仗南，有雞黄金飾首，銜絳幡，承以彩盤，維以絳繩，五坊小兒得雞者，官以錢贖，或取絳幡而已。」事物紀原載此，謂金雞起於有唐。按楊文公談苑云：「杜鎬言關東風俗傳云：宋孝王問司天膺之後魏北齊樹金雞事，膺之曰：海中星占云，天雞星動爲有赦，蓋王者以天雞爲度。隋書刑法志云：北齊赦日，武庫設金雞，及鼓於闕門右，撾鼓千聲，宣赦，建金雞。或云起於西凉吕光，究其旨蓋西方主兑，兑爲澤，雞者巽之神，巽爲號令，合是二物，制其形，揭爲長竿，使衆人覩之也。」據談苑所云，皆十六國時事，而紀原以爲起於唐亦誤矣。又按秦京雜記云：「大赦設金雞，口銜勝，宣政衙鼓樓上雞唱六人，至日，同以索上雞竿，争口中勝，争得者月給俸三石，謂之雞粟。」其言與百官志亦自不同。

〔三〕**紅幡子**

佚名大金集禮卷十四赦詔：御樓宣赦幡長七尺，捲之。

〔四〕**金鳳啣赦而下**

祝穆古今事文類聚别集卷六文章部鳳口銜詔：後趙石季龍，置戲馬觀上，安詔書，銜於木鳳之口。

〔五〕**得赦**

岳珂愧郯録卷十五赦宥之數：藝祖在位十九年，大赦一，郊赦四，曲赦三，德音六。太宗在位二十七年，大赦一，郊及耕籍、星變、册皇太子之赦，凡九，德音十四。真宗在位二十五年，大赦及封禪、祀汾陰、聖祖降、恭謝上聖號之赦，凡六，郊及罷兵、得雨、上聖祖號、册皇太子、御樓泛赦凡十二，常赦九，德音十四。

仁宗在位四十一年，大赦一，郊及恭謝明堂、籍田、祫享、母后不豫、星變之赦凡十七，常赦七，德音十二。

英宗在位四年，大赦一，郊及册皇太子之赦二，德音三。

神宗在位十八年，大赦一，郊及明堂、星變、神御殿成、年穀屢豐、册皇太子之赦，凡十，曲赦二，德音十七。

哲宗在位十五年，大赦一，郊及明堂、祖后不豫、星變之赦凡七，德音十。

徽宗在位二十五年，大赦一，兩郊、明堂、受寶圭、定鼎、謁原廟、皇子生、復熙豐制度、收復燕雲之赦，凡二十五，常赦十四，德音二十七。

欽宗在位一年，大赦及講和之赦二，德音一。

高宗在位三十六年，大赦一，郊及明堂、皇太子生、復辟、星變、復河南、母后不豫、梓宫來歸之赦十九，常赦四，德音十七。

孝宗在位二十七年，大赦一，郊及明堂、皇太子、慶壽之赦十四，德音二。

光宗在位五年，大赦一，郊及聖父不豫之赦，凡二。

略計建隆庚申以及紹熙甲寅凡二百三十有四年，凡三百有一赦，實肇於趙韓王普，其仁如天之對，其一言興邦之比歟。

## 駕還擇日詣諸宮行謝

駕還内，擇日詣景靈東西宮，行恭謝之禮三日。第三日畢，即游幸別宮觀，或大臣私第〔一〕。是月，賣糍餻〔二〕，鶉兔方盛。

### 〔注〕

**〔一〕大臣私第**

徐夢莘三朝北盟會編卷第三十一靖康中帙六起靖康元年正月二十四日庚寅，盡其日：靖康遺録曰：是日籍王黼第，得金寶以億萬計。初黼賜第於閶闔門外，周回數里。其正廳事以青銅瓦蓋覆，宏麗壯偉。其後堂起高樓大閣，輝耀相對。又於後園聚花石爲山，中列四巷，俱與民間倡家相類。與李邦彦輩遊宴其中，朋邪狎昵，無所不至。

秀水閒居録云：王黼作相，初賜第相國寺東，又賜第城西竹竿巷，窮極華侈，壘奇石爲山，高十餘丈。便作二十餘處，種種不同，如螺鈿閣子，即梁柱門窗什器，皆螺鈿也。琴光、漆花、羅木、雕花、碾玉之類悉如此。第之西，號西村，以巧石作山徑，詰屈往返，數百步間，以竹籬茅舍爲村落之狀，都城相第，乃有村名，識者以爲不詳。黼侍妾甚衆，有官封者十八人：八夫人，十宜人。

朱熹詩話三五：蔡京父子，在京城之西兩坊，對賜甲第四區，極天下土木之工。一曰太師第，乃京之自居也。二曰樞密第，乃攸之居也。三曰駙馬第，又攸之居也。四曰殿監第，乃攸子之居也。攸妻劉，乃明達、明節之族，有寵，而二劉不能容，乃出嫁攸。權寵之盛，亞之京、攸。四第對開，金碧相照。

王稱東都事略卷二十五列傳八：遵勗，字公武，初授左龍武將軍、駙馬都尉，賜第永寧里。主既下降而所居堂甎華有翔鳳者，命工琢去，主服有虬龍文，屏藏之，真宗喜，顧待加異常，稱其好學，爲人醞藉，喜讀書，通浮屠性理之説，居第園池聚名華奇果美石於其中，有自千里而至者，其費不貲。有會賢、閑燕二堂，北隅有莊曰静淵，引流水周舍下。

[文案]宋繼郊東京志略曾記大臣私第，不下八十餘處，有：王顯第、李沆第、李昉第、石熙載第、呂蒙正第、錢惟演第、寇準第、王將明第、晁補之第、晁文元第、王安石第、韓絳第、壽昌甲第、晏殊第、符彦卿第、王欽若第、李謙溥第、錢俶第、楚昭輔第、孟昶第、李崧第、范質第、王朴第、魏仁浦第、趙彦徽第、張令鐸第、吴廷祚第、光美第、楊信第、趙普第、曹彬第、呂端第、范廷召第、种放第宅、李繼隆第、石保吉第、邢昺第、陳堯叟第、魏咸信第、王旦第、郭進第、王審琦第，等等。東京内外，可謂府第連片，樓觀雄壯；雕欄閣榭，金碧交錯；丘壑林塘，宛若畫本；喬木修竹，映帶城隅……費數百萬金而成宅第者，比比皆

是，不少大臣私第因其華麗，竟成遊賞勝地，如丁謂園、吕文穆園、李文和園、晏殊園等。兹舉三例，供窺管豹。

〔二〕糍餻

〔文案〕京都譯注本以青木正兒意云糍餻爲穀粉製成，可蒸可煮之食物。若溯之馮贄雲仙散録，以「吴興米」爲「透花糍」之源淵，此説可立。汪曰楨湖雅則云：「按今有糍餻，亦曰凉糍餻團，亦曰麻團，以其冷食，又雜用脂麻屑也。」此爲另説，亦可立。余則以爲糯米粉製糍餻，或可稱之爲糍粑。用粳米粉、小米粉、麥麪、高粱麪、玉米麪、山藥粉、菱粉、栗粉、緑豆粉、黄豆粉均可。竹嶼山房雜部養生部「餈」、陳達叟本心齋疏食譜「粉餈」可參。進食無拘時節，若析津志謂正月「人家以黄米爲糍餻，饋遺親戚，歲如常」。酌中志卷之二十則記於三月「糯米麪蒸熟，加糖、碎芝麻，即糍巴也」。故中華鄧注本僅以文昌雜録、演繁露、浩然齋雅談注糍餻稍有不足。糍餻至元仍盛，周文質時新樂：「逐鼓童童笆篷下，數個神翁年高大。糍餻着手拿，磁甌瓦帶渾滓。」膾炙人口。

# 十二月

十二月，街市盡賣撒佛花〔一〕、韭黄〔二〕、生菜、蘭芽、勃荷〔三〕、胡桃、澤州餳。初八日，街巷中，有僧尼三五人作隊念佛，以銀銅沙羅〔四〕或好盆器〔五〕，坐一金銅或木佛像，浸以香水，楊枝㈠灑浴，排門教化。諸大寺作浴佛會，並送七寶五味粥與門徒，謂之「臘八粥」〔六〕。都人是日各家，亦以果子雜料煮粥而食也。臘日，寺院送面油〔七〕與門徒，却入疏教化上元燈油錢，閭巷家家互相遺送。是月，景龍門預賞元夕於寶籙宫，一方燈火繁盛。二十四日交年，都人至夜請僧道看經，備酒果送神，燒合家替代錢紙〔八〕，帖竈馬〔九〕於竈上，以酒糟塗抹竈門，謂之「醉司命」〔一〇〕。夜於牀底㈡點燈，謂之「照虚耗」。此月雖無節序，而豪貴之家，遇雪即開筵〔一一〕，塑雪獅〔一二〕，裝雪燈，雪□㈢以會親舊，近歲節市井皆印賣門神、鍾馗、桃板、桃符，及財門鈍驢〔一三〕、回頭鹿馬〔一四〕、天行帖子〔一五〕。賣乾茄瓠〔一六〕、馬牙菜〔一七〕、膠牙餳之類，以備除夜〔一八〕之用。自入此月，即有貧者三數人爲一火，裝婦人〔一九〕、神鬼〔二〇〕，敲鑼擊鼓，巡門乞錢，俗呼爲「打夜胡」〔二一〕，亦驅祟之道也。

〔校〕

㈠「枝」，陳元靚歲時廣記卷四送臘粥作「柳」。

㈡「牀底」，謝維新古今合璧事類備要前集卷十八節序門除夕醉司命作「竈裏」。

㊂國家圖書館袁克文（寒雲）藏元刊東京夢華録爲「燈」，可補日本靜嘉堂文庫本之闕文。

## 【注】

〔一〕**撒佛花**

顧文薦負暄雜録撒花：近者北兵侵犯城郭，於民間索金銀等物，謂之「撒花」。不曉其義。蓋夷狄以此爲重禮，昔國朝三佛齊、注輦國遣使來朝貢，見於延和殿，其使胡跪於地，先撒金蓮花，其次真珠、龍腦布於御座前，謂之「撒殿花」。初至闕，先具呈，請詔許之，方施此。亦所以重中國也。「撒花」之名，蓋亦有自來矣。

郎瑛七修類稿卷二十四辯證類俗言訛：宋時指賊人曰白日鬼，見誕謾者亦曰白日鬼。出劉跂暇日記。又三佛齊國來朝貢時，跪於殿陛，先撒金錢花，次真珠、龍腦，謂之「撒花」，蓋胡人至重禮也。後北兵犯闕，索民財與之，謂之「撒花錢」。以重禮媚胡耳。出坦齋草。

〔二〕**韭黄**

梅堯臣聞買韭黄蓼甲：百物凍未活，初逢賣菜人。乃知糞土暖，能發萌芽春。柔美已先薦，陽和非不均。芹根守天性，憔悴澗之濱。

趙希鵠調燮類編卷一時令：二月宜食韭，大益人心。

卷三蔬供：韭黄滯氣動風，共牛肉食成瘕。解諸食毒，搗韭汁飲。百損一益者，蒜。百益一損者，韭。韭一歲可四五剪，凡剪不用日中。諺云：觸露不掐葵，日中不剪韭。每一剪一加糞，收子者，只可剪一次。韭宜病人。

**〔三〕勃荷**

施彦執北窗炙輠録卷下：俞與才説其所知史保人家，京師有賣勃荷者，京師呼薄荷爲勃荷也。其家常買之。一日天大暑，勃荷者至渴甚，乞水於史，史乃以尊酒勞之，其人遂感激而去。後京城被圍，史縋城出時，城外悉以煨燼，四顧人馬復寂然。史茫茫然行野中，憂恐甚，俄而見茅店兩間，史急趨之，則一人家，主人見史大驚曰：「官人爲何至此？此去咫尺即大兵，不可前，幸當留此所。」以慰藉史者甚厚，史乃問汝爲誰？其人曰：「官人忘之乎？即賣勃荷者也，異時嘗蒙官人尊酒之賜，時不忘。今日官人幸至此，某報尊酒之賜也。」

錢易洞微志勃賀：僧辨聰遊五臺，將還京師，有老僧託以書，其上題云：「東京城北尋勃賀分付。」僧竊啓封視之，云：「度衆生畢，早來。荷更强住，切恐造業。」復封之，至京尋訪，不見其人。一日於五丈河側見一小兒逐一大猪，名勃賀。屠者趙氏云：「猪能引群猪令不亂逸。愛食薄荷，故以名。」僧試呼其名，以書投之，猪遽食其書，人立而化。僧徑之五臺，訪其老僧，亦化去矣。

**〔四〕沙羅**

趙彦衛雲麓漫鈔卷第九：今人呼洗爲沙鑼，又曰厮鑼。國朝賜契丹、西夏使人，皆用此語。究其説，軍行不暇持洗，以鑼代之。又中原人以擊鑼爲篩鑼，今南方亦有言之者。篩、沙音相近；篩之爲厮，又小轉也。書傳目養馬者爲厮，以所執之鑼爲洗曰厮鑼。軍中以鑼爲洗，正如秦漢用刁斗可以警夜，又可以炊飯，取其便耳。

〔五〕**盆器**

洪邁夷堅支庚卷第九無錫張木匠：無錫張木匠，造盆器出貿於街。日差晚，在茶肆前交易。

〔六〕**臘八粥**

凌萬頃邊實淳祐玉峰志卷之上風俗：臘月二十四日祭竈，婦女不預。二十五日食赤豆粥，下至婢僕猫犬皆有之，有出外者亦分及，名「口數粥」。

莊綽雞肋編卷上：寧州臘月八日，人家競作白粥，於上以柿栗之類，染以衆色爲花鳥象，更相送遺。

〔文案〕據廣益書局古今筆記精華卷二事原、明陳耀文天中記諸書，臘八粥始於宋，爲世所公認。

〔七〕**面油**

龐文英文昌雜録卷第一：禮部王員外言：今謂面油爲玉龍膏。太宗皇帝始合此藥，以白玉碾龍合子貯之，因以名焉。

〔文案〕京都譯注本據唐韓鄂四時纂要，云生藥、香料入牛羊髓脂製成「面脂」即爲「面油」。龐元英則謂「面油」爲膏，可貯於合。余以爲唐王燾外臺秘要方卷三十二面膏方即「面油」。其方：杜蘅、杜若、防風、藁本、細辛、白附子、木蘭皮、當歸、白朮、獨活、白茯苓、萎蕤、白芷、天門冬、玉屑各一兩，菟絲子、防己、商陸、梔子花、橘仁、冬瓜仁、蘼蕪花各三兩，藿香、丁香、零陵香、甘松香、青木香各二兩，麝香半兩，白鵝脂如無半升，白羊脂、牛髓各一升，羊胒三具，右三十二味，先以水浸膏髓等五日，日滿別再易水。又五日，日別一易水，又五日，二日一易水，凡二十日止。以酒一升，挼羊胒令消盡去脈，乃細切香，於埳器中浸之，密封一宿，曉以諸脂等合煎，三上三下，以酒水氣盡爲候，即以綿布絞去滓，研之千遍，待凝乃止，使白如雪。每夜塗面，晝則洗却，更塗新者。十日以後，色等桃花。本方白歛、人參各三兩，無蘼蕪花、冬瓜仁，此皆是面膏藥，疑更有此二味。余以爲其方要在「每夜塗面」，即爲臘日裏「寺院送面油與門徒」之來由。

〔八〕**錢紙**

曾三異因話録絶藝：蔣大防母夫人云：少日隨親謁泰山東嶽，天下之精藝畢集。人有紙一百番，鑿爲錢，運鑿如飛。既畢，舉之其下，未嘗有鑿痕。其上九十九番，則紙錢也。

宋話本任孝子烈性爲神：話休絮煩，過了兩月餘，每遇黄昏，常時出來顯靈。來往行人看見者，回去便患病，備下羹飯、紙錢當街祭獻，其病即痊。

無名氏就日録：焚紙錢之説，唐王璵傳曰：漢以來葬者皆有瘞錢，後世里俗稍以紙寓錢，起於漢世之瘞錢也。其禱神而用寓錢則自王璵始矣。康節先生春秋祭祀，約古今禮行之，亦焚楮錢。程伊川怪問之，曰：「冥器之義也。脱有益，非孝子順孫之心乎。」徽廟朝，高峰廖用中奏乞禁焚紙錢，有云嘗怪世俗鑿紙爲錢焚之，以徼福於鬼神者，不知何所據依？非無荒唐不經之説，要皆下俚之所傳耳。使鬼神而有知，謂之慢神欺鬼可也。李珂松窗百記云：世既是妄人死而爲鬼，其妄又可知無身心耳目口鼻之實，而六習常不斷顛倒沉迷，豈復覺悟。方其具酒肴，列冥器，鑿楮象錢，印繪車馬而焚之，以妄塞妄也，蓋嘗原其本初，恐瘞錢爲死者之禍，及世艱得錢，易以紙錢，自後沿襲至唐而焚之，其來久且遠。而廖高峰遽欲絶之，以塞妄費，是夫子謂死葬之以禮，又曰敬鬼神而遠之，是夫子不欲遽絶，而以有無之中言之，惟邵康節云：「脱有益，非孝子順孫之心。」最爲通議。

道謙大慧普覺禪師宗門武庫：汾陽無德禪師，一日謂衆曰：夜來夢亡父母覓酒肉紙錢，不免徇俗置以祀之。事辦於庫堂，設位如俗間禮，酌酒行肉化紙錢訖。令集知事頭首散其餘盤，知事輩却之，無德獨坐筵中飲啖自若。衆僧數曰：酒肉僧，豈堪爲師法耶？腰包盡去，惟慈明、大愚、泉大道等六七人在耳。無德翌日上堂云：許多閑神野鬼，只消一盤酒肉兩陌紙錢斷送去了也。法華經云：此衆無枝葉，唯有諸貞實。下座。

無名氏失調名詠紙錢謔詞：你自平生行短，不公正、欺物瞞心。交年夜，將燒毀，猶自昧神明。若還替得，你可知好裹，争奈無憑。　我雖然無口，肚裹清醒。除非閻家大伯，一時間，批判昏沉。休癡呵，臨時恐怕，各自要安身。

〔文案〕據陸錫興南宋周氏墓紙錢及有關問題考：宋紙錢爲方孔圓形，加工一鑿、一剪，鑿用圓形方孔模具，一次敲鑿，力透數紙，鑿錢連爲長條成貫。剪則將紙對折後剪去半邊，再展開。紙錢講究顔色，如白紙即表銀錢，黄紙即表金錢。紙錢上印「卍」表示通行西天貨幣。焚燒紙錢則爲贈「財」，若趙翼陔餘叢考卷三十紙錢所言：「紙錢冥間真用之矣，豈人世之所意爲者。」

〔九〕帖竈馬

〔文案〕竈馬仿竈君畫像，帖於竈上祭祠，以求吉祥。近代開封，仍有此風。據陳雨門開封春節鈎沉云：不論貧富，每家都請一張。竈君像上端，約占全紙五分之二，有畫龍圍繞，若圖案邊者，内印全年二十四節氣，某月某日立春、雨水等等。並分列幾龍治水，幾日得辛。下半幅，則以竈爺、竈奶奶爲主，其他神像很小。兩旁有爲八仙，有金童玉女，有幼女包餃子等。最下爲文武財神、摇錢樹、聚寶盆、盆下或其他吉祥畫下，均有雞狗各一。

〔一〇〕醉司命

應劭風俗通義祀典第八司命：謹按詩云：「芃芃棫樸，薪之槱之。」周禮：「以槱燎祀司中、司命。」司命，文昌也。司中，文昌下六星也。槱者，積薪燔柴也。今民間觸祀司命耳，刻木長尺二寸爲人像，行者檐篋中，居者别作小屋。齊地大尊重之，汝南諸郡亦多有，皆祠以猪，率以春秋之月。

闕名輦下歲時記竈燈：都人至年夜，請僧道看經，備酒果，送神帖、竈馬於竈上，以酒精抹於竈門之上，謂之「醉司命」。

吴錫麒有正味齋詞沁園春夢華録載都人至除夜以酒糟塗竈門之上，謂之「醉司命」。曝書亭集中有「醉司命辭」。余譜此闋：爆竹喧空，倒珮欹冠，朝天去遲。甚餳簫唤賣，膠牙未已，椒杯告酹，軟脚無辭。樺燭花明，籸盆火旺，絃語丁丁送有詞。纔扶好，要先求利市，來錫茅茨。　靈旗緩蕩寒飈，正嬌女鍘童簇擁時。看迷離雲路，神其醉止，瞢騰帝所，臣復中之。煬謝無能，媚思何益，但願糟丘分一巵。觚邊踞，道詩須聽我，跨亦恁兒。

朱彝尊曝書亭集卷六十一醉司命辭并序：醉司命者，宋汴京故事也。以涂月二十四日帖竈神于竈上，用酒醩塗竈門，謂之「醉司命」。見幽蘭居士孟元老夢華録。蓋自南渡後廢不行矣。家居逼歲除，覩婦子祀竈，乃作「醉司命辭」，其文曰：臘鼓送寒，明燈射牖。月窮則涂，其日在丑。巫言是夕，司命上天。指掌翕舌，譴告下人。爾不神媚，眚及厥身。於是主人整衣，前揖而祝，惴惴兢兢，憴憴肅肅。大夫都尉，硎童是告。神乃降而言曰：子亦知子之過乎？凡子所爲，吾窺其萌。反愬於帝，何患無名？子如不信，據觚而聽：昔者二氣，既分節運。推斥上麗，三辰下立。四極百神繽紛，如影投隙。靡有小大，各司其職。顓頊之虚，吾攸用宅。帝臨在上，下土是彤。曰庖曰竈，往哉汝監。孰爲有罪，告予非讒。吾軑雲輪，吾馭風馬。下視崇墉，於斗分野。戟門二八，翔子之舍。子之先世，秩祀孔虔。户門井霤，吾居一焉。牲醴肥香，有梱有筵。有祝有相，有籥有言。及子之身，流離瑣尾。自牧徂坰，舍城而市。粟主數遷，誅茅長水。無恒安息，遠近游遨。持取吾土，不思故巢。朔雲東岱，西濟汾洮。南甌閩粵，抗石凌濤。歸視其突，未黔而跑。子之比閭，吾得款睇。西家主婦，有媵有娣。裛粉遊紅，玉瑱象揥。鏡聽而兮，狄香在袂。維子之室，有嫗無孌。簪嵩於蓬，卓雅於髻。炊彼戾㦾，不可瞻諦。瘠子羸孫，愁苦終歲。東有雲屋，穴金十囊。割蠟而爨，封腴以嘗。左鼎右盉，楚苗吴秔。釀用酘酒，薦我黄羊。嗟子終窶，脱粟糁羹。並日而食，或絶其糧。勞薪不繼，然之以糠。煙反於宅，鼻噫目眥。南鄰北舍，審音識曲。越調吴歈，哀絲毫竹。回腸蕩氣，娱我心目。維子之家，詩書是讀。井臼晨喧，機絞夜續。尺口牙牙，寒號饑哭。攪我夙宵，蒙耳駭矚。寒向不塞，熱扇不通。哇嗚礎下，雪灑於窗。無冬無夏，上雨旁風。嗟此局促，棲我其中。責子之過，寧有終窮。主人聞言，小大稽首。翁謝於前，姥拜於後。爾乃煉香以燒，翦紙而焚。餳餻粉荔，雜遝上陳。注瓶以酒，盛食於盆。藉漕漉滓，塗之竈門。神遂陶然，延霄奮舉。前導嬌孫，後隨六女。帝召司命，詢其所主。凡有過愆，爾其悉數。司命入覲，行步傴旅。覼縷兩目，醉不能語。

## 〔二〕遇雪即開筵

江鄰幾醴泉筆録上：齊廊公闢大卿，曾爲三司檢法，時李士衡充使，章得象洎黄宗旦爲判官，公暇省中，棊飲談謔。每值雪天晕，命僚屬酒炙相樂。李咨爲使，置酒設藥梅而已。今都無此例。

孔平仲談苑卷之四：慶曆中，西師未解，晏元獻爲樞密使，大雪置酒西園。歐陽永叔賦詩云：「須憐鐵甲冷徹骨，四十餘萬屯邊兵。」晏曰：「昔韓愈亦能作言語，赴裴度會，但云『園林窮勝事，鐘鼓樂清時』，不曾如此合鬧。」

馬純陶朱新録：蔡京作相，大觀間，因賀雪，賜宴於京第。

魏泰臨漢隱居詩話四四：晏元獻殊作樞密使，一日雪中退朝，客次有二客，乃永叔與學士陸經。元獻喜曰：「雪中詩人見過，不可不飲酒也。」因置酒共賞，即席賦詩。

毛滂武陵春正月二日，天寒欲雪，孫使君置酒作樂，賓客插花劇飲，明日當立春：城上落梅風料峭，寒馥逼清尊。爽興天教屬使君，雪意壓歌雲。插帽殷羅金縷細，燕燕早隨人。留取笙歌直到明，蓮漏已催春。

阮閲詩話總龜卷之二十詠物門上：歐陽文忠守潁日，因小雪，會飲聚星堂，賦詩，約不得用玉月、梨梅、練絮、白舞、鵝鶴等事，歐公篇略云：「脱遺前言笑塵雜，搜索萬象窺冥冥。」自後四十餘年，莫有繼音。

〔三〕**塑雪獅**

趙令畤侯鯖録卷八：張文潛戲作雪獅絶句云：「六出裝來百獸王，日頭出後便郎當。争眉霍眼人誰怕，想你應無熟肺腸。」

妙源虚堂和尚語録卷第二：除夜小參。僧問：「舊歲送不去，新年迎不來。新舊本無情，去來誰可擬。」師云：「門前石敢當。」僧云：「只如舊歲已去新歲已來，衲僧家還有不被寒暑所遷底麽？」師云：

「有。」僧云：「那個是不遷底。」師云：「階下雪獅子。」僧云：「依舊跳不出。」師云：「蒼天蒼天。」

**〔三〕財門鈍驢**

〔文案〕東京市民裝銅錢什物口袋，多置放於驢背，清明上河圖虹橋部分可見。故坊間印製「財門鈍驢」年畫，或如繁勝録簡稱「財門」也。若魯迅所藏開封一套色車馬大吉圖，上畫車馬神，下畫四馬拉元寶一車，貼之於門，以寓發財之意。

**〔四〕回頭鹿馬**

〔文案〕袁景瀾吴郡歲華紀麗引雜志云：「後世多畫將軍、朝官，復加爵、鹿、蝠、喜、寶馬、瓶鞍之狀，皆取美名，以迎嘉祉。」以此釋「回頭鹿馬」。則知宋將軍年畫品種頗多，如武林舊事所云：朝天門内外競售諸般大小門神，爲市甚盛。吕勝中中國民間木刻版畫尚可見其遺習：河南朱仙鎮加官進禄門畫則爲兩大朝官各手托一小朝官與一鹿；陝西鳳翔撥馬二將門神像則二將各乘一回頭馬，宋之「回頭鹿馬」大致如是。

**〔五〕天行帖子**

陳昉潁川語小卷上：今省部曰帖，皆公移也。惟帖俗以子稱。考證：案沈括夢溪筆談：唐中書指揮事謂之堂帖子，曾見唐人堂帖宰相簽押格，如今之堂帖子也。據此則帖子之名，自唐已然。

〔文案〕京都譯注本謂「天行帖子」爲避免疫病流行之護符。余以爲類如驅邪乞安端午帖子詞。

〔一六〕**乾茄瓠**

魯明善農桑衣食撮要七月做葫蘆茄匏乾：茄切片，葫蘆、匏子削條，曬乾收，依做乾菜法。

〔一七〕**馬牙菜**

〔文案〕馬牙菜即馬齒莧。據姚可成食物本草：馬齒莧一名長命草，其葉似馬齒，性滑利，故光緒祥符縣志卷五風俗志釋曰：「啖馬齒菜借齒音爲時，新年好時來也。」以此可知汴京售馬牙菜甚盛之故。

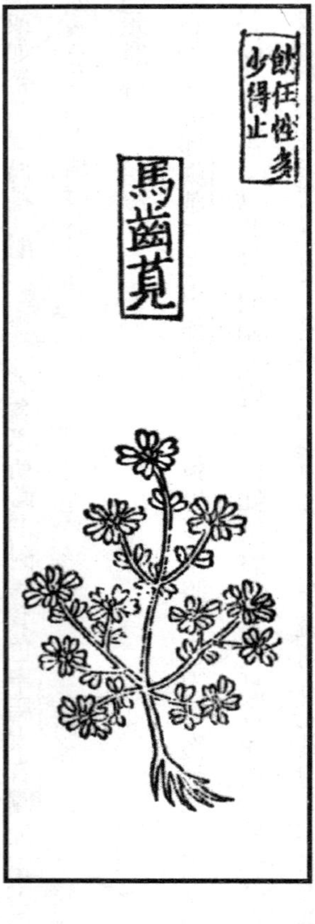


重修政和經史證類備用本草

馬齒莧圖

〔一八〕**除夜**

陸游老學庵筆記卷八：陳師錫家享儀，謂冬至前一日爲「冬住」，與歲除夜爲對，蓋閩音也。予讀太平廣記三百四十卷有盧頊傳云：「是夕，冬至除夜。」乃知唐人冬至前一日，亦謂之「除夜」。

史浩感皇恩除夜：結柳送窮文，驅儺嚇鬼。爆火薰天漫兒戲。自家爐鼎，有却冷清清地。臘月三十日，如何避。且與做些，神仙活計。鉛汞收添結靈水。跳丸日月，一任東生西委。玉顔長向此，迎新歲。

妙源虚堂和尚語録卷第一：除夜小參。灰寒大冷，家家爆竹送窮；臘盡春回，處處燒錢引鬼。三百六十日，交頭結尾，別展生涯。二千年滯貨不行，重新增價，榾柮火，村田樂，露地牛，不勞拈出，金剛圈栗棘蓬，鐵酸豏，正好施呈。南來北往，呑透無門。鶻眼鷹睛，怎生啞嗽。與聖恁麽告報，早是按下雲頭。何故？江南地暖，塞北天寒。

〔一九〕**裝婦人**

陳暘樂書卷二百八十七俗部假婦戲：唐大中以來，孫乾飯、劉璃瓶、郭外春、孫有熊善爲此戲。僖宗幸蜀時，戲中有劉真者尤能之，後隨車駕入都，籍於教坊矣。

吴自牧夢粱録卷一元宵：官巷口、蘇家巷二十四家傀儡，衣裝鮮麗，細旦戴花朵□肩、珠翠冠兒，腰肢纖嫋，宛若婦人。

〔二〇〕**神鬼**

李淖秦中歲時記：歲除日進儺，皆作鬼神狀，内二老兒，儺公、儺母。

陳淳北溪字義卷下鬼神魂魄附：樂記謂明則有禮樂，幽則有鬼神。鬼神即是禮樂道理，以樂祀神，樂聲發揚，屬陽。以禮祀鬼，禮是定底物，屬陰。故樂記説，樂者敦和，率神而從天；禮者别宜，居鬼而從地。今人諂祀鬼神，不過只是要求福耳。不知何福之有。

〔文案〕本書卷五京瓦伎藝、卷七駕登寶津樓諸軍呈百戲、卷八六月六日崔府君生日二十四日神保觀神生日、卷九宰執親王宗室百官入内上壽，均記「神鬼」，足見其盛。以至都城竟有市民結「神鬼社」，專事切磋其表演之術。宋之「神鬼」已從儺祭儀式過渡爲日常商業性之演出。一言以蔽之，「神鬼」，驅鬼逐疫意味雖尚存，傳神薄媚色彩亦見强，武林舊事卷十官本雜劇段數即有「喬樂神」、「二郎神變二郎神」等，可證宋之「神鬼」已完全獨立爲戲，純娱人取樂而矣。

〔三〕**打夜胡**

宋話本小天灣天狐詒書：小厮家眼睁，望見那人是個野狐，却叫不出名色，奔向前指住道：「老爹！怎麽這個大野猫坐在此？還不趕他！」王臣聽了，便省悟是打壞眼的野狐，急忙拔劍，照頂門就砍。那狐望後一躲，就地下打個滚，露出本相，往外亂跑。王臣仗劍追趕了十數家門面，向個墻裏跳進。王臣因黑夜之間，無門尋覓，只得回轉。主人家點個燈火，同着王福一齊來迎着道：「饒他性命罷。」

吕希哲侍講日記：真宗朝，王嗣宗守邠土，舊有狐王廟，相傳能與人爲禍福，州人虔事之，歲時祭祀祈禱，不敢少怠，至不敢道狐。嗣宗知，即集諸色獵户，得百餘人，以甲兵圍其廟，薰灌其穴，殺百餘狐。或云有大狐從火光中逸去，其妖遂息。後人有復爲立廟，則寂無靈矣。嗣宗後帥長安，處士种放者，人主所禮，每帥守至，輒面教之。嗣宗不服，以言拒之。放責數嗣宗，聲色甚厲，嗣宗怒以手批其頰。先是真宗有敕書，令种放有章奏即付驛，欲詣闕即乘驛詣於上前，上特爲於嵩山之陽置書院以處之，而不加罪。嗣宗去，郡有人送詩曰：「終南處士威風減，渭北妖狐窟穴空。」嗣宗大喜，歸告子孫曰：「吾死，更勿爲碑誌，但刻此於石，置墓旁，甚爲榮也。」

邢居實拊掌録：葉濤好弈棋，王介甫作詩切責之，終不肯已。弈者多廢事，不以貴賤，嗜之率皆失業，故人目棊枰爲「木野狐」，言其媚惑人如狐也。

蔡絛詩話六四：王文公見東坡醉白堂記，徐云：「此乃是韓、白優劣論。」東坡聞之，曰：「不若介甫虔州學記乃學校策耳。」二公相誚或如此。然勝處未嘗不相傾慕。元祐間，東坡奉祠西太乙，見公舊題：「楊柳鳴蜩緑暗，荷花落日紅酣。三十六陂春水，白頭想見江南。」注目久之曰：「此老野狐精也。」

梁克家淳熙三山志卷第四十土俗類歲除：驅儺：鄉人儺，古有之，今州人以爲打夜狐。曾師建云：南史載，曹景宗爲人好樂，在揚州日，至臘月，則使人邪呼逐除，遍往人家乞酒食以爲戲。迄今閩語乃曰打夜狐。蓋唐敬宗夜捕狐狸爲樂，謂之打夜狐。閩俗豈以作邪呼逐除之戲，與夜捕狐之戲同，故云。抑亦作邪呼之語，訛而爲打夜狐歟？

卷第四十二土俗類獸：野狐似狗而小，尾如長帚，能媚人爲妖，皮白可製裘。

［文案］余從「夜胡」爲野狐説。「打」則如劉昌詩蘆浦筆記卷三所言「舞儺爲打驅儺」而來。上舉

數則已明「打夜狐」爲戲鬧，爲妖祟，爲夜驅除。野狐精靈媚人，覓食四方，惹禍多端，亦轉成沿門乞討、逐疫之，且裝扮、娛樂之，亦轉成儺儀，故各地流行，遂成習俗，或稱「打夜胡」，或稱「打夜狐」。

## 除夕

至除日〔一〕，禁中呈大儺儀〔二〕，並用皇城親事官、諸班直戴假面，繡畫色衣，執金鎗龍旗。教坊使孟景初身品魁偉，貫全副金鍍銅甲，裝將軍。用鎮殿將軍二人，亦介胄㊀裝門神。教坊南河炭〔三〕醜惡魁肥，裝判官，又裝鍾馗小妹、土地、竈神〔四〕之類，共千餘人，自禁中「驅祟」，出南薰門外轉龍灣，謂之「埋祟」〔五〕而罷。是夜，禁中爆竹〔六〕山呼，聲聞於外。士庶之家，圍爐〔七〕團坐，達旦不寐，謂之「守歲」㊁。

凡大禮與禁中節次，但嘗見習按，又不知果爲如何，不無脱略。或改而正之，則幸甚。

［校］

㊀「亦介胄」，陳元靚歲時廣記卷四十埋祟儺作「並介胄」。作「胄」確。

㊁「守歲」下，陳元靚歲時廣記卷四十守歲夜有「又有宵夜果子」六字。

## 〔注〕

〔一〕**除日**

陳元靚歲時廣記卷第四十浴殘年：歲時雜記：在京寺觀，以除日，多燂湯饌食，以召賓客，謂之「浴殘年」。

〔二〕**禁中呈大儺儀**

楊囦道雲莊四六餘話：政和中，新創禁中儺儀，有旨令翰苑撰文，翟公巽當直，其詞云：「南正司天，無俾人神。相雜夏後，鑄鼎以絶。山林之姦，苟非聖神。孰知情狀，頃刻進入。」人服其敏而工。

鄭居中政和五禮新儀卷一百六十三軍禮大儺儀：前一日，所司奏聞，侲子選年十二以上、十五以下充，着假面，衣赤布袴褶，二十四人爲一隊，六人作一行。凡四隊，執事者十二人，着赤幘褠衣，執鞭。上人二人，其一着假面，黄金目，蒙熊皮，元衣朱裳，右執戈，左揚楯；其一爲唱帥，着假面，皮衣，執棒鼓角，各十爲一隊。隊内有鼓吹令一員，太卜令一員，各監所部。坐巫帥二人，令以下皆服手巾幘袷褶。太祝一員。有司預備每門雄雞及酒，陳於宮城正門，皇城諸門磔禳設祭，執事者開瘞坎，各於皇城中門外之右方，深取足容物。先一日之夕，儺者各赴集所，具器服，依次陳布以俟。其日未明，諸衛依時刻勒所部，屯門列仗，入陳於階，如常儀，鼓吹令帥儺者案於宮門外，内侍詣皇帝所御殿前，奏侲子備請逐疫。奏訖出，命内侍伯六人分引儺者於宮門，以次入，鼓噪以進。執戈揚楯，唱帥、侲子和曰：甲作食殉，胇胃食虎，雄伯食魅，騰簡食不祥，攬諸食咎，伯奇食夢，强梁、祖明共食磔死、寄生，委隨食觀，錯斷食巨，窮奇、騰根共食蠱。凡使一十二神追惡鬼，曰赫汝軀，拉汝干，節解汝肉，抽汝肺腸，汝不急去，後者爲糧。周呼訖，前後鼓噪而出，諸隊各取門出郭而止，初儺者將出，太祝布神席，當中門南向。出訖，宰人帥執事者副牲匈，磔之神席之西，藉以席地，北首。執事酌酒，太祝受而奠之，祝史持版於座右，跪讀祝文，讀訖，興，奠版於席，乃舉牲並酒瘞坎訖，退。其内侍伯導引出門外，止。

〔文案〕此條中華鄧注本、京都譯注本亦注，然未明此條所指乃「禁中大儺儀」，故余又注。孫景琛大儺圖名實辨（文物一九八二年三期），考此圖非「大儺」，而當爲立春節令迎春舞隊，此見已獲學人認同。故以「大儺圖」證「大儺」，略有不足。

〔三〕**南河炭**

〔文案〕南河炭不見史載，或爲教坊一演員之藝名、綽號。以炭命名，其意有自。周必大玉堂雜記曾謂：「除夕，豎炭於砌楚之間。」用以却邪，以警鬼魅。宋後「炭將軍」幾成俗言，若明隆慶趙州志卷之九風俗：除夕「門旁立將軍炭」。清河南尤甚。余以爲南河炭雖爲一名，然即後世「炭將軍」之所由來。

〔四〕**竈神**

應劭風俗通義第八典祀竈神：禮器記曰：「臧文仲安知禮？燔柴於竈。竈者，老婦之祭也。故盛於盆，尊於瓶。」

周禮説：「顓頊氏有子曰黎，爲祝融，祀以爲竈神。」

段成式酉陽雜俎前集卷之十四諾臯記上：竈神名隗，狀如美女。又姓張名單，字子郭。夫人字卿忌，有六女皆名察一作祭洽。常以月晦日上天，白人罪狀。大者奪紀，紀三百日；小者奪算，算一百日。故爲天帝督使，下爲地精。己丑日，日出卯時上天，禺中下行署，此日祭得福。其屬神有天帝嬌孫、天帝大夫、天帝都尉、天帝長兄、硎上童子、突上紫宫君、太和君、玉池夫人等。一曰竈神名壤子也。

〔文案〕竈神乃扮作祀神之竈公竈婆。竈神主要爲其娱神，後世所謂「跳竈王」即是，其淵源可溯於唐，至宋時方盛。

〔五〕埋祟

〔文案〕光緒祥符縣志卷五風俗志云：「衣地以芝麻稭，祛邪也。」此爲「埋祟」也，亦爲後世「踩祟」。若春明采風志言：除夕自後庭至街門，行處，遍撒芝麻稭，踏之有聲，謂之「跴歲」。亦如劉葉秋京華瑣話云：直至芝麻稭踩碎。芝麻稭又稱「麻花子」。武林舊事卷第六小經紀記載，爲「兒戲之物」，亦即爲娱樂之儺者。

〔六〕爆竹

陳元靚歲時廣記卷五元旦燃爆竹：神異經：西方深山中，有人長尺餘，犯人則病熱寒，名曰「山臊」。以竹着火中熚烞有聲，而山臊驚憚。玄黄經云：此鬼是也。俗以爲爆竹起於庭燎，不應濫於王者。又荆楚歲時記云：元日庭前爆竹，以辟山臊惡鬼也。潁濱除日詩云：「楚人重歲時，爆竹鳴礫礫。」又王荆公詩云：「爆竹驚鄰鬼。」古詞云：「南樓人未起，爆竹聲聞，應在笙歌裏。」又云：「竹爆當門庭，震門陛也。」

梁克家淳熙三山志卷第四十土俗類歲除：火爆荆楚歲時記云：山臊惡鬼，犯人則病，惡爆竹之聲。李彤云：「元日爆竹於庭，辟山臊惡鬼。」今州人除夕以竹着火，燒爆於庭中，兒童當街燒爆，相望戲呼達旦，謂之「燒火爆」。張丞相後爲帥日，除夕，莆人鄭樵客郡中，與觀火爆，丞相命賦詩，給竿字爲韻，樵口占云：「駒隙光陰歲已殘，千門竹爆共團欒。燒成焰焰世砂瑰，碎盡琅琅碧玉竿。喚轉韶光新景燠，辟除惡魅舊時寒。主人從此占佳瑞，再入爲霖灑旱乾。」

〔七〕圍爐

無名氏籍川笑林火燒裳尾：有人性寬緩，冬日共人圍爐。見人裳尾爲火所燒，乃曰：「有一事，見之已久，欲言之，恐君性急；不言，恐君傷太多。然則言之是耶？不言之是耶？」人問何事，曰：「火燒君裳。」遂收衣，火滅，大怒曰：「見之久，何不早道？」其人曰：「我言君性急，果是。」

釋惠洪禪林僧寶傳卷二十八法昌禪師：除夕，謂門弟子曰：「今夕無可分歲，共烹露地白牛，在家圍爐，向榾柮火，唱『林田樂』可也，免更倚他門户旁他墻。」

# 跋

祖宗仁厚之德，涵養生靈，幾二百年，至宣政間，太平極矣〔一〕。禮樂刑政，史册具在，不有傳記小説，則一時風俗之華，人物之盛，詎可得而傳焉。宋敏求京城記，載坊門公府、宫寺第宅爲甚詳，而不及巷陌店肆、節物時好。幽蘭居士記録舊所經歷爲夢華録，其間事關宫禁典禮，得之傳聞者，不無謬誤；若市井遊觀，歲時物貨，民風俗尚，則見聞習熟，皆得其真。余頃侍先大父，與諸耆舊親承謦欬，校之此録，多有合處。今甲子一周，故老淪没，舊聞日遠，後余生者，尤不得而知，則西北寓客絶談矣。因鋟木以廣之，使觀者追念故都之樂，當共起風景不殊之歎。淳熙丁未歲十月朔旦，浚儀趙師俠介之〔二〕書於坦菴。

［注］

〔一〕**太平極矣**

洪邁容齋詩話卷六：國家承平之時，四方之人以趨京邑爲喜。蓋士大夫則用功名進取繫心，商賈貪舟車南北之利，後生嬉戲則以紛華盛麗爲悦。

朱長文吴郡圖經續記卷上城邑：自乾寧至於太平興國三年錢俶納土，凡七十八年。自錢俶納土至於今元豐七年，百有七年矣。當此百年之間，井邑之富，過於唐世，郛郭填溢，樓閣相望，飛杠如虹，櫛比棋布，近郊隘巷，悉甃以甓。

龔明之中吴紀聞卷第六蘇民三百年不識兵：大觀中，樞密章公之子綖，爲蔡京誣以盜鑄，詔開封尹楊孝壽，即吴中置獄，連逮千餘人。遣甲士五百圍其家，鉦鼓之聲，晝夜不絶，俗謂之「聒囚鼓」。州民目所未覩，莫不爲之震駭。

〔二〕**浚儀趙師俠介之**

〔文案〕據京都譯注本，浚儀爲開封府祥符縣。大中祥符二年浚儀改爲祥符。趙師俠爲燕王趙德昭第七世孫，新淦人。淳熙二年（一一七五）進士，淳熙十五年，爲江華郡丞。有坦菴長短句行世。

# 東京夢華録箋注徵引書籍舉要

## 筆記　小説

干寶　搜神記　二十卷　子書百家本
蘇鶚　蘇氏演義　二卷　藝海珠塵本
王讜　唐語林　八卷　上海古籍出版社一九七八年新一版
李濟翁　資暇集　三卷　續知不足齋叢書本
孫昇　孫公談圃　三卷　古今説部叢書本
魏了翁　山渠陽經外雜鈔　二卷　寶顔堂秘笈本
羅燁　新編醉翁談録　二十卷　日本影印觀瀾閣藏宋刊本
無名氏　豹隱紀談　一卷　説郛涵芬樓一百卷本
蘇籀　欒城先生遺言　一卷　百川學海本
董弅　閑燕常談　一卷　説郛宛委山堂一百二十卷本

張舜民　畫墁録　一卷　稗海本
闕名　異聞總録　四卷　稗海本
石茂良　避戎嘉話　一卷　景印元明善本叢書十種本
李上交　近事會元　五卷　畿輔叢書本
無名氏　道山清話　一卷　學津討原本
王鞏　聞見近録　一卷　知不足齋叢書本
陳規　守城録　四卷　墨海金壺本
陸佃　埤雅　二十卷　五雅全書本
許洞　虎鈐經　二十卷　粵雅堂叢書本
百歲寓翁　楓窗小牘　二卷　稗海本
汪應辰　石林燕語辨　二百零二目　儒學警悟本
江鄰幾　醴泉筆録　二卷　學海類編本
張師正　括異志　十卷　四部叢刊續編本
王素　王文正公遺事　一卷　百川學海本
孔平仲　談苑　五卷　唐宋叢書本

釋惠洪　禪林僧寶傳　三十二卷　文淵閣四庫全書本
王鞏　甲申雜記　一卷　筆記小説大觀本
車若水　脚氣集　二卷　寶顔堂秘笈本
陳郁　話腴　四卷　古今説海本
無名氏　李師師外傳　一卷　琳琅秘室叢書本
吕希哲　發明義理　一卷　説郛宛委山堂一百二十卷本
佚名　碧湖雜記　一卷　古今説海本
吕希哲　吕氏雜記　二卷　指海本
劉跂　暇日記　一卷　説郛宛委山堂一百二十卷本
高晦叟　珍席放談　二卷　函海本
李畋　該聞録　一卷　説郛宛委山堂一百二十卷本
羅願　爾雅翼　三十二卷　學津討原本
龐元英　文昌雜録　六卷　雅雨堂叢書本
無名氏　翰苑新書　一百五十六卷　文淵閣四庫全書本
何坦　西疇老人常言　一卷　百川學海本

錢希白　洞微志　一卷　説郛涵芬樓一百卷本
馬永卿　嬾真子　五卷　儒學警悟本
戴埴　鼠璞　二卷　續知不足齋叢書本
楊和甫　行都紀事　一卷　説郛宛委山堂一百二十卷本
無名氏　南窗紀談　一卷　珠叢別録本
孔平仲　珩璜新論　一卷　宋人小説本
無名氏　三朝野史　一卷　遜敏堂叢書本
賈善翔　高道傳　一卷　説郛宛委山堂一百二十卷本
俞炎　爐火監戒録　一卷　臺北新興書局　筆記小説大觀本
洪邁　容齋三筆　十六卷　商務印書館本
程大昌　演繁露　十六卷　學津討原本
曹彦約　經幄管見　四卷　豫章叢書本
鄭元祐　遂昌雜録　一卷　學海類編本
景焕　野人閒話　説郛涵芬樓一百卷本
張邦基　墨莊漫録　十卷　稗海本

晁迥　法藏碎金録　一卷　説郛宛委山堂一百二十卷本
高似孫　緯略　十二卷　墨海金壺本
戴侗　六書故　三十三卷　文淵閣四庫全書本
陶穀　清異録　四卷　惜蔭軒叢書本
曾紆　南遊記舊　一卷　説郛涵芬樓一百卷本
金盈之　新編醉翁談録　八卷　知不足齋叢書本
吴坰　五總志　一卷　知不足齋叢書本
謝采伯　密齋筆記　五卷　琳琅秘室叢書本
郭彖　睽車志　六卷　稗海本
施彦執　北窗炙輠録　二卷　奇晉齋叢書本
葉寘　坦齋筆衡　一卷　説郛宛委山堂一百卷本
王明清　揮塵前録　四卷　宋龍山書堂刻本
俞文豹　吹劍録外集　一卷　讀畫齋叢書本
吴枋　宜齋野乘　一卷　陽山顧氏文房本
俞文豹　唾玉集　一卷　説郛涵芬樓一百卷本

史繩祖　學齋佔畢　四卷　稗海本
徐度　却掃編　三卷　古書叢刻本
釋曉瑩　羅湖野録　四卷　文淵閣四庫全書本
潘自牧　記纂淵海　一百卷　文淵閣四庫全書本
馬永卿　元城語録解　三卷　惜陰軒叢書本
王鞏　隨手雜録　一卷　學海類編本
洪皓　松漠紀聞　一卷　歷代小史本
陳録　善誘文　一卷　百川學海本
曾慥　類説　六十卷　文淵閣四庫全書本
張端義　貴耳集　二卷　寶顔堂秘笈本
無名氏　鬼董　五卷　龍威秘書本
周密　志雅堂雜鈔　十卷　古今説部叢書四集
鄭震　讀書愚見　一卷　説郛涵芬樓一百卷本
闕名　輦下歲時記　一卷　説郛宛委山堂一百二十卷本
陳纂　葆光録　三卷　陽山顧氏文房本

呂本中　東萊呂紫微師友雜志　一卷　十萬卷樓叢書本
蘇軾　仇池筆記　二卷　弢園叢書本
趙溍　養痾漫筆　一卷　學海類編本
李邦獻　省心雜言　一卷　乾隆函海本
張邦基　侍兒小名録拾遺　一卷　稗海本
章望之　延漏録　一卷　説郛宛委山堂一百二十卷本
張耒　張太史明道雜志　一卷　唐宋叢書本
黄休復　茅亭客話　十卷　琳琅秘室叢書本
葉夢得　避暑録話　二卷　津逮秘書本
太平老人　袖中錦　一卷　學海類編本
陳長方　步里客談　二卷　守山閣叢書本
楊伯嵒　臆乘　一卷　叢書集成初編本
吴宏　獨醒雜志　一卷　古今説部叢書本
俞文豹　清夜録　一卷　顧氏明朝四十家小説本
吕祖謙　卧遊録　一卷　金華叢書本

王銍　補侍兒小名録　一卷　香艷叢書本
韓元吉　桐陰舊話　一卷　歷代小史本
趙叔向　肯綮録　一卷　函海本
辛棄疾　南燼紀聞録　一卷　學海類編本
吕希哲　侍講日記　一卷　説郛涵芬樓一百卷本
上官融　友會談叢　三卷　十萬卷樓叢書本
秦再思　洛中記異録　一卷　五朝小説大觀本
李之彦　東谷隨筆　一卷　百川學海本
宋祁　宋景文筆記　二卷　唐宋叢書本
張知甫　張氏可書　一卷　墨海金壺本
邵思　雁門野説　一卷　説郛宛委山堂一百二十卷本
洪巽　暘谷漫録　一卷　説郛宛委山堂一百二十卷本
馬純　陶朱新録　一卷　廣四十家小説本
滕康　翰墨叢記　一卷　説郛宛委山堂一百二十卷本
孫宗鑑　西畬瑣録　一卷　學海類編本

魯應龍　閑窗括異志　一卷　鹽邑志林本
楊彦齡　楊公筆録　一卷　學海類編本
王君玉　國老談苑　二卷　歴代小史本
顧文薦　負暄雜録　一卷　説郛涵芬樓一百卷本
謝維新　古今合璧事類備要　六十六卷　文淵閣四庫全書本
項安世　項氏家説　十二卷　武英殿聚珍版叢書本
無名氏　錦綉萬花谷　一百五十卷　明嘉靖十五年秦汴刻本
錢世昭　錢氏私志　一卷　説郛宛委山堂一百二十卷本
葉夢得　巖下放言　三卷　石林叢書本
無名氏　愛日齋叢鈔　五卷　守山閣叢書本
耿延禧　林靈素傳　一卷　古今説海本
陳世崇　隨隱漫録　五卷　宋人小説本
無名氏　咸淳遺事　二卷　墨海金壺本
俞成　螢雪叢説　二卷　儒學警悟本
孫奕　示兒編　二十三卷　文淵閣四庫全書本

林子中　野史　一卷　説郛宛委山堂一百二十卷本
王曾　王文正公筆録　一卷　歷代小史本
范公偁　過庭録　一卷　稗海本
楊伯嵒　六帖補　二十卷　文淵閣四庫全書本
丁特起　靖康紀聞　一卷　叢書集成初編本
趙善璙　自警編　一卷　歷代小史本
曾慥　高齋漫録　一卷　古今説海本
張畋　九河公語録　一卷　説郛涵芬樓一百卷本
章叔虎　搜神秘覽　三卷　續古逸叢書本
高承　事物紀原　十卷　惜陰軒叢書本
王洙　王氏談録　一卷　唐宋叢書本
侯君素　旌異記　一卷　龍威秘書本
佚名　東南紀聞　三卷　墨海金壺本
袁采　世範　三卷　寶顔堂秘笈本
趙與衮　辛巳泣蘄録　一卷　指海本

趙萬年　襄陽守城録　一卷　粤雅堂叢書本
桂萬榮　棠陰比事原編　一卷　學海類編本
李元綱　厚德録　四卷　百川學海本
錢惟演　玉堂逢辰録　一卷　五朝小説大觀本
沈作喆　寓簡　十卷　叢書集成初編本
蘇軾　問答録　一卷　叢書集成初編本
晁説之　晁氏客語　一卷　百川學海本
張齊賢　洛陽搢紳舊聞紀　五卷　叢書集成初編本
惠康野叟　識餘　四卷　筆記小説大觀本
丁謂　丁晉公談録　一卷　歷代小史本
李季可　松窗百説　一卷　宛委别藏本
李心傳　建炎以來朝野雜記　四十五卷　武英殿聚珍版叢書本
岳珂　愧郯録　十五卷　知不足齋叢書本
李昌齡　樂善録　一卷　續百川學海庚集
蔣穎叔　蔣氏日録　一卷　説郛宛委山堂一百二十卷本

李之儀　姑溪題跋　二卷　湖北先正遺書本
永亨　搜采異聞録　五卷　稗海本
孫宗鑑　東皋雜録　一卷　五朝小説大觀本
曾三異　因話録　一卷　説郛宛委山堂一百二十卷本
李如箎　東園叢説　三卷　叢書集成初編本
釋惠洪　林間録　三卷　文淵閣四庫全書本
康與之　昨夢録　一卷　廣百川學海本
無名氏　摭青雜説　一卷　龍威秘書本
龔頤正　芥隱筆記　一卷　顧氏文房小説本
高文虎　蓼花洲閑録　一卷　古今説海本
廉宣　清尊録　一卷　香艷叢書本
田況　儒林公議　二卷　稗海本
吴淑　江淮異人録　二卷　函海本
王銍　默記　二卷　宋人小説本
章淵　稿簡贅筆　一卷　説郛涵芬樓一百卷本

鄭克　折獄龜鑑　八卷　致用叢書本
無名氏　五色綫　一卷　龍威秘書本
龐元英　談藪　一卷　五朝小説大觀本
曹勛　北狩見聞録　一卷　學津討原本
陳昉　潁川語小　二卷　守山閣叢書本
錢功　澹山雜識　一卷　五朝小説本
黄庭堅　涪翁雜説　一卷　古今説部叢書本
鄭景望　蒙齋筆談　一卷　説海本
侯延慶　退齋雅聞録　一卷　説郛宛委山堂一百二十卷本
章如愚　群書考索　二百十二卷　文淵閣四庫全書本
韓淲　澗泉日記　三卷　武英殿聚珍版叢書本
梅堯臣　碧雲騢　一卷　百川學海本
朱弁　續骫骳説　一卷　説郛涵芬樓一百卷本
黎靖德　朱子語類輯略　一百四十卷　西京清麓叢書正編本
胡仔　苕溪漁隱叢話　一百卷　海山仙館叢書本

尤玘　萬柳溪邊舊話　一卷　錫山尤氏叢刊甲集
程頤　家世舊事　一卷　續百川學海本
朱勝非　秀水閒居録　一卷　古今説部叢書本
無名氏　就日録　一卷　廣百川學海本
周必大　二老堂雜記　五卷　芝園秘録初刻本
蘇耆　閒談録　一卷　説郛涵芬樓一百卷本
無名氏　靖康朝野僉言　一卷　古今説海本
周煇　北轅録　一卷　古今説海本
楊萬里　誠齋揮麈録　二卷　學海類編本
洪邁　容齋四六叢談　一卷　叢書集成初編本
朱翌　猗覺寮雜記　二卷　武英殿聚珍版叢書本
宋祁　宋景文雜説　一卷　學海類編本
黄震　黄氏日鈔　九十七卷　知不足齋叢書本
賈似道　悦生隨抄　一卷　五朝小説大觀本
張仲文　白獺髓　一卷　景印元明善本叢書十種本

王應麟　三字經　一卷　雲南叢書初編本
朱暉　絶倒録　一卷　説郛宛委山堂一百二十卷本
司馬光　洛中耆英會　一卷　水邊林下本
丁用晦　芝田録　一卷　説郛涵芬樓一百卷本
吴淑　譴名録　一卷　説郛宛委山堂一百二十卷本
龔鼎臣　東原録　一卷　藝海珠塵匏集
李昉　太平廣記　五百卷　中華書局汪紹楹校勘本
古今筆記精華　北京出版社影印廣益書局本
魏泰　東軒筆録　十五卷　中華書局李裕民點校本
周密　癸辛雜識　四集　中華書局吴企明點校本
范鎮　東齋記事　五卷　中華書局汝沛點校本
陸游　家世舊聞　二卷　中華書局孔凡禮點校本
葉夢得　石林燕語　十卷　中華書局侯忠義點校本
文瑩　玉壺清話　十卷　中華書局楊立揚點校本
吴處厚　青箱雜記　十卷　中華書局李裕民點校本

蘇轍　龍川略志　十卷　中華書局俞宗憲點校本
歐陽修　歸田録　二卷　中華書局李偉國點校本
周煇　清波雜志　十二卷　中華書局劉永翔校注本
徐鉉　稽神録　六卷　中華書局白化文點校本
方勺　泊宅編　十三卷　中華書局許沛藻楊立揚點校本
羅大經　鶴林玉露　十八卷　中華書局王瑞來點校本
周密　齊東野語　二十卷　中華書局張茂鵬點校本
張世南　游宦紀聞　十卷　中華書局張茂鵬點校本
陸游　老學庵筆記　十卷　中華書局李劍雄劉德權點校本
李獻民　雲齋廣録　中華書局程毅中程有慶點校本
王闢之　澠水燕談録　十卷　中華書局吕友仁點校本
葉紹翁　四朝聞見録　四集　中華書局沈錫麟馮惠民點校本
文瑩　湘山野録　三卷　中華書局鄭世剛點校本
劉昌詩　蘆浦筆記　十卷　中華書局張榮錚秦呈瑞點校本
趙彦衛　雲麓漫鈔　十五卷　中華書局傅根清點校本

蘇轍　龍川别志　二卷　中華書局俞宗憲點校本

邵博　邵氏聞見後録　三十卷　中華書局劉德權李劍雄點校本

岳珂　桯史　十五卷　中華書局吴企明點校本

大唐三藏取經詩話　三卷　中華書局李時人蔡鏡浩校注本

何薳　春渚紀聞　十卷　中華書局張明華點校本

陳騤　佚名　南宋館閣録　續録　十卷　中華書局張富祥點校本

李心傳　舊聞證誤　四卷　中華書局崔文印點校本

惠洪　冷齋夜話　十卷　中華書局陳新點校本

王楙　燕翼詒謀録　五卷　中華書局誠剛點校本

邵伯温　邵氏聞見録　二十卷　中華書局李劍雄劉德權點校本

王觀國　學林　十卷　中華書局田瑞娟點校本

宋敏求　春明退朝録　三卷　中華書局誠剛點校本

姚寛　西溪叢語　二卷　中華書局孔凡禮點校本

莊綽　鷄肋編　二卷　中華書局蕭魯陽點校本

委心子　新編分門古今類事　二十卷　中華書局金心點校本

李廌　師友談記　一卷　中華書局孔凡禮點校本
朱弁　曲洧舊聞　十卷　中華書局孔凡禮點校本
陳鵠　西塘集耆舊續聞　十卷　中華書局孔凡禮點校本
洪邁　夷堅志　二百七卷　中華書局何卓點校本
確庵　耐庵　靖康稗史　中華書局崔文印箋證本
丁傳靖　宋人軼事彙編　中華書局標點本
潘永因　宋稗類鈔　書目文獻出版社劉卓英點校本
司馬光　涑水記聞　十六卷　中華書局鄧廣銘張希清點校本
程俱　麟臺故事　五卷　中華書局張富祥校證本
趙令畤　侯鯖録　八卷　中華書局孔凡禮點校本
彭乘　續墨客揮犀　十卷　中華書局孔凡禮點校本
范成大　攬轡録　一卷　中華書局孔凡禮點校本
范成大　桂海虞衡志　一卷　中華書局孔凡禮點校本
張淏　雲谷雜記　六卷　中華書局上海編輯所張宗祥校録本
沈括　夢溪筆談　二十九卷　上海古籍出版社胡道静校證本

陳師道　後山談叢　六卷　上海古籍出版社李偉國校點本
江少虞　宋朝事實類苑　七十八卷　上海古籍出版社整理點校本
趙與旹　賓退録　十卷　上海古籍出版社齊治平校點本
袁文　甕牖閑評　八卷　上海古籍出版社李偉國校點本
劉斧　青瑣高議　三集　上海古籍出版社整理本
王明清　玉照新志　五卷　上海古籍出版社汪新森校點本
費衮　梁谿漫志　十卷　上海古籍出版社金圓校點本
張師正　倦遊雜録　一卷　上海古籍出版社李裕民輯校本
無名氏　宣和遺事　二集　上海古籍出版社丁錫根點校本
王得臣　麈史　三卷　上海古籍出版社俞宗憲點校本
曾敏行　獨醒雜志　十卷　上海古籍出版社朱傑人標校本
葉大慶　考古質疑　六卷　上海古籍出版社李偉國點校本
王灼　碧鷄漫志　五卷　上海古籍出版社一九八八年新一版標點本
楊億　楊文公談苑　一卷　上海古籍出版社李裕民輯校本
王明清　投轄録　一卷　上海古籍出版社汪新森朱菊如校點本

龔明之　中吴紀聞　六卷　上海古籍出版社孫菊園校點本
施耐庵　羅貫中　水滸傳百回本　人民文學出版社據明容與堂刻本核勘標點本
馮夢龍　古今小説　四十卷　人民文學出版社許政揚校注本
馮夢龍　醒世恒言　四十卷　人民文學出版社顧學頡校注本
馮夢龍　警世通言　四十卷　人民文學出版社嚴敦易校注本
程毅中輯注　宋元小説家話本集　齊魯書社本
程毅中編　古體小説鈔宋元卷　中華書局本
繆荃孫輯　京本通俗小説　烟畫東堂小品本
宋元平話集　上下册　上海古籍出版社一九九〇年本
清平山堂話本　上海古籍出版社譚正璧校點本
熊龍峰四種小説　上海古籍出版社王古魯搜録校注本
宋元小説話本集　中州古籍出版社歐陽健肖相愷編訂本
元好問　續夷堅志　四卷　中華書局常振國點校本
羅貫中　三遂平妖傳　二十回　北京大學出版社張榮起整理本
楊瑀　山居新語　四卷　文淵閣四庫全書本

白珽　湛淵静語　二卷　知不足齋叢書本
虞裕　談撰　一卷　説郛宛委山堂一百二十卷本
方回　虚谷閑抄　一卷　古今説海本
陶宗儀　南村輟耕録　三十卷　中華書局整理本
陸友仁　硯北雜志　二十三卷　道光二十二年丹徒包氏刻本
戚輔之　佩楚軒客談　一卷　説郛宛委山堂一百二十卷本
盛如梓　庶齋老學叢談　四卷　筆記小説大觀本
徐大焯　燼餘録　二卷　國粹叢書本
無名氏　湖海新聞夷堅續志　前後集　中華書局金心點校本
李治　敬齋古今黈　八卷　海山仙館叢書本
陸深　春風堂隨筆　一卷　儼山外集本
徐樹丕　識小録　四卷　涵芬樓秘笈本
陳繼儒　太平清話　四卷　叢書集成初編本
佚名　墨娥小録　十四卷　明隆慶五年刊本
張岱　夜航船　二十卷　浙江古籍出版社劉耀林校注本

彭時　彭文憲公筆記　二卷　顧氏明朝四十家小説本
沈濤　交翠軒筆記　四卷　上海古籍出版社瓜蒂庵藏明清掌故叢書影印本
朱翔清　埋憂集　十二卷　清代筆記叢刊本
鄭光祖　一斑録　五卷　海王邨古籍叢刊本
王士禎　分甘餘話　四卷　説鈴本
胡承譜　隻塵譚　四卷　涇川叢書本
俞樾　茶香室續鈔　二十五卷　春在堂全書本
沈濤　瑟榭叢談　二卷　聚學軒叢書本
褚人獲　堅瓠集　六十六卷　清代筆記叢刊本

## 伎藝　語言

調露子　角力記　一卷　琳琅秘室叢書本
杜綰　雲林石譜　三卷　美術叢書本
王觀　揚州芍藥譜　一卷　揚州叢刻本
范成大　菊譜　一卷　國學珍本文庫本

史正志　史氏菊譜　一卷　古今文藝叢書本
劉蒙　劉氏菊譜　一卷　香艷叢書本
史鑄　百菊集譜　六卷　山居雜志本
黄休復　益州名畫録　三卷　王氏畫苑本
鄧椿　畫繼　十卷　津逮秘書本
劉道醇　聖朝名畫評　三卷　文淵閣四庫全書本
郭若虚　圖畫見聞志　六卷　學津討原本
佚名　宣和畫譜　二十卷　津逮秘書本
米芾　畫史　一卷　湖北先正遺書本
李廌　德隅齋畫品　一卷　天都閣藏書本
王琚　射經　一卷　説郛宛委山堂一百二十卷本
張淏　艮嶽記　一卷　歷代小史本
釋祖秀　華陽宮紀事　一卷　芝園秘録初刻本
楊囦道　雲莊四六餘話　一卷　讀畫齋叢書本
陳暘　樂書　二百卷　文淵閣四庫全書本

洪芻　香譜　二卷　學津討原本
葉廷珪　名香譜　一卷　香艷叢書本
陳敬　陳氏香譜　一卷　適園叢書本
歐陽修　洛陽牡丹記　一卷　山居雜志本
周師厚　洛陽牡丹記　一卷　香艷叢書本
陸游　天彭牡丹譜　一卷　雲自在龕叢書第二集
蘇易簡　文房四譜　五卷　十萬卷樓叢書二編
張應文　清秘藏　二卷　述古叢鈔第一集
趙明誠　金石録　三十卷　三長物齋叢書本
楊輝　乘除通變算寶　三卷　宜稼堂叢書本
楊輝　詳解九章算法　一卷　宜稼堂叢書本
楊輝　史仲榮　法算取用本末　一卷　宜稼堂叢書本
費著　牋紙譜　一卷　間丘辯囿本
夏文彦　圖繪寶鑑　七卷　津逮秘書本
佚名　丸經　二卷　小十三經本

燕南芝庵　唱論　一卷　人民音樂出版社傅惜華編本
方以智　通雅　五十二卷　文淵閣四庫全書本
曹昭　格古要論　三卷　文淵閣四庫全書本
魏良輔　曲律　一卷　人民音樂出版社傅惜華編本
汪雲程　蹴踘圖譜　一卷　説郛宛委山堂一百二十卷本
無名氏　蹴踘譜　一卷　玄覽堂叢書本
文震亨　長物志　十二卷　硯雲乙編本
高士奇　天禄識餘　二卷　説鈴本
張廣文　玉器史話　紫禁城出版社本
傅起鳳　傅騰龍　中國雜技史　上海人民出版社本
法雲　翻譯名義集　七卷　四部叢刊初編本
慧琳　一切經音義　一百卷　續藏經本
無名氏　詞林韻釋　二卷　粵雅堂叢書本
婁機　李曾伯　班馬字類　五卷　涉聞梓舊本
陳彭年等　重修玉篇　三十卷　摛藻堂四庫全書薈要本

陸法言　陳彭年　覆宋本重修廣韻　五卷　澤存堂五種本
呂忱　字林　一卷　青照堂叢書摘本
丁度　附釋文互注禮部韻略　五卷　續古逸叢書本
吴棫　韻補　五卷　連筠簃叢書本
吴箕　常談　一卷　函海本
無名氏　釋常談　三卷　百川學海本
司馬光　類篇　四十五卷　文淵閣四庫全書本
陳彭年　廣韻　六卷　古逸叢書本
楊伯嵒　九經補韻　二卷　汗筠齋叢書本
毛晃　毛居正　增修互注禮部韻略　五卷　文淵閣四庫全書本
顔愍楚　俗書證誤　一卷　字學三種本
賈昌朝　群經音辨　七卷　鐵華館叢書本
王應麟　小學紺珠　十卷　津逮秘書本
陳淳　北溪字義　三卷　吉林探源書舫叢書初編本
歐陽德隆　增修校正押韻釋疑　五卷　文淵閣四庫全書本

丁度　集韻　十卷　四部備要本
王雱　字書誤讀　一卷　説郛宛委山堂一百二十卷本
岳元聲　方言據　三卷　叢書集成初編本
李實　蜀語　一卷　乾隆函海本
羅振玉　俗説　一卷　貞松老人遺稿本
梁同書　直語　一卷　頻羅庵遺集本
胡式鈺　語竇　一卷　商務印書館排印本
錢大昕　恒言録　六卷　文選樓叢書本
唐訓方　里語徵實　三卷　岳麓書社風土叢書本
平步青　釋諺　一卷　商務印書館排印本
錢大昭　邇言　六卷　玉雨堂叢書第一集
朝鮮　崔世珍　老乞大集覽　二卷　奎章閣朴通事諺解本
蔣禮鴻　敦煌變文字義通釋　上海古籍出版社增訂本
張相　詩詞曲語詞匯釋　中華書局一九九七年本
江藍生　魏晉南北朝小説詞語匯釋　語文出版社本

敦煌變文校注　中華書局黄徵張涌泉校注本

## 歷史　地理

釋法顯　佛國記　一卷　龍谿精舍叢書本
王存　元豐九域志　十卷　中華書局王文楚魏嵩山點校本
祝穆　宋本方輿勝覽　七十卷　上海古籍出版社一九九一年影印本
葉隆禮　契丹國志　二十七卷　上海古籍出版社賈敬顔林榮貴點校本
司馬光　資治通鑑　二百九十四卷　中華書局校點本
王瓘　北道刊誤志　一卷　守山閣叢書本
文惟簡　虜廷事實　一卷　説郛宛委山堂一百二十卷本
方鳳　夷俗考　一卷　寶顔堂秘笈本
程大昌　北邊備對　一卷　古今逸史本
朱輔　溪蠻叢笑　一卷　古今説部叢書本
徐兢　宣和奉使高麗圖經　四十卷　天禄琳琅叢書本

范成大　桂海虞衡志　一卷　秘書二十一種本
李燾　續資治通鑑長編　五百二十卷　中華書局點校本
徐夢莘　三朝北盟會編　二百五十卷　光緒三十四年許涵度刻本
宇文懋昭　大金國志　四十卷　中華書局崔文印校證本
王稱　東都事略　一百三十卷　文淵閣四庫全書本
呂中　宋大事記講義　二十三卷　文淵閣四庫全書本
佚名　宋朝南渡十將傳　二十卷　碧琳琅館叢書本
張浚　中興備覽　三卷　涉聞梓舊本
脱脱　宋史　四百九十六卷　中華書局點校本
楊奐　汴故宫記　一卷　説郛宛委山堂一百二十卷本
脱脱　遼史　一百十六卷　中華書局點校本
李濂　汴京遺迹志　二十四卷　三怡堂叢書本
周城　宋東京考　二十卷　中華書局單遠慕點校本
徐松　宋會要輯稿　八册　北平圖書館影印本
日本　成尋　參天台五臺山記　八卷　風間書房平林文雄校本

楊衒之　洛陽伽藍記　上海古籍出版社范祥雍校注本

玄奘　辯機　大唐西域記　中華書局季羨林等校注本

## 風俗　典章

朱長文　吴郡圖經續記　三卷　烏程蔣汝藻樂地庵影印宋本

范成大　吴郡志　五十卷　民國十五年吴興張氏擇是居叢書景宋刻本

向孟　土牛經　一卷　景印元明善本叢書十種本

張虙　月令解　十二卷　四明叢書本

范致明　岳陽風土記　一卷　古今逸史本

宋祁　益部方物略記　一卷　秘册彙函本

陳元靚　歲時廣記　四卷　格致叢書本

永樂大典戲文三種　中華書局錢南揚校注本

李石　續博物志　十卷　古今逸史本

鄭樵　通志　二百卷　摛藻堂四庫全書薈要本

歐陽修　太常因革禮　一百卷　廣雅書局本
王儀　明禋儀注　一卷　説郛宛委山堂一百二十卷本
晁以道　儒言　一卷　文淵閣四庫全書本
趙鼎　家訓筆録　一卷　叢書集成初編本
司馬光　居家雜儀　一卷　儒先訓要十四種本
司馬光　司馬光奏議　四十卷　山西人民出版社王根林點校本
司馬光　司馬氏書儀　十卷　端溪叢書本
張鉉　仕學規範　四十卷　文淵閣四庫全書本
吕居仁　官箴　一卷　百川學海重輯本
趙昇　朝野類要　五卷　榕園叢書丙集
王應麟　玉海　二百卷　清光緒九年浙江書局刊本
程俱　麟臺故事　五卷　文淵閣四庫全書本
陳襄　州縣提綱　四卷　文淵閣四庫全書本
董煟　救荒活民書　四卷　珠叢别録本
朱熹　家禮　六卷　西京清麓叢書外編本

聶崇義　三禮圖集注　二十卷　文淵閣四庫全書本
曾公亮　武經總要　四十卷　四庫全書珍本初集本
呂祖謙　歷代制度詳説　十二卷　文淵閣四庫全書本
祝穆　古今事文類聚　二百三十六卷　文淵閣四庫全書本
鄭居中　政和五禮新儀　二百二十卷　文淵閣四庫全書本
潘自牧　記纂淵海　一百卷　文淵閣四庫全書本
李誡　營造法式　三十四卷　叢書集成初編本
呂本中　童蒙訓　三卷　當歸草堂叢書本
竇儀　宋刑統　三十卷　中華書局吴翊如點校本
謝深甫　慶元條法事類　四百三十七卷　清傳鈔本
李攸　宋朝事實　二十卷　墨海金壺本
魏了翁　儀禮要義　五十卷　五經要義本
陳祥道　禮書　一百五十卷　文淵閣四庫全書本
李如圭　儀禮釋宫　一卷　清芬堂叢書本
宋慈　宋提刑洗冤集録　五卷　岱南閣叢書本

阮逸　胡瑗　皇祐新樂圖記　三卷　學津討原本
程迥　三器圖義　一卷　説郛宛委山堂一百二十卷本
葉時　禮經會元　四卷　經學五種本
釋志磐　佛祖統記　五十四卷　中華大藏經本
釋覺岸　釋氏稽古略　四卷　文淵閣四庫全書本
熊夢祥　析津志輯佚　一卷　北京古籍出版社李致忠整理本
馬端臨　文獻通考　三百四十八卷　萬有文庫十通本
無名氏　如夢録　十卷　中州古籍出版社孔憲易校注本
徐石麒　官爵志　三卷　學海類編本
王圻　續文獻通考　二百五十四卷　萬有文庫十通本
田汝成　西湖游覽志　二十四卷　武林掌故叢編本
李濂　汴京勼異記　八卷　硯雲乙編本
劉若愚　酌中志　二十四卷　北京古籍出版社馮寶琳點校本
高士奇　北墅抱甕録　一卷　昭代叢書本
厲鶚　東城雜記　二卷　武林掌故叢編本

顧禄　桐橋倚棹録　十二卷　上海古籍出版社王湜華標校本
閑園鞠農　燕市貨聲　一卷　京津風土叢書本
燕歸來簃主人　燕市負販瑣記　一卷　京津風土叢書本
潘榮陛　帝京歲時紀勝　一卷　北平史迹叢書本
夏仁虎　舊京瑣記　十卷　北京古籍出版社駢宇騫整理本
李光庭　鄉言解頤　五卷　中華書局石繼昌點校本
李斗　揚州畫舫録　十八卷　江蘇廣陵古籍刻印社周光培點校本
高士奇　金鼇退食筆記　二卷　藝苑捃華本
梁章鉅　稱謂録　三十二卷　中華書局馮惠民李肇翔楊夢東點校本
北京民間生活百圖　北京圖書館出版社本
朝鮮　崔世珍　朴通事諺解　三卷　奎章閣叢書本
朝鮮　朴趾源　熱河日記　五卷　上海書店朱瑞平校點本
雷夢水輯　北京風俗雜詠續編　北京古籍出版社本
成善卿　天橋史話　生活·讀書·新知三聯書店一九九〇年本
周汛　高春明　中國歷代婦女妝飾　學林出版社、香港三聯書店本

## 飲食　醫藥

吴仁傑　離騷草木疏　四卷　榕園叢書本

蘇軾　格物粗談　二卷　學海類編本

蘇軾　物類相感志　一卷　奚囊廣要本

盧多遜　李昉　開寶本草　二十卷　安徽科學技術出版社尚志鈞輯校本

寇宗奭　本草衍義　二十卷　十萬卷樓叢書本

鄭望之　膳夫録　一卷　古今説部叢書本

陳思　海棠譜　三卷　山居雜志本

林洪　山家清供　二卷　夷門廣牘本

陳達叟　本心齋疏食譜　一卷　叢書集成新編本

陳仁玉　菌譜　一卷　珠叢別録本

司膳内人　玉食批　一卷　古今圖書集成本

傅肱　蟹譜　上下篇　百川學海本

王灼　糖霜譜　一卷　楝亭藏書十二種本
韓彦直　橘録　三卷　百川學海本
蔡襄　荔枝譜　一卷　藝圃搜奇本
蔡襄　茶録　一卷　百川學海本
趙佶　大觀茶論　一卷　説郛涵芬樓一百卷本
浦江吴氏　中饋録　一卷　緑窗女史本
釋贊寧　笋譜　一卷　唐宋叢書本
朱肱　北山酒經　二卷　夷門廣牘本
趙希鵠　調燮類編　四卷　海山仙館叢書本
黄庭堅　宜州家乘　一卷　知不足齋叢書本
賈銘　飲食須知　八卷　學海類編本
忽思慧　飲膳正要　三卷　人民衛生出版社劉玉書點校本
倪贊　雲林堂飲食制度集　一卷　碧琳琅館叢書本
王禎　東魯王氏農書　三十七卷　丙部本　武英殿聚珍版叢書本
無名氏　居家必用事類全集　十集　國家圖書館藏明刻本

韓奕　易牙遺意　二卷　夷門廣牘本
劉基　多能鄙事　十二卷　嘉靖十九年刊本
李時珍　本草綱目　五十二卷　文淵閣四庫全書本
姚可成　食物本草　二十二卷　中國醫藥科技出版社鄭金生等校點本
徐光啓　農政全書　六十卷　上海古籍出版社石聲漢校注本
鄺璠　便民圖纂　十六卷　農業出版社石聲漢康成懿校注本
宋詡　竹嶼山房雜部　三十二卷　文淵閣四庫全書本
朱彝尊　食憲鴻秘　二卷　日本中國食經叢書本
李化楠　醒園録　二卷　清嘉慶李氏萬卷樓再刻本
袁枚　隨園食單　一卷　隨園三十種本
汪灝　廣群芳譜　一百卷　商務印書館國學基本叢書本
丁宜曾　農圃便覽　一卷　中華書局王毓瑚校點本
章穆　調疾飲食辯　六卷　中醫古籍出版社伊廣謙點校本
吴其濬　植物名實圖考　三十八卷　商務印書館校點本
顧仲　養小録　二卷　學海類編本

汪曰楨　湖雅　九卷　光緒庚辰冬刊本

瀛若氏　三風十愆記　三卷　龍威秘書本

童岳薦　調鼎集　十卷　中國商業出版社邢渤濤注釋本

佚名　産寶諸方　一卷　上海古籍出版社四庫醫學叢書影印本

陳自明　婦人大全良方　二十四卷　薛氏醫按二十四種本

朱端章　衛生家寶産科備要　八卷　十萬卷樓叢書本

郭稽中　産育寶慶集　二卷　光緒函海本

無名氏　小兒衛生總微論方　二十卷　上海古籍出版社四庫醫學叢書影印本

無名氏　顱顖經　二卷　函海本

何大任　太醫局諸科程文格　九卷　上海古籍出版社四庫醫學叢書影印本

蘇軾　沈括　蘇沈内翰良方　八卷　藝海珠塵本

唐慎微　重修政和經史證類備用本草　三十卷　張氏原刻晦明軒本

蘇頌　本草圖經　二十卷　安徽科學技術出版社尚志鈞輯校本

太平惠民和劑局編　太平惠民和劑局方　十卷　人民衛生出版社劉景源點校本

許國楨　御藥院方　十一卷　人民衛生出版社王淑民關雪點校本

張杲　醫説　十卷　文淵閣四庫全書本
王碩　易簡方　人民衛生出版社巢因慈點校本
洪遵　洪氏集驗方　五卷　鐵琴銅劍樓叢書本
吴彦夔　傳信適用方　二卷　文淵閣四庫全書本

## 考據　文集

崔豹　古今注　三卷　古今逸史本
邱光庭　兼明書　五卷　真意堂三種本
顔師古　匡謬正俗　八卷　古經解匯函本
馬縞　中華古今注　三卷　增訂漢魏叢書本
吕大臨　考古圖　十卷　清天都黄氏亦政堂本
陸佃　爾雅新義　二十一卷　粤雅堂叢書本
鄭樵　爾雅注　三卷　學津討原本
林駉　古今源流至論　四十卷　文淵閣四庫全書本

魏了翁　古今考　一卷　寶顔堂秘笈本
方回　續古今考　三十七卷　文淵閣四庫全書本
無名氏　劉知遠諸宫調　齊魯書社凌景埏謝伯陽校注本
胡應麟　少室山房筆叢　四十八卷　中華書局上海編輯所一九五八年校點本
王圻　王思義　三才圖會　一百六卷　萬曆王思義校正本
朱之瑜　朱氏舜水談綺　二卷　上海文獻叢書本
王三聘　古今事物考　八卷　關中叢書第六集
周祈　名義考　十二卷　湖北先正遺書本
高濂　遵生八箋　十九卷　文淵閣四庫全書本
古今圖書集成　一萬卷　清活字印本
平步青　霞外攟屑　十卷　香雪崦叢書本
趙翼　陔餘叢考　四十三卷　湛貽堂刊本
錢大昕　十駕齋養新録　二十三卷　潛研堂全書本
沈自南　藝林彙考　二十四卷　文淵閣四庫全書本
顧炎武　日知録　三十二卷　文淵閣四庫全書本

姜宸英　湛園劄記　四卷　鴻寶齋石印本
清名家詞　上海書店翻印本
杭世駿　訂訛類編　六卷　中華書局陳抗點校本
孫寶瑄　忘山廬日記　上海古籍出版社任琮標點本
張英　王士禎　淵鑒類函　五百四十卷　乾隆十三年武英殿袖珍本
厲荃　關槐　事物異名録　四十卷　江蘇廣陵古籍刻印社影印本
汪汲　事物原會　四十卷　古愚老人消夏録本
朱彝尊　曝書亭集　八十一卷　四部叢刊本
俞正燮　癸巳存稿　十五卷　連筠簃叢書本
謝堃　金玉瑣碎　二卷　掃葉山房叢鈔本
日本　入矢義高　梅原郁　東京夢華録　十卷　平凡社東洋文庫一九九九年譯注本修訂本
全宋詞　五册　中華書局一九九九年新一版
全宋文　巴蜀書社本
全宋詩　北京大學出版社本

宋詩話全編　十册　江蘇古籍出版社一九九八年版
詞話叢編　五册　中華書局唐圭章編定本
宋元方志叢刊　八册　中華書局一九九〇年影印本
全元曲　十二卷　河北教育出版社本
全清散曲　三册　齊魯書社本
中國傳統相聲大全　四册　文化藝術出版社本
釋名方言廣雅爾雅　上海古籍出版社清疏四種合刊本
中國古都研究　一至四輯　浙江人民出版社本
龔延明　宋代官制辭典　中華書局一九九七年本
生活與博物叢書　上海古籍出版社一九九三年本
日本　長澤規矩也輯集　明清俗語辭書集成　上海古籍出版社一九八九年影印本
禪宗語録輯要　上海古籍出版社一九九二年編定本
鄧廣銘　岳飛傳　人民出版社增訂重排本
周寶珠　宋代東京研究　河南大學出版社一九九二年版
宗澤集　浙江古籍出版社兩浙作家文叢本

歷代笑話集　上海古籍出版社王利器輯録本
錢鍾書　管錐編　五册　中華書局增訂本
胡士瑩　話本小説概論　中華書局本
孫楷第　滄州集　中華書局一九六五年本
許政揚文存　中華書局一九八四年本
周錫保　中國古代服飾史　中國戲劇出版社本
周寶珠　清明上河圖與清明上河學　河南大學出版社本
朱熹　晦庵先生朱文公文集　一百二十一卷　洪氏唐石經館叢書本
程頤　程顥　二程遺書　二十五卷　文淵閣四庫全書本
程頤　程顥　二程外書　十二卷　文淵閣四庫全書本
周南　山房集　八卷　涵芬樓秘笈第八集
吴師道　吴禮部集　二十卷　續金華叢書本
柳貫　柳待制文集　二十卷　四部叢刊初編本
吴萊　淵穎集　十二卷　四部叢刊初編本
宋濂　宋文憲公全集　五十三卷　四部備要本

樓鑰　攻媿集　一百十二卷　武英殿聚珍版叢書本
楊萬里　誠齋集　一百三十二卷　四部叢刊初編本
劉攽　彭城集　四十卷　武英殿聚珍版叢書本
蘇軾文集　七十三卷　中華書局孔凡禮點校本
陸游　渭南文集　五十卷　擒藻堂四庫全書薈要本
曾鞏　元豐類稿　五十一卷　四部備要本
蘇頌　蘇魏公文集　中華書局王同策管成學顔中其點校本
唐寰澄　中國古代橋梁　文物出版社一九八七年版
茅以昇　中國古橋技術史　北京出版社一九八六年版
羅忼烈　兩小山齋論文集　中華書局一九八四年版
孫世增校注　東京夢華録　中國商業出版社一九九三年版
日本　加藤繁　中國經濟史考證　商務印書館吴傑翻譯本
日本　長澤規矩也　和刻本類書集成　六册　上海古籍出版社影印本